JN410857

THE MAGIC MIRROR

LAW IN AMERICAN HISTORY

SECOND EDITION

인간사회를 반영하는 매직미러

미국법의 역사와 문화

커미트 L. 홀 · 피터 카스텐 지음

손세정 옮김

라티오

이 도서의 국립중앙도서관 출판시도서목록(CIP)은 e-CIP 홈페이지 (http://www.nl.go.kr/ecip)에서
이용하실 수 있습니다. (CIP 제어번호: CIP2009000616)

목차

역자 서문

'매직미러(Magic Mirror)'는 미국의 저명한 대법관 홈즈의 표현으로, 철학은 자연의 거울이며 언어는 사회의 거울이라는 기존의 비유를 차용하여, 인간 사회를 반영하는 법의 역할을 잘 포착한 말이다. 미국법사 일반을 기술한 이 책의 원제로 미국법의 특징을 한마디로 압축한 '매직미러'를 차용한 것도 이런 까닭일 것이다.

이 책을 처음 접한 것은 1999년 미국 위스콘신 법과대학원 유학 시절, 아서 맥어보이(Arthur F. McEvoy) 교수의 미국법사(History of American Law) 수업을 통해서였다. 이 수업에서 맥어보이 교수는 미국법사 일반을 소개하는 부교재로 이 책을 추천했다. 미국법사 연구의 권위자인 스탠포드 법과대학원 로렌스 프리드먼(Lawrence M. Friedman) 교수의 제자였던 맥어보이 교수가 스승의 책이 있음에도 불구하고 이 책을 추천하는 것을 보고, 그곳의 학문적 풍토를 실감할 수 있는 계기가 되었고 이 책이 가진 가치도 가늠할 수 있었다.

미국에서는 역사적 판례를 존중하는 태도가 강하며, 그에 따라 '과거'는 권위의 주요 원천이자, 법률가들에게 앞으로 어떻게 행동해야 할지를 지시하는 이정표이다. 즉 법의 역사는 권위와 합법성의 원천이라고 인식되기 때문에 우리가 미국법을 제대로 이해하기 위해서는 미국법사를 우선적으로 공부하지 않으면 안된다. 일반 역사가뿐만 아니라 법사학자들에게도, 역사의 특별한 교훈을 의미의 왜곡없이 축약 정리하는 것은 어려운 일인데도, 이 책의 저자들은 공법과 사법의 역사로부터 주제를 종합하여, 초기 영국인의 정착 당시부터 2007년까지 미국사에서 법의 역할을 잘 기술하고 있다. 또한 이 책은 사회, 문화, 정치, 경제라는 광범위한 맥락에서 20세기 미국법과 법제도들의 발전에 대한 학자들의 최근 연구성과도 반영하고 있다.

스티븐 프레서(Stephen B. Presser) 교수에 따르면 미국법사를 공부함에 있어서 유념해야할 핵심가치들은 다음과 같다. 첫째는 법치주의로서, 이는 어떠한 강제라도 사회에서 자의적으로 이루어져서는 안 되고 일정한 제약이 주어져야 한다는 것이다. 여기서 제약이라 함은 헌법이나 권리장전에서 규정하고 독립적인 사법부에 의해서 부과되는 공권력을 말한다. 둘째는 대중주권으로서, 자의적 권한 행사를 방지하는 최선의 방법은 정치적 권한을 가능한 한 널리 확산시키고 궁극적으로는 대중에게 주권을 갖게 하는 것이다. 연방주의와 공화주의 대의정치에 뿌리를 두고 있는 대중주권에서는, 자의적 권한 행사에 덧붙여 유력한 사회적 의견을 적극적으로 반영하는 것이 필요하다. 그리하여 이는 대중의사의 표현으로서 의회와 법령의 역할을 강조하는 경향으로 귀결된다. 셋째, 19세기 남북전쟁 이전에 시작된 남성들의 일반투표권의 실시와 함께 미국 입법자들은 "경제적 기회와 사회적 유동성의 극대화"를 위해 노력했다. 잭슨(Jackson) 대통령의 제2차 미국연방은행에 대한 공격과 찰스강 다리(Charles River Bridge v. Warren Bridge, 1837) 판결에서 연방대법원장 태니(Taney), 그리고 입법자들과 법관들은, 법률상 특권을 공격하고 자의적 권력 행사에 대한 복종을 거부하면서 "사회적 지위와 상업적인 권한에 있어서 부를 축적하고 상승하도록 개인에게" 장려했다. 넷째, 19세기와 20세기 입법자들은 자의적 권한에 대한 제약을 더욱 강화하고 사회적 유동성을 장려하기 위해서 "사적 이익과 질서를 최대한 보호하고 장려"하는 것을 핵심가치로 여겼으며, 이는 18세기 버지니아 주에서 있었던 종교적 자유에 대한 투쟁에 뿌리를 두고 있다. 이는 20세기 초 계약자유의 원칙과, 1960년대와 1970년대에 있었던 프라이버시권에 대한 논쟁에서 정점에 달했다. 그러나 중요한 것은 이러한 핵심가치들이 지금까지 지속적으로 서로 충돌하고 있다는 것이다. 예를 들어, 배심들이 법관의 설시와 반대로 법을 무시하거나 입법부가 제정한 법률을 헌법에 반하는 것으로 법원이 무효화했을 때 법치주의는 대중주권과 충돌했다. "사적 이익과 질서를 최대한 보호하고 장려한다"는 핵심가치는 "경제적 기회와 사회적 유동성의 극대화"라는 강력한 핵심가치들과 충돌했고 앞으로도 충돌할 개연성이 크다. 보통법과 독점금지법상의 '계약자유의 원칙'은 '영업의 제약'이 시작되었을 때 수정되었다. 그리고 종교적 신념과 실천에 뿌리를 둔 사적 질서는 경제적 기회를 확대하고 의무교육을 통해 사회적 유동성을 향상시키기 위해 제정된 법률보다 우선했다.

미국법사학자들의 연구는 이러한 핵심가치들 중에서 어떠한 가치에 비중을 두느냐에 따라 '보수학파', '위스콘신학파', '급진적 변혁파', '영웅학파'와 '비판법학파'로 분류된다.

'보수학파'는 미국법체계의 지속성과 안정성을 강조하면서, 미국법이 일정한 중립성의 원칙에 따라 질서정연하게 발전해왔으며 비록 법의 실체가 시간이 흐르면서 변경되었지만 기본적인 원리는 변하지 않았다고 보고 있다. 이러한 보수학파의 시조로서는 올리버 웬델 홈즈(Oliver Wendell Holmes, Jr.)와 로스코 파운드(Roscoe Pound)를 들 수 있으며, 최근에는 에드워드 화이트(G. Edward White)가 대표적 학자이다. 핵심가치들 중에 법치주의를 강조하는 보수학파들은 주로 지적인 재판 유형을 강조하고 "경제적, 정치적 그리고 사회적 영향력을 부차적인 것"으로 간주했다.

홈즈의 《보통법*The Common Law*》과 파운드의 《미국법의 형성기*The Formative Era of American Law*》가 보수적인 법치주의 학파의 대표적인 저서라면, 윌러드 허스트(Willard Hurst)의 《19세기 미국법에서 법과 자유의 조건*Law and the Conditions of Freedom in the Nineteenth-Century United States*》은 위스콘신학파의 대표적인 저작이다. 위스콘신학파는 허스트가 몸담았던 위스콘신 주립대학의 이름을 딴 것인데, 그 영향을 받은 학자들 중에는 대표적으로 로렌스 프리드먼과 아서 맥어보이 교수가 있다. 위스콘신학파는 사법행위에 대한 일관성을 형성하는 지적구조를 강조하기보다는 "법의 주요한 결정요인으로서 경제적 필요성"을 보고 경제발전과 사회적 유동성을 최대한 보장하기 위한 다른 핵심가치를 중시했다. 허스트와 그 지지자들은, 미국 입법자들이 법치주의나 법 원리의 일관성에 엄격하게 집착하지 않았으며, 경제발전을 장려하기 위해서 법 원리나 가장 기본적인 원칙조차도 변경하거나 폐지했다고 주장했다. 허스트가 '에너지의 분출'이라고 한 것처럼 적어도 19세기 전반 미국법은 수동적인 소유권자의 이익보다 '역동적인' 용익권이나 담보권을 우선시했다고 보았다. 불변의 법 원리에 근거한 보수적인 합의 대신에 경제발전과 사회적 유동성의 장려라는 핵심가치가 대중주권과 사회적 합의로서 도출되었다고 보았다.

급진적 변혁학파의 대표적인 주창자인 모튼 호어위츠(Morton J. Horwitz)는 미국 입법자들이 경제발전을 장려하기 위해서 법률을 제정했다는 것에 대해서는 동의했다. 그러나 그는 법 원리에 있어서 이러한 근본적인 변화가 광범위한 사회적 합의에 의해서 이루어졌다는 주장을 일축하고 오히려 법관, 입법자, 법학자들이 농부나 소규모 상인들의 주장을 압도하고 상업적인 기업가들의 주장을 대변하기 위해서 새로운 불법행위법, 계약법, 재산법을 전략적으로 안출했다고 주장했다. 19세기 전반에 일어난 이러한 법률 쿠테타는 남북전쟁 이후의 법형식주의의 승리에 의해서 뒷받침되었으며 개발을 위한 끊임없는 탐구가 사회적 특권의 유지를 가능하게 했으며 일반적으로 대중주권을 압도했다고 주장했다.

그랜트 길모어(Grant Gilmore), 레오나드 레비(Leonard Levy)와 로버트 커버(Robert Cover)로 대표되는 '영웅학파'는 법 발전에 있어서 특정한 개인이 끼친 영향력과 인간의 조건을 결정하는 심리학적 · 철학적 문제가 생산이나 경제발전 수단보다 주체의 법률행위에 더 많은 영향을 끼친다는 것을 강조했다. '영웅학파' 학자들은 전기적 방법론을 채용하면서 특정한 법률행동가들이 개인과 법적 가치의 충돌을 어떻게 화해시켜왔는지를 보여준다. 법률주체들의 지적이고 감정적인 세계에 몰두하는 점에서 이들은 보수학파와 닮은 점이 있으나, 가치의 충돌을 강조함으로써 일관성이 없는 핵심가치를 고찰하는 데에서는 보수학파보다 유리한 입지를 가지고 있다.

앞에서 살펴본 학파들은 19세기의 자본주의 변혁에 대해서 강조하고 있는 반면에 식민지 시기나 20세기에 발생한 변화에 대해서는 관심이 부족했다. 호어위츠의 경우는 예외지만 사법사상의 내적 세계에 대해 영향을 미치는 정치적 · 경제적 · 사회적 동력을 강조하는 비판법학파가 있다. 경제결정론자로 불리는 호어위츠는 법관과 법학자들의 정신세계를 해체하려고 상당히 노력했다. 브루스 에커만(Bruce Ackerman)은 법질서에 급격한 변혁을 가져온 역사적 순간을 발견하기 위해서 경제적 해석을 우선시할 필요는 없다고 주장했다. 또 마이클 클라먼(Michael J. Klarman)은 대법원의 판결이 사회변화를 가져온 경우가 드물었으며 종종 원치 않는 결과를 초래했기에 이른바 위대한 판결이라는 것은 결국 유명무실하다고 주장했다.

이상에서 살펴본 바와 같이 미국법사의 흐름을 보면, 법 정책에 영향을 미친 경제적 요소들이 우선적으로 강조되었으나, 법관과 입법자들은 다양하고 광범위한 요소들을 함께 고려하여 실질적인 선택범위를 확대함으로써 제한적인 상황에서도 인간의 자유를 확대시켜왔다. 그러나 견제받지 않은 경제적 확대는 값비싼 사회적 비용을 초래했으며, 인간 자유의 확대는 다른 사람의 희생으로 확보되었다는 것을 잊어서는 안된다.

제2차대전 이후 미국법이 세계에 미친 영향은 로마법이 다른 세계에 미친 영향과 비견된다. 한국에서도 미국식 법학교육방법의 도입을 앞두고 있는 시점에서 미국법 공부의 필요성은 절실하다. 그런 점에서 라드브르흐(Gustav Radbruch)가 법학입문(Einführung in die Rechtswissenschaft) 에서 "자신의 방법론만을 가지고 연구하는 학문은 병든 학문"이라 말한 것은 음미해볼만한 것이다. 오늘날 라드브르흐가 말한 의미에서 병든 학문이 있다면 이는 법학 전반일 것이다. 타자와 자신을 비교해봄으로써만이 인간은 타인과 자신을 구별할 수 있으며 자신이 누구인지를 발견하여 나아갈 바의 지침으로 삼을 수 있다. 핵심가치의 충돌이 발생했을 때 정치적 합의에 이르지 못한 채 사법부의 심판을 청구하는 정치의 사법화 현상은, 한국뿐만 아니라 미국에서도 일어나고 있는 세계적인 현상이다.

최근 한국에서는 무소불위의 사법부를 견제하고 대중주권을 실현하는 방법으로서 배심제도의 도입을 시도하고 있으나, 민주주의의 발상지인 아테네에서 기원전 399년에 소크라테스를 처형한 것은 배심재판을 실시한 민주정이었다는 사실을 되새겨야 한다. 배심에 의한 재판도 중요하지만 사법부의 기능을 독립적으로 유지하기 위해서는 법관 임용방법을 민주적인 선거절차와 지명방법을 혼합하여 개선하는 것이 무엇보다도 중요할 것이다. 이 모든 문제들을 되새겨보기 위해서 우리는 미국법의 역사를 거울 삼아 반성해 보는 것이 필요하다.

지금 세계는 역사상 유례가 없는 금융자본주의의 위기를 겪고 있으며 이러한 위기를 초래한 자유시장주의는 엄청난 구제금융의 투입과 정부 개입의 길로 내몰리고 있다. 이런 문제점을 해결하기 위해서는 위기입법과 비상대권이 요구되기도 한다.

금융자본주의 위기의 진원지인 미국에서는 역사상 최초의 흑인 대통령이 당선되었다. 브라운(Brown v. Board of Ed. of Topeka, 1954) 판결에서 흑인의 권리가 법적인 평등을 획득한 이래로, 제도적으로나 정서적으로나 명실상부하게 진정한 평등을 획득하기까지는 또 다른 반세기가 걸렸다. 이렇듯 절차적인 평등이 실체적인 평등으로까지 전개되려면 많은 시간이 소요되었음을 명심해야 한다. 그리고 이러한 평등 이념의 현실화는 제도 자체보다 이를 운영하는 사람들의 공정성에 힘입고 있다는 것을 미국법사로부터 배울 수 있기를 기대한다.

이 책을 나오기까지 학문적 3대가 이어졌다. 1956년 미국무성 초청으로 유학하시고 법현실주의의 새로운 학문적 방법론을 소개하셨던 의당 장경학 박사님과, 일찍이 미국법에 관심을 갖고 특히 1980년 미국에 연구교수로 다녀오신 후 '불법행위법에 관한 제2차 리스테이트먼트'의 성과를 한국에 전파하셨던 남송 한봉희 교수님의 선구적인 업적과 가르침이 없었다면 지금의 결실을 거두지 못했을 것이다. 두 분께 진심으로 감사드린다.

2009년 3월

손세정

제2판 서문

커미트 홀(Kermit Hall)은 노스캐롤라이나 주립대학교의 교무처장으로 재임중인 1999년에 제2판의 공동 저자로 나를 참여시켰다. 우리는 어떠한 종류의 변화가 적절한지를 논의했고 이를 연구하기 시작했다. 그 뒤 6년에 걸쳐 나는 200쪽 이상의 개정안을 그에게 보냈다. 우리는 이와 관련된 내용과 여러 생각들을 전자우편과 전화로 교환하고 학술회의에서 직접 만나서 대화를 나누었다.

2000년 커미트는 유타 주립대학교의 총장이 되었고 2005년에 알바니 뉴욕 주립대학교의 총장이 되었다. 이러한 직책을 수행하는 데에는 엄청난 시간과 정력이 필요했다. 그럼에도 불구하고 그는 계속해서 다른 수많은 학술활동을 했다. 1989년(《매직 미러*The Magic Mirror*》가 처음 출판된 해) 이래, 그는 **《국가적 정의와 지역법: 플로리다 연방 지방법원의 사회사*National Justice and Regional Law: A Social History of the Federal District Courts of Florida*》**를 저술했고, 연구논문인 **《지방법원에서 전국법원으로: 플로리다 연방 지방법원, 1821년에서 1990년까지*From Local Courts to National Tribunal: The Federal District Courts of Florida, 1821 to 1990*》**를 에릭 라이즈(Eric Rise)와 공저했으며, 케네디 암살과 관련한 문헌들을 조사하기 위해 위원회의 의장으로 러시아를 방문했으며, 국가기록보관소에서 케네디 암살을 주제로 한 **《백**

서*papers*》를 공동편집했다. 청취용 '휴대용 교수' 시리즈에서 헌법사인 **《정의의 실현*Shaping Justic*》**에 대해 8시간의 강의를 녹음했고, **《미국법사: 사례와 자료집 *American Legal History: Cases and Materials*》**의 다음 판을 공동편집했으며, '미국 민주주의 제도들' 이라는 시리즈에서 **《사법부*The Judical Branch*》**를 케빈 맥과이어(Kevin McGuire)와 공동편집했고, **《미국 연방대법원 판결에 대한 옥스퍼드 안내서 *The Oxford Guide to United States Supreme Court Decisions*》**와 **《미국 대법원에 대한 옥스퍼드 안내서*The Oxford Companion to the Supreme Court of The United States*》**를 출판했으며, **《미국 헌법사의 주요 문제점, 역사적이고 정치적 전망에서 워렌 대법원, 헌법주의와 미국문화*Major Problems in American Constitutional History, The Warren Court in Historical and Political Perspective, Constitutionalism and American Culture*》**, **《미국법에 대한 옥스퍼드 안내서*The Oxford Companion to American Law*》**의 초판을 공동편집했으며, 옥스퍼드 대학출판사에서 나온 미국 헌법사의 기념비적 연구논문인 《법 앞의 평등*Justice Under Law*》과 《미국 사회에서 대법원*Supreme Court in American Society*》 시리즈의 편집주간을 역임했다.

커미트는 자신의 훌륭한 이력의 정점에서 사우스캐롤라이나에 있는 가족 별장 근처에서 2006년 여름 이 책의 개정작업에 돌입했다. 그 해 그가 사망한 뒤 한 달 정도 있다가 알바니에 있는 그의 연구조교인 로버트 와그너(Robert Wagner)는 커미트가 생전에 시작했던 개정작업의 내용을 나에게 제공했다. 그 당시 나는 와그너와 함께 이 책의 개정작업을 마무리하기 위해 해야 할 일에 대해서 충분한 논의를 거친 뒤 필요하다고 생각한 내용과 커미트가 추가하자고 했던 내용을 마무리했다. 일부를 다시 고치거나 쓰는 동안 나는 커미트의 능숙한 배열방법을 지속적으로 떠올렸다. 책 내용의 대부분은 고칠 필요가 없었다. 나는 35년이 넘도록 훌륭한 학문적 동료들과 교분을 쌓아왔지만 커미트 홀만큼 존경스럽고 친근감이 있는 사람은 없었다. 21세기의 독자들을 위해서 나에게 《매직미러*The Magic Mirror*》를 개정할 기회가 주어진 것에 대해서 영광스럽고 기쁘게 생각한다.

《매직미러*The Magic Mirror*》 제2판과 초판 사이의 가장 중요한 차이에 대해서 일부 언급하고자 한다. 미국사에 있어서 법에 대한 저항(건국 초기 수십 년 동안 대법원의 판결에 대한 반동으로서 주의회와 법원으로부터의 저항이나, 인기가 없는 의회나 법원의 판결에 대한 반동으로서 일반대중으로부터의 저항), 자치기구(광부의 법원과 증권과 상품거래소와 같은)의 관습법, 인디언과 그들의 관습법, 그리고 새로운 이주민들의 법률에 대한 이들의 투쟁에 개정판에서는 더 관심을 기울였다. 그리하여 이 개정판에는 그동안 유행했던 '법과 사회', '법과 인류학', '법과 경제학' 적 전망 이외에 추가적인 관심이 들어가 있다. 나는 지난 16년 동안의 학문적 성과에 대해서 특히 노예제, 공공수용, 생활방해, 계약, 기업법, 불법행위법, 법정 외의 화해, 증권, 노동, 법률교육, 이민규제, 연방소송법, 형사법에서 '재량' 의 역할과, 렌퀴스트 대법원장 재임 시절에 일어난 헌법상 중요한 방향전환에 관해 가능한 한 많이 포함시키려고 노력했다.

옥스퍼드 대학출판사는 최종본에 포함된 몇몇 유용한 제안을 했던 독자에게 수정된 원고를 보냈다. 나는 이 책을 개정하면서 받았던, 로버트 와그너, 티모시 훼브너(Timothy Huebner), 베르너 트뢰스켄(Werner Troesken), 밥 도허티(Bob Doherty), 조나단 루리(Jonathan Lurie), 크리스토퍼 본노(Christopher Bonneau)와 데이비드 메이어(David N. Mayer) 교수, 옥스퍼드 대학출판사의 브라이언 휠(Brian Wheel)과 피츠버그 바코 법률도서관의 마크 실버만(Mark Silverman)의 상담과 도움에 대해서 감사하게 생각한다.

피츠버그 대학교 2007년 10월

피터 카스텐

제1판 서문

이 책은 실제에 있어서 미국 법률문화와 법의 역사에 관한 것이다. 이는 실체법에 대한 기술적인 역사나 공사법의 판례법 발전에 대한 본격적인 연구서는 아니다. 그러한 중요한 작업은 앞으로의 과제이며, 확실히 법률의 기술적인 내용을 잘 이해하고 있다면 미국 법률문화에 대해서 더 잘 알 수 있게 될 것이다. 그러나 이 책은 그와 다른 목적을 가지고 있는데, 이는 미국 법률문화에서 주요한 발전과 더불어 오랫동안 있어왔던 법과 사회의 상호작용을 밝히려는 것이다. 그리하여 앞으로 다룰 내용은 영국인이 정착한 때부터 현재까지 사회, 경제 그리고 정치적인 발전과 함께 법률에서 일어난 변화가 무엇이었는지를 밝히는 것이다.

이 책은 통합과 해석에 관한 것이다. 나는 이 책에서 미국 법률문화의 발전에 대한 지금까지 이루어진 훌륭한 성과를 반영하려고 노력했다. 이러한 책이 저술될 수 있게 된 이유 중 하나는 제2차대전 이후, 특히 1960년대 이후 법사에서 공사법, 법률제도와 사법제도, 법에 대한 태도와 가치에 대한 연구와 저술이 폭발적으로 늘었기 때문이다. 그러나 앞으로의 과제도 남아있다. 국가의 법사에 대한 우리의 지식에 커다란 간극이 있다. 우리는 실체적인 형법의 역사를 잘 알지 못하고 있고 단지 계약법, 불법행위법과 소송법의 연구가 시작 단계에 있을 뿐이다. 우리는 의료과오, 살인과 과속

사건과 같이 정의(正義)를 할당하는 수많은 하급심에서 일상적으로 이루어지고 있는 기업활동보다는 대법원의 기능에 대해 훨씬 많이 알고 있다. 법사가들이 법원과 법관의 역할과 의의에 대해서 큰 관심을 보이고 있는 데 반해서, 다른 규제기관과 행정법의 발전과 그 의의에 대해서는 충분한 연구가 이루어지지 않고 있다. 미국 역사가들은 제임스 윌러드 허스트(James Willard Hurst)의 거듭되는 훈계에도 불구하고 입법부—미국제도에서 가장 커다란 입법상 권위를 가지는 원천의 하나—를 법률적인 실체보다는 정치적인 실체로 다루고 있다. 우리는 19세기 법률문화에 대해서는 많은 것을 알고 있지만 17세기와 18세기 미국법의 기원과 20세기에 형성된 법률문화의 의의에 대해서는 잘 모른다. 지난 10년 동안 그와 같은 역사에 대해서 많은 관심이 있었고, 특히 루이지애나 주와 일반적으로는 남서부 주에 있어서 대륙법의 역사에 관심이 많아졌으나, 우리는 아직도 보통법에 대한 대륙법의 공헌에 대해서 어렴풋이 알고 있을 뿐이다. 남부와 서부에서의 법률 발전을 다루는 중요한 연구성과가 새로 나오고 있기는 하지만, 훌륭한 연구업적은 뉴잉글랜드, 대서양 중부, 중서부 주의 하나인 위스콘신 주에 초점을 맞추고 있다. 간단히 말해서 미국 법률문화를 종합적으로 서술하려는 노력은 커다란 가설을 세우는 것인데, 이는 주제의 범위 때문이 아니라 역사가들이 권위를 가지고 그 과거를 탐구하기 이전에 할 일이 너무나 많이 남아있기 때문이다.

우리가 발전하기 위해서는 과거를 평가하려는 노력을 기울여만 한다. 우리가 알고 있는 많은 지식을 통합하려고 노력해야 하고 그렇게 함으로써 미래의 학자들이 새로운 안목으로 기존의 가정들을 점검하도록 유도해야 한다. 물론 이 책이 그러한 통합을 시도한 최초의 노력은 아니다. 1973년 초판이 나온 뒤에 1985년 일부 개정한 2판이 출간된 로렌스 프리드먼(Lawrence M. Friedman)의 《미국법의 역사*A History of American Law*》는 지금까지 알려진 미국 법률문화사에 대한 요약을 대담하게 시도한 역작이었다. 모든 법사가들은 프리드먼에게 많은 신세를 지고 있다. 그는 미국법의 광범위한 법사회학적인 역사를 구축하는 데에서 중요한 역할을 했다. 이 책도 물론 그와 같은 방법론을 따라 저술했다. 따라서 이 책도 역시 법과 사회에 대한 내용을 담고 있다. 게다가 그 한계에도 불구하고 이 책은 프리드먼의 선구적인 업적에 힘입은 바 크다. 비록 프리드먼의 연구 방법론과 비슷하지만 이 책은 미국 사학계의 주류에 훨씬 가깝고 20세기에 대해서 좀 더 체계적으로 다루고 있다는 점에서 그 체계가 완전히 다르다. 제목이 암시하고 있는 바와 같이 전체적으로는 엄격한 미국법사라기보다는 미국역사에서의 법에 관한 책이다. 이 책은 또한 공사법, 형벌제도와 사회통제, 소수의 권리와 다수의 통제, 정치권력과 법률의 합법성에 관한 주제를 프리드먼보다 훨씬 더 명시적으로 통합해서 다루고 있다.

처음 이 책을 저술하기로 했을 때는 이 일이 그다지 어려운 일이라고 생각하지 않았으나 막상 저술을 시작하고 보니, 수많은 법률자료로부터 일반화를 도출하려고 노력한 프리드먼의 통합적 노력에 대한 존경심을 갖게 되었고, 내 경우에는 할 일이 너무 많이 남아있다는 생각이 들어서 상당한 겸양지심을 배우게 되었다.

이 책을 저술하기까지 많은 좋은 친구들의 도움을 받았다. 이 책을 완성하기까지 여러 해가 소요되었기 때문에 많은 친구들이 원고더미에 묻혀 피로에 지친 내 모습을 목격했을 것이다. 처음 내게 이 책의 집필을 제안했던 옥스퍼드 대학 출판부의 낸시 레인(Nancy Lane)은 아마도 내가 이 책을 좀 더 빨리 끝냈으면 하고 바랐을 것이다. 그녀는 상당한 인내심과 커다란 호의를 베풀어주었으나 필요할 때는 재촉하기도 하며 든든한 후원자 역할을 한 편집자였다. 나는 여러 친구들로부터 많은 것을 배울 수 있었다. 존 존슨(John W. Johnson), 폴 머피(Paul L. Murphy), 그리고 제임스 엘리 주니어(James W. Ely, Jr.)는 원고를 전부 읽고서 터무니없는 많은 실수를 교정해주었고 소중한 해석적 통찰력을 제시해 주었다. 데이비드 콜번(David Colburn), 아우구스투스 번스 3세(Augustus Burns III), 그리고 제프리 아들러(Jeffrey Adler)는 원고의 여러 부분을 읽고 논평했으며, 특히 번스는 무미건조한 문체에 생기를 불어넣어주었다. 로라 칼먼(Laura Kalman)은 20세기에 관한 모든 원고를 읽고 논평해주었으며, 내가 자료의 많은 부분을 다시 생각하고 재구성하도록 도와주었다. 멜 레플러(Mel Leffler)는 언제나 든든한 후원자였다.

그러나 여러 기관의 도움이 없었더라면 이 책은 여전히 내 마음속에서만 희미하게 빛나고 있을 것이다. 플로리다 주립대학교의 법대학장인 제프리 루이스(Jeffrey Lewis)는 집필장소와 자료들을 제공해주었고, 플로리다 주립대학교 법률정보센터의 릭 도넬리(Rick Donnelly), 밥 문로(Bob Munro), 그리고 팜 윌리엄스(Pam Williams)

는 무제한으로 자료를 이용하게 해주었다. 플로리다 주립대학교 사학과의 학과장인 데이비드 콜번(David Colburn)은 학문연구와 특히 법률사 연구에 대해서 격려하는 분위기를 조성해주었다. 이 책을 전체적으로 다시 집필한 것은 미국변호사협회에 방문교수로 1년을 지내면서 이루어졌다. 나는 협회의 귀한 자료를 이용할 수 있게 허락해 준 잭 하인즈(Jack Heinz)와 빌 펠스티너(Bill Felstiner)에게 큰 신세를 졌다. 그곳에 머무른 동안 20세기 법률사에 관한 상당한 지식을 아무런 대가 없이 내게 제공한 레이 솔로몬(Ray Solomon), 스티븐 대니얼스(Stephen Daniels), 로리 앤드류스(Lori Andrews), 밥 넬슨(Bob Nelson), 그리고 데이비드 라반(David Rabban)의 훌륭한 지적 후원에 힘입은 바 크다. 존 플루드(John Flood)는 시카고에 머무르는 동안 하루도 거르지 않은 (그리하여 건강유지에 도움이 된) 스쿼시 경기의 상대였다.

지금까지 언급한 모든 사람들과 기관들에게 깊은 감사와 존경을 나타내고자 한다. 이 책의 내용이 충실해진 것은 이들의 도움 덕택이며 어떠한 실수나 해석의 오류에 대해서는 전적으로 나에게 책임이 있음을 알려둔다.

플로리다 게인스빌　1988년 3월

K.L.H.

서론

법사란 무엇인가? 매직미러

"법이라 부르는 추상적 개념은," 언젠가 대법관 올리버 웬들 홈즈 주니어(Oliver Wendell Holmes, Jr.)가 말하기를, "우리 자신의 삶뿐만 아니라 지금까지 살았던 모든 사람들의 삶을 반영해서 보는 매직미러(Magic Mirror, 매직미러)이다!"라고 한 적이 있다.[1] 홈즈는 이 매직미러가 역사가들에게 이전 세대의 윤리적인 명령과 사회적인 선택들을 탐구할 수 있는 기회를 제공하는 것으로 믿었다. 이 책은 매직미러가 우리에게 보여주는 것에 관한 것으로, 독립된 주제로서 그리고 우리 사회사의 일부로서 법, 헌법, 법률제도와 법치주의 이념을 다룬다.

오늘날 법에 관한 정의는 사회와의 연관성을 크게 강조한다. 사전에서는 매우 직접적으로 법을 "공동체나 국가에서 사람들의 문제를 다루기 위해 권위나 사회 관습에 따라 확립된 규칙"이라고 정의한다.[2] 법학자 도널드 블랙(Donald Black)은 좀 더 간략하게 정의한다. 그는 법을 "정부의 사회통제"라고 말한다.[3] 결론적으로 법은 사회적 선택의 체계로서 정부가 자원의 할당, 무력의 합법적인 사용과 사회적 관계의 체계화를 제공하는 것이다.

이와 같은 단순한 정의는 한 가지 공통적인 요소를 가지고 있다. 이들이 사회적인 맥락에서 법을 정의하고 있다는 점이다. 사회가 없이는 법이 필요 없고 법이 없이는 사회를 영위할 수 없다. 개인과 정부를 위한 행위의 준칙들은 사회질서에 영향을 미칠 뿐만 아니라 영향을 받음으로써 역사적인 의의를 가진다. 홈즈의 매직미러로 되돌아보면서, 자신들이 중요하다고 생각한 가치나 도덕적인 원칙들에 영향을 미치기 위해 이전세대들이 법을 어떻게 이용했는지를 알아보고 역사적 의의에 대한 답을 찾고자 한다. 물론 우리는 법을 법률가와 법관들만이 이용할 수 있는 복잡한 것으로 생각하는 경향이 있다. 그러나 법의 내재적인 운용은 역사적인 이해에 끝이 아닌 시작을 제공한다.

법사학자인 로렌스 프리드먼이 말한 것처럼 우리는 이러한 문제들에 대해서 다소 단순하게 생각할 수 있다.[4] 법은 다양한 규칙들을 포함하고 있는 블랙박스로 볼 수 있다. 이러한 규칙에 관한 연대기적인 발전을 조사함으로써 미국법의 있는 그대로의, 내재적인 역사를 산출할 수 있을 것이다. 1960년대 중반까지 법사를 다루는 대부분의 저자들은 그와 같은 방법으로 작업해왔다. 이러한 접근방법은 법의 복잡성과 신비감을 확증하는 원치 않는 결과를 가져다주었고, 블랙박스가 모든 것을 예언하는 역할을 하도록 만들었다.

그러나 법은 다른 방식으로도 이해할 수 있다. 중요한 것은 박스에 어떤 내용이 들어 있는가뿐만 아니라 그 내용이 봉사하고자 한 사회에 어떠한 결과를 가져오느냐이다. 박스 안에서 무슨 일이 발생하고 왜 그렇게 되었는가를 아는 것이 흥미있는 지적활동이라 하더라도, 그것이 기여하는 외부세계에 대한 의의를 이해하지 못한다면 무슨 소용이 있겠는가? 지난 수십 년 동안 법의 **외재적인** 역사에 대한 관심이 크게 고조되었다. 법사가들은 여전히 박스에 무엇이 들어 있는지도 알아야 하지만 그 내용들이 어떠한 관련성이 있는지에 대해서도 연구해야 한다. 우리는 단순히 무엇이 법이었는가를 알기보다는 법이 어떻게 운용되어왔고 실패했는가, 혹은 그것에 영향을 준 것은 무엇이었는가에 따라서 법을 알고자 한다.

법사에 대해 외재적인 접근방법을 취하는 것에는 또 다른 이유가 있다. 법은 결국 인간의 제도이고, 그 역사는 인간의 선택에 관한 이야기이다. 추상적인 준칙은 생명보전, 재산보호, 개인의 자유실현, 창조적 지식의 조형 및 희소자원의 할당과 같은 가장 중요한 인간의 문제를 다루고 있다. 그리하여 법에서 마주치는 모든 내용은 개인적이고 인간적인 내용들이었다. 그 역사는 책임질 사람을 정하고, 범죄행위를 예방하며, 범법자를 처벌하고 사회적으로 가치 있는 일을 격려하기 위한 국가의 노력에 대해서 개인들이 대응하고 발전해온 기록이다.

대법관 홈즈가 이해한 바와 같이 법은 사실 문화적인 유물이며 사회의 도덕적인 기탁금이다. 왜냐하면 법의 생명은 개개의 생명을 넘어서 영위되고 있고 그 의미는 사회의 가치에 도달하기 때문이다. 그리하여 우리는 법을 집행하고 이를 준수하며 생활한 개인을 통해서만 알 수 있는 것은 아니다. 우리는 법치주의를 진부한 것으로 여겼고 법의 내적 논리와 규칙, 그 제도와 과정들을 무시함으로써 법에 대한 상반된 견해를 이해할 수 있는 기회를 잃어버렸다. 이 책은 미국법의 내재적이고 외재적인 역사에 대한 생각을 북돋우고자 한다.

법률제도의 요소

이 책은 미국 사회에 있어서 규칙과 그 존재에 관한 것 이상을 다루고 있다. 이 책은 법이 역사적으로 운용되어 왔던 구조 및 제도, 절차에 관한 것뿐만 아니라, '법률'이 수세기에 걸쳐 영향력을 행사했던 대중적 규범과 가치라는 관습에도 관심을 가지고 있다. 이러한 법률제도의 구성 요소—연결조직—는 그 구조, 실체와 문화였다.

구조

제도와 이를 운용해왔던 수단들이 미국법의 체계를 이루고 있다. 대부분의 사람들은 '법률' 기관에는 어떤 것이 있는지 질문을 받는 경우 의심할 나위 없이 '법원'이라고 답할 것이다. 우리 대부분은 법이라고 하면 법정에서 원고와 피고를 변호하는 변호인들 간의 드라마틱한 변론과 법관과 배심의 역할이 중요한 당사자주의 재판제도를 떠올릴 것이다. 그러나 이러한 견해는 불필요하고 오해의 소지가 있는 협소한 것이다.

법의 공식적인 형성은 법원이나 법률가에게서가 아니라 입법부, 행정기관과 행정부로부터 나오는 것이다. 미국법사에서 법원은 일반적으로 수동적인 기관이었다. 사법권에 대한 가장 큰 제한은 사건이 사법부에 도달할 때까지 소송을 기다린 뒤에야 사법부가 문제를 판단할 수 있다는 점이다. 비록 법원은 위헌법률심사 과정을 통해 법이 무엇인지 결정할 권한을 점차 발전시켜왔지만 다른 한편 입법자, 행정부와 행정가들은 입법과정에서 대부분 주도권을 가지고 있었다.

게다가 지방의 분쟁들은 정기적으로 법관과 배심 앞에서 심리되었지만 거의 대부분의 분쟁은 관련 당사자를 대표하는 변호인들이 해결했다. 대부분의 분쟁은 '법'의 영역(경찰, 법률가나 치안판사의 영역)으로 들어오지 않았다. 사람들은 공식 재판절차를 의뢰하지 않고 재산법, 계약법, 불법행위법, 실제로는 형사법과 잠재적으로는 '헌법상' 문제에 이르기까지 대부분을 해결할 방법을 가지고 있었다. 예를 들어, 기업 경영진은 종종 수요가 줄어드는 경우 공급업자가 "당신은 이런 식으로 우리 계약을 위반할 수 없다. 나는 제소하겠다"라고 반응할 위험 없이 정기 부품 공급업자에게 "다음 달 주문 취소"를 요구해왔다.[5] 마찬가지로 이웃끼리는 경계선, 관목이나 울타리, 무단침입한 동물이나 수로에 대한 분쟁을 법에 호소하지 않고 해결하는 경향이 있었다.[6] "자동차 접촉사고"는 일반적으로 본인이 직접 해결하거나 이러한 사고에 대해서 '무과실'의 입장(보험약관에서 정하고 있는 금액이나 횟수를 초과한 가입자를 제외하고)에서 취급하는 경향이 있는 보험회사에 인계해 처리해왔다. 경찰이 '무단횡단'과 같은 경범죄에 벌금을 부과하는 경우는 매우 드물었다. 역사가들은 비교적 최근에서야 다른 사람들과의 거래에서 공식 법률절차를 우회하거나 완전히 무시하는 사람들의 경향에 대한 증거를 수집하기 시작했다. 이러한 '법적 인류학적' 증거가 우리의 매직미러에서 중요한 의의를 가지는 것처럼 앞으로 취급할 문제와 연관성이 있는 증거에 대해서는 언급했다.

또한 법체계는 가족, 사적 결합체와 무역협회와 같은 비공식적 · 비정부 기관도 포함해왔다. 게다가 일부의 경우 이러한 비정부적 · 비공식적 단체들은 그들 스스로의 절차를 발전시켜왔다. 예를 들어, 19세기 말 로버트 절차법의 발전을 보면 사적이고 비정부적인 단체운용에 절차법을 적용하려고 노력했다는 것을 알 수 있다.

그러나 이 책은 법률체계에 관한 형식적이고 통치적인 구조에 초점을 맞추고 있다. 법사의 목적은 사회적인 선택이나 사회통제에 관한 모든 것을 설명하려는 것이 아니다. 미국 법제도의 특징은 형식적인 구조에 의존한다는 점이며, 이에 미국법사의 주요한 관심인 사회에서 형식적인 구조의 위치에 대한 이해가 필요하다.

실체

형식적인 법체계의 운용은 실질적인 결과를 가져왔다. 실체는 올리버 웬들 홈즈 주니어가 말한 법률제도의 '도덕적 기초'를 의미하는 것이다. 예를 들면, 살인금지, 교섭 당사자간 합의의 존중, 피해자에 대한 손해배상, 과실과 책임원리의 확립과 같은 것은 법체계가 만들어낸 제1차적 법리이다. 법제도의 실체는 사법부가 판결한 내용 이상의 것을 포함하고 있다. 이는 국회를 통과한 법, 행정명령과 연방, 주와 지방자치단체에서 공포한 행정규제까지도 포함하고 있다. 이는 법체계에 편입된 문화적이고 도덕적인 가치의 범위에 관한 직접적인 내용을 제공한다. 법체계의 이러한 실질적인 결과는 그 자체로 측정될 수 있다. 매년 얼마나 많은 중죄가 유죄답변의 합의를 이루었는가? 1950년대와 1960년대 학교차별 금지나 학교에서 예배금지 판결의 결과로서, 남부의 교육위원회(혹은 그 문제에 대해서 다른 지역)는 얼마나 광범위하게 지금까지 그들의 관행을 실제로 변경했는가?

법체계와 실체 이 모두는 지금까지 여러 모습을 띠고 있었다. 지금까지 단 하나의 미국법체계만 있었던 것이 아니라 거기에는 교체와 일탈이 있었다. 유럽인들의 정착이 시작된 때부터 법제도의 실체는 연방, 주와 지방의 많은 법정을 통해서 발전해왔다. 지리와 인문은 법제도의 실질적인 결과에 있어서 다양성을 북돋아주었을 뿐만 아니라 연방주의라는 개념을 통해 미국헌법도 이를 도왔다. 1787년 필라델피아의 헌법 기초자들은 단일 중앙정부를 탄생시켰으나 전국적으로 적용되는 국내법을 만들지는 않았다. 오히려 연방주의 원칙은, 각 주는 주권의 중요한 요소를 저마다 가지고 있으며 필요한 경우에 각자 주권의 범위 안에서 스스로를 위한 법을 제정할 수 있음을 인정했다. 각 주는 건강, 안전, 도덕과 복지문제를 다룰 수 있는 복지권능이라는 이름 아래 권한을 가진다. 한편 연방정부는 전쟁과 평화, 외교관계, 각 주와 외국과의 무역과 같은 국가적인 관심사에 포괄적인 책임을 가지고 있다. 이러한 이중구조는 각 주가 19세기 전반에 걸쳐 법제도의 대부분을 발전시킬 여지를 남겨두었다. 법은 누구에게나 똑같은 것이 아니라 각 주마다 중요한 차이를 드러내고 있다.

문화

미국 법제도의 세 번째 요소인 법문화는 한마디로 정의하기 어렵다. 법문화는 법의 운용과 인식을 형성해왔던 가치, 태도와 전제들의 합체이다.

법문화는 두 가지 요소를 지닌다. 첫째로 이는 이데올로기의 표현이다. 사람들은 종종 어떻게 세상이 운용되어야 하는지와 운용되는가에 대해서 강한 주장을 가지고 있고, 이러한 믿음은 법제도에 영향을 미쳐왔다. 이것이 바로 왜 법제도에서 훌륭한 사람이 법에 대해서 무엇을 말했는지가 중요한가를 설명해준다. 이데올로기는 앞으로 일어날 것에 대한 진술이고, 지금까지의 일을 합리화하는 것이다. 둘째로 법문화는 개인과 단체의 이익에 대응하면서 발전해왔다. 미국 역사가들은 역사적 행위에 결정적인 역할을 한 요소가 이념인지 이익인지에 대해서 끝없이 논쟁해왔다. 미국 법제도 안에 있는 사람들은 자기의 신념이나 현실적인 조건의 결과로서 행동해왔는가? 혹은 이념과 이익이 서로 혼합되어있어, 이를 구분하려는 것이 혼란을 더 부추겼는가? 사람들이 지금까지 자기가 처한 현실에 따라 법제도에 무엇을 기대할지, 그리고 그것을 어떻게 바라볼지를 결정해왔다는 것에는 의심의 여지가 없다. 예를 들어, 재산소유, 사회계층, 부와 인종문제는 개인에게 법으로 보호받을 수 있는 구체적인 이익을 제공한다. 일부 재산 소유자에게 유익했던 것이 반드시 다른 사람들에게도 유익한 것은 아니다.

이데올로기와 이익의 실현을 거쳐서 형성된 법문화는 미국에서 법제도의 주류를 형성해왔다. 구조와 실체는 체계의 제도적인 표현이다. 법문화는 다른 두 요소의 발전에 대응하면서 이들을 자극하는 역할을 해왔다. 미국역사에서 이익과 이념의 다양성은 법제도의 목적이 무엇인지에 대한 논쟁을 유발해왔다. 다양성은 불일치를 발생시켜왔으며 우리 역사에 있어서 법치주의의 중요성에 대한 하나의 척도는 그것이 의견의 합의를 증진하는 데에 기여한 정도이다.

법 적응의 성질, 방향과 속도가 이 책의 중심과제 중 하나이며 이는 또한 법치주의의 효과를 측정하는 척도이기도 하다. 법치주의는 우리 문화의 가장 중요한 개념 중 하나이며 서구문명의 가장 위대한 장점 중 하나이다. 그 기원은 로마시대로 거슬러 올라가지만 인문주의적 이성주의의 도래와 함께 17세기에 시작된 것이 오늘날의 모습을 갖추게 된 것이라고 볼 수 있다. 법치주의는, 그 자체의 논리와 자치권을 가진 인간과 정부의 행동을 다루는 절차와 준칙이 존재한다는 것을 의미한다. 법치주의—원한다면 준칙에 의한 지배—는 중립적이고 공평한 권위 앞에 모든 사람들을 평등하게 대우할 것을 제안했다. 그 합법성은 자의적인 행사로부터 벗어난 이성적 토대에 이를 적용할 가능성에서 기인한다. 사회적 지위, 정부의 직책, 출신성분, 부와 인종의 문제는 이상적으로는 법체계와는 전혀 관계없는 것이다. 18세기와 19세기에 정의에 대한 이해는 추상화되었다. 정의를 실현하는 것은 절차적으로 정당한 방법으로 법을 집행하는 것이고 이와 같은 법집행에 대한 관심은 어떤 분쟁에 대해 합리적이고 적절한 결론을 보장하기 때문이다. 법치주의는 권위를 가진 사람들—경찰, 입법자와 법관—이 이를 준수하도록 하는 것이다. 이는 공평하고, 공정하며 평등한 대우를 약속했다. 모든 사람이 똑같은 대우를 받도록 하기 위한 것이었다.[7]

법치주의가 실제로 이러한 방법으로 운용되어왔는지에 대해 법사가들의 의견은 크게 나뉜다. 비판법 연구운동과 관련되었다고 알려진 일부 학자들은, 법치주의는 속임수였다고 주장한다. 존 헨리 슐레겔(John Henry Schlegel)이 말한 바와 같이 **"법은 말그대로 정치이다."**[8] 우리의 법률제도에 대해 이러한 비판적인 태도를 취하는 비평가들은 법이 단순히 자본주의 사회 지배계급의 지배를 영구화시키는 가장 강력한 공식 장치를 제공했다고 비판한다. 법은 엘리트가 사회적인 헤게모니를 달성하도록 비도덕적인 장치를 제공하고 있다. 이러한 상황에서 위와 같은 역사가들은 다음과 같이 설명한다. 소수자—흑인, 인디언, 여성과 가난한 백인 노동자계급—들은 착취당해왔으며, 공평성과 공정성이 부족했을 뿐만 아니라 법치주의는 노골적인 계급억압을 은폐해왔다고 말이다.

이와 다른 해석은 전혀 다른 결론에 이른다. 20세기 미국의 가장 위대한 법사가인 윌러드 허스트로 대표되는 다원적 합의론자들은 미국의 지정학적인 크기와 인구의 다양성에 주목해, 추상적인 법치주의는 경제성장을 촉진하고, 표현과 반대의 자유를 보장했으며, 정부의 권위를 제한해왔다는 입장을 취하고 있다.[9] 이러한 해석에서 보면 법은 이해상반에 놓인 자들이 자신의 목적을 달성하는 데에 충실한 중개자 역할을 해왔다. 복잡한 사회이익이 충돌한 결과 역사적인 대규모 부유 중산층이 등장했다. 허스트의 모델에서 다원적 사회이익이 충돌한 결과는 과거 봉건시대의 유럽에서보다 훨씬 많은 사람들에게 새로운 기회를 제공했다. 이 책은 미국역사의 경험에 대한 순응적인 태도를 포착하기 위한 해석이나 그 속에 내재된 강력한 모순을 포착하기 위한 것은 아니라는 것을 밝혀둔다.

사법과 공법

모든 법은 국가권력이 뒷받침하는 사회적 선택의 체계이다. 그러나 국가는 이러한 선택에서 다양한 이익을 가지고 있다. 사법은 비록 공적인 법원에서 이행하지만 국가보다는 직접적으로 관련된 개인의 이익에 관한 분쟁해결을 목적으로 한다. 예를 들면, 국가는 우리가 운전하는 자동차의 속도나 이웃을 살인한 경우에 직접적인 이해를 가지지만 우리가 이웃과의 계약에서 합의를 지킬 것인지에 대해서는 단지 간접적인 이해를 가질 뿐이다. 그리하여 사법은 계약법, 재산법 및 불법행위법과 같은 실체법을 주요한 범주로 포함하고 있다. 사법은 분쟁 당사자의 성질과 직접적인 국가의 이해가 얽혀 있지 않기 때문에 사적이다.

반면에 공법은 국가가 직접적인 이해를 가지는 사회적인 선택과 관련되어 있다. 공법은 국가조직 · 국가와 이를 구성하는 사람들의 관계(합법적인 폭력수단에 대한 통제와 사회적 일탈행위에 대한 처벌을 포함해), 공무원 상호간과 대중에 대한 국가 공무원의 책임과, 국가 내 주정부 사이의 관계에 영향을 주는 준칙을 아우르고 있다. 사법과 같이 공법도 여러 분야로 나뉘어 형법, 행정법, 국제법과 헌법으로 이루어져 있다. 이 중 헌법은 헌법의 제정과 해석 그리고 헌법 아래 통과된 법률의 유효성을 다룬다.

이 책은 사법과 공법, 사법준칙과 공법원리를 다루고 있다. 비록 역사가들이 이러한 것들을 독립적인 주제로 다루고 있지만 이 책은 법률제도들이 그것들을 형성시켰던 것처럼 그리고 그것들이 법문화의 일부를 구성했던 것처럼 그들 사이의 관련성을 보여주고자 한다. 우리는 이들을 다양한 방식으로 상보적인 역할을 하는 주체로서 생각할 것이다.[10] 법률제도와 법문화는 사회의 질서유지에 공헌하고 이들은 서로의 삶에 기여한다. 양자는 법의 역사에서 매직미러(Magic Mirror, 요술 거울)를 만들어 왔다.

1

초기 미국법의 사회적 · 제도적 토대

The Social and Institutional Foundations of Early American Law

기원

17세기 초 최초의 유럽 정착민들이 북미대륙의 해안가에 도착했을 때 두 위대한 법률제도가 서구세계를 지배하고 있었다. 하나는 서유럽의 대륙법이었고 다른 하나는 영국의 보통법이었다. 미국 법률제도는 비록 대륙법보다는 보통법의 영향을 더 많이 받았지만 양자 모두로부터 계수받았다.

대륙법

로마제국은 서구문명에서 성장했던 대륙법 체계의 발전에 기여했다. 로마인들은 거대제국 전역에 걸쳐서 쉽게 복제할 수 있는 성문법으로 법을 제정했다. 서기 6세기 초 콘스탄티노플의 유스티니아누스 황제는 제국의 초기법률 대부분을 순서대로 네 권에 재론한 《로마법 대전*Corpus Juris Civilis*》에 로마법제도의 정수를 집대성했다. 유스티니아누스 황제는 제국의 쇠퇴를 염려해, 법률의 철저한 법전화가 그 도덕성을 건강하게 회복할 수 있을 것이라고 믿었다. 《로마법 대전》의 공표와 함께 황제는 옛 로마법에 대한 언급을 금지했다. 《로마법 대전》은 그 사회적 목적이 실패했음에도 불구하고 법전의 공표는 시의적절한 것이었다. 대륙법체계는 게르만의 로마 침입으로 쇠퇴하기 시작했으나 《로마법 대전》의 공표 덕택에 로마법은 비록 정교하지는 않았지만 살아남을 수 있었다.

중세에 로마교회의 수사들이 유스티니아누스 황제의 《로마법 대전》을 '재발견' 하면서, 위대한 대륙법 전통을 이어갈 수 있었다. 신성로마제국의 통치자들은 대륙법이 카이사르와 그들의 관계를 정당화시켜줄 뿐만 아니라, 서유럽에 대한 지배를 확장하기 위해 필요한 기존의 제도를 제공해주었기 때문에 이를 채택했다. 그리하여 16세기 이래 지리상의 발견에 힘입어 대륙법은 라틴아메리카와 그 밖의 프랑스령 캐나다와 미시시피 강 유역 그리고 현재의 루이지애나, 플로리다, 남서부 주, 캘리포니아의 스페인 정착지역에 전파되었다. 그러나 대륙법체계는 루이지애나와 퀘벡지역에서만 승리해 북미대륙에서 명맥을 유지하고 있다.

대륙법은 법령을 법전에 수록한 실정법체계이다. 그 명령은 주권을 가진 자 혹은 국왕으로부터 피지배자에게 직접적으로 내려진다. 그 권위는 광범위한 도덕성이나 천부적인 인격에 대한 가정에 의존하는 것이 아니라 법령을 공포할 수 있는 사람들의 고유한 권한에 따른다. 이렇게 포괄적인 법규들은 특정한 상황에 적용되는 법률이 무엇인지를 확립했다. 법관이나 법률가들에게 논쟁이 주어졌을 때 이들의 주요한 임무는 적절한 법규를 찾아서 적용하는 것이다. 대륙법체계는 영국 보통법의 전형적인 특징인 법률의 **사법적 해석**(**interpretation**)보다는 법률의 **사법적 집행**(**administration**)에 주안점을 둔다. 대륙법계의 법관들은 재량권이 제한적이다. 이들은 주도적인 역할을 하기보다는 기존의 법을 적용하는 데 그친다. 중세유럽에서 출현한 대륙법체계는 사회변화에 민감하게 대처하지만 법관이 이를 체계화하고 비판하며 발전시키기보다는 입법부의 활동과 학자들의 학문적 노력을 신뢰한다. 이전의 사건들이 중요하기는 하지만 사법적 선례는 보통법체계에서 인정되고 있는 것보다 영향력이 약하다.

대륙법 국가들은 주요한 리스테이트먼트(restatements)를 통해 정기적으로 법령을 개정해왔다. 아마도 근대에서 가장 영향력 있는 것은 '나폴레옹 법전'이라고 부르는 1804년 프랑스 민법전이다. 이 법전은 서유럽 전역과 루이지애나 주에서 채택하고 있는 혼합적인 대륙법의 주요한 권원 역할을 하며 그 이외의 지역에까지 지대한 영향을 미쳐왔다.

대륙법 전통은 미국법의 기원에 단지 약간의 기여를 했다. 그러나 19세기와 20세기에 미국법 개정자들은 일관성 없는 보통법의 질서를 바로잡는 방법으로 모든 사람들에게 합리적으로 보이는 법률을 법전으로 성문화할 필요성을 계속해서 주장했다. 법제도는 식민지 팽창의 문화적인 측면을 일부 구성하고 있다. 영국인 정착민들이 대다수 이주해왔을 뿐만 아니라 대서양 연안의 주요 거점에 집중적으로 정착했다. 그리하여 네덜란드인들이 뉴 암스테르담에 대륙법 제도를 일시적으로 도입했지만 보통법 제도는 식민지가 1664년 요크의 대공에게 넘어간 후에 꽃을 피우기 시작했다.

영국 보통법

영국 보통법은 그 역사적 기원과 적용에 있어서 대륙법보다 분산되었다. 350여 년(서기 43~407) 동안 로마는 영국을 지배했으나 그 점령은 법률적 업적을 많이 남기지는 못했다. 더 중요한 업적은 뒤에 유럽대륙에서 건너온 앵글로 색슨 족들의 이동으로 이루어졌다. 이들은 부분적으로 법전화를 이루긴 했지만 주로 관습, 관행과 풍속에 근거한 법을 시행했다. 주요목적이 거대제국을 통치하기 위한 것이었던 로마 대륙법과 달리 앵글로-색슨법은 로마점령이 끝난 뒤 영국 내 이해관계의 다양성과 확산을 반영했다.

이러한 초기의 경험으로 이중 법률체계가 성장했다. 첫 단계는 1066년 정복자 윌리엄과 그 계승자들이 도입한 강력한 중앙집권적 봉건주의를 뒷받침했다. 보통법은 하층사회 질서유지에 이용되었을 뿐만 아니라 영국 전역에 전파되었기 때문에 보통법이었다. 이와 반대로 윌리엄 왕은 보통법을 영국 상류사회의 귀족들에게만 적용하고자 했다. 수세기를 지나오면서 보통법체계는 경험 있는 법률가와 법관들이 오랜 기간 열심히 연구한 뒤에나 완전히 이해할 수 있을 만큼 복잡한 법률이 되었다.

보통법은 지역 수준에서 그 두 번째 기능을 했다. 앵글로-색슨 유산은 보통법에 관습적인 요소를 남겨주었다. 이는 오랜 기간에 걸쳐서 확립된 공동체의 관행에 의존하고 있다. 대륙법에서 매우 중요했던 입법은 19세기 중반까지 보통법 발전에서는 상대적으로 중요한 역할을 하지 못했다. 중요한 보통법조차도 왕실법원이 인정한 관습적인 관행으로부터 발전한 것이다. 17세기 초에 이르기까지 왕실법이 사람들의 일상적인 생활에 직접 개입할 수 없었기 때문에 관습은 지방의 소규모 행정 단위—현, 장원, 자치도시—를 통치하는 역할을 했다. 그리하여 왕실법원에서 발전한 보통법은 준비서면에 대한 기술적인 법률 이상의 의미를 가지게 되었다. 뿐만 아니라 이는 지역문제들과 관련된 관습적인 관행이기도 했다.

영국인들은 왕실과 지방단체에서 미국법의 기초가 된 규칙과 절차를 발전시켰다. 1066년부터 봉건제가 폐지되었던 1660년 사이에 영국법원은 사회에서 재산법, 채무법과 형벌에 관한 법을 확립했다. 영국법은 17세기 초 미국 식민지 정착 뒤에 주요한 권원으로 남아 있었고 이러한 대서양 건너의 관계는 식민지가 독립한 뒤에도 지속되었다.

영국인들은 봉건국가의 조직적인 유산을 통해 점차 입헌주의의 기초를 다지기 시작했다. 정부는 입헌주의에 입각해 권한이 제한되었고 일정한 포괄적인 원칙에 근거해 존재했다. 귀족들은 그들의 권리와 의무를 정확하게 인식했고 국왕의 비대해진 권력으로부터 자신들을 보호하려고 했다. 존 왕에 대한 내전이 발생했을 때(1199~1216), 귀족들은 마그나 카르타 혹은 대헌장을 통해서 국왕의 특권을 제한하려고 시도했다. 이 역사적인 문서는 오늘날 우리가 생각하는 의미의 헌법은 아니지만 역신들이 국왕에게 강요한 것이다. 대헌장에 따라 국왕은 귀족들의 전통적인 권리를 존중할 것을 서약했다. 이는 권리장전이나 자유헌장이 아니라 단순한 봉건계약의 일종이었다. 따라서 일반대중에게는 적용되지 않았고, 그 뒤 20여 년에 걸쳐서 세 차례 개정되었으며, 1225년에 이르러서야 영국에서 항구적인 법의 일부가 되었다. 그러나 마그나 카르타는 영국헌법사에서 전환점이 되었고 나중에 북미에서 영국 정착민들이 원용하는 근거가 되었다. 형벌문제를 다루고 있는 일부 주요조항은 뒤에 미국 헌법의 권리장전에 포함되었다.

마그나 카르타는 영국정부에 있어서 주권의 기초에 대한 국왕과 귀족, 국왕과 의회 사이의 500여 년 이상에 걸친 투쟁의 한 단계에 불과했다. 마찬가지로 중요한 것은 정부와 국민과의 관계, 다양한 정부기관들 사이의 적절한 균형과 공익과 사익을 증진하는 데에서 정부의 역할에 대한 문제들이었다. 미국인들과 달리 영국인들은 이러한 문제에 관한 성문헌법을 발전시키지 못했다. 대신 이들은 불문헌법을 확립하고자 관습과 보통법에서의 관행, 그리고 마그나 카르타를 포함한 일련의 문서들에 의존했다.

미국에서 공사법의 기원은 다양한 형태의 역동적인 보통법 전통에 기인한다. 자급자족적인 농업경제의 봉건사회에서 상업적이고 중상주의적인 경제로의 영국의 발전은 영국 정착민들이 가져온 법적 전통에 크게 기여했다. 북미는 봉건제도를 경험한 적이 없으나 그 법적 구조, 실체와 문화는 11세기에서 17세기에 걸쳐서 발전해왔던 것처럼 오늘날까지도 보통법의 내용과 형식에 혼재되어 연계되어 있다.

계수와 이식

17세기 초에 익명의 '미국인' 이 "식민지에서 무엇이 법이고 아닌지"를 "말할 수 있는 사람은 없다"라고 말했다. "일부는 영국법이 주로 적용되어야 한다. … 일부는 식민지법이 우선적으로 적용되어야 한다는 입장을 취했다."[1] 자신들의 법률에 대한 불확실성을 인정했던 식민지 미국인들의 자발적인 태도는 초창기 미국법을 일반화하려는 우리의 노력에 주의를 요하고 있다. 식민지를 지배했던 단일한 법제도는 없었다. 식민지를 통일했던 법률이나, 특별히 권위를 가지고 있었던 문서는 없었다. 초창기 미국인들이 자기들의 법률에 대해 가졌던 애매함은 새로운 환경에 영국법 전통을 제휴시킴으로써 발생한 괴리감에서 비롯되었다.

역사가들은 미국땅에 영국법과 제도를 이식시킨 것을 기술하기 위해 '계수(receiving)' 라는 용어를 사용하고 있다. 계수라는 용어의 사용은, 미국문화에 미친 개척자들의 영향에 대해서 계속적으로 흥미를 가지고 있고, 기술적으로 복잡한 것이 좋은 법이라고 여기는 초기 법사가들의 저술에 만연해 있는 태도를 보여주고 있다. 초기 법률사가 대부분은 식민지시대 법률의 부재로 큰 곤경을 당했다. 이들에게 미개척된 미국환경은 무법천지와 다름없었다.

개척자 정신과 법의 계수라는 용어는 식민지 정착민들이 가지고 있던 상당한 수준의 법률생활에 대한 관심을 무시한다. 초기 미국인들은 새로운 환경에 적합한 법률 개념들을 가능한 한 주체적으로 **이식했다.** 법의 '계수' 에 반대되는 '이식(carrying)'

개념은, 제공받는 사람이 새롭고 어려운 환경에서 항상 주체적으로 중요한 선택을 하는 적극적인 과정을 강조하고 있다. 개척자들은 매사추세츠와 버지니아 주와 같이 다양한 지역의 식민지 정착민들이 사회적인 선택을 하는 데 있어서 영국법을 이용하는 것보다 더욱더 광범위하게 영국법을 계수하는 데에 어려움이 없었다.

초기 미국법의 배경

인구와 정착지역의 증가는 미국법이 식민지에 정착하는 데에 중요한 배경이었다. 1660년에 백인 인구는 겨우 오늘날 뉴욕 양키스 운동장 객석을 채울 정도였다. 질병과 전쟁 때문에 인디언들의 수도 2만5천 명으로 감소했다. 인디언들은 계속 줄어든 반면에 백인들은 증가했다. 1690년경 백인의 수는 3배로 증가했고 1760년경에는 4배로 증가해 100만 명 이상이 되었다. 1751년 벤저민 프랭클린(Benjamin Franklin)은 100년 안에 "이 땅에 영국인의 수가 수백만이 될 것"이라고 예상했다.[2] 1660년에야 비로소 등장하기 시작한 흑인노예의 수는 그 이후로는 백인인구보다 빠른 속도로 증가하기 시작했다. 노예무역과 출생률의 급격한 증가에 힘입어 1750년 흑인인구는 23만 6천 명이었고 1770년경에는 거의 2배로 증가했다.

식민지는 규모뿐만 아니라 인구에서도 신장되었다. 처음 매사추세츠, 뉴욕, 버지니아에서 17세기 초 정착되기 시작했던 식민지들은 거대한 산림지역에 달라붙은 조그만 연안지역에 정착한 것에 지나지 않았다. 그러나 1750년경 식민지들은 메인(Maine) 지역에서 조지아로 그리고 대서양 연안에서 애팔래치아 산맥 내륙까지 확대되었다. 광활한 대륙은 팽창된 인구를 쉽게 흡수해 경제활동을 촉진했고 노동을 주요 상품으로 만들었다.

간극의 발생원인

지리, 이민 유형, 종교 경험의 다양성은 식민지 내부와 식민지들 사이에서 중요한 경제적 · 사회적 차이를 발생시켰다. 이렇게 발생한 차이는 식민지 개척자들이 이식한 법률 전통에 의해서 형성되었다.

뉴잉글랜드의 거친 토양, 무성한 산림과 항해 가능한 수로의 부족은 물고기, 목재와 동물의 가죽과 같은 천연자원, 식량을 생산하는 농업체계와 수출용 동물의 착취를 조장했다. 뉴잉글랜드는 서인도와 사탕수수 무역을 했고, 보스턴은 대서양을 넘나드는 상업의 중심지가 되었다. 이와 같은 지정학적 조건은 교회의 조합화를 부추겼고 뉴잉글랜드 정착민들의 현저한 영국 촌락 공동체의 배경은 농업과 목축업의 공유지 제도를 바탕으로 한 소규모 독립적인 촌락의 형성을 촉진했다. 뉴잉글랜드는 적어도 구세계와 비교해서 계급의 구별이 거의 없었다. 18세기에 대규모 타운과 상업활동의 출현으로 사회적 어려움이 발생하기는 했어도 중산층의 천국이었다. 계급제도보다는 복종하는 태도가 소수의 상류계층이 다수를 지도하는 정치적인 행태에 영향을 끼쳤다.

뉴잉글랜드와 분리된 허드슨 강 연안의 중부 식민지에서는 다양한 인종들이 혼재해 있었다. 독일계, 스코틀랜드-아일랜드계, 네덜란드계와 스웨덴계 정착민들은 쇠고기, 돼지고기, 밀, 가금류들을 생산했고 다른 식민지들에 농기구와 기계를 공급하는 공동체를 형성했다. 계층 구분은 비록 '중산층'이 압도적이긴 했어도 뉴잉글랜드에서보다 더 약화되었다.

이러한 정착에 비해서 펜실베이니아의 퀘이커 교인들은 사회적으로 훨씬 민주적이었으나, 허드슨 강을 끼고 정착한 귀족들과 더불어 뉴욕 정착민들은 귀족적인 색채를 띠었다. 식민지의 주요 항구도시인 필라델피아의 발전과 함께 도시 정착민이 크게 늘었다. 18세기 중반 무렵에 일반인들이 필라델피아와 다른 항구도시들로 밀려들어왔다.

체사피크 만과 남부 식민지의 지리 환경은 달랐다. 비옥한 땅과 대서양으로 흘러드는 큰 강은 주요 농산물의 생산을 촉진했고, 담배가 이 지역의 주요작물이었으며, 18세기에 사우스캐롤라이나와 조지아에서는 쌀과 남색염료를 주로 재배했다. 이 지역의 정착유형은 뉴잉글랜드와 달랐다. 버지니아와 메릴랜드가 독립 이전에 가장 인구가 많은 식민지였으나 이들은 대규모 농장과 목장으로 분산되었다. 게다가 이들 식민지로 이주한 대다수는 상류계층 사람들이었고, 이들 중 일부는 이전에 서인도의 사탕수수 농장에서 노예를 부린 경험을 가진 자들이었다. 식민지 전체에서 계층구분이 가장 뚜렷한 곳은 체사피크 만 지역과 그 이남 지역이었다. 그러나 그곳에서조차도 중산층이 압도적이었다. 대부분의 농장주들은 적은 수의 노예를 소유했고, 광범위한 재산권이 넓은 지역에서 인정되었으며, 그 밖의 다른 어느 지역보다 법적 권위에 복종하는 사회적 분위기를 조장했다.

마찬가지로 종교는 한 식민지 안에서뿐만 아니라 각 주마다 서로 달랐다. 종교적 · 경제적 동기가 식민지로 이주하게 된 주된 이유였다. 매사추세츠 만에 이주한 최초의 정착민들은 그들의 지도자인 존 윈스럽(John Winthrop)을 따라 '언덕 위에 하느님의 도시'를 설립할 것을 진정으로 약속했다. 그러나 이들은 우상파괴적인 성서주의와 종교박해를 경험했고, 신대륙에 온 수만 명의 사람들은 강한 종교적 열정을 가졌을 뿐만 아니라 경제적인 기회를 찾아 나선 사람들이었다. 초창기 뉴잉글랜드에 정착했던 청교도들과 영국 국교회의 반대파들은 서로 의견일치를 보기 어려웠기 때문에 버지니아에 정통 영국 국교회를 독자적으로 건설하도록 했다. 17세기 중반 퀘이커 교도들이 매사추세츠 만 식민지에 정착하려고 했을 때 이들은 귀가 잘리거나 심지어는 목숨을 잃는 경우도 있었다. 퀘이커 교도들은 펜실베이니아를 건설했고, 근처의 메릴랜드에는 로마 가톨릭 교회가 볼티모어 경의 지도 아래 널리 퍼졌다. 18세기 중반 위대한 깨달음(Great Awakening)은 신자들을 전율케 해 미국 개신교를 더욱 분파적인 조직으로 나뉘게 만들었다. 일찍이 미국은 교회에서 추방된 나라이기보다는 오히려 점증하는 세속화에 대항하는 신념으로 뭉친 나라였다.

영국계 북미의 법적 분할은 권위가 충돌하면서 누더기가 되었다. 이론적으로는 국왕이 모두를 지배했지만 실제로 지방 자치권이 득세했다. 13개 원식민지 중 단지 7개 주만이 1660년에 건설되었다. 공식적으로 마지막에 건설된 조지아 주는 1733년까지도 건설되지 않았다. 버지니아 주와 같은 일부 주는 국왕이 직접 다스리는 직속 식민지였고 매사추세츠 만과 같은 식민지들은 칙령회사의 구성원들이 광범위한 통치권을 가지는 칙령 식민지였다. 메릴랜드와 펜실베이니아 주와 같은 일부 주는 한 소유자가 모든 지배권을 행사하는 독점 식민지였다.

각 식민지는 북미에 '대농장'을 설립하기 위해 국왕으로부터 회사의 칙령을 수여받은 한두 명의 부유한 기업가들에 의해 건설되었다. 각 칙령의 조건은 다양했으나 모든 칙령은 '현지 사정에 맞춰' 사소한 변경에 그치는 경우를 제외하고 '영국법에 일치하는' 정관의 제정을 요구했다. 일부 위임 식민지들은 칙령을 수여받은 개인이 소유했으며 이들은 정착민들에게 장기 임대계약 체결과 면제지대의 납부를 요구했다. 다른 식민지들은 통치를 분담할 의회와 위원회를 설립했으며, 정착민들에게 단순부동산권을 수여했다. 후자의 일부인 코네티컷 주와 로드아일랜드 주는 자신들의 주지사를 직접 선출했다. 식민지 법원의 판결은 시간과 비용이 많이 드는 절차를 거치지만 추밀원에 항소할 수 있었다. 로드아일랜드 주를 제외하고 모든 식민지 입법은 추밀원의 심사를 받게 되었다.

영국정부는 1688년 명예혁명에 이어 그 뒤 90년 동안 제국주의적인 통치조직을 부여하려고 노력했으나, 이러한 노력은 영국제국이 가지고 있는 권위의 직접적인 기초를 공허하게 만든 반면에 식민지 정착민들이 저항하도록 부추긴 결과를 가져왔다.

위의 내용들을 종합적으로 고려해볼 때 이러한 간극은 식민지 개척자들에게 그들이 수입한 법적 전통을 절충해 적용하게 했다. 그 결과는 훌륭한 법률제도와 활동의 교과서적인 유형을 보여준다.

토착화 과정

공유했던 경험이 모든 식민지에서 법의 발전을 선도했다. 식민지 미국은 압도적으로 농업과 전원생활이 중심을 이루었으며, 모든 식민지에서 땅의 숨소리가 법에 있어서 우선성을 결정했다. 토지의 점유, 양도와 상속의 문제, 농토에서 일하는 도제살이와 노예의 법적 지위, 토지의 산출품 매매로 야기된 계약에서의 문제점들과, 가금류와 불이 번져 입은 손해의 구제 같은 문제들은 모든 식민지의 사법에서 다뤄야 할 주요 의제였다.

종교는 그 대립적인 측면에도 불구하고 식민지의 경험을 통합하는 역할을 했다. 종교개혁 이후 프로테스탄트 사상은 사람이 만든 법에 우선하는 신의 섭리에 근거한 불변하는 정의의 기준이 존재함을 주장했다. 17세기 식민지에서 이와 같은 도덕률은 자연법 사상으로 표현되었다. 1669년 존 데이븐포트(John Davenport) 목사가 설명한 것처럼 "자연법은 철로 만든 펜에 다이아몬드 촉으로 쓴 신의 법이다."[3] 18세기 계몽주의 영향 아래에서 도덕률의 개념은 점점 세속화되고 이성적이 되었다. 여전히 도덕적 명령을 수반하고 있었으나 최초에는 독립선언에서 나중에는 헌법에서와 같이 새로 태어난 미국헌법에 그 길을 닦았다.

종교는 또 다른 방법으로 초창기 미국법의 내용을 결정했다. 뉴잉글랜드와 그 밖의 지역에서 계약체결에 관한 프로테스탄트의 관행은 성문에 근거한 합의에서 법이 비롯된다는 견해를 강조했다. 종교개혁 후 상업과 국제무역의 성장 속에서 법은 엄격하고 불변하는 규정이기보다는 단지 도구에 불과하다는 생각이 만연하게 되었다. 신세계의 야만상태나 신비주의는 식민지 개척자들에게 왕이 아닌 자기들이 스스로 사회적 선택을 할 수 있다고 믿게 만들었다. 하지만 재앙은 언제나 표면 바로 아래에 잠복하고 있었다. 이러한 환경에서 생존은 엄격한 규율에 의존했으나 초창기 개척자들은 위험에 처한 경우 규율에 대한 상호동의가 최선의 생존 가능성을 제공한다는 점도 아울러 인식하고 있었던 것이다. 유명한 1620년 메이플라워 서약은 최초의 개척자들이 종교적인 권위와 동의를 혼합한 전형적인 것이었다. 서약은 분리주의 순례자들이 스스로 단일정부에 따르기로 한 계약에 합의한 것이었다. 영국으로부터 멀리 떨어져 있다는 것과, 북미대륙의 원시성이 가져다주는 어렴풋한 불안감은 뜻이 맞는 신앙인들 사이에 상호 일체감을 유발했다.

정치적인 서약은 일반적인 정착민들뿐만 아니라 종교적인 이론가들에게도 큰 호응을 얻었다. 17세기 뉴잉글랜드 도시들은 행정운영에 관한 정관을 채택했다. 다른 예로 모험가들은 새로운 모험을 시작할 때 상호 일체감을 위한 서약을 했다. 예를 들어, 1636년 매사추세츠 스프링필드를 건설한 최초의 8인은 다음과 같이 서약했다. "아래에 서명한 우리는 농장을 건설하는 데 관여하고 있는 신의 섭리에 따라 정관을 작성해 우리와 후손들이 이를 준수할 것을 상호 동의했음을 맹세한다."[4] 개인의 자유와 개별적인 명령은 신법에 따를 뿐만 아니라 그에 따라서 협약을 이해해야 했다.

이로인해 종교적인 권위체계가, 법은 개인의 의사에 기초해야 한다는 주장과 조화를 이루지 않는 것처럼 보일 수 있다. 그러나 이는 한 사례일 뿐이다. 우리는 너무 오랫동안 법이 등장하는 데에서 형식의 중요성을 충분히 인식하지 못한 채 초기 미국법원에 대한 우리의 시각을 고정시켜왔다. 성문법 제정에 대한 뜨거운 관심은 종교적 권위에 근거한 윤리적 명령이 합의와 이성적 법률 형태를 통해서 그 자체를 표현한 대표적인 사례를 보여준다.

북미대륙에 건너온 지도적인 위치에 있는 사람들 중에 영국의 열렬한 법개정 움직임을 모르는 사람은 없었을 것이다. 법개정 운동의 주요 목적 중 하나는 이해하기 쉽고 준수하기 쉬운 합리적인 법을 만드는 것이었다. 예를 들어 매사추세츠 만 식민지에서 청교도 지도자들은 영국으로부터 자신들을 멀리할 수 있는 방법으로서 그러한 법제정을 긴급한 현안으로 삼았다. 내용에서의 차이는 서서히 이루어졌다. 1636년 존 코튼 목사는 세속법과 헤브라이법을 혼합한 '모세의 법' 이라는 법령을 제안했다. 이 법률들은 채택되지 않았으나 통일적인 법률에 대한 관심은 지속되었다. 1641년 목사이자 식민지 최초로 훈련된 법률가 중 하나인 나다니엘 워드(Nathaniel Ward)는 '자유법령집' 을 만들었으나 공식적인 지지를 받지는 못했다.

청교도들 사이의 이러한 불일치는 영국 보통법 전통에 대한 식민지 개척자들의 불편함을 단적으로 드러내고 있었다. 그러나 이들은 또한 무엇이 법이었는가에 대한 실망에 근거하여 정치적인 주장을 펴기 시작했다. 1646년 로버트 차일드(Robert Child) 박사는 매사추세츠 만 식민지의 주요 통치조직인 매사추세츠 일반법정의 존 윈스럽과 다른 치안판사들에 대해 그의 '간언(諫言)' 을 발표했다. 차일드는 식민지가 영국의 '근본적이고 건전한 법률' 에서 벗어났다고 불만을 드러냈다. 그는 매사추세츠 만 식민지의 종교 지도자들은 교회회원의 토대를 확충해야 하고 그렇게 함으로써 모든 식민지 정착민—청교도와 비청교도—의 '시민적 자유와 특권' 을 보호해야 한다고 주장했다.[5] 차일드의 불평은 처음에는 관심을 불러일으키지 못했다(결과적으로 차일드는 정부 비방죄와 교회에 대한 명예훼손죄로 처벌받았다.) 그러나 2년 뒤 매사추세츠 만 식민지는 차일드가 요구한 일부 내용을 성문법령으로 채택했다. 1648년 매사추세츠 만 식민지의 《일반법령과 자유법전*Book of the General Laws and Libertyes*》은 이성적이고 합의적인 법률을 만들고자 한 청교도의 노력들 중 가장 성공적인 것이었다. 청교도들은 민주적이지 않았으나 공동참가를 통해 복종을 얻어낼 필요성을 절감하고 있었다. 《일반법령과 자유법전》은 영국 보통법의 유산에 종교적인 색채를 가미한 것이었다. 예를 들어, 각 범죄와 처벌은 성서를 인용했다. "남녀 누구나 마법사나 **마녀**로 판결된 경우는 … 사형에 처한다. 〈출애굽기〉 22:18, 〈레위기〉 20:27, 〈신명기〉 18:10, 11."[6]

《일반법령과 자유법전》은 59쪽의 짧은 분량과 종교적인 내용에도 불구하고 다른 식민지들에도 영향을 끼쳤다. 실용적인 법의 차용이 크게 눈에 띄었다. 법령의 조항들은 코네티컷, 뉴욕, 뉴저지, 펜실베이니아와 버지니아 주까지 널리 퍼졌다. 법전은 영국 보통법의 기술적인 요소를 대부분 제외했으며 다수의 성서 인용은 법전이 범죄, 영업과 경제문제를 다루는 데에서 실용성을 잃지 않아야 했기 때문이었다. 전형적인 것은 법원이 출두명령이나 체포영장을 발행할 때 영국의 복잡한 절차를 없앤 '소환' 이라는 제목 아래의 법률조항이었다. 《일반법령과 자유법전》은 소환제도를 다음과 같이 간단하게 기술하고 있었다. 법원이 "소환사유와 그 대상을 정확하게 이해했거나 의도했다면 소환에 관한 판단이나 여하한 절차에서의 하자는 번복할 수 없다."[7]

식민지 지도자들은 모든 곳에서 성문법의 확실성을 추구했다. 법의 형식은 그 내용만큼 중요한 것으로 보았다. 일부 법률은 매우 조악했고 1611년 버지니아의 '데일의 법' 처럼 가혹한 것도 있었다. 그러나 위와 같은 내용에도 불구하고 초기 정착민들은 법전화를 시도할 때 어떠한 법률이 자기들의 행위를 규율하는지를 알았다. 식민지 최초의 주지사인 토머스 데일(Thomas Dale) 경의 이름을 따라 제정한 법률은 위반자들을 가혹하게 다루었다. 예를 들어, 이 법은 공공기관이나 선박에서 물건을 훔친 사람을 사형시키도록 규정하고 있다. 이러한 조항은 '굶주렸던 시기' 버지니아의 혹독한 현실을 반영했으나 이 법률은 '신법' 과 '도덕법' 일뿐만 아니라 '군법' 으로 공표되었다.[8] 식민지에 참여한 모든 사람들은 처음 그 법규를 숙지하고 그 이면에 있는 신성함을 받아들여 진정으로 단체의 최선의 이익을 위해서 행동해야만 했다. 버지니아에서 상황이 개선되자 데일의 법은 사라졌다. 1619년 미국 최초의 입법기구인 자치회의(The House of Burgesses)가 만들어졌고, 선출된 의원들이 점차 많은 법률을 제정하기 시작했다.

다른 모든 식민지에서도, 식민지 미국인들이 자신들이 원하는 사회를 형성하기 위해 자원을 축적함으로써 비슷한 입법기구들이 등장했다. 재산 획득이 용이해지자 참정권이 확대되었다. 18세기에 성인 백인 인구의 75퍼센트서 90퍼센트가 투표할 자격을 인정받았다. 권위에 복종하는 사회적 분위기는 정부에 대한 직접적인 대중통제에 상당한 한계가 있음을 드러냈으며 입법과정은 사회의 상류인사들이 철저하게 조정했다. 그러나 여전히 대중의 의사가 모든 식민지에서 합의적인 권위의 진정한 원천이었고, 18세기 동안 이루어진 성장은 법률에 대한 대중 의사론의 궁극적인 인정에 직접적으로 기여했다. 말하자면 합법적인 법은 대중에 기원을 두어야 했다.

모든 식민지는 제국의 권위 아래 법을 발전시켰다. 제국주의 체제는 17세기부터 18세기까지 영국사회의 발전에 상응해 변용되었다. 국왕 찰스 1세의 시해, 내전, 왕정복고, 의회의 지배는 17세기 영국을 뒤흔들었다. 왕정복고 이후 권력을 잡은 상업적 중상주의자들의 관심은 미국 식민지들이 제국의 복지에 직접적으로 기여하리라는 것이었다. 1691년 의회는 제국의 경제권에 식민지를 완전히 종속시키기 위한 중상주의자들의 정책을 감독하기 위해 무역위원회를 설치했다. 그리하여 새롭고 좀 더 포괄적인 규제와 이를 관리하기 위한 공무원 집단이 등장했다. 이러한 공무원들은 식민지에 매우 복잡한 영국 보통법을 적용하려고 노력했다. 보통법은 외면적으로 미국 식민지의 지리멸렬한 법적용에 통일성을 가져다주는 수단으로, 제국의 도구가 되었다. 비록 미국인들은 제국의 요구를 받아들이도록 강요받았으나, 영국인 주인들의 필요보다는 자신들의 필요에 부응하는 자신들만의 제도를 만들기 위해 적극적으로 노력했다.

미국 법제도의 출발

식민지 정착민들은 법률제도와 그 책임에 대한 통일적인 입장을 취했다. 이들은 정부 기능의 권력분립에 대한 현대적인 주장을 따르거나 법집행에서 뚜렷한 구분을 따르지 않았다. 두 세기에 걸쳐서 식민지 정착민들은 좀 더 복잡하고 형식적이고 수직적인 법제도를 발전시켜왔으며, 식민지 말경에 이러한 특징은 19세와 20세기의 법제도가 보여주는 것과 큰 차이가 없었다. 자본주의 발전에 바탕을 둔 경제적 자립의 욕구와 엄청난 비용지출에 따른 제국의 철저한 통제는 법제도의 복잡성을 한층 가속화시켰다.

법원

17세기 미국인들은 입법과 사법을 동일한 활동으로 보았다. 예를 들어, 존 윈스럽은 영국의 토머스 스미스(Thomas Smith)가 《영국 공화국*De Republica Anglorum*》에서 취한 입장인 '의회의 고등법원(High Court of Parliament)'을 반복해서 언급했다.[9] 물론 식민지에서는 의회보다 법원이 적었다. 17세기 위대한 보통법 학자인 에드워드 쿡(Edward Coke)은 복잡한 보통법에서의 문제를 집행하는 강력한 왕실법원에서부터 법률이 존재하지 않으면 관습에 크게 의존하는 지방법원의 수가 100여 개 이상 된다고 기록했다. 식민지 정착민들의 평범한 사회적 출신(17세기 동안 훈련된 법관이나 변호사들의 부재와 더불어)은 이들이 지역문제에 익숙하고, 그 때문에 지방법원을 가장 잘 안다는 것을 의미했다. 이들은 자신들이 아는 것으로 대체했고 이들이 가장 잘 아는 것은 왕실 사법제도가 아닌 지방 사법제도였다. 이들은 구세계의 제도에 신세계의 특징을 철저하게 불어넣었다.

모든 식민지는 단순한 법원체계를 발전시켰다. 정점에 식민지 의회를 두었고 그 구성원들은 때때로 자신들이 주지사와 동맹관계에 있었으며, 스스로를 자신들의 관할구역에서 최고법원으로 간주했다. 일반의회와 달리 식민지 의회는 종종 제1심 관할권을 행사하기도 했다. 1619년 버지니아 의회는 헨리 스펄먼(Henry Spelman) 대위가 인디언들과 불법내통한 사실을 심리한 뒤 주지사의 통역자로 7년을 복무하도록 처벌했다. 식민지의 입법기관이었던 매사추세츠 일반법원은 사법권한에 대해 광범위한 견해를 취했다. 예를 들면, 이는 로버트 차일드 박사와 그 관련자들을 이단(비정통의 종교적 견해를 고수)과 선동(정치관료에 대한 명예훼손)죄로 처벌했다. 의회는 가장 중요한 상급법원이었고 특히 형사사건의 심리에서 그러했다. 국왕이 직접 주지사나 영주에게 권한을 수여했던 버지니아와 메릴랜드에서조차 입법자들은 자신들을 최종적인 법률심을 담당하는 기관으로 만들었다. 법을 제정한 기관이 이를 위반한 자의 운명을 결정하는 경우가 종종 있었다.

법원의 위계조직은 일부 식민지에서 입법부를 제1심 관할권과 순회재판을 담당하는 법원으로 역할하도록 위치시키는 경우도 있었다. 이러한 법원들의 권한은 칙령, 자발적인 연합이나 특허에 의해서 주어질 수 있으며 그 구성은 다양했다. 체사피크 만의 식민지에서 상급법원은 임명된 주지사와 평의회로 구성되었고, 버지니아에서는 이를 일반(the General) 또는 쿼터(Quarter)법원, 메릴랜드에서는 지방(Provincial)법원이라고 불렀다. 뉴잉글랜드에서는 주지사와 그 보좌들이 상급법원을 구성했고 이들은 자유민이나 의회에서 선출되었다. 매사추세츠에서는 이러한 법원들을 보조법원, 로드 아일랜드에서는 심리법원, 코네티컷에서는 특수법원 그리고 뉴헤이번에서는 치안법원의 형식을 띠고 있다.

비록 일반화가 어렵기는 하지만 이러한 상급법원들은 두 가지 특징을 공유하고 있는데, 첫째는 민사문제를 전담하고 있었으나 중요한 형사사건에 대한 제1심 관할권과 하급심에 대한 상급 관할권을 행사했으며, 둘째로 각 식민지를 뒤흔들었던 정치가 이러한 법원들을 농락했다. 예를 들어, 메릴랜드에서 지방법원은 칼버트와 그 반대자들 사이의 전장이 되었고 선동죄와 반역죄의 고발사건이 법원의 기록에 넘쳐났다. 매사추세츠에서는 스스로 선출되었다고 주장하는 일당들이 17세기 대부분에 걸쳐서 보조법원을 지배해 식민지의 도덕적인 상태를 철저하게 감시했다.

지방법원은 제3심 법원으로서 가장 중요한 사법적인 권위를 가지고 있었다. 17세기 중반 매사추세츠와 뉴욕은 제4분기 법정(매 3개월마다 회기를 개최했기 때문에)이 등장했다. 체사피크 지역에서는 비록 메릴랜드가 일시적으로 영주재판소를 경험했으나 원래는 간단한 지방법원으로 알려진 비슷한 제도가 있었다. 이러한 법원의 구성원들은 판무관, 고문관, 치안판사 등으로 다양하게 불렸다. 이들의 수는 3명(매사추세츠)에서 15명(버지니아)까지 이르렀고 모든 식민지에서 사회 엘리트들이 이들을 통제했다. 이들의 임무에는 입법과 사법의 책무가 포함되었다. 예를 들면, 이러한 법원은 조세 수준을 결정하고, 그 징세를 감독하며, 체납자들을 처벌하고, 도로건설을 감독하고 술집과 여인숙 허가를 관장하며 빈민구제와 형사사건을 심리했다.

지방법원은 사회적이고 상징적인 역할뿐만 아니라 법률적인 기능을 가지고 있었다. 재판이 열리는 날에는 많은 사람들이 시내에 모여들었다. 이는 정치를 논하고 사업을 하고 사람을 사귈 기회를 제공했다. 또한 이는 법적인 권위의 존재를 명백하게 과시함으로써 식민지 미국인들의 삶에서 법원이 차지하고 있는 의의를 계속적으로 부각시켰다. 독립전쟁이 발발하기 전까지는, 공판일이 법원 내부의 법률에 따른 진행보다는 법정 밖의 정치적인 설득력에 더 중요한 의미가 있었다.

식민지 정착부터 독립전쟁에 이르기까지 이러한 법원의 법적인 행로는 점차 변화했다. 처음 일반법관들은 비공식적으로 법을 집행했고 재량권을 행사했다. 이러한 지방법원은 특정한 영국모델을 그대로 답습한 것이 아니라 "기억나는 대로 대충 모방한 것이었다."[10] 대충 기억해낸 것은 일부 식민지에서 종교적인 색채를 띠고 있던 흥미로운 지방의 법률이나 관습이었다. 범죄와 보상에 대해서 정확한 용어로 기술했던 모국의 왕실법정에서와 달리 기술적인 정확성이 크게 요구되지 않았다. 그보다는 17세기 영국의 법개정 움직임과 발맞춰 지방법원은 기존의 방식이 아닌 사건의 실체에 입각해 판단했다. 판결유형을 고찰해보면 법원이 사회통제 기관으로서뿐만 아니라 사회에서 개인의 안전장치로서 재량을 행사해왔음을 알 수 있다. 예를 들어, 뉴욕에서는 절도혐의가 있는 여성에게 마을을 떠나라고 명령했고 다른 절도범에게는 21대의 태형을 내렸으며, 또 다른 범인에게는 "아버지의 책임 아래 형을 면제"받도록 명령했다.[11]

17세기 말경에 법원들은 좀 더 형식적으로 변했다. 매사추세츠의 에식스 카운티 법원은 이러한 과정을 전형적으로 보여준다. 1680년대까지 이 법원은 법에 대한 비공식적이고 창조적인 접근태도를 취해왔다. 그러나 두 가지 발전이 변화를 초래했다. 첫째, 에식스에 정착민들이 많아지고 상업이 번창하면서 토지권원에 대한 분쟁이 증가했다. 대부분 권원을 가지고 있지 않다는 사실이 밝혀졌다. 지금까지는 지방의 합의를 존중해왔던 카운티 법원은 이제 형식적인 법절차를 통해서 사회적인 분쟁을 해결해주리라는 기대를 받는 중립적 기구이자 공정한 중개인으로서의 역할을 기꺼이 감수하고자 했다. 동시에 복고된 영국의 스튜어트 왕조는 식민지 정착민들이 제국의 구조에 좀 더 완전히 밀착되길 희망했고, 그 일환으로 식민지의 법이 영국법에 따라 만들어지도록 제안했다. 이러한 목적을 위해 국왕은 카운티 정부를 재조직하고 에식스 카운티 법원에 법관을 새로 임명했던 1691년 뉴잉글랜드 자치령을 발표했으나 이는 오래가지 못했다. 결과적으로 이 자치령은 폐지되었지만 그로 인한 개혁 움직임은 지속되었다.

위와 같은 두 가지 발전으로 법원은 지금까지 유례가 없을 정도의 형식성을 띠게 되었다. 그리하여 1680년 말 토지점유회복 소송에서 존 도(John Doe)와 리처드 로(Richard Roe)라는 가상의 소송 당사자가 최초로 등장했다. 에식스 카운티 법원은 소송절차의 기술적인 요건을 강화하기 시작해 요건을 충족하지 못한 소송은 기각시켰고 법관의 활동에서 비공식적인 공동체 규범에 따른 전통적인 역할을 약화시켰다. 1680년대 말에 소송이 현저하게 감소했는데 이는 사람들이 익숙하지 않은 보통법 절차에 따라 소송을 진행해야 했기 때문이다. 그러나 18세기 초 에식스 카운티에는 법률 서비스와 소송을 담당할 수 있는 훈련된 변호사들이 17세기의 수준을 훨씬 상회했다. 이와 같은 현상이 근처의 코네티컷에서도 일어나, 지금까지는 가까운 이웃들 사이의 분쟁을 해결해오던 방식이 이웃이나 낯선 사람들을 똑같이 대우하는 형식적인 법제도로 점차 변했다.[12] 18세기에 들어서자 식민지가 확장되고 경제활동이 지역의 경계를 넘어 범위를 확대됨으로써 법원은 좀 더 적극적이고 형식적으로 변했다. 처음 형식적인 제도의 역할은 경제와 인구의 성장에서 비롯되었으나 나중에는 이를 부추겼다.

체사피크와 남부 식민지의 정착민들도 뉴잉글랜드와 중부 식민지 정착민들이 경험했던 지방법원의 변화와 똑같은 것을 경험했다. 그러나 여전히 차이점도 눈에 띄었다. 이러한 식민지에서 사회적 신분의 엄격한 구분은 중산층보다는 보통법의 기술적인 형식을 많이 경험했던 상류계층에게 지방법원을 관리하게 했다. 17세기 영국의 법개정 움직임은 이러한 식민지에는 큰 영향을 미치지 못했고 법원은 기술적인 소송절차를 중요시했다. 그러나 이는 중요한 차이는 아니었다. 17세기 버지니아의 카운티 법정은 폴리마우스 식민지에서와 같이 자의적이었다. 그리하여 1658년 버지니아 자치의회는 "여하한 개별입장에 상관없이 법률에 따라 재판할 것"을 법원에 촉구하는 법률을 제정했다.[13] 그러나 17세기 말 에식스 카운티에서 법원의 재판을 좀 더 형식적인 체제로 이끌었던 경제력과 인구의 성장이 버지니아와 메릴랜드에도 나타나기 시작했다.

체사피크와 남부 식민지의 분산된 토지소유는 효과적인 법집행을 방해했다. 법관들은 흩어져 있는 인구를 관장했다. 이들은 편안한 집을 떠나서 순회하는 재판을 매우 꺼리기로 유명했다. 예를 들어 사우스캐롤라이나 주에서는 주 설립 이후 처음 40년 동안 찰스타운에서 단 한 차례의 재판을 열었을 뿐이어서 시골 거주자들에게는 큰 어려움을 주었다. 저지대 이외 지방정부의 실정에 대한 해결책으로 나온 1760년대의 표준운동이 있기까지 사법당국의 권위가 주 전체로 확산되지 못했다.

법관들이 과감하게 법을 집행하려고 노력했을 때조차도 충분한 권한을 행사하지 못했다. 담배 가격이 좋은 예가 될 것이다. 거대한 토지를 소유한 대농장주들은 (카운티 법원의 관리들이 담배가격을 정하는 법률을 집행하리라 기대하고) 자기가 결정한 대로 적정 경작지 이상으로 과도하게 경작했다. 17세기 말 대농장주들의 법을 무시하는 경향은 이에 맞서 담배의 생산량을 줄여 경제적인 지위를 개선하려던 소농들이 '경작지 감축' 운동을 벌임으로써 심각한 위기를 초래했다. 이를 염려한 지방 치안판사들은 전권을 행사해 형식화된 보통법의 확실성을 확립하고자 노력했다. 한편, 대농장주들의 아들들로 이루어진 법률가들은 법의 전문화에 부응하기 위해 등장했다.

치안판사

치안판사는 식민지 법제도의 가장 하위에 자리하고 있으면서 또한 가장 일반적인 법관이었다. 영국 법제도의 오랜 디딤돌이었던 치안판사는 식민지에서도 비슷한 역할을 했다. 사회적 신분과 권위는 밀접하게 연관되어 있어서 치안판사는 사회에서 영향력을 행사했다. 치안판사의 임무가 식민지마다 다양했지만 상당한 책임이 직책에 따라 주어졌다. 카운티 법정에서 공동으로 형사상 중범죄를 다루는 것 이외에 판사 단독으로 폭넓은 민사사건과 형사상 경범죄에 대해서 포괄적인 권한을 행사했다. 많은 식민지에서 치안판사는 오늘날 경찰과 같은 역할을 수행했으며 처음 사건을 수사하고 나서 그 사건을 심리했다.

비록 치안판사들은 "일반인들에게는 법 집행기관이었지만 이들은 법률 분야에서 공식적으로 훈련받은 사람들은 아니었다."[14] 치안판사의 초기역사는 사법절차에 참가하는 비전문가의 확고한 전통이 있었음을 보여주고 있다. 이들은 또한 식민지의 정치적인 현안에 깊이 관여했다. 예를 들어, 버지니아에서 표면적으로는 주지사가 판사를 임명했지만 주지사를 지지하는 지역 유력인사들이 선출과정을 효과적으로 통제했다. 그 결과 판사들은 뉴잉글랜드의 판사들보다 오랜 임기(보통 20년에서 30년까지) 동안 봉사했다.

영국에 항소

영국은 왕실법원을 통해 식민지에 법적 통일성을 부여함으로써 제국의 합리적인 통치를 증진한 것처럼 보였으나 사실은 그렇지 않았다. 지리적 거리감이 식민지 법질서를 무시하게 만들었다. 그러나 항소제도는 추밀원의 위원회를 통해 식민지 정착민들이 이용할 수 있었다. 그 임무는 법률상의 항소를 심리할 뿐만 아니라 식민지의 입법을 검토하는 것이었다. 식민지 법원에 대한 심사권을 행사할 기회는 많지 않았다. 1696년에 사적 소송인들은 추밀원 항소위원회에 자신들에 대한 식민지 사법결정을 항소할 수 있었다. 1730년대에 3명에서 4명의 위원으로 구성되었던 이 위원회는 위원회 앞에서 변론할 사건의 변호인으로서 경험이 있는 숙련된 변호사를 적어도 1명 포함했다. 1770년대까지 이 위원회는 "영국법의 지지와 식민지 관행의 존중" 사이를 번갈아 가면서 "법률, 항소, 원고의 반대답변, 파기, 상소기각과 각하의 대서양을 건너는 법적 대화"에 관여하면서 효과적으로 기능했다. 1760년대 말과 1770년대 초의 헌법상 위기는 식민지 지폐와 관련된 판결의 합헌성에 대한 로드아일랜드의 항소사건인 **프리바디(Freebody v. Brenton)** 사건에서와 같이 궁극적으로 위원회에 간결한 명령을 내리도록 했다. 1774년 6월에 프리바디 항소심에서 추밀원의 판결은 로드아일랜드 법원이 "당장 지체 없이" 판결을 이행하도록 "단호하게 명령하고, 요구했다."[15] '유예제도(salutary neglect)'가 18세기 초반에는 만연했을 수 있었지만 이제는 더 이상 그렇지 않게 되었다. 세상이 바뀌었다.

특별법원: 식민지 해사(海事)재판소와 형평법원

식민지 해사재판소와 형평법원은 식민지 법원의 고유한 위계질서와는 독립적으로 발전했다. 전자는 해상무역에 대한 상업상의 일관성과 제국의 통제를 제공했다. 17세기에 주지사는 선박의 나포, 침몰, 보험, 선원의 임금과 같은 해상에서 야기된 분쟁을 해결하는 해사재판소의 역할을 수행했다. 1675년 이전에 해적이었던 헨리 모건(Henry Morgan) 경이 포트 로얄(자메이카에 있는)의 주지사와 (이전의 해적동료들을 관리하기 위한) 해사재판소의 재판장으로 임명되었다. 모건은 "해사재판소 재판관의 사무소가 나에게 주어진 것은 내가 다른 사람들보다 관련 업무를 더 잘 이해해서가 아니라 내가 너무 일찍 학교를 떠나서 법률과 해사업무를 숙달할 수 없었고, 책보다는 창을 더 많이 사용했기 때문"이라고 적었다.[16] 1696년 의회는 제국의 통제를 강화하려는 일환으로 해사재판소를 분리하는 법안을 통과시켰다. 이 새로운 법원은 식민지에 매우 기술적인 해상법을 가져다주었다. 법관들은 고정된 보수와 몰수한 상품의 일정 비율에 대해서 수수료를 받았고 이러한 관행에 따라 법관들의 보수는 식민지 의회의 통제를 받지 않았다.

이들 법원이 비록 중요한 상업상의 이점을 제공했음에도, 식민지 정착민들은 유감스럽게 생각했다. 주로 미국인들로 구성된 해사재판소 법관들은 영국인 주인과 상업 거래를 하는 식민지 상인들과 관세 위반자들에게 법률상의 간단한 족쇄를 채웠다. 게다가 배심의 심리를 통해 지방통제의 수혜를 갈망하던 식민지 정착민들은 해사재판소의 재판절차가 지닌 특권적인 성질을 유감스럽게 생각했다.

형평법원도 역시 주지사가 정의보다는 정치적인 목적을 도모하고자 대법관 임무를 수행했기 때문에 논란을 불러일으켰다. 17세기경에 보통법 법원과 같이 복잡해진 배심 없는 영국의 형평법원은 식민지에 쉽게 이식되지 않았다. 매사추세츠에서 청교도들은 같은 종교 신자들이 귀족적이고 오만한 성실재판소(星室裁判所)로부터 받았던 처우를 떠올렸으나 이들은 치안판사직 사칭, 선동죄, 미수, 문서위조, 공모, 신탁과 양도저당과 특수한 행위의 교사와 방조를 다루는 형평법을 통해서만 집행하는 사법권한의 필요성에 대해서도 잘 알고 있었다. 매사추세츠 만의 입법자들은 카운티 법원에 배심을 두고 보통법과 형평법의 권한을 수여함으로써 문제를 해결했다.

형평법은 식민지에서 형식의 문제가 아니라 실질적인 문제로 등장했다. 17세기 식민지의 일반법관들은 보통법의 선례를 따르지 않고 일종의 형평법을 적용했다. 그러나 18세기 영국이 식민지에 대한 통제를 강화함으로써 주지사들은 대법관의 지위를 가장해 자신들의 권한을 확대했다. 예를 들어, 뉴욕에서는 주지사 윌리엄 버넷(William Burnet)은 자신을 대법관으로 임명해 허드슨 강 계곡에서 면제지대의 형식으로 부담하는 봉건세를 징수했다(임차인들은 영주에 대한 개인적인 역무나 기타 의무를 면제받기 위해 면제지대를 지불했다.) 버넷의 후임자는 더 나아가 식민지의 가장 포괄적인 토지특허 중 하나에 대한 효력 여부를 가리기 위해 대법관으로서 자신의 지위를 이용하기까지 했다. 식민지 의회, 언론사와 일반 법률가들이 강력히 반대했다. 뉴욕의 형평법이 활기를 띠기 시작한 것은 독립 후 여러 해가 지나서였다.

펜실베이니아에 대해서는 똑같이 말할 수 없을 것이다. 독점 소유권자인 토머스 펜(Thomas Penn)은 수많은 장기 임차인들로부터 면제지대를 징수하기 위해 1730년대 형평법을 만들려고 시도했다. 그러나 식민지 의회는 의회가 형평법원 재판관의 급료를 통제하고 사실발견의 배심을 포함하는 경우에만 법원의 설립을 인정할 것이라는 의사를 표시했다. 펜과 그 당시 주지사는 이러한 타협으로는 자신들이 원하는 지대징수를 할 수 없을 것이라 인식하고 제안을 철회했다. 그 뒤 100년 넘게 펜실베이니아의 보통법원은 의회로 전환하거나, 가끔씩 형평법상의 구제나 구조를 제공하기 위해 '법률상 의제'를 이용해야 했다.

18세기 중반 형평법 적용에 대한 분노가 누그러지자 식민지에서는 보통법 제도의 기술적인 발전이 형평법에 대한 관심을 되살렸다. "미국 법제도의 일부로서 형평법의 필요성이 일반적으로 인식되었으나" 이는 단지 식민지가 주지사의 영향력에서 자유로운 형평법원을 채택하거나 보통법 법원에 이러한 관할권을 인정한 뒤에야 비로소 받아들여졌다.[17]

법관과 변호사

17세기에는 법률가들도 많지 않았고 이들의 지위도 애매했다. 1620년 폴리마우스에 도착한 65명 중에 법률가는 한 사람도 없었다. 최초로 훈련된 식민지의 법률가인 토머스 레치포드(Thomas Lechford)는 법률가로서 자긍심이 많은 사람은 아니었다. 그는 배심에게 영향력을 행사하려고 했다는 이유로 자격을 박탈당했다. 반법률가 정서는 도처에 만연했고 "법률가에 대한 고대 영국인들의 편견은 미국에서도 새롭게 나타났다."[18] 1669년 캐롤라이나 주의 기초헌법 제정자들은 "금전이나 사례를 위해서 변호하는 것은 비천하고 부도덕한 것"이라고 선언했다.[19] 17세기 동안 코네티컷과 버지니아 주에서는 법률가들의 실무를 금지시켰다. 초기의 법률가들은 부재중인 남편의 법적 문제를 해결하기 위해서 애쓰는 부인이나 친구를 돕는 평범한 사람들이었다.

그러나 반법률가 정서가 그리 강한 것은 아니었다. 중세 이래 법률가들의 역할은 정부의 규율을 확립하려는 활동에 참여함으로써 크게 신장되어왔다. 법률가들은 특히 17세기 말 자본주의가 꽃을 피우자 식민지 사회에서 이러한 기능을 수행했다. 18세기 미국의 법률가들은 사회안정과 경제적 일관성을 유지하는 대리인으로서 중요했다. 처음 식민지의 훈련된 법률가들 대부분은 법조학원 출신이었으나, 18세기 중반 경에는 법률가가 되고자 하는 사람들을 위해 변호사나 법관들과 함께 공부하는 도제제도가 등장했다. 그 당시에는 법과대학원도 없었으며 모든 교육과정은 실용적이고 단조로운 내용이었다.

그럼에도 불구하고 미국 법률 전문가의 맹아가 싹을 틔우기 시작했고, 훈련을 위한 단순한 기회 이상의 것에 자극받았다. 모든 식민지는 의회입법, 행정부령과 법원의 내규에 따라 법원관리의 전문적인 지위를 일부에게 수여했다. 그에 따라서 법률가들의 위계질서가 나타나기 시작했다. 계층화는 비교적 단순했다. 18세기 식민지의 주도(州都)에서 사무를 보거나 거주하던 법률가들은 카운티 법원의 법률가들보다 우수하다고 믿었다. 경제성장은 이를 한층 더 촉진시켰다. 법정 통화의 부족은 식민지 경제의 성공에 중요한 신용제도를 만들어냈고 법률가들은 이러한 신용관계를 주선하는 일에 부지런히 움직였다. 경제적 필요에 따라 주와 지방의 경제규제 입법의 미로를 해석할 수 있는 전문 해석자가 필요해졌다. 이는 또한 식민지 법률가들이 영국 보통법을 실질적으로 미국화할 수 있게 만들었다.

영국 보통법 제도를 철저히 따르도록 한 18세기 제국의 요구는 초기 미국법 실무의 비공식적인 특징을 없애고 재야 법률가들의 제도화를 부추겼다. 법조계에 발을 디딘 사람들은 먼저 조언자를 찾아 나섰고 이러한 행동은 좀 더 경험 있고 유능한 법률가들의 필요성을 인정하게 했다. 게다가 18세기 매사추세츠에서 사회적인 알력이 발생해 법률 수수료가 하락하기 시작했다. 유능한 법률 조언자가 좀 더 중요하게 되었고 그에 대한 이용도 많아졌다. 법률가들은 자신들의 새로운 사회적 지위를 반영하기 위해 예복을 입었다. 1760년대 뉴욕과 매사추세츠의 법률가들은 법정에서 변론할 때 장갑과 가발을 썼다. 이와 같은 법률 소송절차의 형식화는 식민지에서 법제도가 모든 분쟁해결 수단의 기준이 되었음을 의미한다. 식민지 경제는 법정 변호사인 배리스터(barrister, 법정에서 변론)와 법정 외 변호사인 솔리시터(solicitors, 단지 법적인 충고만을 제공)가 매우 기술적인 법률분쟁을 해결하고 있던 영국과 같이 전문분야를 구분하기에 충분한 법률산업을 양성하지 못했다. 미국 법률가들은 모든 분야를 다루는, 그리하여 문자 그대로 전문분야가 없는 일반적인 법률가로 살아남았다. 많은 주에서 변호사의 자격조건을 명시한 규정이 없었다는 사실은 법률가 직업의 불확실한 성격을 보여주고 있다.

식민지에서 법관의 발전은 변호사들의 발전과 나란히 했다. 초기 치안판사들 중에는 종종 법을 공부하지 않은 사람들도 있었다. 예를 들어, 1681년 윌리엄 펜(William Penn)은 런던의 의사이자 부유한 퀘이커교도의 남편인 니컬러스 모어(Nicholas More)를 펜실베이니아의 대법원장으로 임명했다. 그러나 이 대법원장은 법에 대한 무지, 개인적인 오만과 탐욕으로, 4년 뒤 펜실베이니아 의회에 의해 탄핵되었다. 18세기 식민지 사법부는, 영국정부와 더 유능한 법관 앞에서 변호활동을 하고자 하는 변호사들이 초래한 변화로 훨씬 전문화되었다. 미국법사의 출발점에서부터 변호사들은 자신들의 활동 영역이었던 사법부에 특별한 관심을 가졌다. 종종 비전문가 법관이 눈에 띄는 것은 배심원들이 법률문제뿐만 아니라 사실문제를 해결하는 데에서 중요한 역할을 했음을 의미한다. 1735년 뉴욕 주지사가 존 피터 젠저(John Peter Zenger)를 선동죄로 기소한 유명한 사건의 심리에서 나타난 바와 같이, 무엇보다도 배심원들은 별다른 불이익을 받지 않고 재판의 지침을 무시하거나 해석했다. 비록 판사의 지침은 그 반대로 결정되었어야 한다는 것에 의심의 여지가 없었지만 배심원들은 젠저에 대해 무죄평결했다. 마찬가지로 17세기 버지니아 주법은 배심원들이 특정한 사건에 대해서 명확하게 평결할 수 없을 때에는 "평결 전에 사건해결에 도움이 된다고 생각하는 누구나의 조언을 구할 수 있다고 규정했다."[20] 매사추세츠 주지사 윌리엄 셜리(William Shirley)는 경험 있는 법률가로서 식민지에 영국법 형식을 채택할 것을 지지했으나, 배심원들이 지역 현안에 대한 강력한 영향력을 행사한다는 사실도 인정했다. 그는 "배심에 의한 재판은 그 동료들이나 적어도 그에 대해서 호의를 보이는 사람들과 불법거래를 시도하는 것"이라고 불평했다.[21]

식민지 사법부의 변덕스러운 상태는 무분별한 법조인 양성에서 기인했다. 법관들도 독립성이 부족했다. 국왕이 법원설립에 대한 배타적 권리를 가진다는 원칙은 식민지 법관들을 단순히 국왕의 대리인에 지나지 않는 것으로 보이게 했다. 본국과의 거리감은 극복할 수 없는 장애물이었다. 한 역사가가 말한 것처럼 "런던으로부터 국왕의 전권이 행사되었을 때 지나치게 멀리 떨어져 있다면 왕을 대표하는 임명 주지사의 보호 아래 제도로 정착하기까지는 너무 많은 시간이 걸렸다."[22] 주지사가 판사를 임명했으나 임기는 제한되었다. 1701년 의회는 영국법관에 대해서 특별한 결격사유가 없는 한 종신제를 인정했으나 사법부가 제기능을 발휘하는 데에 필수인 독립의 보장은 식민지 미국에까지는 이르지 못했다. 그 결과 사법부는 정치적인 논쟁거리가 되었고, 식민지 파벌싸움의 타협물이 되었다. 추밀원은 1761년 사법위원회의 위원이 "국왕을 위해" 봉사한다고 명백하게 진술하지 않았다면 바람직하지 않은 것이라고 판결함으로써 1761년에 문제를 해결했다.[23]

식민지 법관의 독립은 또 다른 측면에서도 제한적이었다. 18세기 의회의 하원은 사법부의 권한행사를 못마땅해했고, 사법부의 영향력을 제한하기 위해 법관을 탄핵하려고까지 했다. 임기 중 형사상 범죄에 대해서만 실시하던 초기의 사법부에 대한 탄핵과 달리, 펜실베이니아의 대법원장 모어에 대한 탄핵처럼, 새로운 형태의 탄핵 시도들은 중요한 정치적 의미를 함축하고 있었다. 특히 중요한 것은 1758년 펜실베이니아 체스터 카운티의 판사 윌리엄 무어(William Moore)에 대한 탄핵과, 1774년 사우스캐롤라이나 대법원장 찰스 신너(Charles Shinner)와 매사추세츠의 대법원장 피터 올리버(Peter Oliver)에 대한 탄핵이었다. 이러한 경우에 탄핵은 임기중에 불법을 처단하려는 수단보다는 (그들이 의회에서 선언한 것처럼) 제국의 지배에 대한 식민지 정착민들의 반감을 표출하는 수단이 되었다.[24]

의회와 자치도시의 입법권

식민지 정착민들은 그들이 가져온 법적 전통을 식민지 전역과 지방정부 조직의 입법기구에서 가장 잘 발전시켰다. 의회의 하원과 자치도시들은 식민지법의 구체적인 내용을 형성하는 데 결정적인 역할을 했다. 그 결과 입법부가 식민지 정치의 중심이 되었다.

영국법에서 하원은 종속적이었고 주지사에 대한 국왕의 지침이나 특수한 칙령에 따라서 회기를 소집하는 자문기관에 불과했다. 주지사는 상당한 영향력을 행사했다. 그는 정부의 사업을 진행하기 위해 의회가 상당한 양보를 하도록 다방면으로 노력했다. 식민지에서 의회의 권한이 꾸준히 증대한 것은 17세기 영국에서 일어났던 사건들의 영향이었다. 1688년 명예혁명은 의회주권을 인정했고 그 뒤 미국 식민지 정착민들도 의회의 우위와 의회에 대한 주지사의 복종을 주장했다. 실제로 1683년과 같이 일찍이 뉴욕의 독점 소유권자 요크의 제임스 공은 회기를 3년마다 개최하고, 의원수, 배심재판, 적법절차와 다른 '영국인의 권리'를 결정하기 위한 권리를 주장하는 '자유와 특권에 관한 헌장'을 제정했던 식민지 최초의 의회에 대해 제재를 가했다. 명예혁명으로 국왕 제임스가 망명한 뒤 의회는 식민지에서 '신민의 권리와 특권에 관한 선언'이라는 과감한 법안을 제정했다. 이 법안은 자유 토지 보유권자의 투표권과 보통법에서의 토지 보유를 포함했다. 1691년 신임 주지사는 이 법안에 서명해 영국으로 송부했다. 무역위원회는 추밀원에 이 법안이 '의심스런 표현'과 함께 '지나치게 비합리적'이라고 보고했고 추밀원은 이를 허용하지 않았다. 그럼에도 불구하고 1698년 의회는 식민지 사법제도를 창설했고 동정적인 주지사 벨몬트의 얼(Earl)에 의해서 승인되었다. 그 다음 주지사인 로버트 헌터(Robert Hunter)는 1711년, 의회는 "하원의 모든 특권을 주장하면서 이를 지금까지 생각했던 것보다 더 많이 확장"했다고 불평했다.[25] 18세기 내내 의회가 주장할 수 있는 '특권'의 하나는 주지사로부터 국고의 통제권을 쟁탈하기 위해서 식민지 채권자들의 청구를 재판하고 상환할 권리였다.[26] 도를 지나친 식민지의 행위는 18세기에 점점 대담해졌고, 그에 대한 반대의 위협 역시 대담해졌다. 영국의 입장을 지지하는 뉴욕의 한 팸플릿 저자는 식민지 의회에게 "자유와 재산에 대한 의회의 이러한 태도를 버리고 분수를 지키"라고 충고했다.[27] 1733년 매사추세츠 주가 자신들의 입장을 관철시키기 위한 선례로서 하원의 결정에 재심을 요구했을 때, 영국의회는 이러한 행동이 "자신들의 영광스러운 본국정부에 대한 심한 모욕"이라며 이를 거절했다.[28] 이에 개의치 않고 매사추세츠 주의회는 대서양 이쪽의 사건에 대해서 자신들의 주장을 반복적으로 표명했다.

식민지 의회는 강력한 입법기구가 되었는데, 이는 누군가가 식민지 주정부 안에서 일상적으로 발생하는 온갖 궂은일을 책임져야 했기 때문이다. 입법활동 분야는 도로, 선박, 부두건설과 토지정책의 수립, 인디언들과의 교역, 이민규제, 주 경계분쟁 해결과 어업권 등을 포함했다. 식민지 의회는 조세와 예산을 집행함으로써 당연하게 식민지 재정에 관한 통제권을 획득했다. 뿐만 아니라 의회는 의원의 발언에 대한 자유와, 입법발의와 의원자격을 포함한 내부문제를 자율적으로 운영했다.

강력한 식민지 의회는, 다양한 차원에서 정부가 특정 문제에 영향력을 행사하는 법적 권위에 대한 연방제를 형성했다. 실제로 입법권한에 대한 위계질서가 만들어졌다. 예를 들어, 의회의 주요한 책임 중 하나는 지방자치를 위한 법적 한계에 대해 느슨하지만 효과적인 체계를 확립하는 것이었다.

지방자치제는 공공복리 증진을 위한 최초의 식민지 조직체였다. 1635년 매사추세츠 타운법은 훗날 다른 식민지에서 채택한 법률의 전형이 되었다. 이는 상급권원에 기반을 둔 권리와 특권으로서 명령하기보다는 타운에서 일어나고 있는 다양한 관행을 인정했다. 그리하여 타운은 자신들의 토지와 목재를 처분할 수 있었고, 타운의 질서를 유지하고자 규칙을 정했으며, 20실링 미만의 벌금을 부과할 수 있는 정관을 작성해 이러한 규칙을 강제할 수 있었고, 자신들을 위한 관리를 선출하고 고속도로 등을 건설할 수 있게 되었다.[29] 개인생활에 관한 한, 이러한 자치법은 공동체 역할에 대한 기본적인 결정을 타운에 위임했다.

약 1740년대까지 지방자치체의 가장 중요한 기능은 "무역과 산업을 장려하기 위한 상업적인 공동체"를 만드는 것이었다.[30] 이를 위해서 시장을 세우고 규제했다. 영국의 지방자치체와 같이 식민지 미국의 타운들은 지역경제에 적극적으로 개입했다. 타운이 소유한 시장은 관리들에게 타운이 허가한 정육업자와 타운에서 인정한 자유민들이 판매하는 물건을 측정할 때 타운이 정한 단위를 사용할 것을 독려했다.

뉴잉글랜드의 타운회의는 지방자치법 제정을 위한 대중적인 기반을 제공했다. 일부 역사가들은 지배 엘리트들이 상호동의를 이끌어내기보다는 강요했다고 주장하기도 하고, 일부는 합의정신이 실제 충분했으며 영향력 있는 타운 지도자들은 회의장 밖에서 조용한 합의를 통해 곤란한 문제들을 쉽게 해결했다고 주장한다. 그것의 구체적인 운용이 무엇이었든지 간에 타운회의는 공개정부를 통해서 공공정책을 수립해야 한다는 것보다는 충돌을 피하려는 의도에서 초기 미국법의 합의적 토대를 강화했다. 뉴잉글랜드 정착민들은 지금까지 위에서 말한 것보다 더 타운회의를 활성화시켰다. 그리하여 법과 그 이행에 대한 태도는 이들의 '영국식 생활방식'의 중요한 부분을 이루고 있었다. 개인은 조화 속에서 작업을 해야만 한다는 뉴잉글랜드 정착민들이 물려받은 유산은 교회조직의 조합계획에 의해서 계승되고 강화되었다. 매사추세츠 타운 정관 중 하나는 많은 것을 시사해준다. 이 정관은 "이익의 충돌은 타운의 화합에 어떠한 영향을 미치지 않을 것이며, 타운은 충고와 해결책을 제시할 수 있고, 그리하여 사랑과 통합과 평화를 얻기를" 희망했다.[31]

타운회의는 항상 개인이 아닌 단체의 분쟁을 해결했다. 예를 들면, 1722년 매사추세츠의 로체스터 타운은 그 지역 회중파 목사의 지지를 거부하는 퀘이커 교도에게 납세하도록 할 것인가와 같은 까다로운 문제에 직면했다. 타운은 납세해야 한다고 결정했다. 그러나 회의에서 내린 결정 중에 많은 내용은 단체를 대상으로 하고 있으나 특정한 개인에게 요구되는 경우가 많아서, 실제로 그 이행은 타운의 자유민들이 선출한 사람이 맡았다. 예를 들어, 타운은 부랑자나 매춘부를 추방하고 불량 청소년들을 처벌하고 무리에서 벗어난 돼지를 관리하고 지역의 물가에서 고기잡이의 권리를 확정하기 위한 법을 입법했다. 그러나 실제로 낯선 사람을 추방하고 길 잃은 돼지를 보호하는 일은 선출된 사람이 했다.

미국독립전쟁 직전에 경제변화, 인구증가, 종교적 소요와 영국의 간섭은 '평화로운 왕국'을 심각한 위기로 내몰았다. 18세기에 경제활동의 영역이 확대되면서 사회적 충돌이 서로 다른 타운과 식민지 사이에서 개인과 단체에 자주 발생했다. 보통법 제도를 강화하려고 애쓴 영국정부는 뉴잉글랜드에서 분쟁인들이 사법상 강제할 수 있는 법률상 구제수단을 강구하도록 촉구했다. 타운은 법안제정권을 통해서 지방정부의 권한을 유지했으나 공식적이고 비공식적인 분쟁 해결제도로서는 그렇게 중요하지 않았다. 1760년대 초에 서로 다른 타운에서 온 사람들 사이의 분쟁이 늘어나면서 지방법원의 업무량이 폭주했고, 이는 사회적 분쟁을 사법적으로 해결하는 것에 큰 관심을 기울이게 했다. 법원은 타운 대신에 새로운 권위를 인정받기 시작했다.

윌리엄스버그처럼 일부 예외가 있기는 하지만 체사피크와 남부 식민지의 타운들은 뉴잉글랜드와 중부 식민지의 타운들과 비교해서 활기가 없었다. 타운보다는 카운티가 상업활동을 장려했고 지역시장을 규제했다. 넓은 지역에 흩어져 정착하던 양상으로 카운티와 그 법원이 지역 입법활동의 중심이 되었다. 담배와 쌀을 재배하는 사회

엘리트들이, 생활의 중심인 교회가 있는 마을 건설에 관심이 없었기 때문에 버지니아, 메릴랜드와 캐롤라이나 주의 인구는 다양한 크기의 담배농장으로 흩어졌다. 법률제도의 분산은 사회의 분산을 따랐다.

교회

신법과 성경은 식민지의 중요한 법원이었다. 초기 미국인들은 종교적인 죄의식에 따라 범죄를 구분했으며 교회를 분쟁해결과 사회통제 기관으로 보았다. 성직자들은 그 자체 사회적인 권원이자 민사문제에서 영향력을 행사함으로써 눈에 띄는 역할을 했다. 뉴잉글랜드에서는 회중파 교회와 타운정부의 역할이 중복되었고 체사피크에서는 교구회와 카운티 정부의 역할이 혼재했다. 실증적인 세속법은 일치하지는 않더라도 종교적인 권위로 지지되는 도덕적 가치를 항상 의식했다. 제도로 조직화된 종교적 구성은 아니었지만 펜실베이니아의 퀘이커 교도들조차도 교회가 세속적인 권위를 지배하지는 않더라도 강화시킬 것이라고 예상했다. 그러나 교회가 시민정부를 간섭한 곳은 어느 곳도 없었으며 교회와 국가의 분리 주장은 미국인들의 공적 생활의 발전에서 주요 통합원리가 되었다.

그러나 교회는 법률기구로서 영국에서만큼 중요한 역할을 하지 않았다. 영국 국교회가 신세계에서 완전히 자리잡지 못했으며(예를 들어 공식 종교화), 그 결과 교회법원은 한 번도 설치되지 않았다. 영국에서 이러한 법원은 만취, 간음, 성도착이나 간통 같은 범죄를 다루는 데서 강력한 도덕적 권위를 행사했다. 미국에서는 민사법정이 이러한 문제를 다루었다. 개별교회에서 이러한 비행을 처벌했으나 교회의 권위는 교구의 교인에 대해서만 인정되었다. 교회는 민사와 형사행위를 구분하지 않은 대신에 기독교의 관용과 합의의 정신을 북돋우고자 했다. 경제가 성장함에 따라 지역 공동체는 교회의 세력이 강한 곳에서조차 지방의 비법률적 제도에 의한 해결에 저항했다. 공식적인 법률기관이 권위를 갖게 됨으로써 중재와 교회 징계절차의 중요성이 점차 사라졌다. 종교적인 사상은 형법과 영업관계의 운용에 도덕적인 영향력을 행사했으나 교회는 비교인들 사이의 분쟁해결에 무력했다. 마지막으로 종교의 다원주의는 식민지 법률문화의 성격을 압도하는 어느 한 종파를 인정하지 않았다. 예를 들어, 버지니아는 서부 변경에 정착하는 것을 장려하기 위해, 비성공회인에게 교구의 목사직을 유지시키기 위해서 세금을 납부해야 한다는 법률조항의 적용을 유보했다.

제도적 유산

미국독립전쟁 무렵에 식민지 정착민들은 식민지 상황에 맞는 법제도를 만들려고 노력했다. 거의 200년 이상을 지나면서 법제도들은 점점 복잡해지고 형식화되었으며 또한 더욱 강력해졌다. 법의 자치적인 성격은 약화되었는데, 이는 부분적으로는 법이 좀 더 일반화된 반면에 공동체는 더욱 특수화됨으로써 공동체 자체가 변했기 때문이다.[32] 각 식민지에서 이러한 기관들은 영국식 전통의 영향을 받았던 반면에 신세계의 상황을 반영한 법률들도 내놓았다. 그 결과로 나타난 법의 애매함은 식민지 정착민들과 영국정부 모두에게 어려움을 가져다주었다.

2

식민지 미국의 법, 사회, 경제

Law, Society, and Economy in Colonial America

식민지법과 사회 통제

미국이 형성되던 초기의 미숙한 상태는 역사적으로 매우 중요한 의의를 지닌다. 신교의 관용, 민족주의와 자본주의가 영국사회와 경제를 형성했다. 이러한 요소가 식민지에도 영향을 주었지만 상황은 달랐다. 식민지는 봉건적인 과거를 경험하지 않았다. 식민지 정착민들은 이러한 독특한 상황 아래에서 자신들의 법적 전통을 확립해나갔다. 초기 미국 법률기관에서 쏟아져 나온 실체법들은 모국에서보다 더 많은 경제적 기회를 경험하고 좀 더 개방된 사회로 나아가게 했다. 그러나 초기 정착민들은 어떻게 빈민을 다루고, 일탈자를 처벌하며, 일부에만 영향을 미치는 경제적 의무를 강제할 수 있는가를 결정하는 데 있어 승자이면서도 패자였다. 초기 미국법의 애매함은 식민지들과 모국 사이의 법개념을 다르게 하진 않았지만, 그 사회적 · 분배적 결과에 영향을 주었다.

빈민

식민지 미국인들은 빈곤을 개척시대의 자연적이고 피할 수 없는 삶의 일부로 받아들였다. 그러나 이들은 그 사회적 결과에 대해서는 기꺼이 받아들이지 못했다. 빈민들은 공동체의 경제적 비용이자 바람직하지 않은 도덕적 죄악이었으며, 18세기에는 잠재적인 범죄의 위협이 되었다.

우리는 식민지시대의 빈곤상태에 대해서 정확히 알 수 없다. 아는 것은 초창기 북미에는 중산층이 대부분이었음에도 빈민들이 상당수를 차지하고 있었다는 것이다. 예를 들어, 18세기 중반 사우스캐롤라이나의 주지사 제임스 글렌(James Glen)은, "우리 주에는 생활에 필요한 물자가 충분했지만 인구 3만 명 중 약 5천 명의 백인은 겨우 생계를 유지할 수 있을 정도"라고 결론지었다.[1] 물론 생계와 빈곤은 서로 다른 두 가지 성질의 것이다. 매사추세츠의 조사이어 퀸시(Josiah Quincy)는 사우스캐롤라이나의 계급과 빈곤에 대해서 좀 더 신랄한 평가를 했다. 그는 다음과 같이 말했다. 사우스캐롤라이나 식민지는 "풍요롭고 귀족다운 대농장주와, 가난하고 무기력한 농민과, 천한 노예들로 나뉘었다."[2] 중산층이 매우 두터운 뉴잉글랜드에서조차 빈민문제를 의식하고 있었다. 종교 활동가들은 보스턴을 부도덕과 빈곤으로 가득 찬 또 하나의 바빌론이라고 생각했다.

18세기경 모든 식민지에서 새로운 형태의 빈민이 출현했다. 노숙자나 비숙련공, 과부와 노인이 주축인 '유랑하는 빈민' 들이었다. 이들 중 일부는 실제 가난하지는 않지만 고향을 떠나 계속해서 일자리를 찾아 떠돌아다니는 남성 노동자들도 있었다. 도시의 지도자들이, 이들을 위한 보금자리 마련은 자기들의 책임이 아닌 다른 지역 지도자들의 몫이라고 주장함으로써 난처한 상황이 벌어졌다. 뉴잉글랜드와 중부 식민지 법원이 이러한 분쟁을 해결하는 중심이 되면서 사회적 결속력을 이끌어왔던 전통적인 비공식적 토대가 몰락하기 시작했다.

계층감과 인간성에 대한 감정이 빈민에 대한 법적 대응에 영향을 미쳤다. 모든 식민지는 엘리자베스 여왕의 법률을 모범 삼아 일종의 '구빈법' 을 제정했으나, 그 법의 이행책임은 지역 공동체에 주어졌다. 타운과 카운티가 구호기금을 마련하기 위해 세금을 징수할 수 있었고 지도자들은 빈민문제를 매우 신중하게 다루었다. 타운 지도자들은 자기 가족과 이웃은 스스로 돌보기를 바랐으며, 그렇지 않을 때는 빈민 감독자(카운티 법원에서 임명된 위원이나 타운의 행정위원)가 법원의 처분을 구했다. 예를 들어, 1752년 매사추세츠의 법원은 나이든 두 할머니의 친척들에게 이들을 돌볼 것을 명령했다.[3] 17세기 뉴잉글랜드에서 가족은 구성원들의 복지를 책임지고 있었기 때문에 가족 중 누구라도 지역빈민으로 지정되지 않도록 해야 했다.

가족과 이웃은 체사피크와 남부 식민지에서도 마찬가지로 중요했으나 인구와 지리 문제가 많은 어려움을 초래했다. 짧은 평균수명과 넓은 지역에 흩어진 정착민들의 거리감은 사법당국의 좀 더 적극적인 역할을 요구했다. 이러한 상황에서 가장 의미 있는 발전은 고아재판소의 등장이었다. 체사피크 만의 제1세대 정착민들은 가까운 친인척이나 친구들과 협력해 도착했고, 이들이 작성한 유언장의 거의 대부분에는 자녀들의 후견인이 지명되어 있지 않았다. 결과적으로 부모 모두가 사망했을 때(초창기 식민지 생활에서 너무 흔한 사건인), 지역 사법당국자들은 후견인을 임명할 의무를 졌다. 이러한 후견인들의 대부분은 피후견인인 고아의 자산을 탕진하거나 횡령했고, 그 결과 메릴랜드 법원과 식민지 의회는 신뢰할 수 없다고 판명된 후견인에 대해서 처벌하고 후견권을 박탈하고 감독하기 위해 고안된 일련의 법안을 제정했다.[4] 그리하여 18세기 초, 메릴랜드와 다른 식민지들도 좋든 싫든 영국의 관련법보다 고아에게 좀 더 유리한 후견법을 가지고 있었다.

일시적인 가난은 공동체의 유대를 위협했기 때문에 큰 걱정거리였다. 모든 식민지는 정착민들이 영국의 촌락 공동체적인 생활에서 가져온 법률 전통의 일부인 '예고기간' 제도를 채택했다. 가까운 친척이나 공동체 후원자의 도움으로 살아가기에 충분하지 않은 사람에게는 감독자나 행정위원들이 보통 3일 이내에 마을을 떠나도록 명령했다. 일부의 경우에 공동체는 일시적이고 게으른—이른바 가빈민(假貧民)—사람들에게는 수치심을 느끼게 함으로써 문제를 해결하려고 시도했다. 예를 들어, 1718년 펜실베이니아 법률은 상습적인 빈민에 대해서는 "대문자 'P'"를 어깨에 걸치고 다니도록 했다.[5] 족쇄 또한 형벌로서 선호되었다.

18세기 말에 빈민의 법적 지위는 초창기의 지역과 가족 차원의 해결에서 주정부가 후원하는 제도적인 형태로 전환되었다. 예를 들어 1794년 매사추세츠 주의회는 빈민을 추방하기 위한, 기존의 판에 박힌 절차인 예고제도를 공식적으로 대체한 신구빈법을 제정하여, 거주 여부와 상관없이 3개월까지 구호를 제공하도록 각 타운에 지침을 내렸다.

초기 미국인들은 일반적으로 엘리자베스 여왕의 빈민법의 가장 두드러진 특징 중 하나인 채무자 구속은 도입하지 않았다. 식민지 정착민들은 그들의 법전통을 신세계의 절박한 상황에 맞게 조정했고, 이러한 행동은 식민지 경험과 새로운 국가의 실천 사이를 명확하게 구분하는 것에 주의를 요했다. 노동력은 근로자가 부족한 경제 아래에서 공동체의 이익을 증진할 수 있는 가장 중요한 상품이었다. 18세기 중반에 뉴잉글랜드와 중부 식민지의 지도자들은 여전히 가족과 이웃의 도움을 바탕으로 빈민 문제를 해결하고 있었지만 지속적으로 증가하고 있는 빈민문제를 적절한 기관인 구빈원을 통해 해결하고자 노력했다. 예를 들어 펜실베이니아의 입법자들은 채무를 갚지 못하는 사람들의 구속기간을 특정하기 시작했는데, 이는 영국인들과는 전혀 다른 이유에서 비롯되었다. 퀘이커 교도들의 영향 아래에서 펜실베이니아 의회는 빈민들에게 힘든 노동을 시키는 것은, 공동체에 필요한 노동력을 제공할 뿐만 아니라 미래의 생산적인 시민이 되는 데에 필요한 기술을 가르치게 될 것이라고 결론지었다. 결과적으로 구빈원은 미국식 갱생원의 모범이 되었다.

일탈행위

식민지 사회는 범죄를 양산하지는 않았다. 17세기에서 18세기를 거치면서 비록 절대적인 범죄 건수가 증가했지만 인구가 더 급격히 늘었다. 그럼에도 불구하고 식민지 미국인들은 사회적 일탈을 통제하는 데 큰 관심을 기울였고, 범죄가 오늘날처럼 만연하지 않았음에도 효과적으로 범죄를 처리하고자 모든 식민지에서 방종과 악행에 대해 계속 비난했다.

느리지만 지속적으로 범죄가 늘어난 것은 대체로 사회적인 현상이었다. 총인구는 적었고 특히 17세기에 사람들은 자신들이 살고 있는 곳에서 서로 알고 지냈다. 예를 들어, 살인은 고의라기보다는 우발적으로 발생하는 경우가 많았다. 이는 사회적 압력이 쌓여 폭력적으로 폭발한 것이었다. 식민지 가족에 대한 지나친 속박이 여러 가지 범죄의 온상이 되었다. 18세기 무렵 부랑하는 빈민, 대도시의 출현과 인구이동의 증가로 초기 미국사회의 공동체적 성격이 약해졌다. 인종적 이질성의 확대는 옛 사회의 유대관계를 더욱더 약화시켰다. 살인, 폭력과 절도가 좀 더 빈번히 발생했고 극형을 선고발은 사람들은 평균적인 식민지 정착민들보다 이동성이 매우 컸던 것처럼 보인다. 인구이동은 사회를 통제하는 비공식적 장치(가족, 이웃, 종교적 모임)로부터 이미 소외된 중범죄인을 자유롭게 했다. 예를 들어, 유명한 위조지폐자였던 존 스미스는 1773년 뉴욕 주의 알바니에서 체포되어 교수형에 처하기 전에 식민지 전역을 자유롭게 여행했다.

17세기에는 좀처럼 기소되지 않았던 재산에 대한 범죄들이 법원에서 사건화되는 수가 점차 크게 증가했다. 식민지 시기의 막바지에 출현한 엄청난 부는 사람들을 전문적인 범죄자로 유도하기에 충분했다. 식민지 미국에서 가장 악명 높았던 범죄자인 오웬 설리번(Owen Sullivan, 6개의 가명을 사용)은 뉴잉글랜드와 뉴욕에 걸쳐 활약하던 위조범죄단(존 스미스를 포함)의 두목이었으며 결국에는 스미스와 같이 교수형을 당했다.

미국인들은 도덕적 행위의 보조수단을 가지고 사회규율을 만들었다. 성서와 종교는 형법의 중요한 권원이었으며 다른 곳에서보다 특히 뉴잉글랜드 지역에서 그러했다.

급진적인 신교가 득세했던 5개 식민지 중 네 곳에서 성경은, 형법의 항구적인 선례를 제공했다. 영국형법에 큰 영향을 받고 있던 체사피크와 남부 식민지에서조차 신에 대한 불경죄는 사회에 대한 불경죄가 되었다.

도덕적인 죄가 범죄와 매우 흡사하고 법령상 언어가 성서구절과 같다고 해서 미국형법의 중요한 법원인 영국법을 간과해서는 안 된다. 13개의 모든 원식민지는 영국으로부터 자신들의 실체적인 형법의 대부분을 계수했으나, 식민지 정착민들은 전통적인 영국법보다 영국에서 일어났던 형법 개정 운동의 영향을 크게 받았다. 프랜시스 베이컨(Francis Bacon)과 매튜 헤일(Matthew Hale)은 형법의 전면개정을 촉구했고 식민지 입법자들은 이러한 노력을 알고 반영하려고 노력했다.

오늘날 우리의 기준에서 식민지 형법은 혹독하고 무자비한 것처럼 보인다. 퀘이커 교도들은 범죄자의 귀를 잘랐고, 마녀는 교수형에 처했으며, 소요를 일으킨 노예는 화형에 처했고, 고문도 인정했다. 매사추세츠의 1641년 자유법은 "공모자가 있거나 다른 사람들과 연합해 범죄를 저지른 경우에는 고문을 할 수 있으며 이때 고문은 야만적이거나 비인간적이어서는 안 된다"라고 고문을 인정했다.[6]

그러나 일반적으로 영국과 유럽에 비해 식민지 미국의 형법은 덜 혹독했다. 예를 들어, 17세기 말에 펜실베이니아에서는 단지 11건의 범죄만을 사형에 처했던 반면에 영국에서는 50건이, 그리고 18세기에는 200건 이상으로 그 수가 증가했다. 게다가 11개의 중범죄 중에서 단지 살인과 반역죄만이 사형에 처하도록 되어 있었다. 사형 집행인은 일부 지역에서 사회질서 유지자로서 중요한 역할을 했다. 독립전쟁이 시작될 무렵에 사우스캐롤라이나는 매사추세츠의 법에서 지정한 것보다 10배나 많은 중범죄를 정하고 있었다. 식민지 전역에서 법관은 사형을 언도할 때 배심원들보다 상당한 재량권을 가지고 있었다. 법관과 배심원들은 가능한 한 피고인에게 극형을 피해 감형하려고 애썼다. 유죄가 확정되었을 때조차도 사면이나 감형을 통해 교수형을 면할 기회를 제공했다. 예를 들어, 1691년과 1776년 사이에 뉴욕에서 사형선고를 받은 죄인들의 51.7퍼센트가 사면받았다.[7]

미국인들은 자신들이 영국법 중에서 이성적이고 적절하다고 생각하는 것만 선호했다. 재산에 대한 범죄가 그 대표적인 경우이다. 영국에서 절도는 가장 흔한 범죄였고 사형으로 엄하게 처벌했다. 초기 식민지 정착민들은 절도범들에게 시달리지 않았다. 이는 부분적으로는 도둑맞을 것이 별로 없었기 때문이다. 도둑맞은 것은 주로 생활필수품(식량과 의복)이었고, 생활이 불안정한 상황에서 이러한 절도는 심각한 문제가 되기도 했다. 예를 들어, 데일의 법에서는 버지니아의 '기근시'에 이러한 절도죄를 중범죄로 정하고 있었다.

재산범죄에는 좀처럼 사형을 언도하지 않았다. 버지니아의 대니얼 프랭크(Daniel Franke) 단 한 사람만이 1660년 이전에 절도로 사형을 당했다. 그는 송아지와 닭, 수건을 훔쳤다. 18세기에 점차 재산범죄가 증가함으로써 처벌도 강화되었다. 그러나 식민지 정착민들은 누범인 경우에만 극형에 처함으로써 영국법의 공포에서 벗어났다. 예를 들어, 돼지 값이 비싸던 (다른 식민지에서 가금류는 실제로 값이 비쌌다) 메릴랜드에서는 단지 3번의 절도죄를 저지른 사람에 대해서만 사형에 처하도록 정하고 있었다. 처음 죄를 지은 사람에 대해서는 보통 창피나 모욕을 주는 낙형, 태형, 구류, 몇 배에 달하는 벌금으로 처벌했다. 17세기 중반 하버드 대학생 2명이 민가 두 곳에 침입해 절도죄를 범하자 대학총장은 공개적으로 태형에 처하고 2배의 배상을 명했다.

17세기에 건설된 식민지에서 처음 법관은 형법적용에서 광범위한 재량권을 부여받았다. 그러나 18세기에 들어서면서 단지 형법의 약 24퍼센트만이 보통법 원칙에 근거했고 나머지는 제정법이었다.

뉴잉글랜드에서 자의적인 법관의 재량권은 다른 식민지에서보다 심한 공격을 받았다. 17세기 말에 형사재판의 90퍼센트 이상이 제정법에 따라 이루어졌다. 자의적인 재판은 정치적인 반대를 불러일으켰고 식민지들이 좀 더 다양해짐으로써 특정한 그룹이 사법권을 장악하게 될 것에 대한 염려가 커졌다. 인구변화, 노숙자의 증가와 상업활동이 처음으로 활발해짐으로써 형법적용에 정확성이 크게 요구되었다.

체사피크와 남부 식민지에서 부의 원천은 토지였고, 토지는 순종적인 노동력이 있어야만 개발할 수 있었다. 예를 들어 버지니아와 메릴랜드는 머슴살이하는 이들이 인구의 많은 부분을 차지했고, 18세기 체사피크 남부의 흑인노예의 수는 종종 백인의 수를 능가했다. 담배재배 식민지들은 주인이 하인, 도제, 노예를 학대한 경우 유죄를 인정하는 데 법관에게 상당한 재량권을 인정했다. 살인죄는 전형적으로 아랫사람을 학대한 오랜 전력이 있는 주인에게만 인정되었다. 1667년 메릴랜드의 존 댄디(John Dandy)는 하인 헨리 고지(Henry Gouge)를 살해하고 익사한 것처럼 가장하기 위해 계곡에 던지기 전에 옷을 벗겼다. 댄디는 전에도 고지를 학대했고 도끼로 머리에 중상을 입힌 적도 있었다. 댄디는 교수형을 당했다.

동시에 남부나 북부에서도 소중한 노동자를 교수형에 처하는 것은 경제적인 면에서 큰 손실이었다. 태형, 낙형, 절단과 같은 육체적인 형벌은 하인과 노예들에게 큰 두려움을 주기에 충분했다. 주인과 하인 모두에게 교수형은 살인을 저지르려는 사람을 통제하는 최후의 수단이었다.

형법상의 범죄는 절도, 폭행, 살인에만 한정되지 않았다. 도덕적인 행동에 대한 관심이 식민지 형법전에 반영되었다. 17세기의 남녀는 성적으로 모험적이고 혁신적이었다. 그리하여 간통, 간음, 계간, 수간, 동성애, 강간, 근친상간과 같은 사건들이 모든 법원의 사건 일람표에 빠짐없이 등장해 관계자들의 법정출두가 주요한 관심거리가 되었다. 폴리마우스의 토머스 그랜저(Thomas Granger)의 예를 보면, 1642년 "암말, 암소, 염소 2마리, 양 5마리, 송아지 2마리, 칠면조와 수간" 한 것으로 기소되었다.[8] 1673년 벤저민 고드(Benjamin Goad)는 "큰길과 공원에서 암말과 비자연적이고 소름

끼치는 행위"를 한 죄로 매사추세츠에서 사형을 언도받았다.[9] 1660년 뉴헤이번의 조지 스펜서(George Spencer) 사건은 왜 식민지 정착민들이 수간을 두려워했는지 보여준다. 이들은 사람을 닮은 괴물이 태어날 것을 두려워했다. 이와 같은 관심이 마녀에 대한 두려움에서도 나타났다. 스펜서는 눈이 기형이었고, 그의 죄에 대한 증거의 하나는 "사람의 손상된 눈과 같이 얼굴의 중앙에 눈 한쪽이 붙어 있는" 괴이한 돼지 새끼가 있었다.[10] 스펜서는 사형을 언도받았고 그가 데리고 있었던 돼지 새끼는 사형집행 전에 스펜서의 눈앞에서 칼로 도살되었다.

간통과 간음은 식민지의 입법자, 법관과 배심원들의 가장 많은 관심을 끌었다. 식민지 사회의 상류계급은 하층계급에 대해 적절한 도덕적 형식을 부여하는 것이 자신들의 도덕적 책무라고 간주했다. 이러한 입법은 손쉬운 사회통제 수단으로 이용되었다. 임신은 하녀들의 효용성을 감소시켰고 이는 이미 풍족하지 못한 지역의 자원에 부담을 지우는 열등계급을 생산했다. 18세기 체사피크와 남부 식민지는, 흑백 혼혈계층이 사회질서를 혼란시키는 것에 관심을 갖고 서로 다른 인종 사이의 혼인을 금지하는 강력한 법률을 제정했다. 영아살해 풍속은 원치 않은 임신에 대한 가장 잔인한 대응이었다. 보스턴에 살던 하인 메리 마틴(Mary Martin)은 그녀의 갓 태어난 서녀를 살해한 후 트렁크에 숨겼으나 발각되어 교수형을 당했다. 버지니아에서 범죄를 연구한 한 학생의 결론처럼 "부도덕성에 대한 점점 심한 간섭은 안정된 계급제도를 유지하려는 데 그 목적이 있었다."[11]

뉴잉글랜드도 성범죄자를 다루는 데에서 체사피크 식민지들과 다르지 않았다. 뉴잉글랜드인들은 성범죄에 대해 엄격한 법원으로서 성서의 권위를 좀 더 광범하게 인용하고 있었으나, 간통과 간음에 대한 많은 기소에도 불구하고 적어도 위와 같은 풍속이 줄지 않고 비적출자들이 계속 태어났던 것을 보면 크게 성공적이지 못했다고 말할 수 있다. 예를 들어, 매사추세츠는 처음에는 간통을 중범죄로 다루었고 코네티컷과 뉴헤이번의 식민지들도 이를 따랐다. 처벌은 범죄에 비해서 혹독했으나 처벌에 따라 범죄가 효과적으로 감소하지 않았다. 그리하여 체념하게 되었다. 예를 들어, 로드아일랜드 주의 법률 제정자는 "자연스럽게 자기부인과 관계맺지 않고, 낯선 사람에 대한 욕망에 사로잡힌 사람들"의 행위를 명백하게 비난했다.[12] 영국에서와 같이 이들은 간

통을 경범죄로 다루었으나 "이러한 범죄는 신이 이들을 판단" 할 것이라고 했다.[13]

18세기 중반에 들어서면서 성적인 순결을 추구하려는 노력은 시들해졌다. 뉴잉글랜드에서 간음과 비적출자 출산죄를 범한 개인들은 상당히 관대한 처분을 받았고, 남자의 경우 이러한 죄를 묻는 경우가 좀처럼 드물었으며, 여자의 경우는 견책과 약간의 벌금만 과했을 뿐이다. 18세기 말에 일찍이 성범죄에 대한 기소로 분주했던 신설된 주법원의 사건 일람표에는 재산보호를 다루는 사건이 증가했다. 이와 같이 성범죄 사건이 줄어든 것은 코네티컷에서 코넬리아 데이턴(Cornelia Dayton)이 보여준 바와 같이, 유괴되어 강간당했다는 젊은 여인의 말을 받아들이던 17세기의 관행에서, 그러한 행동이 합의 아래 이루어졌다는 남성의 말을 받아들이는 18세기 중반의 관행으로 후퇴했기 때문이다.[14]

사회를 통제하려는 시도는 개인적인 범행에 관한 실체법에도 역시 등장했다. 청교도적인 뉴잉글랜드만이 유일한 것은 결코 아니었다. 만취, 저주, 게으름, 안식일 위반 등은 영국에서와 같이 식민지에서도 커다란 관심거리였다. 체사피크와 남부 식민지의 어느 정도 계층화된 사회의 위계질서는 위와 같은 조치에 계급적인 색깔을 입혔다. 예를 들어, 18세기 버지니아 의회는 하층민들에게 10가지 특정한 경기를 금지했다. 이러한 조치는 마찬가지로 안정된 노동력을 확보하려는 의도에서였다. 그러나 주인과 하인 사이의 관계가 가장 잘 통제된 경우를 제외하고는 이와 같은 조치가 어떤 영향을 미쳤다는 증거는 뚜렷하지 않다.

식민지 정착민들은 배상, 모욕과 창피를 강조하는 처벌수단에 우선순위를 두었다. 구속은 처벌수단이라기보다는 일시적인 조치였다. 이는 재활보다는 억류하기 위한 것이었다. 식민지 사법부는 범죄자에게 글자가 쓰인 옷을 입고 낙형을 당하고, 채찍을 맞거나 수갑을 차도록 판결했다. 처벌은 공개적이어서 잠재적인 위반자들에게 강력한 경고를 주었다. 청교도 식민지에서는 사형이나 교수형을 집행하기 이전에 설교를 행하는 의식을 발전시켰다. 죄인은 자신들의 범죄에 대해서 말하고 목사는 죄인의 신상, 그리고 성경과 조그마한 범죄가 어떻게 불가피하게 엄청난 범죄로 발전하는가를 보여주기 위한 평을 함께 엮어서 설교했다. 일부의 경우에는 죄인이 설교를 듣는 동안 비록 처형하지는 않더라도 올가미를 목에 걸고 고통을 경험하게 했다.

처벌 또한 사회적 지위의 비중을 반영했다. 죄인의 머리에 씌우는 가벼운 형틀은 부자들을 위해 예약된 반면에 머리에 매달아서 축 늘어지게 만드는 무거운 차꼬는 보통 사람들에게 주로 이용되었다. 식민지 형법의 목적은 죄인들을 교화시키려는 것이 아니라 이들을 미래에 협조하도록 위협함과 동시에 범죄를 저지르면 어떻게 되는가를 사회에 보여주려는 것이었다.

펜실베이니아의 퀘이커 교도들은 이러한 기준과 완전히 결별했다. 1682년 이들은 18세기 말과 19세기 초 형벌제도의 발전을 예시하는 형법전을 발전시켰다. 이 법전은 감옥과 벌금의 이용을 강조하고 극형을 금지했다. 펜실베이니아의 계획은 장기간 구속된 사람들이 자신을 개선할 기회를 가질 수 있다고 보았다. 18세기 두 독점 소유권자(현재는 영국 국교회)와 많은 의원들이 퀘이커 방식에서 '벗어나' 펜실베이니아의 계획을 손상시켰으나(사형제도가 부활되었다) 그럼에도 불구하고 나중에 갱생원 도입의 선례가 되었다. 펜실베이니아는 식민지 미국인들이 이성적이고 인간적인 목적을 달성하기 위해 어떻게 자신들이 전수해온 법적 전통을 변용했는가를 보여준다.

식민지시대에 사회적인 일탈자들에 대한 처분이 공정하고 효율적이었는가는 논쟁의 여지가 남아 있다. 식민지에서는 영국법률 개정자들의 영향을 받아 공정한 재판 개념을 확대하고 명확히 한 것처럼 보인다. 그리하여 실제로 미국에서 거의 200여 년에 걸친 형사재판 경험은 1775년에 시작된 주헌법과 나중에 연방헌법에서 권리장전을 확립하려는 운동에 영향을 주었다. 독립전쟁 이전에 영국의 억압적인 법률들은 단지 적법절차에 대한 미국인들의 믿음을 확인시켜 주었을 뿐이다.

형사재판제도는 관련 근거가 극단적으로 제한되어 있어서 법률절차가 일관성이 없고 부당할 수 있었다. 도덕적 권위의 호소에 의존한 사회적 통제가 일상의 현실이었다. 미국 식민지의 형사재판제도는 어떤 점에서 서구에서 가장 관대했다. 1692년에 시작된 살렘 마녀재판은 초기 미국형법의 대부분에 내재해 있던 잠재적인 폭력을 잔인하게 보여주고 있었다. 그러나 이러한 사건들은 예외적으로 폭력적이었기 때문에 그와 같은 악명을 얻게 되었다. 17세기 매사추세츠에서 모두 83명의 기소자 중에서 약 58명이, 그리고 사형이 집행된 24명의 마녀 중에서 19명이 살렘 마을과 관련되었다.

살렘 마을 마녀현상은 여러 이유로 공식적인 법률이 분쟁해결에 실패하고 그 해결이 관습적인 절차에 맡겨졌을 때 어떠한 일이 벌어지는가에 대한 대표적인 사례이다. 매사추세츠 만 식민지에서 한 세대 동안 이러한 규범이 행동을 규제하기에 충분했으나 1660년대 분쟁을 해결할 회중파 교회의 역량은 실패했다. 교회의 가르침에 복종하지 않거나 청교도가 아닌 거주자들이 너무 많았던 것이다. 마을총회는 10년이나 20년 동안 그 목적에 부응했으나 교회와 함께 분쟁을 해결해야 하는 마을총회의 역량은 분쟁인들이 '이웃사촌'과 같이 행동할 것이라고 추정하는 자발적인 중재절차와 자치적인 투표에 의존했다. 그러나 재산이나 상속권원에 관한 분쟁의 대부분은 당사자들의 재산과 가족의 미래가 위험에 처한 경우였다. 중재자들이 1678년 살렘 마을총회에서 이러한 분쟁 가운데 하나에 해결책을 제안했을 때 당사자들 중 한 사람이 이를 퉁명스럽게 거절했다. "나는 당신이 제시하는 것을 받아들여야 한다는 것을 알지만 그보다는 당신의 목구멍에 걸린 가시를 가질 것이다."

물론 카운티 법원을 이용할 수 있었으며, 1670년대와 1680년대 초에 이들의 업무는 상당히 증가했다. 그러나 1685년 국왕 제임스 2세는 청교도 식민지 정착민들에게 그들의 특권을 포기하고 국왕의 병합과 통치를 받아들일 것을 강요하고자, 뉴잉글랜드 영지를 창설하고 에드먼드 안드로스 경(Sir Edmund Andros)과 일단의 관리를 파견했다. 안드로스 경은 기존의 치안판사들과 마을총회를 폐지하고 보통법과 형평법을 분리해 자기 사람을 재판관에 임명했다. 이러한 재판관들은 이전에 해결되었던 재산권 분쟁을 다시 개시했고, 그리하여 일반대중의 신뢰를 잃었으며, 많은 분쟁인들은 법원을 회피했다. 문제해결에 부적절한 교회의 가르침, 정지된 마을총회, 일반대중의 신뢰를 잃은 카운티 법원제도를 가지고는 이웃(이방인이 된)과의 분쟁을 해결할 수 없게 된 일부 정착민들은, 도움을 얻기 위해서 기독교 이전의 마술, 초자연적 것과 신에 대한 기도에 관심을 돌렸다.[15]

명예혁명(1688~1689) 기간에 영국과 식민지에 있는 제임스 2세와 그 정부 관리들이 휘그당의 옹호자인 윌리엄 왕과 메리 여왕에게로 도피했을 때, 매사추세츠 만 식민지 정착민들은 2년 이상 새로 수립된 본국 정부의 공식적인 지시없이 식민지를 운영했다. 대부분의 기소가 동요에 근거해 발생했던 1692년 초의 분쟁은 사라지고, 동물 무단침입, 경계, 판매와 근로계약, 반환되지 않은 연장에 대한 12차례의 마을총회와 같이 미해결된 많은 분쟁과 사소한 일로 건잡을 수 없이 커진 마을총회가, 목사의 보수와 젊은 여성들의 맥각중독과 관련해 살렘 마을에서 개최되었다.[16] 맥각중독 사건이 결말에 이르기 전에 약 19명의 마녀들이 처형되었다. 일부는 남자였으나, 대부분은 도움을 얻고자 초자연적인 힘을 청했다고 인정한 여성이었다. 좀 더 일반적으로는 남편이 유산 없이 빚을 남기고 죽거나, 재혼하지 않은 부유한 과부로서 향유할 수 있는 재산을 상속했을 아들과 조카를 끊임없이 괴롭힌 여성들이었다.[17] 동물 무단침입, 계약, 경계, 권원과 상속문제의 해결에서 법률의 효율성이 붕괴되었다는 것을 인식하지 않고서는 살렘 마을에서 발생한 일을 충분히 이해할 수 없을 것이다.

형사재판제도는 운용의 묘를 살리기 위해 비공식적인 협상에 크게 의존했다. 식민지 법원의 기록을 보면 갑자기 기소중지된 사건들이 많이 있는데 이는 아마도 피해자에 대해서 개인적인 배상이 이루어졌기 때문일 것이다.

식민지 사회는 스스로 결정하는 사회였기 때문에 법치주의도 종종 입법상의 제도적인 형식보다는 대중의 인기에 영합하는 경우가 있었다. 보안관(the sheriff), 치안관(the constable), 야경원(the nightwatchman) 들은 오늘날의 경찰관과는 거리감이 있었다. 식민지의 먼 서부지역에 효과적으로 정당한 권한을 행사하려던 식민지 관리들의 무력함은 자경단을 조직하는 것과 같이 대중적인 재판제도를 이용하는 계기가 되었다. 예를 들어, 1767년 사우스캐롤라이나의 주지사가 주의 서쪽 카운티에서 절도와 말도둑으로 유죄판결을 받은 범인들 6명 중 5명을 사면했을 때, 그 지역 주민들이 감시기구를 조직했다. 이 감시기구에 선출된 사람들은 사우스캐롤라이나의 기존 형사재판 절차를 완전히 무시하고 피의자를 재판해 유죄로 인정된 사람은 처벌하기까지 했다. 자경행위는 미국법에 등장한 대중 의사론의 어두운 기억이다.

식민지 법체계에 있어서 여성

사회적 필요성이 식민지 여성의 법적 지위 변화에 영향을 미쳤다. 영국사회는 기혼여성을 가사에만 전념케 했으나 그 대가로 법적 무능력자로 만들었다. 여성에 관한 주요한 법률원칙은 여성이 혼인 시에 인정받는 부인이라는 지위(coverture)였다. 이는 두 사람이 하나가 되는 것이었고, 그 하나는 항상 남자였다. 여성의 재산권이 남편에게 이전됨으로써 여성의 법적 존재는 본질적으로 사라졌다. 여성은 계약을 체결하거나 법원에 고소할 수 없다. 여성보호에 대한 사회적 요구는 비상식적인 결론에 도달했다. 여성이 죄를 지으면 법에서는 남편의 강요 아래 그렇게 했다고 추정한다. 그 결과 부인이 간통한 경우에도 남편이 벌금과 채찍을 맞는 부당한 면이 있었으나 부인의 범죄를 책임졌다.

영국 미혼여성은 완전한 권리를 누렸으나 남성 지배사회의 엄격함에 취약했다. 영국 미혼여성은 재산을 소유하고 계약을 체결하고 영업을 할 수 있을 뿐만 아니라 고소를 하거나 당할 수 있었다. 18세기 자본주의의 성장이 직장과 직업에서 남성을 선호하는 법률상의 무능력을 초래함으로써 영국여성의 지위는 점차 약화되었다.

식민지 미국에서는 비록 여성이 법적으로는 의존적이었지만 다소 많은 자유를 제공하는 방법으로 지금까지의 법적 전통을 개선했다. 단순한 17세기의 농경사회의 조건은 생산단위로서 가족의 기능을 되살려 기혼여성의 경제적 책임을 강화하고 그들의 법인격을 확대했다. 초기 미국인들은 유한계급이 없었고 사회는 일할 능력과 의욕을 가진 근로자들의 활동을 제약할 수 없었다. 기혼 · 미혼여성들 역시 약국에서부터 장의사까지 남성들이 하는 모든 직업에 종사할 수 있었다.

식민지법은 이러한 협력을 위한 동기를 유발했다. 예를 들어, 영국에서 남편이 사망했을 때 남편의 부동산 가운데 1/3을 과부산(寡婦産)으로 받았다. 영국은 과부산의 목적을 저해하는 법률장벽을 세워두었다. 그러나 뉴잉글랜드에서 치안판사는 중상류층 과부들의 어려움을 잘 인식했으며, 법원은 적절하다고 간주되는 부인의 지분을 스스로 증가시켰다. 체사피크와 남부 식민지에서 노예도 과부산의 일부가 될 수 있다는 규정에 따라 과부에게 간접적으로 도움을 주었으며, 그리하여 여성에게 그들의 변화하는 경제적 필요에 부응하도록 자원을 조정하는 데에 커다란 유연성을 제공했다. 그러나 매사추세츠와 펜실베이니아 식민지 의회는 결정적인 점에서 영국과 남부 식민지 의회와 달랐다. 이들 의회는 유산 관리인에게 과부가 과부산을 상속받기 이전에 죽은 남편이 빚을 지고 있던 채권자에게 채무를 변제하기 위해 필요한 재산을 매매할 것을 요구했다. 펜실베이니아 주의 대법관 쉬펜(Shippen)은 **스미스**(**Morris's Lesse v. Smith**, 1792) 사건에서 이 원리를 기꺼이 다음과 같이 설명했다.

우리 선조들은 일찍이 토지의 분할상속과 양도에 반대하는 모든 봉건원리들을 거절함으로써 진정한 상업정신에 관여해왔던 것처럼 보인다. 우리 주위의 모든 지역에서 남자들은 스스로 대농장을 소유하고 이를 장자에게 이전하는 법률을 획득하는 동안 펜실베이니아 사람들은 모든 무유언 피상속인 자녀들에게 토지를 분할하고, 이들의 채무를 완전히 변제하도록 이들에게 양도함으로써 좀 더 공화주의적인 색채를 띤 법률을 만들었다.

1675년과 1680년 사이에 매사추세츠 에식스 카운티에서 검증된 유언의 약 83퍼센트는 채무를 기재했다. 그리하여 이러한 입법 덕택에 상인들은 대출하고자 하고 농부들은 빌릴 수 있었으나 '채무초과' 되었던 많은 남편들의 과부들은 영국 보통법상의 과부산권 일부나 전부를 효과적으로 거절했다.

아내의 지위에 대한 이론은 영국에서와 같이 식민지 미국에서도 똑같은 법률상 무능력자들을 만들었으나, 식민지 법원과 입법자들은 비교적 권위적이지 않은 모델을 만들어내는 방법으로 이를 완화시켰다. 초기 뉴잉글랜드에서 사법절차의 간편성은 기혼여성들이 일부나마 제한적으로 법적 독립성을 주장하기 쉽게 만들었다. 예를 들어, 여성은 뉴잉글랜드가 아닌 다른 식민지에서 남편 부재시에 대리인으로서 활동하기도 했다. 이러한 관행은 중세 봉건시대로 거슬러 올라가지만 외견상으로 식민지에서 훨씬 더 빈번하고 정기적으로 이루어졌다. 메릴랜드만이 이를 금지한 유일한 식민지였다. 주지사 펜달(Fendall)은 "부인이 모든 행위를 할 수 있는 남편으로부터 위임장을 가졌다"는 주장을 법원에 하는 것은 부인의 권한남용으로 간주해 이를 금지했다.[18] 식민지에서는 또한 기혼여성을 독립된 개인으로서 인정했으며 이들에게 토지를 수여하기도 했다. 여성들은 자신의 이름으로 고소하고 스스로 계약과 불법행위를 청구할 수 있었는데 이는 보통법의 전통에서 크게 벗어난 것이었다.

일부 미국법원은 기혼여성이 남편과 독립적으로 소유하고 관리할 수 있는 분리된 재산을 인정했다. 이러한 분리된 재산은 아내의 지위에도 불구하고 혼인 전에 가지고 있었던 재산(남편이 될 사람이 치안판사 앞에서 서명한 혼전합의에 따라 보호받는)과 혼인 후에 벌어들인 재산에 대해서 법률상의 권리를 유지하려는 여성들의 시도였다. 보통법상의 법원들은 이러한 합의가 아내의 지위를 위반했다고 간주해 인정하지 않았다. 그러나 형평법원은 이를 인정했다. 형평법원을 가지고 있는 식민지(메릴랜드, 버지니아, 사우스캐롤라이나)와, 형평법과 보통법을 혼합하고 있는 식민지(뉴잉글랜드)에서 형평법원은 보통법상의 법원이나 두 법원이 혼합된 형태를 취하고 있는 재판 관할지역에서보다는 좀 더 기혼여성의 독립적인 지위를 인정했다.

여성의 적극적인 경제역할은 미약하나마 정치적인 힘을 가질 수 있게 만들었다. 독립전쟁 즈음에, 단지 펜실베이니아, 델라웨어, 사우스캐롤라이나 주에만, 재산과 거주요건을 갖추지 않은 여성에게 공민권을 금지하는 법이 있었다. 법이 아닌 관습과 문화적 추정이 여성의 정치참여를 제한하는 가장 중요한 요소였다. 여성은 남성에게 무조건 복종해야 한다는 의식이 식민지 미국에 팽배해 있었고, 여성이 아닌 남성이 사회의 지도자로 자연스럽게 인정받았다. 리처드 헨리 리(Richard Henry Lee)는 "여성도 다른 사람들과 같이 투표할 권리를 가졌다"라고 불만을 표출하는 여동생에게 여성들은 이를 실현하고자 하는 의지가 부족하다고 가부장적으로 훈계했다.[19]

비록 여성들은 공직에 취임하지는 못했으나, 비법률적인 정치활동에 적극적으로 참여했다. 여성들은 단체를 조직하고 대중을 선동했으며, 그러한 행동은 결정적이고 때론 치명적이기도 했다. 필립 왕의 전쟁 중 1677년 매사추세츠의 마블헤드에서는 여성들이 뭉쳐서 인디언을 공격해 인디언 포로 2명을 살해하고 이들을 보호하던 백인남성에게 돌을 던지면서 "돌, 나무 화살과 그 밖의 가능한 모든 수단을 동원해 인디언들을 물리쳤다."[20]

식민지 여성들은 영국의 이혼법 적용에서 크게 벗어난 식민지의 법적용으로 말미암아 혜택을 받았다. 영국법은 혼인을 신성한 것으로 다루었고 이러한 입장은 남부 식민지로 전파되었다. 그러나 뉴잉글랜드에서는 혼인을 좀 더 세속적인 계약형태로 보는 입장이 우세했고 유기나 학대와 같은 불이행이 혼인을 무효화할 수 있는 근거라고 보았으나, 이러한 원인으로 실제 혼인무효가 된 사건은 없었다. 왜냐하면 식민지법은 혼인의 본질에 대해서 성적인 정의를 하고 있었고, 교회법원이 없었던 식민지 민사법원은 성적인 무능력이나 불법적인 행위를 혼인해소의 주요원인으로 간주했기 때문이다. 그러나 의회의 입법을 통한 이혼이 영국에서는 단지 부유한 남성에게만 허용되었으나, 식민지에서는 다양한 계층의 여성들이 법원의 재판을 통해서 이혼했다. 예를 들어, 노동자, 가난한 여성과 흑인하녀 모두는 18세기 매사추세츠에서 남편으로부터 자유를 얻었다.

식민지 여성들은 "신분에서는 의존적이었으나 기능에서는 평등"했다.[21] 이들은 간음과 간통에 대한 처벌의 주대상이었다. 남성들은 이혼하기가 훨씬 쉬웠고, 경제적인 독립, 정치적 · 종교적 지도력, 높은 문자 해독력을 향유했으며, 지리적인 이동도 자유롭게 할 수 있었다. 18세기 말경에 경제적 자유주의와 활발해진 상업경제는 여성의 기능상의 평등성을 감소시키고 이전의 법률상의 지위를 약화시켰다.

노동, 인종, 그리고 노예

인종은 개인의 신분에 관한 식민지법에서 사회적인 범주를 규정하는 것으로서 점차 성별과 함께 중요한 요소가 되었다. 식민지 정착민들은 지속적이고 영구적인 정착이 가능한 경제를 육성하기 위해 충분한 노동력을 확보해야만 했다. 이들은 엘리자베스 여왕의 노동정책에 광범위하게 의존했으나 특히 노예의 인정에 있어서 영국과 큰 차이가 있는 노동법을 만들어냈다.

노동자가 부족했던 까닭에, 식민지는 노동에 대한 세 가지 주요 조치를 취했다. 첫째는 유죄판결을 받은 중범죄자를 영국에서 추방해 '이송'하기 위해 의회의 법안을 제정했다. 17세기와 18세기에 약 5만 명의 죄수들이 식민지로 이송되었다. 두 번째 값싼 노동력의 원천은 도제살이였다(이는 하인이 서명한 문서를 '도제살이 계약서'라고 불렀기 때문이다.) 이 제도는 노동자를 조직하고, 이민자금을 조달했으며, 젊은이들을 위해 직업훈련(영국에서와 같이 도제계약)을 제공했고, 너무 가난해서 자신들을 돌볼 수 없으나 일할 능력이 있는 사람들에 대해서는 일종의 복지제도를 제공했다. 이들은 일정 기간, 보통 4년에서 7년까지 주인의 개인재산이 되었다. 이 기간에 이들의 자유는 크게 제한되었다. 혼인계약을 할 수 없었으며, 영업활동이나 무역에 종사할 수 없었다. 도제살이들이 모든 권리를 포기한 것은 아니었다. 잔인한 주인들은 하인을 구타하고, 굶겼으며, 성적으로 학대했다는 이유로 법정에 서기도 했다. 그러나 이러한 범죄들은 보고되지 않았고 처벌받지도 않았음은 물론이다. 도제살이는 영구적이 아닌 일시적인 것이었고 모든 식민지의 법원들은 이러한 노동계약을 엄격하게 집행해 계약기간이 지나서도 도제살이를 시키려는 주인에게서 하인들을 자유롭게 풀어주었다. 15년의 도제살이 계약에 서명했던 메릴랜드의 한 하인은 "이는 신법에 반하고 기독교인을 노예로 만들기 때문에" 무효라고 주장하는 청원을 해, 주지사와 사법위원회의 구제를 성공적으로 이끌어냈다.[22] 뿐만 아니라 하인의 조건은 그 자손들에게 적용할 수 없었다.

버지니아의 존 롤페(John Rolfe)는 1619년 미국 본토에 최초의 흑인('20명의 검둥이')을 데려왔다. 1641년경에 흑인 수는 단지 250명에 불과했다. 1680년에는 버지니아에 3,000명이 있었고 식민지 본토 전역에 7,000명 미만이 있었다. 그 뒤에 흑인 노예의 수는 급격히 늘어났고, 그에 따라 이들의 법적 지위에 관한 법률도 역시 급격하게 증가했다. 흑인에 관한 법률들이 점차 모여 노예법으로 편찬되었다. 17세기 말과 18세기에 정착한 식민지인들은 초창기 식민지 정착민들에게서 많은 것을 차용했다. 1755년 조지아 법률은 기존에 만들어진 1690년 사우스캐롤라이나 법률에서 대부분을 차용했다.

미국독립전쟁 즈음에 모든 식민지들은 법률상으로는 노예제를 인정했으나, 노예제에 관한 초창기 조항의 일부는 노예제의 폐지나 제한을 목적으로 했다. 로드아일랜드, 조지아, 뉴저지, 뉴욕과 매사추세츠 주 모두는 노예제를 폐지하기 위한 입법을 통과시켰다. 예를 들어, 조지아 통치위원회는 주 건설 후 10년 동안 노예제를 배제하기로 동의했다. 이들 주와 다른 주들의 노예제 폐지 및 제한에 대한 관심은 궁극적으로 강력한 경제적 압력에 의해 저지되었다. 사우스캐롤라이나 쌀 경작자들이 조지아의 토지를 넘보기 시작하자 조지아의 정착민들은, 토지 소유권자가 그 아들에게 자신의 토지에 한정부동산권(限嗣不動産權)을 설정하여 상속함으로써 노예를 구입하기 위해 토지의 매매나 양도담보를 금지하는 것에 반대했다. 이들은 노예 없이는 사우스캐롤라이나 대농장주들과 효과적으로 맞설 수 없다고 주장했다. 토지 소유권자들이 양보해 '노예수입금지' 조항을 무효화함으로써 조지아에 노예가 들어오게 되었다.[23]

인종혐오, 사회적 무질서에 대한 공포와 경제적 필요성이 노예에 관한 법에 큰 영향을 미쳤다. 영국인들은 인종적인 편견에 사로잡혀 흑인들의 문화적 열등감과 성적 문란에 대해 강한 확신을 가지고 있었다. 이러한 불안감은 담배, 쌀과 같은 주요작물에 대한 영농 유형의 변화와 마찬가지로, 노예의 사망률이 낮아짐으로써 노예에 대한 투자가 이익이 된다는 사실과 결합되었다. 체사피크와 남부 식민지에서 대농장주들은 노예 노동력에 의존적인 경제를 가능케 하는 대규모의 토지를 확보했다.

노예 관련법의 주된 특징은 노예법에 나타났다. 이는 노예제의 기간을 평생으로 규정함으로써 도제살이와 구분했다. 메릴랜드에서 일시적인 예외가 있었지만 노예의 지위는 모계를 통해 상속되었다. 법률은 인종 차별적으로 특정되었는데 이는 단지 흑인만이 노예가 될 수 있다고 규정하고 있었다. 그리하여 백인 도제살이는 거의 사라진 반면에 흑인노예들은 대규모로 유입되어, 영국인 식민지 정착민들은 자신들과 같은 인종인 백인들을 노예로 삼아야 했던 곤경에서 벗어날 수 있었다. 노예법은 또한 노예를 사고팔 수 있는 상호교환 가능한 상품으로 간주했다. 노예교역이 가장 활발했던 남부 식민지들은 노예를 부동산보다는 '인적 동산'으로 결론지을 때까지 거의 반세기 동안 아무런 조치를 취하지 않았다.

영국에서는 영구적인 노예제에 관한 범주가 없었다. 식민지 정착민들은 영국정부를 무시하고 노예법을 제정했다. 1661년 버지니아는 '조건의 차이'로 영국법을 적용할 수 없는 경우를 제외하고는 영국법 전체를 공식 채택했다.[24] 흑인의 등장과 담배재배 문화의 가능성은 위와 같은 차이에 해당했고 법률상 예외는 사회적으로 커다란 결과를 가져왔다. 노예제를 가능하게 만든 인종적인 적대감은 수많은 흑인노예의 등장으로 더욱 강화되었다. 법률상 지위의 하락은 사회적 지위의 하락을 가져왔다. 이러한 상황 아래에서 흑인의 권리는 그 실체적인 내용의 대부분을 잃었다. 영국인의 권리를 아프리카인에게 확대할 필요는 없었는데, 이는 아프리카인들이 '잔인한 사람들'이었기 때문이었다. 그리고 이들이 잔인했기 때문에 노예화하는 것이 '편리한 방법'이었다.[25]

인간노예에 대한 법치주의의 화해는 노예제가 시작된 이래로 미국인들의 관심사항이었다. 후대의 사람들처럼 식민지 정착민들도 내용보다는 형식을 중시함으로써 합법성을 담보하고자 노력했다. 정기적인 치안판사회의와 순회법원의 판사들은 너무 느려서 노예가 형사상 기소되었을 때 주인이 원하는 신속한 재판을 할 수 없었다. 2~3명의 판사와 수명의 지역 자유민으로 구성된 특별 노예재판소는 주인이 자신의 노예를 방어하고, 종종 서면으로 기소하고 증인을 신청하도록 인정했다. 버지니아와 뉴욕에서 이 제도는 "가끔 혹독했으나 자의적이지 않고 통일적이었으며 재판이 신속하게 진행되었다."[26]

새로운 노예법은 흑인뿐만 아니라 백인들도 구속했다. 식민지는 대체로 자기 스스로 결정하는 사회였던 반면에 체사피크와 남부 식민지에서는 많은 수의 흑인노예가 등장함에 따라 백인들에게 흑인들을 감시해야 할 귀찮은 책임을 부과했다. 예를 들어, 1737년과 1740년 사우스캐롤라이나의 흑인감시법에서는 백인남성이 무보수로 일하기 위해 12개월 동안 징집대상이 되었다. 감시자들은 시간(주로 야간에)뿐만 아니라 무기와 다른 장비들을 제공해야 했다. 대농장주는 드물었기 때문에 이러한 임무는 주로 소농장주와 비노예 소유자들이 맡았다.

노예제는 불가피한 것이 아니었다. 이는 인간의 선택의 산물이었고 식민지법은 이를 만들어냈다기보다는 합법화했다. 버지니아가 대표적인 예이다. 1660년 이전에 버지니아에는 자유민과 흑인노예들이 있었고 후자의 법적 지위는 백인 도제살이와 외형적으로는 동일했다. 1646년 한 사건에서 주인이 노예를 다른 사람에게 매매할 경우에 노예의 동의가 필요했다. 1649년 백인남성 윌리엄 와츠(William Watts)와 흑인 하녀 메리(Mary)는 다른 남녀처럼 관습에 따라 흰옷과 지팡이를 가지고 버지니아의 엘리자베스 강가에 서서 간음에 대해 사죄하도록 요구되었다. 1660년 이후 담배가격의 상승과 18세기 사우스캐롤라이나와 조지아에서 쌀문화의 발전은 인종상 조화의 여하한 가능성도 사라지게 만들었다. 이러한 식민지에서 영국법의 적용을 받지 않고 오랫동안 노예가 관습적으로 존재해왔던 바베이도스에서 온 정착민들은, 노예제에 관한 법적인 테두리를 강화하려고 했다. 식민지 미국인들은 사회적으로 파산한 제도뿐만 아니라 이를 지지하는 법률을 유산으로 남김으로써 다음 세기에 분열과 재앙을 초래했다.

법과 식민지 경제

우리는 주로 식민지 정착민들이 윤리 · 종교상의 죄와 범죄에 큰 관심을 가졌다고 생각하나, 입법자들은 기본적인 경제활동에 영향을 미치는 법률을 제정하는 데 권한의 대부분을 사용했다. 법원들도 마찬가지였다. 법원 사건기록의 대부분은 형사사건이 아니라 민사사건에 관련되었고 그중에서도 주로 경제적인 문제에 관한 것이었다.

식민지 정착민들은 최소한의 규제를 하는 정부가 가장 좋은 정부라고 믿지도 않았을 뿐만 아니라, 자신들이 경험했던 영국의 튜더와 스튜어트 왕조의 지배자들처럼 하지도 않았다. 경제적 기회를 향한 욕망이 많은 식민지 정착민들을 자극했고, 이들은 정부가 자신들의 경제적 안정과 어려운 환경 속에서 성장을 뒷받침해주기를 기대했다. 식민지 정착민들이 뿔뿔이 흩어진 정착단계에서 대규모의 안정된 사회로 발전함으로써 자생적인 미국식 자본주의가 출현했다. 이는 시장 지향적인 생산, 특화, 자본의 축적, 식민지 화폐의 발행(매사추세츠와 로드아일랜드)과, 18세기 중반에 가격과 임금의 규제를 그 특징으로 했다.

경제규제

식민지에서 경제적인 규제가 만연해 있었지만 그 이행을 강제하기 위해 이용할 수 있는 수단은 제한되어 있었다. 시장의 성공을 담보하기 위해 타운의 관리들은 상품과 서비스의 질과 가격을 감독했다. 보스턴에서 배를 건조한 목수인 에드워드 팔머(Edward Palmer)는 과도한 비용을 청구해서 처벌된 최초의 사람이었다.

식민지 입법자들 또한 시장, 그 중에서도 특히 주식(主食)과 관련된 시장을 규제하려고 했다. 메릴랜드 의회는 독립전쟁 이전 150년 동안 담배의 재배, 판매와 가격을 규제하는 법률을 제정했다. 이 법률의 목적은 시장에서 구매자와 판매자 사이의 균형을 유지하는 동시에 질이 낮은 담배의 유통을 제한해 개별 경작자들에게 최대의 소득을 보장하기 위한 것이었다. 일부의 경우는 당국이 비상조치를 내놓기도 했다. 메릴랜드 의회는 다시 1667~1668년에 담배경작 금지를 명령했으나 식민지의 독점 소유권자인 볼티모어 경은 영국의 이익을 침해할 것을 우려해 이를 무효화했다.

농업 이외의 분야도 규제의 대상이 되었다. 예를 들어, 매사추세츠에서 1648년 **자유법**은 가죽제품의 적절한 제조방법에 대해서 자세하게 규정하고 있었다. 이 법률에 따르면 타운은 법에 따라 염색하지 않은 가죽제품을 검사하고 몰수할 수 있는 '가죽제품 조사자'를 임명할 권한이 인정되었다.[27]

서비스 분야 역시 관심을 끌었다. 선술집에 대한 버지니아의 입법상 규제는 경제적 · 도덕적 명령의 상호작용에 대한 좋은 예를 제공한다. 1638년 버지니아 의회는 선술집에 관한 법률을 최초로 제정했다. 이는 모든 선술집 소유자가 허가를 얻어야 하고 고정요금을 받아야 한다고 정하고 있었다. 이러한 입법상의 개입이 150년이나 지속된 것은 경제적인 요인의 고려와는 별도로 변화하는 사회적인 태도가 식민지 규제에 어떤 영향을 미쳤는가를 반영하고 있다. 너대니얼 베이컨 주니어(Nathaniel Bacon, Jr.)의 단명한 급진적인 정부는 선술집이 '게으름과 유흥'을 장려한다고 보고, 제임스 시와 요크 강의 페리 선착장에 있는 것을 제외한 모든 선술집을 불법화했다.[28] 1677년 베이컨이 권좌에서 쫓겨났을 때 선술집에 관한 새로운 법률이 제정되었다. 이 법률에서는, ('의회가 열리는 곳을 제외한') 카운티마다 선술집의 수를 2개씩으로 제한함으로써 허가기준을 엄격히 했으며, 고정요금제와 선술집 운영자는 "여행객에게 좋은 식사와 잠자리와 말고기"를 제공해야 한다고 규정하고 있었다.[29] 이 중 마지막 요구조건은 선술집 운영과 개업에 필요한 자본을 증가시켰고 또한 음료로 주류만을 취급하는 '혐오스럽고 유해한' 주점의 영세 운영자들의 생계를 위협했다.[30] 18세기에 의회는 선술집에서 운영하는 도박장을 공격해 일요일에는 휴장하도록 하는 조항을 신설했다.

카운티 법원을 통한 이러한 법률의 집행은 종종 혼란스러운 결과를 초래했다. 주점은 영업중이었고 도박은 선술집의 대표적인 일상이 되었으며, 선술집의 소유자들은 일요일에 휴장하고 매년 허가를 갱신토록 한 의회의 지침을 종종 어겼다. 여행객들은 음료와 숙박료에 대한 불만을 표시하기 위해 윌리엄스버그의 관리들에게 몰려들었다. 결론적으로, 버지니아의 입법자들은 경제규제 조치를 실시하는 것보다 입안하는 데 능력이 있었다는 사실을 보여주었다. 적어도 그 지역정서에 민감했던 카운티 관리들은 중요하지 않거나 강제할 수 없다고 생각하는 남용에 대해서는 묵살했다.

식민지 전역에서 고용주들은 법으로 최고임금제를 설정했다. 버지니아에서 선술집에 관한 규제를 무기력하게 했던 법률과 마찬가지로, 최고임금제는 노동이 매우 비싼 곳에서 시장의 이점을 얻고자 하는 노동을 금지할 수 없다는 것을 입증했다. 임금은 그 당시에 영국에 비해서 2배 내지 3배 정도로 높았고, 유명한 법관인 윌리엄 알렌(William Allen)은 "사람들은 임금에 의존할 것이고 이 나라는 세계에서 노동자가 가장 살기 좋은 나라 중 하나이다"라고 결론지었다.[31] 그러나 임금이 높았다 해도 토지 비용이 매우 낮아서 농사에 대한 관심이 매우 높았다. 남부의 식민지 일부에서는 숙련된 근로자(목수와 석공)들이 농사로 직종을 전환하는 것을 금지하는 법안을 제정하기도 했다. 이러한 조치들은 전혀 실효를 거두지 못했다. 18세기 초에 임금규제는 대부분의 식민지에서 실제로 사라졌고 대부분 노동력 부족에 직면했다.

이러한 규제조치는 뉴잉글랜드와 중부 식민지에서 가장 효과적이었다. 17세기 뉴잉글랜드의 강력한 공동체적 유대와 핵가족 단위의 정착은 지역적인 규제가 가능했을 뿐만 아니라 바람직한 것이었다. 또한 이는 경제가 상업적으로 성장하는 과정에서 정부가 적극적으로 개입하는 선례를 마련했다. 체사피크 지역에서 대단위 농장과 카운티 사무소에 대한 통제력을 가진 대농장주들은 자신들만의 방식을 고집했다. 담배무역 규제는 1830년대에 처음 그럴듯하게 시작되었다. 담배가격의 장기적인 침체로 마침내 유력 대농장주들은 공공창고, 품질과 포장상태 점검, 가격규제와 같은 제도를 받아들이기로 했다. 이러한 대농장주들은 18세기 경제적인 경쟁이 심화되면서 위와 같은 상황을 이해했고 독립적인 식민지 당국의 품질공인에 따른 혜택을 보게 되었다. 입법자들은 미국독립전쟁 이전의 낮은 수준의 상업경제에 있어서조차 발전을 위한 필수적인 수단으로서 법률을 인식했다.

영국 중상주의(식민지는 모국의 배타적인 이점을 위해서 생산했다)는 식민지의 경제적인 야망과 점차 적대적이 되었다. 제국주의적인 제도는 식민지의 영업거래에 세금을 부과했고 수요와 공급을 규제했으며 식민지 정착민들 중 수출할 수 있는 사람도 지정했다. 중상주의는 해외시장을 보장해주었기 때문에 식민지 정착민들에게 혜택을 주었다. 반면에 상업이 성장하는 데 있어서 자신들의 방법대로 하고자 하는 창조적인 기업가들에게는 속박이 되기도 했다. 좋지 않은 감정들이 양쪽 간에 계속해서 발생했다.

전형적인 것은 사우스캐롤라이나의 무역법 규정에 따라 1707년 캐롤라이나 피드몽에서 벌금을 부과받고 추방당한 버지니아의 사슴가죽 무역업자 로버트 힉스(Robert Hix)의 항의였다. 힉스는 자신의 식민지 법무장관의 도움을 얻어 추밀원에 자신의 처우에 대해 항소했다. 추밀원은, 식민지는 자신의 무역업자들이 인디언 사냥꾼에게 접근하는 것을 제한할 권한이 없다는 이유로, 사우스캐롤라이나 의회의 무역제한 입법을 무효로 선언했다. 그러나 사우스캐롤라이나는 다른 식민지 출신의 무역업자를 체포했고 1711년 또 다른 제약적인 무역법을 제정했다. 마찬가지로 대표적인 것은 목재법(White Pine Acts)으로 인해 뉴잉글랜드에서 야기된 대소동이었다. 1722년과 1729년 의회는 영국해군이 사용할 뉴잉글랜드의 목재를 벌목키로 한 법률을 제정했다. 이러한 조치를 잘 알지 못한 일부 정착민들이 이 지역에 들어가 불법으로 벌목했다. 영국국왕이 이렇게 벌목된 목재를 몰수했을 때 정착민들은 자신들이 자연적인 경제권이라고 믿었던 것을 되찾기 위해 초법적인 조치를 취했다. 예를 들어, 1734년 뉴햄프셔의 엑스터에서 영국관리가 목재법에 따라 벌목된 목재를 압류했을 때 폭동이 일어났다. 자경단과 같이 폭동은 법과 정치를 무시함으로써, 식민지 정착민들에게 대중적인 의사주의 법이론을 발전시키기고자 하는 동기를 부여했다. 프랜시스 그룬드(Francis Grund)는 1837년 미국에서의 폭동은 "적절히 말하면 기존 국법에 대한 반대라기보다는 보통법의 특종으로서 이를 보완하는 것"이라고 주장했다.[32] 폭동을 불만에 대한 일반적인 표현으로 간주하는 견해는 17~18세기 영국인들에게 친숙했다. 그리하여 언론, 집회와 청원에 대한 인민의 권리가 제1차 연방수정헌법에 포함되었다.

토지법

식민지 미국의 농경사회는 소유권과 토지양도의 법적 문제에 중요한 경제적인 의의를 두었다. 영국국왕은 이론상으로 영국 식민지인 미국의 모든 토지에 대한 군주였으나, 영국에서 건너온 정착민들의 첫 세대는, 전염병으로 이미 많은 목숨을 잃은, 뉴잉글랜드, 중부와 남부 식민지의 원주민들보다 그 수가 훨씬 적었다. 대부분의 식민지에서 규정은 식민지 정부만이 새로운 이주민들에게 재분배하기 위해 원주민 추장과 그 부족민으로부터 '관습적' 재산권을 구입할 수 있을 뿐이었다.[33] (체사피크 만 식민지들은 이러한 원칙에 따라 원주민으로부터 재산권을 정당하게 획득한 경우는 드물었고, 자신들이 좋아하는 지역에 정착하고 이를 지키기 위해서 무력을 사용했다) 문제는 식민지 지도자들이 원주민 권원은 원주민들이 실제로 경작하거나 울타리를 친 토지를 넘어서 확대되지 않는다고 주장했을 때 발생했다. 알공퀸(Algonquin) 인디언 부족의 다수는 정착한 농부가 아니라서 해마다 지역을 번갈아가며 콩과 옥수수를 심었다. 실제 이러한 작물을 위한 울타리도 없었으며 처음에는 동물을 사육하지도 않았다. 대신에 일정한 개울가, 계곡과 언덕에서 수렵활동을 했기 때문에 이들은 이러한 토지이용이 영국법상 단순부동산권(fee-simple title)에 해당하지 않는다는 새로운 정착민들의 견해를 받아들일 수 없었다. 17세기 초 버지니아 인디언 부족의 대사는 버지니아 회사 지도자들에게 "여러분들은 이곳의 이방인이고 우리나라에 왔기 때문에, 우리에게 여러분의 관습을 강요하기보다 여러분 스스로를 우리나라의 관습에 적응시켜야 한다"라고 말했다.[34] 그러나 영국인 이주민들은 자신들의 최초의 식민지였던 아일랜드에서 했던 것보다 더 북미 식민지에서 인디언들의 규범을 따르고자 하지 않았다.

긴장의 두 번째 원인은 이주민들이 수입한 소, 돼지와 양이었다. 식민지 법률규정에 따르면 이러한 동물들은 물가, 습지, 초원과 숲에서 방목하도록 허용되었다. 그리하여 이들은 사슴, 엘크와 말코손바닥사슴을 쫓아내고 원주민들의 식량인 구근작물, 버섯과 베리를 먹어치웠다. 양과 소떼들이 자라자 기존의 초지와 경작지들이 쓸모없게 되었고, 사냥과 목축에 필요한 초지를 놓고 벌어진 원주민과 정착민 사이의 경쟁은 서부로 계속 이어졌다. 토지이용과 재산권에 대한 이러한 불일치의 결과는 긴장, 때로는 폭력과 전쟁으로 이어졌다.[35]

게다가 정착 이주민들의 다수는 인디언 토지에 대한 권원은 먼저 식민지 정부가 획득해야 한다는 법률규정을 무시하고, 일부는 부족이나 개인으로부터 직접 구입하고 다른 대부분의 사람들은 원주민들이 주장하고 사용했던 토지를 단순히 '무단점거' 했다. 매사추세츠에 정착한 인디언 공동체 나틱(Natick)은 이들이 보유하고 있던 공동재산 중에서 1680년대 매튜 라이스(Matthew Rice)에게 초지의 일부를 임대했다. 그 뒤 라이스는 이 토지에 대한 완전한 권원을 가진 것처럼 행동했다. 원주민들은 매사추세츠 만 특허회사의 당국자에게 다음과 같이 불평했다. "우리들이 이 문제에 대해 그와 이야기했을 때 그는 우리가 측은하며 돈도 없고 법에 호소하러 간다면 체포되어 감옥에 갇혀 평생을 지내게 될 것이라고 말했다."[36]

캐롤라이나에서 '야만인들' 이 카토바와 체로키 인디언 땅을 침입했다. 1756년 찰스턴 인디언 대리인은 "사법직원 중에 이렇게 곤궁에 처한 사람들의 문제에 관여하려는 사람이 없었다"라고 기록했다. "그 사람들이 말하길 이들은 우리 법의 적용을 받는 사람들이 아니다."[37] 뉴욕 식민지에서 이로쿼이 인디언 대리인인 윌리엄 존슨 경(Sir William Johnson)은 "변경의 거주자들의 잘못된 행동"에 대해서 1766년 무역위원회에 불평했다. 이들은 "기회가 주어질 때마다 법을 무시하고 끊임없이 죽일 뿐만 아니라 자기가 원하는 곳에 정착할 자유가 있다고 스스로 생각하는 것"처럼 보인다.[38] 영국군은 1760년대 펜실베이니아 서부와 버지니아에서 무단침입자들을 내쫓기 위해 불을 질렀으나 이들은 다시 돌아왔으며, 어떤 경우든 앨러게니 산맥(the Alleghenies) 서쪽 원주민 땅의 소유권에 관한 1763년 국왕의 포고령을 이행할 책임이 있는 모든 관리들이 그 임무를 공평하게 처리한 것은 아니다. 일부는, 1755년 델라웨어 인디언 추장 신가스(Shingas)에게 "야만인은 토지를 상속할 수 없다"라고 말한 에드워드 브래드독(Edward Braddock) 장군의 말에 동의했을 것이다.[39]

국왕은 이론상 영국령 북미의 모든 땅에 대한 군주였으나 독점 소유권자와 특허회사에 대한 토지의 매매와 증여를 통해 이러한 권리주장을 효과적으로 처분했다. 이어서 새로운 권리자들은 토지를 재분배했다. 토지의 소지자가 정착민들에게 토지를 이용하고 취약한 변방을 개간하도록 유도하지 않는 한 이러한 권리주장은 아무런 소용이 없었다. 풍부한 토지는 사람들이 경작할 수 있도록 토지가격을 인하시켜 토지이용의 증진을 도모했다. 그러나 18세기 뉴저지, 메인과 다른 정착지에는 자신들이 독점 소유권자처럼 토지에 대한 권리를 가졌다고 믿는 토지에 굶주린 사람들이 많았다. 1790년대 메인의 '대 독점 소유권자'의 하나인 헨리 녹스(Henry Knox)의 대리인은 독립전쟁 뒤 매사추세츠 정부로부터 수여받은 토지 무단 점유자 문제에 대해서 다음과 같이 보고했다. 무단 점유자들은 "누가 이 땅을 위해 싸우고, 개간하여 쓸모있는 땅으로 만든 우리보다 토지에 대한 우선권을 가질 수 있고, 자신들이 아니었다면 토지 독점 소유권자도 그렇게 하지 못했을 것이라고 주장하고 있으며, 이들은 신이 아닌 다른 사람이 토지를 독점 소유하는 것을 인정하지 않는다."[40] 무단 점유자들은 녹스의 대리인에게 말하길 "사람이 살고 있지 않은 땅은 일반 공기와 같이 무상이어야 한다"라고 했다. 그러나 다른 무단 점유자들은 최소한 원주민의 재산권을 인정하고 인디언 땅은 먼저 정부가 구입해 분배하거나 판매해야 한다는 법률규정을 무시하고 이들로부터 직접 구입했다.[41]

그 결과 부동산법은 통일적이지 않았다. 이는 영국법과 상당한 차이를 보였으며 다양한 사회적 경제적인 상황에 따라 식민지마다 각양각색이었다.

예를 들어, 뉴잉글랜드 식민지 정착민들의 공동체적인 가치는 자신들의 법적인 전통을 확립하는 데에서 두드러졌다. 이들의 토지법은 봉건주의의 잔재로부터 공동체의 자유를 유지하려는 우선적인 목적을 가지고 있었다. 뉴잉글랜드의 타운제도 아래에서 입법자들은 토지를 연합교회나 새로운 정착민들의 단체에 공동으로 할당했다. 이러한 분배제도는 처음에 공유지와 초지에 대한 공동 소유권을 제공했으나, 초기 뉴잉글랜드의 공동체주의는 사라지고 일반적으로 평등한 개인 토지 소유권을 인정하는 제도로 대체되었다.

뉴잉글랜드인들은 토지의 권원을 기록함으로써 법적 전통을 확대해나갔다. 초보적인 토지대장은 16세기 영국에서 발전했으나 뉴잉글랜드 정착민들이 양과 질에서 이를 확대했다. 뉴잉글랜드 제도는 모든 토지거래 기록을 일반적으로 타운의 관리소에 보관하도록 하고 있다. 이러한 방법으로 기록된 증서는 다른 모든 것에 우선했다. 소송인이 증거로서 등록되지 않은 토지에 대한 권리를 주장할 수 있으나 공식으로 등록된 문서가 우선적으로 인정되었다.

토지대장은 세 가지 중요한 목적을 가진다. 첫째, 불확실성을 제거함으로써 토지의 이전을 용이하게 했다. 둘째, 훈련된 법률가가 없었던 17세기에 전통적인 보통법상에 따라 토지를 이전할 수 있는 법률가가 부족했던 문제를 피할 수 있었다. 셋째로 뉴잉글랜드에서 토지에 대한 분쟁을 진정시킴으로써 사회의 조화를 촉진했다.

그러나 이전되고 기록된 토지의 대부분은 적절하게 조사되지 않았으며 이는 뉴잉글랜드뿐만 아니라 모든 식민지와 주에서 19세기까지 후대에게 문제를 남겨주었다. 다음은 17세기 말 롱아일랜드 자메이카의 관계 기관에서 기록한 부동산 양도증서이다.

> 자메이카의 대니얼 화이트헤드와 에이브러햄 스미스는 작성했다. … 다음과 같은 고지대 두 구획의 토지를 교환했다. 대니얼은 이전에 웨이스 스미스의 토지였던 10에이커를 에이브러햄이 전에 앤드류 메신저의 토지였던 10에이커 중에서 존 베일즈 주니어 토지의 서쪽

과 브라이언트 니톤 토지의 동쪽에 인접한 것으로서 메신저가 에프레임 팔머에게 주었다고 말하는 부분을 제외하고 교환했다. 대니얼 화이트헤드가 교환한 토지는 카펜터 에스워드 대위 토지의 서쪽이며 주니어와 니톤의 서쪽에 인접한 토지이다.[42]

이러한 기술은 그 당시 당사자들에게는 충분했던 것처럼 보였다. 그러나 팔구십년이 지나고 당사자들과 그 자손들이 아무도 생존하지 않는 경우나 여전히 생존한다고 하더라도 이러한 토지의 권원에 대한 경계를 어떻게 결정할 것인가? 거의 대부분의 기록된 이전은 이러한 종류였다.

뉴잉글랜드 토지기록제도의 의의는 훈련된 법률가들이 등장하기 시작했던 18세기에 약화되었다. 데이비드 코니그(David Konig)가 보여주는 바와 같이 17세기 뉴잉글랜드의 타운관리들은 토지분배 과정에 대해서 별 관심을 기울이지 않았다. 이들은 분쟁 당사자들에게 부가적인 토지를 수여함으로써 자신들의 실수를 구제했다. 이러한 해결책은 인구증가와 일부 정착민들의 공격적인 축적의 결과로서 타운의 토지가 점차 희소해지면서 실패하기 시작했다. 토지에 대한 이전의 비공식적인 분쟁은 단지 사법절차에 공식적으로 의뢰함으로써 해결할 수 있었다.

뉴잉글랜드인들은 최초에는 무단침입과 관련된 단순한 토지소송 형태를 선호했다. 예를 들어, 코네티컷에서 법원은 '점유포기'의 소를 요구했으나 이는 옛 보통법상의 부동산 점유회복 소송을 크게 수정한 형태에 불과했다.[43] 비록 18세기경 보통법에 훈련된 법률가들의 수가 증가함으로써 가공의 인물인 존 도(John Doe)와 리처드로(Richard Roe)가 등장했지만 토지사건에 대해서는 식민지 전역에서 간단한 형태의 소장이 널리 이용되었다. 이러한 이름들은 보통법 법률가들이 진정한 원고와 피고의 실체를 감추고 소송의 기술적인 이점을 취하기 위해서 이용했었다. 이러한 기술적인 측면의 강화에도 불구하고 미국 토지법은 영국에서와 같이 성가신 것이 아니었다.

중부 식민지에서 토지소유는 좀 더 다양했다. 뉴욕에서 초기 네덜란드 지주제는 소수의 거대한 토지를 수여한 결과였고 이러한 상황은 뉴저지에서도 비슷했다. 이러한 2개 주에서 지주들에 의한 면제지대는 종종 폭동을 야기했고 무단점거를 획책했다. 사회적인 격변이 발생한 것은 놀라운 일이 아니다. 목수는 하루에 대략 3실링을

벌 수 있었는데 이는 1에이커의 토지를 살 수 있는 돈이었다. 펜실베이니아, 메릴랜드, 버지니아에서만 이러한 면제지대가 널리 이용되었다.

체사피크와 남부 식민지에서 토지는 널리 이용 가능했으나 주로 농산물 생산에만 전념함으로써 계속 다른 토지법을 시행하고 있었다. 이러한 식민지에서 토지에 노동력을 투입하는 가장 표준적인 방법은 지분법제도였다. 이러한 제도 아래에서 신규 정착민들은 아무런 부담 없이 자신을 식민지에 수송한 대가로 50에이커의 토지를 불하받았다. 이러한 제도는 도제살이와 같은 사람을 동반한 사람에 대한 보수로 변질되었다. 지분법제도는 정착을 굳건히 하기 위한 것이었으나 사기와 시장의 변덕으로 거의 정반대의 결과를 초래했다. 신규 정착민들과 농장주들은 동일인에 대해 2배 내지 3배의 토지불하를 주장했다. 지분법은 협상 가능한 제도가 되었다. 예를 들어, 선장은 농장주들에게 자신의 토지를 팔았다. 주요 작물의 생산을 늘리기 위한 토지소유를 확장할 필요성이 이러한 행동을 서슴지 않게 만들었다. 그 결과 사회질서가 다른 식민지에서보다 좀 더 수직적이 되었는데 이는 토지가 불평등하게 분배되었기 때문이었다. 18세기 초 대농장 자본주의가 성공적으로 등장할 무렵에 지분법제도는 버지니아, 메릴랜드와 조지아에서 공식적으로 사라졌다. 이러한 식민지들에서는 남아있는 토지를 판매함으로써 수입을 늘리려고 했다. 부유한 농장주들과 그 자손들이 투기와 주요 작물의 생산을 늘릴 목적으로 적극적으로 구매했다.

식민지 정착민들은 상속인의 승계에 있어서 영국과 큰 차이를 보였다. 장자상속과 한정상속이 영국 토지법의 두드러진 특징이었다. 전자는 아버지가 유언 없이 사망한 경우 재산을 장자에게 상속하는 것이고 후자는 재산 소유권자가 생애부동산권이 아들에게 상속되기 이전에 하나의 아들만이 평생동안 토지를 향유하고 그 이후에 그 아들의 아들에게 상속하도록 유언으로 결정할 수 있게 했다. 이렇게 한정된 토지는 기증자의 후손이 유산을 보유하게 한다. 그러나 이는 '부동산회복소송'으로 알려진 '법적 의제'에서 법관 앞에서 생애부동산권 주장을 상속인이 동의한 경우를 제외하고 토지를 양도담보나 매매하는 것을 어렵게 만든다.

뉴잉글랜드는 장자상속제도를 쉽게 포기했다. 로드아일랜드를 제외한 모든 식민지에서 17세기 말에 공식적으로 장자상속제도가 사라졌다. 이러한 식민지들은 아버지가 유언 없이 사망한 경우에 장자만 2배로 상속받는 것을 제외하고 모든 자녀에게 재산을 공평하게 분할하는 제도로 대체했다. 분할상속은 소유자에게 토지의 폭넓은 분배를 인정했지만 이는 또한 가족의 모든 자녀에게 자립할 수 있는 수단을 제공했다. 분할상속은 아버지가 이러한 법령상의 규정에 찬성하고 유언을 남기지 않은 공동체에서는 각 세대의 농장규모를 점점 축소시켰다. 다른 지역에서는 아버지가 한 자녀에게만 농장을 고스란히 물려주고, 다른 자녀에게는 동산만을 물려주면서, 이들에게는 서부의 다른 지역에서 자신들의 토지를 마련하도록 충고하는 유언장을 작성함으로써, 분할상속 원칙의 효과를 회피했다.[44]

뉴욕과 마찬가지로 체사피크와 남부 식민지에서는 무유언의 경우 장자상속이 독립전쟁 때까지 지속되었다. 그러나 실제적으로 그 의의가 사라진 것은 오래 전이었다. 상류계급은 사회적 지위의 유지가 토지의 소유뿐만 아니라 사망 후에 토지의 효과적인 이용을 보장하는 데 달려 있다는 것을 인식했다. 뉴잉글랜드의 중산층과 같이 버지니아의 농장주들은 유언장을 작성했다. 예를 들어, 1743년에 갑작스러운 죽음에 직면한 조지 워싱턴의 부친 오거스틴 워싱턴(Augustine Washington)은 자신의 많은 재산을 자녀와 친척들에게 나눠주기 위해 마지막 순간까지 애썼다. 그는 장남인 로렌스에게 많은 재산을 주었지만 마찬가지로 다른 자식들에게 충분한 재산을 분배했다.

한정상속제도는 다소 오랫동안 지속되었다. 1776년 토머스 제퍼슨이 버지니아 의회에 이를 폐지하도록 설득하기 전에는 사우스캐롤라이나와 델라웨어 단 2개의 식민지만이 한정상속제도를 폐지했다. 독립 선언 후 10년이 지나서 매사추세츠와 로드아일랜드를 제외한 모든 주에서 한정상속제도를 폐지했다.

버지니아에서 한정상속에 관한 경험은 토지법이 뚜렷한 미국적인 내용을 가지게 된 배경을 잘 보여주고 있다. 마찬가지로 이는 토지를 단순히 소유하는 것보다 그것이 생산하는 것의 가치를 점차 중시하게 되었음을 보여주고 법도 이와 발맞춰 나갔다.

영국의회의 입법은 토지를 유언을 통해서, 무유언 상속의 경우에는 장자상속을 통해서, 그리고 한정상속을 통해서도 부동산의 이전이 가능하도록 만들었다. 토지의 한정상속은 1685년 의회입법으로 인정했으며, 한정상속된 부동산은 화해양도 및 부동산회복소송이라는 절차를 통해 비교적 용이하게 획득할 수 있었다. 버지니아는 18세기 초까지 이러한 이식된 법전통을 따르는 식민지 중에 가장 전형적이었다. 1705년 버지니아 주의회는 한정상속된 재산 획득을 거의 불가능하게 만들었다. 그해 제정된 법률은 특별법에 따라 기존의 한정상속된 재산을 획득하게 하는 예외를 둘 수 있다고 정했다. 이러한 새로운 입법은 소지주뿐만 아니라 판매하고자 하는 소규모 토지를 소유하고 있던 농장주들에게 어려움을 가져다주었다. 의회는 1734년 토지 소유자에게 의회의 승인 없이 소규모 토지를 획득할 수 있도록 허용함으로써 이러한 어려움을 제거했다.

그러나 비공식적인 반응에는 입법적인 대응보다 주목할 만한 내용이 많았다. 오거스틴 워싱턴과 같은 부모들은 꼼꼼한 유언장 작성에 주의를 기울여서 시간이 허락하는 한, 부동산 양도증서를 통해 자녀들에게 단순부동산권으로 토지를 상속했다. 이 경우에 토지는 한정부동산권과 달리 상속인들의 특정단체에 아무런 제약도 없는 단순부동산권으로 상속되었다. 단순부동산권의 부동산은 절대적인 소유권과 매우 유사했다.

영국에서 채권자들은 채무를 만족시키기 위해 토지의 매매를 강요하는 경우가 가끔 있었다. 식민지에서는 그러한 경우가 많지 않았다. 식민지에서 토지는 모국인 영국과 비교해서 값싸고 풍부했기 때문이다. 식민지 칙령, 식민지 입법과 미국에서 좀 더 용이한 채무추심을 위한 법(1732) 모두는 물론 한정부동산권이 널리 이용되고 있는 식민지를 제외하고 임대보증으로 이용될 수 있는 대체물로서 토지의 이용을 촉진하기 위해 이용되었다. 궁극적으로 사회적이고 경제적인 필요성이 대두되었다. 한정부동산권은 경제성장을 더디게 하는 짐이었다. 다수의 토지에 대한 소유권은, 가장 생산적인 토지를 이용하는 것이 주요 작물의 생산에 필수적인 버지니아와 체사피크 그리고 남부 식민지에서는 꽤 공통적인 현상이었다. 18세기 농장주들은 100에서 500에이커 정도의 넓은 토지를 소유했다. 한정부동산권으로 소유하고 있는 이러한 토지들은 다른 토지나 좀 더 생산적인 토지를 사기 위해 처분할 수 없었다. 게다가 농장주의 가족들은 동부해안의 지력이 떨어진 토지를 버리고 좀 더 기름진 서쪽으로 이동하고자 했으며, 부담 없는 토지의 소유는 이러한 이동을 경제적으로 좀 더 가능하게 만들었다.

1776년 버지니아는 한정부동산권을 폐지했다. 그 당시의 주지사 토머스 제퍼슨은 법안전문에서 블랙스톤의 《영국법 주석*Commentaries*》으로부터 자유롭게 차용해

한정부동산권이 실제로 "미풍양속에 반하고 공정한 거래자들을 속이거나 소유자가 이러한 토지를 관리, 개선하는 것을 장려하지 않았으며 젊은이들이 부모에게 복종하지 않고 독립적이 되도록 함으로써 젊은이들을 도덕적으로 타락하게 만들었기 때문"에 이를 폐지했다.[45] 자서전에서 제퍼슨은 그가 한정부동산권과 장자상속제를 폐지하기 위해 입안했던 법안은 "고대와 미래의 귀족정치를 일소할 수 있는 제도로서 진정한 공화정을 위한 토대"를 형성한 것이라고 주장했다. 한정부동산권 폐지는 "선택된 가문의 부의 축적과 영속화를 금지"할 수 있고, 장자상속을 "모든 농업법 중에서 최상의 것"인 분할상속원칙으로 대체한 것은 "가족 중 1명만을 부자로 만들고 나머지 모두는 가난하게 만드는 봉건적이고 비자연적인 차별을 제거할 것"이다.[46] 그러나 대농장주 엘리트들은 여전히 대농장을 그대로 보유하는 유언장을 작성할 수 있었으며 많은 사람들이 그렇게 했다.

유통증권과 상사거래

많은 식민지 정착민들은 상품교환에 종사했지만 대부분의 상업거래는 화폐가 부족한 식민지에서 신용에 의존했다. 상점에서 '당좌' 신용은 마침내 약속어음에 자리를 내주었다. 채권자는 유통증권이 훨씬 믿을 만하고 이행을 강제할 수 있다는 것을 발견했다. 이 점과 관련해 식민지 정착민들은 유통증권을 지원하기 위한 법률환경을 조성하는 데에서 영국보다 크게 앞서나갔다. 이러한 수단은 수표, 환어음, 약속어음(은행권을 포함)과 증권 등을 포함한 문서를 말한다. 상업세계에서 이들의 기능은 한 사람에게서 다른 사람에게로, 마찬가지로 증서를 소지한 제3자에게 부를 이전하는 수단을 제공하는 것이었다. 이러한 유통증권은 상업과 무역의 발전을 촉진시켰다. 이들은 현금이 부족한 식민지 미국경제에서 특별한 의의를 가지고 있었다.

식민지 정착민들은 광범위하게 인정되었던 유통증권의 가치를 필요에 의해서 인식하게 되었다. 1647년 매사추세츠는 적절하게 이서하고 사기가 아닌 경우에는 타인에게 채무를 할당할 수 있게 하는 법령을 제정함으로써 이러한 유형을 확립했다. 매사추세츠법은 뉴잉글랜드와 중부 식민지에 널리 영향을 미쳤다. 체사피크 만과 남부 식민지 역시 유통 가능한 증서에 대해서 관대한 태도를 취했는데, 이는 그러한 증서들이 대체로 주요 작물과 노예거래와 같은 큰 사업에 관련되었기 때문이었다. 그리하여 메릴랜드와 버지니아에서 비즈니스 관계는 담배와 약속어음에 의존했으며 이 두 가지 모두 널리 유통되었다.

18세기에 영국 법률가들의 유입과 식민지와 영국 사이의 상업활동의 성장은, 식민지에서 유통 가능한 약속어음에 대해서 모국에서보다 다소 엄격한 입장을 취하게 했다. 그러나 이러한 변화는 피상적이었다. 식민지 미국에서 등장한 상업 중산층들은 영국 유가증권법의 엄격한 적용은 불필요하고 적용하기 어렵다는 것을 금방 알게 되었다.

일부 식민지(예를 들어, 매사추세츠와 뉴저지)들은 18세기 화폐부족, 채무자 고통에 대한 해결책으로 식민지에서 믿음으로 뒷받침되는 신용 · 교환 · 유통과 같은 증권의 발행을 실시했다. 채무자들은 이러한 화폐를 선호했으나 발행은 좀 더 일반적으로 공공재정에 관심을 가진 사람들의 문제였다. 이를 위해 1751년 매사추세츠는, 부족한 재정을 메우기 위해 경화로 지불하고자 하는 사람들에게 6개월짜리 양도 가능한 채권을 발행한 최초의 식민지가 되었다.

책임과 과실

영국인들이나 식민지 정착민들은 민사적인 권리침해를 다루는 법을 기술하기 위해서 불법행위라는 용어를 사용하지 않았다. 이들 모두는 책임과 과실이 함께한다고 이해했으나 개념은 여전히 명확하지 않았다. 이는 각자 타인에 대한 일반적인 주의의무를 지고 있다는 점을 암시하고 있었고 이와 함께 개념은 추정의무와 같은 불명료한 내용을 담고 있었다.

미국인들은 과실 없이는 책임이 없다는 영국의 원리를 받아들였으나 자신들의 상황에 맞게 이식된 법률전통을 변화시켰다. 예를 들어, 영국인들은 제한된 토지 때문에 동물 소유자들은 울타리를 쳐서 동물들을 관리할 책임을 진다는 법리를 만들어냈다. 소와 돼지는 울타리에 가두어야 하고 만약 울타리를 벗어나 타인의 재산과 작물에 손해를 입힌 경우 그 소유자는 손해에 대한 책임을 졌다. 북미에서는 이러한 원칙이 뒤바뀌었다. 농토의 소유자는 어슬렁거리는 가축으로부터 작물을 보호하기 위해 울타리를 설치할 의무를 졌다.

그 이유는 대서양을 건너서 소, 양, 돼지와 닭을 안전하게 가져오는 것이 비용이 들고 위험했기 때문으로, 식민지 지도자들은 동물을 사육하는 것이 자신들의 생존에 결정적이라고 간주했다. 그리하여 이들은 동물을 가두는 울타리 비용이 드는 영국 보통법상 의무를 면제해 주는 방법으로 자본을 투자한 사람들에게 보답했다. 동물로 인한 피해 방지는, 보호울타리 설치에 관한 미국의 법리가 동물을 보호하고 피해를 입을 우려가 있는 사람들에게 주의의무를 지우게 하려는 공동체의 희망을 반영한 것이었다. 어떤 의미에서 보호울타리 설치의 법리는 원고 자신이 권리위반에 기여했다면 타인에게 책임을 물을 수 없다는 기여과실의 초기 형태였다.

실체법의 유산

초창기의 미국 법제도와 같이 초창기 미국법은 애매함의 장막으로 덮여 있었다. '미국' 식민지법이라고 말하는 것은 틀린 명칭인데 각 식민지들이 자신들의 법적 전통을 철저히 재정립했고 기껏해야 폭넓은 경향만을 공유했기 때문이다. 이러한 경향은 단순성(온건한 법관과 변호사들이 교사한)에 대한 강조, 법에 대한 인간적이고 이성적인 접근태도, 형식적이 아닌 실제적인 형평성에 대한 강조, 적법절차의 존중, 부동산의 처리에 있어서 반개발적인 편견과 상급사회의 이익에 봉사하는 법률을 제거하고자 하는 경향을 포함했다. 부동산의 광범위한 분배와 용이한 양도는 노골적인 계급충돌을 완화시켰다.

식민지 정착민들은 합법적인 법률도 지속적인 개정이 필요하다는 것을 경험으로 알게 되었다. 종종 개정은 발명이 되는 경우가 있었다. 노예법은 영국에서 이식된 법 전통으로부터 식민지 미국의 가장 급진적이고 어려운 결별이었다. 식민지법은 (원주민의 대부분을 예외로 하고) 합의에 따라 도출했다는 점에서 또 하나의 중요한 성향을 가지고 있었다. 초창기 미국인들은 대중의사주의 법이론을 고안하지 않았으나 실체법의 대부분이 법률에 대한 광범위한 동의는 그 합법성을 증진할 것이라는 실질적인 추정에 의존하고 있었다. 18세기 중반에 표면화된 제국의 권위의 위기는 이러한 추정에 불을 지폈고, 독립전쟁, 신생국가와 식민지법의 애매한 미국화에서 그 정점에 이르렀다.

3

혁명기에 있어서 법과, 법에 있어서 혁명

The Law in Revolution and Revolution in the Law

미국혁명의 애매함

미국혁명은 영국 식민지들이 자신들의 주권을 가진 주를 건설하고 이어서 독립된 국가를 설립했다는 의미에서 실제로 혁명이었다는 점은 의심의 여지가 없다. 새로이 건설된 미국의 주들은 역시 식민지에서 지속되었던 장자상속과 같은 봉건적인 유산을 제거했다. 혁명 지도자들이 강력한 사회적인 가능성을 가진 그들의 수사적 기교를 확산시켰다는 점도 부인할 수 없다. 독립선언에서 토머스 제퍼슨이 주장한 "모든 인간은 평등하게 창조되었다"라는 선언은 지금까지 사회적 위계질서를 당연하게 받아들였던 세계에 사회변혁이라는 놀라운 유령을 제공했다. 혁명 전의 대규모 토지소유와 변방 개척자의 조건들은 특히 영국과 비교해서 사회적 평등의 수사학이 큰 반향을 일으킬 수 있던 구체적인 배경이었다. 예를 들어, 벤저민 프랭클린은 유럽의 화려한 궁정에서 미국의 이익을 대변할 때조차도 검소한 옷차림을 착용할 것을 주장했다.

그러나 미국혁명은 혁명이 진행되면서 애매한 모습을 보였다. 포위된 상류계급과 싸우는 혁명적인 군중의 모습이 거의 보이지 않았고 식민지에서 직접 다스리는 사람들에 대한 투쟁은 영국으로부터 식민지의 주권을 확립하기 위한 투쟁보다 극적인 요소가 적었다. 독립선언은 노예제도의 폐지처럼 모든 미국인들을 자유롭게 하는 것이 아니라 영국왕실의 통제로부터 미국인들을 자유롭게 하는 것을 목적으로 했다. 새로이 도래한 상업의 시대에 전적으로 참여하고자 했던 지배계층은 확고하게 상황을 통제하고 있었다. 혁명은 펜실베이니아 남부의 지역 대부호가 영위하던 생활방식에 거의 영향을 미치지 못했다. 대농장주들은 흑인노예들을 소유하고 있었을 뿐만 아니라 일부 풍요롭지 못한 이웃들이 자신들의 지도력에 기꺼이 따르고자 했기 때문에 해안 지역사회와 지방정부에 대한 통제를 유지했다. 그러나 북부 식민지의 대부분은 노예제를 폐지했다. 보스턴, 뉴욕, 필라델피아에서 상인, 지주, 그리고 가장 중요하게는 법률가들의 연합이 애국적인 지도력을 발휘했다.

혁명에서 법률가들의 지도력은 아마도 왜 모든 문제가 법률적인 논쟁을 촉발시키게 되었는지를 설명해준다. 애국적인 지도자들은 미심쩍어하면서 독립을 반대하는 왕당파의 재산을 몰수했으나, 이는 입법절차를 통해서 이루어졌다. 혁명적인 팸플릿의 저자인 토머스 페인(Thomas Paine)은 《상식*Common Sense*》에서 "미국에서는 법이 왕이 되었다"라고 적었을 때 1776년에 시작된 사건에 대한 보수적이고 법률적인 특징을 간파했다.[1] 혁명은 거대한 사회변혁을 이끌어내지 못했지만 미국인들에게 법의 성격에 대한 그들의 가정을 다시 생각하도록 만들었고 이러한 점에서 혁명은 커다란 충격을 주었다.

법에 있어서 발생한 변화는 공법과 사법 두 분야에서 그리고 연대기적으로도 두 차례에 걸쳐서 혁명의 영향을 받았다.[2] 혁명 당시에 사법의 역사는 기록되지 않았지만 여러 증거로 미루어 보아 단지 조그만 변화만 발생한 것으로 추측할 수 있다. 이른바 계수법을 통해 새로이 탄생한 자유로운 미국의 주들은 공식적으로는 이전의 식민지 관행과 크게 어긋나지 않는 영국 보통법의 일부를 채택했다. 초법적인 혁명이 사법에 커다란 변화를 주지 못했던 것처럼 보인다. 그러나 긴 안목에서 보면 혁명은 사법에 큰 영향을 미쳤는데 이는 미국인들이 다음 세기 영국 식민지 아래에서는 불가능했던 실험을 할 수 있도록 했기 때문이다. 탐욕적 자본주의와 개인의 이성, 인간의 가치에 대한 계몽주의의 강조는 혁명세대뿐만 아니라 19세기 미국법 제정에 폭발적인 자극제 역할을 했다.

단기적으로는 혁명의 충격이 공법에 가장 지대한 영향을 미쳤다. 혁명세대 미국인들은 지금껏 경험한 적이 없고 다시는 경험할 것 같지 않은 법률행위의 적법성과 정부의 기본원리와의 관계를 검토하기 시작했다. 혁명세대 미국인들은 본질적으로 혁명의 성질상 "정당하지만 법을 위반"해야 하는 심대한 난관에 봉착했다.[3] 1760년에서 1787년에 걸쳐 혁명 참가자들은 영국헌법 아래에서 불문법에 대한 성문법의 관계, 미국법 주권의 근거, 그러한 권위에 호소하기 위한 적절한 기구와 새로 건설한 주를 다른 주와 중앙정부를 연결시키는 고리를 찾아서 자신들의 위치를 자리매김하기 위해 거듭 노력했다. 주권, 대표성, 연방주의는 혁명세대가 전력을 기울여 해결하고자 한 헌법적인 문제였다.

해결책은 이따금씩 천천히 찾아왔다. 1761년, 1776년과 1787년에 미국인들이 헌법상 권위의 기초라고 믿은 것들은 서로 다른 것이었다. 오늘날 우리가 우리의 헌법상의 전통이라고 생각하는 것은 점진적으로 발전해왔다.

시련의 영국헌법

식민지 정착민들의 주요 법률상 문제는 자신들이 영국헌법에 의해서 대표되고 보호받고 있다는 것이 무엇을 의미하는가를 결정하는 것이었다. 최초의 헌법에 대한 큰 불만의 표출은 영국정부가 적극적인 관세정책과 조세제도의 시행을 위해서 '유예(salutary neglect)' 정책을 포기한 1763년 프랑스와 인디언과의 전쟁이 끝날 무렵에 발생했다. 영국정부는 전쟁의 결과로 쌓인 엄청난 채무를 갚기 위해 식민지 미국인들의 도움과 영국군이 미국인들에게 제공했던 방어를 직접 담당하기를 원했다. 7년전쟁이 끝나자 하원에서 부패한 자치도시의 의석을 차지하고 있던 여러 명의 영국관리들은 자신들의 통치와 보수를 계속 유지하기 위해 로비스트를 고용했다. 이들의 노력은 여러 식민지 항구에서 영국군의 주둔과 이들의 관리비용을 지불하기 위해 식민지 정착민들에게 세금을 징수하도록 한 국왕의 결정에 영향을 미쳤다.[4] 그렌빌 경(Lord Grenvill) 행정부와 그 계승자들은 이러한 요구를 부담시키고 이를 정당화하는 가상대표원칙의 실행에서 어떠한 헌법상 어려움도 겪지 않았다. 이러한 개념은 제국의 모든 사람은 그들이 실제로 대표에게 투표했는지 여부와 관계없이 대표의 이익이 자신들의 것과 유사한 경우에는 의회에서 대표되고 있다는 것이다. 식민지 정착민들은 자신들을 위해서 영국헌법을 따르기로 했으나, 의회가 이들에게 자의적인 정부로부터 보호해주고 자신들의 이익을 직접 대표하는 것과 같이 모든 영국인의 권리라고 믿었던 것을 부인하자 점차 실망하기 시작했다. 직접적이고 실질적인 대표는 사람들이 실제로 자신들의 대표에게 투표했다는 것을 의미한다. 이러한 의미는 식민지 정착민들이 "대표 없이 세금 없다"라는 구절을 반복해서 주장할 때 마음속에 품고 있던 것이었다.

영국헌법의 성격은 런던의 당국자들과 식민지 정착민들 사이의 분열을 초래했다. 이와 같은 헌법은 1787년 필라델피아에서 제정된 것과는 달랐다. 즉 성문도 단일 문서도 아니었다. 대신에 영국헌법은 문서—예를 들면 대헌장, 권리장전과 국왕 최고법—뿐만 아니라 역사적으로 정부의 자의적인 권력행사를 제한하는 관행의 집합체였다. 영국헌법이 18세기 계몽주의 정치학의 위대한 업적 중 하나라고 하는 것은 지나친 주장이 아니다. 그러나 국제적인 상업경제의 성장으로 영국, 식민지와 유럽대륙에서 일반적으로 공법, 특히 영국헌법의 적절한 성격에 대한 지속적인 이론상의 논쟁이 야기되었다.

18세기 중반에 영국의 야당은 휘그당을 설립했다. 휘그당원들은 제국의 성장과 함께 점차 정부의 관료화, 화폐경제의 발달과 도시 상인계층의 권력성장으로, 집중된 권력의 중심에서 벗어나 있다고 느꼈다. 훌륭한 휘그 지도자들은 사회적이고 경제적인 의제를 가지고 있었다. 이들은 영국이 농업, 정부의 단순화, 토지에 대한 건전 노동과 도시의 장인정신과 개인들 간의 직접거래의 장점을 살리는 방향으로 돌아가야 한다고 주장했다.

팸플릿 저자들은 처음에는 영국에서 나중에는 식민지에서 정부에 대한 휘그당원들의 반대를 널리 선전했다. 존 트렌차드(John Trenchard)와 토머스 고든(Thomas Gordon)은 가장 영향력 있는 반대파의 저자들이었다. 이들은 《카토의 서신*Cato's Letters*》(1713~1719)에서 영국은 부패의 나락으로 떨어졌다고 주장했다. 이러한 논쟁적인 논문들은 1750년 이후 미국에서 중요해졌는데 이는 애국적인 지도자들에게 반

대에 대한 기존의 수사적 기교를 제공했기 때문이다.[5]

휘그당원들은 영국헌법을 국왕과 정당에 대해서 독립적인 의회 사이의 부분적인 결합이라고 보았다. 이들은 또한 명예혁명으로 왕실의 신성한 권리는 소멸한 반면에, 18세기에 정부 지도자들이 주장한 바와 같이 주권이 의회로 이전하지 않았음을 강조했다. 휘그당원들은 의회가 절대적인 주권을 가지고 있다는 생각에도 반대했다. 대신에 이들은 의회의 권위가 권력의 자의적인 행사로부터 왕실을 역사적으로 제한했던 동일한 관습과 관행에 의해서 제한된다고 주장했다. 그러나 이들의 헌법에 대한 이해는 유기적인 조직을 갖춘 법의 일부로서 성문화되지 않았다. 매우 천재적인 사람일지라도 영국헌법의 전부를 찾기가 불가능해서 영국과 식민지에서 휘그당원들이 이를 반대하는 데 곤란한 상황이 조성되었다.

휘그당원들의 생각은 제국 안에서 자신들의 위치를 바로 세우고자 하는 미국 애국자들의 노력에 큰 영향을 미쳤다. 조나단 메이휴(Jonathan Mayhew) 목사가 혁명 발발에 휘그당원들의 이념이 미친 영향을 설명한 바와 같이 "현재의 시각으로 보면 많은 생각들이 거의 예언처럼 들렸다."[6]

휘그당원들은 이른바 왕당파에 적극적으로 반대했다. 휘그당의 지도자들은 영국이 탈봉건적인 유럽에서 발전한 정치경제 체계인 중상주의 속성이라고 여겨지는 현대적이고 역동적이며 팽창하는 제국주의 경제를 탄생시켰다고 믿었다. 중상주의의 주요 관심사는 원료를 확보하고 완성품을 팔 수 있는 해외 식민지를 개척하는 것이었다. 왕당파는 영국헌법이 경제팽창의 엔진이고, 의회를 주권의 원천으로 만든 명예혁명은 지금까지 역사상 알려진 다른 어느 것보다 권한을 이용하기 좋은 구조를 확립했다고 주장했다. 의회의 권한을 폭넓게 인정하는 왕당파의 해석은 전통적인 자유가 소멸했다는 것을 의미하지는 않는다. 왕당파 지도자들은 오히려 영국이 상업세계로 발전했다면 의회는 그러한 목적을 달성하기 위한 법률을 제정할 수 있는 충분한 재량권을 가지고 있다고 강조했다.

왕실법원의 수석 재판관(1756~1788)이었던 맨스필드 경(Lord Mansfield), 윌리엄 머레이(William Murray)와 윌리엄 블랙스톤 경(Sir William Blackstone)은 이러한 입장에 대한 헌법상의 정당성을 제공했다. 맨스필드는 18세기 영국의 위대한 상사 법률가이자 의회주권의 옹호자였다. 상업경제의 팽창에 대한 그의 지지는 절대적인 의회주권에 대한 그의 신념을 강화했다. **캠벨(Campbell v. Hall)** 사건에서 맨스필드는 일단 국왕이 식민지 의회의 권리(이 사건의 경우 정복한 그레나다 섬에 관한)를 포함해 국왕의 공인 아래 특권을 수여했다면 세금징수를 면제받거나 칙령을 수정할 수 없다고 판결했다. 이러한 판결은 맨스필드의 나머지 의견을 읽을 때까지 본토 식민지 정착민들을 만족시켰다. 단지 의회만이 이러한 자치를 수여한 후에 그 식민지를 위한 법률을 제정할 수 있다. 식민지 정착민들은 이 의견이 국왕이 임명한 주지사와 추밀원의 권한(국왕이 묵인했다면)을 약화시켰다고 생각할 수 있으나, 이들은 식민지를 위해서 법을 제정할 의회의 권한에 대한 맨스필드의 옹호를 받아들이기 어려웠을 것이다. 일부 식민지 지도자들은 맨스필드가 일찍이 1766년 귀족원에서 (의회가 '어떠한 사건에서든' 식민지를 위해서 입법할 수 있다고 단정한 선언법이 된 것에 대해 논쟁하는 동안) 그러한 권한을 주장했음을 알았을 것이다. 그는 1775년 2월, 같은 귀족원에서 이러한 주장을 반복했다. "영국 입법부의 우월성은 완성되고 무조건적이어야 하며 식민지들은 자유롭고 독립적이어야 한다."[7]

블랙스톤은 역시 훌륭한 법률가였으며 식민지에 미친 영향으로 볼 때 그와 견줄 만한 법률가가 없었다. 1765년과 1769년 사이에 출판된 《영국법 주석*Commentaries on the Laws of England*》은 영국에서처럼 미국에서도 많이 팔렸다. 블랙스톤은 왕실법원의 수석 재판관(1613~1616)인 에드워드 쿡 경이 17세기 영국법에 대한 체계적인 주석으로 권위를 인정받았던 것과 같이 18세기 영국법에 영향을 미쳤다.

블랙스톤은 의회가 영국과 그 식민지의 주권의 원천이라는 전제를 영국법에서 도출하여 새로운 입헌왕조를 지지했다. 블랙스톤은 "의회가 불합리한 것을 적극적으로 제정하려고 한다면 이를 규제할 수 있는 방법이 없다"라고 적었다.[8]

법률가들과 혁명을 향한 움직임

야당인 휘그당원들과 블랙스톤의 주장은 식민지의 법조계가 전문성을 확보하자 식민지에 전파되었다. 18세기 중반 식민지의 경제가 활기를 띰으로서 법률가들도 이러한 변혁에 자극을 받았다. 법률가들의 수가 많아졌고 좀 더 존경받았으며 특권을 잃지 않으려고 주의했다. 게다가 법률가들의 중요성에 대한 인식이 식민지 전역에서 일어났다. 그리하여 독립선언에 서명한 56명 중에 25명과, 1787년 헌법제정회의에 파견된 55명의 위임자 중 31명이 법률가였다.

미국 법률가들은 영국헌법에 대해서 통일된 입장을 취하기 어려워 일부는 왕권을 옹호했고 일부는 독립을 주장했다. 그러나 독립을 주장하는 법률가들의 역할이 중요했는데, 이는 영국헌법과 보통법에 대한 이들의 가르침 때문이었다. 이들은 법률상의 혁명에서 자연스럽게 지도적인 역할을 했다. 이들의 지식은 자신들의 애국심이 제자리를 잡을 때까지 통합을 위한 지적인 토대를 제공했다. 영국헌법 아래에서 재산과 자유의 성질에 대한 논쟁은 뉴욕, 캐롤라이나, 버지니아와 펜실베이니아와 같이 서로 다른 식민지들에게 공동행동과 사상을 위한 토대를 제공했다. 이러한 식민지들은 법률가들의 도움 없이는 실행하기 어려웠을 경우에라도 잘 저항했다. 독립이 그 혁명적인 대체입법을 제정할 때까지 영국법과 헌법사상은 다른 점에 있어서는 영국과의 차이보다 훨씬 더 급진적인 차이를 보였던 미국인들 사이에 유일한 공통점으로 남아있었다.

애국적인 법률가들은 미국에서 휘그당원들의 신념을 펼쳐나갔다. 이들은 모국인 영국의 권리와 재산의 성질에 대해 반대입장을 취했고 영국헌법을 식민지 상황에 적합하게 맞춰나갔다. 법률가들이 미국혁명을 초래하지는 않았지만 혁명의 지적 한계가 그것의 본질적인 보수적 속성을 규정했다. 이는 매우 근본적이었는데, 법률가들이 식민지 상황에 맞게 법치주의의 성질을 규정하려고 시도했기 때문이다.

법률가들은 1761년부터 1776년까지 이어진 혁명적인 투쟁에서 양측을 대표하는 인물들이었다. 사건의 단초는 식민지의 법적인 대응과 폭력을 불러일으킨 악명 높은 인지세법과 같이 런던에서 먼저 제공했다. 대중행동은 법률논쟁을 촉발했다. 다음과 같은 2개의 일화는 식민지에 계수된 영국헌법의 전통을 조정하기 위한 시도 속에서 애국적인 법률가들의 독특한 역할에 대한 통찰을 제공한다. 하나는 1761년에 시작된 원조영장이고 다른 하나는 보스턴 대학살과 상비군 논쟁이었다. 이 2개의 사건은 그 자체로 영국과의 단절을 가져오지는 않았지만 두 사건 모두 식민지의 발전에 있어서 영국헌법상 이해했던 바와 같이 법치주의의 나아갈 바를 모색하도록 미국의 애국자들을 독려했다.

원조영장

1761년 원조영장(Writs of Assistance) 사건에 대해서 자세하게 기록했던 존 애덤스(John Adams)는 다음과 같이 적었다. "여기에 영국의 자의적인 요구에 반대하는 최초의 법이 제정되었다. 그리하여 독립이라는 어린아이가 태어나게 되었다."[9] 이는 일반적인 수색권을 헌법에서 적대시하는 미국의 전통을 최초로 적시한 사건이었다. 또한 이 사건은 식민지 정착민들이 영국의 새로운 중상주의 정책에 법적으로 저항하기 시작한 최초의 사건이기도 했다.

관세원조영장은 괴상한 제도였다. 국왕의 이름으로 행해지는 수색영장과 관세원조영장 모두는 법 집행자가 건물 안에 들어가 수색할 수 있게 했다. 의심이 가는 경우 법관은 최소한의 숙련기간을 거쳐 지체 없이 수색영장 권한을 행사했다. 한편 관세원조영장은 행정행위로서 재무부재판소에서 발부했다. 이는 순전히 행정행위였기 때문에 그 자체는 영장 소지자에게 아무런 권한이 없었다. 이는 단지 특정한 건물을 수색할 때 경찰이 세관원을 돕도록 할 뿐이었다.

보스턴의 검사관이자 수색자인 찰스 팩스턴(Charles Paxton)은 이러한 구분을 망각했다. 아주 성실한 관리였던 팩스턴은 비협조적인 상인의 창고를 수색하기 위해 1756년 매사추세츠 대법원으로부터 발부받았던 영장을 이용했으나, 불법적인 물건이 숨겨져 있다는 혐의가 있음을 고지해야 한다는 요건을 무시했다. 팩스턴은 영장을 특정한 것보다는 일반적인 것으로 다루었다. 상인협회는 그가 지위를 이용해 관세 사기 행각을 벌였으며 보호비 명목으로 상인들에게 금전을 받았기 때문에 '민중의 지팡이'가 아니었다고 비난함으로써 보복했다.[10]

1760년과 1761년, 2개의 사건이 위기를 불러일으켰다. 첫째는 모든 영장에 그 권위를 인정하는 이름으로 적혀 있던 국왕 조지 2세의 서거였다. 국왕의 서거 6개월 이내에 사람들이 가지고 있던 모든 영장은 새 주권을 가진 사람의 인정을 받아야 했다. 둘째는 1760년 9월 상급법원의 수석법관인 스티븐 슈월(Stephen Sewall)이 사망하자 주지사 프랜시스 바너드(Francis Bernard)는 강력한 관세징수 정책을 실시하고자 부지사인 토머스 허친슨(Thomas Hutchinson)을 그 자리에 임명했다. 법률가가 아니었던 새로운 수석법관은 '매사추세츠에서 가장 인기 없는 사람'이 되는 길을 택했다. 역사가 바너드 베일린(Bernard Bailyn)이 설명한 바와 같이 "장점을 가지고 있었으나 현대적이지도 지적이지도 못했으며 지나치게 고리타분해서 사람들을 심판했으나 종종 만족스럽지 못했다."[11] 그러나 주지사 팩스턴에게는 '좋은 친구'였다.[12]

허친슨은 팩스턴의 원조영장 갱신방침에 반대하기 위해서 법원에 출두한 제임스 오티스 주니어(James Otis, Jr.)와 즉각 충돌했다. 개인적으로나 정치적으로 라이벌인 두 사람은 법률적으로 충돌하게 되었다. 오티스는 허친슨이 주지사 바너드가 연장자인 자신을 임명하기로 약속한 법관직을 강탈한 것과 다름없다고 믿었다. 오티스는 관세원조영장이 일반적인가 특정적인가와 같은 기술적인 법률문제를 영국헌법의 성질과 그 적용을 받고 있는 식민지 정착민들의 법적 지위에 대한 격렬한 논쟁으로 변질시켰다. 오티스는 관세원조영장은 항해법 집행을 위한 단순한 조치라고 주장했다. 오티스는 식민지의 경제규제에 대한 정치적인 문제를 그와 같은 규제를 실시할 영국권리에 결부시킴으로써 결정적인 변화를 가져왔다. 그 자신 법관이었던 피터 올리버(Peter Oliver)는 다음과 같이 회고했는데, 오티스의 주장은 "큰 폭동이 일어날 상황에서 정부의 장벽을 허무는 역할을 했다."[13] 그는 영장발부는 17세기 본래의 영국헌법을 구성하고 있는 '기본원리'에 어긋나는 것이라고 주장했다.[14] 오티스는 법률의 기본원리는 의회의 제정법에 우선한다는 생각을 지지하기 위해 쿡 대법관이 **본햄(Doctor Bonham's Case**, 1610) 판례에서 내린, "많은 사건에서 보통법은 의회가 제정한 법을 통제하고 종종 이를 무효로 선고할 수 있다는 내용이 우리들의 책에 나타나고 있다"라고 한 판결을 인용했다.[15]

오티스의 행동은 영국의 지배에 대한 식민지의 반대 목소리를 어떻게 법률적으로 표현할 수 있는가를 보여준다. 그러나 그가 내세운 주장은 현대적이기보다는 구태의연했다. 그는 식민지 정착민들의 권리가 아닌 영국인들의 권리를 주장했다. 그는 미국 식민지 정착민들이 자신들에게 맞는 법을 스스로 제정할 수 있다고 주장하지 않고 대신에 단지 영국에서 누릴 수 있는 것과 똑같은 권리로 확대되기만을 주장했다. 그는 영국헌법이 식민지 정착민들의 이익에 훨씬 더 부응하고 있고 이는 이성과 자연법 원리에 따르고 있다는 논리에 집착했다. 오티스는 식민지 정착민들의 권리가 "신법과 자연법뿐만 아니라 보통법과 자국의 헌법"에 의해서 보장된다고 적었다.[16] 그는 그러한 자유의 존재를 기술하기 위해 문서화할 필요가 없었다. 이러한 자유는 이미 영국 보통법의 위대한 전통 속에 자리하고 있다고 생각했기 때문이다.

원조영장 사건은 엄격한 법률상의 견해에 약간의 변화를 가져왔다. 허친슨은 팩스턴에게 새로운 영장을 발부했으나, 1766년 영국 법무장관은 이 영장은 불법인데 그 이유는 영장을 발행할 재무부의 권한은 식민지 보통법원이 행사할 수 없기 때문이라고 식민지 관세청에 통지했다. 그 결과 폐해가 발생했다. 오티스는 자연법 원리가 헌법이 통제할 수 없는 자의적인 정부의 행위를 제한하는 수단이라고 엉성하게 주장했다. 판결이 내려진 뒤에 보스턴의 신문에 실린 허친슨에 대한 오티스의 날선 공격과, 그에 따라 발생한 수석법관과 주지사를 직접 겨냥한 대중들의 폭동은, 이러한 원칙이 대중들이 자신의 의사를 직접적으로 선언하는 데 어떻게 이용되었는지를 보여준다.

상비군 논쟁

프랑스와 인디언과의 전쟁을 치르고 나서 식민지에 상비군을 창설하려는 영국의 결정은 원조영장 사건과 같이 심각한 헌법상의 문제를 발생시켰다. 권력의 제한에 대한 전통적인 17세기 영국적인 개념은 상비군의 창설을 적극적으로 금지하고 있었다. 군대를 창설하려는 이러한 정부의 결정은 영국과 그 식민지의 휘그당원들로부터 위험에 대한 경종을 울리게 했다. 식민지 휘그당원들은 원조영장 사건에서 오티스가 했던 것과 같이 의회가 영국헌법에서 관습적인 권리를 위반했다고 주장했다.

상비군 논쟁은 오티스의 자연법 논의에서 발전한 헌법상의 담론을 적절하게 끼워 맞춘 것이었다. 미국인들은 자신들의 미래를 스스로 결정할 수 있다고 주장하기 시작했다. 메사추세츠 의회는 "군대가 인민의 동의 없이 인민들 사이에 존재한다면 그 자체로 하나의 커다란 불만이자, 자유헌법을 완전하게 파괴시킬 만큼 위협적이다"라고 주장했다.[17] 대중의사 법이론은 불문 영국헌법에 구현된 자유에 대한 관습적 보호의 입장에서 식민지 정착민들의 주장을 뒷받침했다.

붉은 제복의 영국군은 처음에 경외감을 불러일으켰으며 식민지의 대중에게는 공포의 대상이 되기도 했다. 이들이 익숙해지자 식민지 정착민들은 점차 불만을 표시하기 시작했는데, 특히 무료한 병사들이 비번에 지역 근로자보다 낮은 임금으로 일하는 것을 불만스러워했다. 휘그 선동가들은 군대의 맨앞에서 국왕의 권리를 지지하는 사람들에 반대하는 데모에 크게 고무되어 있었으며, 식민지 치안판사가 군중들에게 폭동금지법을 발효시킨 뒤에만 군대가 개입할 수 있다는 헌법상 제약 때문에 군대의 동원에 소극적이었고, 종종 마을 외곽으로 병력을 철수한 영국군 장교의 무관심 속에서 위와 같은 실력을 행사했다.

상비군 논쟁은 미국법사에서 영향력이 큰 두 가지 주제와 관련되어 있다. 하나는 군인을 경찰로 이용하는 것은 자유를 위협한다는 것이다. 식민지 팸플릿 저자가 주장한 바와 같이 "군인에 의해서 얻은 것은 군인에 의해서 유지되어야 한다."[18] 둘째는 첫 번째 주제와 관련되어 있는데 군인이 집행하길 요구하는 법은 적절한 법이 아니다. 즉, 법은 정부와 피지배자 사이의 계약의 합의에 기초한 것이어야 하고 정부의 명령은 주권의 합법적인 권원으로부터 그 권위가 도출되어야 한다는 것이다. 원조영장, 상비군, 전체 영국의 상업정책에 대한 반대운동으로서 나온, 초법적이고 직접적인 대중의 행동은 대중주권의 가장 직접적인 선언이었다.

군중폭력과 대중주권

18세기 중반에 군중폭력은 "영국과 미국 모두에서 항의와 반대를 위한 강력한 무기"가 되었다.[19] 게다가 식민지에서는 버지니아 주 베이컨(Bacon)의 반란(1676~1677)과 매사추세츠 주지사 에드먼드 앤드로스(Edmund Andros)의 타도(1689)와 같은 실제적인 폭도들의 행위가 있었다. 1760년 이후 애국적인 지도자들은 독립을 위한 투쟁에서 '장외정치'에 호소했다. 리처드 맷웰 브라운(Richard Matwell Brown)은 1760년과 1775년 사이에 영국을 직접 겨냥한 조직적인 폭동이 적어도 30차례나 있었다고 기록했는데, 대부분은 특히 관세법의 집행과 관련해서 발생했다.[20]

폭도의 행동은 종종 놀라운 성과를 거두었다. 예를 들어, 1765년 인세법이 통과된 후에 원조영장 사건에서 토머스 허친슨이 옛 친구 팩스턴의 입장에서 판결한 것을 기억한 군중들은 그의 집을 공격했다. 이와 같은 이유로 보스턴의 군중들은 담을 무너뜨리고 가제도구를 태웠으며, 도서관을 파괴하고 유리창과 문을 부수고, 마당의 나무들도 베어버렸다. 군중의 폭력은 바람직하지는 않지만 헌법상의 질서 안에서 유효하다고 이해했다. 1768년 허친슨 자신도 "적어도 그와 같은 군중들은 합헌적이다"라고 기록했다.[21] 허친슨은 자기집이 파괴된 것을 기뻐하지는 않았지만, 귀족원이 언급한 것처럼 "폭동은 본질적으로 우리 헌법의 일부"라고 인정했다. 존 애덤스는 "무정부는 오래 지속될 수 없으나, 독재는 영속적일 수 있다"라고 말했다.[22]

애국자들은 초법적인 혁명을 '대중주권'과 다수의 의사로서 정당화시켰다. 시민 불복종, 군중행동, 집단항의와 개인에 대한 자경단의 행동은 보호가 필요한 권리에 대한 헌법상의 개념에 실체를 부여하는 연결조직이 되었다. 그러나 법적인 변화를 위한 이러한 폭력적인 토대는 '미국역사의 어두운 면'을 보여주고 있다.[23] 법치주의는 대중적인 기반을 가지고 있으나 '대중적인 정의'는 절차적인 규칙성과 균형을 이루어야 한다.

보스턴 대학살

원칙을 가진 법치주의를 추구한 증거는 18세기 말에 두 가지 형태로 나타났다. 하나는 식민지들이 반폭동법을 제정한 것이고, 다른 하나는 1784년 새뮤얼 애덤스(Samuel Adams)가 '헌법의 권위에 대한 존경과 예절'을 보여야 한다고 주장한 것을 가르치기 위해 혁명 지도자들조차 상당히 노력했다는 사실이다. 애덤스는 계속해서 "정부가 적법하게 행사한 문제의 중요성을 감소시키기 위해서 어떠한 핑계나 구실을 대는 사람은 우리의 빛나는 혁명과 공동의 자유에 대한 적이다"라고 말했다.[24]

대중의사에 크게 경도된 혁명 지도자들은 자연법 원리와 헌법상의 권위가 유지되어야 한다는 점에서는 인식을 같이했다. 비번병사들과 일자리 경쟁으로 화가 난 밧줄 공장 근로자들이 1770년 유명한 보스턴 대학살을 촉발시켰다. 영국군은 자신들을 괴롭힌 사람을 여럿 살해함으로써 그들의 무례함에 대응했다. 그 결과 노여움은 전 도시를 폭발시킬 만큼 극에 달했다. 주지사 허친슨은 차분한 지도력을 발휘했으나, 더 중요한 것은 법정에서 기소된 병사에게 훌륭한 변론을 한 존 애덤스(John Adams)와 조사이어 퀸시(Josiah Quincy)의 역할이었다. 퀸시는 "모든 사람의 눈이 여러분을 주목하고 있습니다. 이 재판은 여러분의 나라에 매우 중요한 것이어서 이로 인해 우리의 법관을 탄핵하거나 우리들의 인간성을 훼손시키는 일은 결코 일어나지 않을 것입니다"라고 배심원들에게 말했다.[25] 일부 병사들은 살인죄가 인정되었으나 처벌은 가벼웠다. 이 재판은 본질적인 차이를 해결하기에는 역부족이었지만 법치주의에 대한 믿음을 가지고 대중의사주의 법이론의 출현을 알리기 위한 기초를 다지는 역할을 했다.

영국 정부의 권위에 대한 초법적이고 직접적인 대중행동은 식민지의 권리를 보존하기 위해서는 오히려 필수적인 것으로 간주되었다. 법은 사건의 대응 속에서 만들어진다. 식민지인들은 영국헌법을 통해 배타적으로 스스로를 적절히 보호할 수 있다는 생각에서 한걸음 더 나아갔다. 폭동은 영국의 지배를 벗어나는 수단을 제공했으나 혁명 지도자들 역시 적법해야 한다는 지속적인 관심 속에서 폭동을 합법화할 수단이 필요했다.

근대 헌법의식의 출현

원조영장 사건, 상비군 논쟁과 제국주의 정책은 전체로서 적법한 것과 합헌적인 것과의 차이에 대한 미국인의 생각을 새로이 다지게 했다. 1760년대와 1770년대에 의회의 행동이 적법했는지에 대해서는 의심의 여지가 없다. 즉 의회는 적법한 권한을 행사했다. 식민지 혁명가들은 이러한 의회의 조치에 대한 반응으로 정부기관으로부터 통치의 기본원리를 차별화하는 근대적인 헌법의식을 발전시켰다. 간단히 말해서 애국자들은, 의회는 주권을 가진 권위의 구현체가 아니며 통치의 기본원리는 그것이 의의를 가지기 위해서는 문서화되어야 한다고 주장했다.

성문법, 자연법, 사회계약이론

1776년 미국의 휘그당원들은 불문 영국헌법이 의회의 거대권력을 견제할 수 있을지에 대해서 의심했다. 존 라이드(John Reid)가 말한 것처럼 이들은 이를 인정하는 여러 가지 문헌과 옛 관습을 인정했으나 불문헌법은 의회의 거대권력을 견제하기에 부적절하다고 결론지었다. 예를 들어, 토머스 제퍼슨은 의회는 "전에 없던 법률이나 보통법에서 그 근거를 찾을 수 없는 조문을 가지고 전체적인 체계를 단 한번에 파기하기 위

한 법안을 제출하려고 시도했다"라고 불평했다.[26]

1760년대에 들어서서 미국인들은 통치행위의 결과물인 법률과 통치원리를 구분하기 시작했다. 이들은 자연법과 사회계약이라는 2개의 관련 개념에 성문헌법이라는 이념을 결부시킴으로써 구분했다. 원조영장 사건에서 오티스가 자연법 이론을 혁명적인 담론으로 도입시킨 뒤 더욱 계승 발전되었다. 자연법 이론은 복종할 가치가 있다고 간주되는 국가의 실정법이 우주의 체계에서 고유한 항구적인 원리를 확증하거나 구현해야 한다는 입장이었다. 17세기에 여러 영국의 저자들, 특히 존 로크(John Locke), 제임스 해링턴(James Harrington)과 앨저넌 시드니(Algernon Sidney)는 사회계약 개념에 이러한 이념을 결부시켰다. 사회계약론은 치자와 피치자, 정부와 그 지배를 받는 자 사이에 합의가 존재한다는 입장을 취했다. 이에 따르면 치자들은 공동의 선을 제공하고 사람들의 권리를 보호할 책무를 지고 있었고 피치자들은 국가에 충성하고 특정한 법규를 준수할 의무를 진다. 18세기 후반 상업경제의 성장과 함께 획득한 권위인 상호협의 개념은 사회계약이론에 믿음을 더했다. 칼뱅주의의 계약신학도 역시 같은 역할을 했다.

자연법이론과 사회계약론은 미국공법에서 정부권한에 대한 제한을 강조했다. 정부가 사회계약을 위반하거나 자연권을 부정하고 공공의 신뢰를 남용하면 사람들은 이를 타도할 권리를 가진다고 가르쳤다. 다른 어느 저술보다도 로크의 《정부에 관한 두 번째 논문*Second Treatise of Government*》(1690)은 현대법의 두 가지 중요한 원리를 천명했다. 첫째는 사회계약론 아래에서 피치자는 자의적인 치자에 대한 혁명권을 가진다는 것이고, 둘째로 헌법이나 구체적인 칙령에 의존한 주권의 명령으로서 법을 규정했다. 미국 식민지에서 이러한 전통의 수립과 관련된 주된 문제는 권한집행을 견제할 성문화된 문서를 위해 주권의 적절한 기초를 밝히는 것이었다. 혁명전야 당시 미국 공법의 지적인 발전에 있어서 마지막 단계는 로크의 이론에 따라 주권과 공화주의 문제를 실천적으로 정립하는 일이었다.

공화주의, 민주주의, 주권

1770년대 초에 정치권력에 대한 제약을 문서화하는 데 열중하던 미국인들은 법의 성질에 대해서 혼란을 경험했다. 이러한 혼란은 주권의 권위에 대한 문제로, 정부가 사회계약을 체결한 사람들에 대해서 행동을 명령할 수 있는 근거와 관련되어 있었다. 1776년부터 1787년까지 미국 혁명가들은 여러 가지 해결책을 암중모색했는데 그중 가장 중요한 것은 대중주권론이었다.[27]

정부가 주권을 가진 권위를 인정받는 것은 혁명기의 가장 중요한 개념인 공화주의에 따라서였다. 이 용어는 라틴어 '**res publica**(공적인 것)'에서 유래했다. 이는 치자의 이익보다는 인민들의 이익과 복지를 위해 행동하는 것을 의미했다. 따라서 공화정은 인민에 그 기원을 두고 있다.

로크의 《정부에 관한 두번째 논문》과 같이 공화주의의 미국적 구조를 설파한 문서는 없었다. 그러나 1775년경 공화주의 사상이 등장하기 시작했다. 처음 익명의 저자들 사이에서 시작되었다가 토머스 페인의 《상식*Common Sense*》(1775)에서 완전히 무르익었다. 페인은 독설을 긍정적으로 이용했다. 존 애덤스가 말한 바와 같이 페인은 "막연한 아이디어를 적은 것"에 불과했다.[28]

페인은 혁명세대에게 대중의사 법이론을 억지로 주입했다. 그는 실질적인 대표와 성문의 유기적인 법률에 근거한 독립을 주장했고, 반면에 가상대표 체제 아래에서 식민지인들은 이미 모든 의회의 구성원들에 의해서 대표되어지고 있다는 국왕의 관리들이 주장하는 공식이론을 거부했다. 또한 그는 법률이 주권의 명령이라면 입법부에서 인민의 이익을 완전하게 대표해야 한다고 주장함으로써 군주제의 권위, 의회주권과 불문 영국헌법을 무시했다. 페인에게 공화정은 미국인들을 위해 영국의회가 제정한 것보다는 좀 더 적법한 법치주의를 약속했다.

기존의 정치이론은 페인의 공화주의의 범위를 제한했다. 1776년 미국의 휘그당원들은 프랑스 법철학자 몽테스키외(Montesquieu)의 공화국은 단지 소규모이고 사회적으로 동질적인 지역에서만 존재할 수 있다는 이론에 동조했다. 미국인들은 영국과 결별했을 때 주의 수준에서 새로운 공화정을 아주 자연스럽게 건설했다. 이들은 전국적인 공화정을 건설하려고 생각하지 않았는데, 그렇게 하는 것은 이론적으로 불합리하고 이들이 지금까지 일관되게 옹호해왔던 지방의 이익에 배치될 것이라고 생각했기 때문이다.

독립선언

독립선언은 식민지 휘그당원들에게 공화주의와 독립의 새로운 세계로 건너는 다리를 놓아주었다. 이는 정치적인 목적에 따라 법률논쟁을 시작한 고전적인 사건이었다. 대륙의회의 독립선언서 기초위원회의 토머스 제퍼슨과 그의 동료들은 의회가 매우 자주 무시했던 영국헌법상 옛 권리에 대한 향유와 정치적 자유를 자신들에게 일치시키기 위해 필요한 법률사건을 변호했다. 이는 정당하지만 법을 위반한 혁명가들의 대표적인 사례였다.

제퍼슨의 독립선언은 로크, 앨저넌 시드니와 스코틀랜드의 철학자 윌리엄 덩컨(William Duncan)에게 많은 것을 빌렸다. 덩컨의 《논리학*Elements of Logic*》은 추론에서 얻을 수 있는 '자명한' 진리를 가지고 시작한다고 제안했다. 이러한 구조는 독립선언의 둘째, 셋째와 넷째 문장에서 볼 수 있다. 독립선언서는 자연법과 사회계약론을 제한적인 개념으로 보았다. 이는 형평법상의 소장 형식으로 작성되었다(제퍼슨은 버지니아 형평법원에서 변론시에 이러한 소장 작성 경험이 많았다.) 첫 번째 절은 식민지 정착민들은 법원이 '오랜 남용과 불법침해' 로부터 구제수단의 획득을 돕는 것처럼 '인류의 의견' 에 호소하는 것이 정당함을 '대명천지(to a candid world)' 에 입증하기 위한 것이었다. 두 번째 절은 '현 영국왕' 이 자행한 12건의 남용을 열거하고, 세 번째 절은 의회와 결탁해 9건의 '유사 입법행위' 에 대해서 설명했다. 마지막 절에서 국왕의 폭력사용을 비난하고 대륙의회의 타협노력을 지적하면서 '우리의 의도가 옳다는 것' 을 증인해 줄 '세상의 절대 심판자' 에게 호소했다.[29] 기존 영국헌법상 권한에 대한 제퍼슨의 주장은 혁명가들이 스스로 의회의 직접통제를 제거할 권리를 인정했다. 끝으로 혁명가들은 자신들이 영국의 지배자들보다 영국헌법을 더 잘 이해하고 있다고 믿었다.

국왕에 대한 독립선언의 공격은 공화주의이론도 충족시켰다. 국왕에 저항하는 신민들에게 혁명이 강요되었고 조지3세 국왕과 미국신민들 각자 사이의 충성스런 유대관계는 파괴되었다. 의회가 자신들의 권한으로 국왕이 미국신민에게 여전히 충성을 요구할 수 있는 권원이 있는가를 판단하도록 국왕이 미국신민에게 직접 요청했기 때문에 국왕에 대한 충성을 인정하지 않는 신민들은 스스로 공화시민으로 전환했다.

영국과의 법적인 단절을 주장한 독립선언은 그 사회적 보수주의로 강력하게 뒷받침되었다. 로크는 생명, 자유, 재산이라는 3개의 불가양의 권리를 주장했다. 제퍼슨은 이 중 재산을 행복의 추구로 대체했다. 이 새로운 표현은 기존의 재산 소유자(왕당파의 안전을 보장)와 사회적 변동은 고유한 내부의 반동에 따를 것이라는 독립선언이 가지고 있는 급진적 위협을 완화시켰다. 중요한 것은 뒤에 계승할 정부는 상식철학의 주 내용인 미덕의 고취를 통해 국가를 위한 선을 실천함으로써 행복을 추구해야 한다는 점을 확립했다는 사실이다.

독립선언은 다른 면에서는 애매한 문서였다. 비록 이것이 옛날 영국헌법에 근거한 법률상의 개요였지만 이는 또한 자연법 원리, 사회계약의 이념과 대중주권에 관한 공약을 포함하고 있었다. 제퍼슨이 이러한 내용을 **자세하게** 기술하지 않은 것은 온건한 지지를 얻기 위해서였다. 그럼에도 불구하고 제퍼슨 초안의 일부는 대륙의회에서 거부되었다. 대륙의회는 대중의 권위를 정당화하기 위해 왕정의 실패를 원용했으나 국민주권을 직접적으로 주장하지 않았다. 그러나 독립선언 이외에서는 '국민의 권위'에 기초해 주를 건설하도록 13개 식민지에 좀 더 직접적으로 충고했다.[30] 독립선언은 의회에 파견된 대표자들이 이미 결정했던 국민의 의사와 주에 기초한 새로운 헌법질서의 수립을 한층 더 강조했다.

최초의 주헌법

미국의 주 설립자들은 현대적인 성문헌법의 창시자들이었다. 피터 오너프(Peter Onuf)가 주장한 바와 같이, 이론을 실천한 이들 행동의 대담성은 칭찬받지 못했다.[31] 정부의 전통적인 권위가 당연하게 여겨진 군주와 귀족이 지배했던 세계에서는 자기 스스로 정부를 구성할 권원이 있다는 미국인들의 주장은 선례가 거의 없었다. 그리하여 오늘날과 같은 주의 건설은 헌법상의 위대한 실험이었으며, 초창기 이들의 기본법은 제한적이고 헌법적인 정부 아래 법치주의를 실현하기 위해 혁명적인 대중주권 사상과의 화해였다. 새로운 주의 설립자들은 성문헌법을 제정하는 권능을 특별회의에 부여함으로써 새로운 상황에 대처했는데, 이는 헌법이론과 실천에서 이들이 기여한 가장 중요한 것이었다. 그러나 이 중 최초로 제정된 헌법은 미국인들의 생활 속에서 합헌적인 것과 정당한 것 사이에 계속적인 혼돈을 반영한 것이었다.

초창기 주헌법의 발전상태

초창기 주헌법의 발전은 독특한 두 단계를 거쳐 제정되었다. 첫째 단계는 1775년에 시작되었다. 대륙의회의 요구에 따라 지방의회는 자신들이 했던 것과 똑같은 방법으로 헌법을 기초하고 승인했다. 이러한 최초의 기본법을 제정하는 데 있어서 입법자들은 자신들이 "국민의 완전하고 자유로운 대표"라고 생각했다.[32] 사람들은 이들이 기초한 헌법을 승인하지 않았다. 기본법과 제정법 사이의 구분은 모호해졌다. 그러나 이러한 최초 주법의 기초자들이 대중의 의사가 주권의 기초라고 생각했다는 점에는 의심의 여지가 없다. 예를 들어, 노스캐롤라이나 최초의 주헌법은 제헌의회가 "헌법제정의 목적을 위해서 선출되고 집회되었다고" 기술하고 있다.[33]

둘째 단계는 몇 년 후에 일어났다. 이는 일반법과 헌법제정 사이의 명확한 구분과 관련되었다. 사려 깊은 동시대인들은 초창기 헌법(기본법은 제헌의회나 국민들이 기초하지 않았다) 아래에서 운용되던 주 정부가 대중주권과 제한적인 정부의 원리들과 완전히 양립할 수 없다는 사실을 깨달았다. 예를 들어 토머스 제퍼슨은 《버지니아 비망록 *Note on Virginia*》(1781)에서, 1776년 버지니아 헌법 아래에서 "일반의회는 헌법 자체를 개정할 수 있다"라고 설명했다.[34]

의회가 주의 주민들을 대표하고 있는 동안에도 더욱이 특별투표에 의해서 그렇게 하도록 권한이 부여되었을 때조차도, 의원들이 선거구 주민을 위해서 행동한다는 것을 의미하지는 않는다. 매사추세츠 에식스 카운티의 베빌리 주민들은 제안된 1778년 주헌법을 반대했는데, 이는 "입법부와 구분되는 특별의회는 권리장전과 정부헌법의 제정만을 목적으로 주민들로부터 위임되어야 했기 때문이었다."[35] 미국인들은 헌법제정을 위한 회의를 개최함으로써 이러한 문제를 해결했다. 이러한 장치는 "통치하려는 것이 아닌 정부기관을 설립하려는 특수한 목적"을 위해 만들어진 것이었다.[36] 미국인들은 통상적인 의회활동과 정부설립을 위한 특수한 활동을 분리하기로 결정했다. 대중적으로 선출된 위원들의 제헌회의는 기본적이고 헌법적인 법을 위한 특별한 근거를 확립했으며, 모든 권력은 국민으로부터 나왔다는 공화주의에 권력분립과 위헌 법률심사를 위한 이론적인 토대를 제공했다.

매사추세츠는 제헌회의를 성공적으로 이용한 최초의 주였다. 의회가 자신들을 충분히 대표하지 못하고 있다는 우려감 때문에 많은 타운회의는 1778년 헌법의 인준을 봉쇄했다. 그리하여 이들은 제헌절차의 채택을 성공적으로 요구했으며 그 결과 세계에서 가장 오래된 성문정부 기본체계인 1780년 헌법을 제정했다. 초창기 매사추세츠의 정치적인 필요성이 헌법상의 결정에 영향을 미쳤고 이러한 양상은 후대에도 계속 반복되었다.

초창기 주헌법의 입법적 편견

공화적인 헌법으로의 변천은 식민지마다 다양했다. 예를 들어, 코네티컷과 로드아일랜드는 극히 일부만을 수정한 본래의 칙령을 고수했고 그 밖의 모든 주에서는 새로운 헌법을 채택했다.

첫 단계 헌법은 공화주의, 대중주권, 행정부에 대한 불신과 사회계약이론을 통한 공동체주의를 혼합한 '휘그-공화주의'를 구체화했다. 헌법들은 여성과 흑인의 정치참여를 배제했다는 것과, 투표권과 공직취임을 위해서는 일정한 재산을 소유하고 있어야 한다는 조건 때문에 오늘날 우리가 보기에는 정치적 불평등이 남아 있기는 했지만 실질적인 대표 이론에 입각한 것이었다. 이러한 기본 조직법들은 입법부에 공동체의 목적을 결정할 수 있는 강력한 권한을 인정했다. 이러한 공화주의의 자치적인 구조에서 국가는 각 주보다 우위를 점했으나 새로이 제정된 주헌법들은 권리장전을 통해 주에 대한 강압적 권한을 제한하기 위하여 자연법 원리를 도입했다.

휘그-공화주의 전통은 특히 뉴잉글랜드에서 널리 꽃피웠다. 소선거구제, 공직재임기간의 단축, 다수의 선출직 공무원과 의원의 선출방식 등의 헌법상 제도를 포함했다. 이러한 조항을 포함한 문서들은 적당한 분량으로 단기간에 만들어진 연방헌법과 같이 후세대들이 만들어나가야 할 것임을 함축한 포괄적인 원리들을 기술한 칙령이었다.

초창기 주헌법 제정의 둘째 단계는 의원들과 주민들을 구분함으로써 위와 같은 휘그-공화주의에 다소 제한을 가했다. 대중주권과 기본법을 혼합한 성문헌법에 대한 미국인들의 선호는 입법부를 평가절하해 주헌법이 '상위' 법이고 입법부는 그 정의에 따라 범위가 제한되었다. 그 당시의 지배적인 사상은 주민들이 의원들을 감시하기 위해서 의원들과 떨어져 있어야 한다는 것이었다. 1776년 버지니아 헌법에 대한 제퍼슨의 적대감은 의원들의 권한이 막강해질 것을 염려한 것이었다. 1785년 제퍼슨은 "현 의회가 어떤 법을 제정하고 이는 차기의회가 취소할 수 없다고 선언한다면 이는 무효이며, 그러한 법률들은 다른 법률들처럼 폐지할 수 있다"라고 적었다.[37] 1780년대 중반에 제헌의회에서 제정된 성문헌법과 권력분립 원칙은 입법부 권한의 남용에 대한 가장 중요한 두 가지 제한으로 나타났다.

권력분립

주헌법들은 혼합정부이론인 영국헌법의 조직원리를 채용하지 않았다. 이는 정부기관이 세 가지 중요한 사회계급제도(군주제, 귀족제와 민주제)를 혼합해 다른 기관을 견제할 수 있는 각각의 목소리를 보장하는 것을 의미했다. 몽테스키외는 영국정부와 사회를 관찰한 것에 근거한 《법의 정신*Spirit of the Laws*》(1748)에서 이러한 원리를 주장했다. 그는 정부기관의 분립은 어느 하나가 독재화되는 것을 막을 수 있다고 주장했으나 정부의 기능에 따르기보다는 사회계급의 전통적인 역할에 따라 분립을 계속 주장했다.

식민지 경험은 몽테스키외의 권력분립이론에 잘 부합했다. 군주제는 식민지 통치자를 통해 행정부의 권한을 행사했고 대토지 소유자들인 귀족들은 의회의 상원을 차지했으며, 민주적인 요소들이 하원을 장악했다. 사법부의 운명은 이러한 권력분립 원칙의 애매함을 드러내 보였다. 사법부는 입법부에 종속되었다. 많은 식민지에서 상원은(종종 주지사와 함께) 최상급 법원의 기능을 한 반면에 하원은 이혼인정과 지역의 분쟁해결 같은 사법상의 기능을 수행했다. 사법부는 다른 기관에 대해 강제력을 행사하지 못하고 다른 기관이 그 고유권한을 침해하는 경우에만 약간의 강제력을 행사했다.

여전히 모든 식민지에서 정부기능의 분리에 기초한 권력의 공유와 분립이 실제로 이뤄지고 있었다. 식민지 정착민들 사이의 광범위한 재산분배와 영국과의 거리감은 혼합형 정부가 의존하던 신분의 사회적인 모델을 약화시켰다. 그러나 이러한 상황은 통일적이지 않았다. 매사추세츠와 버지니아와 같은 일부 주에서는 조지아와 로드 아일랜드와 같은 주보다 현대적인 권력분립이론에 좀 더 가까웠다. 사실 조지아는 1845년 입법부가 하나를 설치할 때까지 상급법원을 가지고 있지 않았다.

대중주권과 공화주의의 출현으로 주헌법의 제정자들은 현대적인 권력분립이론에 관심을 갖게 되었다. 민주적인 공화국에서 사회적인 분할은 정부권력의 분립을 정당화시키지 못하며 그 정의에 따라 주권을 가진 '국민'은 모든 사회집단을 아우른다.

새로운 주헌법들은 혼합형 정부를 권력균형을 이룬 정부제도로 대체했으며 "사회로부터 정부를 분리시켰다."[38] 균형을 이룬 정부는 사회적 신분개념을 타파하고 대신에 각 정부기관은 그 사회적 구성원의 신분이 아닌 기능—행정, 입법과 사법—에 따라서 구분되었다. 균형을 갖춘 정부로의 전환은 사법부가 잠재성을 가진 것으로 드러났으나, 실질적인 권력이나 권한 없이 행정부와 입법부에 독립적이고 동등하다는 것을 의미했다. 이러한 변화의 이면에는 국민이 각각의 기관을 대표할 수 있고 대표되어야 한다는 주장이 있었다. 권력분립이론은 대중주권이론을 적절하게 뒷받침했는데, 이는 헌법 제정권자로서 국민의 권한을 "정부의 밖에 남아서 정부의 모든 기관이나 부서에서 자신들의 대리인을 감독 · 규제 · 지휘할 수 있도록" 했다.[39]

진정한 권력분립은 점진적으로 이뤄졌다. 주의 사법부가 가장 좋은 예를 보여주고 있다. 독립선언 이전에 선포된 주헌법들(예를 들어 뉴햄프셔, 사우스캐롤라이나와 뉴저지)은 특히 사법부에 관한 한 불완전한 권력분립 형태를 취하고 있었다. 뉴욕, 버지니아, 노스캐롤라이나와 사우스캐롤라이나의 입법부는 독립전쟁 동안 주를 상대로 한 손해배상 소송을 담당하고, 배상액을 결정(사법적 기능)했다. 코네티컷, 펜실베이니아와 뉴햄프셔 입법부는 개별적인 입법으로 법원의 판결을 번복할 수 있는 권한을 행사했다. 독립전쟁 후 수십년 동안 상소인이 '이 법'에 적용받게 했다. 일부 입법부(펜실베이니아, 버지니아, 뉴햄프셔, 켄터키)는 사법부의 판결이나 행동으로 여론이 악화되었을 때 "입법부의 요청으로 법관을 면직(address)"시키거나 법원을 폐지했다. 일부 주는 법관이 재판과정에 참여를 허용하기보다 법률문제를 결정하지 못하도록 하는 관행을 수십년 동안 계속했다. 1776년 6월에 버지니아는 사법부를 정부의 제3의 기관으로 규정한 최초의 주가 되었고 다른 5개 주들도 이러한 급진적인 제도를 도입했다. 이러한 주에서조차도 입법부는 법원에 대해 간섭할 요소를 가지고 있었는데, 이는 최고법원의 법관들이 선거를 통해 공직에 취임했기 때문이었다. 그러나 대부분의 주에서는 왕위계승법(Act of Settlement, 1701)(그러나 의회 상하양원의 면직투표로 법관을 면책시킬 수 있었다) 이래 영국법관들이 누려왔으나 식민지 법관들에게는 주어지지 않았던 사항인 성실하게 복무하는 동안 정년을 보장함으로써 사법부의 독립을 촉진했다.

권력분립과 균형잡힌 정부는 법치주의를 실현하는 데 있어서 사법부의 역할을 크게 강화시켰다. 그러나 새로운 주의 최고법원들은, 주 사법부의 위헌법률심사에 관한 초창기 역사에서 알 수 있는 바와 같이, 그들의 새로운 권한을 행사하는 데에 신중을 기했다.

위헌법률심사제도는 법원이 입법부와 행정부의 법률을 헌법에 근거해 파기할 수 있는 관행이다. 비록 논란의 여지가 있지만 오늘날 위헌법률심사권은 대체로 인정되고 있다. 그러나 주법원이 겨우 몇 건의 법률만을 파기했던 주헌법사의 최초 20년 동안에 있어서는 그렇지 않았다. 이 중 가장 유명한 사건들은 뉴욕의 **러트거스(Rutgers v. Waddington**, 1784), 로드아일랜드의 **트레벳(Trevett v. Weeden**, 1786)과 노스캐롤라이나의 **베야드(Bayard v. Singleton**, 1787) 사건이었다. **러트거스** 사건은 뉴욕 시를 점령한 기간에 영국군이 이용했던 재산의 소유자들에게 임대료 지급을 청구할 수 있도록 한 입법에 관한 사건이었다. 독립전쟁이 끝나면서 체결된 조약은 이러한 손해에 대한 청구를 배제했다. 러트거스 여사는 법령에 정한 규정에 따라 임대료를 징수하려고 했다. 피고를 위한 알렉산더 해밀턴의 준비서면은 **본햄** 사건을 인용했고, 뉴욕 주의 법령은 그 규정이 조약에서 금지되었기 때문에 무효로 선언되어야 한다고 주장했다. 시장재판소는 입법부가 국법위반을 의도하지 않았으며 "입법부의 우월성은 의문을 제기할 필요가 없다. 만약 입법부가 적극적으로 법을 제정하려고 생각했다면, 이를 규제할 수 있는 것은 없다"라고 신중하게 판결했다. 그리고 "법률의 주목적이 명백하게 표시되었을 때, … 법관은 비록 그 법률이 불합리한 것이라고 하더라도 이를 기각할 자유를 가지고 있지 않은데, 이는 사법부를 입법부의 우위에 두는 것으로서 모든 정부를 전복할 수 있기 때문이다." 그러나 이러한 법률이 조약과 충돌하여 그 결과를 "입법부가 예상하지 못했을 때" 법원은 "형평법에 따라 법령을 자유롭게 해석"할 수 있으며 입법부가 의도한 바를 적절하게 구현시키려고 노력할 수 있다. 입법부는 그 우월성을 선언한 해결책에 부응해 **러트거스** 판결이 '모든 법과 질서'를 파괴하는 결정이라는 입장을 취했다. **트레벳** 사건에서 로드아일랜드 대법원은 재산권과 적법절차(배심심리)를 위반했기 때문에 최근에 제정된 화폐에 관한 법률을 위헌이라고 판결했다. **베야드** 사건에서 노스캐롤라이나 대법원은 모든 주민이 자신의 재산권에 관해서 배심에 의한 재판을 받을 권리를 부인한 법률을 위헌판결했다.[40] 같은 해 필라델피아에서 연방헌법 기초에 참여했던 2명을 포함한 노스캐롤라이나 입법부 위원회는 법관들에게 출석명령을 내리고 이들을 꾸짖었다.

입법부는 이러한 새로운 균형을 갖춘 주헌법 안에서 우월한 지위를 차지했다. 1776년 펜실베이니아 헌법은 이러한 입법부의 우월성을 가장 '급진적'으로 선언했다. 이에 따르면 복수의 행정기관, 단원제 의회와 임기가 7년이며 연임 가능한 대법관들로 구성된 '대법원'에 관한 규정을 두고 있었다. 비록 다른 주들이 펜실베이니아처럼 급진적이지는 않지만 모든 주의 헌법에서 입법부의 권한을 강조하는 규정을 두었다. 각 식민지에서 영국정부와 이들이 임명한 친위 행정부들과의 식민지 투쟁 과정에서 얻어낸 기술적인 의회권한은 새로운 입법부가 그들의 내부운용을 감독할 수 있다는 것을 의미했다. 그러나 19세기에 사법부와 행정부의 권한은 입법부의 권위를 축소하면서 지속적으로 확대되었다.

주들의 국가

처음에 혁명에 불을 지폈던 식민지 생활의 교훈으로 식민지들은 주가 이룩한 헌법상 업적을 중앙정부에 확대적용하는 것을 꺼렸다. 혁명가들은 독립을 쟁취하기 위해 함께 단결한 독립된 정치조직으로서 주를 인식했다. 제국의 경험은 권한이 중앙정부와 지방이나 주 정부 사이에 할당되어 있는 정부조직인 연방제 개념에 대해 개략적인 내용을 제공했다. 제국은 기껏해야 불완전한 모델이었다. 그러나 식민지는 의회의 견제 없이 행사할 수 있는 뚜렷한 권리의 주체를 갖추지 못했던 통합정부였다. 1770년대와 1780년대 초반에 가장 중요한 것은 혁명 지도자들이 여전히 공화정은 단지 지역적으로, 지역에서만 성공할 수 있다고 믿었다는 점이다. 이들은 지역주의와 공화주의에 입각한 권력의 분권화를 같은 것으로 여겼으며, 초창기 미국공법에 대해서 경제의 지역적이고 농업적인 특징을 강화하기 위한 뒷받침을 해야 한다는 입장을 견지하고 있었다. 전국적인 단위로 균형정부와 대중주권을 즉각적으로 실시하는 것에 대한 실패는 간과해서는 안 된다. 왜냐하면 위와 같은 조치는 그 당시의 기존 이론에서 보면 타당하지 않을 수 있었고 여하한 경우에 있어서도 강력한 중앙정부는 대부분의 혁명가들이 쟁취하고자 했던 바로 그 목표를 위협할 수 있었기 때문이었다.

연합규약

1781년 발효된 연합규약은 위와 같은 입장에서 보았을 때 이해가 된다. 연합규약은 그 당시 식민지에서 성문문서에 근거한 중앙정부를 어떻게 조직하고 대규모 지역에 전파할 것인지에 대한 최선의 생각을 대표했다.

연합규약이 진정한 의미에서 헌법이었는가? 상황에 따라 다르게 볼 수 있다. 만약 우리가 중앙정부에 대한 주의 관계를 고려한 정부의 기본토대를 마련한 것을 헌법이라고 한다면 연합규약은 헌법이라고 볼 수 있다. 그러나 헌법을 국민의 동의에 근거하고 권력분립에 의해서 특징지어지는 정부조직 형태로 이해한다면 연합규약은 헌법이 아니다. 연합규약은 주에서 직접 제정했고 이어서 각 주는 자기 주 영역 안에 거주하는 사람들의 의사에 근거한 자신들의 주권을 주장했다.

연합규약은 정확히 자신들이 스스로 말한 바와 같이 주권을 가진 주들의 연합이었다. 연합규약은 실제로 전시에 포획한 전함에 관한 사건을 심리하기 위해 '대통령'과 '사법부'를 제공했으나, 이러한 직위들은 각 주에서 이에 대응하는 직위가 갖는 독립적인 권한을 갖지 못했다. 게다가 의회는 영국의회와 같이 주권을 가지지도 못했고 주의회와 같이 진정한 입법부도 아니었다. 연합규약에 따르면 의회는 해결책, 결정과 규제를 할 수는 있었으나 법률을 제정할 수 없었다. 헌법상의 권한으로 주민들을 대표하는 주만이 행정부와 사법부와 마찬가지로 입법부를 가질 수 있었다. 귀화문제 역시 전적으로 주의 고유권한이었다. 연합규약은 실제로 의회가 구체제 아래에서 국회가 행한 선전포고, 외교사절의 파견과 영접, 화주조와 같은 일정한 활동을 수행하도록 허용했으나, 입법기능만은 전적으로 주의 고유권한으로 남아있었다.

연합규약은 대부분의 미국 혁명가들이 제국이 그동안 어떻게 조직되었어야 했는지에 대한 생각을 반영했다. 연합규약에는 개인의 자유에 관한 규정을 포함하지 않고 있었는데 이는 공화주의이론에서 개인의 자유에 대한 보호는 주가 담당하는 것이 적절했기 때문이다. 1787년의 헌법과 비교해서 연합규약은 취약했다. 그러나 연합규약은 혁명가들의 기대에 부응한 것이었다. 애국자들은 하향식이 아닌 상향식 법치주의를 원했다.

주 권한의 남용

돌이켜보면 연합규약은 헌법으로 가는 길에 있는 정거장과 같이 보였다. 이러한 전망은 1787년 필라델피아 회의에서 정점에 다다른 '결정적인 시기'에 이르는 과정에 불가피한 암운을 드리우게 했다. 1783년 파리협약에서 전시(戰時)에 협력하도록 한 각 주에 대한 구속력이 파기됨으로써 주들은 북미대륙과 다른 대륙에 대해서 각자의 이익을 추구할 수 있게 되었다. 1761년과 1776년에 걸쳐 발생했던 수많은 사건과 사상들로 인해 공법의 성질, 공화주의 정부의 범위와 연방주의의 의의에 대한 미국인들의 입장이 다시 갈리기 시작했다.

사실 위기가 있었으나 이는 결정적인 조건은 아니었다. 대부분의 주들은 영국으로부터 대규모 수입이 급격히 재개되면서 전후 경기후퇴로부터 순조롭게 회복되었다. 그럼에도 불구하고 중요한 문제점들이 남아 있었는데, 가장 중요한 것은 주간문제(州間問題)를 다룰 주의 관할권에 대한 혼동, 기존 주 권위에 대한 내부도전과, 점증하는 연방탈퇴의 위협 등이었다.

새로운 공화주의 정부는 수많은 도전에 부딪혔다. 매사추세츠의 분리주의자들은 분리계획을 수립해 새로이 메인과 낸터켓(Nantucket) 주를 건설했고, 와이오밍 계곡의 거주자들은 펜실베이니아를 벗어나 자신들의 새로운 주를 건설하기를 원했으며, 프랭클린의 '잃어버린 주'의 지지자들은 스페인과 영국의 동맹자들과 노스캐롤라이나로부터 독립을 주장했다.

이뿐만 아니라 중요한 내부변혁도 발생했다. 채무를 진 농부들은 혁명적인 대중행동의 의의를 잘 기억하고 있었고 이들은 새로 건설된 많은 주에서 법치주의에 직접적으로 도전하는 전통을 되살렸다. 예를 들어, 매사추세츠 중서부에서 지휘관인 대니얼 셰이(Daniel Shay)와 채무를 진 군인들이 지방법원을 폐쇄했을 때 공화주의 정부의 위기를 가장 잘 보여주었다. 대중주권은 통제 불가능한 것처럼 보였다. 연합규약의 '중앙' 정부는 이러한 주들을 돕기에는 무기력했다. 조지 워싱턴은 셰이의 반동의 결과가 불명확한 가운데서 "조그만 자극에도 쉽게 불이 붙을 수 있는 요소들이 모든 주에 도사리고 있다"라고 적었다. 워싱턴의 해결책은 간단했다. "연방제도에 활력을 주고 지원하는 신속한 정책"을 수립하는 것이었다.[41]

이러한 압력은 연합규약이 신중하게 작성된 개별 수정안의 채택을 통해 점진적으로 개정될 수 있다는 생각을 할 수 없도록 만들었다.[42] 일부는 셰이의 반동에 대한 대응으로서 군주제 복구를 요구했으나, 대부분의 영향력 있는 지도자들은 강력한 중앙정부를 건설하는 것이 적절한 해결책이라고 한 워싱턴에 동의했다. 마찬가지로 대부분의 미국인들을 위한 이러한 해결책은 각 주의 공화주의 정부를 원래대로 회귀시키는 것이 아니라 그 원칙을 국가적인 수준으로 확대하기 위한 것이었다. 명백한 것은 미성숙 단계에 있었던 미국공법의 기존이론이 더욱더 발전해야 한다는 것이었다. 1787년 필라델피아 회의에 파견된 대표자들은 미국에서 "법이 왕이 되었다"라는 토머스 페인의 관찰한 바가 진정으로 전국적인 의의를 가지도록 한 연방헌법을 제정함으로써 입헌국가를 수립했다.

4
법, 정치, 그리고 미국 법률제도의 출현

Law, Politics, and the Rise of the American legal System

법과 정치에 대한 혁명 이후의 투쟁

1787년부터 1815년까지 미국에서 공법의 발전은 법과 정치의 적절한 관계에 대한 광범위한 논쟁과 관련되었다. 모든 미국인들은 1804년에 "법으로 통제되지 않는 것은 통치자의 자의에 의존해야만 하고 시민사회의 종말을 고하게 될 것"이라고 쓴 〈보스턴 신문〉의 편집자 말에 동의할 것이다.[1] 그러나 법치주의 내용과 그 수단에 대해서는 견해를 달리했다.

이러한 차이는 신흥 자본주의 경제의 출현에 있어서 정부의 적절한 역할에 대한 입장의 충돌에서 비롯되었다. 주로 북부의 상업과 제조를 옹호하는 국가주의자들은 일반적으로 남부의 농업지역을 대표하는 사람들과 충돌했다. 전자는 연방주의 정당이 되었고 후자는 약 1800년경에 제퍼슨주의적인 공화당이 되었다. 어느 쪽도 훗날 미국정치의 특징이 된, 권력을 장악하지 않은 당이 정부와 그 지도자에 대해 반대할 수 있는 권리의 정당성을 받아들이지 않았다. 이러한 야당에 대한 공포는 파벌주의가 공화주의 정부를 파멸시켰다는 것을 가르쳤던 영국 비국교도들의 교훈에서 기인했다. 이러한 환경 속에서 연방주의자들은 공익에 관한 자신들의 입장을 실현하기 위해 주의 권력을 이용하려고 했다. 그러나 이러한 행동들은 반대뿐만 아니라 이로 인해 야기된 중요한 법률문제에 대한 지속적인 논쟁을 불러일으켰다. 즉 사법부의 조직과 독립, 보통법의 합법성, 대중적 저항의 한계와 반역죄의 정의와 같은 문제였다.

이렇게 20여 년을 보내고 온건한 제퍼슨주의적인 야당 자신들이 정치적인 다수파가 되었으며 이러한 입장에서 제퍼슨주의 공화당은 연방과 주정부에서 통치의 긴급사태를 수습할 수 있는 적절한 원칙이 필요했다. 이러한 해결책을 도출하는 과정에서 19세기 법체계를 형성하는 데 적지 않은 영향력을 행사한 법과 정치의 경쟁적인 가치의 충돌이 있었다.

시대를 위한 새로운 질서

벤저민 러시(Benjamin Rush)는 1786년 "우리는 단지 위대한 드라마의 첫 장을 끝마쳤을 뿐이다. 우리는 우리의 정부를 변화시켜왔으나, 우리의 원칙에 따라 혁명이 효력을 발휘하지 못하고 있으며 … 새로운 정부형태에 이를 수용하지 못하고 있다"라고 적었다.[2] 비록 이를 완성하기까지는 거의 30여 년이 걸렸지만 이듬해 필라델피아에서 개최된 제헌회의에서 이를 수용하는 과정이 시작되었다.

헌법은 연합규약에서 채택된 정부의 원칙과 형태로부터 크게 벗어났다. 헌법의 기초자들은 "단지 미국을 위해서가 아니라 전 인류를 위한 시대의 새로운 질서"를 기초했다.[3] 기초자들은 이미 정부를 조직하는 법률경험과 주헌법의 운용에서 도출된 권력분립, 대중주권과 같은 것을 연방문서에 개량하는 일에 경험이 많았다. 그럼에도 불구하고 헌법은 기발하고 혁명적이기까지 했는데 위와 같은 원리를 각양각색의 사람들이 거주하는 넓은 지역에 확대하고, 중앙정부와 주 사이의 권력을 분리했기 때문이었다. 1787년 미국은 역사상 유래가 없는, 세계에서 가장 큰 입헌 공화국이 되었다.

제헌회의에서 분열

필라델피아로 파견된 대표들은 다양한 부류의 사람들이었다. 좁은 의미에서 이들 모두는 중앙정부의 권한을 강화하기 위해 새로운 합의의 필요성을 인정하는 국가주의자들이었다. 그러나 그 개정의 범위에 대한 의견은 각양각색이었고 모든 경우에 이들은 자신이 대표하는 주의 입장을 적극적으로 옹호했다. 채권자들과 상업상의 이익을 지나치게 대표했고 이들 중 농부는 단지 4명에 불과했으며, 많은 농부와 대규모 노예 소유자들은 헌법조문에 불만족스러워했다. 무엇보다도 대표자들은 자신들을 애국자로 생각했다.

이러한 애국자들 사이에서도 분열은 존재했고 그러한 정치적인 분열의 조정은 궁극적으로 국가의 새로운 기본법의 성격에 영향을 미쳤다. 제헌회의의 좌장인 조지 워싱턴은 강력한 중앙정부를 선호하는 국가주의자들을 이끌었으며 알렉산더 해밀턴(Alexander Hamilton), 거버너 모리스(Gouverneur Morris), 제임스 윌슨(James Wilson)과, 이들보다는 온건한 제임스 매디슨(James Madison)이 그를 따랐다. 이들 국가주의자 혹은 알려진 것처럼 연방주의자들은, 세력이 강한 주를 대표했으며 교통과 상업활동이 활발한 지역 출신들이었다. 이들은 영국제도를 숭상하고 사회적으로 엘리트였으며, 군인이나 고위 공직자로서 독립전쟁에 참전한 사람들로, 세계관과 교육에 있어서 세계주의자들이었다.

연방주의자들은 균형 잡힌 이기심이 인간의 본성이라고 가정했다. 공법의 목적은 적극적인 정부활동을 통해서 공공의 이익을 증진하는 것으로, 국외에서는 국내의 이익을 대표하고 국내에서는 무역, 통신과 제조업의 발전을 고취하고자 이기심을 이용하는 것이다. 결론적으로 연방주의자들은 탐욕적인 자본주의의 거대한 흐름 속에 새로운 세계를 건설할 것을 제안했다.

매사추세츠의 엘브리지 게리(Elbridge Gerry)와 버지니아의 조지 메이슨(George Mason)은 제헌회의의 다른 주요 파벌인 공화주의자들을 이끌었다. 비록 이들은 제헌회의의 목적에 따라 반연방주의자들(Antifederalists)로 불렸으나 이들도 국가의 권한을 강화하기 위한 활동을 했다는 점은 인정받고 있다. 이들은 지역의 이익을 지지했으나 모두가 민주당원들은 아니었다. 게리는 대표자들에게 "우리가 경험한 해악은 민주주의의 남용에서 비롯되었다"라고 설명했다.[4] 이들은 공통적으로 인간의 행동을 지배하는 이기심보다는 공공복리에 큰 관심을 갖고 있었으며, 이러한 이념을 새로운 정부의 운용원리로 삼아야 한다고 주장했다.

반연방주의자들은 농업이 상업보다 훨씬 중요하고 통신수단이 발달하지 못한, 해안에서 멀리 떨어진 지역 출신들이었다. 이들은 공화주의 정부형태는 단지 조그만 지역에서만 성공할 수 있다고 믿으며 지역단계에서 운용할 수 있는 권한을 요구했다. 이들은 연방주의자들보다 연로하고 조직적이지 못했으며 상상력도 부족했다. 그러나 상업보다는 농업을 통해 경제적인 이익을 추구하는 이들도 역시 자본가들이었다.

대표자들은 또한 권력(변화를 추구할 수 있는 능력)과 자유(구속으로부터의 자유)의 관계에 대해서 의견을 달리했다. 비록 위와 같은 권력이 자유를 압도할 것이라는 우려를 가지고 있었지만 연방주의자들은 젊었다. 이들은 혁명을 경험한 야망가로서 자기 능력을 확신해 자신들의 통제 아래 놓이기만 한다면 새로운 국가정부는 성공할 것이라고 확신했다. 한편 반연방주의자들은 국가권력이 자유를 위태롭게 할 것을 염려했고, 공화주의 정부를 통해 자유를 보장할 수 있을 것인지에 대해서 스스로를 신뢰하지 못하는 "신념이 강하지 못한" 사람들이었다.[5] 이들은 다른 사람들도 믿지 못했다.

다른 문제들도 이러한 주요한 파벌을 촉진했다. 소규모 주의 대표자들은 대규모 주의 대표자들이 자신들의 의견을 무시할까 염려했다. 북부와 남부의 대표자들은 다음과 같은 점에서 의견을 달리했다. 첫째는 중앙정부는 농업자본주의에 대해 상업자본주의를 지지해야 하는가 하는 문제였고, 둘째는 노예문제에 관한 것이었다. 남부 대표자들은 노예 소유자로서 자신들의 역할이 불편한 점이 없지 않았지만, 자신들의 노예와 노예노동으로부터 산출된 부가 중앙정부의 잠재적인 권리침해로부터 보호받아야 할 중요한 재산이라는 점을 인식했다. 이들은 경제적인 비용은 말할 것도 없이 노예해방이 미칠 사회적인 영향에 대해서도 염려했다.

이러한 이념적 · 사회적 그리고 경제적인 분열은 타협을 필요로 했다. 제헌회의를 좌지우지했던 연방주의자들은 공법의 새로운 초석을 다지고 그에 기초한 새로운 정부형태를 건설하기 위해 타협과 개선—정치적인 절차에 있어서 기본적인 방법—에 의지했다.

주권의 문제

대중주권 원칙을 연방헌법에 도입하려는 시도는 실질적이고 이론적인 문제점들을 야기했다. 반연방주의자들은, 공화국은 단지 작은 지역에서만 존재할 수 있고 하나의 주에는 단지 하나의 주권만이 존재할 수 있다고 믿었다. 예를 들어, 버지니아의 윌리엄 그레이슨(William Grayson)은 "지금까지 한 나라에 2개의 최고 동등한 권한이 있다는 이야기를 들어본 적이 없다"라고 말했다.[6] 주권이라는 용어는 역사적으로 권위가 한 곳에만 인정된다는 것을 의미했고 연방주의자들은 각 주에 주권을 인정하게 되면 자신들의 경제적인 주장을 관철시킬 수 없기 때문에, 주권은 각 주에 주어질 수 없다고 생각했다. 제헌회의에 파견된 대표들은 두 진영으로 나뉘었는데 이들은 셰이의 반란(Shay's Rebellion)과 같이 과도한 민주주의는 재산권과 사회의 안정을 위협할 수 있다는 것을 염려했다. 대중의 손에 새로운 연방정부의 권한을 부여하는 것은 바람직하거나 적절하지 않다고 생각되었다.

이러한 흐름은 이후 200여 년 이상 지속되었으며 연방주의자와 같은 정치 엘리트들은 대중의 의사에 호소함으로써 자신들의 목적을 정당화했다. 제임스 매디슨은 이러한 이론에 대한 자신의 생각을 "연방정부와 주정부의 권위는 대체로 대중으로부터 나온다"라고 설명했다.[7] 연방주의자들은 "'모든 중요한 권력의 주요한 원천이 대중에게 있음'을 인정하고 그에 따른 정책을 수립하는 데 열정을 감추지 않았다."[8]

매디슨은 역동적인 정부이론을 확립해 민주주의 남용에 대응했다. 대중들은 어느 한 권력기관과 전체로서 정부가 독재화되는 것을 금지하는 긴장관계를 설정함으로서 새로운 정부의 각 기관에 활력을 불어넣었다. 대중의 권한은 연방정부를 연방의 입장에서 행동하게 만들었다. 마찬가지로 헌법 제정자들은 권력을 분산하고 제약할 수 있도록 견제와 균형이론을 채택했다.

대중주권은 여러 주를 연방정부에 구속시키고 정치적인 파벌이나 정당의 난립을 막기 위한 연방주의자들의 다른 두 가지 목표를 달성하도록 도왔다. 매디슨은 〈연방주의자*Federalist*〉 제10호에서 미국은 공화국이지 민주정이 아니라고 주장했는데, 이는 대중이 "각 주민들이 직접 참여해 결정하고 행동"할 수 있도록 하기보다는 소규모로 선출된 주민에게 정부를 위임했음을 의미했다. "활동영역을 늘려서 다양한 정당과 단체에서 활동함으로써 전체 다수가 다른 주민의 권리를 침해할 일반적인 기회가 줄어들 것이다"라고 말했다.[9] 대중주권은 다수결에 의한 독재를 통해서 자의적으로 자유를 제약하는 것(소규모 공화국과 민주국가에서 지속적으로 문제가 되는)을 금지했다. 마찬가지로 대규모 공화국은 공익목적보다는 자신들의 목적을 위해서 정부를 이기적으로 통제하는 정치적인 분열의 금지를 약속했다. 헌법 제정자들은 정부에 대한 합법적인 반대조직으로서 정당의 출현을 예상하지 못했을 뿐만 아니라 이를 금지하려고 적극적으로 노력했다.

연방주의

연방주의자들은 기존의 주정부를 각각의 주로서 분리해 인정했다. 블랙스톤과 다른 영국의 주석자들은 이는 "2개의 협력주권이 함께 존재하는 것으로서 정치에서는 유례를 찾아볼 수 없는 파격적인 것"이라고 언급했다.[10] 제헌의회에서 도출된 것은 "독립된 주들의 완벽한 연합"계획으로서 "지금껏 유례가 없는 제도"였다.[11]

연방주의는 연방이나 중앙정부와 여러 주정부가 동시에 존재하는 정부체계이다. 1787년에 도출된 연방주의에 대한 '입법자의 의도'는, 상원에서 직접적이고 평등한 대표권을 각 주에게 인정하고 선거과정을 관리하고 주민권(州民權)의 기준을 설정하는 주요한 책임을 각 주에 넘김으로써 연방정부의 제도를 기존의 주로 이식하는 것이었다. 헌법은 연방정부에게 가장 주요한 제1장(입법권)과 단지 몇 개의 권한만을 수여했으나 위 조항에 따라 의회는 "이를 집행하기에 필요하고 적절한 모든 법률을 만들" 권한을 보유했다.[12] 예를 들어, 새로운 정부는 세금을 징수하고 군대를 양성하며 각 주간(州間) 통상행위를 규제할 수 있었다. 특별히 열거하지 않은 이러한 권한(불법행위, 가사관계와 형법)들은 각 주에 남아있었다.

연방주의는 다른 수단도 마찬가지로 제한했다. 주 입법권이 비대화될 것을 우려한 사람들은 화폐를 주조하고 사적 계약에 간섭할 수 있는 권한을 제한하듯, 주에 대한 일정한 금지규정을 두도록 대표자들을 설득할 수 있었다. 제임스 윌슨에 따르면 각 주에서 대중은 열거된 권한을 위임한 것이 아니라 "명시적으로 규정되지 않은 모든 권리와 권한을 자신들의 대표에게 수여했기" 때문에 이러한 금지가 필수적이었다.[13]

이러한 규정들은 적절한 제한이었다. 각 주들은 주민의 도덕, 건강, 안전과 복지를 제공하기 위한 중요한 권한을 가지고 있었다. 복지권능으로 알려진 이러한 권한으로 각 주는 연방정부의 간섭에 대한 우려 없이 주민들에게 직접 행동할 수 있었다.

헌법 제정자들은 제한적이고 개개의 권한을 열거한 정부를 확립하게 된 논리적인 근거로 헌법상 권리장전을 거명하지 않았다. 해밀턴이 말한 바와 같이 "무엇을 할 권한이 없어서 할 수 없었다"라고 주장하는 것은 적절하지 않았다.[14] 반연방주의자들은 몇몇 주의 제헌회의에서 나중에 권리장전을 포함하기 위한 헌법 수정권이 의회에 있음을 인정할 경우에 의회가 헌법을 비준할 수 있다는 확약을 얻은 것이 일종의 승리를 거두었다고 볼 수 있다. 각 주의 3/4의 인준을 얻어 개원한 최초의 의회는 10개의 수정헌법을 가결했다. 처음 8개 수정헌법은 기본권을 인증했고, 제9차 수정헌법은 주민들이 개별적으로 열거하지 않은 권리도 누릴 수 있음을 인정했고, 제10차 수정헌법은 헌법상 연방정부에 주어지지 않았거나 각 주에게 부정되지 않은 권한(권리가 아닌)을 각 주에게 수여했다. 이리하여 권리장전은 단지 연방정부에 대해서만 적용되었다. 헌법 제정자들은 연방정부를 단순히 개인의 자유문제에서 각 주의 행동을 조정하는 조정자로서만 계획한 것은 아니었다. 이와 같은 현대적 개념은 단지 1868년 제14차 수정헌법 채택과 그에 따른 연방주의와 관련한 혁명적인 사건들을 겪고 난 이후에 나타난 것이었다. 연방주의 원칙은 확립되었으나 후손들은 분할할 수 있을 때까지 나누어 아주 자세하고 정확하게 그 내용을 정립해야 할 것이었다.

사법권

헌법 제정자들은 새로운 사법부에 대해서도 포괄적인 용어로 규정했고 의회에게 그 자세한 내용을 덧붙일 책임을 남겨놓았다. 다른 분야에서와 같이 헌법 제정자들은 연방 사법권을 확립하는 데 각 주의 경험을 활용했다. 제임스 윌슨을 제외한 대부분의 헌법 제정자들은 주의 사법권 조직의 근거가 되는 권력분립의 헌법해석이론을 지지했다. 이 이론에 따르면 정부의 각 부서나 기관은 해석의 책임 범위 안에서 주의 기본법을 규정할 수 있었다. 기본법인 주헌법은 행정부와 입법부의 권한과 같이 정치적으로 중요한 문제를, 배심제와 같이 순전히 법률적인 성격만을 가지는 요소들을 함께 규정하고 있었다. 이러한 권력분립이론 아래에서 행정부는 정치-헌법상의 논쟁을 책임졌으며 사법부는 법치주의에 관한 법률-사법적인 문제해결을 담당했다. 주의 상급법원은 입법부와 행정부의 권한침해로부터 자신들을 보호하는 한편 법률상의 권한을 통해 공공의 선을 보존하기 위한 공화주의 기능을 충족하기 위해 설립된 조직이었다.

필라델피아의 대표자들은 법과 정치의 균형을 깨고자 했다. 이들은 사법부가 재산을 가진 소수의 권리를 보호하면서 일반대중의 과도한 요구를 억제할 수 있기를 기대했다. 이들은 (오늘날에도 이런 사람들이 적지 않지만) 사법부가 정치적이며 법을 만드는 역할을 하는 기관이라는 점을 이해하지 못했다. 그러한 기능은 오로지 정치적인 기관만이 할 수 있다고 생각했다. 그리하여 알렉산더 해밀턴은 사법부를 "가장 덜 위험한 국가기관"이라고 말했는데, 이는 사법부가 무력이나 재정적인 수단을 이용할 수 없기 때문이었다.[15] 해밀턴은 〈연방주의자〉 제78호에서 "만약 법관이 판결 대신에 자신의 주장을 밝히려고 한다면 이는 입법부의 역할을 자신의 만족을 위해 대체하는 것과 마찬가지일 것이다"라고 적었다.[16] 법관은 적절한 법률상의 형식을 갖추어 분쟁이 배당될 때까지 아무런 조치를 취할 수 없다는 재판절차의 요건은, 법관의 재량권을 더욱 제한하는 법적 장치가 되었다.

연방법원의 설치

연방헌법 제3장에서는 헌법의 가장 기본적인 두 가지 원리인 연방주의와 권력분립을 보장했다. 제1절은 '대법원'과 '의회가 수시로 설치할 수 있는 하급법원', 두 종류의 법원에 관해 규정하고 있다.[17] 전자는 연방의 최고 상급법원(다른 연방과 주법원에서 상소된 사건을 심리)이 되었고 후자는 연방법원의 심리법원으로서 운용되었다. 연방주의자들은 하위 연방법원 구조를 명문화할 것을 요구했으나 반연방주의자들은 주법원이 연방의 사실심을 관장할 수 있도록 요구했다. 이들은 합의를 보지 못하고 하급 연방법원에 관한 모든 문제를 의회에 넘기는 것에 합의했다.

연방헌법 제3장은 재판관할권(법원이 법률상 주장을 심리할 수 있는 권한)을 두 가지로 구분했다. 첫째는 미국의 헌법, 일반법과 조약상 발생한 모든 사건뿐만 아니라 해상법상 발생한 사건을 관할하는 것이었다. 둘째로 관할권은 법률분쟁 당사자의 성질에 따른 것이었다. 이 관할권은 다른 주의 주민들, 한 주와 다른 주의 주민, 주와 연방과 다른 주들 사이의 분쟁을 포함했다.

대부분의 대표자들은 공화주의 정부에서 법치주의가 단지 간접적으로 책임을 지는 독립적인 사법부를 요구한다는 점을 잘 알고 있었다. 대통령에게는 상원의 청문과 인준을 거쳐 연방법관을 임명할 권한이 주어졌다. 일단 임명되면 이러한 법관들은 별다른 결격사유가 없는 한 계속 재직할 수 있었고 급여는 감액할 수 없었다. 헌법 제정자들은 법관들이 **민주적(democratically)**으로 책임을 물을 수 있어야 한다고 전혀 생각하지 않았다. 반대로, 법관들은 법을 제정하기보다는 정의를 집행해야 한다는 권력분립론에 입각해 대중적인 선동에서 벗어나야 한다고 생각했다. 그러나 헌법 제정자들은 법관이 '중죄와 경죄(high Crimes and Misdemeanors)'를 범한 경우에는 하원의 탄핵과 상원의 결정에 따라 면직될 수 있음을 명시했다.

위헌법률심사권의 문제

위헌법률심사권(Judicial review)이라는 용어는 헌법에 나타나 있지 않으며, 이는 미국을 건설한 세대에게는 큰 혼란을 가져다주었다. 제헌회의 대표자들은, 사법부가 의회의 입법을 심사하고 주의 입법에 대한 거부권을 연방의회에 수여하자는 개정위원회의 제안을 거절한 직후에, 대법원의 설립에 동의했다. 이는 대표자들이 사법권에 대한 논의에서 헌법상의 감독방법을 논의한 것으로 미루어 보아, 대법원이 연방의회와 주의회가 제정한 입법절차가 아니라 입법 자체의 합헌성을 감독할 수 있음을 인정한 것으로 볼 수 있다. 주가 경험한 것으로 보건대, 이러한 권한은 법치주의 유지를 위해 공화적인 정부조직에 필수불가결한 것으로 이미 확증된 바 있다.

헌법 제정자들이 위헌법률심사권이 이용될 것을 미리 예상했었는지에 대해서는 의심의 여지가 없고 단지 그 범위만이 결정되지 않았을 뿐이었다. 예를 들어, 반연방주의자 루터 마틴(Luther Martin)은 제헌회의 기간에 "법률의 합헌성에 관해 말하자면, 이것들이 문제가 될 때 사안의 성격으로 보아 그 판단은 법관에게 주어질 것이 분명한데, 이러한 점에서 법관들은 법률에 대한 부정적인 생각을 갖게 될 것이다"라고 언급했다.[18] 그렇다고 해서 법관들이 자기가 원하는 것을 할 수 있는 것은 아니었으며, 모든 이념적인 투쟁에 나선 대표자들은 법치주의에 필수인 헌법상의 해석과 사법적인 입법을 확실하게 구분했다. 연방주의자 존 디킨슨(John Dickinson)은 "법관은

모름지기 법을 해석해야지 입법자가 되어서는 안 된다"라고 결론지었다.[19]

연방의 위헌법률심사권의 이용, 특히 주법에 대한 위헌법률심사권은 헌법상 근거가 있다. 헌법 제6장은 헌법을 '국가의 최고법'이라고 규정하고 있고 제3장에서는 법원을 법률의 해석자로 명명했다. 주 입법의 한계를 직접적으로 설정하고 있는 제1장 제10절 최고법원조항과 제3장을 결합해 똑같은 결론에 도달할 수 있다. 간단히 말해서 주 입법에 대한 위헌법률심사는 헌법 제정자들의 혼합된 연방주의에 절대적으로 필요한 제도였다. 대법원은 권력분립이론 아래 사법부의 권한을 침해하는 의회입법을 조사할 수 있었다. 1788년 7월 20일 버지니아의 제헌의회 대표자인 존 마셜은 "연방의회는 그 위임권을 초월해 권한을 행사할 수 있는가?"라고 웅변적으로 묻고 스스로 다음과 같이 대답했다.[20]

> 의회가 헌법상 열거된 권한을 벗어나 법률을 제정한 경우, 법관은 이러한 법률에 대해서 자신들이 수호하는 헌법위반으로 간주할 수 있다. 법관은 이러한 법률을 무효로 선언할 수 있을 것이며 … 사법부에 그러한 권한을 인정하지 않는다면 헌법에 대한 위반으로부터 보호받기 위해서 어디에 호소할 것인가?

이러한 권한의 범위는 앞으로 해결해야 할 부분으로 남았다. "헌법 제정자들이 일종의 위헌법률심사권을 예상했다는 것과 마찬가지로 1787년 당시에는 법원의 역할이 오늘날처럼 커지리라고 미처 예상하지 못했던 것은 의심의 여지가 없다"라고 1930년대 유명한 헌법학자 에드워드 코윈(Edward S. Corwin)은 주장했다.[21]

권리장전의 해석: 간단한 예

지난 220년 동안 대법원은 권리장전에 규정되어 있는 단어의 의미를 해석해줄 것을 빈번하게 요청받아 왔다. 우리는 이 책의 뒷부분에서 이러한 사례들을 다루게 될 것이다. 우리는 여기에서 그 가운데 **하나**인 제2차 연방수정헌법의 해석에 관해서만 다루기로 한다. 권리장전의 입안자와 이를 비준한 주의 비준자들이 "무기를 보유하고 소지할 수" 있는 "인민"의 권리보호를 우선했는지, 아니면 "주의 방위에 필수인 잘 훈련된 의용군"을 유지할 공적 의무를 우선했는지에 대해서 일부 역사가들[22] 은 그 목적을 전자로, 일부는 후자[23] 로 보았다.

어느 경우에서나 수정헌법의 의미는 지난 2세기에 걸쳐 주와 연방정부가 '인민'이 총기를 어떻게 소지할 수 있으며 이들에게 허락된 총기는 어떠한 종류인지에 대해서 일부 중요한 제약을 허용할 수 있도록 법원이 해석해왔다. 18세기 말 총기소유권은 널리 인정되었으며 19세기 초에 주 의용군은 주의 무기고에 무기를 보관하라는 요구를 받지 않았다. 그러나 남북전쟁 이전에 일부 주는 은닉한 무기의 운반을 규제하는 법령을 제정했으며 남북전쟁 후 존슨-재건기에 미시시피의 흑인들에게는 "어떠한 종류의 무기나 탄약, 단검이나 사냥칼" 소유도 금지했다.[24] 다른 주에서는 대로에서 상대 조직 사이에 총격이 자주 발생하자 시가행진시나 공공 장소에서 총기(의용소방대와 인종적 사회단체와 같이 사적 단체를 목표로)의 운반을 금지했다. 대법원은 **프레서(Presser v. Illinois**, 1885) 사건에서 이러한 법률을 무효화했다.[25] 의회는, 프랭클린 루스벨트 대통령에 대한 암살 시도 후에 총신이 짧은 권총과 같은 무기를 사용하는 일정한 '단체'가 주의 경계를 벗어나는 것을 제한하는 법률을 제정했고, 총신이 짧은 권총은 의용군의 임무를 수행하기에 부적절하다는 것을 근거로 이 법안의 합헌성을 인정했다.[26] 대법원은 지방의 법 집행 공무원이 총기를 구입하려는 개인의 배경을 조사하도록 요구한 1993년 브래디총기폭력금지법의 한 조항을 무효화했으나, 그 법의 전체적인 취지(1998년 연방수사국의 전국적인 범죄경력조회제도 실시와 함께 현재 허가받은 판매자로부터 총기를 구입하고자 하는 사람에 대해서 효과적인 조사를 제공하고 있다)에 대해서는 긍정했다.[27] 총기규제 입법 반대자들은 제2차 연방수정헌법에 의존하고 있으나 대법원은 의회가 제정한 총기규제 입법의 합리성을 인정해왔으며, 이는 미국이 1인당 총기소유와 총기 사망률이 세계에서 가장 높은 것과 무관하지도 않으며 단지 우연적인 것도 아니다.[28]

정부조직 타협안에 대한 평가

비준된 헌법은 기존의 공화주의이론을 무용지물로 만들었다. 이는 연방주의, 권력분립, 대중주권, 대의제와 사법상 권한에 대해 새로운 의미를 부여한, 단지 6,000개가 약간 넘는 단어에 불과했다. 국가의 새로운 조직법은 두 가지 측면에서 눈에 띄었다. 첫째, 미국은 하나의 공화국 혹은 13개의 공화국이 아니라는 점이었다. 이는 향후 60년 동안 정부조직을 "멀리서 보이지 않는" 것으로 수천 개의 고립된 정치 조직들의 연합체로 보았다.[29] 국가조직은 연방이었으나 분권화와 지역의 권한이 대세였다. 신설된 대법원이 아닌 지역의 배심들이 주민들에게 가장 직접적으로 법에 의한 지배를 경험하게 했다. 연방군이나 해군이 아닌 민병대가 공공의 안전을 담당했다.

둘째, 헌법 역시 타협의 산물이었다. 연방주의자들과 반연방주의자들은 자신들의 차이점들을 수용했다. 연방주의자들이 유리한 상황이었다는 것은 향후 200년 동안 연방정부가 상업활동을 권장하는 정책을 펼 수 있었음을 의미한다. 이러한 이점은 노예제에 대한 분파적인 타협안 때문에 장기적으로는 심각한 결과를 초래했다. 새로운 타협안에 언급되지 않은 노예제 사항은 명시적으로 언급된 내용만큼이나 중요한 것이었다. '노예'와 '노예제'라고 하는 단어들은 헌법에 등장하지 않았으나 그럼에도 불구하고 노예제에 대한 관심이 타협안 도출에서 주요한 역할을 했다. 일부가 노예 소유주였던 연방주의자들이 일반적으로 우세했지만 이들은 단지 남부의 노예와 농업상 이익에 대해서 상당한 양보를 했다. 노예 소유주들은 하원 의석수를 분배하기 위해서 산정된 전체 노예의 3/5을 소유한 것으로 되어 의회에서 차지하는 의석수가 지나치게 많았다. 이들은 소유한 노예에 대한 직접세를 면제받았고 연방정부로부터 도망친 노예를 되돌려받을 수 있도록 다짐받았으며, 1808년까지 수입된 노예들의 안정된 거래를 보장받았다. 정치적인 타협은 헌법 제정자들이 법과 정치는 구분되어야 한다고 생각했음에도 불구하고 헌법상의 내용들을 포장했다.

노예제에 대한 타협은 장기적인 충돌의 씨앗이 되었으나 헌법 제정 당시는 이보다 좀 더 긴급한 현안에 대해서도 의견의 일치를 보지 못했다. 가장 민감한 문제점들 중 하나는 법, 정당과 야당의 적절한 역할에 관한 것이었다. 이러한 균형은 연방과 주의 새로 수립된 공화정에서 법과 정치 사이에서 상실될 수 있었다. 연방주의자들과 제퍼슨주의 공화주의자들은 헌법 비준 후 약 25년 동안 이러한 문제들을 가지고 힘겨루기를 했다.

전국적인 법질서의 확립: 연방주의자들의 확신

새로이 선출된 대통령 토머스 제퍼슨은 1801년 취임식 연설에서 "우리는 모두 공화주의자이며 또한 우리는 모두 연방주의자"라고 선언했다.[30] 그러나 이러한 화해의 메시지는, 헌법 제정자들이 금지하려고 했던 라이벌 정치 그룹으로 필라델피아 제헌회의의 연방주의자들을 갈라서게 한 큰 차이점들을 숨기는 것이다. 그리하여 정당이 출현했는데 이는 주민과 대표들의 유대를 강화하고 정부의 내부행위를 단속할 지도력을 요구했던 헌법 제정자들이 채택했던 역동적인 정부형태 때문이었다. 연방주의자 정당과 야당인 제퍼슨주의자 공화당은 중앙정부의 조치가 지역문제로 정치적 분열을 겪은 주에 영향을 미치듯 위에서 아래로 발전했다. 권력을 장악한 정당으로서 연방주의자들은, 제퍼슨주의 공화주의자들의 성장을 자신들에게뿐만 아니라 공화정 존재 자체에 대한 위협으로 간주했다.

이러한 야당에 대한 의심으로 법과 법원(각각 정부의 강제와 개인의 권리보호 수단)이 연방주의자들과 제퍼슨주의 공화주의자들의 정치적 투쟁 결과에 중심이 되었다. 사법과 입법의 권한에 대한 정치적인 충돌은 연방과 주법원과 법률과 관련해 광범위하게 발생했으며, 미국 법률제도에 지속적인 영향력을 발휘하는 선례가 되었다.

1789년 법원조직법

코네티컷 주의 올리버 엘스워스(Oliver Ellsworth)가 위원장인 상원위원회는 1789년 법원조직법을 제정했다. 이는 거의 100년 동안 아무런 변경 없이 지속된 연방법원 조직법이었으며 오늘날에도 그 대강은 그대로 남아 있다. 그러나 이 법안은 그 시대의 산물이었다. 이는 "쌓인 불만을 완화시키기 위한 화해수단으로서 정치적인 고려 아래" 제정된 것이었다.[31]

이 법률은 정치적으로 용인 가능한 2개의 정책결정을 실현한 것이었다. 첫째, 의회는 연방주의자들이 요구해왔던 하급 연방법원 창설권한을 실현했다. 신설된 법원들을 공정하게 각 주에 배치했다. 1789년 법원조직법은 전국을 13개 관할로 나누고 이러한 구분 아래 관할지역은 주의 경계가 인접한 지역으로 묶었다(매사추세츠와 버지니아 주는 각각 2개의 관할법원을 할당받았으며 로드아일랜드와 노스캐롤라이나 주는 하나도 할당받지 못했는데 이는 이 두 주가 아직 연방에 가입하고 있지 않았기 때문이었다.) 바다에 인접한 주의 관할법원들은 해사법과 해상법 사건에 자신들의 관할권을 행사함으로써 특히 중요하게 되었다. 뿐만 아니라 이들은 민사사건과 일부 사소한 형사사건에 대해서도 심리했다. 이 법은 전국을 3개로 나누어 대법관 2명과 순회법원의 법관 1명으로 구성되는 순회법원을 1년에 두 차례 개정하도록 정했다. 순회법원은 하급심인 지역 관할법원으로부터 항소심을 관장하며 중대한 형사사건에 관해서는 배심재판을 하고 연방정부가 관련된 민사사건을 심리하도록 정했다.

이 법은 순회재판소에 연방 대법관들을 참석시켜 멀리 떨어져 있는 연방정부의 권위를 상징하는 공화주의를 가르치는 교사로 만들었다. 순회지역 순찰은 대법관을 순회재판소의 사실심에 참가하게 함으로써 지역문제에 관심을 갖게 만들었다. 이러한 공화주의 미덕의 주입으로 법원의 구성원들은 엄청난 대가를 치러야 했다. 대법관 새뮤얼 체이스(Samuel Chase)와 올리버 엘스워스는 말이나 마차를 타고 순회지역을 여행하느라 통풍과 신장결석에 걸렸다. 대법관 윌리엄 패터슨(William Paterson)은 1794년 봄에 버몬트 순회지역을 여행하는 동안 동료 대법관들에게 "거의 혼수상태에 이를 정도였다"라고 불평할 정도로 심하게 고생하기도 했다.[32]

1789년 법원조직법은 또한 여러 가지 제한 규정을 둠으로써 하급 연방법원의 관할에 대한 의회의 완벽한 통제를 인정했다. 이는 해사사건(지방법원에 배타적으로 할당한)과 지방법원에 대한 순회법원의 제한된 항소관할권과 함께 시민권의 다양성에 관한 사건으로 구성되었다. 연방주의자들은 연방법과 헌법에 관한 주법원의 판결을 검토할 수 있는 권한을 연방법원에게 인정한 이 법 제25조에서 큰 성공을 거두었다. 이 조항은 맨 처음 제퍼슨주의 공화주의자들과 나중에는 잭슨주의 민주당원들이 주의 권리로서 이의 철회를 요구하면서 향후 40년 동안 큰 논란이 되었다.

지역적인 영향력은 분권화된 연방법원에 만연했다. 예를 들어, 지방법관은 자신이 봉사하는 주민과 함께 생활했을 뿐만 아니라 제34조는 연방법관들은 연방법원에서 판결원칙으로서 주법원의 결정을 어느 정도 존중할 것을 지시하고 있다.

연방법원에 대한 투쟁: 주의 권리와 반역죄

1790년대 연방법원은 존경을 받았으나 모든 사람들로부터 존경을 받기까지는 시간이 걸렸다. 최초의 연방대법원장이었으나 일찍이 그 직위를 사임한 존 제이(John Jay)는 1801년 재임명을 사양했는데, 이는 그가 대법원이 충분한 "에너지, 권위와 위엄"을 획득할 수 있는지에 대해서 확신을 갖지 못했기 때문이었다.[33] 대법관들은 대법원이 설립된 이후 처음 10년 동안 단지 약 100건의 사건만 심리했을 뿐이었다. 하급심들은 업무량이 많았다. 미국문명의 변경인 캔터기 주에서조차 연방법원은 상당한 양의 사건을 다루었다.[34]

막 형성되기 시작한 제퍼슨주의 공화주의자 야당은 효용성과 권위를 도외시한 채 연방법원제도 자체를 혹평했다. 예를 들어, **치솜(Chisholm v. Georgia**, 1793) 사건에서 대법원은 연방법관이 주의 권한을 무시할 수 있다는 염려에 다시 불을 지폈다. 사우스캐롤라이나 주의 주민 2명은 채권을 회수하기 위해 조지아 주를 상대로 연방법원에 소를 제기했다. 조지아 주는 출석을 거부했는데, 주권을 가진 조직체로서 사법관할권을 가진 법정과 시간을 선택할 수 있다고 주장했다. 주정부가 채권에 대해서 조삼모사했다는 점에는 의심의 여지가 없고 연방법원이 이러한 사건을 적극적으로 다루기 시작한다면 수많은 채권자들이 소를 제기할 우려가 있었다. 대법원은 조지아 주의 입장에 서지 않고 채권자 쪽의 손을 들어줬고, 대법관 제임스 윌슨(James Wilson)의 판결은 이제 막 태동하기 시작한 공화주의자들에게 커다란 충격을 주었다. 연방주의자 윌슨은 "연합의 목적을 위해서 조지아 주는 주권을 가진 주가 아니다"라고 결론을 내렸다.[35] 1798년에 효력을 갖게 된 제11차 수정헌법에서는 주는 자신들의 허락 없이 주민이 아닌 사람들로부터 제소당하지 않을 수 있음을 확인했다. 신속하게 채택된 수정헌법은 헌법상의 이해를 교정했지만 연방법원에 대해 점증하는 정치적인 소용돌이를 피할 수 없었다.

미국경제와 외교정책에 대한 입장 차이는 법원을 둘러싸고 벌어진 정치적인 논쟁을 가열시켰다. 연방주의자들은 영국과의 강력한 상업적인 유대와 무역경제의 활성을 원했고, 적대적인 세계에서 불안한 국가의 지도자로서 법치주의가 자신들의 요구를 뒷받침할 것이라 추정하는 심리적인 안전판을 확보하고자 노력했다. 이들은 친프랑스적이고 농업적인 제퍼슨주의 야당이 자신의 정책을 반대하는 것을 반역죄로 다루었고 협력을 거부한 사람들은 반역자로 무거운 처벌을 받게 했다.

일부 미국인들은 법을 자신의 손으로 결정했기 때문에 법치주의에 관심을 기울일 충분한 이유가 있었다. 예를 들어, 1794년과 1795년 서부 펜실베이니아의 정착민들은 그들의 주요 수입원인 증류 위스키에 대한 상품세 징수에 강하게 반발했다. 대량 생산업자들과의 경쟁에서 어려움에 처한 많은 소규모 생산업자들은 자신들의 제품을 검사했던 연방 상품세 징수자에게 납세를 거부했다. 그러자 정부는 반항적인 농부들에게 필라델피아에 있는 연방순회법원에 출두하기 위해서 애팔래치아 산맥을 가로지르는 힘든 여정을 강요했고 이에 농부들은 반란을 일으켰다. 이들은 조세 징수자들을 위협했으며 정부에 협조적인 대량 생산업자들의 증류기를 파괴하고 피츠버그 시를 불지르겠다고 위협했다.

연방주의자들은 농민반란에 본보기를 보여주고자 독립전쟁 당시보다 대규모의 연방군을 조직했다. 반란은 3주만에 진압되었다. 필라델피아의 연방 대배심은 30명 이상을 반역죄로 기소했다. 2명은 유죄평결을 받았으나 나중에 워싱턴 대통령이 정신질환이라는 의심스러운 이유로 사면했다.

그럼에도 불구하고 이들의 재판은 정치적인 반대파에 대한 연방주의자들의 무관심을 극적으로 보여주었다. 이러한 재판들은 헌법에 규정된 반역죄에 관한 최초의 사례였다. **비골(United States v. Vigol**, 1795) 사건과 **미첼(United States v. Mitchell**, 1795) 사건에서 대법관 윌리엄 패터슨은 배심원들에게 미국법령의 집행에 반대하고자 많은 사람이 무기를 소지하고 미국에 대한 '조세전쟁'을 감행한 것은 반역죄에 해당한다고 설명했다. 재판이 진행되는 동안 연방주의자 법관들이 보인 노골적인 편파성은 연방주의자들이 꺼리던 중앙정부에 대한 조직적인 반대 움직임을 자극했다. 예를 들어, 제퍼슨주의 공화당의 일부 당원들은 대법관 패터슨이 **미첼** 사건에서 배심에게 "전체적으로 … 수감자들은 유죄로 평결되어야 한다"라고 경솔하게 설명했다고 비난했다.[36]

연방주의자 법관들은 4년 후 같은 펜실베이니아의 순회법정에서 다른 반역죄로 기소된 사건을 심리했을 때 그들의 정치적인 색깔을 확연히 드러냈다. 이 사건에서는 독립전쟁에 참전했던 군인인 존 프라이스(John Fries)가 연방 보안관이 지키고 있던 죄수들을 석방한 지역 민병대를 이끌었다. 프라이스가 이끌던 민병대들은 위스키 반동 진압에 든 비용을 충당하고자 가구당 부과한 연방세에 대해 항의했다. 프라이스는 두 차례 심리를 받았고, 재판 중에 **비골**과 **미첼**의 선례가 원용되었다. 두 번째 심리에서(첫 번째 심리에서는 유죄평결을 받았으나, 배심원 중 1명이 편견을 가지고 있었기 때문에 프라이스는 새로운 재판을 받게 되었다), 열렬한 연방주의자인 대법관 새뮤얼 체이스는 법정에서 프라이스의 변호인 역할을 적극적으로 했다. 피고의 변호인단은 법관과 배심들 모두 자신의 의뢰인에게 적대적이라고 정확하게 결론을 내리고 사건에서 손을 뗐다. 체이스는 유죄평결에서처럼 "강압적인 방법으로 심리를 진행했다."[37] 체이스는 프라이스에게 사형을 언도하면서 "모든 처벌의 목적은 다른 사람에게 시범을 보이기 위한 것이다. 피고는 죄의 질이 극히 불량해 장래에 이와 같은 죄를 범하려는 다른 사람들을 위하(威嚇)할 수 있는 극형으로 처벌이 불가피하다"라고 언급했다.[38] 나중에 존 애덤스 대통령은 재판의 정치화와 매우 포괄적인 반역죄 규정에 부담감을 가졌기 때문에 프라이스를 사면했다.

다른 연방주의자 법관들과 같이 체이스는 신설된 연방법원은 정치적인 안정성을 이룩해야 한다고 믿었다. 체이스는 "만약 법이 지켜지지 않는다면 이 나라의 모든 정부는 종말을 고할 것"이라고 결론지었다.[39] 그러나 체이스의 행동은 연방주의자들이 정치적인 반대파들을 탄압하기 위해 법원을 이용했다는 제퍼슨주의 공화주의자들의 주장을 단지 확인한 것에 불과했다.

문서선동죄와 1798년 반정부활동규제법

연방주의자들은 정치적인 반대파를 탄압하기 위해 다른 종류의 법적 수단을 이용했다. 체이스가 프라이스에게 사형을 언도하기 전에도 연방주의자들이 장악하고 있던 의회는 1798년 반정부활동규제법을 제정했다. 이는 분명히 존 애덤스와 같은 온건한 연방주의자들을 궁지에 빠트리려는 정치적인 목적을 포함하고 있었다. 연방정부의 불신을 초래하는 문서발행에 대한 처벌규정은 애덤스 정부의 부통령인 토머스 제퍼슨과 같은 정치인들에게는 적용하지 않았다. 게다가 이 법은 애덤스의 재임기간 하루 전에 종료되었다. 그러나 이 법은 문서선동죄가 영국에서와 같이 더 이상 엄격책임을 지는 범죄가 아니라는 점에서 일부 발전이 있었다. 즉, 단순하게 선동적인 문구를 출판하는 것만으로는 반정부활동의 증거가 되지 않았다. 이 법에서 진실을 말하는 것은 '적극적인 항변'으로 간주되었다. 언론자유의 역사에서 획기적이었던 이 내용은 보기보다 큰 의의를 갖지 못했는데, 이는 피고가 공직자가 부패, 무능하거나 부적격자인지 입증하기 어려웠기 때문이다. 어느 사건에서든지 공개적인 정치담론 그 자체는 엄격한 진위여부를 가릴 수 없고 국민의 대표에 대한 비판은 공화국에서 필수요소인 것처럼 보인다.

연방주의자 검사들은 열정을 가지고 법을 집행했고, 연방주의자 법관들은 문서선동죄 사건에서 실질적으로 유죄판결이 불가피하도록 배심원들에게 설명했다. 예를 들어, 토머스 쿠퍼(Thomas Cooper)는 평화 시에 지나치게 높은 이자로 돈을 빌린 것, 상비군 유지와 사법권 침해 등의 이유로 대통령 존 애덤스를 비난하는 문서를 출판해 1800년 대법관 체이스와 지방법원 판사 리처드 피터스(Richard Peters) 앞에서 재판을 받고 있는 자신을 발견했다. 대법관 체이스는 배심원들에게 기소된 자는 검사가 합리적인 의심의 여지가 없이(미국식 기준의 발전) 유죄임을 입증하기보다는 대통령을 비난한 내용이 사실임을 철저하게 증명해야 한다고 설명했다.[40] 유죄평결을 받고 수감된 쿠퍼는 사면을 받느니 기꺼이 처벌을 감수했다.

반정부활동규제법은 정치적인 이익을 위해서 법률상의 권한을 이용한 최초의 국가적인 시도였다. 존 애덤스 행정부는 쿠퍼와 다른 발행인과 정치 지도자들을 직접 기소했다. 4개 주요 반대파 신문의 소유주들이 기소되었고 이 중 3명은 반국가활동규제법 위반으로 유죄평결을 받았다. 매우 격렬한 성격을 가진 버몬트 출신의 공화당 의원 매튜 리온(Matthew Lyon)은 애덤스 대통령에 대한 명예훼손이 인정되어 4개월 동안의 수감생활을 했다.

1801년 법원조직법

정권을 장악한 지 10년 동안 연방주의자들은 자신들이 추구하는 정치적인 목적을 달성하기 위해서 연방법원의 중요성을 실감했다. 1800년 선거로 제퍼슨주의 공화당이 정권을 장악하게 되었을 때 연방주의자들은 필요한 개정과 정치적인 목적이 결합된 법안인 1801년 법원조직법으로 대항했다. 고버뇌르 모리스는 연방주의자들이 "강력한 역풍을 맞을 것 같아서 연방법원 조직 개편의 필요성을 발견했고 그리하여 폭풍 속에 배를 정박하고자 여러 개의 닻을 내린 것을 비난할 수 있겠는가?"라고 설명했다.[41]

1801년 법원조직법은 두 가지 주요한 내용을 포함하고 있었다. 첫째는 126명의 신임 순회법관을 임명하고 대법관들의 순회재판 업무의 막을 내리게 했다. 이는 합리적인 개혁요소와 퇴임하는 애덤스 행정부에게 다수의 '심야 법관들(midnight judges)'을 임명할 기회를 준 정치적인 책략이 한데 어우러진 조항이었다. 둘째로 연방주의자들은 연방의 토지정책과 상업관계에 일관성을 줄 수 있는 진정한 연방법원 조직을 창설하려고 노력했다. 제퍼슨주의자들은 이 법률을 격렬하게 비난했고 정권을 장악하자 이를 무효화하고자 집요하게 노력했다.

제퍼슨주의자들의 위기

버지니아 출신의 급진적인 제퍼슨주의 공화주의자 의원인 윌리엄 브랜치 자일스(William Branch Giles)는 1801년 "우리에게 가장 긴급한 현안은 새로 조직된 법원 조직에 관한 것"이라고 경고했다.[42] 백악관의 제퍼슨, 의회 다수파인 공화당과 여러 주 의회를 장악한 공화당과 함께 급진적인 공화당원들은 대대적인 법률개정 작업을 통해 연방과 주 법관들의 권한축소를 시도했다. 급진주의자들은 법률가들을 불신하고 보통법의 기술자들이 아닌 "상식과 사람과 사람 사이의 정직"을 바탕으로 한 농업사회의 지역 민주주의가 정의에 이르는 가장 확실한 길이라고 믿었다.[43]

제퍼슨 대통령과 같은 온건한 공화주의자들은 극단적인 연방주의자들과 급진적인 제퍼슨주의자들의 중간에 서 있었다. 급진주의자들과 같이 온건주의자들은 연방사법부의 행동에 대해 문제점을 느끼고 있었지만 연방주의자들처럼 공화제를 유지하는 데에서 연방법원을 중요한 수단으로 보았다. 결론적으로 이들은 연방법원 조직을 재정비하고 공화주의 아래에서 책임을 인식하도록 현직 연방주의자 법관들을 교육시키길 원했으나 연방법원 조직의 무력화까지는 원하지 않았다. 제퍼슨 또한 '어두운 과거' 를 가지고 있었다. 그는 정치적인 반대자들을 강제하기 위해 연방법원을 이용했는데, 특히 1807년 이후 대륙과의 교역을 금지시킴으로써 연방주의자 상인들을 범죄행위로 내몰았다.

온건파의 승리

사법부에 대해 제퍼슨주의자들이 직면한 위기는 급진주의자들과 온건주의자들 사이의 파벌이 있는 주로 확대되었다. 전자들은 상급법원을 폐지하고, 보통법상의 소답(訴答)절차에 따라 사실심에 대한 질서 있는 접근을 용이하게 하고, 국민의 직접적인 통제 아래 두는 사법제도를 염두에 두었다. 이들은 보통법에 대한 특별한 적대감을 가지고 있었다. 급진주의자들은 보통법이 지나치게 기술적이라고 비난하며, 법률가들의 복지와 안전을 위해서 이를 폐지시켜야 한다고 촉구한 〈호네스터스의 유해한 법 실무에 대한 고찰*Observations on the Pernicious Practice of the Law by Honestus*〉(1786)이라는 팸플릿을 작성한 보스턴 출신의 기술공인 벤저민 오스틴(Benjamin Austin)을 주기적으로 언급했다.[44] 급진주의자들은 정부의 대중기관인 입법부가 제정한 간단한 법률로 흔히들 "미스터리의 뒤죽박죽"이라고 묘사하는 보통법을 대체하길 원했다.[45] 철저한 민주주의자이면서 지역주의적인 색채를 강하게 띠는 이들은 법률을 일상적인 공동생활에 맞춰나갈 것을 제안했다.

주에서 연방주의자들은 반대입장을 취했다. 이들은 역사적으로 중요한 자유와 재산의 보호수단으로서 보통법을 지지했을 뿐만 아니라, 이것을 교육받은 사람만이 성공적으로 법의 지배를 운영할 수 있다고 믿었다. 펜실베이니아, 켄터키와 버지니아 같은 주에서 급진적인 제퍼슨주의자들은 상급법원이 너무 멀리 떨어져 있어서 대중의 의사를 적절하게 확인할 수 없다고 주장했고, 연방주의자들은 이러한 사법부가 배심원들이 법의 순수성과 이성을 훼손하는 것을 예방할 수 있다고 주장했다. 게다가 연방주의자들은 여러 단계로 이루어진 주법원 조직이 입법부의 다수당이나 배심원들에 의해서 희생되지 않고 재산권을 보호할 수 있다고 주장했다.

온건파들은 사법부와 법률개정의 필요성에 대해서 급진주의자들과 일치했으나, 또한 법원이 대중의 의사를 견제해야 한다는 연방주의자들에게도 동의했다. 독립전쟁 이후부터 1815년까지 4개 주를 제외한 모든 주는 입법부의 권한을 제한하고 사법부의 권한과 법률조직을 신장하는 방향으로 헌법을 수정했다. 헌법개정에 착수하지 않은 주들은 법률을 통해 사법부를 개정했다. 온건파들이 거의 전국에서 득세했다. 급진주의자들은 단지 켄터키, 조지아와 뉴햄프셔 주에서만 중요한 영향력을 행사했으며 연방주의자들은 단지 매사추세츠에서만 권력을 장악했다.

대부분의 주들은 확대되고 비용이 적게 드는 사실심 법원을 채택했다. 각각의 사실심 법원은 형사와 민사사건에 대한 관할권을 가졌으며 각 법원은 3명 이상의 법관들로 구성되었다. 대부분의 주들은 법관들이 일정한 법률훈련을 받았으리라 기대했고, 대부분의 새로운 법원은 오랫동안 급진주의자들이 선호했던 치안판사가 업무를 담당하던 구 법원보다 중요해졌다. 새로운 중간단계의 항소법원이 특정지역에 설치되어 연중 개원하게 됨으로써 임명된 항소심 법관들은 주의 거주민들과 밀접하게 되었다. 상급 항소법원은 법원조직에서 최고의 지위를 차지하게 되었다. 대부분 주의 항소심 법관들은 '결격사유가 없는 한' 그 직을 유지할 수 있었고 뉴햄프셔, 켄터키, 오하이오와 조지아의 입법부는 입법이 위헌이라고 선언하는 데는 사법부가 월권을 행사한 것이라고 보았다. 이러한 주에서 법관들은 동시에 입법부의 명령에 따라서 면직되고 대체되기도 했다.[46] 위헌법률심사 원칙은 남아 있었으나 많은 주법원들은 19세기 중반까지 이러한 권한행사를 시작하지 않았다. 보통법에 대한 불신이 만연했고 19세기 전반에 걸쳐서 법률개정자들이 주법의 법전화를 지속적으로 요구했지만 역시 살아남았다.

이 모든 것을 고려해보면, 위와 같은 주의 개정작업은 사법부의 운용이 수직적인 구조로 조직되었으나 다소 분권화되었음을 의미한다. 새로운 구조는 대부분의 주에서 초창기 자본주의 경제에 유익한 요소들인 확실성, 통일성, 예측 가능성을 판결과정에서 보장했다. 게다가 온건파는 전국적으로도 대대적인 승리를 거두었다.

1802년 연방법원조직법

전국적으로 제퍼슨주의 공화주의자들이 최초로 공격한 대상은 1801년의 법원조직법과 존 애덤스의 심야임명 법관들이었다. 온건파들은 법원을 폐지하는 어떠한 조치나 탄핵절차를 거치지 않고 법관들을 제명하는 것에 대한 합헌성을 염려했다. 급진주의자들은 연방주의자들이 임명한 법관들을 제거할 뿐만 아니라 연방법관의 영향력을 축소하고자 하는 근본적인 변화를 원했다. 그 최종적인 결과물이 1802년 법원조직법이었는데, 이는 "공화당의 어느 누구도 만족시키지 못하는" 법률이었다.[47]

1801년의 법원조직법을 대체한 1802년 법률은 16명의 순회법관 직위를 제거했다. 연방주의자들은 이 법이 당파적이며 결격사유가 없는 동안 임기가 보장된 법관을 제명하는 것은 위헌이라고 비난했다. 일부 온건한 제퍼슨주의자들 역시 회의적이었으나, 이들은 원래 법관의 임명권은 고유하게 당파성을 띠는 것이며 재임 중 법관의 판결을 번복하거나 처벌하는 것이 아니라는 이유로 법관직 폐지를 묵인했다.

1802년 법률은 다른 두 가지 중요한 조항을 포함하고 있었다. 첫째, 1801년 법원조직법 아래에서 법원에 수여된 권한범위를 축소해 지방의 압력이 연방법 집행에 계속 영향을 미칠 수 있음을 재확인했다. 둘째, 대법원의 대법관들이 연방 사실심에서 주민들과 정기적으로 접촉하도록 순회재판 실무를 복원했다.

공화주의자들은 역시나 대법원에 경고했다. 의회는 1802년 4월에 법원조직법을 통과시켰고 그 조항 중 하나가 6월 대법원의 회기중에 폐기되었으며 1803년 2월까지 재소집하지 않기로 대법관들에게 지시했다. 물론 공화주의자들은 연방주의자들이 장악하고 있는 대법원에서 새로운 법률을 위헌이라고 선언하지 않을까 염려했다. 마찬가지로 대법원은 그 이전에 이미 **마버리**(**Marbury v. Madison**, 1803) 사건에서, 애덤스 행정부의 마지막에 경황이 없어 임명장을 수여받지 못한 채 임명된 연방주의자들에게 임명장 수여를 거부한 공화주의자들의 정책에 대해서 판결한 경험이 있었다. 전체적으로 보아 법률의 목적은 명확했다. 제퍼슨에 따르면 이 법률은 "연방주의가 아닌 대법관을 대상으로 우리의 사법부를 복권시키기 위해" 제정된 것이었다.[48]

탄핵

급진주의자들은 1802년 법원조직법을 통해 달성할 수 없는 현직 연방주의자 법관들에게 관심을 돌렸다. 법관의 제명에 관한 헌법의 유일한 조항은 "반역죄, 뇌물죄나 다른 중죄와 경죄에 대한 유죄를 이유로 탄핵을 받은 경우"였다.[49] 이전 20년 동안 주에서 탄핵은 정치적인 문제로 변질되었고 의회의 급진주의자들은 다른 많은 초창기 헌법상의 일화처럼 주에서 실시했던 탄핵들을 비웃었다. 이들은 법관이 공직에서 제명되기 위해서 기소할 수 있는 범죄를 저지를 필요가 없다고 주장했다. 이러한 입장은 중대한 결과를 초래했는데, 왜냐하면 공화주의 정부에서 사법부는 직접적인 정치적 간섭으로부터 독립되었다는 가정을 위협했기 때문이었다. 급진주의자들은 연방주의자 법관들이 이미 정치적인 동기를 가진 행동을 취함으로써 자신들의 독립성을 포기했다고 보았고 이는 온건파가 전적으로 받아들일 수 없는 입장이었다. 제퍼슨주의자 정당 안의 분파성은 뉴햄프셔 주 연방 지방법원의 존 피커링(John Pickering)과 대법원의 대법관 새뮤얼 체이스(Samuel Chase)의 탄핵에 관련된 중요한 헌법상 판결의 토대를 이루었다.

피커링 법관은 저명한 법률가였으며 뉴햄프셔 주의 존경받는 연방주의자였으나 침을 질질 흘리는 신경장애를 가진 알코올중독자였다. 비록 치료할 수 없을 정도로 심각했으나, 피커링은 연방주의자의 이상을 충실하게 따르고 있었으며 법관직을 떠날 것을 거절했다. 탄핵안에 따르면 **엘리자(Eliza)**와 관련된 소송에서 연방관세를 부적절하게 사용했다는 책임을 물었지만 그가 연방법을 위반한 것은 아니었다. 탄핵안은 또한 그의 기이한 행동(예를 들어, 만취상태에서 법정에 나타났다)을 거명했으나, 그는 소를 기각한 것도 그의 행동이 '중죄'나 '경죄'에 해당하는 것도 아니었다.[50] 이는 문제가 되지 않았다. 급진적인 제퍼슨주의자들은(온건파와 일부 연방주의자들조차 피커링의 상태에 크게 당황했지만) 법관 제명에서 약간의 어려움에 봉착했다. 1804년 상원의 탄핵절차는 단지 2주만 지속되었고 피커링의 유죄가 결정되었다. 함축하고 있는 의의는 명확했다. 만약 급진주의자들이 광인을 탄핵해 유죄로 할 수 있다면 이들은 대법원의 철저한 연방주의자 대법관 새뮤얼 체이스에 대해서 최우선으로 탄핵을 시도할 것이 확실했다.

1805년 대법관 체이스의 탄핵은 피커링의 경우와 전혀 달랐다. 체이스는 정신이 온전했으며 자신의 행동에서 정확성을 유지하기 위해 상당히 노력했다. 급진주의자들은 반역사건과 반국가 활동 사건의 심리에서 보여준 그의 행동을 포함해 장문의 위반사항을 적시했다. 1803년 그는 볼티모어의 대배심에게 행한 연설에서 제퍼슨과 1802

년 법원조직법을 제정한 의회의 공화당원들을 비난했을 때 자신의 운명을 결정했다. 대통령은 이에 대해서 예민하게 반응해 이러한 "우리 헌법의 원리에 대한 선동적이고 공식적인 공격을 가만히 놔두어서는 안 된다"라고 하면서 일정한 조치를 취할 것을 의회에 촉구했다.[51]

체이스는 확실히 잘못된 판단, 정치적인 감정을 자극하고 자신의 임무를 저버린 무모한 태도에 대한 잘못이 인정되었으나 범죄로 유죄가 확정된 것은 아니었으며 이에 대해서는 상원에서 탄핵투표를 이끈 의회의 급진주의자들도 동의했다. 범죄행위인가를 두고 공화당의 분열은 심각했고 온건 공화당 상원들은 체이스의 탄핵안을 부결시키기에 충분한 정족수를 확보했다.

체이스의 탄핵은 18세기 말 실험적인 공화주의에서 19세기 초창기 정치적인 민주주의로의 결정적인 전환을 가져왔다. 주에서 실시한 탄핵은 이기적이고, 방탕하며 재량권을 남용한 공직자들을 제거하기 위한 (정당을 비난하는 상황 아래에서) 실질적인 방안으로 간주했다. 연방주의자들과 같이 온건 공화주의자들은 정부에 있어서 **자신들의** 정치적인 규정에 대한 조직적인 반대가 전체 헌법질서를 위협할 수 있다는 것과 자신들이 연방주의자들의 마음에 상처를 준 것을 안타깝게 생각했다. 그러나 이들은 다음과 같은 점에서 연방주의자들과 달랐다. 온건 공화주의자들은 자신들이 탄핵안을 심리하는 과정에서 희생자가 될지도 모른다는 점을 인식한 것과 자신들의 탄핵 반대과정에서 얻은 교훈으로부터 혜택을 받은 것처럼 보인다. 사법부에 대한 정치적인 개입은 온건주의자들이 비정치적인 법질서에 대해 인정한 공약에 반하는 것이었다. 제퍼슨주의 온건파들은 이러한 정치적인 문제들은 (비록 자신들도 항상 이에 따라 행동한 것은 아니지만) 입법부와 행정부의 권한에 속하는 것이 적절하다고 인정했다. 이러한 규정은 연방 사법부가 입법부의 비전문적인 비판, 권한침해와 트집잡기에 따른 두려움으로부터 벗어나게 했다. 대법관 체이스 탄핵 일화는 탄핵이 "국가의 의사와 합리적인 조화를 이루도록 법원을 강요하는 수단"으로 이용되어서는 안 된다는 것을 의미한다.[52]

그러나 1802년 법원조직법과 함께 이뤄졌던 대법관 체이스의 탄핵은 연방 사법부를 더욱 위축시켰다. 하급 연방법원의 완전한 전국화 가능성은 향후 75년 동안 완성되지 않은 채 남아 있었다. 의회는 진정 효과적인 연방 대법관을 위해서 요구된 치유책(1801년 법원조직법에서 규정한)을 보완하기를 거절했다. 하급 연방법원의 관할권 제한으로 주의 법관들과 입법자들은 민사법과 형사법의 주요 실체법 분야를 발전시키려고 노력했다.

대법관 체이스의 탄핵은 상급법원의 다른 구성원들, 특히 1801년 존 애덤스가 임기 종료 직전에 임명한 대법원장 존 마셜에게 확실한 경고 메시지를 전달했다. 마셜은 만약 체이스가 탄핵되면, 자신이 다음 차례가 될 것이라고 믿었던 것(아마 정확하게)처럼 보인다. 이러한 인식은 기존에 정치적인 논란의 여지를 많이 가지고 있던 마셜이, 문제해결이 법정에서 정치적인 타협으로 이뤄지는 것을 가능한 피하도록 노력하는 데 기여했다.

대법원과 연방 사법권의 성장

급진적인 제퍼슨주의자들의 연방 사법제도에 대한 공격에도 불구하고 대법원의 영향력은 1801~1815년 사이에 지속적으로 성장했다. 대법원의 권위신장은 버지니아 출신의 연방주의자이자 유능한 법률가인 존 마셜의 지도력에 힘입은 바가 크다. 대법원장은 타고난 재능과 온건하고 꾸밈없는 행동, "논쟁의 핵심을 꿰뚫어보는 보기 드문 압축능력"을 모두 가지고 있었다.[53] 그는, 새로운 국가에는 능력 있는 사람들이 모든 사람들을 이롭게 할 권한을 행사할 수 있는 강력한 제도가 필요하다는 믿음에 근거한 원대한 포부를 가지고 있었다. 마셜은, 사법부는 정치로부터 법의 권위를 분리해야 한다고 믿었다. 그렇다고 해서 마셜이 비정치적이었다는 것을 의미하지 않으며 오히려 이와는 정반대였다. 그는, 법원이 선출된 사람들의 기관에 속한 사람들의 권한에 끼어들지 않음으로써 성공을 담보할 수 있다고 이해했다. 그리하여 법이 과도한 정치적인 고려에서 핵심가치를 유지하고 대법관들은 법률적인 판단문제로 정치적인 결과를 가지기에 충분히 무르익은 헌법상의 분쟁을 다루어야 한다는 기본원칙을 확립하기 위해 30여 년 이상 심혈을 기울였다.

연방 보통법상의 범죄

마셜 대법원은 연방 보통법상의 범죄가 있는가의 문제에 대해서 신중하게 접근했다. 대법관들은 그렇게 하는 헌법상 근거가 의심스러웠기 때문에 이러한 잠재적인 관할권 확대를 거절했으며, 마찬가지로 중요한 것은, 이러한 관할권은 잠재적으로 대법원을 지나치게 정치적인 역할에 끼어들게 한다는 것을 인식했다.

1790년대 내내 비법령상의 연방범죄나 보통법상의 범죄의 존재는 뜨거운 논쟁거리였다. 1789년 법원조직법은 연방 순회법원에 "미국의 권한 아래에서 인식될 수 있는 범죄와 위반"에 대한 관할권을 인정했다.[54] 법령은 이러한 범죄가 무엇이고 연방권한의 내용이 무엇인지를 특정하지 않았다. 1790년 의회는 실제로 법절차 방해부터 반역죄까지 17개 범죄를 정의한 법을 제정했으며 또한 피고인에게 자신에 대한 영장사본을 제공하는 것과 같이 일정한 절차적 안전장치를 제공했다. 위반목록이 짧은 것은 의회가 정책결정의 주요기능을 주에게 남겨두길 원했거나 연방법관이 빈 부분을 채우도록 기대했음을 가리킨다.

연방주의자들은 보통법상의 범죄에 대한 개념을 지지했다. 공화주의자들은 이에 반대했다. 대표적인 급진주의자인 로어노크의 존 랜돌프(John Randolph of Roanoke)는 "아래의 법원이 영국 보통법을 우리에게 부과할 수 있었다면 언론과 출판의 자유에 대한 축소를 금지할 필요가 없다. 우리는 영국 보통법—거의 무제한적으로 처벌할 수 있는 허가—이 무엇인지를 안다"라고 주장했다.[55] 다른 한편 연방주의자들은 전국 법원이 이러한 권한을 요구했다고 생각했으며 1790년대 내내 연방주의자 법관들은 대법관 새뮤얼 체이스의 역설적인 예외와 함께 마치 이러한 보통법상의 관할권을 향유하는 것처럼 스스로 행동했다.

대법원은 **허드슨 앤 굿윈**(**United States v. Hudson and Goodwin**, 1812) 사건에서 범죄를 규정하고 있는 연방 보통법이 헌법에 근거를 가지고 있는가를 결정할 기회를 가졌다. 이 사건은 루이지애나를 획득할 수 있도록 200만 달러를 나폴레옹 보나파르트에게 지불하기 위해 대통령 제퍼슨과 의회가 공모했다고 비난한 〈코네티컷 코란트 *Connecticut Courant*〉지 1806년 5월 기사에 대한 명예훼손 소송 사건이었다. 1812년 전쟁 직전에 공화주의자들은 연방주의자들이 일찍이 했던 것처럼 정치적인 반대자들을 잠재우기 위해 연방법원을 이용하는 것을 탐탁지 않게 생각했다.

그러나 대법원은 연방 보통법상 범죄라는 개념을 확실하게 부인했다. 제퍼슨이 임명한 대법관 윌리엄 존슨(William Johson)은 그 문제에 관해서 연방 보통법상 관할권이 없었다는 "여론이 형성된 지 오래되었다"라고 판결했다.[56] 판결은 관련입법이 부재한 경우 연방법원은 형사상의 위반을 심리하고 처벌할 권한이 없다는 것을 의미했다. 판결은 개인의 자유가 사법상 재량의 엄격한 규제를 요구한다는 원리를 재확인했다. 이는 또한 주는 범죄에 대해 연방 보통법과의 경쟁에 구속받지 않는 광범위한 복지권능을 보유할 수 있다는 것을 명확하게 했다.

연방 위헌법률심사제도의 등장

이 기간 동안 마셜의 가장 두드러진 업적은 상급법원이 연방법과 주법 양자에 대해서 위헌 여부를 검토할 수 있는 권한을 확립한 것이었다. 마셜은 "의회가 헌법상 열거된 권한을 벗어나 법률을 제정한 경우 법관은 이러한 법률에 대해서 자신들이 수호하는 헌법위반으로 간주할 수 있다. … 법관은 이를 무효로 선언할 수 있다"라고 1788년 연방헌법 비준을 위한 버지니아 회의에서 주장했다.[57] 마셜은 기념비적인 **마버리** 판결에서 이러한 단어에 실질적인 의미를 부여했으며, 그러고 나서 7년 뒤에 **플레처**(**Fletcher v. Peck**, 1810) 판결에서 주법을 무효화함으로써 미국 연방주의에 대한 위헌법률심사제도의 중요성을 보여주었다.

마셜 자신은 **마버리** 사건에서 정점에 이른 일련의 사건에 크게 기여했다. 1801년 대법원의 임명 직전에 마셜은 국무장관으로서 열렬한 연방주의자이며 애덤스 대통령의 심야 임명자 중 하나인 윌리엄 마버리(William Marbury)에게 컬럼비아 특구의 치안판사 임명장을 전달하지 못했다. 마버리는 뒤에 공화주의자인 신임 국무장관 제임스 매디슨에게 임명장 발급을 재요청했고 매디슨이 이를 거절하자 마버리는 직무집행영장(관계 공무원에게 특정한 행동을 지시하는 법원 발부 영장) 발행 관할권을 대법원에 인정하고 있는 1789년 법원조직법 제13조를 인용해 직접 대법원에 제소했다.

대법원장의 의견 첫 부분은 정부가 함부로 부당하게 변경할 수 없는 기득권이라 불리는 성질상 일정한 권리가 있다는 근거로 마버리의 주장을 인용했다. 마버리는 임명을 통해서 일종의 재산권을 수여받았으며 그는 법에 따라 이를 받을 권원을 가졌다. 마셜은 대법원이 기본법에 근거한 권리를 보호할 헌법상 의무를 지기 때문에 그러한 권리에 도달할 권한을 가지고 있다고 의견을 개진했다. 마셜은 정치적 권리와 다른 권리에 대해서 전자는 선출된 기관의 배타적 영역이며, 후자는 자신의 임명에 대한 마버리의 주장을 포함해 대법원의 책임으로 구분했다. 마셜은 판결의 첫 부분에서 마버리에게 인정한 것을 뒤에서는 언급하지 않았다. 대법원은 위헌법률심사제도(기본권의 옹호)의 근거를 언급하면서 마버리에게 구제수단을 제공할 수 없다는 점을 발견했는데, 마셜은 그 이유를 제13조에서 의회가 대법원의 제1심 관할권을 부적절하게 확장했기 때문이라고 했다. 헌법 제3장은 법원의 제1심 관할권에 포함할 내용을 모두 적시하고 있었는데, 거기에 직무집행영장의 발부는 포함되지 않았다. 대법원장은 권력분립 원리 아래에서 대법관이 의회의 위헌적인 입법을 집행할 수 없다는 원칙을 선언했다. "법이 무엇인가를 말하는 것이 사법부의 영역이자 의무임이 명백하다. … 만약 2개의 법률이 충돌하면 법원은 각각의 운용에 대해서 결정해야 한다"라고 적었다.[58]

마버리 사건에 대한 마셜의 의견은 여러 가지 면에서 중요했다. 첫째, 이는 기득권 개념을 정착시켰고 법원이 그 보호자 역할을 하도록 했으며 둘째, 이는 여러 주의 상급법원이 주의회를 상대로 발전시켜온 위헌법률심사와 동일한 권력분립이론을 주창했다.[59] 셋째, 이는 남북전쟁 이전에 법원이 연방법을 파기한 두 가지 사건 중 하나였으며 다른 하나는 노예문제를 다룬 유명한 **드레드 스콧**(**Dred Scott v. Sandford**, 1857) 사건이었다. 대법원은 권력분립이론에 따라 부담이 없게 되자 연방헌법 문제나 연방법, 조약과 충돌하는 주 입법을 검토하는 데 있어서 매우 적극적이었다.

플레처 사건에서 마셜은 계약의 신성함을 인정하고 그 내용을 개인과 계약을 체결한 주 정부에 대해서도 확대 적용했다. **플레처** 사건은 조지아 주의 의회가 투기자에게 판매한 오늘날 앨라배마와 미시시피 주에 걸쳐 있는 약 100만 에이커의 토지와 관련된 소송이었다. 의회의 조치를 무산시키기 위해 많은 돈이 뇌물로 뿌려졌다. 거의 모든 의원들이 뇌물을 받았다. 비록 투기자들이 선의의 제3자에게 토지의 대부분을 넘긴 뒤였지만 차기 의회는 많은 일반인들의 관심 속에서 원래의 입법을 무효화시켰다.

플레처 사건에서 마셜의 의견은 헌법상 계약조항을 위반했기 때문에 그 법률이 무효라고 선언했다.

그 뒤 몇 년에 걸쳐서 대법원은 유사한 판결을 했지만 일부 주는 이를 무시했다. 뉴저지 입법부는 델라웨어 인디언들이 소유했던 토지는 세금이 면제된다고 특정했다. 델라웨어가 이 땅의 대부분을 판매했을 때 뉴저지는 새로운 비원주민 소유자에게 세금을 부과하려고 했다. 대법원은 유사한 계약조항 위반이라고 판결했으나(**New Jersey v. Wilson**, 1812) 주는 판결을 무시하고 "어쨌거나 세금을 부과했다."[60] 대법원이 외국인에게 재산상속권을 부정하는 버지니아 주의 법령은 페어팩스 경(Lord Fairfax)의 상속인들을 유리하게 하는 파리조약의 규정을 위반했다고 판결(**Fairfax's Devisee v. Hunter's Lessee**, 1813)했을 때 버지니아 대법원의 대법관들은 연방대법원의 권한에 도전했고 명령이행을 거절했다. 대법원은 권한(1789년 법원조직법 제25조)을 재확인했고 그 명령을 반복(**Martin v. Hunter's Lessee**, 1816)했으나 버지니아 입법부는 1798년에 인정된 주에 대한 연방권한의 우월성을 부인하는 권한에 따른 해결책으로 대응했다. 버지니아 주는 이 문제에 대해서 굴복하지 않았다.[61] 나중에 1820년대에 대법원은 버지니아와 켄터키에서 벌어진 권원과 개량에 대한 분쟁에서 주의 토지법이 우선한다는 켄터키 주의 충돌로 펼쳐진 정치적 지뢰밭을 통해 그 해결책을 신중하게 선택하려고 노력했다. 결론(**Green v. Biddle**, 1823)이 버지니아 측으로 내려지자 매우 용감한 켄터키 항소법원은 양도저당 실행절차를 연기하는 켄터키 법령은 위헌이라고 판결했다. 그리하여 입법부는 법원을 폐지했고 이를 농장채무구제방안과 같이 우호적인 법률을 가지고 대체했으며 새로운 켄터키 항소법원은 연방대법원이 파기한 법령을 집행했다(**Bodley v. Gaither**, Ky. 1825.) 1837년 금융공황으로 여러 주 입법부는 채무자에게 채권을 변제할 시간을 연장해주고, 실행된 양도저당물의 판매조건을 규제하는 '일시적 유예' 법을 제정했다. 대법원은 이러한 법령의 일부가 대주와 차주 사이에 이미 창설된 계약변경에 해당한다면 일리노이 주법의 하나는 연방헌법 제1조 10항에 금지된 소급입법이라고 판결했다(**Bronson v. Kinzie**, 1843.) 그러나 원래 반항적인 주 법관들은 대법원의 판결을 무효화했다. 예를 들어, 펜실베이니아 주 대법원장 존 배니스터 깁슨(John Bannister Gibson)과 동료 대법관들은 펜실베이니아 주의 일시적 유예법을 무효화하기 위해 **브론슨(Bronson)** 판결을 따라야 한다는 채권자의 주장을 무시했다. 법원이 입법부가 제정한 법을 위헌으로 선언할 권한이 있다는 주장(위헌법률심사권)에 대해서 완고한 비판가인 깁슨은, 1840년대 크게 세를 얻었으나 19세기 말에는 사용되지 않았으며 1930년대 말에야 비로소 부활한 헌법상의 견해를 제공했다. 그는 "의회가 갑작스러운 재난으로부터 일반대중을 구제하기 위해서 재산권을 희생시키거나 새로운 입법을 제정할 수 없다고 하는 것은 지금까지 그 합헌성이 문제되지 않았던 많은 법률들을 무효화하는 것이라고 판시했다."[62]

남북전쟁 이전의 연방대법원은 무능하지는 않았다. 그 판결의 대다수를 주법원이 널리 존중했고 전적으로 준수했으나 그렇지 않은 경우도 있었다. 결과적으로 우리는 오늘날의 대법원과 이 당시의 대법원을 혼동하지 않아야 한다. 대법원의 판결이 대부분의 주에서 거의 항상 받아들여지기까지 남북전쟁과 대법원과 연방정부를 향한 문화적 태도에 있어서 혁명을 경험한 뒤였다.

법률제도

1815년 무렵 법과 정치, 주와 연방 그리고 상업과 농업의 관계에 대한 온건 제퍼슨주의 공화주의자들의 견해가 득세했다. 온건파들은 필라델피아의 헌법 제정자들이 만든 광범위한 원리와 제도를 보완하고자 투쟁한 연방주의자들과 제퍼슨주의 공화주의자들의 중간에 위치하고 있었다. 넓은 지역에 전파된 공화주의 정부에서도 역시 반대파도 용인할 수 있다는 생각이 점점 천천히 대두되었으며 연방주의자들과 제퍼슨주의 공화주의자들 모두는 각자의 동기에 대해 진지한 의심을 품고 있었다. 그러나 정부에 대한 반대는 합법적이며, 공공정책에 대한 충돌은 정치적인 절차와 마찬가지로 법률적인 절차에 따라 해결할 수 있다는 생각이 온건파의 득세로 등장했다. 법률은 정치적인 담론의 확장이었으며 이는 더 나아가 "미국에서 발생한 어떠한 정치적인 문제라도 해결을 보지 못하면 거의 사법상의 문제가 된다"라고 미국을 방문한 프랑스인 알렉시스 드 토크빌(Alexis de Tocqueville)은 고찰했다.[63]

온건파들은 연방과 주헌법에서 산발적으로 규정하고 있는 내용으로부터 혼합법률제도를 만들었다. 제도는 엘리트적인 요소와 민주적인 요소를 잘 조화시켰고, 분권화되었으나 위계질서를 가지고 있었다. 이는 계몽주의의 합리성과 통일적이고 일관성 있는 법률에 근거한 안정된 경제질서가 필요하다는 미국 자본주의의 요구를 강조했다. 그리고 역시 새로운 제도는 급진주의자들이 강력하게 주장한 것처럼 일반인들은 비공식 중재와 화해제도나 공식적으로 입법을 통해 보통법의 법전화 같은 것을 시도하기보다는 법에 대해서 훈련을 쌓은 법률가와 법관들에 의존했다.

'새로운 시대를 위한 새 질서' 는 단연코 주를 중심으로 하는 질서였다. 법과 정치 사이에 발생한 충돌의 적절한 해결은 지역 배심원들에게 상당한 재량권을 남겨두었으나 이는 또한 자신들의 복지권능(건강, 안전, 도덕과 복지를 제공할 수 있는 권한)을 적극 인정하는 실체적인 보통법과 주 입법들을 해석할 수 있는 권한을 가지는 주 상급법원을 염두에 두었다. 온건파의 득세는 각 주에서 남북전쟁 이전의 경제적인 자원의 할당과 사회정책에 대한 가장 중요한 결정을 이끌어냈다. 자신들의 관할권이 줄어든 연방법원은 주의 권한에 대해서 최소한의 견제를 했다. 연방대법원은 위헌법률심사제도의 중요성을 보여주었으나 연방사법과 입법상의 권한이 정점에 이른 것은 미래의 일이었다. 연방대법원이나 의회가 아닌 주 법관과 의원들은 독립전쟁 후 첫 100년에 법의 눈부신 발전을 이룩하고자 협력했다.

5

적극적인 국가와 혼합경제: 1789~1861

The Active State and the Mixed Economy: 1789~1861

분배적 정의

미국인들은 독립과 함께 혁명의 중요한 목표 중 하나인 자신들의 경제적인 운명을 결정할 수 있게 되었다. 이들은 새로운 경제번영의 기회를 철저하게 이용했다. 미국인들은 현상유지가 아닌 앞서가기를 원했다. 1830년대 알렉시스 드 토크빌은 "이윤 추구가 다른 나라 사람들과 미국 사람들을 구분 짓는 가장 뚜렷한 특징"이 되었다고 주장했다.[1] 《국부론*Wealth of Nations*》(1776)의 저자인 위대한 영국 경제학자 애덤 스미스(Adam Smith)는 다음과 같은 원고를 준비했던 것처럼 보인다. 개인의 물질적인 이득이라는 보이지 않은 손이 새로 건국한 나라의 집단적인 경제진보의 길잡이가 될 것이라는.

이윤추구의 동기는 풍부한 자원을 가진 신대륙에서 만연해 있었다. 소규모 도시와 시골생활은 남북전쟁 이전 70년 동안 미국생활을 대표했으나 경제변동의 징후가 도처에서 눈에 띄었다. 19세기 중반 위대한 기술적인 발명인 기관차와 증기선에서 연기가 뿜어져 나왔으며, 식민지 경제의 특징인 개인적이고 비공식적이며 지역적인 거래는 지역 특성화에 바탕을 둔 몰개인적인 국가와 국제적인 상업시장경제에 점차 자리를 내주게 되었다.

시장은 이윤발생을 위한 사적 교역이 이루어지는 장소이다. 남북전쟁 이전에 시장은 놀라울 정도로 팽창되었다. 이는 사람들이 대서양 연안에 정착했다가 태평양을 향해 발길을 옮겨 미국 전역에 흩어진 것과 같았다. 남북전쟁 발발 당시에 인구 5명 중 2명이 애팔래치아 산맥 서쪽에 살았다. 기존의 거주지역은 더욱 밀집되었고 이민과 높은 출산율로 과밀해졌다. 뉴욕 시의 거주자는 남북전쟁 직전에 100만 명에 이르렀고 필라델피아도 거의 비슷한 수준이었다. 해외수입과 국내시장은 크게 팽창해 남부 노예주에서는 목화 농장주에게, 북부에서는 상업과 제조업에, 그리고 중서부에는 식량 생산자들에게 엄청난 기회를 제공했다. 1850년경에 미국역사에서 최초로 제조상품의 가치가 농산품의 가치를 앞질렀다.

경제변화는 이윤을 위한 사적 개인들 사이의 교역에 기초했다. 경제적인 결정과정의 사유화는 남북전쟁 이전 시장의 가장 중요한 특징 중 하나이다. 시장은 법의 창조자가 아니었다. 이는 상인, 은행가, 대부자와 수신자 그리고 농부와 대농장주들이 취한 행동의 산물이었다. 사유화는, 경제적인 권리의 분배가 연방이나 주정부의 명령보다는 사적 개인 사이의 합의에 따라 도출됨으로써 생긴 것이다. 사유화는 공화주의 이론과 완전히 일치했다. 영국제국의 역사는 정부의 제약받지 않는 권한은 경제적 자유를 위협한다고 미국인들에게 가르쳤다. 사적인 경제 교섭력의 신장은 정부권위에 대한 견제로 이어졌다. 토머스 제퍼슨은 1801년 자신의 첫번째 대통령 취임식에서 다음과 같이 선언했다. "현명하고 검소한 정부는 서로에게 피해를 입히는 사람을 제지하고 스스로 산업활동과 개선을 자유롭게 추구하도록 내버려두어야 한다."[2]

경제발전은 또 다른 공화주의이론인 공공의 이익이라는 사상과 잘 부합했다. 남북전쟁 이전의 미국인들은 '교조적인 자유방임주의'를 신봉하지 않았다.[3] 이 용어는 "내버려 둬(let alone)"라는 의미였는데 이는 보통 《국부론》(1776)에서 애덤 스미스가 고안한, 수요와 공급이 정부의 간섭 없이 작용하는 공개적인 자유시장경제제도를 기술하기 위해 사용했다. 그러나 공공의 이익을 목적으로 정부가 사적 시장에 개입하는 혼합경제활동에 대한 아이디어는 엄격한 자유방임이론보다 남북전쟁 이전의 경제에 대한 법의 영향력을 잘 보여주고 있다.

연방의회와 주 입법부는 시장을 규제하거나 활성화하는 법률들을 제정했다. 입법부에서 경제적인 문제에 대한 결정은 정치적인 문제였다. 사실, 1830년대에 부분적으로는 경제에 관한 입장 차이로 잭슨주의 민주당과 휘그당으로 이루어진 국가 최초의 양당제도가 등장했다. 이러한 정당들은 각 정당들이 다루고자 한 사회적인 관심사에 대한 공공정책을 수립하는 데에 있어서 주 입법부와 연방의회에서 다수파의 입지를 강화하기 위해 등장했다. 초창기 정치문화를 지배했던 존중과 사회적 합의 개념은 사라졌다.

남북전쟁 이전 경제(일반적으로 미국 경제사)에서 법률상 가장 중요한 문제는, 이미 시장에 개입하고 있었기 때문에 입법자가 시장에 개입할지의 문제가 아니라 오히려 분배적 정의의 문제였다. 이는 입법부와 사법부가 법률을 통해서 어떻게 경제성장의 비용, 이익과 위험을 할당할 것인지의 문제였다. 분배적 정의를 산정하는 것은 입법부와 사법부를 통해 변경을 가로질러 전국적인 연방제 아래에서 이루어지기 때문에 어려운 문제였다. 이 장에서는 실정법—입법부에서 제정된 법률—이 남북전쟁 이전에 혼합경제에 기여한 점을 점검하고 다음 장에서는 보통법—법관이 만든 법—과 법률의 사법적인 해석에 대해 관심을 기울이고자 한다.

연방제 아래에서 실정법과 혼합경제제도

미국에서 법의 역사는 광범위하게 말해서 법제도의 역사이다. 연방의회와 주의회는 19세기 가장 중요한 '입법자' 였다.[4] 이들은 시장을 활성화하고 규제하고자 실정법을 통해 경제적 정의를 분배했다. 연방주의는 연방의회보다는 각 주에서 좀 더 빈번하고 강력하게 개입함으로써 자신들의 활동범위를 다르게 했다. 이 시기의 경제 활성화나 규제는 행정국가라고 부를 정도로 정부의 개입이 크게 이뤄진 20세기 말과 비교할 수준은 아니었다. 입법적인 판단은 정치적인 판단이며, '공공의 권리' 에 봉사하기 위한 것이라는 입장을 취했다.[5] 이러한 개념은 전체로서 공공조직인 연방이 사적 개인의 이익보다 우선하는 일정한 권리를 가진다는 것이었다. 입법부에서 당파성, 지역성과 주 내부의 지역적 라이벌들이 공공의 이익을 결정했다. 19세기 초 갑작스러운 경제활동의 증가로 입법에서의 활성화나 규제가 약해졌다. 이는 초창기 주의회의 적극주의, 연방의회에서의 정치적인 교착상태와 주의회가 불공정하게 경제적 정의를 분배했다는 책임에 대한 희생양이었다. 1840년대 말과 1850년대의 대중주의자들과 반정부주의자들의 선동은 입법권을 축소하려는 헌법수정 움직임으로 분출되면서 정점에 이르렀다.

의회와 기업활동의 촉진과 규제

의회는 초창기에 사적 시장의 개입에 강한 열의를 가지고 있음을 보여주었다. 연방주의자 재무장관 알렉산더 해밀턴은 1790년대에 상업과 제조업에 유리한 정책을 채택하도록 의회를 설득했다. 이 정책은 신용등급을 개선하기 위해 주의 독립전쟁 채무를 인수하고 연방기금의 조성, 그 채무를 지불하기 위한 조세와 관세의 면제, 유치산업 보호와 통화안전을 위한 연방은행의 설립 등이었다. 1800년 선거 이후 남부의 가장 급진적인 제퍼슨주의 공화당원들은 해밀턴의 주요정책을 지지했다. 제퍼슨은 최초의 대규모 국내 도로망 개선을 목적으로 하는 연방도로 건설계획을 명령했다. 이어서 제임스 매디슨은 제2차 미국연방은행 설립과 1816년 관세법안을 승인했고 제임스 몬로(James Monroe)는 체사피크와 델라웨어 운하회사에 30만 달러를 투자하기로 하는 의회의 법안을 승인했다. 존 퀸시 애덤스는 루이빌과 포틀랜드 운하, 디즈멀 대습지 운하와 체사피크와 오하이오 운하건설에 있어서는 연방정부의 재정적인 지원법안을 승인했으나 일리노이와 인디애나 주의 운하건설에 대해서는 토지만을 수여하기로 결정했다.

의회는 경제성장을 촉진시키는 수단으로서 법을 이용했다. 사적 투자자들은 공적으로 후원받은 기업들 일부가 재정적으로 성공했을 때 이윤을 남겼으나 공공의 이익을 목적으로 한다는 강력한 이념이 이에 영향을 미쳤다. 연방정부의 사기업 활동 보조는 상업과 제조업 활동을 장려하는 조건을 조성하거나 운송수단 개선을 위해 직접 보조함으로써 전 국민을 이롭게 할 목적으로 이루어졌다. 이러한 의회정책은 농산품과 제조품을 취급하는 전국적인 상업시장이 성장하는 밑거름이 되었다. 이러한 전국적인 경제부양책이 모든 사람들에게 똑같이 이익을 가져다 준 것은 아니다. 잭슨 대통령은 의회에 대한 최초의 메시지에서 체로키 인디언들이 "단지 산 위에서 내려다보거나 추적하기 위해서 지나쳤기 때문에" 사냥을 위해 이용해왔던 토지에 대해서 권원을 가질 자격이 없다는 것에 동의하는 청중들에게 연설했다. 잭슨은 전에 12년 동안 장교로서 영국에서 새로 이주해온 무단 점거자들의 공인되지 않은 소떼와 체로키와 크릭 인디언 땅의 정착민들을 열정적으로 제거했으나 대통령으로서 연방법 실시 거부자들을 달래야 하는 어려운 일에 직면해 조지아 주 정부와 다음과 같은 협의를 체결했다: 사우스캐롤라이나의 연방법 실시 거부자들을 지원하지 않으면 연방정부는 '당신'의 땅으로부터 인디언들을 제거할 것.[6] 의회는 1830년 인디언격리법에서 남동부 수천 명의 인디언들을 조상 대대로 물려받은 땅에서 오늘날의 아칸소와 오클라호마 주에 걸쳐 있는 척박한 인디언 거주지역으로 내몰았다. 이들의 '눈물의 대열(trail of tears)'은 백인들이 경작하기에 좋은 땅이라고 생각한 인디언들의 옛 땅을 개간하기 위해 적법하게 집행된 정책이었다.

다른 의회의 정책들도 백인들 사이에 지역과 계층에 따라 논쟁의 대상이 되었다. 서부사람들이 원한 것이 동부사람들에게 항상 최선은 아니었으며 제조업자의 이익을 위한 것이 소농과 노동자들에게 반드시 도움이 되는 것은 아니었다. 1820년 이후 많은 남부인에게 수입품에 대한 높은 관세는 단지 운하와 애팔래치아 산맥 너머로 도로를 건설하는데 필요한 재원을 조달하는 짐을 지는 것을 의미했다. 게다가 1820년대 국내 도로망 확충에 대한 의회의 논의에 대해서 존 랜돌프는 "의회가 이러한 법안에서 제안된 안건을 처리할 권한을 가지고 있다면 미국의 모든 노예도 해방할 수 있을 것이다"라고 말했다.[7]

당파적인 충돌은 의회의 입법기능을 훼손시키는 정치적인 오류를 범했다. 연방경제정책에 대한 당파적인 긴장의 가장 대표적인 증거는 사우스캐롤라이나 주의 회의에서 연방관세를 무효화한 조례를 채택한 1832년 무효화 위기에서 볼 수 있다. 연방관세의 무효화를 주장하는 사람들은 자신들의 경제번영의 토대인 노예제가 관세의 직접적인 효과로서 붕괴할 것을 염려하는 사람들이었다. 남북전쟁 이전까지는 노예라는 유령이 항상 국가경제에 대한 논쟁의 표면으로 떠올랐다. 앤드류 잭슨(Andrew

Jackson) 대통령은 연방탈퇴론을 비난하고 무효화를 주장하는 사람들에게 이를 철회할 것을 요구하며 무효화 위기에 강력하게 대응했다.

1830년대에는 계층 간 위화감을 조성하는 의회의 역할에 대한 비난이 등장하기 시작했다. 앤드류 잭슨의 민주당은, 의회가 종종 이미 자본을 소유한 소수에게 자본이 부족하나 야심이 많은 사람들을 희생시켜 부를 쌓는 독점형태의 특권을 인정함으로써 경제성장을 활성화하는 이익과 비용을 불공평하게 분배했다고 주장하면서 기득권 원리에 반기를 들었다(물론 민주당 입법자들이 뉴욕에서와 같이 특허를 주었던 주 은행의 주식을 상당히 제공받았던 지도자들은 여러 사례에 대해서 거의 입을 다물고 있었다.) 동시에 켄터키 주 상원의원인 헨리 클레이(Henry Clay)가 이끄는 휘그당은 연방정부가 자본가들에게 위험을 무릅쓰고 경제활동에 나서도록 격려해야 한다고 주장했다. 클레이는 의회에서 선택의 여지가 없다고 동료의원들에게 말했다. 자본가들은 "일반정부가 후원하기 때문에 공공의 이익에 필요한 내부개선은 결코 이룩되지 못할 것"이라고 주장했다.[8] 제2차 미국연방은행, 관세, 공공토지정책과 신규 발명품에 대한 특허권의 운명은 연방정부의 정치적인 통제를 통해 잭슨주의 민주당이 어떻게 의회의 직접적인 경제부양 역할을 점차 축소해나갔는지를 보여준다.

은행은 경제적으로는 중요하지만 정치적으로는 논란의 대상이었다. 남북전쟁 이전의 경제에서 주은행은 주요한 교환수단으로서 은행어음과 가장 중요한 신용원으로서 은행대출을 제공했다. 은행어음은 대출을 후원했다. 은행이 많은 어음을 발행할수록 더 많은 대출을 할 수 있었다. 그러나 어음의 가치는 은행이 보유하는 금과 은의 정화(正貨)가치에 의존했다. 만약 은행어음이 정화준비율보다 많이 발행되면 일반대중은 통화로서 정화를 신뢰하지 않을 것이고 가치가 평가절하되며 먼 지역의 시장에서 이루어지는 영업거래는 불확실성을 갖게 된다.

1816년 의회가 제2차 미국연방은행을 설립하기로 특허장을 수여했을 때, 연방은행은 혼합경제기업의 고전적인 모델이 되었다. 의회는 정부가 500만 달러를 투자하는, 자산규모가 모두 3,500만 달러인 연방은행을 설립하기로 했다. 25명의 이사진에는 대통령이 임명하는 5명의 공익이사들이 포함되어 있었다.

의회는 연방은행 설립에서 부양과 규제의 목표를 혼합했다. 은행과 그 여러 지점들은 연방정부의 곳간 역할을 했고 외국 투자자와 함께 연방기금은 자신의 어음을 발행할 수 있는 토대를 제공했다. 은행은 어음 소지자에 대한 채무를 지불할 때 약세인 주은행의 어음수령을 거부하여 주은행이 어음발행 시 좀 더 신중하게 행동하도록 함으로써 통화안정에 기여했다.

은행의 유용성에 대한 인식은 개인의 경제적인 입장에 따라 달랐다. 채무자들과 투기자들은 은행이 현금을 긴축운용했으며 상환이 불가능하게 되면 계좌를 폐쇄하는 '괴물'에 지나지 않는다고 부적절한 비난을 했다. 미주리 출신의 상원의원인 토머스 하트 벤턴(Thomas Hart Benton)은 필라델피아에 본점을 둔 연방 은행을 서부지역 농부들을 위해 이전해야 한다고 주장했다. 또한 "서부의 모든 신흥도시들은 이러한 화폐력에 볼모로 잡혀 있으며 그 괴물의 주둥이 속에 있게 되었다. 은행은 개 입속의 버터 덩어리이며 한 번 삼키고 나면 없어지는 것"이라고 의회에서 맹비난했다.[9] 은행은 평가절하되지 않은 통화로 미래의 상환을 기대하는 채권자들과 안정된 통화를 선호하는 상인과 제조자들의 지지를 얻었다.

제2차 미국연방은행의 특허장 갱신일이 도래한 1832년 의회의 경제부양 역할에 지속적인 결과를 미친 정치적인 소용돌이가 발생했다. 앤드류 잭슨은 "은행이 나를 죽이려 하나 내가 그것을 없애버릴 것"이라고 선언했다.[10] 그리하여 은행을 폐지했다. 의회가 은행 재특허 법안을 통과시켜 대통령에게 송부했을 때 그는 이에 대해 거부권을 행사했다. 잭슨은 여러 가지 이유로 법안을 거절했는데, 예를 들어 의회는 이러한 법안을 제정할 권한을 갖고 있지 않으며, **맥컬로우(McCulloch v. Maryland**, 1819) 사건에서 대법원은 의회가 헌법상의 '필요하고 적절한' 규정에 따라 이러한 권한을 가진다고 한 판결은 부적절하다고 주장했다. 잭슨과 민주당 지지자들은 의회가 입법권을 통해 특정한 이익에 봉사하는 것이 공공의 이익에 봉사하는 것이라는 사상에도 마찬가지로 반대했다. "정부에는 원래 악이 없으나 악은 이를 남용할 때에만 존재한다"라는 뜻을 의회에 전달했다.

앤드류 잭슨은 법치주의 위에 군림하려고 하지는 않았으며 분배적 정의에 대한 그의 견해는 주에 중요한 역할을 남겨놓았다. 그는 대통령도 경제발전을 촉진하기 위해 특허장을 수여할 헌법상의 권리를 가지고 있다고 주장했다. 잭슨은 은행이 경제에 없어서는 안 될 중요한 것이라고 이해했으며 자신의 두 번째 재임기간에는 자신의 지지자들 다수가 통제하고 있던 주 은행에 대한 연방준비금제도를 없애도록 지시했다. 제2차 미국연방은행에 대한 다툼은 궁극적으로 많은 대가를 치러야 했다. 그러나 그 이후부터 남북전쟁이 발발할 때까지 은행의 부양과 규제는 철저하게 주의 역할이었다. 분배적인 경제정의에 대한 결정은 주입법에 집중되었다. 처음에는 투기자, 채무자와 주식 중개인이 이익을 보았으나 자유방임의 대가는 1837년 공황으로 인해 발생했다. 이는 연방은행의 폐지로 잭슨 대통령이 도움을 공언했던 소상인과 농부들을 절망적인 상황으로 빠지게 만든, 지폐에 대한 투기 거품이 갑자기 발생한 것이었다. 각 주들은 자신들의 은행제도에 대한 적절한 규제를 제공하지 못했고, 다음 세대에 그러한 목적을 달성하고자 새로운 법률과 규제위원회를 설립했다.

경제발전을 촉진하고자 특권을 수여하는 것에 대한 민주당의 비난 역시 초창기 특허법 형성에 영향을 미쳤다. 헌법 제1장 제8절은 "과학과 유용한 예술의 발전을 촉진하기 위해 일정기간 저자와 발명가에게 각자의 작품과 발명품에 대해 배타적 권리를 인정하는" 권한을 의회에 인정하고 있다.[11] 1825년 연방 순회법원 사건에서 대법관 조셉 스토리(Joseph Story)는 발명가가 발명품 특허를 받기 위해서는 '독특한' 작품보다 '새로운' 것이라는 입증만으로 충분하다고 판결했을 때, 이는 휘그파의 입장을 선언한 것이었다.[12] 민주당원들은 이러한 원칙은 독점을 부추긴다고 믿었고 1836년 특허법에서 특허획득에 필요한 요건으로 출원자가 "유용하고 중요하다"는 것과 이전에 "고안되었거나 발명된" 것이 아님을 입증한 경우에만 인정하도록 까다롭게 만들었다.[13] 연방법관들은 19세기에 걸친 특허소송에서 고용인이든 여성이든 노예든 진정한 발명가를 찾아내고자 했다. 미국은 영국이나 프랑스와는 달리 특허에 용이한 이러한 보호 노력으로 19세기 산업혁신의 선두주자가 되었다.[14]

민주당은 그 뒤 남북전쟁 직전까지 연방정부의 정치를 장악하고 있었으며 이들이 추구하는 정책은 의회의 경제 활성화 역할을 축소하는 것이었다. 정당을 통해서 표현된 경제적 이해관계의 충돌은 의회가 전국적으로 정책을 펼칠 기회를 가져다주지 못했으며 당파주의 분열은 정부의 무능에 일조했다. 예를 들어, 연방관세는 국내 제조자 보호와 세입증대, 두 가지를 약속했으나 당파적인 합의는 이 중 두번째 약속인 세

입증대만 가능하게 했다. 많은 제조품을 소비하던 남부인들은 이로 인해 차별받고 있다고 주장했다. 한편 뉴잉글랜드인들은 비록 이 지역에서는 다른 어느 산업보다도 직물산업에 중요한 영향을 미칠 것이라는 증거에도 불구하고 관세를 승인했다.

공공토지정책도 마찬가지로 삐걱거렸다. 공공토지는 연방정부의 유일하고 가장 중요한 자산이었으며 그 이용은 중요한 사회적 경제적 결과를 가져왔다. 예를 들어, 연합규약 아래에서 의회는 1787년 북서부 조례안을 통과시켰는데, 이는 연방정부로부터 토지를 구입하고 각 카운티의 지역마다 공립학교를 설립하도록 해 교육발전을 꾀하는 규정을 두고 있었다. 그러나 이후에 미국의 영토가 확대됨으로써 의회에서 분파적인 논쟁은 개발한 땅의 일부를 돌려주는 조건으로 투자할 수 있었던 정착민들보다는 토지를 구입할 수 있었던 투기자들에게 이익이 되는 공공토지정책이 되도록 일조했다. 북동부 제조업자들은 처음의 용이한 정착조건이 노동력의 상실을 가져오고 그로 인해 임금이 크게 상승하지 않을까 염려해 여하한 자유로운 토지정책에 반대했다. 남부인들 역시 정착을 용이하게 하는 규정을 반대했는데 이는 공공토지의 판매로 세수가 증가되지 않을 경우 높은 관세로 이어질 것을 우려해서였다. 이들은 또한 노예제가 번창하기 어려웠던 때 서부의 백인 자영농부들이 노예제도에 대해서 적대적일 수 있다는 사실을 인식하기 시작했다.

그러나 당파적이고 지역적인 다툼도 서부개척을 멈추게 하지 못했다. 농산품 가격의 상승으로 서부로의 이주가 쇄도했다. 그러나 이는 이주 정착민들이 투기자들로부터 자신들의 토지를 매입하거나 연방정부가 궁극적으로 자신들의 소유권을 인정할 것이라는 바람으로 무단점거했음을 의미한다. 의회는 점차 토지구입을 용이하게 했으나, 남부는 토지에서 생활해왔거나 이를 개량한 정착민들에게 토지를 무상으로 수여하는 공유지 무상분배법의 시행을 방해했다.

의회와 규제: 증기선

당파적이고 지역적인 긴장감이 점차 연방정부의 역할 활성화에 장애가 된 반면에, 남북전쟁 이전의 연방의회는 "강력한 규제역할"을 펼친 적이 없었다.[15] 영국과 달리 새 헌법은 개인의 경제 활동을 엄격하게 규제하기보다는 혼합경제기업을 장려하고 분배와 촉진을 강조했다. 이 중 가장 어려운 임무는 관세와 조세를 통해서 발생한 소규모 세수를 징수하는 일이었다. 의회는 정기적으로 대부분의 문제를 지역과 주의 통제에 위임했다. 예를 들어 의회는 지방정부의 계속되는 청원에도 불구하고 콜레라 전파를 막기 위한 연방격리법 제정을 거부했다. 그러나 증기선의 경우에 기술개발의 사회적 비용이 매우 엄청나기 때문에 연방정부의 규제가 필수적이었다. 의회의 조치는 연방 입법자들이 전적으로 개인에게 기업의 사회적 비용을 배분하도록 하지 않을 것이라는 미래의 한 단면을 제공하고 있다.

증기 보일러는 직접적으로 '수송혁명'에 기여함으로써 미국의 시장경제를 혁명적으로 바꿔놓았다.[16] 미국인들은 이윤을 추구하려는 실용적 목적으로, 증기선에 이어 철도에서 필요한 보일러 제조에, 과학적 발명을 이용했다. 새로운 기술은 완벽하지 않았으며 제조자와 운영자들 가운데는 유능하지 않은 사람도 있었다. 그 결과 남북전쟁 이전에 발생한 보일러 폭발의 대부분은 증기선 승객들과 선원의 사망과 부상으로 이어졌다. 예를 들어, 1838년 한 해만 해도 증기선 폭발로 적어도 496명이 목숨을 잃었는데, 이 수는 정부가 새로운 기술을 규제하는 영국과 프랑스에서 비슷한 사고로 목숨을 잃은 사람의 수와 비교할 때 수치 자체뿐만 아니라 인구 비율을 고려한 경우에도 두 나라를 훨씬 앞섰다.

그해 의회는 해결책을 찾기 위한 시도를 했으나 민주당원들은 단지 대량살상을 멈추는 데 아무런 도움도 되지 못한 나약한 입법의 제정을 도왔을 뿐이었다. 1850년과 1851년에만 약 764명이 증기선의 보일러 폭발로 목숨을 잃었다. 이렇게 많은 사상자가 발생했음에도 불구하고 일부 민주당원들은 규제조치 시행을 꺼렸다. 1852년 증기선을 규제하기 위한 법안통과를 반대하면서 뉴저지 출신의 상원의원 로버트 스톡턴(Robert Stockton)은 "사람의 재산은 누군가가 통제권을 빼앗아 연방 공무원의 손에 넘긴 경우 그 자신의 소유라고 말할 수 없다"라고 주장했다.[17] 양당주의와 남북 지역주의가 개인의 이익보다 공공의 권리를 우선시했을 때 위기감이 고조되었다. 스톡턴에 대한 답변에서 다른 민주당 상원의원은 "내가 보기에 관련된 유일한 문제는 우리가 공동체에서 임의로 살인을 저지를 수 있는 적법하고 조사도 받지 않는 특정계층을 인정할 것인지 혹은 이들에게 생명의 가치를 인식시킬 것인지의 문제뿐이다"라고 주장

했다.[18]

1852년 의회는 전국 최초의 주요 규제입법을 제정했다. 이 법은 보일러 제조기준을 정하고 점검과 허가를 관장하고 운영자를 조사하기 위한 위원회를 설립해 이를 규제했다. 그 결과 증기선 사고의 현저한 감소를 가져왔다.

1852년 법률은 의회의 새로운 역할의 전조이기보다는 들판의 허수아비에 불과했다. 남북전쟁 이전의 상황은 경제부양과 규제에 관해서는 주에게 책임이 넘겨진 상태였다. 민주적인 다수파는 중앙정부의 권한을 제한하는 정책을 주장했으며 의회의 정치적인 교착상태에 기여한 지역의 계층간 충돌은 공공정책에서 주요의제를 사유화와 분권화로 나아가게 했다. 의회가 행동을 취할 때는 상업적인 관계를 개선시키기 위해 기존 헌법상의 위임사항을 이행하는 방식을 취하는 것이 일반적이었고 그리하여 노동자와 농부들보다 자본가와 기업가들이 더 좋은 위치를 차지하게 되었다. 이러한 흐름이 뚜렷하게 구분되는 것은 아니었다. 앤드류 잭슨과 민주당 지지자들이 주장한 것과 같이 당연히 취해야 할 행동을 하지 않음으로써 노동자와 농부들이 이익을 취했을 수 있다. 의회가 더 많은 일을 할 수 있었음에도 불구하고 하지 않았지만 전국적인 시장경제의 성장을 촉진했다는 사실에는 의심의 여지가 없다. 그러나 단지 남부주들이 1861년에 연방에서 탈퇴한 이후 새로 건설된 공화당이 의회에서 충분히 자기 목소리를 내게 되었고 사적 시장에 대한 연방의 촉진과 규제를 다시 활성화하고자 하는 공공정책을 펼칠 수 있게 되었다.

주의회, 시의회와 사고회피

1893년까지 연방의회의 사고예방 노력은 대체로 증기선 보일러 규제입법에 그쳤다. 그러나 대규모 인명피해를 줄이고 철도와 공장에서 발생한 희생자의 법적 권리 개선에 주의회와 시의회가 점차 관심을 갖고 관여하기 시작했다. 1840년대 초 자동차와 철도는 교차로에 접근할 때 경적을 울리고 안개와 어둠 속에서 불빛을 켜도록 했다. 기차는 인구밀집 지역에 접근할 때 속도를 줄이고, 교차로에서 눈에 잘 보이는 경고신호를 부착하며, 일부 주에서는 철로 우측에 철책을 건설하도록 되어 있었다. 일부 주에서 철도는 기관차 엔진의 불똥으로 발생한 화재와 가금류의 죽음에 대해서 엄격한 책임을 지게 했다.

1893년 의회는 좀 더 효과적인 브레이크 장치, 연결장치와 '손잡이'(열차의 뒷부분과 양 옆에 설치된)의 설치를 요구하는 주간 열차의 안전법을 제정했다. 이 법은 5년 이내에 개선할 것을 요구하는 법령기간을 준수하지 않은 열차에 대해서 부상한 고용인의 위험인수의 원칙을 무효화했다.[19]

남북전쟁 이전 주의 경제부양과 규제책

연방의회와 주의회에서 정치권력의 대중적인 토대가 혼합경제활동을 이끌었다. 정당들은 경제에서 전국적으로 영향을 미치지 않는 주의 개입을 반대했다. 주에서 이루어진 사건의 유형은 의회에서 발생한 사건 유형과 많은 부분 비슷했다. 19세기 초 입법활동의 쇄도는 1837년 공황이 발생하자 감소하기 시작했다. 주 내부의 경쟁자들은 경제발전을 입법적으로 지원하기 위해서 필요한 각 주의 제한된 자원을 두고 경쟁하기 시작했다. 이러한 혼합경제계획의 일부가 붕괴했을 때, 이와 같은 프로그램의 대부분에 찬성했던 민주당원들은 입법권한에 대한 제약을 없애야 한다고 자각한 대중에게서 정치적인 가능성을 포착했다. 민주당원들은 철저하게 적극적인 정부는 다수를 희생하는 대신에 소수를 이롭게 한다고 비난했다.

각 주의회는 자기들만의 고유한 부양책과 규제법령을 제정했다. 규제와 부양법령의 구분은 모호해졌는데 이는 부분적으로 위와 같은 활동의 범위가 연방수준에서보다 주에서 훨씬 광범위하게 이루어졌기 때문이었다. 마찬가지로 1840년대와 1850년대에 미시시피 강 서쪽지역에 연방에 가입했던 주들은 이미 정착한 동부지역의 주들이 성숙한 경제 발전기에 접어들고 있었던 반면에 개척자적인 경제수준을 가지고 있었다.

비록 각 주의 혼합경제에 적용되는 법률들이 특이했지만 일반적인 유형이 눈에 띄었다. 이 중 가장 중요한 것은 주를 하나의 '국가(Commonwealth)'로서 바라보는 미국인들의 독자적인 시각이었다. 주는 '공공의 권리'가 어떤 개인이나 단체의 이익에 우선한다는 것을 보장하기에 존재했다. 국가개념은 연방주의와 잘 부합되었는데 이는 각 주를 주민에게 직접적으로 행동할 수 있는 자신들의 조직법에 근거한 주권을 가진 주체로서 간주했기 때문이다. 연방헌법은 각 주에 자신의 주민들의 건강, 안전, 도덕과 복지를 제공하기 위한 규제권능을 인정했다. 주 입법부를 장악하고 있는 지배적인 다수당들은 이러한 권한이 연방의회가 취한 조치들보다 훨씬 더 강력하게 사적인 교섭을 권장하거나 규제할 수 있다고 주장했다.

규제와 부양입법

규제입법은 주의회가 생활 속으로 국가개념을 전파하는 데 가장 중요한 방법 중 하나였다. 주의회는 공공의 권리를 향상시킨다는 이름 아래 실질적인 경제규제 입법을 제정했다. 이러한 입법의 대부분은 식민지시대의 사례에서 볼 수 있었던 것과 같이 낮은 단계의 경제관계와 관련되었다. 예를 들어, 1791년 조지아 주의회는 담배를 '큰 통이나 깡통' 용기에 적절하게 포장할 것을 명문화한 법률을 제정했고 이를 따르지 않을 경우 벌금을 부과할 수 있었다.

모든 주는 제조판매업자의 위생관리 기준을 설정하고 제조물의 이름과 제조사의 위치를 표기할 것을 제조자에게 직접 명령하는 등, 식품 제조판매를 규율하는 법률을 제정했다. 이러한 법률은 두 가지 주요한 목적을 가지고 있었다. 첫째, 이들은 중상주의자들로, 전국시장에서 주의 경제가 다른 주와 경쟁력을 가질 수 있도록 주 안에서 생산되는 상품의 질을 보장했다. 둘째, 이러한 법안은 또한 사해(詐害)적 상업관행으로부터 소비자를 보호하기 위한 제도적인 장치를 제공했다. 그리하여 많은 19세기 규제법률들이 경제적인 목적에 따라 제정되었지만 이는 또한 식민지시대부터 시작되었던 공정거래라는 윤리적인 공약을 실천했다.

주의회에는 강제이행 비용을 마련하는 것보다 규제입법을 제정하는 것이 훨씬 유리했다. 많은 공동체들은 임명이나 선출된 소방관, 경비원, 건초 관리자, 목재 관리자, 시장의 서기, 돼지 관리인, 생선 선별자, 분석 시험관, 목재 및 대마 검사자에 의해서 계속 잘 유지되었다. 그러나 일부 분야에서는 단순한 경제활동에 대한 규제의 준수는 자발적인 노력에 맡긴 것처럼 보이며, 경제정책 결정과정 사유화의 또 다른 사례는 이를 잘 보여준다. 남북전쟁 이전 뉴욕의 도선업자들은 법률규정에 따라 도선요금과 수입액의 기록을 보관 유지할 의무를 지고 있었으나 단지 일반인이 불편을 신고했을 때만 그 기록을 점검했다.

규제의 범위가 은행, 철도회사, 보험회사와 같이 높은 단계의 경제활동과 관련되었을 때 의회는 위원회를 설치했다. 예를 들어, 1831년 오하이오 주는 가장 큰 공사비가 소요되는 내부 운송수단 개선을 위한 건설과 운용을 감독할 운하위원회를 설치했다. 이는 제한적인 권한을 가지고 있었고 그 행동은 언제나 경제의 효율성과 같은 추상적인 문제 대신에 새로운 운하의 위치와 운임에 대해 관심이 많은 유권자에 대해서 직접적으로 대응해야 한다는 의회의 지침을 따라야 했다. 오하이오와 그 밖의 주에서 의회의 간섭은 지속적이었으나 거의 언제나 사건이 발생한 뒤에 조사하거나 특정한 문제에 대해서만 행해졌다.

위와 같은 남북전쟁 이전의 주 위원회는 철도회사와 같이 급속하게 팽창하는 기업의 도전에 대응하기에 불충분한 수단인 설득방법에 주로 의존해 임무를 수행했다. 1839년 로드아일랜드 주는 전국 최초의 철도위원회를 설립했고 연방 개념이 특히 강했던 뉴잉글랜드 주의 의회들은 전국의 다른 지역보다 좀 더 신속하게 규제위원회를 설립했다. 전국단위의 증기선과 함께 안전에 대한 관심이 주의회를 자극했다. 예를 들어, 코네티컷 주는 1850년대에 비록 위원회가 운임을 정하고 영업을 정지시킬 수 있는 권한을 가지고 있지 않았지만 철도의 장비를 점검하고 개선을 권고할 수 있는 권리를 가진 위원회를 설립했다. 더구나 철도회사(19세기 내내 지속되었던 유형에서)들은 주의회와 자신들을 규제하려는 위원회에 영향력을 행사했다. 아마도 가장 악명 높은 것은 뉴욕의 철도회사가 1857년 위원장을 매수해 위원회 설립 2년 만에 이를 폐지하도록 의회를 설득한 일이었다.

경제부양책은 주의회가 취한 가장 중요한 혼합경제활동이었다. 주의회는 정부의 주요한 책무를 도덕이나 경제활동의 기준을 통일되게 유지하는 것에서 사회적 이해관계가 충돌했을 때 가치 있는 자원을 적절하게 할당하는 것으로 변형해 사기업에 대한 원조를 확대했다. 이러한 솔선수범은 모든 분야에서 행해졌다. 예를 들어, 버몬트 주는 1812년과 1830년에 지역 제조업자들에게 세금을 면제해주었고 1817년 뉴욕 주는 직물 노동자들에게 배심의무와 군복무를 면제해주었으며, 다른 주들은 토지를 무상증여하거나 장려금을 지급하고 농업과 산업박람회를 지원해주었다.

그러나 운송과 산업발전을 장려하는 대부분의 사람들은 운하, 철도, 공장 들이 미래 세수원인 고정자본이 될 것임을 인식했다. 뉴저지에서 뉴욕 시와 필라델피아로 연계하길 원하는 운하회사에 특허를 인정한 것은, 일부에게 주를 통과하는 물품에 그 주가 관세를 징수하는 것을 금지하고 있는 연방헌법을 우회하는 수단으로 보였다. 뉴저지는 그 이웃 주와 비교할 수 있는 자연적인 항구가 없어서 주민들은 다양한 방법으로 뉴욕 시와 필라델피아에 의존할 수밖에 없었다. 1828년 〈뉴브런즈윅 타임즈*New Brunswick Times*〉는 사설에서 "뉴저지 주민이 다른 주의 사람들에게 영원히 조공을 바치는 대신에 우리도 그들이 우리에게 조공을 바치도록 할 수 있다"라고 적었다. 그 당시 제조회사들이 위치하고 있던 지역의 대부분에서 다수였던 농부들은 19세기 중반에 북부 주들이 제공하기 시작했던 새로운 도로나 무상 공교육을 위해 지불하는 것을 꺼렸으며, 이를 회사가 지불해야 하는 재산, 이윤과 영업특권세로 보았다. 이러한 세금을 찬성하는 한 뉴저지 주민은 "뉴저지에 있는 회사에 세금을 부과하면 주의 전역에서 무료학교를 설립하고 유지하기 충분할 뿐만 아니라, 세상의 어떤 대학과도 견줄 만한 교수진과 장학제도를 가진 뉴저지 대학에 기부하는 결과를 가져올 것이라고 주장했다."[20] 이는 고정자본에 대한 조세의 재분배적 성격을 과장한 것이었으나 경제부양과 발전정책의 분배적 정의의 측면을 상징했다.

각 주들의 경제부양 노력은 다양한 모습으로 나타났다. 위스콘신 주와 같은 일부 주에서 공공정책의 수립이 '부주의하고 태만'하게 이루어진 것처럼 보였다.[21] 남북전쟁 이전의 위스콘신과 다른 '개척자' 주에서 정부는 공공의 이익을 적절하게 평가하기 위해 필요한 전문가, 자원, 인구가 부족한 '저개발' 상태였다. 이들 지역에서는 시장은 경제발전을 목적으로 하는 사적인 결정을 통해 제기능을 다하도록 해야 한다는 생각이 널리 퍼져 있었다. 뉴욕, 오하이오, 버지니아와 펜실베이니아 주의회는 운송수단의 공공건설에 관한 포괄적인 계획을 채택했고 이러한 계획을 감독할 위원회와 이사회를 통해 관료적인 행정의 토대를 설립했다. 다른 주 특히 남부주에서는 이러한 '부주의하고 태만'한 유형과 '공기업' 형태를 혼합한 정책을 펼쳤다.

이러한 '움직이는 만화경'과 같은 정책을 펼치고 있음에도 불구하고 경제발전 비용, 이익과 위험분배의 길을 연 실정법의 발전도 있었다.[22] 이 중 가장 중요한 것은 회사, 공공수용권과 채권-채무자 관계와 관련되었다.

회사

회사는 공익이나 사익을 목적으로 주법이 창조한 법인이다. 모든 회사는 주가 이를 창조했다는 점에서 공기업이었지만, 영업회사와 같은 일부는 그 구성원의 사적인 부를 증대시키기 위해 존재했고 반면에 운송회사와 같은 기업은 공공 서비스를 제공하기 위해서 존재했다. 특허장의 내용에 따라 회사는 일정기간 혹은 영구적으로 회사의 구성원과 상관없이 존재할 수 있었다. 비록 미국산업이 19세기 말과 20세기 초에 괄목할 만한 성장과 법률상 발전을 이룩했지만 남북전쟁 이전에 회사는 이미 근대적 형태를 갖추기 시작했다.

최초의 미국회사들은 자선단체, 자치단체, 교회들이었다. 일부 초창기 회사들은 이들이 오늘날 사기업으로 간주되는 활동에 종사했을 때조차도 공기업으로 간주되었다. 예를 들어, 1735년 식민지 뉴욕 주는 부두, 수력제재소, 도로회사, 봉사단체의 소유자들을 공기업으로 만드는 각각의 법안을 제정했다. 비록 식민지 총독(영국의 국왕이 해왔던 것처럼)이 회사에 특허장을 수여할 권한을 행사했지만 독립전쟁 이후 새로운 주에서 발전한 업무는 단지 대중의사의 보고로서 주의회만이 회사를 창설할 수 있었다.

1789년과 1861년 사이에 설립허가를 얻은 대부분의 회사들은 공공 운송수단의 개선에 종사했으며 은행과 보험회사가 이를 따랐고 제조회사는 나머지 대부분을 차지했다. 이 중에서 단지 제조회사만이 사적인 것으로 취급되었다. 다른 것들은 프랜차이즈 회사로 알려진 것들이었다. 프랜차이즈 회사는 특권이 부여되었는데 예를 들면, 소중한 공공 서비스를 제공하는 조건으로 운임을 징수하거나 교환수단으로서 은행어음을 발행했다. 이러한 회사들은 이들의 특허장에 규율된, 주주의 책임과 운임과 같은 공공의 이해관계를 다루는 규정들을 준수하도록 요구받았다. 프랜차이즈와 자선회사들은 동등한 사회적 효용을 가진 것으로 여겼다. 상업도로와 교회건설은 "모든 공동체에 필요한 가시적이고 유용한 공공시설의 개선이었다."[23]

프랜차이즈회사에 대한 주의 관여는 종종 크게 확대되었다. 예를 들어, 펜실베이니아 의회는 1793년 펜실베이니아 퍼스트 은행에 특허장을 수여했을 때 이 은행 자본주의 1/3을 인수했다. 사우스캐롤라이나 주의 주립은행은 세입을 근거로 한 재원을 경제발전 촉진을 위한 대출에 사용함으로써 주의 재정 대리인으로서 지정되었다. 뉴욕, 오하이오, 미주리와 몇 개의 다른 주는 특허은행과 유사한 관계를 가지고 있었다.

초창기 전국적인 프랜차이즈회사에 대해 주의회가 수여한 독점적 특권은 정치적 논쟁을 촉발시켰고 영업 경쟁자가 조장한 경쟁은 반개발정책적 결과를 초래했다. 새로운 기술력에 대한 성공적인 지원은 이전에 수여했던 회사독점권의 소멸을 요구했다. 그러나 미래의 배타적인 관리를 전제로 위험을 감수한 최초의 기업가들은 자신들이 기득권을 가지고 있다고 주장했다. 기득권이론은 다른 사인(私人)이나 정부에 의해서 자의적으로 방해받지 않도록 특정인에게 완전하게 인정되는 일정한 권리(예를 들면, 재산, 계약과 생명에 대한)가 있다는 것이었다.

찰스 강에 다리건설을 장려하던 매사추세츠 의회는 회사독점권이 기술개발의 이익을 누릴 공공의 권리와 충돌한다는 것을 보여주었다. 1785년 주의회는 찰스 강 다리 건설회사에 찰스타운과 보스턴을 연결하는 유료다리 운영특허권을 수여했다. 그리고 1827년 주의회는 찰스 강을 건너는 좀 더 싸고 편리한 방법에 대한 수요에 부응해 다리 건설비용을 회수한 뒤에는 무료로 한다는 조항을 가진 또 다른 특허권을 워렌 다리건설회사(Warren Bridge Company)에 부여했다. 워렌 다리건설회사는 두 도시 사이 교통의 흐름을 원활하게 하는 새로운 설계와 기술을 사용했다. 찰스 강 다리 건설회사의 소유자들은 의회가 자신들의 투자가치를 심각하게 훼손할 수 있는 경쟁회사에 특허장을 수여할 권한이 없다고 주장했다. 1837년 연방대법원은, 원래의 특허는 주가 두 번째 다리건설을 명시적으로 금지하지 않았고 새로운 다리를 제공할 의회의 권한은 원래의 다리 운영자의 권리주장을 훨씬 능가한다고 판결함으로써 논쟁을 해결했다.

사기업은 경제활동을 조직하고 촉진하기 위한 장치로서 등장했다. 그러나 남북전쟁 이전까지 개인들이 영업문제를 조율하기 위해 계약하는 파트너십이 사기업을 조직하는 데 있어서 선호된 방식이었다. 회사는 "시장활동의 성장에 불가피한 것은 아니었다."[24] 그렇지만 회사형태는 부동산의 집단소유권 보호, 자본의 유동화, 투기적 기업의 위험분산 수단의 제공, 대주주나 이사의 철회나 사망에도 불구하고 영업을 '영속적으로' 할 수 있게 하는 기능과 법원에 대한 접근의 용이성과 같은 여러 가지 뚜렷한 이점을 가져다주기 때문에 일부가 여전히 이용했다. 결과적으로 주와 연방정부가 특허를 인정한 회사의 수는 1790년과 1860년 사이에 기하급수적으로 증가했다. 1780년대 전국적으로 약 33개 기업의 설립이 특허되었으나 1790년대에는 295개 이상이었다. 1800년과 1860년 사이에 6개의 뉴잉글랜드 주들 자체만 1,700개 이상의 회사가 특허되었으며 그 뒤 30년 동안에는 거의 5,000개 이상이 되었다. 그 결과 회사의 주식은 1800년에 전국적인 상소재산의 약 2퍼센트도 되지 않았으나 1850년에는 그러한 재산의 약 11퍼센트가 되었다.[25]

남북전쟁 이전의 주의회는 사기업 문제를 다루는 실질적인 규율을 발전시켰다. 그중에서도 특히 중요한 세 가지는 유한책임, 일반회사, 증권관리였다.

1830년까지 대부분의 사기업 특허장은 무한책임 원칙을 설정하고 있었다. 각 주주들은 회사가 파산한 경우 모든 채무를 책임졌다. 윤리적인 원칙이 그 배경이 되고 있다. 이윤을 위해 영업활동에 종사한 사람들은 자신들의 채권자에게 완전히 변상할 윤리적인 책임을 졌다. 1820년대에 일부 주 정부는 무한책임은 성장하는 영업수요에 부응하는 데에 필요한 자본축적을 크게 위축시킨다는 것을 인식했다. 그리하여 의회는 잠재적인 투자자들을 가장 유혹한 것으로 드러난 원리인 유한책임을 특정한 회사의 특허장을 제정하기 시작했다. 주주들은 회사에 대한 책임에 있어서 단지 자기가 소유한 주식의 양에 대해서만 책임을 졌다. 유한책임은 개인들이 사업에 실패하면 모든 채무에 대해서 책임을 질 위험 없이 자신들이 투자한 금액을 크게 초과하는 이윤을 추구할 수 있는 회사형태였다. 주의회는—주 정부와 마찬가지로—주민에게 자신이 부담할 수 있는 위험을 제한하는 원칙을 제공함으로써 자신들의 경제적인 복지향상을 장려하는 공공정책을 펼쳤다.

주 입법자들 또한 회사설립을 용이하게 만들었다. 이는 특수한 특허장의 수여에서 일반특허장 운동으로 발전했다. 영업활동이 지지부진하면 주의회는 새로이 회사를 설립하고자 하는 청원을 받아들여 특허장을 수여했다. 특수특허장제도 아래에서 각 회사는 자기만의 고유한 특허장을 가졌다. 이러한 제도는 1820년대와 1830년대 시장의 급속한 성장으로 거추장스럽게 되었다. 주들 간의 경제적 경쟁이 증가하는 가운데 시장의 성장 속에서 주민들의 참여를 장려할 수 있는 값싼 법률단을 제공한 주들이 가장 경쟁력이 있었다.

사기업을 위한 특수특허장은 또한 의회의 농간, 편애, 뇌물과 부패를 초래했다. 특수특허장을 얻을 수 있었던 사람들은 일반인들은 접근할 수 없던 의회에 정치적으로 접근할 수 있는 특혜받은 사람으로 인정되었다. 잭슨주의 민주당이 미국 제2차 연방은행을 폐지한 것처럼 이들은 주의회가 특수특허장을 수여하는 데 있어서 비슷한 독점적 권한을 행사했다고 주장했다. 1848년, 위스콘신의 〈라신 옹호*Racine Advocate*〉 신문은 "만약 회사의 권한이 필요하다면 가능한 한 범위를 제한적으로 만들어야 하고 가능한 한 모두가 이용할 수 있어야 한다. 마을과 도시를 위해서조차도 일반적인 특허법만을 제정하고, 그리하여 … 모든 사람들이 이를 이용할 수 있게 해야 한다"라고 주장했다.[26]

모든 주는 일반회사법을 채택했다. 이러한 법은 모든 사람이 이용 가능한 회사의 출현을 가져왔다. 1811년 뉴욕의회는 최초로 제조업을 위한 일반회사설립법을 제정했으며 이러한 움직임은 1830년대와 1840년대 동안에 급속하게 전파되었다. 이러한 법률은 특허장 획득방법을 표준화했고 회사의 문제에 대해 지속성과 예측 가능성을 더했다. 이러한 법안들은 위임투표, 회사의 존속기간, 총회의 방식과 횟수와 책임의 내용의 표준을 특정했다. 대부분의 주에서는 일반법률이나 헌법조항을 통해서 특허장을 배분하는 실질적인 책임을 행정 공무원에게 부여했다.

일반회사설립법은 여러 가지 전제에서 출발했다. 첫째, 이들은 사적인 협의를 통해 경제성장을 장려한 반면에 회사의 법률적인 이점을 누릴 기회를 균등하게 했다. 둘째, 이 법은 초창기 산업성장기에 기업을 민주화했다. 셋째, "특권을 위해 정치적인 홍정을 하지 않고 자신들의 자원을 가지고 지역의 개선사업을 떠맡은 주의 여러 지역에 동등한 기회를 제공했다."[27]

주의회들은 사기업의 설립과 개선에 대해서는 직접 통제할 여지가 거의 없었으나, 위원회와 미래에 특허규정을 변경할 권리를 '유보'하는 조항과 같이 특허장의 내용을 통해 프랜차이즈 회사의 여러 가지를 계속 규제했다 .

그럼에도 불구하고 주의 개입은 중요했다. 남북전쟁 이전 회사설립 특허장의 대부분은 일반특허장이 아닌 특수특허장이었다. 이론적으로 특수특허장은 회사의 목적이 일반회사설립법의 적용대상이 아닐 때에만 유효했다. 실제 운용상 많은 사업가들은 특수특허장을 통해 일반회사설립법률이 제공할 수 없는 일부 이점을 얻고자 의회에 출입했다. 이러한 특수조항의 대부분은 공공복지를 희생하는 대신에 사적인 이득을 취할 수 있는 경우가 드물다는 사실을 보여주었다. 오히려 의회는 이를 새로운 회사에 일정한 이익을 주면서 회사의 존립기간, 회사의 토지보유와 그 자산을 제한시키는 등의 협상수단으로 사용했다. 회사에 대한 불신이 팽배해 있었으며, 비록 입법권한에 대한 접근이 남북전쟁 이전에는 의심의 여지가 없는 혜택을 가져다주었지만 대부분의 의회들은 다양한 회사들이 끊임없이 시도하는 흔들기에 대처하기 위해 상당한 시간과 정력을 쏟아부었다.

1800년대 초 정부의 증권과 주식은 전국적으로 매매되었다. 19세기 중반에 이러한 거래의 가장 큰 규모로 뉴욕 시의 증권거래소가 출현했으나 마찬가지로 시카고의 무역위원회도 전국적인 상품거래소로 출현했다. 뉴욕과 매사추세츠를 포함한 일부 주들은 이러한 판매를 규제하는 법률을 제정했다. 1792년 뉴욕은 판매시 물질적으로 소유하지 않은 주식(선거래)의 매매를 금지했다. 매사추세츠도 1836년 비슷한 법률을 제정했다. 그러나 두 주의 의회는 멀지 않아서 이러한 법률을 폐지했다(뉴욕은 1858년, 매사추세츠는 1910년.) 뉴욕의 형평법원장인 월워스(Walworth)가 1844년에 말한 바와 같이 "뉴욕 중개소에서 명목상 구매자와 판매자의 상상에서만 존재하는 주식을 지속적으로 판매했다"라는 것이 명백해졌다.[28] 그동안 입법자들은 거래자와 중개자들이 합의한 규칙과 거래자가 선정한 중재위원회와 함께 사적으로 스스로 결정하는 방법을 받아들일 수 있는 것으로 간주하기 시작했다. 그 당시 명칭대로 뉴욕 증권거래위원회는 1842년 의사록에 다음과 같이 기록했다. "모든 영업기관은 그 적절한 영역을 관리하는 특유한 법을 가지고 있고 증권거래의 관할권은 전적으로 우리에게 있다."[29] 비슷하게, 시카고 무역위원회는 1859년 일리노이 주로부터 "자신들이 적절하다고 생각하는 대로 영업을 관리하고 거래해야 하는 방식"을 위한 규칙을 확립하려는 거래자와 중개자의 조직—중세의 상관습법—과 "판단이 주의 순회법원에서 내려진 것"처럼 권위를 가지는 중재위원회를 설립할 수 있는 특허를 허락받았다. 1885년 무역위원회의 새 건물 입주식에서 시카고의 지도적인 변호사의 한 사람인 에머리 스토어스(Emery Storrs)는 "이 위원회가 국가의 생산과 재정적 이익에 매우 중요한 법률문제들을 해결해왔던 것"과 "영업의 편의를 위해서 상인들이 스스로 확립한 이러한 관습들이 어떠한 법기술보다 강력하다는 사실을 증명"했다는 것에 대해서 만족스럽게 생각한다고 청중들에게 연설했다. 그는 "이러한 관습에 대해서 … 법은 양보해야 하고, 그렇지 않다면 이는 위반될 것"이라고 덧붙였다. 그 뒤 1921년 연방의회는 이미 시카고 무역위원회에 의해서 거래되고 있던 일종의 선거래를 의무화하는 곡물선거래법(Grain Future Act)을 제정했다. 연방의회는 1936년에 상품거래소를 설립한 상품거래법(Commodities Exchange Act)을 추가했다. 마찬가지로 같은 뉴딜 연방의회는 1929년 증시 대폭락과 크게 관련되었던 과도한 투기적 거래를 예방하기 위해 연방증권거래위원회를 설립했다. 그러나 스토어스 변호사처럼 증권거래위원회 위원장(미래의 연방 대법관) 윌리엄 더글러스(William O. Douglas)는 1939년 이러한 증권거래의 입법적인 규제에 대해서 "법적 명령은 실제 일을 처리하면서 터득한 규제보다 못한 방법"이라고 말하면서 이를 다음과 같이 설명했다. "상거래에 대한 정부의 규제는 최후의 선택이어야 한다. 우리는 실제 이루어지고 있는 거래에 대해서 일일이 감시하길 원하지 않는다. 이것들은 거래 그 자체를 위한 것들이다."[30]

남북전쟁 이전의 주의회는 신용, 운송과 제조업의 설립과 감독을 회사형태에 의존했다. 회사법은 지역시장의 급속한 팽창을 촉진하고 진정한 전국적인 시장의 내부조직을 구성함으로써 엄청난 사회적인 이익을 가져왔다. 그러나 정치적인 압력이 규제를 최소화함으로써 회사를 민주화시켰다. 1830년대부터 1860년대까지 발전한 민주적인 모델은 경쟁적인 시장을 가져왔다. 남북전쟁 이후 회사의 합병이 시작되었을 때 회사법과 단순히 회사를 감독하기 위해 설립된 편협한 규제와 같은 구태의연한 형태는 급격한 기업합병을 경험한 산업경제의 필요에는 적절하게 부합하지 못했다.

공공수용

상업도로, 운하나 철도회사들은 사적 개인이 소유한 재산을 침범했다. 이 과정에서 이들은 재산권에 대한 남북전쟁 이전의 중요한 경향을 보여주었다. 즉, 부의 가치는 재산의 단순한 점유로부터 발생하는 사회적인 지위보다는 그 사용으로 발생할 수 있는 부로부터 파생된다는 것이다. 재산에 관한 이러한 역동적인 견해는 프랜차이즈 회사의 경우에 특히 중요했는데 이는 위 회사들이 공익에 봉사할 때에 그 행동이 정당화될 수 있기 때문이다. 기득권 개념은 주 정부가 공공의 권리를 증진시키기 위해 적극적인 역할을 해야 한다는 공화국 개념과 충돌했다. 남북전쟁 이전의 의회들은 재산의 보호와 공공수용법을 통해 경제성장을 도모하기 위한 공공의 권리와의 긴장관계에서 균형을 유지하려고 노력했다.

공공수용(Eminent Domain)은 공공목적을 위해서 합리적으로 보상하고 개인의 사유재산을 수용할 정부의 권한을 의미한다. 이는 독립전쟁 이후에야 그 의의가 커졌으며 새로운 공화국에서는 극히 경계해야 할 권한으로 간주되었다.

남북전쟁 이전에 공공수용법의 주요한 발전은 법원의 판결을 통해서 이루어졌다. 주의회는 공공수용권을 행사할 수 있는 근거를 법률로서 확립했으며, 운하와 철도회사와 같은 프랜차이즈 회사에 그 확장을 보조하는 방법인 특수특허장을 통해 이러한 권한을 점차 부여했다.

물레방앗간댐법(Milldam Act)은 주의회가 기득권이 인정된 재산에 대해서 복지권능을 통해 개입한 초기의 본보기였다. 폭포수는 농업과 초기 제조업 모두에 중요했는데, 이는 정미소의 엔진이나 목화에서 옷감을 만들기 위한 기계를 작동하는 데 필요한 에너지를 제공하기 때문이었다. 1870년에 이르러서 폭포수는 미국산업에 필요한 동력의 1/2을 생산했다.

식민지와 주의회는 한동안 물레방앗간 운영자에게 그가 소유하지 않는 토지에 물을 흐르게 할 수 있도록 법령을 제정했다. 주의회는 물레방앗간을 주가 장려해야 할 이익을 가진 준공공사업으로 보았다. 인근토지를 범람하는 것은 상해를 입히는 것이었기에, 의회는 생활방해를 없애기 위한 형평법상의 금지명령을 청구할 수 있는 보통법 원리를 변경했다. 이러한 법률들의 영향으로 손해를 입은 재산 소유자들에게는 제소할 권리를 인정했으나 이는 단지 법에 특정된 손실만을 인정하는 법령상의 손실에 불과했다.

물레방앗간댐법은 공공목적을 위한 공공수용의 기본적인 내용을 미국법에 도입했다. 주의회는 다른 종류의 프랜차이즈 회사에 이러한 권한을 행사하도록 허용함으로써 그 관행을 정교하게 다듬었다. 이들은 그렇게 할 실질적인 이유가 있었다. 철도나 운하의 노선에 대해서 경제적으로 효율적인 결정을 내리기에는 회사가 주의회보다 적합했다. 공공수용권은 또한 사적 개인에게 공공개선에 투자하도록 유인했다. 예를 들어, 운하, 상업도로와 철도회사들은 투자한 자본에 대해서 최대한의 이익을 보장하고 토지를 수용했다. 이익을 환급하는 데 있어서는 사후에 위원회나 의회 상임위원회의 규제를 받거나 프랜차이즈의 수여여부에 관한 청문회를 통해 최소한의 공적인 점검을 받을 뿐이었다.

남북전쟁 이전의 의회들은 공공수용 원리를 신봉했는데 이는 사적인 이윤추구를 통해 공공목적을 달성하려고 시도했던 모험적인 자본가들을 보호하는 수단이었기 때문이었다. 이러한 점에서 공공목적이론은 주가 공공연하게 향유할 수 있는 권리를 강조하던 재산권에 대한 구태의연한 견해보다 재산권의 발전을 장려해야 한다는 믿음을 보충해주었다. 남북전쟁 이전의 프랜차이즈 회사의 특허장에서 이러한 공공수용 조항들은 재산 소유자들이 그들의 권리와 정당한 보상의 의미를 규정하도록 법원에 압력을 가함으로써 수많은 소송을 발생시켰다. 사권과 공권 사이의 특유한 긴장에 균형을 맞출 책임은 법원에 주어졌으며, 그 결과는 제6장에서 보는 바와 같이 공공수용법의 눈부신 성장을 가져왔다.

채무자, 채권자, 그리고 파산

주 입법자들은 또 다른 논쟁분야인 채무자-채권자 관계에서 충돌하는 이해에 균형을 맞춰야만 했다. 현금이 부족한 경제에서 신용은 경제팽창에 필수였으나 남북전쟁 이전의 호황과 불황의 연속은 불가피하게 파산한 채무자들을 양산했다. 이들을 위해서 할 수 있는 것이 무엇인지를 놓고 정치적으로 크게 갈렸다. 민주당 의원들은 채무자들의 부담을 경감하기 위한 법안을 지지했고 반대파 휘그당 의원들은 보통 채권자들을 보호하길 원했다. 주들은 점차 식민지시대의 이해처럼 파산은 죄가 아니라는 입장을 취했으나 얻은 자와 잃은 자가 발생하는 것은 비인격적인 시장경제의 불가피한 결과였다.

일관성 있는 주 채무관계법은 찾아보기 힘들었다. 사우스캐롤라이나 주 출신의 상원의원 로버트 헤인(Robert Y. Hayne)은, 1826년 각 주는 "채권자의 권리를 보장하고 채무자를 구제하기 위한 거의 모든 조항에서 한 사람의 권리와 구제나 다른 사람의 의무와 책임을 다루는데, 모든 점에서 서로 다른 독특한 제도를 가지고 있었다"라고 고찰했다.[31] 각 주는 채권자의 권리를 자기 나름대로 정의하기 때문에 "해상무역, 내륙지방의 상행위나 주의 경계를 벗어나 물건을 사고파는 등의 광범위한 사업활동을 벌이는 누구라도 마음속에 이러한 차이점을 염두에 두고 행동해야 했다."[32] 영업거래에 질서를 부여하기 위해 다른 분야에서 노력했던 주의회는 채무관계법으로 전국적인 시장에 불확실성을 가져다주었다.

파산은 법원을 통해 정부가 채무자의 재산소유권을 인수해 일부 공정한 방법으로 채권자들에게 분배하는 절차이다. 이는 채권자가 채무자에 대해서 부당한 영향력을 행사하는 것을 금지하고 채권자들에게 공정성을 확보해주면서 채무자에게는 모든 책임을 면제해 새로운 출발을 할 수 있도록 돕는 것이다. 단지 일부 식민지들만이 채무면제를 공공연하게 제공했지만 이러한 주들조차도 좀처럼 모든 자유민들에게 이를 확대하지는 않았다.

영국법에서 채권자의 궁극적인 무기는 채무를 변제할 때까지 이행불능한 채무자를 감옥에 가두는 것이었다. 이러한 관행이 식민지에서도 널리 받아들여졌으며 독립전쟁 이후에도 모든 주에서 계속되었다. 이러한 제도는 가혹한 처벌방법이었다. 17세기 중반 영국 법률가 로버트 하이드 경(Sir Robert H. Hyde)의 말은 18세기 말에도 여전히 적용할 수 있었다. 하이드는 "한 남자가 채무 때문에 투옥되었다면 그는 스스로 생활하거나 다른 사람들의 자선에 따라서 생활해야 한다. 만약 어느 누구도 그를 구제하지 않으면 신의 이름으로 죽게 내버려둬야 한다고 법이 말하고 나 또한 그렇게 말할 것"이라고 기술했다.[33]

채무로 인한 투옥은 사실 낮은 단계의 경제활동에 가장 적합하다는 일부 유의미한 경제적인 전제를 따르고 있다. 첫째, 이는 위험감수를 억제한 반개발적인 전제에 근거하고 있다. 원칙은 "빌린 자여 주의하라(Borrower beware)". 만약 사람들이 무모하게 돈을 빌린다면 그는 무거운 처벌을 받을 것이다. 둘째, 토지가 가장 중요한 자원인 절대적인 농업경제에서 채무로 인한 투옥은 상당한 의미를 가지고 있었다. 꼭 기억해야 할 것은 토지는 채무자가 투옥되었을 때조차도 생산적일 수 있다는 점이었다(일부 채무자들이 지주인 기사들이어서 이들의 임대소득이 채권자들에게 지불될 수 있었던 영국에서처럼.) 그러나 채무자가 파산하면 자신의 토지와 생산능력을 잃게 된다. 파산은 신용제도의 유지를 근간으로 하는 성숙된 시장경제에서 지급불능의 채무자를 다루는 가장 바람직한 방법이었으며 비농업 생산으로 사람들을 돌려보내는 것이 바람직한 것으로 간주되었다.

채무자 투옥관행을 폐지하기 위한 발전은 역동적인 시장의 요구와 부채가—도덕적으로 잘못이 아니라면—비난의 대상이 되는지 의심스럽다고 주저하는 느낌과 인도주의에 의해서 서서히 이루어졌다. 정직한 사람은 이행불능에 빠지지 않을 것이라는 윤리적인 전제는 결코 사라지지 않았다. 채무자에 대한 혹독한 태도를 취하던 로드아일랜드 주는 1857년 공황이 발생했을 때에도 지불불능을 이유로 607명을 투옥했다. 채무로 인한 투옥의 완전한 폐지는 로드아일랜드 주를 포함한 많은 주에서 20세기까지 실현되지 않았다.

채무로 인한 투옥은 비인격적인 시장력이 경제를 장악하기 시작하면서 동시에 그 윤리적인 근거를 잃었다. 주의회들은 호황과 불황의 연속으로 발생한 지급불능의 쇄도에 대해서 파산법, 지불정지와 주택담보대출지불유예법으로 대응했다.

파산법 제정은 연방의 활동불능으로 각 주에게 주어졌다. 남북전쟁 이전에 의회는 두 가지 주요한 법령을 제정했다. 하나는 1800년이고 다른 하나는 1841년 법률이었다. 이 두 법률은 단기적으로 시행되었는데 그 이유는 첫째, 주민 전체보다는 단지 무역업자들에게만 적용되어서 이는 "부분적이고, 비도덕적이며, 비정치적이고 반공화주의적"이었기 때문에 폐지되었다.[34] 1837년 공황의 발자취를 따라 제정된 1841년 법률은 앞으로 더욱더 경제팽창이 가능한 건강한 신용체계를 복구하려고 하면서 채무자와 채권자 모두를 공평하게 대하려는 새로운 태도를 반영했기 때문에 더 중요했다. 채무자와 채권자들은 시행중인 법률을 반대했고 신속하게 개선된 경제는 1846년 그 폐지를 재촉했다. 1867년에 제정된 또 다른 법은 1878년 폐지되었다. 그리하여

의회가 전국적으로 의미 있는 파산법을 제정한 것은 1898년이 되어서였다.[35]

각 주들은 연방의회의 선점 우려 없이 자유롭게 법률을 제정했다. 그 결과는 혼란을 야기했다. 일부 주들은 농부들에게 인기가 높은 법률을 제정했다. 이러한 법률은 영업조건이 채무자-채권자 관계의 일반적인 규율로 회복이 인정될 때까지 채무변제를 연기했다. 주택담보대출지불유예법도 이와 같은 방법으로 운용되었다. 여러 주는 또한 파산법을 채택했고 초창기 독립전쟁 이후에 제정된 이들 중 일부는 소급적이었는데 이 법률이 발효되기 전에 체결된 채무에 대해서도 적용했다. 1819년 미국 연방대법원은 헌법상의 계약조항을 위반한 것으로 이러한 조치를 금지시켰다. 연방대법원이 합헌이라고 했던 주의 파산법조차 많은 채권자들이 이전에 사적인 교섭의 위험을 재분배하려는 시도를 유감스럽게 생각했기 때문에 정치적인 소동이 발생했다.

장기적인 흐름은 명백했다. 회사의 성장과 은행제도의 등장과 함께 채무자-채권자 관계의 전체적인 구조는 좀 더 비인격적이고 책임을 묻는 구조가 되었다. 대출은 개인의 자산에 근거해서 주어지는 것이 아니라 대출받는 사람의 경력과 이익을 위한 미래의 가능성을 근거로 주어졌다. 영업활동의 지리적 범위확대는 신용관계를 더욱 비인격화했다. 그리하여 루이스 태펀의 던(Lewis Tappan's R.G. Dun) 신용가치평가회사가 등장하게 되었다. 영업활동의 지리적 범위확대는 신용관계를 더 비인격화했고 연방 파산법의 부재는 전국적인 채권자-채무자 관계에 불확실한 요소를 더했다. 다른 분야의 부양과 규제활동과 같이 채무자-채권자 관계를 다루는 주 입법은 입법권을 제한하는 헌법상의 제약결과로 발생된 정치적인 반발을 불러일으켰다.

적극적인 주라고 하는 신념의 훼손

남북전쟁 이전의 마지막 20년 동안에 특히 오하이오, 뉴욕과 펜실베이니아 주에서 공공기업에 대한 주의회의 입법역할에 대해서도 제약이 많아졌다. 의회의 권한을 축소하기 위한 시도들이 도처에서 강력하게 일어났다. 이는 기존의 헌법을 개정하는 주헌법회나 캘리포니아와 같은 주에서 다음과 같이 표현되었다. 사법부와 행정부에 많은 책임을 인정한 반면에 입법부의 권한을 무디게 하는 새로운 헌법을 제정했던 이른바 "적극적인 주라고 하는 신념의 훼손"이었다.[36]

오하이오 주의 경험은 경제에 대한 의회의 개입 때문에 일반의 지지를 잃게 된 사례를 잘 보여주고 있다. 1825년 주의회는 뉴욕 주 이리 운하의 성공사례에 자극받아 운송수단을 개선하려는 노력을 적극적으로 펼쳐나갔다. 의원들은 마이애미 운하와 4년 뒤에는 오하이오 운하를 건설하기 위해 주가 물심양면으로 돕겠다고 약속했다. 이러한 엄청난 노력을 기울였음에도 수요를 충족하기에 실패했을 때조차도 이러한 계획에서 소외된 나머지 지역에 대해서 의회가 좀 더 성의 있는 조치를 취할 것을 요구했다.

주의회는 1837년 '대부법'을 제정함으로써 위와 같은 요구에 부응했다. 이는 다른 모든 주들이 운송수단 개선에 필요한 재정문제에 접근하는 방법을 전형화했다. 이 법에 따르면 주는 운하, 상업도로와 철도를 건설하는 프랜차이즈 회사에 재정적인 도움을 주어야 했다. 실제로 주는 스스로 사적인 운송수단의 개발에 끊임없이 투자를 했다. 1840년경에 주의 채무는 1,200만 달러를 넘어 3배나 증가했고 민주당원들은 1837년 법률에 '약탈자법(Plunder Law)'이라는 경멸적인 이름을 붙여주었다.

오하이오 주는 부유하고 성장하는 주여서 채무가 증가하더라도 1837년의 공황에 큰 충격을 받지 않았다. 주는 1837년 법에 따라서 그 공약을 실행했으나 혼합경제를 향한 일반대중의 분노가 표출되자 의회는 1842년에 이를 폐지했다. 그리고 의회는 새로운 계획을 채택했는데 이는 1840년대 중반 경제상황을 개선하고 이전에 운송개선 사업의 무조건 투자에 적극적으로 뛰어들지 않았던 주의 구성원들로부터의 새로운 요구에 부응하기 위한 것이었다. 많은 다른 주의 의회처럼 오하이오 주의회는 예정된 새로운 개선사업에 대한 책임을 지방정부에 떠넘겼다. 의회는 혼합경제기업의 이념에 대해 완전히 빗장을 지르지 않고 운송수단의 개선사업에 주가 연관되는 것을 제한하기 위해 19세기에 널리 이용되었던 장치인 '신용대출'을 이용했다.[37] 직접대출과 달리 신용대출은 지방정부가 운하와 철도회사를 설립하는 절차에서 채권발행자로서 관계했고 오하이오 주의 지방정부는 의회가 이들에게 부여한 기회에 편승해 심한 부채를 짊어지게 되었다.

그 결과는 실망스러웠고 정치적으로 폭발적이었다. 전국에서 반복적인 유형으로 일부 철도는 부설되지 않았고 다른 일부는 기존의 서비스와 중복되었기 때문에 경쟁력이 없었으며 일부는 단지 부분적으로만 건설되었다. 혼합경제기업은 쇠락했다.

주헌법의 개정

민주당은 적극적인 주에 대한 대중주의자, 반정부적이고 반기업적인 공격에 대응했다. 1840년대와 1850년대 말의 주의회들은 "정당정치와 변화하는 사회적 · 경제적 이해관계를 깊이 반영"하게 되었다.[38] 외관상 적절하게 반응하지 못하는 정치구조를 극복하기 위한 장치로서 헌법개정회의가 등장했다. 1850~1851년의 오하이오 헌법개정회의에 파견된 한 대표는 다음과 같이 설명했다. "나는 철도, 운하, 상업도로와 다른 회사들을 주 정부와의 어떠한 관계없이 그들 스스로의 신용만으로 운영할 수 있도록 내버려둠으로써 주 정부가 단순하고 적절한 기능으로 되돌아가길 바란다."[39]

1860년경에 절반 이상의 주에서 기존의 헌법을 개정하거나 새로운 헌법을 제정했다. 이러한 새로운 기본법은 주의 채무액을 제한하고 '신용대출'이나 개인주식의 매입을 통해 사기업을 보조하던 주와 지방정부의 관행을 금지함으로써 의회의 권한을 통제하려고 시도했다. 새로운 헌법은 또한 자본지출에 대해서도 엄격히 제한했다. 이러한 조치들은 주 정부가 운송수단을 개선하고자 노력하던 때에 행한 과도한 약속의 실패에 대한 당연한 귀결이었다. 남북전쟁 이전 15년 동안에 제정된 새로운 헌법의 대부분은 회사설립의 특수특허장보다는 일반특허장 규정을 포함했고 헌법상 정당한 보상원칙을 확정하고 채무자 구속의 관행을 폐지하거나 제한했다.

입법부에서는 독립 이후의 공화주의 신념이 사라졌으며 그 대신 두 가지 새로운 주제가 등장했다. 첫째, 초창기 50년 동안 기본법으로 간주했던 주헌법이 정부의 행위를 제한하고자 한 법률문서가 되었다. 예를 들어, 1851년 오하이오 주는 이전의 주 기본법에 비해서 2배 가까이 늘어났으며, 모든 주에서 대표자들은 주의 입법자들이 경제문제에서 행사할 수 있는 권한을 견제하기 위해 기본법 규정을 개정했다. 둘째로, 주 공무원의 역할이 크게 변하기 시작했다. 주지사는 거부권, 사면권과 지금까지는 의회의 배타적인 영역이었던 임명권을 통해 크게 강화된 권한을 획득했다.

아마도 가장 큰 변화는 사법부에서 일어났다. 임기제의 사실심 법관선출 관행은

1820년대 많은 주에서 실시되었으나 항소법원에까지 실시되지는 못했다. 이러한 계획은 항소법원의 법관들이 기계적으로 법을 발견함으로써 일반대중의 영향력과 직접적인 당파성으로부터 자유로워야 한다고 주장했다. 1832년 미시시피 주는 임기직(대개 6~8년)으로 모든 법관을 선출한 최초의 주였고, 1846년 뉴욕 주가 새로운 선출과정을 채택한 이후 오하이오 주를 포함한 많은 주들이 재빨리 이를 따랐다. 끝까지 동참하지 않은 주는, 1852년의 사법부에 대한 격렬한 논쟁에서 임명직 법관과 특별한 결격사유가 없는 한 정년제를 주장하던 지지자들이 승리한 매사추세츠 주였다.

이러한 변화의 배경은 복잡했다. 의회에 대한 대중주의자와 반정부주의자들의 압력은 사법부에 대해서도 마찬가지로 작용했다. 오하이오 주에서 헌법회의에 파견된 대표자이자 농부였던 찰스 리멀린(Charles Reemelin)은, 일반선거는 "사법부의 귀족적인 성향"을 감소시킬 수 있을 것이라고 주장했다.[40] 그러나 마찬가지로 중요한 것은 사법조항을 제정한 헌법위원회를 장악했던 많은 법조인들은 입법부의 권위와 균형을 이루기 위한 장치로서 일반선거를 받아들였다. 1846년 뉴욕 주헌법회의에 파견된 마이클 호프먼(Michael Hoffman)은 자신의 입장을 다음과 같이 설명했다. "입법부를 재조직하는 데 있어서 우리는 일반의회의 권한을 제한했고 그리하여 대대적인 사법입법이 불가피하게 될 것이고 우리는 법관의 일반선거를 통해 이를 지원하려고 노력해야 한다."[41] 새로운 선출방법은 법관이 비민주적이라는 비난에 직면하지 않고 일반 선출된 기관의 입법을 위헌법률심사제도를 통해 무효화할 수 있는 지위를 확보하게 했다.

6

보통법, 법률가와 미국의 가치: 연속성과 변화, 1780~1880

Common Law, Jurists, and American Values: Continuity and Change, 1780~1880

알렉시스 드 토크빌은 1830년대에 다음과 같이 적었다. "미국인들은 자신들의 법원에 엄청난 정치력을 부여했다."[1] 그 당시 훈련된 법률가들 중에서 임용된 법관들(즉 항소심 법관들)은 독립전쟁과 남북전쟁 사이에 정치력뿐만 아니라 법률상의 권한을 발휘할 수 있도록 업무영역의 확대를 점차 요구하기 시작했다. 법 도구주의—법에 대한 실용주의와 공리주의 입장—는 서서히 발전했으나 이는 일반적으로 법관이 기계적으로 적용하는 선례에 구속되는 규율로 보는 오래된 법개념에 의해 제약받는다는 입장을 취했다. 보통법에 대한 오래된 이러한 견해는, 오늘날 어렵게 이해할 수 있는 규율마저도 17세기와 18세기의 '훌륭하고 존경받는' 법률가들이 작성했던 오래된 영국의 선례나 윌리엄 노이(William Noy)가 제공한 것과 같은 간결한 '격언'에서 대부분 발견할 수 있는 불변의 원칙에 근거했다는 입장을 취했다. 게다가 그 지지자들은 법률의 '시행착오' 원리는, 매일 미국인들(그리고 그들의 법률가들)이 '그러한 규율의 안정성'에 의거해 유언장, 재산거래와 계약서를 작성하기 때문에, 법률가들이 어설프게 다루기 위한 것이 아니라고 주장했다. 뉴욕 주의 형평법원장 제임스 켄트(James Kent)에 따르면 공동체는 보통법상의 선례를 신뢰해 "자신들의 거래와 계약을 규율"할 권리를 가진다. 이러한 이해에 따라서 "전문가들은 상담하는 사람들에게 안전한 조언을 할 수 있다."[2] 그리하여 1827년 필라델피아 법률가협회장으로 치러진 주 대법원장 윌리엄 틸그먼(William Tilghman)의 장례식에 참석한 변호사 호러스 비니(Horace Binney)는, 조사에서 틸그먼의 " 모든 사건에서 최우선으로 추구한 것"은 "법의 계시를 받는 일"이었고, "그가 이러한 법의 계시를 받았을 때, 사건의 정당성에 관한 자신의 명확한 인식과 이를 실현하고자 하는 강력한 의지에도 불구하고 이것이 법률상 정당한 것이 아니라면 감히 이를 집행하지 않았던" 동료였다고 애도했다.

법에 대한 이러한 견해를 취하는 '형식주의' 법률가들은 독립 이후 작성된 것뿐 아니라 그 이전의 영국판례를 '훌륭한 권위'를 가진 것으로서 계속 인용했다. 이러한 법률가들은 북동부 주의 법원을 주도하는 경향이 있었다. 특히 포괄적이지 않은 영국 규율을 대충 다루거나 특별히 엄격한 영국선례를 무시하려는 성향이 강한 법률가들은 중서부와 남서부 법조계에서 활약하면서 그 지역의 '도구주의' 법률가들의 의견을 더 존중하는 경향이 있었다.

배심과 법관의 변화하는 역할

배심

미국법의 확대된 도구주의의 가장 중요한 결과 중 하나는 "18세기 말 등장하기 시작한 법관과 배심의 관계에서 일어난 커다란 변화였다."[3] 그때까지 일부 식민지에서 배심들은 사실문제뿐만 아니라 법률문제에 대해서까지 권한을 행사했다. 오늘날 법관은 법률문제를 다루고 배심은 사실문제를 결정하도록 나뉘어 있다. 심리가 종료되면 법관은 배심원들에게 관련된 법률문제를 가르쳤는데 이러한 가르침은 구속력 있는 것으로 간주되었다. 18세기에는 권위를 가지고 있는 노선이 오늘날과 다른 방법으로 실시되었다. 오늘날에는 고도로 정형화되어 있는 배심에 대한 설시(說示)는 미국독립 이후 초창기에는 비공식적이었고 기술적으로도 복잡하지 않았다.

전형적인 18세기 배심은 법관의 설시를 무비판적으로 또는 일부 수정해 받아들이거나 혹은 이를 거절할 수 있었다. 이론상 배심은 주어진 법률을 수용해야 했지만 실제로 이를 종종 자의적으로 하는 경우가 있었는데 이는 배심 선정절차가 법원의 직접적인 감독을 벗어나 있었기 때문이었다. 1735년 식민지 뉴욕 주지사를 명예훼손 혐의로 기소한 인쇄업자 존 피터 젠저의 유명한 사건에서 사실심 법관은 배심에게 젠저의 변호인이 주장한 법을 무시하도록 설시했다. 그러나 배심은 법에 대한 자신의 입장을 적용했는데 이것이 젠저의 견해와 일치했기 때문에 젠저의 편을 들어주었다. 배심은 법률과 사실의 유효성에 대한 평가를 반영한 '일반평결'을 했다.

19세기에 걸쳐서 법관과 배심들의 노동분업은 더 뚜렷해졌다. 배심은 역사적으로 공동체의 부속물로 기능했으며 비록 인종, 성별과 재산소유를 자격요건으로 하고 있어 대표성은 없지만, 여전히 민주적인 영향력을 가졌다. 미국인들은 직접적인 사법상의 영향력을 제한하는 방법으로 배심제도를 보존하고자 했다. 예를 들어, 주는 증거에 대한 평가에서 법관을 제약하는 법률을 제정하기 시작했으며, 1796년 노스캐롤라이나 법률은 "사실이 완전하고 충분히 입증되었는지의 의견을 배심에게 전달하는 것"을 불법으로 만들었는데 이는 "배심의 진정한 업무영역이었기 때문이었다."[4]

배심은 사실문제에 대해서 자치권을 획득한 반면에 법률문제에 대해서는 자치권을 잃었다. 이러한 발전은 형사사건보다 민사사건에서 더욱더 확실했으나 형사사건에서조차 배심의 재량권이 부정의를 촉진시킨다는 주장이 있었다. 형사절차는 항상 개인의 자유나 생명을 부정할 가능성을 가지고 있었기 때문에 통일적인 법적용의 이상은 배심이 법률 대신 사실에 입각해 유죄나 무죄에 대한 공동체의 이해를 부여해야 한다는 믿음과 크게 충돌했다. 1844년 뉴저지와 같은 주의 일부 투표자들은 "명예훼손의 소추나 정식 기소 시" 배심이 사실과 법률에 대해서 법관이 될 것을 요구하는 헌법조항을 승인했다.[5]

민사사건에서 배심은 법원의 서비스에서 사실의 발견자가 되었다. 19세기 사실심 법원은 배심의 자치권을 제한하는 여러 가지 절차적인 장치를 채택했다. 상업시장경제의 성장은 배심평결에서 질서와 안정을 필수로 만들었다. 법률 저술가들과 상업상의 이해를 다루는 변호사들은 사건에서 법에 대한 사법적인 통제는 사업이 번창할 수 있는 안정적인 법률환경을 조성할 수 있도록 해야 한다고 결론지었다. 게다가 법실무의 성질은 토지에 대한 분쟁해결에서 상사법의 문제로 이동했고, 법관임명이 거의 전적으로 법조계의 위상에 따라 이루어지자 촉망받는 미국 법조인들은 상법의 체계를 통일하는 것이 개인적이고 전문적인 야망을 달성하기에 필요하다고 생각했다.

예를 들어, 미국에서 상사 법률가들은 18세기 말에 '특별사건(special case)' 이나 '판단유보사실기재서(case reserved)' 를 확대하기 시작했다. 이러한 장치는 배심의 간섭을 피할 수 있었던 반면에 법관에게 법에 대한 자신의 견해를 제출할 수 있었다. 특별사건은 상호 다툼 없이 인정한 사실 인증서에 기초한 법률상의 쟁점에 대해서만 법관의 결정을 구하는 사건이다. 영국과 스코틀랜드 법관들은 해상보험 사건에서 특별사건의 독점적인 이용을 인정받았으며 미국의 상업 법률가들은 이러한 이점을 누리지 못했다.[6] 특별사건은 변호인이 불확실한 배심심의에 의뢰인을 노출하지 않고 분쟁해결을 위한 법률문제에 대해 법원의 판결을 받을 수 있게 했다.

또 다른 주요한 절차상의 개혁은 "증거에 반하는(contrary to the weight of the evidence)" 평결에 대해 새로운 심리를 허락하는 것이었다. 이러한 장치는 법관에게 배심평결을 수정할 수 있도록 했는데 이는 18세기 말 이전에 미국법에는 거의 알려지지 않았다. 독립은 물론 다른 기관들과 동등한 지위를 확보한 사법부는 특히 증거가 매우 복잡한 사건에 대해서 배심평결을 재고하기 시작했다. 법관들은 새로운 심리를 명령했는데 그에 따라 배심이 독점한 사실발견의 역할과 충돌했다. 예를 들어, 뉴욕과 사우스캐롤라이나 주에서는 증거에 대한 법관의 평가에 근거해 새로운 심리를 인정하는 실무가 19세기 초에 잘 확립되었다. 물론 법관은 배심을 전체적으로 통제할 수 없었다. 배심의 재량은 그때에도 현재와 같이 미국 법률제도의 중요한 민주적인 특징으로 남아 있었다.

사법부

비록 법관들이 의회의 권한을 계속해서 존중했으나 사법부는 입법정책에 대한 영향력을 확대했다. 독립전쟁 직후의 견해는 법관이 대중의사보다는 법에 의한 지배의 대리인으로서 위헌법률심사권을 행사한다고 보았다. 이들에 대한 존경심은 선례에 대한 자동적인 적용을 통해 이러한 역할을 수행하는 정도에 달려 있었다. 물론 법관은 재량권을 가지고 있었으나 헌법과 선례(상위법과 역사)들은 그러한 재량권에 대한 명백한 제한이었다.

그러나 1830년대 중반 일부 법률가와 법관들은 법과 정치의 전통적인 이분법적 사고를 변경하는 새로운 사법적인 권한을 옹호하기 시작했다. 이들은 법원이 사회적인 이해의 충돌을 해결하는 데 적극적인 참여자가 되어야 한다고 주장했다. 전국에서 가장 훌륭한 법률가 2명인 프랜시스 힐리어드(Francis Hilliard)와 윌리엄 듀안(William Duane)은, 법관은 명백히 정치적일 뿐만 아니라 사법적인 성격을 가지고 있다고 주장했다. 1831년 미국 최초의 법률잡지인 〈미국 법률가*American Jurist*〉에서 한 필자는 법은 "본질적으로 사람들의 습관, 매너와 일에 대해 융통성 있게 수용하는 국가의 조건에 따라서 다양하고 널리 전파되기도 하고 위축되기도 한다"라고 주장했다.[7] 힐리어드에 따르면 법률의 새로운 토대는 "일반적으로 편의주의, 공공정책"이다. 법관은 "정치적인 편의주의에 따라 좌우되기" 때문에 단순히 법을 발견하는 것에 반대함으로써 법을 만드는 역할을 한다.[8]

보통법, 경제와 미국문화

사법판결은 사례와 논쟁을 요구한다. "사법권의 특징은 요구되었을 때나 그것이 법적으로 문제가 되었을 때에만 행동할 수 있다는 것이다." 토크빌은 "사법권에 대해서 자연적으로 능동적인 것은 없다. 행동하기 위해서는 신청이 있어야만 한다"라고 결론지었다.[9]

'새로운 국가'의 최초 100년 동안에 미국 법률가들은 일정 정도 영국 보통법을 변경하거나 '미국화'했다. 이러한 변화가 이루어진 동기가 경제발전과 기술변화에 따른 것이었는지에 대해서는 논쟁이 있으나, 역설적으로 법률가들이 고유한 보통법 규율에 특별한 변화를 준 본질적인 동기는 경제적인 것이 아니라 문화적인 것이었다.

회사

회사는 국가를 새로운 경제시대로 전환시킨 영업조직 형태였다. 주의회는 "지배권의 비율로 사적 개인들을 연합시킴으로써 이들이 원하는 것을 개인적으로는 할 수 없었으나 단체적으로는 수행할 수 있게 했다."[10] 그 당시 보편적인 회사설립을 가능하게 했던 특허장들을 해석하고 적용하도록 요청받았을 때 법률가들은 과연 어떻게 반응했는가?

19세기에 **권한 외**(**ultra vires**)원칙에 대한 역사는 권리주체로서 회사에 대한 사법적인 적대감을 대표적으로 보여주고 있다. 그 당시에는 회사에 대한 적지 않은 적대감이 있었다. 1809년 버지니아 주 항소법원의 법관 스펜서 로안(Spencer Roane)은 보수적인 농경사회의 이해관계에 대한 염려를 피력했다. **큐리의 관재인**(**Currie's Administrators v. The Mutual Assurance Society**) 사건에서 로안은 사람들이 '단순히' '사적이거나 이기적인 행위'에 관여할 때 "사람들은 공동체로부터 특권이나 수당을 독점하거나 분리할 권원을 갖지 못한다"라고 판결했다.[11] 나중에 잭슨주의 민주당원들은 회사를 "영혼과 양심이 없는 것"이자 강력한 "부의 축적적인 성격"을 가진 것으로 공격했다.[12]

주법원들은 어떤 행위를 추인불가와 무효로 선언함으로써 회사의 권한행사를 제한할 수 있는 **권한 외** 원칙을 원용했다. 그러나 회사의 임원들이 이러한 원칙을 부당한 방법으로 자신들에게 유리하게 이용하려고 노력한다는 것이 법률가들에게 신속하게 알려졌다. 종종 회사의 대리인들은 계약, 구매나 대출, 혹은 주식발행, 약속어음, 보험증권이나 회사의 특허권 범위를 벗어난 다른 약속들에 대해서 **권한 외** 계약행위를 하게 된다. 회사의 임원들이 이러한 합의로부터 벗어나고자 할 때, 이들은 대리인들의 행위를 무효화하고 **권한 외** 원칙을 인용하는 경우에 법원은 거의 항상 이러한 방어를 용인하길 거절함으로써 그들의 이익을 더 이상 고려할 수 없게 했다. 그리하여 펜실베이니아 주 대법원장 에드워드 팩스턴(Edward Paxton)은 1876년 펜실베이니아 운송회사의 경영에 대해서 다음과 같이 꾸짖었다. 이사회의 승인을 받지 않고 소규모 철도회사와 체결한 계약은 그 책임이 명백해질 때까지는 **권한 외** 행위가 되었기 때문에 그 계약의 이행을 회피하기 위한 소송은 불가피한 것이다. 다른 주의 상규법원 법관들은 회사설립을 위해 주청사가 있는 주도를 왕래하면서 영향력을 행사했던 유력인사들의 법률상 의제를 부인하고 직접 책임을 지도록 함으로써 회사의 채권자, 의뢰인과 고객

이 '부당한 대우'를 받지 않도록 노력했다.[13]

그러나 일부 남북전쟁 이전의 주법원들은 특히 유한주주책임 원칙을 인정함으로써 회사형태의 발전을 부추겼다. 이와 같은 사례의 전형은 매사추세츠의 경험이었다. 1809년 **앤도버 앤 메드포드 도로회사(Andover and Medford Turnpike Corporation v. Gould)** 사건에서 주대법원은 자발적으로 영업회사의 구성원이 된 사람이 상대방에게 지불할 것을 명시적으로 약속하지 않았다면 미지불한 회사의 채무로 인해 제소당하지 않는다고 판결했다. 법원의 결정은 회사에 참여한 주주의 위험을 어느 정도 축소해주었는데 이는 채무가 지나치게 부담된다면 기업을 포기할 수 있었기 때문이었다.

10년이 지난 후 같은 법원은 한걸음 더 나아가 회사의 투자를 활성화하기 위해 이러한 재량권을 행사했다. **스피어(Spear v. Grant**, 1819)와 **보스(Vose v. Grant**, 1819) 사건에서 법관들은 청산된 은행의 주주들이 여전히 은행의 채무에 대해 책임이 있는지에 대해서 위의 유한주주 책임원칙을 적용할 수 있는지를 판결했다. 아이작 파커(Isaac Parker) 법관은 특허장에 명시적으로 책임을 지도록 정하고 있는 경우에만 책임을 진다고 판결했다.[14] 특허장에 이러한 규정을 포함하고 있지 않다면 주주들은 회사의 채무에 대한 책임을 지지 않는다고 판결했다. 법원은 제조회사의 주주에 관해서도 똑같은 입장을 취했으며 투자자 유치에 적극적이던 주의회는 1830년경 현대적인 유한책임을 확립한 포괄적인 입법을 제정했다. 그러나 매사추세츠의 법관들은 이러한 문제를 주주책임의 문제로 보았다면 모든 곳에서 문제를 이와 같은 방법으로 보았던 것은 아니다. 예를 들어, 매사추세츠의 이전 식민지였던 메인 주는 주주가 파산회사의 채무에 책임이 있는 것으로 회사법을 해석했다. 그리하여 1870년에 파산한 포틀랜드 셔블 사(Portland Shovel Co.) 주주의 변호인들은 메인 주대법원에 주주의 주식가치에 책임을 제한하는 방법으로 주주의 책임을 다루도록 법령을 해석하라고 촉구했다. 그렇지 않으면 투자자들이 실망하게 되고 '우리의 제조업'에 '좋지 않은 효과'를 미쳐 자본을 이용할 수 없게 될 것이다. 법원은 이 주장에 대해서 비록 "외부 자본의 유입이 바람직하지만 그 자신의 이익을 염두에 두는 일도 마찬가지로 중요하다"라고 결론을 내렸다. 회사의 채권자들은 그 부실경영에 대해서 책임을 지지 않았으며 그 주주들이 책임을 져왔다. 주주들은 회사가 번창한다면 자신들의 투기에 의해서 혜택을 볼 수 있는 사람이며 "무능하고 과실이 있거나 불성실한 직원"을 제거할 수 있는 유일한 사람들이며 그 손실을 감당해야 할 사람들이다.[15]

회사의 특허권 범위를 확정하는 것이 남북전쟁 이전 법원의 주요한 기능이었다. 일반적으로 주법관들은 회사 특허장을 제한적으로 해석한 반면 연방대법원은 기념비적인 **다트머스 대학**(**Dartmouth College v. Woodward**, 1819) 사건에서 위의 원리를 좀 더 확대해석했다.

이 사건은, 뉴 햄프셔 의회가 1769년 국왕 조지 3세가 대학에 수여했던 원래 특허장의 내용을 변경할 수 있는지와 관련된 사건이었다. 대학은 연방헌법상 계약조항이 의회가 특허장의 내용을 변경하는 것을 금지한다고 주장했다. 특허장은 단지 계약이기 때문에 회사는 똑같은 재산권에 대해 사적 개인으로서 권리를 주장할 수 있었다. 많은 내용이 유동적이었다. 비록 다트머스 대학이 자선기관이었지만 이 사건은 주가 사적 기업의 행동을 간섭할 수 있다고 해석할 수 있어 큰 파장을 불러일으켰다. 이 사건은 회사조직 형태가 개인 투자자들의 관심을 끌 때에 발생했다.

대법원장 마셜의 견해는 이를 더욱 장려했다. 의회가 수여한 특허장은 헌법의 계약조항 규정에 따라 보호받는 계약이었다. 반면에 주권을 가진 주는 사적 개인들과 같이 계약관계에서 동일한 기준을 적용받을 수 있다. 마셜은 마음속으로 자신의 행동에 대한 정책적인 고려를 한 뒤 이러한 결론에 도달했다. 마셜은 "설립된 회사의 목적은 정부가 증진하길 바라는 것과 같이 보편적이었다. 이들은 국가에 유익한 것으로 간주되었고 이러한 이익은 아마도 회사 특허장의 도움 없이는 얻기 어려울 것이다"라고 판결했다.[16] 마셜의 견해는 사적 회사설립을 위한 안정된 법률환경을 조성하는 데 자발적인 위험감수를 장려하고자 위 연방헌법상의 권한을 원용했다.

대법관 조셉 스토리의 찬성의견은 안정적인 회사설립을 보장하고자 한 마셜의 입장을 지지했으며 공기업과 사기업 사이의 구분으로 나아갔다. 스토리는 마셜이 한 명확한 주장을 반복했는데, 이는 의회는 사기업에 대한 통제권을 가진다는 것이었다. 스토리는 "회사는 설립 당시에 의회가 정한 목적에서 벗어나지 않는다면 어떠한 사후 법령에 의해서 통제되거나 폐지될 수 없다"라고 적었다.[17] 의회는 단순히 미래의 행위에 대해서만 특허장 내용을 변경할 권리를 가진다. 이듬해, 의회는 이러한 조항을 회사의 특허장에 옮겨 적기 시작했으며 일부 주에서는 이러한 권리를 의회에 인정하는 헌법조항을 포함했다. 마찬가지로, 1830년대 대법원은 회사 특허장은 주의 입장에서 해석되어야 한다고 판결한 **다트머스 대학** 사건의 원리를 수정했다.

조셉 스토리의 찬성의견은 또한 사기업으로부터 공기업을 구분하는 법적 토대를 마련했다. 회사에 대해 비판적이었던 사람에게 회사는 주가 설립특허를 주었고 사회에 기여할 책임을 지기 때문에 고유하게 공적이었다. 완전한 사기업 개념은 회사가 공공의 필요성을 충족하기 위해 존재한다는 공화제의 이상과 충돌했다. 노스캐롤라이나의 법관이 진술한 것처럼 "단순히 사적인 목적을 위해서 설립된 회사를 상상하는 것은 어려운 일이다."[18] 만약 이러한 견해가 득세한다면 회사활동에 대한 의회의 광범위한 개입여지를 남겨놓게 될 것이다.

스토리는 이러한 개입의 여지를 없앴다. 스토리는 회사를 기능에 따라 정의하는 대신에 자산의 성격에 따라 정의했다. 그에 따르면, 사기업은 그 자본을 사적으로 모집한 것이었다. 스토리의 원리는 "회사발전의 주요한 특징에 대한 실질적인 대응"으로 사기업의 등장을 가져왔다.[19] 스토리 자신의 뉴잉글랜드에서 **다트머스 대학** 사건의 판결이 미래의 기업가들에게 법률상의 어려움을 제거해줌으써 회사는 이 지역에서 제조업의 변화를 초래한 가장 주요한 원동력이 되었다. 그러나 법관들이 부적절한 의회의 개입으로부터 사기업을 보호했다는 것이, 독립 이후 최초 1세기에 법관들처럼 준공기업이나 순수한 사기업의 이사들이 자유롭게 행동하도록 내버려 두었다는 것을 의미하지는 않는다. 주와 연방법원들은 회사 직원들이 자신들의 회사 특허장 내용을 위반했다고 주장하는 정부관리, 주주, 의뢰인과 사적 개인이 제기한 소를 다루었다. 법원은 이러한 행위가 위법행위라고 판단되면 형평법상의 권한을 행사해 회사 경영진들에게 주식배당에 대해 조사할 수 있도록 장부를 공개하거나 그들이 이행하지 못한 주주나 일반에 대한 그 이외의 의무이행을 명령할 만반의 준비를 갖추고 있었다. 예를 들어, 문을 닫은 메인 주의 할로웰 앤 어거스타(Hallowell & Augusta) 은행은 그 주주에 대한 배당에 자본주의 75퍼센트를 지불했으나 그 채권자(은행권을 가진 사람)들에게는 비교적 쓸모없는 지폐만을 남겨두었다. 조셉 스토리 대법관은 회사의 자산은 "채무의 지불을 위한 담보나 신탁기금으로 간주된다"라고 판결했으며 채권자들에게 주주

에게 배당된 기금으로부터 반환을 인정했다.[20]

법원들은 무자격 주식이나 배당, 정해진 금액을 초과한 이용료의 부과, 부과금액의 차별(다른 선적인에 대해서 한 선적인을 우대), 노선변경, '교역의 제한에 있어서' 주의 법인능력에 따라 제재받지 않고 독점적인 관행에 종사하는 이사에게 제재를 부과할 준비가 되어 있었다.[21] 그리고 그러한 내용을 다루는 법률상의 규정이 없는 경우에 매매가 회사의 장부에 기입되지 않는다면(양도와 대출에 대한 담보로서 주식의 이용에 과도한 불편을 주는) 주주들 사이에 회사주식의 매매와 양도를 금지하는 회사정관을 인정하지 않았다. 1839년 뉴욕의 대법원이 판결한 원칙은 "영업의 필요성과 이성과 정의에 대해서조차" 상반되는 것이었다. 1860년 뉴저지의 대법관재판소는 "담보증권으로서 주식의 담보는 널리 이용되어왔고 특히 대출받은 사람에게 유리한 대출형태"라고 언급했다.[22] 사실 이러한 판결은 투자자들에게 주식소유를 좀 더 유인함으로써 주주와 회사 모두를 도왔다고 말할 수 있을 것이다.

법원들은 궁극적으로 지속적으로 성장하는 회사를 감시하고 규제할 자원과 능력을 원했다는 것이 밝혀졌다. 19세기 말과 20세기 초에 규제위원회는 위와 같은 목적에 종사하기 위해서 보통법상 적법절차 법원이 소유했던 것보다 좀 더 대략적인 권한을 가진 것으로서 의회에 의해서 창설되었다. 그러나 법관들이 이용할 수 있는 무기가 그러한 임무를 수행하기에 부적절한 것으로 판명되었다면 이는 법관들이 이러한 무기의 사용을 꺼렸기 때문은 아니었다.

의사주의 계약이론

계약은 법률의 대중적인 토대와 경제결정 과정의 사유화에 대한 공화주의 수사(修辭)에 적합한 것이었다. 이는 대체물의 시장에서 합의의 이행을 위한 규율로서 사회적이고 경제적인 평등에 대해서 상당히 부정확하게 가정했다. 계약이 가정하고 있는 것은 2개의 독립적이고 자유로운 개인의 의사가 합치해 스스로 교섭내용을 결정한다고 보았다. 이들 사이에 이루어진 합의의 형평성은 법원이 고려할 대상이 아니었다. 법관은 단지 합의가 성립했는지 여부를 결정하면 되었다.

법관, 법률가와 법률 저술가들 모두 계약법의 변혁에 참여했다. 이와 같이 법률문헌이 많이 저술된 분야가 없었다. 대니얼 칩맨(Daniel Chipman), 네이선 데인(Nathan Dane), 조셉 스토리와 그의 아들 윌리엄 웨트모어 스토리(William Wetmore Story), 테오필루스 파슨스(Theophilus Parsons)와 줄리안 버플랭크(Guilian Verplanck)는 남북전쟁 이전의 계약법에 대한 주요논문을 저술했다. 이들 모두는 17세기, 18세기와 19세기 초 영국의 법리와 선례에 크게 의존했다.

남북전쟁 이전의 계약법은 이론과 실제가 충분히 융합되지 못했다. 법관이 계약을 객관적으로 분석했다는 생각은 환상이었는데 이는 그들이 계속해서 계약의 규정을 심사했기 때문이었다. 이들은 자신들의 신념을 법에 주입할 충분한 기회를 가졌다.

매매법

18세기에 대부분의 판매는 특정 상품에 대한 권원이 한 사람에서 다른 사람으로 이전하는 지역시장에서 발생했다. 소규모 상인집단이 매매법을 좌지우지했는데 "전형적인 거래에서 구매자와 판매자는 영업의 배경을 이해하고 있었던 중매인이었으며 이들은 서식과 관습에 익숙했다."[23] 19세기 상업시장경제의 팽창은 이러한 밀접한 관계를 변화시켰다. 더 이상 일방이 반드시 타방이나 기존의 시장관행을 알고 있을 필요가 없었다.

일부 주법원은 **매주여 주의하라(Caveat Emptor)**의 법리에 충실해 매매분쟁을 해결했다. 영국 보통법에 기원을 둔 이 법리는 사기나 명시적 혹은 묵시적 보증책임을 위반하지 않은 경우에는 구매자가 스스로 상품의 질과 적절성을 측정하고 이에 따라 자신의 위험 아래 상품을 구입한다는 것을 의미한다.

1839년 펜실베이니아 주대법원의 존 배니스터 깁슨(John Bannister Gibson)은 **매주여 주의하라** 법리의 배경이유를 정리하고 그 범위를 확대했다. "교섭 당시에 말의 코에서 콧물이 흐르고 있음"에도 불구하고 말이 건강하다는 판매자의 확인을 받아들여 말을 구입했다. 그러나 판매자는 그러한 보증을 한 적이 없다고 말했다. 말은 건강하지 않았고 구매자는 가격을 보상받기 위해 소를 제기했다. 그러나 깁슨은 배심평결을 번복하고 "내용을 특정하지 않고 단순하게 계약을 체결한 자는 사법상의 보호를 받을 수 없다"라고 선언했다. 깁슨은 이와 다른 법리는 "모든 사람들이 끝없는 소송의 공포로부터 벗어나기 위해 상행위 자체를 멈추게 할 것이다"라고 결론지었다.[24] 이러한 매매계약 사례들에서 주법원은 매매가 유효한지 아니면 취소할 수 있는지를 결정하기 전에 자신들 앞에 놓여 있는 사례의 사실을 살펴봄으로써 판결에 상당히 신중을 기했던 것으로 드러났다. 19세기 뉴욕의 상급법원에서 심리된 매매계약 분석에서 킴 셰펠레(Kim Scheppele)는 법관들이 매매의 목적물에 대한 정보를 가장 적게 가지고 있는 계약 당사자의 편을 일관되게 들어주었음을 발견했다. 그리하여 판매자가 수입 창고업자, 경매에서 밀폐된 용기에 포장되어 있는 상품(차, 오동유, 가구)을 판매하는 사람이고 구매자들이 이러한 상품에 대해서 잘 아는 제조자나 도매상인 경우에 법원은 경매인이나 판매자에게 묵시적 담보책임을 인정하는 경우가 드물었으며 반면에 제품이 살아 있거나 부패하기 쉽거나 판매자가 제품의 제조자인 경우 법원은 매매에 대한 묵시적 담보책임을 쉽게 인정하는 경향이 있었다.[25] 이러한 상황은 미국의 다른 지역에서도 마찬가지였다. 법원은 '견본'이나 '설명서' 혹은 '뜨내기 장사꾼'에 의해서 판매된 상품은 상품에 부착된 상품성이나 유용성에 의해서 보증된 것으로 간주했다.[26]

건전가격 원리는 대륙법 전통을 간직하고 있는 사우스캐롤라이나와 루이지애나 주에서 계속 적용되었다.

성공보수 계약

법원은 전문적인 봉사를 위한 계약법리에 결정적인 변경을 가했다. 19세기 초 영국과 미국 주법원에서 변호사와 체결한 '성공보수'(변호사가 승소한 경우에 받는 비율, 그러나 패소한 경우에는 아무것도 받지 않기로 한 약정) 계약은 불법이고 무효였다. 그러나 1824년 뉴욕 주의 하급법원은 이러한 합의를 인정했으며 1862년경에 16개의 다른 사법관할에서도 그 뒤를 따랐다. 이러한 성공보수 계약(Contingency Fee Contracts)의 옹호자들은 그렇지 않으면 가난한 사람들이 어떻게 자신들의 권리를 보호받을 수 있을 것인가라고 주장했다. 동정적인 법관들은 이러한 주장에 동의했다. 1840년 델라웨어 주

대법관 새뮤얼 해링턴(Samuel Harrington)은 "소를 제기한 가난한 사람들은 그 비용을 지불할 수단이 없을 수 있으며 이러한 권리를 집행할 수단이 없으면 그의 권리는 아무짝에도 쓸모없는 것"이라고 설명했다.[27] 아칸소, 아이오와, 미주리, 뉴저지, 뉴햄프셔, 텍사스와 유타 주의 법관들은 이와 비슷한 정서를 표출했으나 일리노이와 버지니아 주에서는 이러한 성공보수 계약을 인정하는 합리적인 근거를 효율성의 문제로 보았다. 이러한 성공보수 계약은 '일정한 보수'보다 변호인의 '충성, 정력과 열정'을 '더욱더 보장'했는데, 이는 이러한 합의 아래에서 보수가 시간당 지불될 때에 변호인들은 자신들이 할 수 있는 것보다 더 법원의 시간과 의뢰인의 비용을 낭비하지 않기 때문이었다. 그 결과 법률상 권리와 권한의 재분배가 덜 풍요로운 사람들에게 이루어졌다. 동시에 거의 모든 미국법원에서 민사소송의 패소자들은 영국에서와 같이 자신과 승소자의 소송비용을 지불할 의무를 부담하지 않는 것으로 판결했다. "여유가 없는 사람도 철도회사의 엄청난 소송비용을 두려워해야 할 필요가 없었다."[28]

유통증권과 연방 상사보통법

법관들은 유통증권법에 대해서 의견이 일치하지 않아 이의 해결을 위해 애썼다. 유통증권은 일방이 현금이나 상품의 소지자인 상대방에게 지불할 것을 약속하는 문서이다. 은행계좌가 적힌 수표는 유통증권이지만, 상사계약—법률분야에서는 상업증권이라 부르는—이 남북전쟁 이전 유통증권의 가장 중요한 형식이었다. 이들은 화폐로서 통용되었는데 이는 정화의 공급이 부족했고 화폐가 불안정했기 때문이었다. 식민지시대 이후로 선하증권과 약속어음은 화폐가 부족한 북아메리카에서 신용으로서 이용되었다.

유통증권법의 가장 골치 아픈 분야는 양도증서의 권리와 관련되었다. 이 용어는 처음 어떤 사람이 발행한 증서가 채무변제를 위해서 제3자에게 양도된 경우, 그 소지자는 이 증서에 표시된 금액을 수령할 수 있다는 것을 의미했다. 상업증권의 유통은 상사 대리인의 연결망과 이들이 통제하는 무역망에 없어서는 안 될 중요한 것이었다. 두 번째로 문제가 되는 분야는 양수인이 회수하려고 할 때 어음 발행인이 제기할 수 있는 항변에 관한 것이었다. 일부 주법원에서는 유통성을 원소지인에 의해 두 번째 사람에게 양도한 행위는 어음 발행인이 제기할 수 있는 모든 항변수단을 상실하는 것으로 다루었으나 다른 일부 주법원은 이와 다르게 판결했다.[29]

장기적인 흐름은 완전한 상업증권의 유통과 이러한 흐름을 규율할 통일된 원칙을 확립하는 방향으로 나아갔다. 1800년에 단지 5개 주에서만 완전한 유통성을 인정했지만 남북전쟁이 발발했을 무렵에는 대부분의 주들이 그러한 입장을 취했다. 연방법원은 이러한 통일성을 확립하는 데에서 중요한 역할을 했고 대법관 조셉 스토리의 역할이 특히 중요했다.[30] 스토리의 영향력 있는 저서 《유가증권법 주석서*Commentaries on the Law of Promissory Notes*》(1845)에서의 주장이 전국적으로 유통증권에 대한 권위를 가지고 있었다.

스토리는 연방상사법을 발전시킨 **스위프트**(**Swift v. Tyson**, 1842) 사건에서 대법원의 의견을 선고했다. **스위프트** 사건은 기존의 채무를 변제하기 위해 어음을 발행할 수 없다고 한 뉴욕 주법원의 판결 적용과 관련되었다. 본질적으로 환어음은 양수될 수 없었다. 뉴욕 주의 법은 상업증권의 유통을 제한했으며 상거래에 종사하는 많은 사람들에게 큰 불확실성을 가져다주었다.

스토리는 당사자가 서로 다른 주에 거주했을 때 상업증권의 유통을 위한 통일된 규칙을 발전시킬 기회로 **스위프트** 사건을 이용했다. 이렇게 하기 위해서 그는 연방법원의 법관이 적용할 법리의 문제를 해결해야 했다. 뉴욕 주에 설치되어 있는 연방법원은 상법상의 문제에 있어 거주하고 있는 주의 보통법을 따라야 하는가? 혹은 다른 근거에 입각해서 판결해야 하는가? 1789년 법원조직법 34조는 "여러 주법은 자신들이 판결해야 하는 사건에서 미국법원에서 보통법상의 심리를 결정하는 준칙으로서 간주되어야 한다"라고 규정하고 있다.[31] 이 규정이 의미하는 것은 명확하지 않은데 왜냐하면 '법'은 법률일 수도 있고 법원의 판결일 수도 있기 때문이다. 스토리는 1789년 법원조직법에서 '법'은 "주의 실정법이고 그에 대한 해석은 지방 법원에서 채택해야 하고 … 부동산에 대한 권리와 권원"을 의미한다고 결정했다. 유통증권은 부동산이 아니며 이는 당사자가 서로 다른 주의 주민일 때 지방법원의 통제에서 벗어나 있다. 그러므로 스토리는 상사사건에서 연방법관은 "상법의 일반적인 원칙과 법리"에 대한 결정을 번복하는 데 있어 자유롭다고 판결했다.[32]

스토리는 광범위하게 적용될 수 있는, 연방법원이 선포한 통일된 규칙으로 상법의 불확실성을 대체하려고 했다. 이 판결은 연방법원과 법의 권위를 확립하는 데 있어서 큰 의의가 있는 판례였다. 연방 형사법은 대법원이 주와 개인의 권리를 부적절하게 간섭하는 것으로서 거절한 반면 이 판례에서는 혼란스러운 시장에 연방 상사보통법을 발전시키고자 노력했다. 상인들과 은행들은 필요에 따라 주의 경계를 벗어나는 좀 더 일반적인 상업적인 관행의 발전에 기여했다. 불확실성은 영업활동에 금기였으며 이를 보장하는 것은 없었다. 미국 연방대법원은 **스위프트** 사건이나 다른 어떤 사건에서 이러한 임무를 수행하거나 시의적절하게 이러한 어려운 문제를 해결하도록 요청받지 않았다. 은행들은 영업에 매우 편리한 자신들의 자산에 대한 어음을 발행했고 주와 연방법원들은 이러한 수표들이 충분히 유통 가능하다고 판결했다. "뉴욕 시에서 이러한 수표의 연간평균 일일 거래량은 1억 달러 정도"였다고 대법관 노아 스웨인(Noah Swayne)이 1871년 기록했다. "우리가 어음의 유효성에 대해서 의심하는 것보다 국가의 상업과 영업에 심각한 해를 끼치는 것은 없을 것이다."[33] 1895년 상사법 전문가들은 1872년 캘리포니아 주법의 관련 조항과 영국의 1882년 환어음법(양자 모두 기존의 영업관행을 인증하는 것에 불과했다)에 근거한 유통증권에 관한 통일법령을 마련했고 주의회는 재빨리 이를 채택했다.[34]

노동법

투자자를 위한 조직이라는 회사 형태로의 발전을 승인했던 주법원은 단체조직을 통해 자신들의 임금소득권을 보호하려는 노동자들의 노력에 대해서는 남북전쟁 이전 동안에는 거절했다.

산업화와 임금소득 계층의 발생은 점진적으로 이루어졌다. 회사와 같이 노동조직의 경제적 · 법률적으로 완전한 발전은 남북전쟁 직전까지는 이루어지지 않았다. 기록상의 수치가 이를 말해주고 있다. 1800년 백인 노동력의 약 10퍼센트만이 '종업원'으로 분류되었고 대부분의 '근로자들'은 거의 압도적으로 농업에 종사하는 자영업자들이었다. 이러한 수치는 1860년경에 약 20퍼센트로 증가했으나 뉴욕 시와 필라델피아와 같은 도시 지역에서조차 노동자들은 1850년대까지 항구적인 임금 소득자로 간주되지 않았다. 더구나 남북전쟁 직전에 임금 소득자의 가장 큰 고용주였던 제조업은 국민총생산의 단지 1/3만을 차지했다. 노동에 영향을 미치는 법률은 여전히 기본적으로 농업과 시골인구의 일부에게만 적용되었다. 더구나 초창기 노동조직은 이를 조직한 기술자들의 준기업가적인 지위를 반영한 원시적인 가격협정 담합에 지나지 않았다.

대부분의 노동자들은 개별적으로 자신들의 고용주와 계약했고 19세기 말까지 농장의 근로자로서 '고용된 사람들' 이었다. 18세기 말에 시작된 일련의 사례들에서 법원들은 영국과 그 식민지에서 19세기까지 많은 근로자들에 대해서 계속 적용되었던 일을 그만둔 근로자들에 대해서 벌금을 부과하고 투옥하는 것을 금지시켰다. 그러나 19세기 전반부에 한 주를 제외한 전국의 모든 주법원에서 집행된 다른 영국의 법리는 6개월, 9개월이나 12개월 계약이 완성되기 전에 일을 그만둔 노동자들은 임금을 청구할 법적인 권원을 인정받지 못하는 원칙이었다.

이러한 법리는 이러한 근로계약의 대부분이 농장이나 방직 근로자들에게 숙식을 포함해 부양을 위해 적은 금액을 지불하는 한 보기보다 심한 처우는 아니었을 수 있다. 게다가 많은 근로자들은 주인과 성문으로 계약서를 작성하면서 이러한 법리를 회피했다. 예를 들어, 1838년 노스캐롤라이나에서 10대의 후견인은 50달러에 12개월 동안 "제화업과 기타"에 종사하는 근로계약을 제화업자와 체결하면서 "10달러는 약정한 기간의 절반이 지나면 지불하고 1년이 지나면 약정한 금액 모두를 지불할 것"과 후견받는 자와 그 고용주가 "동의하지 않으면" 합의는 종료되고 고용주는 "약정한 기간에 상관없이 그가 일한 부분의 가치에 따라서 지불하기로 했다."[35] 여하튼 이 법리는 '한창 수확 철에' 다른 곳에서 일당으로 '높은 임금' 을 받기 위해서 떠난 농장 근로자에 대해서 법관들(다수가 이전의 농장주나 농장 근로자)은 "정의와 선량한 풍속에 반" 하는 것이라 해 농장주를 보호했다.[36] 이 법리는 자유의 중심요소는 자신이 내용을 정해 자신의 노동을 팔 수 있는 자유이며 농노, 소작농과 노예와 같이 어떤 중세의 의무에 구속되지 않아야 한다고 믿는 법률가들에게 적절한 것처럼 보였다. 이 법리와 함께 공화주의 자유는 정찰제가 되었다. 계약규정을 충족할 의무. 펜실베이니아 주 대법원장 존 배니스터 깁슨은 "자신의 동의에 따라서만 구속된다는 것은 자유민의 자랑이며, 법관, 배심이나 대중(의회에서 행사된 것으로서)에 의해 행사되었건 본인의 동의없이 그를 구속할 권력이 있다면 이는 독재권력이다"라고 판결했다. 그러나 근로자는 이 사건에서 패소했다. 그는 일정한 기간 동안 석탄 제조업자를 위해서 나무를 자르고 운송하기로 계약했고 약정된 기간이 종료되기 전에 한여름의 무더위에 작업장을 떠났다. 깁슨은 "고의로 자기 계약의 일부, 그것도 계약의 가장 핵심 부분을 충족하지 못한 사람의 노동을 보상할 윤리적 의무가 존재한다고 상상할 수" 없었다.[37]

그러나 전부 아니면 아예 포기하는 이러한 법리는 1834년 뉴햄프셔의 상급법원에서 비합리적인 것으로 파기되었다. 법원의 재판장 조엘 파커(Joel Parker)는 **브리튼(Britton v. Turner)** 사건에서 그의 노동이 고용주에게 가치가 있었던 근로자가 일을 그만둔 경우에 근로자에게 임금의 지불 없이 '일당제' 로 고용한 일꾼의 '부분적인 작업을 받아들인' 농장주에게 이러한 법리를 적용하는 것은 불공정하다고 판결했다. 19세기 말경 전국 주법원의 10개(한 주를 제외하고 모두 이전 남부연합이 아닌)는 **브리튼** 판결은 형평상으로는 좋지만 법률적으로는 나쁜 판결이어서 "정의에 대해서는 밑바닥" 이면서 "원칙상으로는 옳은" 것이나 한걸음 물러나서 보면 이 판결은 "오래된 판례에서 발견된 보통법의 기술적이고 좀 더 편협한 법리"라고 한 아이오와 주 대법관 존 포레스트 딜런(John Forrest Dillon)의 견해에 동의했다.[38]

그러나 근로자들이 임의로 일을 그만두고 근로의 대가를 받을 권리를 보장한 이와 같은 준칙의 이면에는 근로중단에 대해서 전부 아니면 포기의 법리를 적용하고 있는 영국과 그 식민지의 고용주들과 같이 해고할 포괄적 권리와 고용인들로부터 더이상 '부당해고' 소송을 당하지 않을 '임의고용' 에 관한 권리를 고용주가 획득하도록 인정한 측면이 있다.

물론 근로자의 증가비율은 농업이 아닌 산업 근로자들이 높았다. 이들의 대부분은 앞서 기술한 변화에 영향을 받았으나 많은 산업 근로자들은 노동계약법에 있어서 다른 세 가지 발전에 영향을 받았다. 첫째, 19세기 초 법원이 부과한 것으로서 본질적으로 장기적인 도제살이를 1년을 넘지 않도록 하는 계약이나 미성년자를 위한 도제제도로 대체해 이를 폐지했다. 둘째 변화는 도제의 지위에 관한 것이었다. 법원은 19세기 초에 다양한 제조나 무역의 '비밀' 을 습득한 젊은이들을 영국에서는 여전히 인정되는 구타로부터 보호했다.[39]

셋째 변화는 노동조합의 결성에 관한 것이었다. 영국보통법의 범죄공모법리(doctrine of criminal conspiracy)는 초창기 미국 노동조직법 형성에 큰 영향을 주었다. 공모는 불법적인 목적을 달성하기 위해 둘 이상의 사람들 사이의 합의로 단순한 합의도 정식으로 기소하기 충분했다. 노동자공모법리는 단체교섭은 개인교섭에 반대되는 것으로서 시장의 자연적인 운용에 개입해 인위적으로 임금을 올리고 경제적인 경쟁력을 훼손시킨다고 보았다. 당시의 유력한 임금기금이론(wage fund theory)은 임금을 위해서 이용할 수 있는 것은 단지 국민소득의 고정된 부분이라고 주장했다. 이러한 경제이론에 따르면 노동자가 조직하면 비조직된 노동자들에게 자연적으로 인정되는 것을 탈취하는 것이 되었다.

노동공모법리는 북미지역에 거의 그대로 전파되었고 1806년 필라델피아의 제화공 사건으로 알려진 **풀리스(Commonwealth v. Pullis)** 사건에 최초로 적용되었다. 이 사건은 노동조합이 보통법상 불법인지 여부의 폭발적인 문제와 관련되었다. 필라델피아의 연방주의자들은 불법이라고 주장했고 제퍼슨주의 공화주의자들은 그 반대입장을 취했다. 이 사건은 또한 다른 문제를 야기했다. 영국 보통법의 수용내용, 자신들의 경제적 교섭을 위해 계약을 체결할 자유와 필라델피아의 경제적인 미래였다.

1794년 필라델피아의 제화공들은 자신들의 경제적인 운명을 개선할 목적으로 숙련제화공전국협회를 조직했다. 이들은 제화업자들에게 단지 협회 가입자들만을 고용할 것을 요구했다. 원래는 숙련공들이 폐쇄조합을 설립하려고 시도했다. 1805년 가을, 협회 가입자가 높은 임금을 요구하자 제화업자들은 숙련공들을 형사상 노동자 공모죄를 이유로 기소하도록 시 정부를 설득했다.

9명의 상인과 3명의 제화업자들로 구성된 배심 앞에서 3일 동안 진행된 심리에서는 균형 잡힌 토론을 할 수 없었다. 검사는 이 협회가 '국가 속의 국가'를 대표하며 협회에 속하지 않는 노동자에게 자신들의 노동을 자유롭게 팔 기회를 부인함으로써 그 운용이 모든 사람의 자유를 위협한다고 주장했다. "만약 피고 중 1명이 부츠 1켤레를 제조하는 데 100달러를 요구하고 그 고용주가 이를 지급한다면 누구도 간섭할 수 없을 것이다"라고 검사는 설명했다. 일단 동일한 사람이 자신뿐만 아니라 다른 사람의 노동가치를 규율하기 위해서 조직을 결성한다면 노동공모법리를 적용했다.[40] 검사는 또한 투자자가 경쟁과 저임금을 지지하는 법률문화가 자리하고 있는 다른 도시로 옮겨가서 필라델피아가 경제적으로 몰락할 것이라고 주장했다. 애덤 스미스의 자유시장경제 논리에 자유와 공공의 이익 모든 것을 고려해 유죄를 요구했다. 이 사건에서 법관은 배심이 많은 것을 이해할 수 있도록 했다. 법관의 노골적이고 일방적인 비난은 이미 편견을 가지고 있던 토론자들에게 자신들이 생각하고 있던 가적(假定)을 재고할 약간의 이유도 제공하지 않았다.

1806년과 1842년 사이에 공모법리는 최소한 6개 사건에 적용되었다. 대부분의 경우에 검사와 법관들은 경제적 필요성을 개인의 자유로 위장했다. 뉴욕 주 대법관 존 새비지(John Savage)는 **피셔(People v. Fisher**, 1835) 사건에서 "임금에 대한 노동자들의 과도한 요구는 자유시장의 혜택과 자연스러운 운영을 간섭할 것"이라고 설명했다. 새비지는 "노동가격이 스스로 규율하도록 남겨두거나, 수요에 따라 제한되도록 하는 것이 사회의 최선의 이익에 중요하다"라고 판결했다.[41] 1815년 피츠버그 제화공 사건의 보고자는 좀 더 직접적인 분석을 제공했다. "배심의 유죄평결은 성공적인 자본가 기업에 매우 해로웠던 이러한 단체를 해산하도록 했기 때문에 제조 공동체의 이익에 가장 중요한 기여를 했다"라고 말했다.[42]

1840년대 미국 법원들은 노동공모법리로부터 벗어났다. 경제변화에 법률을 적절하게 조정하는 데 있어서 중심인물이었던 매사추세츠 대법원장 레뮤얼 쇼(Lemuel Shaw)는 **헌트(Commonwealth v. Hunt**, 1842) 사건에서 그 길을 열었다. 쇼는 노동과 자본의 이익 사이에 균형을 취하려고 했으며 사회적인 투쟁을 줄임으로써 전체로서 공동체의 이익을 증진하려고 했다.

1840년 불만을 품은 종업원 제레미아 혼(Jeremiah Horne)은 보스턴 숙련제화수선공협회를 제소하도록 보스턴의 지방검사 새뮤얼 파커(Samuel D. Parker)를 설득했다. 협회는 수수료를 지불하지 않고 한 추가작업에 대해 혼에게 벌금을 부과했으나 벌금은 혼의 고용주가 이를 지불했을 때 제거되었다. 또 다른 위반으로 혼에게 벌금이 부과되었다. 그의 고용주가 납부할 것을 촉구했음에도 불구하고 혼은 이를 거절했다. 그리하여 협회는 벌금을 납부하고 협회의 규율에 복종할 것에 서명하면 복적시키기로 하고 그를 제명했다. 혼이 거절하자 협회는 그를 해고할 것을 고용주에게 요청했고 고용주가 이에 따랐다. 이렇게 되자 혼은 보스턴 시 재판소 법관 피터 태처(Peter O. Thacher) 앞에서 그의 사건을 성공적으로 변론한 파커에게 의뢰했다. 태처는 배심에게, 관련 노동자조합의 강제가 널리 퍼진다면 "서로에 대해서(노동자와 고용자, 그리고 부자와 마찬가지로 가난한 자) 직접 대치하게 되고 그 중심인 사회 체계를 큰 소용돌이로 내몰리게 하는 경향이 발생할 것이다. 무시무시한 압제가 이렇게 자유롭고 행복한 공화국의 파괴 속에서 실시될 것이다"[43] 라고 말했다. 배심은 유죄평결에 단지 25분만을 소요했고 피고들(6명의 숙련 제화공들)은 매사추세츠 대법원에 항소했다.

연방주의자들과 휘그당원들로 구성된 법원을 대표한 주 대법원장 쇼의 의견은 하급법원의 유죄평결을 번복하면서 노동공모의 법리를 크게 변경시켰다. 쇼는 "경쟁적인 경제가 작동하도록 하는 냉정한 통찰력"을 가지고 있었다.[44] 공화국의 최선의 이익은 경쟁을 통해서 더 나아갈 수 있으며 조합은 이러한 경쟁을 자극하는 하나의 수단이었다. 쇼는 모든 노동공모가 적법하다고 판결하지는 않았으나 그는 조합에서 이용하는 수단이 적법한 경우에 한해서 고용주에게 자유롭게 요구할 수 있다고 판결했다. 그는 폐쇄조합은 그 자체 불법은 아닐 뿐만 아니라 파업을 통해 목적을 달성하는 행위도 그 자체 불법은 아니라고 했다.

쇼는 공화국 이념에 적합하도록 판결했다. 그는 조합과 고용자 사이의 쟁의로 공공이익이 발생할 수 있다고 믿었다. 공공권리의 개념 역시 재산권에 대한 사법적인 입장의 발전에 영향을 미쳤다.

재산법

국가의 경제적 성공은 경제성장을 촉진하기 위해 공공수용과 같은 제도적 장치를 통해 시장에 대한 정부의 개입에 의존했다. 재산권을 새롭게 이용하기 위해서는 "동시에 기득권을 안전하게 보장하는 합리적인 방안을 마련하는 것이 사법부의 중요한 임무가 되었다."[45]

재산법의 사법적인 변형은 광범위하게 이루어지지는 않았다. 법원은 의회가 재산법의 법리를 결정하길 바라는 경향이 있었으나 보통법의 제정자들은 스스로 일부 법리를 변경했다. 예를 들어, 대부분의 주법원은 어떤 사람이 40년 동안 창문을 통하거나 이웃의 재산을 넘어서 들어오는 햇빛을 향유했다면 그러한 햇빛에 대한 권리나 취득시효에 따라 지역권을 획득하게 되어 그 이웃은 기간이 경과한 후에 '채광권(採光權, ancient lights)'을 차단할 수 있는 어떠한 건물의 신축도 법적으로 금지된다고 하는 보통법상의 '채광권' 전통을 포기했다. 이는 이웃이 시효에 의해 채광권 획득을 방지할 목적으로 아직 개발준비가 안 된 토지 소유자가 인접한 자기재산에 25피트 높이의 장벽을 설치하여 이웃의 창문을 차단하게 만들었다. 뉴욕 주 대법관 그린 브론슨(Greene Bronson)은 대표적인 **파커(Parker v. Foote**, 1838) 사건에서 이러한 절차는 "사람들을 영악하게 만드는 제멋대로의 행동"이며 "그러한 조치가 무모하다는 것을 누가 인정하지 않을 것인가?"라고 판결했다. 버몬트 주 대법관 존 피어폰트(John Pierpont)는 영국의 법리가 이와 같은 조치를 취하도록 이끌었다면 이는 단지 "이웃 사이에 계속적인 분쟁과 나쁜 감정을 낳게 되어 큰 불상사가 발생하게 될 것"이라고 판결했다.[46] 최종적인 결과는 일종의 '재분배적 정의'였다. 토지 소유자들은 채광지역권의 비자발적인 수여를 저지하기 위해 40년 이내에 건축물을 건축하거나 이웃의 빛을 차단할 법적인 의무를 더이상 부담하지 않게 되었으며 오히려 이들은 토지를 개발할 충분한 시간을 가질 수 있게 되었다. 이러한 변화는 일부 사람들이 주장했던 것처럼 '개발주의자'로의 변화는 아니고 오히려 그와 정반대로 이러한 조치는 건물을 건축할 재원이 부족한 사람들과 마찬가지로 토지 자체의 가치상승에만 관심이 있는 부동산 투기꾼들에게 유리하게 되었음이 명백하다. **호이(Hoy v. Sterrett**, 1834) 사건에서 펜실베이니아 주 대법관 몰튼 로저스(Molton Rogers)는 "우리 도시들의 많은 나대지는 이를 개발할 수도 없고 하려고 하지도 않는 먼 곳에 거주하는 사람들이 소유하고 있다"라고 지적했다. 그는 "소중한 권리를 방치하고 있는 사람들에게 재산을 몰수하는 처벌을 해 부동산을 개발하도록 강요하는 것은 부적절한 조치일 것"이라고 판결했다.[47] 법관들은 임대차의 종료에 있어서 토지 소유권자는 임차인이 건축한 모든 농업상의 설비(사과착즙기, 옥수수 저장소, 헛간, 씨아나 외양간)에 대한 권리를 가진다고 하는 영국법상의 법리를 포기했다. 1822년 뉴욕 주의 대법원장 앰브로즈 스펜서

(Ambrose Spencer)는 이전의 토지 소유권자가 자신이 건축했던 물레방앗간과 사과착즙기를 제거할 수 없다고 하자 이에 대해서 소를 제기한 임차인에 대해서 "옛 사례들에는 이성, 정의나 형평성이 없다"라고 판결했다. 연방 대법관 조셉 스토리가 설명한 바와 같이 옛 사례에 있어서 법리는 단순히 반생산적이었다. 일반공공은 "임차인이 농업에 전념하고 이러한 결과를 돕기 위해 영농에 필요한 모든 설비를 건축하도록 장려해야 하는 것이 당연하다"라고 생각했다. 새로이 정착한 지역의 '비교적 곤궁한 환경'에 처해 있는 임차인은 재산권을 '개선'하기 위해 건설을 준비함에 있어서 어떠한 재산상의 권리 없이는 '어떠한 비용이나 가치'를 투자해 건설하려고 하지 않을 것이다. 임차인들은 임대차가 종료했을 때 자신들이 개선한 건축물을 자유롭게 해체하고 제거하거나 토지 소유권자가 적정한 가격을 지불하도록 해야 할 것이다.[48]

1830년 매사추세츠 주대법원은 수탁자에게 영국과 미국의 다른 주에서와 같이 부동산이나 정부증권에 '신중한 투자'를 제한하기보다는 영리회사에 기금을 투자하도록 허용함으로써 새로운 근거를 마련했다. 대법관 새뮤얼 퍼트넘(Samuel Putnam)은 은행, 철도회사와 제조회사와 같은 사기업의 "견실하고 신중한 이사들은 주와 시의 재정상 문제를 감독하는 사람들에 비해서 호의적"이라고 설명했다. 게다가 이러한 사기업의 주주들과 같이 수탁자는 이사들에게 "정의를 행하도록 강요"할 수 있는 반면에 "정부는 단지 부탁할 수 있을 뿐"이었다. 수탁자들은 이들이 토지나 정부의 채권 대신에 철도회사의 채권을 선택했다면 미래의 소송으로부터 면제되었다.[49] 이는 19세기 다른 모든 관할지역에서 이러한 법리를 **거절했기** 때문에 최소한 매사추세츠, 뉴잉글랜드의 나머지 대부분과 법원이 이러한 '신중한 투자자'의 법리를 채택했던 다른 2개 주에서는 기업가들에게 대부를 위해 이용할 수 있는 수백만 달러 신탁기금을 창출하는 효과가 있었다. 펜실베이니아의 한 법관이 말한 것처럼 "우리의 농업지역으로부터" 기부자가 자신의 유언장에 "이자를 붙인 현금"으로 수익자들에게 지불되어야 할 것을 요구했을 때 이는 부동산 양도담보와 가장 확실하게는 "무역이나 제조업"에 있어서 "투기적인 것"이 아닐 것을 의미했다.[50] 뉴욕, 필라델피아, 볼티모어, 시카고, 신시내티, 클리블랜드, 세인트루이스, 샌프란시스코, 밀워키, 리치몬드, 애틀랜타, 뉴올리언스와 피츠버그의 백만장자의 신탁재산은 자신들의 부의 원천이었던 바로 그러한 기업의 대부분에 '신중하게' 투자될 수 없었다. 이는 '가르쳐진 법적 전통'의 힘이자 영리회사에 대한 잭슨주의 법률가들의 불신의 결과였다.

또 다른 한 법관이 만든 법적 혁신은 영국 보통법원에서 수입한 것으로서[51] 이것은 형평적인 부동산 약관(나중에 제한적 부동산 약관으로 알려진)이었다. 이는 19세기 초에 도입한 독일법의 전조인 개발제한으로서 미래의 구입자가 재산권을 이용할 수 있는 방법을 제한하는 조건을 문서화한 토지거래였다. 주민 공동체와 이러한 공동체를 신속히 조성하려고 하는 개발업자들은 미래의 상가, 공장, 레스토랑과 '선술집'의 신설을 '영구적'으로 금지시키고자 했다. 법원들은 성문합의(약관)의 이행을 친절하게 독려했다. 제한적 부동산약관의 부정적인 결과의 하나는 거의 1세기 동안 전국적으로 거의 모든 타운과 도시에서 흑인과 다른 소수인종들의 재산구입을 종종 저지했다는 것이다(이러한 관행은 1947년 **Shelley v. Kraemer** 사건[52]에서 미국 연방대법원이 제한적 부동산약관은 그 집행이 주법원의 조치에 달려있는 한 주가 제14차 연방수정헌법 아래의 흑인 매수인의 '평등보호' 권리의 부인에 치명적으로 관련되어서 이러한 약관을 결과적으로 집행할 수 없게 되었다고 판결했을 때 최종적으로 종료되었다.)

연안용수권

연안권(riparian right)에 대한 영국 보통법은 수많은 하천과 풍부한 강수량을 가진 습한 환경에서 만들어진 것이었다. 연안권은 하천부지를 소유한 사람에게 그로 인한 물을 이용할 권리를 발생시킨다. 연안소유권자들은 '천연적인 이용'을 위해 필요한 물을 공평하게 나눌 권원을 가진다. 이들은 인위적인 이용을 위해서는 비슷한 권리를 누릴 수 없었다. 인위적이거나 과도한 이용은 원하는 이용이 절대적인 필요에 의해서 이루어지는 이용과 마찬가지로 자연적인 이용과는 달랐다. 농부들은 식수와 가금류를 위해 물이 필요했으나 다른 경쟁적인 이용자들은 제조업이나 광산을 목적으로 물이 필요했다. 영국 보통법상 천연용수 법리는 연안권리자가 위와 같이 인위적 목적으로 이용할 수 있는 물의 양을 크게 제한했다. 국가가 미시시피 강을 넘어서 확대되자 관개와 광산의 요구는 건조한 환경에서 무엇이 인위적인 이용에 해당하는지에 대한 사고의 전환을 가져왔다.

서부에서 연안 재산법의 법률적인 발전의 대부분은 남북전쟁 후 정착민이 급속하게 늘면서 이루어졌다. 그러나 1850년대 초에 정착민들이 반건조와 건조 지역으로 이동함으로써 문제가 발생했다. 남서부 지역으로의 경제적 팽창은 개인보다는 공동체의 필요를 중요시하는 이미 확립되어 있던 스페인의 대륙법 전통과 충돌하는 가치인 영미의 예측 가능성과 개인주의의 가치를 장려했다. 보통법은 궁극적으로 대륙법을 압도했으나 이는 또한 그 자체 새로운 환경을 수용하기 위해 변화했다. 모든 연안권자들 사이에 공평하게 배분하는 전통적인 보통법상의 법리는 물이 모든 이용자들에게 공평하게 나누기에 불충분했기 때문에 서부의 대부분에 중대한 결과를 초래했다. 게다가 전통적 재산권이론에 따라 연안권자들은 수로에 인접한 토지의 소유자들이었다. 서부에서 이러한 관행을 따른다면 수원지에서 멀리 떨어져 사는 토지 소유권자들은 관개와 광산을 위한 용수의 이용이 부인되었다.

남북전쟁 이전에 건설된 서부주와 지역들은 기존의 보통법을 계수했다. 서부에서 특히 텍사스와 로키산맥이나 대초원지대보다 다소 재빨리 습한 기후인 태평양 연안에서조차 동부의 법원리들은 쉽게 부인되었다. 서부의 항소심 법관들은 천연용수의 원칙을 대체했다. 이러한 법관들은 서부의 기후와 지리적 조건에 필수적인 법적 혁신으로서 우선적 용수분배 원리(선착순)를 고안했다. 물에 먼저 도착한 개인은 연안권과는 상관없이 관개이건 광산이건 처음 배분된 용수량에 대해서 다른 모든 사람에 앞선 우선권을 가진다. 서부의 대부분의 주에서 용수배분권은 전부나 일부로 판매될 수 있는 재산권으로 간주되었다.

이러한 연안권에 대한 새로운 사법상의 원리는 일반대중의 지지를 받았다. 예를 들어, 캘리포니아에서 광부들을 위한 법률자문 그룹은 이러한 우선배분 원리를 확립한 법률을 제안했다. 캘리포니아 주대법원은 뒤에 이를 승인했다. 1855년 **어윈**(**Irwin v. Phillips**) 사건에서 상급법원은 자원관련법에 대한 초기판결의 하나에서 "법원은 자신들이 사법적으로 지배하는 국가의 정치적이고 사회적 조건에 대해서 주의를 기울이게 되어 있다"라고 판결했다.[53] 서부에서 광부와 법원은 지표면 아래의 권리에 관한 스페인 대륙법에 관심을 기울였으나 대부분의 광부들은 실제로 특정지역에서 작업하고 있는 모든 광부들로 이루어진 긴급 '광부들의 회의'에서 분쟁해결을 위해 자신들의 관습법에 기대었다. 이들이 적절한 권위를 가지고 공시하고 등록한 주장은 이러한 관습법에 대해서 많은 것을 말하고 있다.

> **공고** 미주리의 짐 브라운(Jim Brown)의 땅. 침입자는 팀북트(Timbuctoo) 지역법에 따라 처형될 것이다.
>
> **알림** 모두에게 다음과 같은 내용을 알린다. 클리어 크릭 지역법에 따라 50피트의 협곡은 일차적 타협안에 의해서 지지된다. - 토머스 홀(Thomas Hall)
>
> 아래의 서명자는 이곳으로부터 사방 100피트 안에 있는 모든 표적물, 돌출부, 우석 등에 관한 권리를 가진다. 그리고 심야에 돌아다니는 사람에게는 위험을 감수할 것을 경고한다.
>
> - 존 설(John Searle)[54]

서부의 우선적 유수이용법리는 "기업가들에게 용수를 모아서 신속하게 작업을 이행해 지역산업에 자산을 보태도록 장려했다."[55]

공공수용권과 기득권

남북전쟁 이전에 헌법상 공공수용권(Eminent Domain)을 적극적으로 수여한 주는 없었다. 대신에 연방헌법과 1820년 이후에 개정된 대부분의 주헌법은 그 발동에 관해 제한규정을 두었다. 주민의 모든 요구를 충족시킬만한 조세에 의한 충분한 재정자원이 부족한 주의회는 공공사업을 실시할 자본을 모으고자 프랜차이즈 회사에게 특허권을 수여했다. 공공수용권은 공공사업 개발의 발기인을 "약탈적인 가격에 매매하지 않고 보유하기로 결정"한 어떤 재산 소유자의 자비에 의지하도록 남겨놓지 않도록 하는 간접적인 보조금이 되었다.[56] 일반공공은 법관들이 이행을 요구해야 할 경제개발과 번영에 대한 일정한 권리를 가졌다. 일부 의회는 운하, 도로나 철도의 건설에 대해서 개별적으로 기여한 혜택의 가치를 산정할 때 재산을 수용당한 결과로서 입은 손실가치를 '공제'하도록 의무화했다. 그러나 이러한 의무조항이 없는 경우와 일부의 경우에는 의무조항이 있는 경우에조차 사법부는 철도건설에서 이러한 공제허용을 일반적으로 허용하지 않았다. 미시시피 주 대법관 해리스(Harris)는 '평범하고 약한 주민'에 대해서 '독점권'을 행사하는 이러한 '공제' 조항의 '공허한 가치 기준'에 대해서 불평했다. 법률규정을 활용하려는 철도회사의 노력은 자연적 정의와 그와 동료법관들이 주헌법에서 '보상'이라는 단어를 강조한 해석에 반하는 '독재에 호소'하는 것과 같았다.[57]

주법원들은 고속도로나 철도에 의해서 토지가 침해당한 사람들이 실제로 수용된 재산의 '직접적'인 손실에 더해 '후발적'인 손실(즉 농장의 일부에 접근성이 떨어지고, 소음이나 진동과 같은 불편함을 감수해야 하는 우발적인 성질의 손실)에 대한 보상을 허용해야 하는지에 대해 판결을 요청받았다. 실제로 그러한 '후발적' 손실에 대해서 책임을 지지 않는 순수한 공공기관(도로건설 당국)과 공공수용권한으로 무장한 영리회사는 그러한 책임을 지는 것으로 명확히 구분되었다. 대부분의 법관들은 배심들이 농부의 이웃으로 구성된 것처럼 철도에 의해서 양분된 농장주에 대해서 동정적이었다. 다음은 '후발적' 손실문제에 대해서 재산 소유자의 편을 든 배심에 대한 사실심 법관의 설시 방법을 살펴보자.

> 기적 소리, 엔진의 연기, 기차의 덜컹거리는 소리로 여러분의 농장이 방해받고, 여러분의 부인과 딸이 돌보고 아름답게 가꾼 정원이 파괴되었다면 이러한 불편함에 대한 후발적 손실액을 산정할 수 있을 것이다.

A. & F.B 철도회사의 변호인은 이러한 설시는 예단을 하고 있는 것이어서 재심을 요청했으나 사우스캐롤라이나 주대법원은 설시에 잘못이 없다고 판결했다.[58]

여하튼 대부분의 철도회사들은 자신들이 수용한 토지의 객관적 가치보다 상당히 많은 금액을 토지 소유자들에게 지불했는데, 이는 배심이나 '중재자'들이 법령에서 자신들의 동료 주민들에 동정적으로 손해액을 결정하도록 요구했고 철도회사의 지배인들은 현저하게 높은 손해배상액보다 공사의 지연으로 발생하는 비용을 감당할 수 없었기 때문이었다.[59] 주법원의 법관들은 재산권 보호에 두 가지 중요한 제한을 발전시켰다. 첫째, 재산권은 단지 '공공목적'을 위해서만 수용할 수 있다(그리하여 뉴욕, 오하이오,

미시간, 조지아와 캘리포니아 주에서 수여된 공공수용의 일부가 위헌으로 판결되었다.) 둘째, 소유자는 공정, 혹은 정당한 보상을 받아야 한다는 것이었다.

기득권 옹호자들의 가장 큰 두려움은 1836~1837년의 **찰스 강 다리(Charles River Bridge)** 사건의 판결에서 전국적으로 널리 표출되었다. 최근에 대법원에 임명된 잭슨주의 민주당원이었던 대법원장 로저 태니(Roger B. Taney)는 기득권은 경제성장을 약속한 새로운 기술발전에 길을 내주어야 한다는 새로운 실용주의적 태도를 지지했다.

찰스 강 다리 사건은 매사추세츠 의회가 취한 행동에 대해 연방헌법 계약조항의 적용과 관련된 사건이었다. 1828년 매사추세츠 의회는 워렌 다리건설회사에게 보스턴과 찰스타운 사이의 상업교통의 필요성에 부응하기 위해 새로운 다리를 건설하도록 특허장을 수여했다. 새로운 무료 다리는 1785년 의회가 특허한 기술적으로 뒤떨어진 유료 도로인 옛 다리와 불과 몇 야드 떨어져 있었을 뿐이었다. 이러한 평범한 조치의 수면 아래에는 정치적 · 법률적 · 경제적 폭풍이 일고 있었다.

구 다리회사의 변호인으로 나타난 대니얼 웹스터(Daniel Webster)는 만약 의회가 투자자에게 약속한 것을 뒤집으면 누구도 미래의 개선에 투자하지 않을 것이다. 재산권은 엄격히 보호되어야 하고 그렇지 않으면 경제발전은 더딜 것이다.

그러나 태니는 법원의 잭슨주의 다수를 위해 어떻게 경제발전을 이룩할 것인지에 대해 다른 견해를 밝혔다. 그는 **다트머스 대학** 사건과 달리 독점이나 다른 권리는 회사의 특허장에 함축되었다고 보아서는 안 된다는 협의(狹義)의 법률상의 입장을 취했다. 그러나 이러한 의견은 태니가 덧붙인 보론(법률상 선례가 없는 사법상 진술) 때문에 더더욱 중요했다. 자신의 권리를 침해하는 기존의 자본만을 금지함으로써 새로운 회사의 발전에 기초한 경제성장을 이룩할 수 있게 했다. 사유재산은 여전히 "신성하게 보호되어야" 하는 반면에 "공동체도 역시 권리를 가지며" "모든 주민의 행복과 복지는 그 충실한 보호에 달려있다"라고 주장했다. 찰스 강 다리회사가 찰스 강의 다리건설에 대한 독점권을 가진다고 인정하는 것은 경제정책으로는 나쁠 수 있다. 대법원장은 이러한 독점권이 인정된다면 '현대과학'은 질식당할 것이고 운송수단은 100년은 후퇴할 것이라는 경고로 결론지었다.[60] 태니는 재임중에 민주적인 자본주의를 위한 꽃을 피웠다. 대법관 조셉 스토리는 반대의견에서 태니는 법률상으로도 잘못일 뿐만 아니라 그의 판결은 이러한 모든 투자의 안전성을 위태롭게 해 모든 공공시설의 개선을 멈추게 할 것이라고 주장했다.[61]

사실 주법원이나 연방대법원 자체가 태니의 판결이유나 스토리의 공공정책 경고에 대해서 매우 적극적으로 반응을 보인 것은 아니었다. 우리는 1832년과 1898년 사이에 새로운 공적 특허회사가 옛 사적 특허회사에 의해서 제소된 사건(13건), 비교적 활동이 뜸했던 옛 특허회사, 새로운 회사가 동일한 기술(철도, 통신)을 이용해 적극적으로 새로운 사업에 참여하는 것을 금지하고자 한 사건(17건), 또 새로운 기술(철도)을 이용하는 회사가 옛 기술(운하, 증기선, 유료도로)을 이용하는 구 특허회사의 생업을 침해한 사건(14건)에 대해서 항소법원이 판결한 44건의 다른 사례들을 확인할 수 있다. 1830년과 1879년 사이에 13건의 법정다툼 중 8건에서 '공공' 다리와 유료도로 특허회사는 **찰스 강 다리회사**와 같은 '사적'인 특허회사에 승소했다. 그러나 이러한 분쟁사건에서 역동적이고 좀 더 새로운 기술을 이용하는 운송회사들이, 동일한 기술을 사용하지만 덜 적극적인 특허회사와 좀 더 새로운 기술을 이용하는 일반회사에 대해서 승소한 경우는 31건 중 단지 14건에 불과했다.[62] 태니의 판결이유는 기득권이 경제성장을 약속한 자본과 기술상 발전의 역동적인 이용에 길을 비켜야 한다는 것을 극히 일부의 동료에게만 확신시켰다. 사실 태니 대법원은 **찰스 강 다리** 사건 이후 약 14년이 지나서 최초로 궤도 운송의 새로운 기술을 이용해 오하이오 계곡과 서부를 연결하는 휠링(Wheeling)에 건설한 B & O 철도의 현수교가 피츠버그(펜실베이니아의 비싼 운하를 거쳐 수송한 요금을 징수하는 곳)에서 운영하는 약 12척의 증기선이 연중 수량이 최저인 경우에 통행을 가로막기 때문에 생활방해에 해당하므로 철거하도록 판결했다(**Pennsylvania v. Wheeling Bridge**, 1815.)[63]

생활방해와 평온향유권의 쇠퇴

남북전쟁 이전 재산법의 공리주의 성격은 생활방해법에서도 등장했다. 생활방해(Nuisance) 소송은 1830년대 중반부터 남북전쟁이 끝날 무렵까지 기술변화의 속도가 빨라지면서 그 수가 크게 증가했다. 이러한 소송의 대부분은 법관이 주택, 교회와 학교지역에서 증기발전식 공장의 운용과 같이 일부활동을 금지할 수 있는 형평법상 원칙에 근거한 금지명령에 의한 구제를 구했다. 경제팽창기에 재산 소유자들은 자신들의 재산을 평온하게 향유할 권리를 철도와 공장에서 내뿜는 불빛, 소음과 오물의 방해 없이 누릴 수 있어야 한다고 주장했다. 주의 상급법원은 19세기에 이러한 항소에 대해서 어떻게 대응했는가?

재산권자가 주장하는 손실이 도로나 항구가 파괴되었을 때와 같이 공공에 의해서 향유되는 것이었다면 주 법무장관이나 지역검사가 자신의 입장에서 소를 제기하도록 요구하는 사례는 많지 않았다. 그러나 다른 대부분의 사례들은 이러한 '공-사'의 구분을 무시하고 이러한 요건들을 보류했다.[64] 영국에서 공해를 발생시킨 자는 이웃의 지역특징을 언급함으로써 그의 공장이 발생시킨 생활방해를 옹호했다. 즉 영국법원은 공장 근로자들이 살기로 선택했다고 추정하는 노동계층 공동체에 연기나 가스를 방출하는 것을 허용했으나 중산층과 상류층의 거주 지역 인근에서 동일한 방식으로 운영하는 공장에 대해서는 금지시켰다. 미국의 여러 법원에서 이러한 '산업화된 이웃'의 항변은 기각되었다. 그리하여 1868년 뉴저지의 형평법원장 에이브러햄 자브리스키(Abraham Zabriskie)는 단지 '부유층'만이 이러한 오염 생활방해로부터 보호받는 것은 '이 곳'의 경우는 아니라고 판결했다. 그와 동료법관들은 "자신들이 향유하는 좀 더 규제적인 안락함을 기술공이나 자신의 가족들에게 보장하는 데 실패하지 않았다."[65]

또 다른 영국법리는 공장이 20년 이상 있던 장소를 점유했던 사람은 농가나 다른 주거시설의 건설과 생활방해에 처하게 된 사람에 의해서 이의를 제기받지 않고 공해를 배출할 권리를 시효에 따라 취득했다고 인정했다. 이러한 법리는 도시의 변두리 거주자들이 벽돌공장, 염색공장, 도축장, 화학비료공장과 제철공장 등에 의해서 불가피하게 잠식되자 좀 더 넓은 공간을 위해서 해안으로부터 떨어진 내륙으로 이주했던 미국 대다수의 재판관할에서 지지되지 않았다.[66] 그러나 생활방해는 수년 동안 도전받지 않고 용인되었음에도, 미국의 법관들은 공해의 취득시효 법리에 대한 문제제기를 준비했다. 예를 들어, 1842년 매사추세츠 주대법원은 공장의 "소음, 유독가스, 연기와 악취로 인해 자신의 집에서 생활하기도 어렵기 때문에, 불타버린 비누와 양초 공장의 소유자가 공장을 재건축하는 것을 금지시켜줄 것을 요구한 주택 소유자의 청구를 기각했다.[67] 법원은 공장이 소실되기 전에는 공장건축을 지지했기 때문에 나중에 이를 재건축하지 못하도록 할 수 없다고 판결했다. 공장은 그 위법적인 성격에도 불구하고 그 이전의 운영으로 인해 운영할 권리를 시효에 따라 취득했다고 판결했다.

일부 법원은 또한 사적 권리에 대해 제기된 생활방해의 사회적 유용성을 저울질하는 비교형량 시험을 적용했다. 비록 미국 재판관할의 약 절반 정도가 이러한 관행을 인정하지 않았지만 다른 재판관할에서는 영국법상의 생활방해법리에 변화를 인정했다. 오하이오, 테네시, 델라웨어, 뉴햄프셔와 마찬가지로 19세기 말 펜실베이니아와 뉴욕 주에서 공해 배출자에 대한 정지명령을 구하는 재산권자들은 자신들의 재산 가치가 입은 손실에 대한 보통법상의 소송에 제한되었다. 이러한 주의 대부분의 법원에서 법관들은 창문커튼, 과실수, 식수원과 같은 것으로 입은 손해는 화학비료공장이나 제철공장, 과세할 수 있는 제품, 공장 근로자들에게 지불한 급료 등과 비교해서 너무 적은 금액이어서 공장을 폐쇄하거나 이전을 명령할 수 없다고 판결이유를 작성했다.

그러나 이러한 '형평성의 균형' 은 크리스틴 로젠(Christine Rosen)이 보여준 바와 같이 양쪽 편을 다 들어주는 방식이었다. 1880년대 펜실베이니아 주 대법관들은 그 편익에 대해서는 경제적으로 자유롭게 산정하고 불평하는 재산권자의 비용에 대해서는 꽤 소극적으로 산정함으로써 공해 배출자의 편에서 비용-편익 방정식을 이용하기 시작했다. 그 당시 펜실베이니아 주는 공화당이 장악하고 있어서 그 지도자들은 공해를 배출하는 광산이나 제철소에 대해 지나치게 가혹하지 않은 법관 후보자를 선택했음을 로젠은 지적했다. 동시에 뉴욕 주의 항소법원은 이와 반대로 비용-편익 방정식을 이용하는 경향이 있었으며 결과적으로 여러 개의 공해 배출 공장을 폐쇄하도록 명령했다. 뉴욕 주에서 정당들은 균형을 이루고 있어서 각 정당들은 그 후보자의 대중적인 승인을 얻기 위해서 양심적으로 대결했다. 그리하여 항소법원에 선출된 법관들은 기업을 운영하는 사람들보다 공해를 불평하는 사람에 대해서 좀 더 관심을 보였을 것이라고 로젠은 말했다.[68] **로빈슨(Robinson v. Baugh**, 1875) 사건에서 미시간 주대법원이 '형평성의 균형' 을 적용해 원고의 재산에 입힌 손해는 "피고의 재산가치와 비교했을 때 매우 크며" 피고의 제철소가 지닌 가치는 "매우 사소하다" 라고 해 4개의 증기를 이용한 망치가 설치된 제철소의 운영을 금지한 경우에도 똑같은 설명을 할 수 있을

것이다.[69]

불법행위법

불법행위는 민사상 권리침해를 말한다. 법관은 사회적인 이해관계자들 사이에 사고비용을 분배하기 위해 불법행위에 관련된 법률원칙을 채용했다. 철도와 증기선 같은 운송수단에 증기력을 적용하는 새로운 기술의 출현과 관련된 사고들은 잠재적으로 큰 비용을 발생시켰다. 이미 자본이 부족한 경제에서 이러한 비용을 줄이는 한 가지 방법은 이러한 비용의 위험을 부담하는 기업가들의 책임을 경감시켜주는 것이었다. 한편 산업혁명의 기계류로 발생된 사고의 희생자들은 신체적 상해와 소득력, 자신들의 건강을 회복하는 데 드는 비용에서 재정손실을 겪었다. 역사학자들은 사고로 발생한 분쟁에 대한 사법상의 중재로 혜택을 본 사람들—자본가 혹은 희생자—이 누군지에 대해서 의견이 크게 갈렸다.

법관들은 새롭고 종종 위험한 기술의 형태와 낯선 사람들이 점차 서로 접촉하는 경우가 많아지는 사회의 맥락에서 불법행위 책임의 의미를 재점검했다. 운송혁명이 18세기 후반 영국과 19세기 전반에 미국에서 가속화되면서 강과 도로에서 교통량의 증가와 속도로 인한 사고가 증가했다. 마차와 수레를 위해 존 맥애덤(John McAdam)의 도로 포장방법에 따라 개선한 도로에는 더욱더 많은 차량이 점점 더 빨리 이동했다. 좀 더 빠른 도로교통의 안전에 관한 일반공공의 기대는 1850년대 철도와 차량에 의한 교통의 속도와 안전에서 획기적인 기술발전이 있었다는 유사한 생각과 결부되었다. 결과는 안전한 운송을 기대했다가 도로와 철도에서 상해를 입은 사람에 의한 불법행위 소송의 수가 증가했다. 유사한 '제이 커브(J-curve) 붕대법' 에 대한 높아진 기대는 1840년대와 1850년대 부러진 뼈의 치료에 대한 개선과 맞아떨어졌다. 미국법원들은 불법행위 원고에 대한 두 가지 주요한 영국 보통법상 범주—'피유인자(invitees)' 와 '진입피허가자(licencees,무단침입이 아닌 낯선 사람)' —와 마찬가지로 비교적 새로운 유형의 원고인 고용인으로부터 손해에 대한 불법행위 소송 건수가 크게 증가한 것을 기꺼이 받아들였다.

'비용을 지불하는' 원고들: 의료과오와 승객에 대한 공공운송인의 책임

1840년대 무렵, 미국의 의사들은 부러진 뼈를 치료하는 좀 더 효과적인 방법을 발견했다. 이러한 종류의 일이 의사들의 전형적인 시술에 주요한 부분을 차지함으로써 점차 많은 치료사들이 일반공공에게 이 분야의 새로운 전문가라고 주장하고 나서기 시작했다. 치료법의 개선과 함께 환자들의 성공 기대감도 증가했다. 결과적으로 부러진 다리는 합병증 없이 치료할 수 없거나 성한 다리보다 짧게 된 경우에 환자들은 이전 세대보다 의료과오로 소송하는 경우가 더 많았다. 1840년과 1870년 사이에 이러한 의료과오 소송은 6가지 요소에 의해 인구 증가율을 초과했는데, 이는 과거 40년 동안 국가에서 볼 수 없었던 성장률보다 더 높은 성장률이었다.[70]

법관들은 전문적인 치료방법의 개선과 함께 치료에 대한 기대감이 좀 더 높아졌으며 펜실베이니아 주 대법관 조지 우드워드(George Woodward)가 **맥캔들스(McCandless v. McWha**, 1853) 사건에서, "의료분야에 있어서 '일반적인 치료기준'은 '발전 중'이고 환자가 이러한 발전의 혜택을 입을 자격이 있는 한, 시술하는 의사들은 그 당시의 발전된 의료기술을 가지고 시술해야 할 의무가 있다"라고 판결한 바와 같이 일반공공의 정서를 반영했다.[71] 그러나 배심과 항소심 법관들은 '시골의사' 변호인의 변론에 동정적인 경향을 보였다. 의료과오로 고소당한 의사들은 사실심에서 승소할 가능성보다는 항소심에서 이들이 패소할 가능성이 훨씬 적었다.[72]

부주의한 공공운송인에 대해서는 이와 똑같이 말할 수 없을 것이다. 과실 있는 철도기사와 전철수, 부주의한 전차 운전사나 방심한 증기선 선장들에 의해 상해를 입은 승객인 원고들은 피고인 운송회사들보다 사실심에서 승소할 가능성이 많았다. 승객들의 손해액을 결정할 때 배심들은 개인의 고의로 공격당하거나 부주의한 의사들에게 침해당한 사람들보다 이러한 원고인 희생자들에게 서너 배 더 관대하게 배상액을 결정했다. 사실 이러한 배상액수는 오늘날 불법행위 사건에서 배심들이 제공하는 액수보다 비율이 높았다.[73] 게다가 항소심 법관들은 일반적으로 이러한 배심의 결정에 매우 동정적이어서 새로운 심리나 배상액의 일부 삭감을 명령하는 것과 같은 개입을 하는 경우가 드물었다. 결국 항소심 법관들은 원고인 희생자들처럼 똑같은 마차, 증기선과 기차를 타고 스스로 '법원을 순회' 함으로써 배심들이 기업의 '실질적인 주인' 들에게 확실한 '취지' 를 전달한 것에 대해서 잘 이해하고 있었다. **존슨(Johnson v. Wells Fargo Co.**, 1870) 사건에서 네바다 주의 대법관 휘트먼(Whitman)이 판결한 바와 같이 "오늘날 여행이 생활의 일부가 되어서 실질적인 주인은 손해배상액에 매우 민감해 무거운 손해배상액이 수여될 가능성이 있는 경우에는 승객 운송인의 부주의를 예방하려고 노력할 것이 당연하기 때문에, 피고를 처벌하면서 무거운 배상액을 제공하도록 하는 것이 실제로 효과적이다."[74]

영국에서와 같이 미국의 법관들은 승객들이 여객선, 마차, 증기선, 전차와 기차에 의해서 상해를 입은 경우 공공 운송인의 책임에 관한 보통법상의 법리를 따랐다. 이는 운송회사(공공 운송인)는 승객의 안전을 돌볼 높은 수준의 의무를 지는 것으로 규정했다. 법관들은 폭발, 전복, 충돌과 탈선사고에 대해서 운송인의 변호인들이 좀 더 강력한 증거를 가지고 반박할 수 있는 과실에 대한 **일응의 증거(prima facie)**로서 간주했다. 1849년 매사추세츠 주 대법원장 레뮤얼 쇼는 공공 운송인들은 선박, 도로, 객차와 장비를 건설하고 유지함에 있어서 "가장 정확한 주의와 노력"을 기울여야 한다고 판결했다. 1852년 펜실베이니아 주 대법원장 깁슨은 배심에게 다음과 같이 설시했다. 기차의 객차는 "모든 것이 완벽"해야 한다.[75] 이는 오늘날의 실질적인 절대적 제조물 책임과 같이 높은 수준은 아니었으나 그와 거의 가까웠다. 어쨌든 상해를 입은 승객들은 하자 있는 철도, 바퀴, 차축, 보일러나 전철기의 제조자들을 제소할 수 없었을 뿐만 아니라 **이들이** 마차, 증기선이나 기차를 구입하지 않고 단순히 이를 구입**했던** 회사로부터 여행을 위해 임차했던 장비를 점검하고 유지하는 데 실패했거나 고용인이 장비를 부주의로 운행해 사고를 낸 경우에는 배상을 기대할 수도 없었다. 게다가 이러한 높은 책임기준은 공공 운송인이 승객에 대해서 부담하는 것보다 다른 사람을 유인한 사람인 '피유인자' 에게 적용했다. 단순한 방문자를 사망이나 상해를 입힌 상점과, 승강기, 보일러와 전신주의 관리를 잘못한 사람들도 마찬가지로 높은 수준의 책임을 지는 것으로 주 항소법원의 법관들에 의해서 인정되었다.[76]

'진입피허가자' : '낯선 사람'의 상해에 대한 회사의 책임

지불하거나 지불하지 않은 손님(진입피허가자)에 대한 보통법상의 주의의무는 높았으나 단순히 작업장에 나타나 떨어지는 건축자재에 맞은 사람이나 하자 있는 공공 도로나 다리에 의해 상해를 입은 사람, 전차에 치인 낯선 사람, 철로를 건너다 충돌한 손수레 운전자들에 대해서 어떠한 책임을 질 것인가? 이러한 '낯선 사람들'은 어디든지 갈 수 있는 '진입허가'를 받은 사람들이었다. 19세기 말 법원은 이들을 어떻게 취급했는가?

1859년 뉴욕 주의 법관들(영국에서는 1863년)은 상해를 입은 '낯선 사람'인 원고들이 자신들의 상해가 회사의 고용인 중 한 사람의 과실로 야기되었다는 것을 정확하게 입증하는 데 실패했다는 회사인 피고들의 주장을 무시했다. 일정한 사실이 상황 "그 자체를 말한다"라고 이들은 의견을 개진했다. 예를 들어, 통은 스스로 공사현장에서 굴러 떨어져 지나가는 행인의 머리에 부딪히지 않는다.[77] 수년 내에 이러한 법리는 **과실추정칙(res ipsa loquitur)**으로 알려졌고 원고의 변호인들은 자신들이 맡은 사건들이 '사실추정칙(res ipsy)' 사건이라고 자신 있게 말했다.

'진입피허가자(Licencees)' 원고들은 또 다른 보통법상의 혁신에 따라 혜택을 보았는데(이는 좀 더 미국적인 것이었다), 공공도로와 다리관리 당국자들을 위한 주권면책 보호의 폐지였다. 영국법리는 정부의 도로관리 당국자들은 하자 있는 도로나 다리로 인해 상해를 입은 사람에 의해 제소될 수 없었는데 이는 이러한 당국자들은 도로를 보수하고 유지할 법적 의무를 지고 있지 않기 때문이었다. 이러한 법리는 오늘날 매우 특이한 것처럼 보일 수 있으나 18세기에 법리가 만들어졌을 때[78] 법원은 자본이 부족한 공동체에 기술적으로 단순한—맥애덤 이전— 국가도로에서 정기적이고 필요한 때에 하자를 수선할 기금을 마련하기를 바란다는 것이 간단한 문제가 아니었기 때문이었다. 도로건설 기술이 발전하고 (그러나 더디게) 1인당 총국민생산이 크게 증가하면서 기금조성 능력이 증가하고 안전한 여행에 대한 일반공공의 기대가 높아짐으로써 미국 법률가들은 지방자치단체의 도로 관리자들에 대한 영국의 법리에 만족할 수 없게 되었다. 1840년대 초에 주 대법원들은 이러한 도로 관리자들을 관리하는 법률의 일정한 조항을 심각한 하자가 수선되지 않았다면 이로 인해 상해를 입은 사람들에 의한 손해배상의 소를 인정하는 것으로 해석했다. 이들이 전형적으로 인용한 조항들은 "법에 의해서 인정된 모든 청구를 지불"할 관리자들의 의무와 같은 구절을 포함했으며 이러한 구절은 도로와 다리를 건설한 도로 기술자와 계약자들을 보호하기 위한 것이었다. '법적 의제'를 채용해 법률가들은 고속도로에서 상해를 입은 이용자를 법령에 포함해 불법행위 소송을 제기할 수 있도록 인정했다.[79] 이러한 법률가들이 '순회법원을 순회'하는 동안에 자신들이 이러한 도로와 다리를 이용했다는 사실은 단순한 우연이 아니었을 것이다.

영국법원에서는 '왕의 고속도로'를 자유롭게 이용하도록 '허가'를 받았다고 간주되지 않은 사람들은 누구인가? 길에서 놀다가 상해를 입은 어린이들은 소의 적격을 가지고 있는가? 영국법리는 부모가 어린이를 길에서 놀도록 허락했고 어린이가 부주의하게 운전하는 차량에 치이거나 공공장소에 부주의하게 놓여 있는 위험한 물체 주위에서 놀다가 다친 경우 부모의 과실행위는 상해를 입은 어린이에게 전가되어 자녀의 편에서 행한 직접적인 과실 당사자에 대한 소는 사실심 법관에 의해 종료되는 것으로 보았다. 1840년대 10년 동안 미국 법원의 일부가 이러한 법리를 따랐으나 1850년에 들어서자 점차 많은 주법원들이 처음에는 이러한 법리에 대해 주요한 요건을 제한하다가 나중에 이를 폐지했다.

첫째 단계는 어린이의 변호인에게 어린이의 부모가 이용할 수 있는 재원에 대한 증거를 소개하고 부모가 '아이 보는 여자'나 다른 성인 도우미를 제공할 여력이 없다고 배심을 설득하도록 허용했다. 이러한 '재력 시험'은 매우 효과적이었다. 배심들은 노동계층의 부모는 자녀에게 전가될 수 있는 사고에 기여했음을 인정하지 않았다. 미주리 주 대법관 데이비드 와그너(David Wagner)가 **오플라허티(O'Flaherty v. Union Railway**, 1869) 사건에서 그러한 설시와 그에 대한 배심의 반응을 승인하면서 "어린이들에게 어른을 동반하지 않고 밖에 나가 놀도록 허락하는 것이 과실이라고 말하는 것은 부자만이 자유로운 공기와 운동을 즐길 수 있다고 말하는 것이며 가난한 사람들에 대한 이러한 축복을 부인하는 것이 될 것"이라고 판결했다. 와그너의 견해는 캘리포니아, 아이오와, 매사추세츠, 미시간, 오레곤과 펜실베이니아 주의 법관들의 지지를 받았다.[80]

둘째 법리는 첫째 법리를 위한 필요성을 효과적으로 부정했다. 1858년에 들어서 법관들은 점차 자녀에 대한 부모의 기여과실 전가를 거부하기 시작했다. 이러한 법리는 '비기독교적'이고 '부도덕한' 것이었다. 이는 뉴욕 주의 대법관 헨리 호지붐(Henry Hogeboom)이 언급한 것처럼 "모세의 십계명이나 인법(人法)의 좀 더 불완전한 요약집에서 예상하지 못한 내용인, 자녀들에게 아버지의 죄를 심문하도록 하는 것"과 유사한 것이었다.[81] 오하이오 주 대법관 존 웰치(John Welch)는 다음과 같이 수사학적으로 물었다. "일방이 어떤 한 개인을 공격했다면 공격당한 개인은 소를 제기할 수 있으나 두 사람이 어떤 한 개인을 공격한 경우, 이들의 과실은 서로 중립이 되어 공격당한 사람은 구제방법이 없다는 것이 무슨 법인가?" 결국 앨라배마 주 대법원장 로버트 브리켈(Robert Brickell)은 "부모에 의해 유기되어 사회에 단순한 부랑자로 내던져진 아이들은 공공의 보호를 받을 자격이 있다"라고 지적했다. 피해를 입은 아이들은 "부모가 과실의 책임을 함께 지고 있다는 회사의 입증에 의해 불법행위를 범한 사람들이나 보상청구로부터 배제되어서는 안 된다"라고 펜실베이니아 대법관 샤스우드(Sharswood)는 선언했다.[82]

영국보통법상 가장 보호가 약했던 사고 희생자는 다른 사람의 토지를 무단 침범하는 동안 상해를 입은 사람이었다. 재산권자들은 무단침입자를 내보내기 위해서 부당한 폭력을 사용할 수 없었으나, 방문하거나 이용하는 무단침입자를 위해서 자신의 재산을 안전하게 할 책임을 지지는 않았다. 그러나 "새로운 상황은 새로운 의무를 가르쳐준다." 1860년대 어린이의 눈에 잘 띄는, 철로 주변에 서있는 위험한 물체들 즉, 기관차의 방향을 전환할 수 있도록 고안된 전차대와 같은 것은 전국적으로 수백 개가 될 것이다. 연령이 높은 아이들은 힘을 써서 관성을 극복해 이러한 물체를 회전시킬 수 있었으며 거기에 올라탄 어린 형제자매들에게는 회전목마와 다를 게 없었으나 기차가 교차로에 접근할 때 목숨을 잃거나 장애자가 될 수 있었다. 소를 제기한 부모는 철도회사가 어린이들이 이러한 물체에서 놀고 있다는 것을 알고도 이에 열쇠를 채우지 않고 관리하는 사람도 없이 방치했다고 주장했고, 철도회사의 변호인은 영국의 무단침입법리를 인용하는 답변을 보냈다.

1870년대에 들어서서 북동부 주법원의 일부를 제외한 모든 주들은 영국 법리를 거절했다. "어린아이들의 자연적인 본능은 철로가 매우 흥미로운 것으로 보였으나 마찬가지로 위험한 물체였으며 강력한 호기심이 이들을 위험으로 유인했다." 철도회사가 어린이들이 전철기에서 종종 놀았다는 의제인식을 했다는 증거가 있는 한 '법률의 제'에 의해서 책임을 졌다. 미네소타 주 대법관 영(Young)은 이러한 새로운 '유혹적 위험물(attractive nuisance)'의 법리에 관한 대표적인 사례의 하나에서 회사는 이러한 관리인이 없는 기계류는 "어린이들을 유혹해 상해를 입힐 수 있다"라는 사실을 알고 있었다고 판결이유를 설명했다. 그리하여 어린이들은 더 이상 법률상 무단침입자가 아닌 유혹된 '피유인자'로 취급되었다.[83] (물론 이 법리는 오늘날 수영장 소유자는 무단침입 어린이가 안전하도록 수영장을 관리해야 한다는 주의의무로 가장 잘 알려져 있다.)

법원은 공동고용 준칙과 위험인수법리를 가지고 작업장의 현실을 받아들였다. 이러한 법리들은 18세기와 19세기 초에 영국 보통법의 기록에서 발견되었고 미국법으로 받아들였다. 대표적인 사례는 **헌트**(**Commonwealth v. Hunt**) 사건과 같은 해에 노동공모 법리를 제한했던 레뮤얼 쇼에 의해서 판결된 **파웰**(**Farwell v. Boston and Worcester Railroad**, 1842) 사건이었다.

파웰 사건은 다른 직원이 부적절하게 스위치를 작동한 결과 엔진이 뒤집어져 기술자의 오른팔이 부러진 사건이었다. 만장일치 의견에서 쇼는 파웰의 배상을 부인하는데 공동고용 준칙과 위험인수법리를 원용했다. 쇼는 그가 고용되었을 때 "작업의 성질과 일반적인 위험을 스스로 받아들였기 때문"이라고 판결했다.[84] 쇼는 파웰이 그러한 상해의 위험을 인수했다는 것을 받아들여만 한다고 주장했다. 결국 쇼는 모든 사람에게 다음을 상기시켰다. 파웰은 그가 "기술자로서 이전에 받았던 것보다" 높은 보수를 위해 엔지니어의 직종을 받아들였다. 요금을 지불하는 손님과 달라 근로자들은 고용의 '일상적인 위험'에 대해서 보수를 받는 것이다. 게다가 스위치를 작동한 근로자는 파웰의 '공동 고용인'이었기 때문에 그의 이전 과실행위는 파웰과 다른 동료 근로자들이 관찰하고 회사의 대표에게 보고했어야 했다. 이러한 동료 근로자의 부주의는 회사에게 전가되지 않고 과실 있는 공동 고용인에게 그 책임을 물었다. 이는 모든 사람이 근로자의 행동을 잘 감시하도록 해 근로자와 승객들의 안전과 안녕을 도모할 것이라고 쇼는 주장했다.[85] 쇼의 의견은 사고비용을 가장 높은 수준을 제외하고서는 회사와 그 경영진보다는 피해자에게 부담시켰다. 물론 파웰은 그의 공동 고용인을 제소할 수 있을 것이나 그들 대부분은 충분한 보상을 지불할 만큼 필요한 자원을 갖지 않았을 것이다. 그리하여 쇼는 일부 자본을 사업에 투자할 수 있도록 자유롭게 했으며 법을 통해서 초기 산업의 팽창에 필요한 간접적인 보조금을 제공했다.

그러나 1842년 매사추세츠 주에서 쇼와 그 동료들이 회사에 '지급했다' 고 주장하는 것의 대부분은 다음 2세대 동안에 전국의 나머지 대부분의 주대법원의 법관들에 의해서 더디지만 지속적으로 철회되었다. 이러한 법원들의 단지 일부만이 위험인수법리와 공동고용 준칙을 모두 거절하려고 했다. 중요한 재판관할 지역에서 훌륭한 법관의 논리적이고 원칙 있는 견해를 따르려고 하는 법관들의 성향은 보통법 세계에서 매우 강력해 이를 부인할 수 없었다. 그러나 **프리스트리(Priestley)와 파웰** 사건의 사실과 그 이전 사건의 사실이 구분되는 것은 별개의 문제다. 위험인수법리와 공동고용 준칙에 대한 원칙을 가진 예외들이 앞다투어 등장했다. 고용계약은 고용주가 고용인에게 안전하지 않은 작업장, 장비나 '비상한' 위험을 제공하는 것이 허용된 것으로 해석되지 않았으며 법률가들은 이러한 비상한 위험에 대해서 불평하는 고용인들은 고용주가 자신들의 불평을 무시하고 이들에게 작업장에 복귀하도록 명령하더라도 쉽게 작업을 그만두지 않는다는 사실에 일부 민감함을 드러냈는데, 이는 버지니아 주 대법관 리처드슨(Richardson)이 **노먼트(RR v. Norment**, 1887) 사건에서 언급한 것처럼 이들이 굶주림을 벗어나기 위해 필수적인 일용할 양식을 구할 준엄한 필요성에 의해서 실제로 작업장에 남도록 강요당하기 때문이었다. 비상한 위험에 대해서 자신의 상사에게 경고한 근로자를 회사의 과실에 대한 법적 구제방법 없이 계속 근무하도록 하는 것은 "잔인하고 비인간적인 원칙"[86]이며 이러한 경우에 버지니아 주대법원뿐만 아니라 일리노이, 아이오와, 매사추세츠와 미주리 주대법원은 위험인수법리를 적용하지 않았다.

마찬가지로 법원은 공동고용 준칙에 대해서 원칙 있는 예외를 인정했다. 고용주는 '유능한' 공동 고용인을 제공할 의무를 진다. 상해를 입은 근로자와 전혀 다른 부서의 고용인들은 부상당한 근로자를 감시하고 보고하는 데 있어서 과실을 범한 원고의 공동 고용인으로서 취급되지 않았으며 게다가 영국법원에서는 단순한 공동 고용인으로 취급되었던 일정한 감독직에 있던 사람들(일부 주에서는 십장을 포함)은 많은 미국

법원에서 회사의 관리자를 위한 실질적인 대역으로서 법률에 의해 '상급 고용인' 으로 간주되었다. 과실이 있는 십장, 지휘자나 역장이 아닌 회사가 상해를 입은 근로자의 소송의 실제 적절한 피고로서 간주되었다.[87]

사법부는 또한 보일러 폭발로 인한 희생자에 민감했다. **캠벨**(**Spencer v. Campbell**, 1845) 사건에서 펜실베이니아 주대법원은 대형 고물창고의 엔진이 폭발한 경우에 있어서 어떠한 과실도 원고의 과실에 기인한다는 피고의 주장을 거절했다. 법원은 증기엔진을 사용하는 공공무역과 영업의 소유자는 그 결함으로 인해 발생한 어떠한 상해에 대해서도 이를 이용하는 대중에게 주의의무를 진다고 판결했다.

미국법원은 비록 과실원칙을 위험한 사고의 기록이 있던 증기선과 기차와 같은 사건에 규칙적으로 적용했지만, 극히 위험한 활동에 대해서는 절대책임법리를 계속해서 적용했다. 1852년에 뉴욕 주 항소심은 절대책임에 대한 대표적인 미국 사건을 판결했다. **윈체스터**(**Thomas v. Winchester**) 사건은 약품 판매상에게 민들레 추출물 대신에 잠재적으로 치명적인 독약제인 벨라도나를 제공한 제약자와 관련된 사건이었다. 약품 판매상은 원고에게 조제해주었다. **윈체스터** 사건에서 부인이 거의 사망에 이르게 된 원고는 제약자와 계약 당사자 관계가 없었다고 주장할 수 있었으나 뉴욕 주법원은 이와 달리 판결했다. 제약은 고유하게 위험해서 제조자의 책임은 시장으로 확대된다고 판결했다. 법원은 제약자의 역할을 "자신의 경솔함으로 인해 어린이의 손에 들어가 발사된 장전된 총의 소지자"와 같아서 "발사로 인한 손해의 책임이 있다"라고 판결했다.[88]

법전편찬

가장 성공적인 운동이었던 법관선출 운동과 같이 법전편찬 운동은 미국 보통법의 사법적인 형성에 대한 중요한 대응이었다. 법전화를 주장하는 사람들은 영국의 철학자, 형사법 개정자이자 보통법의 비판가인 제러미 벤담(Jeremy Bentham)의 영향을 받은 사람들이었다. 이들은 보통법의 사법상 해석의 실제성과 적합성을 무시했으며 유럽의 대륙법 체계와 같이 모든 법을 법관이 해석하고 응용하기보다는 적용해야 할 법전에 포함할 수 있는 성문법 체계로 보통법을 대체할 것을 제안했다. 이들은 법을 형성하고 응용하는 것은 공화정에서는 선출된 입법자에게 속한다고 주장했다.

미국 법전화 운동은 두 그룹으로 이루어졌다. 첫 번째는 매사추세츠 출신의 잭슨주의 민주당원 변호사인 로버트 랜톨(Robert Rantoul)로 대표되는 사회개혁가들이었다. 랜톨은 보통법의 사법적 해석은 변호인을 구하지 못한 가난한 사람들을 상처 주는 "암흑기에 나타난 악"이며 그리하여 항상 사법부의 처분만을 바라고 있다고 믿었다.[89] 랜톨은 또한 보통법은 기술적인 것으로 포장되어 있어서 일반인들에게 신비화되면서 법이 무엇인지를 확실하게 알 수 없게 만들었다고 불평했다. 랜톨은 보통법 체계 아래에서 소송인들은 법이 무엇인지 단지 법관이 판결을 한 후에나 알 수 있다고 주장했다. 그리하여 법전편찬은 공정한 거래, 확실성과 대중의사에 기초한 법에 대해 적법성을 회복할 것을 약속했다.

1840년대 〈웨스턴 로 리뷰 *Western Law Review*〉의 편집장이었던 티머시 월커(Timothy Walker)와 대법관 조셉 스토리와 같은 법률 개혁가들은, 두 번째 그룹의 법전화를 주장했다. 이들은 상사관계와 관련한 문제에서 미국법의 통일성과 확실성의 부족을 강조했다. 법전은, 이러한 법률이 단순하고 통일성을 기할 수 있고 점차 많아진 판례 보고서의 부피를 줄이게 함으로써 보통법의 기술적인 장애로부터 법률가들을 자유롭게 할 것을 약속했다. 월커와 스토리는 이러한 개정으로 새로운 국가의 경제발전을 추진할 수 있을 것이라고 주장했다.

비록 이후 그런 움직임이 되살아나긴 했지만 법전화 운동의 열광은 1850년대 시들해졌다. 부분적으로 다른 법률개정의 성공이 이를 단명하게 만들었다. 일반 선거에 의한 법관선출의 광범위한 채택은 법률가들의 개혁내용이었는데, 법관은 대중적으로 책임을 지지 않는다는 사회개혁가들의 주장이 더 이상 쓸모없게 되었다. 더구나 여러 주의 의회들은 자신들의 법률들을 개정, 발췌하고 남아 있는 것은 입법화하는 작업을 시도했다.

대륙법 체계를 취하고 있던 루이지애나 주를 제외하고 법전화의 가장 중심에 서 있던 주는 뉴욕 주였다. 데이비드 더들리 필드(David Dudley Field)—형제인 스티븐

(Stephen)은 미국 연방대법원의 대법관이 되었고 또 다른 형제인 사이러스(Cyrus)는 대서양 횡단 케이블을 발명했다—는 뉴욕 주에서 월커와 스토리의 전통에 따라 행동한 19세기의 가장 중요한 법전편찬 작업의 옹호자로 등장했다.

1848년 필드는 뉴욕 주의회의 요청으로 민사소송법의 법전화를 준비했다. 루이지애나의 에드워드 리빙스턴(Edward Livingstone)이 이전에 기초했던 작업을 바탕으로 필드는 법률가가 법원에 사건을 제소하고 변론하는 방법인 민사소송법에 노력을 기울였다. 이 법전은, 이러한 과정을 단순화하고, 법률가들이 사건을 대표하는 방법보다는 사건에서 실질적인 문제에 더 무게를 두는 좀 더 공정한 제도를 만들기 위한 것을 목적으로 했다. 필드법전은 남북전쟁 이후 미주리(1849), 캘리포니아(1851)와 인디애나(1852), 그리고 여러 다른 서부 주에서 채택했다.

그러나 보통법은 방해받지 않았다. 가장 중요한 것은 가장 영향력을 가진 법률가 집단(남북전쟁 이전의 재야의 가장 유능하고 성공적인 법률가들)이 월커와 스토리가 주장했던 전체적인 법전편찬 작업에 대해서 화해하기 어려운 입장을 취했다. 이들은 "지금껏 시행해왔고 진정한 법체계라고 간주하는 것에 대한 애정과 법전화로 인한 변화가 이미 확립된 권리에 대해서 파괴적인 법률상 불확실성을 가져올지 모른다는 염려" 때문에 법전화에 반대했다.[90]

소결

일부는 미국법이 이 시기에 변혁되었으며 이러한 변혁은 새로운 보통법 원리를 통해 경제팽창 비용을 간접적으로 보조함으로써 부자를 위해 봉사했다고 주장했다. 그러한 주장은 계속해서 법원은 그 혜택을 단지 소수의 사람들에게만 나눠줌으로써 경제발전의 수단을 정치화했다고 주장했다. 경제발전에 대한 전국적인 열광이 많은 법관들뿐만 아니라 입법자들에게 영향을 미쳤다는 것은 의심의 여지가 없다. 한 법관은 법은 "실질적인 체계이고 사회의 조건과 영업에 맞게 응용되고 지방의 조건과 모든 사람들의 절박한 사정에 적합해야 한다"라고 판결했다.[91] 법률문화는 확실하게 사회변화에 맞게 개조되었고 법관들(입법자들의 역할보다는 적었지만)은 이 과정에서 결정적인 역할을 했다.

그러나 이러한 주장은 세 가지 측면에서 과장된 것처럼 보인다. 첫째, 사법부는 일반 공공이 보호할 것을 요구한 일정한 권리를 향유한다는 생각에 얽매여 있다. 법관들은 개별적인 권리를 보호하는 역사적인 역할을 계속했다. 노동과 관련된 사건에서조차 사법부는 조합화와 단체행동이 범죄활동이 아닌 것으로 받아들였다.

둘째, 이는 1840년대와 1850대에 세인트루이스에서 태평양 연안까지 육로를 통한 이주 경험이 보여준 바와 같이 미국법 문화에 스며든, 법에 의한 지배라는 이념을 과소평가했다. 비록 이들은 이주기간에 어떠한 법률상의 권위가 닿을 수 있는 범위를 벗어났지만 이들은 자신들의 법규준수의 특징을 강조하는 방식으로 행동했다. 상황이 이주자들의 무리를 해체하도록 했을 때 이들은 자신들의 마차행렬을 자신들이 투자한 지분에 해당하는 만큼씩 나눠서 문제를 해결했다. 폭력적인 무법천지와 전혀 달리 이주자들은 분쟁해결에서 아주 훌륭한 침착성을 보여주었다. "이웃과 이웃의 재산을 자신의 것처럼 존중함으로써 법의 도덕성을 고수했다."[92]

셋째, 이러한 주장은, 그 당시 선례와 영국 보통법 법원의 법리를 따르려는 법률가들의 경향인 '주입된 법적 전통'[93], 복음문화, 주(특히 남부, 중서부와 대평원 지역)의 상급법원에 재직하고 있는 많은 법관들의 평등주의적 성질을 인식하는 데 실패했다. 이러한 법관들의 친원고적인 경향은 회사가 반대했던 법리상의 변화를 가져왔고 그리하여 회사가 힘없는 사람들에 대해서 유리한 지위에 있었다고 말할 수 없게 되었다.

사법권은 이 기간 동안 지속적으로 팽창했고 그 성장은 미국법에 지대한 영향을 미쳤다. 남북전쟁이 발발하기 직전 상사보통법을 포함해, 위헌법률심사의 법리를 확립함으로써 경제정책 수립기관으로 등장한 연방과 주법원은 미국 보통법의 특징에 따라 민사사건에서 배심의 법 발견 역할을 축소했다. 비슷한 발전 역시 19세기 형법과 신분법을 형성했다.

7

인종 문제와 19세기 신분법

Race and the Nineteeth-Century Law of Personal Status

인종주의는 헌법, 의회입법과 보통법 절차에 등장해 19세기 미국에서 뒤틀린 선로와 같이 달려왔다. 19세기 법 앞의 평등이라는 범국가적인 약속을 지키려는 백인 미국인들의 노력이 비백인의 값싼 노동력과 낯선 문화에 대한 두려움 때문에 실패하면서, 비백인의 법적 신분은 길고 뒤틀린 역사를 갖게 되었다. 흑인, 원주민과 중국인의 상대적인 법적 지위는 달랐으나, 하나의 공통적인 주제는 인종이 관련된 개인의 신분법에 통일성을 부여했는데, 이것은 백인의 인종적 · 문화적 우월성에 대한 가정이었다.

노예법

남북전쟁 이전의 노예법은 노동과 인종상의 규제제도를 확립했다. 미국독립전쟁 이후 북부에서는 1830년대까지 그 흔적이 남아 있었지만 남부주에서는 거의 배타적으로 운영되었다. 북부에서 다른 사람을 노동시킬 경제적인 필요성의 부재와 미국독립전쟁의 자유주의적 이념은 노예제도를 사라지게 했다. 1780년 펜실베이니아 주를 시작으로 북부 주들은 점진적으로 노예제를 법적으로 폐지했다. 노예가 많은 수를 차지했으며 경제에서 이들의 역할이 좀 더 확대되었던 남부주에서조차 노예해방의 움직임이 나타났다. 예를 들어, 노스캐롤라이나 의회는 노예 소유자들에게 자신들의 인간재산인 노예를 자유롭게 하는 방법을 용이하게 하는 법을 18세기에 제정했다.

노예의 사회적 · 경제적 필요성은 궁극적으로 이러한 노예폐지 움직임을 짓밟아 버렸다. 남부 백인들은 수많은 노예들이 해방된 뒤에 벌어질 사태를 두려워하며 생활했다. 토머스 제퍼슨은 그의 유명한 〈버지니아 주에 대한 비망록*Notes on the State of Virginia*〉(1781)에서 일정한 날짜 이후에 태어난 모든 노예를 해방시키자는 제안에 반대했다. 제퍼슨은 "뿌리 깊은 편견을 백인들이 가지고 있었다. 흑인들이 입은 수만 건의 상해에 대한 회상과 자연이 만든 진정한 구분이 … 우리들을 크게 갈라놓아 격변을 초래할 것이고, 아마도 이러한 현상은 결코 끝나지 않을 것이며 단지 한쪽이나 다른 인종이 멸종되어야만 사라질 것이다"라고 적었다.[1] 제퍼슨(19세기 자유의 상징인)은 인간의 자유를 믿었던 반면에 많은 남부인들과 같이 법을 통해서 인종적으로 평등한 사회를 성취하는 것은 불가능하며 잘못된 것이라고 생각했다.

경제적 필요성 또한 남부백인들이 노예제도에 대한 법적 보호벽을 치도록 촉구했다. 독립전쟁 직후에 남부는 경제적인 침체로 큰 어려움을 겪었다. 노예의 가격이 크게 하락했고 노예 폐지론자들의 움직임이 활발해졌다. 1790년대 엘리 휘트니(Eli Whitney)가 소개한 조면기(繰綿機)는 남부의 경제구조를 역전시켰고 면직물 생산과 노예노동이 큰 이익을 가져다주었다. 인본주의적인 관심이 사라지면서 노예에 의존적인 부자인 대규모 농장주들은 노예제를 합법화하는 법을 제정하는 방향으로 선회했다. 남부에서 노예제는 "비인간적인 법이나 불명예스러운 사회적인 관행으로서가 아니라 목록에 기재할 권한인 법규제정 능력에 의해서" 살아남았다.[2] 남부의 법률가들과 법관들은 노예의 인간성과 주인의 도덕적인 책임을 애매하게 하는 전문가의 가면을 씌움으로써 노예제를 비인격화했다.

헌법, 보통법과 법령들의 망은 노예제의 법적인 구조를 형성했다. 연방헌법의 제정자들은 노예제를 공식적으로 인정하지는 않았다. 노예와 노예제라는 단어는 헌법 어디에도 등장하지 않았다. 그럼에도 불구하고 노예제는 필라델피아에서 남북의 타협을 통해 국가의 새로운 지배문서인 헌법에 스며들었다. 제임스 매디슨은 노예제에 대한 타협 없이는 헌법제정이 이루어지지 않을 것이라고 생각했다. 이러한 노예 소유자 이익 보호규정의 헌법상 인정은 지역적인 이해관계의 수용이 헌법상 권위의 미묘한 균형에 의존했던 남북전쟁시까지 지속되었던 전형적인 모습이었다. 첫째는 주법 아래에서 봉사나 노동의 의무를 지고 있는 사람은 그러한 봉사에 대해서 권리를 주장하는 사람에게 되돌려주어야 한다는 헌법 제4장의 도망노예 조항이었다. 둘째는 의회가 20년 동안 노예무역을 금지할 수 없게 하는 수정금지 조항. 셋째는 대표선출과 직접세를 목적으로 하는 인구에 노예를 포함하는 헌법 제1장 3/5조였다.

노예제에 대한 헌법상의 침묵은 노예제가 전국적인 제도가 아니라 지역적인 것이라는 헌법 제정자들의 견해를 인증했다. 이러한 입장은 영국 보통법상 강한 지지를 받았다. 그 대표적인 사례는 맨스필드 경이 판결한 **서머싯(Somerset v. Stewart**, 1772) 판례였다. 주인이 영국으로 데려온 노예는 도망쳤으나 다시 잡혔다. 그 당시 반노예주의 활동가들은 영국이 노예를 인정하지 않았기 때문에 이를 근거로 노예의 석방을 요구하는 인신보호 영장발부를 요구했고, 서머싯은 석방되었다. 맨스필드 경은 노예제는 "매우 추악해서 실정법을 제외하고는 이를 지지하는 것이 아무것도 없다"라고 주장하며 서머싯을 석방하면서 노예해방론자들에 동의했다.[3] **서머싯** 판결은 재빨리 미국으로 전파되어 연방체계의 운용에 영향을 미쳤으며, 노예제는 법적인 도전에 취약하게 남겨졌다. 미국에서 노예제는 연방이 아닌 주법령의 직접적인 결과였다. 이는 지역의 실정법에 따라 존재했거나 전혀 존재하지 않는 경우도 있었다.

노예법

노예제는 지역적인 제도였기 때문에 이를 지지하는 법률은 매우 다양하게 나타났다. 모든 노예주(州)는 노예법을 가지고 있었고 그러한 법률(노예제를 규정하고 있는 법령)들은 노예에 대한 주인의 재산권, 주인에 대한 노예의 의무, 노예의 반란에 대비해 공동체가 이용할 수 있는 자위대와 주인이 하인을 다스리는 방법 등을 규정하고 있었다. 법령은 법이 인간의 행동, 질서 있는 사회와 고정된 개인적인 신분을 형성할 수 있다는 사상의 기념물이었다.

법령은 일정한 기본적인 가정을 함께하고 있었으며 이러한 법령은 식민지의 상대국인 영국에서와 마찬가지로 상당한 지속성을 가졌다. 예를 들어, 18세기 말경에 노예들은 일반적으로 주법과 법원의 판결에서 부동산보다는 동산으로 간주되었다. 노예들은 '동산'이었기 때문에 이들은 사고, 팔고, 임대하고, 담보물로 이용하고, 다음 세대에 유증되었으며 자유롭게 될 수도 있었다. 이를 거칠게 표현하자면 남북전쟁 이전의 남부 노예법은 흑인들을 단순한 재산의 일종으로 규정했다.

식민지 시기에 노예의 신분은 영구적이었고 모계를 통해서 상속되었다. 이 두 번째 조건은 독특했는데 영국 보통법 아래에서 자녀의 신분은 부계를 따랐기 때문이었다. 노예법은 남부의 성적 관행의 진실을 보여주고 있는데, 백인남자들은 흑인노예여성들과 일정한 성관계를 가졌다. 이러한 관계로 태어난 자녀들에게 자유를 확대하는 것은 노예의 인간성과 인종혼합의 암묵적인 인정이었으며 이는 노예의 반란 위협만큼이나 남부인들을 괴롭혔다. 예를 들어, 제퍼슨(자신의 노예 정부가 낳은 자녀의 아버지로 여겨지는)은, 자유롭게 된 노예는 "주인의 혈통을 오염시키지 않도록 혼혈이 제거되어야 한다"라고 주장하며 자신의 노예를 자유롭게 하는 것을 거절했다.[4]

법령은 주인에 대한 노예의 절대적인 복종을 명령하고 있다. 1806년 루이지애나 노예법은 "노예상태는 단지 수동적이어서 그 주인과 주인을 대리하는 모든 사람들에 대한 복종은 수정되거나 제한될 수 없다. 노예는 주인을 무조건 존경해야 한다"라고 선언했다.[5] 많은 남부 항소심 법관들은 노예제에 대해 이러한 절대적인 견해를 취했다. 노스캐롤라이나의 법관 토머스 러핀(Thomas Ruffin)은 만(**State v. Mann**, 1829) 사건에서 노예법 아래에서 "주인의 권한은 노예의 완벽한 복종에 보답하기 위해서 절대적이어야 한다"라고 설명했다.[6] 주인은 노예를 살해하는 것을 제외하고는 자기가 원하는 바를 자유롭게 할 수 있었다. 그는 단지 상식, 공동체의 승인과 의회에 의해서 제정된 법에 의해서만 제약을 받았다. 러핀은 노예제의 절대적인 복종은 "우리 자유민과 노예 모두에게 노예제의 저주를 받게할 것"이라 믿으면서, 남부의 일반적인 도덕에 대한 노예법이 미치는 부식(腐蝕)적인 효과를 걱정했다. 그러나 그는 "절대적인 복종은 주인과 노예의 관계에서 고유한 것이다"라고 냉혹한 결론을 내렸다.[7]

그럼에도 불구하고 러핀과 동료법관들은 상황이 발생했을 때 **후버**(**State v. Hoover**, 1839) 사건에서와 같이 살해의사에 대한 증거가 명확하지 않더라도 자신의 노예를 살해한 노예 소유주들에게 사형을 언도할 준비가 되어 있었다. 피고는 임신한 노예를 3개월 넘게 구타하면서도 그 노예를 죽게 하려는 의사는 갖지 않았을 수 있으나 "노예가 겪는 고통 속에서 고질적이고 악의적인 쾌감"을 느꼈음을 법관들은 지적했다. "피고는 곤봉, 쇠줄과 다른 치명적인 무기를 가지고 수시로 구타했으며, 불에 지지고 옷을 벗긴 채 채찍을 가했으며, … 기후가 몹시 나쁜 시기에도 적절한 장비도 없이 일터에 내몰았고, 힘에 부치는 일을 강요했으며 자기가 시키는 일을 하지 않았다는 이유로 수시로 구타했다." 피고의 행동은 "문명상태에 속하지 않는다."[8] 테네시와 텍사스 주대법원은 악의 없이 자신의 노예를 살해한 노예 소유주는 보통법상 비모살죄(非謀殺罪, felony of manslaughter)에 해당한다고 동의하면서 "단지 놀라운 것은 이러한 죄의 성립이 지금까지 의심되었다"라는 사실이라고 했다.[9]

1830년대 초에 시작된 법령의 잔혹함은 노예제가 인종뿐만 아니라 노동규제로 이용되었기 때문에 심해졌다. 1820년경 노예의 수는 1790년에 비해서 2배로 늘었으며 이들을 관리하는 문제도 마찬가지로 늘어났다. 더구나 노예들은 단순한 꾀병에서 불법적인 반란에 이르기까지 저항방법을 찾으려고 노력했다. 반란은 자살행위나 마찬가지였으나 백인들이 자신들의 안전의 보장을 추구하도록 하는 사건들이 많이 발생했다. 노예 전도사 냇 터너(Nat Turner)가 1831년 무장한 지지자들을 이끌고 버지니아의 사우샘프턴 카운티를 휩쓸며 피비린내 나는 소란을 일으켜 60명의 남녀와 어린아이들을 살해했고, 놀란 백인들은 이를 응징하기 위해서 먼저 최소한 100명의 흑인을 살해했다. 그러고 나서 반란을 일으킨 노예나 이를 부추긴 백인에 대한 처벌을 강화하는 버지니아 주 노예법을 제정했다. 예를 들어, 1849년 버지니아 주 법전은 "소유자가 자신의 노예에 대해서 재산권을 갖지 않은" 사람에게 벌금을 부과하고 구속할 수 있도록 했다.[10] 앨라배마 주 법전은 "만약 자유민이 노예에게 반란을 교사하거나 공모하면 그러한 반란이 실행되거나 미수에 그치더라도 사형에 처한다"라고 규정하고 있다.[11]

법률상 노예를 재산으로 간주하고 있음에도 불구하고 남부백인들은 노예도 죄를 지을 수 있는 인간이라는 것을 아주 잘 이해하고 있었다. 이들은 의지, 의사와 인격을 가졌으나 이 모든 것에 대해서 법은 침묵을 지키고 있었다. 남부의 노예법과 형법은 노예제를 과거와 같이 집행했고, 남부의 입법자들은 자신들이 제정한 법률의 이론적인 일관성에 대해서 좀처럼 염려하지 않았다. 이들은 일관되게 백인보다 노예와 자유흑인들을 더 심하게 다루었다. 자유인이건 노예이건 간에 백인이 저질렀으면 경죄로 다루었을 것이 흑인이 저지른 경우는 중죄에 해당했다. 형법개정자들이 극형으로 처벌되는 예를 축소했을 때 남부 주들은 독살, 강도, 강간이나 백인 여성에 대한 강간미수, 반란과 방화에 대해서는 무조건 살인죄로 처벌할 수 있는 죄에 해당하는 것으로 노예에 대한 사형선고 범위를 확대했다. 게다가 다루기 힘든 노예들은 제거했다. 예를 들어, 루이지애나 주에서는 백인을 구타해 3차례나 처벌된 노예에 대해서 사형을 선고했다.

노예에 대한 처벌과 보호에 있어서 책에 쓰여 있는 것과 실제의 행동과는 종종 달랐다. 남부의 저명한 출판가이자 저자인 드 바우(J.D.B. De Bow)는 진정한 노예법은 대농장에 대한 것이라고 생각했다. "우리의 대농장에서는 전체적인 공공정책과 정의에 관한 공공법원 없이 지내고 있다. 그리하여 우리는 다른 나라에서는 법원에서 심리했을 수천 가지 사례를 직접 심리하고, 결정하고 집행한다"라고 적었다.[12] 남북전쟁 이전 남부에서 노예법과 인종관계는 일반적으로 '내재되어' 있었다. 그리하여 1850년 스터지스(C.F. Sturgis)는 《하인에 대한 주인의 임무*Duties of Masters to Servants*》에서 앨라배마 주의 입장에서 노예는 일반적인 관례에 따라 어떠한 실정법에 언급되어 있지 않았지만 그와 같이 매우 구속력을 가지고 있는 '보통법'과 같이 일부 권리와 특권을 기대하고 요구할 수 있을 것이라고 썼다.[13] "인종에 대한 남부의 합의에서, 법률은 노예와 자유 흑인들에 대한 태도를 선도하기보다는 단지 비준하는 것이라는 입장이 크게 만연했으며 강제되었다"라고 대니얼 부어스틴(Daniel Boorstin)은 적었다.[14] 법률이 이러한 입장과 일치하지 않을 때 무시될 수 있었다. 사우스캐롤라이나 주 배심원장은 1830년에 다음과 같이 언급했다. 그는 "노예살해에 대해서 피고나 어떠한 다른 백인의 유죄를 선고하지 않을 것이다."[15]

운용상 노예법의 모순: 감정과 이해관계

노예법은 도덕적인 권위를 훼손하면서 사회적인 합의를 유지했다. 노예에 대한 주인의 가부장적 감정은 항상 그들의 노동력을 착취해야 하는 경제적 필요성과 긴장관계에 있었다. 이러한 모순은 아주 심했는데 이는 남부 백인사회 자체가 계층화되어 있었기 때문이었다. 노예법은 강력한 주인계층을 지지했으나 남부사회의 다수를 이루고 있는 노예를 소유하지 않은 백인의 필요성을 수용했다.

주인의 경제적 이기심은 종종 법령의 잔혹함을 완화시켰다. 노예들은 자산이었고 이들에 대한 상해나 사망은 노예의 주인에게는 직접적인 손실이었다. 운용상 발견할 수 있는 표현들을 반드시 법령집에서 발견할 수 있는 것은 아니었다. 예를 들어, 1732년 버지니아 주의회는 노예를 위한 성직자의 혜택을 법제화했고, 1801년 형벌을 완화하고 이송(매매에 의해 노예를 다른 주로 보내는 것)하는 제도가 시작되었으며, 1848년에 노예법은 외관상으로는 엄해져서 법률제도로서 성직자의 혜택제도를 폐지했다. 1850년대에 단지 유죄판결을 받은 노예의 14.6퍼센트만이 실제로 처형되었으며 반면에 1785년과 1791년 사이에는 사형을 선고받은 131명의 노예 중 단지 1명만이 살아남았다.[16]

많은 노예재판이 법치주의의 영역을 벗어나서 이루어졌다. 전체적으로 제도로서 노예제의 성질은 적법절차 이념과 모순되었다. 그 결과는 **사우더**(**Souther v. Commonwealth**, 1851) 사례와 같이 종종 야만적이었다. 경범죄로 기소된 버지니아 주 노예를 주인인 사우더가 나무에 묶었다. 노예를 채찍질하다가 지친 주인은 "노예의 몸에 불을 지져서 등, 배꼽과 사타구니에 화상을 입히고 나서는 고춧가루를 푼 더운물에 씻게 했다. 이러한 종류의 처벌은 그 노예가 감염으로 죽을 때까지 계속 반복되었다."[17] 사우더는 2급 살인죄로 교도소에서 단지 5년 동안 복역했다. 버지니아의 법관이 비슷한 사건에서 설명한 것처럼 "구타가 주인 자신에 의해서 행해졌다면 〈출애굽기〉 21장 21절의 '그는 그 주인의 금전이다'에서 인정되었다는 이유로 노예에 대한 어떠한 구제가 주어지지 않는다. 주인의 사적인 이익에 대한 강력한 보호가 이러한 악을 구제하는 것보다 앞서 나갔다."[18]

노예법에서 감정과 이익 사이의 충돌은 남북전쟁 이전 주의 항소심 법관들이 범죄로 기소된 노예에 대한 소송법상 보호를 확대한 경우에서도 등장한다. 남부의 의회와 법원들은 "주요 형사사건에서 노예의 절차상의 권리를 많은 점에서 놀라울 정도로 고려했다."[19] 오래된 주에서는 노예에 관해 가장 엄격한 형법전을 가지고 있었다. 예를 들어, 평상시 노예에 대한 처우가 가장 인간적인 노예제도를 가지고 있었다고 공통적으로 믿었던 버지니아 주는 노예가 범죄를 저지른 경우 가장 억압적인 형법을 유지했다(비록 많은 다른 노예주에서와 같이 사형에 해당되는 재판을 받는 노예는 그 주인이 비용을 제공하는 변호인의 도움을 받았지만.) 그러나 건전하고 팽창하는 노예경제를 가지고 있던 앨라배마와 미시시피 주에서 노예는 실질적으로 법령상의 보호를 받았고 항소법원은 이들의 절차적인 권리에 대해서 배려했다. "목숨이 관련되었을 때마다 노예가 주인과 같이 안전한 근거를 주장할 수 있는 것은 우리 노예제에 대한 최고의 영광이다"라고 1860년 플로리다 주 대법원장이 적었다.[20] 1850년 조지아 주는 노예에 대해서 완전한 절차적 형평성을 확대했고, 그 뒤 10년 동안 친노예제 옹호자들은 북부 폐지론자들에게 노예들이 법에 의해서 보호받고 있다고 자랑스럽게 이야기했다.

이러한 노예제 안의 형평성의 역설은 1852년 조지아 주대법원의 대법원장 조셉 헨리 럼프킨(Joseph Henry Lumpkin)에 의해서 요약되었다. 강간죄로 유죄가 인정된 노예의 상고사건에서 럼프킨은 "조지아 주와 노예 사이의 논란은 매우 불평등했지만, 저절로 모든 흥분과 편견을 사라지게 함으로써 가장 중용적인 태도로 판단을 내리도록 했다"라고 설명했다.[21] 그럼에도 불구하고 럼프킨은 노예의 유죄평결을 인정했고 노예는 교수형에 처했다.

일부 남부 항소심 법관들은 노예의 인간성을 매우 진지하게 고려했으며 이를 판결에 반영했는데 특히 새로운 노예주에서 그러했다. 다른 사람에게 여러 달 임대된 노예들은 식민지 기간에 장기계약 노예(indentured servant)가 노예살이가 끝날 무렵에 당하던 것과 같이 종종 가혹한 대우와 혹사를 당했다. 이는 남은 기간 동안 노예의 노동력을 '소유'한 사람들이 최소의 비용으로 최대의 작업성과를 거두고자 했기 때문이었다. 이에 대해 임대한 노예 소유주는 손해배상을 청구할 수 있었으며 그렇게 이끌었다. 1848년 테네시에서 임대된 노예가 발병 뒤 한 달 만에 결핵 혹은 폐렴으로 사망했다. 증인들은 배심에게 그가 죽기 직전 춥고 축축한 날씨에 옷도 제대로 입지 못하고 일하는 것을 보았다고 증언했고 배심들은 고용주의 책임을 인정했다. 이에 고용주는 항소했고 북아일랜드 출신의 대법관 로버트 맥키니(Robert McKinney)는 그와 동료법관들이 이성적인 존재로서 노예가 겪는 고난과 박탈감에 대한 동정심을 버리고 노예

재산권에 있어서 소유주의 법적 권리에 대해서만 주시할 때조차도 이 사건에서 배심이 유죄를 인정하는 평결에 주저한다는 것은 생각할 수 없다고 판결했다. 이와 같이 맥키니가 단지 "소유주의 법적 권리만을 바라보지 않았다는 것"은 확실한 것처럼 보인다. "대부분의 주에서 오늘날 집행되고 있는 법률은 고용주에게 인간성을 준수하도록 엄격하게 강요했다"라고 주장했다.[22] 1846년 테네시 주대법원의 네이선 그린(Nathan Green)은 사망한 주인의 가족이 유언으로 노예를 자유롭게 하기로 한 결정에 이의를 제기한 **포드(Ford v. Ford)** 판결에서 노예의 인간성을 강조했다. 법관 그린은 노예 편을 들어주었을 뿐만 아니라 "노예는 말이나 소와 같은 것이 아니고, … 그는 조물주의 생각대로 창조되었다. 그리고 그를 노예로 간주하고 있는 법도 그의 고귀한 성질을 말살시킬 수 없으며 인간에게 고유한 많은 권리를 그에게서 박탈할 수 없다"라고 주장했다.[23] 비록 **포드** 사건은 민사사건이었지만 그린은 형사소송에서도 마찬가지로 노예의 인간성에 대한 관심을 확대했다. 게다가 **포드**와 같은 사후 노예해방 사건은 특히 중요했는데, 이는 형사사건이 할 수 없었던 노예의 즉각적인 해방을 가져다주었기 때문이다.

유언과 해방증서에 의한 노예해방의 극히 평범하지 않은 장치에 대한 이의신청에 직면했을 때, 남부의 법관들은 비록 법령과 이러한 장치와 유언의 인정을 엄격하게 해석했으나 이러한 규정을 집행할 준비가 되어 있었다. 예를 들어, 아이작 로스(Isaac Ross)의 유언은 라이베리아에 있는 자신의 노예 100명 이상을 수송과 해방을 위해 미국 식민지에 인계하도록 지시했다. 그가 1836년 미시시피 주에서 사망하자 그의 자연상속인의 변호인은 이러한 조치는 "기득권의 일부와 조세를 부과할 수 있는 재산의 중요한 원천에 관한 주의 정책에 반대되고, 큰 불행을 가져올 것이며 불복종과 반란을 초래할 것"이라고 주장하며 주대법원을 설득하려고 노력했다. 주대법원은, 노예해방은 특히 유언집행인이나 신탁자에게 원수익자가 존재하지 않거나 자격을 상실했다면 유언에서 지정한 사람의 특징에 가능한 근사하게 자선적인 증여의 새로운 수익자를 찾도록 허용하는 '가급적 근사칙(doctrine of cy-pres)'에 있어서 자선단체에 대한 사적인 기부에 관한 보통법과 형평법의 규칙에 따라 처리될 수 없다는, 변호인의 주장 가운데 하나에 동의했다. 그러나 법원은 사법부보다는 입법부가 좀 더 적절하게 지정할 수 있다는 다른 주장에 대해서는 기각하고 노예들을 자유롭게 해방하도록 명령했다. 2년 후 미시시피 주의회는 "최종유언에 의한 노예해방을 금지"했다. 여하튼 토머스 모리스(Thomas Morris)는 버지니아 주에서 단지 일부의 노예 소유자만이 자신들의 노예에 대해서 해방을 제공했음을 보여주었다.[24]

남부의 법관들은 보통법의 고귀한 전통의 일부였다. 이들의 결정은 보통법에 의미를 부여했고 그들의 행동은 실정법에 따라 비참한 복종을 강요받았던 노예의 편을 들어줄 수 있는 자율적인 법규를 형성했다. 그러나 일부 법률가들의 지나친 자유주의(노예제 안의 형평성의 역설)는 위험을 내포하고 있었다. 남부의 항소심 법관들은 기본적으로 친노예적인 성향을 가지고 판결했고 보통법 전통은 법관과 노예의 인간성을 감출 수 있는 가면을 제공했다. 노예법의 내재적인 성격은 입법상의 형평성을 고려했을 때 법관이 주인의 재산권이나 남부의 경제나 인종규제 체계를 위험에 처하게 하지 않고 형사사건 심리에서 노예의 인간성을 인정할 수 있게 했다. 결과적으로 법관들은 영속적인 인종상의 속박(束縛)체계를 가지고 노예의 공정성(과 법률상의 형평성까지)을 화해시킬 수 있었다. 남북전쟁 이전 남부의 형사 사실심 법원에서 노예의 공정성을 한꺼번에 많이 확보할 수는 없었다. 형사소송법은 특히 농촌지역에서 노예제를 옛날의 원시상태로 되돌리고자 하는 백인들의 바람과 일치했다. 예를 들어, 1831년 사우스캐롤라이나에서 항소법원은 노예는 동일한 범죄로 두 번 처벌할 수 없다고 판결했으나, 이미 채찍으로 처벌을 받았던 죄에 대해서 20년이 지난 후 처형당한 노예도 있었다. 그 당시 주의 가장 존경받는 법률가였던 존 벨튼 오닐(John Belton O'Neal)은 "만약 죄수가 흑인이 아닌 백인이었다면 이러한 처벌은 누구라도 동정을 받았을 것"이라고 말했다.[25]

노예, 노예소유자와 비노예소유자의 영업법

노예법은 인종 관련 이외의 다른 문제도 함축하고 있었다. 노예제는 보통법의 발전과 남부의 영업 관련 행위에서 중요한 역할을 했다. 노예는 여러 가지 면에서 남부의 가장 중요한 상품이었으며 남북전쟁 이전 남부의 기업법은 이러한 현실을 고려했다. 영업거래의 주체로서의 노예와 관련된 1만여 건의 사건들이 남부 사실심과 항소심 법원의 사건기록표에 넘쳐났다. 여기에는 판매자와 구매자가 준 보증이 적절한 것인지에 대한 것과 대출, 고용, 절도, 물물교환, 도박채무를 위해 압류된 재산과 상속과 이혼에 대한 분쟁이 주류를 이루었다. 노예와 관련된 불법행위, 계약과 소비자 보호문제들은 그 지역의 법률적인 삶에서 일상이 되었다.

노예법은 비노예소유 백인에게도 밀접한 관련성이 있었다. 예를 들어, 노예감시단은 전형적으로 비노예소유자들로 구성되었는데, 이들의 임무는 노예의 도망을 방지하고 법을 위반한 혐의가 있는 노예를 체포해 노예제도를 보호하는 것이었다. 감시단은 공식적인 경찰력이 없던 남부주의 인구가 적었던 농촌지역에서 상당한 권한을 행사했다. 감시단의 권한은 때때로 주인들도 당황할 정도였다. 감시단은 부자가 아닌 백인들에게 자신들보다 사회적으로 우위에 있는 자들의 재산을 파괴하거나 남용할 기회를 제공했다. 노예소유자들은 감시단원이 자기들의 농장에 침입해 노예들을 심하게 채찍질했다는 명목으로 계속하여 법원에 제소했다. 그러나 주인들은 "감시단을 필수적인 경찰제도로 여겼으며 누구도 이의 폐지를 심각하게 고려한 사람이 없었다."[26]

그러나 영업거래에서 노예소유자와 비소유자의 이익이 완전히 일치했다. 예를 들어, 불법행위법에서 영국 보통법은 주인이 그 고용인의 과실에 대해 절대책임을 진다고 했다. 노예는 고용인이 아니었다. 이들은 주인의 절대적인 법적 지배를 받는 동산이었다. 노예의 사회적 · 법적 지위는 "단순히 영국 고용인의 사회적 · 법적 지위와는 다른 것"이었다.[27] 형법상 노예의 인격으로 초래된 긴장은 불법행위법의 어떤 조항에 따라서 사고의 책임을 노예가 부담하도록 하는 예외와 잘 부합했다. 문제는 누가 노예의 사고에 대해서 부담할 것인가? 확실히 노예는 책임질 수 없었다.

19세기 불법행위법의 새로운 개념이 등장함으로써 고용주들은 공동고용 준칙, 기여과실과 위험의 인수를 통해 자신의 고용인이 관련된 사고에 대한 고용주의 책임을 벗어날 수 있었다. 이들의 상대인 북부주의 법원들과 같이 남부의 법원들은 이러한 원칙을 백인 노동자들에게도 적용했고, 사우스캐롤라이나의 대법원은 최초로 공동고용의 법리를 원용했다. 노예에 대해 이러한 법리를 확대하는 것은 노예제도가 타협의 여지가 없다는 점에서 주인의 통제범위에 대한 문제를 야기할 수 있었다.

그러나 타협이 이루어졌다. 남부법원은 노예의 권리침해에 대한 주인의 책임문제를 법률가들이 법령, 대륙법이나 보통법 중에서 어느 법을 적용할 것인지에 따른 문제로 간주했다. 예를 들어, 루이지애나 주에서 항소심 법관은 절대책임의 대륙법상 기준을 적용했다. 루이지애나 주대법원은 노예 소유주는 비록 법률이 주인 자신들의 손실을 제한할 수 있는 수단을 제공했더라도 주인이 소유한 노예의 행동에 대한 책임을 져야 한다고 판결했다.[28] 남부 항소심 법관들은 북부의 불법행위법 발전에 많은 관심을 기울였으나, 노예는 '공동 고용인'의 지위로 승진할 수 없다는 선언에 거의 의견이 통일되었다. 법원은 일반적으로 주인과 노예를 고용한 산업에 대해서 사고의 부담을 지우게 함으로써 남부의 산업화 비용을 할당했다.

보통법의 관할 아래에서 문제는 좀 더 심각해 그 해결책은 비노예소유자의 권한 내용에 달려 있었다. 노예범죄 소송에서 절차적인 공정성과 함께 비노예소유자들이 정치적으로 강력한 곳에서는 주인의 책임범위가 매우 넓었다.

백인 비노예소유자들은 노예의 권리침해에 대한 배상에 직접적인 이해를 가지고 있었다. 예를 들어, 아칸소와 미주리 주의회는 주인에게 특정한 일련의 무단침해에 대해서 민사책임을 지웠다. 테네시 주의회는 주인은 일정한 공격으로 인해 발생된 명문화된 상해에 대해서 책임이 있으나 그 손해가 노예의 가치를 상회하지 않아야 한다고 규정했다. 주인이 노예를 통제할 수 있고, 해야 한다는 개념은 특히 강했다. 예를 들어, 법관 네이선 그린은 테네시 주의회에 노예의 행동에 대한 주인의 책임을 확대하는 법률제정을 촉구하면서 다음과 같이 주장했다. 이러한 법은 "노예소유자들을 공평하고 공정하게 대할 것이며 노예를 소유하지 않는 주민 대다수와 관계에 있어서도 마찬가지로 요구되었다."[29]

법은 얄궂게도 법률적으로 부여한 초법적인 해결로 노예제의 '내재적'인 속성에 남부의 사회적인 복종체계를 수용했다. 예를 들어, 아칸소 주의 법령은 노예가 저지른 "모든 불법행위와 중죄 이하의 범죄"에 있어서 주인은 "어떠한 법률상 재판이나 소송절차를 거치지 않고 피해자에게 배상하고 자신의 노예를 처벌할 수 있으나 만약 주인이 배상을 거절한다면 노예는 재판과 처벌을 받을 수 있으며 손해에 대해서 주인에게 소를 제기해 배상받을 수 있다"라고 규정하고 있다.[30]

남부법관들은 또한 노예판매상, 경매인, 병들었거나 고분고분하지 않은 노예를 처분하려는 개인들로부터 노예를 구매한 일반인들을 보호했다. 루이지애나 주에서 민법전은 여느 다른 상품과 마찬가지 방법으로 노예판매를 규제했다. 남북전쟁 이전에도 주의 대법원은 노예에 관련된 1,200건 이상의 상소사건을 심리했는데, 그 대부분은 몸과 마음에 결함이 있는 노예판매를 규율하는 주의 법률 조항에 관한 것이었다. 루이지애나 주대법원은 노예판매자보다 구매자에게 유리한 법률을 엄격하게 적용했다. 노예구매자를 위한 보통법상의 관할도 마찬가지로 강력했다. 가장 대표적인 예가 인구 중 노예의 비율이 가장 높고 식민지시대부터 남북전쟁 때까지 집약적인 노예 구입의 역사를 가지고 있었던 사우스캐롤라이나 주이다. **매주여 주의하라**는 규정이 북부에서 강한 지지를 받았던 반면에 사우스캐롤라이나 주의 법원은 노예 관련 문제에 있어서 이를 명시적으로 거절했다. 결과적으로 사우스캐롤라이나 주의 법관들은 **팀로드(Timrod v. Schoolbred**, 1793) 사건을 위시해 판매자는 적정한 가격을 지불한 모든 구매자들에게 노예가 적절하다는 묵시적인 담보를 제공한 것으로 판결했다. 노예제가 가장 강력한 곳에서는 노예구매자의 보호도 가장 강력했다. 남부 중에서도 위쪽 지역에서는 비록 법관들과 입법자들이 여전히 노예구매자에게 동정적이었고 북부의 법관이나 입법자들보다 **매주여 주의하라**는 원칙에 훨씬 회의적이었지만, 사우스캐롤라이나 주의 접근방법을 채택하지는 않았다.

노예법의 경제적 모순

인간의 감성과 경제적 이기심은 궁극적으로 남부경제에 해를 끼쳤던 강력한 모순을 드러냈다. 앨라배마 주 출신의 연방 대법관으로서 남부동맹에 참여하기 위해 사직했던 존 아치볼드 캠벨(John Archibald Cambell)은 노예에 대한 보호주의와 시장의 동력 사이의 긴장관계를 인식했다. 캠벨은 노예법 토론에서 "남편과 부인, 부모와 자식의 관계는 기독교 국가에서 신성한 것이다"라고 설명했다. 그러나 상업계에서 실무적인 고려는 주인이 그 노예들에게 확대할 수 있는 감정상의 에너지를 필연적으로 제한한다. 법률은 상업 발전과정에서 이러한 감정을 유지하도록 가정하고 있었다. "주인의 파산으로 그의 관계를 변화시킬 노예의 책임과 그러한 변화의 빈번한 발생은 가부장적인 관계의 일부를 빼앗아 가버렸다"라고 캠벨은 주장했다.[31] 캠벨은 문제를 과소

평가하고 있었다. 노예를 부동산처럼 한정부동산권이 설정된 토지에 노예를 부속시키고 있는 초창기 식민지 법령은 '국가의 신용' 에 손해를 끼치는 것[32] 을 피하도록 곧 변경되었다. 즉 소와 같이 개인재산으로서 노예는 신용의 원천으로서 (동산양도저당을 통해) 이용될 수 있으며 이들은 사망한 대농장주의 채권자에게 이용될 수 없는 것은 아니었다. 그리하여 특별히 가계의 노예와 정서적으로 밀접하게 연계된 과부나 자녀들이, 사망한 대농장주의 채권자의 영역에서 노예를 배제하려고 했을 때, 이들은 사우스캐롤라이나 주의 형평법원장 잡 존스톤(Job Johnston)의 말처럼 다음과 같이 수사학적으로 질문했다. "정서적인 것에 기인하는 것은 아무것도 없는가? 유년기의 모든 기억을 가진 조상의 집을 평범한 동산으로서 간주할 수 있겠는가?"[33] 게다가 노예는 병들어 죽을 수 있어서 상속인들에 대한 이들의 장기적 가치는 토지보다 불확실했다. 그 결과 노예를 인정하고 있는 주에서 유언법원은 채무를 지불하기 위해서 경매에 부치는 품목에서 사망한 대농장주의 노예가 차지하는 실질적인 비율을 감독했으며, "품목들은 단독으로 판매"되었기 때문에 노예 가족들은 이러한 판매로 인해 지속적으로 해체되었다.[34] 일부 법관들은 "법을 집행하는 공무원들에 의한 이러한 가족이산을 막기 위한" 조치를 자신들의 주의회에 요구했으나 "이러한 조치의 대부분"은 "각각의 배우자가 아닌 자신의 어머니로부터 자녀들을 떼어내 멀리 매매하는 것에 제한을 둔 법령"이 1850년대에 일부 주에서 채택되었다.[35]

19세기 미국의 새로운 시장경제는 노예법을 압도했다. 비록 밀접한 인간적인 결속이 시장의 압력을 받았지만 법은 이러한 현실을 아무것도 개선하지 못했다. 노예에 대한 시장의 현실적인 인식은 북부의 경제가 발전한 것과 같은 방법으로 남부의 경제가 성숙했다는 것을 의미하지는 않는다. 오히려 그 반대가 더 정확할 것이다. 수많은 사회관계는 노예제도 유지에 필수적이었다. 이러한 관계에 대한 법의 제재는 북부와의 경쟁적인 경제건설을 방해했다. 정치적 · 사회적 안정성은 "효과적인 경제교섭의 희생을 바탕으로 유지되었다."[36]

주인은 노예가 필요했고 사회체계의 확장으로서 남부의 법체계는 노예제를 보호하고 영속화시켰다. 공격적인 노예제도는 악의적인 인종주의에 근거한 냉정한 법치주의와 결부된 법체계 안에서 어떠한 도전에도 직면하지 않았다. 그러나 남부 이외에서는 서로 다른 문화적인 윤리가 인간의 속박에 대한 서로 다른 법률적인 대응을 촉구했다.

반노예제와 법질서

노예제는 전국적인 관련성이 있는 지역법의 확장이었다. 노예를 해방한 주의 거주자 중 대다수는 남부의 사촌들과 같이 인종주의자들이었다. 북부의 가장 적극적인 노예 반대 정치 지도자들조차도 인종주의적 감정을 가지고 있었다. 1846년의 유명한 단서 조항에서 멕시코 전쟁에서 획득한 새로운 지역으로 노예제의 확대를 차단하고자 한 펜실베이니아 주 출신의 하원의원 데이비드 윌못(David Wilmot)은 "흑인은 이미 이 땅에 발을 디뎠기 때문에 이들을 우리 자신과, 자손들을 위해서 … 자유로운 백인 노동자들을 위해서 그대로 놔두도록 해야 한다"라고 설명하면서 이러한 법안의 제정을 촉구했다.[37] 학교를 포함한 공공시설은 분리되었다. 자유로운 대지와 자유로운 노동이라는 생각은, 자유로운 백인은 미국 땅으로 편입된 새로운 거대한 영토에서 노예 노동자들과 경쟁해서는 안 된다고 생각했던 대부분의 북부 노예 반대 정치가들을 고무시켰다. 실제 정치의 문제로서 비록 1860년 링컨의 당선과 함께 공화당 통치는 정확히 그러한 결과를 초래할 것이라는 염려 때문에 많은 남부인들이 연방탈퇴를 준비했어도, 링컨의 공화당은 기존의 노예제를 폐지할 계획을 가지고 있지는 않았다.

남부의 우려는 근거가 있는 것이었다. 노예소유자들은 1830년대에 시작된 법률적이고 헌법적인 논거에 기지 넘치게 호소한 치명적인 노예제 반대운동에 직면했다. 법질서를 유지하기 위해서 기득권으로서 노예제를 인정해야 한다는 주장에 대한 반노예제 운동의 비판은 노예제에 대한 공격 이상의 것과 관련되었다. 이는 마찬가지로 "신법과 인간의 권리에 대한 도덕적인 논의는 미국에서 법은 궁극적인 의미에서 무엇이 옳고 그른지에 대한 기준에 의해서 일관성 있게 결정되어야 한다"라는 결의와 결부되었다.[38] 반노예제 옹호론자들은 법을 통해 도덕에 대한 새로운 공약을 채택하기 위해 미국인들을 설득할 수 있기를 기대했다. 공식적인 법절차가 쓸모없게 되었다면, 일부 반노예제 지도자들은 자연법 원리에 근거한 시민 불복종을 촉구했다.

남북전쟁이 발발할 무렵에 노예제의 법적 · 헌법상 문제에 대한 세 가지 다른 접근방식이 노예제 반대운동에서 나타났다. 이들은 급진 · 온건 · 개리슨주의자로 간략하게 부를 수 있다.

급진주의자들 가운데 가장 중요한 법조계 인물은 뉴욕의 앨번 스튜어트(Alvan Stewart)와 보스턴의 리샌더 스푸너(Lysander Spooner)였다. 이러한 법률가 모두는 노예제가 지역의 실정법에 따라서 존재할 수 있다고 한 **서머싯** 원칙을 거부하고 대신에 이러한 제도는 어디에서건 불법이라고 주장했다. 이들은 제5차 수정헌법의 적법절차 조항과, 연방정부는 모든 주에서 공화주의 정부형태를 보장해야 한다는 연방헌법 제4장의 보장 조항을 근거로 노예제의 폐지를 요구했다. 이러한 주장은 매우 급진적이었고 단지 조직적인 노예반대 운동 중 소수의 사람들만이 이러한 주장을 수용했다.[39]

온건주의자들은 노예반대 운동의 법률상 · 헌법상의 주류를 차지하고 있었다. 이들의 가장 중요한 대변자는 신시내티 법률가 샐먼 체이스(Salmon P. Chase)였다. 급진주의자들은 연방정부가 모든 주에서 노예제를 폐지시킬 권한을 가지고 있다고 주장한 반면에, 온건주의자들은 연방정부가 노예제에 대한 어떠한 권한도 가지고 있지 않다고 주장했다. 이들은 연방정부가 노예제를 새로운 영토로 확대하는 것과 도망노예를 주인에게 돌려주는 것이 금지되었다고 주장하면서 **서머싯**에 찬성했다. 온건주의자들은 만약 노예제가 연방정부로부터 분리되면 궁극적으로 사라질 것이라고 믿었다. 온건주의자들의 입장은 남북전쟁 발발 직전 공화당의 입장이 되었다.

개리슨주의 폐지론자들은 세 번째 입장을 발전시켰다. 이들의 가장 대표적인 법률 대변인은 종교적 완전론에 대한 믿음으로 자극받은 보스턴의 귀족 웬델 필립스(Wendell Phillips)였다. 보수주의자들은 노예제는 무엇보다도 종교상의 죄이며 이를 지지하는 어떠한 제도도 비도덕적이라고 믿었다. 이들은 **서머싯**을 의미 없는 것으로 거절했을 뿐만 아니라, 또한 헌법은 이들의 지도자 윌리엄 로이드 개리슨(William Loyd Garrison)의 말대로 "죽음과의 약속이고 지옥과 합의했으며 … 즉시 폐기해야 한다"라고 주장했다.[40] 1854년 개리슨은 연방헌법전을 공개적으로 불태우고, 그를 평생 동안 망명하게 만든 폭동을 일으킴으로써 자신의 반대를 극적으로 표명했다. 필립스는 가장 중요한 도덕원칙을 바탕으로 한 자연법으로 불가피하게 타협한 헌법을 대체해야 하고 개개인은 기존의 법치주의를 전복하기 위해서 시민 불복종을 전개할 의무를 가진다고 주장했다.

이러한 주장은 18세기 말 이래 없었던 정치적인 반대자에 대한 탄압의 강도를 변화시켰다. 민주당원들은 연방주의자들이 제퍼슨주의 반대자들에게 했던 것처럼 노예 폐지론자에 대해서 반역죄를 뒤집어 씌웠다. 1840년대 말과 1850년대 노예 폐지론자들에 대해서 연방정부가 착수한 여러 반역죄 기소사건은 실패로 돌아갔다.

도망노예의 법률과 헌법상 문제

도망한 노예의 법적 지위는 반노예제변호사회(the anti slavery bar)의 주된 관심사로 떠올랐고, 그 회원들은 주와 연방법정에서 자신들의 법률상의 주장을 펼쳤다. 의회는 1793년 도망노예법에서 헌법상 도망노예 조항을 보충했다. 이 법률에 따르면 노예소유자나 그 대리인은 의심스러운 도망자를 붙잡아서 연방법관이나 지방 치안판사로부터 증명서를 발부받아 소유자의 주로 끌고 갈 수 있었다. 이 법률은 주와 지방의 권한을 가진 자들의 협력의사에 의존했는데 이는 연방의 법적 효력이 제한되었기 때문이었다. 이 법은 또한 비판을 받았는데 그 이유는 붙잡힌 개인에게 적법절차에 따른 보호를 확대하지 않아서 자유 흑인뿐만 아니라 도망노예들을 야심찬 노예잡이들의 손쉬운 목표로 만들었기 때문이었다.

1830년대경 반노예제변호사회는 도망노예법의 합헌성에 반대하는 지속적인 운동을 전개하기 시작했다. 샐먼 체이스와 전 앨라배마 노예소유자에서 노예반대 운동가로 전향한 제임스 버니(James G. Birney)는 1837년 도망노예 **마틸다 로렌스**(Matilda Lawrence) 사건에서 처음 공격을 개시했다. 로렌스가 지방 치안판사 앞에 끌려왔을 때 체이스는 1793년 도망노예법을 비난했다. '도망노예의 법무장관'으로 알려진 이 신시내티 법률가는 이 법은 위헌인데, 왜냐하면 이는 도망자에게 적법절차에 따른 보호를 제공하는 데 실패했고, 연방정부는 이 법을 직접 제정할 권한이 없기 때문이라고 주장했다. 게다가 체이스는 **서머싯** 법리를 지지했는데 이는 마틸다 로렌스가 자유주인 오하이오 주에 왔을 때 자유인이 되었기 때문이었다. 노예제는 단지 실정법을 근거로만 존재할 수 있었고, 일단 그녀가 노예주의 관할권을 벗어나자마자 그 법은 더 이상 그녀를 통제할 수 없다고 주장했다. 체이스는 자유는 전국적이며 자연법에 의해서 지지된다고 본질적인 요점을 지적했다. 지방법관은 이러한 주장을 거절했다. 마틸다 로렌스의 소유주는 그녀를 뉴올리언스 시장에 내다팔기 위해 배에 태웠다.

도망노예법에 대한 항의는 1840년대에 최고조에 달했다. 예를 들어, 북부 여러 주는 배심재판과 인신보호 영장을 포함한 일정한 절차상의 안전판을 기소된 도망노예에게 확장하는 인신자유법을 일찍이 제정했다. 이러한 법률들은 주법원에 의존하며 관리들이 이를 적용하도록 함으로써 연방법의 운용을 복잡하게 했다. 여기에는 또한 주가 연방법 집행에 이러한 조건을 부여할 수 있는지 여부와 많은 남부인들은 일반적으로 주의 권리의 지지자로서 간주되었지만 지방자치에 있어서 이러한 권한행사는 위헌이라고 항의했다.

주의 권한과 **서머싯** 법리의 적용 문제가 1842년 **프리그(Prigg v. Pennsylvania)** 사건에서 한꺼번에 다뤄졌다. 메릴랜드 출신 노예소유자의 대리인 에드워드 프리그(Edward Prigg)는 펜실베이니아에서 도망노예를 붙잡아서 1826년 펜실베이니아 인신자유법을 위반하고 그녀를 메릴랜드로 되돌려 보냈다. 프리그는 주로 귀환했을 때 유괴죄로 체포되었다. 이 문제는 재빨리 연방대법원으로 옮겨갔다.

비록 6명의 다른 대법관들이 개별의견을 개진했지만 대법관 조셉 스토리는 법원을 대표해 판결문을 작성했다. 앞서 살펴본 바와 같이 스토리는 강력한 국가주의자였고 전국적인 법률기준에서 통일성을 옹호했다. 그의 의견은 1793년 도망노예법은 합헌이고 1826년 펜실베이니아 주 인신자유법이 위헌이며, 전국적인 처우의 통일과 특정한 헌법상의 권한에 있어서 도망노예에 대한 권한은 오로지 연방의회에 배타적으로 속한다고 판결했다. 이 판결은 노예에 관한 이익을 가진 사람들에게는 중요한 승리였다. 스토리는 도망노예를 다시 체포할 수 있는 연방정부의 권한을 당연히 인정했다. 그는 이러한 권리는 "평등하고 최상의 힘을 가지고 전체 연방에 효력을 가지는 절대적이고 실증적인 것으로서 주의회와 주에 의해서 규제되거나 규제될 수 없는 것"이라고 기술했다.[41]

스토리는 **서머싯** 법리의 적용을 거절했고, 자유지역에 들어온 노예가 자유민인지의 문제에 대해서는 언급을 회피했다. 반노예제변호사회는 스토리의 의견이 아직 해결되지 않은 도망노예 문제에 대해서 실패한 것으로 파악했다. 스토리의 의견은 도망노예에 대해서 연방정부에 대한 배타적 권한이 주에게 주어졌는지, 연방법 이행에 필요한 도움을 거절할 수 있는지에 대해서 명확하지가 않았다. 반노예제변호사회는 연방 권한이 배타적이라면 연방정부도 역시 강제이행 수단을 확보해야 한다고 주장했다. 북부의 여러 주들은 반노예제변호사회의 온건파가 촉구함으로써 주 공무원들에게 연방도망노예법의 집행을 금지시키고 그와 같은 목적으로 주의 시설을 이용하는 것을 부정하는 새로운 인신자유법을 제정했다. 그리하여 주법원은 도움을 구하는 노예 소유자를 외면하고 가까운 연방법원에 이들을 이관하면서 **카우프먼**(**Kaufman v. Oliver**, Pa. 1849)에서와 같이 사건을 인용했다. 연방정부는 헌법상의 책임을 질뿐만 아니라 도망노예를 다시 체포하는 데 소요되는 행정비용도 부담했다.

남부인들은 1850년의 대타협에서 이러한 법률상 미비점을 보완하려고 시도했다. 의회는 도망노예를 되돌려 보낼 것인지를 결정할 총재를 연방 순회법원이 임명하도록 하는 새로운 도망노예법을 대타협의 일환으로서 제정했다. 이 법은 배심판결을 요구하거나 기소된 도망노예의 진술도 인정하지 않았으며, 총재의 결정은 주가 발행한 어떤 인신보호 영장에 대해서도 최종적인 효과를 가졌다. 부가적인 동기로서 총재는 도망노예의 자유를 찾도록 하기보다는 노예로 되돌려 보낼 때 더 많은 수당을 받았다. 이러한 법안은 도망노예의 인도를 사법적인 절차보다는 행정적인 절차에 따라 이루어지게 함으로써, 체이스와 같은 온건한 반노예주의자들의 직접적인 법률상 개입을 계속 어렵게 했다. 비록 이러한 완강한 연방법이 노예제도 반대의 노력을 옥죄었더라도 이는 도망노예의 탈주를 막는 데 실패했으며, 노예 폐지론자들이 도망노예와 이들을 잡으러 다니는 사람들 사이에 계속 개입하도록 용기를 불어넣는 공동체에 기여한 바가 거의 없었다. 이러한 노예 폐지론자들이 연방법 집행자들을 납득시키는 데 실패했을 때, 연방대법원은 '상위법'에 항소해 도망노예를 보호하려고 노력하던 주법원들이 한 발 비켜서 이 분야에서 연방의 우월성을 인정할 것을 명령받았다.[42]

예양의 문제와 주제사법

도망노예 사건은 예양(禮讓)의 법리를 야기했다. 이 용어는 하나의 사법관할권이 의무라기보다는 존경과 예우로서 다른 관할권의 법을 이행할 것을 고려하거나 이행하는 것을 말한다. 법관은 종종 법이 충돌할 때에 어느 법을 적용할 것인지를 결정해야 한다. 예양은 남부에서 시행된 인종통제 체계에서 커다란 의의를 가지고 있었고, 자유주가 계속해서, 잠시 머무르거나 여행중에 자신들의 노예에 대한 지배권을 행사할 주인의 법률상 권리를 인정하는 한, 노예재산은 유동성을 가지고 있었다. 1830년대까지 북부 법원이 남부의 법을 수용하는 데 있어서 존재했던 '지역적인 화해'는 자유주에서 노예와 함께 여행하는 주인을 보호했다.[43] 결국 주인에게 도망노예를 반환하는 것은 사도 바울이 "도망노예 원시우스(Onesius)를 이방인인 그 주인에게 되돌려주었을 때 개인적 · 국가적 의무의 진정한 원리로서 확립된 적절한 기독교인의 행위"라고 조지아 주 대법관 유지니어스 니스벳(Eugenius Nisbet)은 주장했다.[44]

이러한 화해는 1830년대 폐기되었는데 그 폐기에 지적으로 기여한 사람은 뒤에 **프리그** 사건에서 판결문을 작성했던 대법관 스토리였다. 스토리는 1834년 《주제사법에 대한 주석*Commentaries on the Conflict of Laws*》을 출판했고, 거기에서 그는 예양의 실천은 극히 자발적이었으며 도덕적인 강요에 의한 것은 아니라고 주장했다. 스토리의 주장에 따르면 모든 주가 자신의 영역 안에서 어떤 법을 적용해야 하는지에 대해서 철저하게 통제해왔다. 스토리의 원칙은 사건이 심리된 장소인 주 재판소 사법관할권의 우위를 인정했다. 이 새로운 법리의 의의는 자유주의 법관과 법원이 주인에게 노예를 돌려보내는 것을 거절하도록 허용한 데에 있었는데, 이는 돌려보내도록 자신들의 주법에 의해서 명령되어 있지 않았기 때문이다. 새로운 주제사법(州際私法)의 법리에는 또한 연방 도망노예법을 제외하고는 노예를 돌려보내야 한다는 법적 근거가 없었다.

새로운 예양의 원리의 중요성은 처음 레뮤얼 쇼가 판결문을 작성한 **에이브스**(**Commonwealth v. Aves**, 1836) 사건에서 등장했다. 이 사건은 주인이 매사추세츠를 방문하는 동안 데려온 6세 소녀 메드에 관한 사건이었다. 보스턴의 노예 폐지론자인 한 여성은 변호인과 상의해 소녀의 해방을 위한 인신보호영장을 발부받으려고 했다.

쇼는 소녀에 대한 인도의 근거로서 예양의 원리를 주장하는 것에 대해서 이를 명시적으로 거절했다. 대신에 쇼는 **서머싯** 사건에서 맨스필드의 초기 주장과 스토리가 단언한 예양의 견해를 따랐다. 노예는 자연법에 반하고 그 '존재와 유효성'이 지방법에 달려 있다고 쇼는 선언했다. 이러한 사건에 예양의 원리를 확대하는 것은 확실한 주소가 없는 노예소유자의 거주까지 보호범위를 확대하는 것을 의미하며, 쇼에 따르면 이러한 조치는 '건전한 정책'과 모순되었다.[45] 쇼는, 예양의 원리는 재산에 대해서는 정상적인 논거로 적용할 수 있지만, (남부 노예법의 가장 대표적인 특징 중 하나를 일소하면서) 노예는 재산이 아니므로 예양의 원리는 이들에게 확대할 수 없다고 주장했다. 매사추세츠 주는 '일시체류법'(주인에게 노예를 데리고 다닐 수 있도록 허용한 법) 제정에 실패했기 때문에 다음과 같은 결론을 도출할 수 있었다. 주인이 노예와 함께 주에 우연히 그리고 일시적으로 들른 경우를 제외하고, 노예가 일단 주의 경계에 이르면 매사추세츠 주법 아래에서는 자유롭게 된다. 남부인들은 이러한 새로운 결정에 반대했고 한 조지아 주 법관은 스토리와 쇼가 형성한 새로운 예양의 원리는 "근대적인 광신주의의 부당한 정신"이라고 언급했다.[46] 그러나 일부 남부법원들은 북부 주법에 대한 예양의 기준을 준수하는 것에 대해서도 마찬가지로 관심을 가졌다. 그리하여 루이지애나 주대법원은 의료치료를 위해 일리노이에 데려왔던 노예의 지위에 관한 일리노이 주대법원 판결의 효과를 번복했다. 노예인 엘리자베스 토머스(Elizabeth Thomas)는 켄터키 주에 있는 자신의 소유주에게 봉사하는 동안 병이 났고 주인에게 일리노이 주에 있는 의사에게 치료차 데려다 주길 요청했다. 일리노이 주법원의 판결이유처럼 그녀는 일시적 체류자에 대해서 자신의 자유에 관한 권리를 획득하도록 규정하고 있는 일리노이 주헌법처럼 '비자발적'으로 데려간 것은 아니었다. 루이지애나 주 법관들은 일리노이 주헌법의 해석에 대한 일리노이 주 법관들의 의견과 달리했다. 법관 에드워드 시몬(Edward Simon)은 "노예는 의사를 가지고 있지 않다"라고 설명했다. 시몬은 주인과 함께 루이지애나에 돌아왔던 일시적 체류자들의 자유문제로 발생했던 루이지애나 주대법원의 판결 3개를 인용하면서 엘리자베스 토머스를 자유롭게 하도록 명령했다.[47]

쇼는 그의 결정을 도망노예나 주인과 함께 자발적으로 집에 돌아간 노예에 대해서는 적용하지 않았다. 쇼는 보수적이었고 그와 다른 법관들은—남부와 북부에서—노예제가 불법이라고 선언하고자 사법적인 권한을 행사하는 것을 꺼렸다. 반노예제변호사회는 자유주 법관들이 노예소유자들에게 너무 쉽게 굴복했다고 비난했다.

북부 법관들과 법의 가면

노예제는 법체계상 모든 문제에 있어서 남부 법관들이 직면했던 것과 같은 당혹스러움을 북부 법관들에게도 가져다주었다. 우리는 경제정의 분배에서 남북전쟁 이전의 항소법원이 종종 경제적인 결정을 내리는 법률적인 구속력을 형성하는 데 인간의 의지에 재량권을 부여함으로써 도움이 되었다는 것을 알고 있다. 그러나 많은 북부법관들은 비록 공개적으로는 노예제에 적대적이었지만, 법의 가면을 쓰고 개인의 지위, 도덕과 인종문제에 대해서 매우 형식적인 접근방법을 취했다.

1850년대경, 노예제 반대론자들은 시민 불복종과 도망노예의 극적인 구제를 통해 북부의 도덕감정을 일깨우고자 했다. 법관들은 법규정에 따라 노예로 되돌아가야 할 사람들을 자유롭게 하고자 하는 대중적인 노력과 직면했다. 사법부는 감정적인 군중행동에 대해서는 법에 의한 지배를 유지했으나 법관들은 개별 노예의 인간성을 무시하기 위해서 법률상의 가면을 썼다. 대표적인 것이 토머스 심스 사건에서 레뮤얼 쇼의 행동이었다.

심스는 매사추세츠에서 체포된 도망노예였고 1850년 법에 따라 연방총재 앞에 끌려왔다. 그리하여 심스의 노예반대 변호사는, 도망노예법은 위헌이며 심스는 자유지역에 있었다는 사실만으로 자유민이 되었다고 주장하면서, 매사추세츠 주대법원에 인신보호영장 발부를 요구했다. 긴장이 매우 커져서 법원은 소송방해를 예방하려고 쇠줄과 로프로 둘러쳐 있었다.

쇼의 의견은 노예반대 옹호자들이 가장 크게 염려했던 점을 확증했다. 쇼는 영장 발부를 거부했을 뿐만 아니라 "연방이나 주의 어떤 법원으로부터 그러한 문제에 대한 선제적이고 사법적인 결정"인 점에서 1850년 도망노예법을 지지했다.[48] 쇼는 도망노예 조항은 헌법의 비준을 위해서 필수적이었고 그 후손들은 사법적인 해석을 통해서 이를 부정할 수 없다고 판결했다. 의회는 헌법 제1장의 필요하고 적절한 조항 아래에서 도망노예법을 제정할 권한을 가지고 있었다. 결론적으로 쇼에게는 노예제가 감정상 공격적으로 보였을 수 있으나, 쇼는 법률의 문제로서 심스가 노예로 되돌아가야 한다고 판결했다.

비슷한 장면이 북부의 다른 법정에서도 벌어졌고, 반노예제 감정을 가진 법관들은 노예제의 비도덕성을 공격하기 위해 자기들의 직위를 이용하는 것을 거절했다. 예를 들어, 헨리 데이비드 소로(Henry David Thoreau)는 도망노예법에 대한 저항을 칭찬했고, 법의 목적이 잘못되었다는 것을 잘 알고 있음에도 불구하고 이를 지지한 법관들을 비난했다. 소로는 《매사추세츠에 있어서 노예제*Slavery in Massachusetts*》라는 논문에서 "이 법은 결코 인간을 자유롭게 할 수 없다." 오히려 "법을 자유롭게 만드는 것이 인간이다"라고 적었다. 그는 쇼와 다른 법관들을 도덕적 양심의 도덕률에 대한 위대한 의무라고 믿는 것과 법에 근거한 의견을 대량생산하는 기계적인 행동을 구분하지 못하는 "오르간 연주자"로 낙인찍었다.[49]

북부의 법관들은 반복적으로 감정에 대해서는 법을 그리고 혁신보다는 선례를 자리매김함으로써 사법적인 가면을 썼다. 사법부의 역할은 강력한 영향력을 행사했다. 유명한 **드레드 스콧(Dred Scott)** 사건에서 반대자 둘 중 한 사람인 대법관 존 맥린(John McLean)은 "법이 우리의 유일한 안내자이다. 옳고 그름에 대한 확신이 법을 무시하고 행동에 의한 지배로 대체될 수 있다면 우리는 곧 무법천지에 놓이게 될 것이다"라고 주장했다.[50]

도덕률과 드레드 스콧 사건

반노예제변호사회는 사법적 형식주의에 대한 대응으로서 도덕률의 원리를 제공했다. 상원의원인 윌리엄 헨리 시워드(William Henry Seward)는 1850년 정치연설에서 단지 미국 독립혁명으로 거슬러 올라가야 한다는 제안을 했을 뿐이지만 그 개념은 일반의 관심을 끌었다. 시워드는 동료 상원의원들에게 준 종교적 열정을 가지고 "헌법보다 더 고차적인 도덕률이 있다"라고 목소리를 높였다.[51] 비록 1850년의 도망노예법이 합헌이라고 하더라도 시워드와 다른 온건한 반노예제 지지자들은 양심의 법에 따르면 무효라고 주장하면서 도망노예법에 반대했다. 물론 이러한 감정은 기존의 권위에 대한 직접적인 도전이었고, 지역적인 균형에 미묘한 차이와 연방탈퇴의 위협을 가져왔다.

연방대법원은 **드레드 스콧(Dred Scott v. Sandford**, 1857) 사건에서 도덕률을 철저하게 논박했다. 이 사건은 주와 연방법원을 통해 대법원에 이르기까지 10년 이상이 소요되었다. 스콧은 처자를 동반하고 군의관인 주인과 함께 미네소타 지역(1820년 미주리 대타협에 의해서 노예가 금지된)을 여행한 뒤 주인과 함께 노예주인 미주리 주로 되돌아왔다. 그는 미주리 주에서 자신의 자유를 위한 소를 제기했으나 거절당했다. 의견이 근소하게 갈린 미주리 주대법원은 자신들의 북부 상대주는 도망노예를 되돌려주는 문제에 있어서 예양의 원칙을 준수하지 못했다고 주장하면서, 일시체류자의 지위에 관한 예양의 원칙을 준수하길 거부했다.[52] 그리하여 스콧은 1820년 연방의회에서 노예해방을 선언했던 연방지역에 발을 들여놓았을 때 자유민으로 해방되었는지에 대한 연방의 문제를 제기했으나 연방 사실심과 순회항소법원에서 패소하고 미국 연방대법원에 상고했다. 법원에서 쟁점이 된 정확한 내용은 스콧이 미주리 주의 주민으로서 연방법원에 자신의 자유를 위한 소를 제기할 수 있는지 여부였다. 사건이 법원에 이르기 전에 스콧의 소유주인 존 샌포드(John Sandford)의 변호인은 흑인은 주나 연방의 주민이 될 능력이 없다고 주장했다. 대법관들은 자신들 스스로의 인도(**Strader v. Graham**)[53]에 따라서 스콧 사건의 소송원인—특히 스콧과 가족들이 미주리 대타협 아래 자유지역으로 선언한 지역에 일시적으로 체류한 결과로서 자유민이 되었는가의 문제—을 다루지 않고 사건을 해결했으며, 자유민이 되었다고 주장하는 흑인의 법적 지위를 결정하게 되었을 때 미주리 주와 같은 주대법원의 결정이 최종적이라는 이유로 스콧의 주장을 기각했다. 그러나 2명의 대법관 커티스(Curtis)와 맥린은 스콧의 변호인이 제기했던 문제에 관해서 강력한 반대의견을 준비했다. 민주당 소속으로 대통령에 선출된 제임스 뷰캐넌(James Buchanan)의 동료 민주당원인 테네시 주 출신의 대법관 존 카트론(John Catron)에 의해 뷰캐넌의 펜실베이니아 주 출신 동료 민주당원 대법관 로버트 그리어(Robert Grier)와 남부에서 노예문제에 직면했을 때 좀 더 통일된 입장을 취하고자 5명의 남부출신 대법관(모두 민주당원)에게 함께 행동하도록 요청하기 위해 협의에 착수하도록 요청받았다. 그리어는 1857년 2월 말 동의했고 동료 민주당원인 뉴욕 출신의 대법관 새뮤얼 넬슨(Samuel Nelson)에게도 같이 행동하도록 촉구하기로 약속했다. 그래서 뷰캐넌은 취임연설에서 자신은 **드레드 스콧** 사건에서 대법원의 결정이 "무엇이든지 간에 성실하게 따를" 준비가 되었다고 국민에게 불성실하게 말했다.[54]

비록 9명의 대법관이 각자 의견을 개진했지만 대법원장 로저 태니의 의견이 권위가 있었다. 태니는 스콧의 입장에서 만들어진 모든 주장을 거절하고 연방과 미주리 주

2곳 모두에서 스콧의 시민권을 부정했다. 태니에 따르면 자유로운 흑인이나 노예흑인은 시민이 될 수 없다. "〔1787년〕, 이들은 100년 이상 열등계급으로서 간주되었으며 사회와 정치관계에서 백인과 교제하기에는 적합하지 않았다. 그리하여 지금까지 이들은 백인이 누렸던 권리를 가지지 못한 열등한 사람들이다."[55] 태니는 1820년 미주리 대타협은 위헌이며, 의회는 모든 연방관할에서 노예 소유주가 자신들의 특별한 재산인 노예를 관리하고 이용할 권리를 부정할 권한을 가지고 있지 않다고 단언했다. 오히려 연방정부는 주인을 포함한 모든 시민의 재산권을 보호할 적극적인 의무를 가지며, 자유지역에 노예의 단순한 일시체류는 이러한 권리를 방해하지 않는다(이 판결이 가져온 결과의 하나는 상원의원 제퍼슨 데이비스Jefferson Davis가 다음과 같이 제안한 연방헌법 제13차 수정안이었다. "연방의회나 지역의회는 자신의 노예재산을, 노예제를 인정하고 있지 않는 공동지역으로 데려갈 수 있는 미국 시민의 헌법상 권리를 무효 혹은 취소시킬 수 있는 권리를 가지지 못하며 … 필요한 보호를 제공하는 것이 연방정부의 의무이다. 어느 때고 사법부가 적절한 보호를 보장할 권리를 가지고 있지 못한 것으로 경험이 입증하면 이러한 부족을 보충하는 것이 의회의 의무가 될 것이다."[56] 1860년 5월에 의회가 채택해 여러 북부 주와 마찬가지로 남부의 주의회에서 비준했던 이 수정안은 그해 11월 에이브러햄 링컨의 대통령 당선과 함께 제13차 연방수정헌법이 되는 데 실패해 남부 노예주의 연방탈퇴를 부추겼다.)

태니는 비록 그의 의견에서 역사적인 잘못과 논리전개의 오류가 있었지만 **드레드 스콧** 판결에서 큰 잘못을 저지르지는 않았다. 그는 재산에 대한 노예 소유주들의 권리와 더욱 중요한 것은 법에 있어서 흑인의 열등한 법적 지위를 결정적으로 확립하기 위해 연방 사법부의 권한을 원용했다. 역사상 최초로 "미국 사람들은 연방 수준에서 실제로 행해진 위헌법률심사의 의의와 결과를 고려하게 되었다."[57] 태니의 의견은 전국적인 법률상 권위를 공명정대하게 노예소유자의 입장에 둠으로써 이전에는 지역적인 제도에 불과했던 것을 효과적으로 전국적인 제도로 만들었다. 태니는 정치적인 문제해결을 법의 힘으로 대신하려고 시도했으나, 법원이 어느 일방의 편을 확실하게 들어줌으로써 남아있던 정치적인 유대관계가 끊겼으며, 지역을 근거로 설립된 북부 공화당이 1861년 연방정부의 정권을 장악할 수 있게 했다.

남북전쟁 이후 인종관계

남북전쟁은 속박되었던 미국인구의 1/6을 자유롭게 했다. 자유민 흑인의 일부가 전쟁 전 남부와 북부에서 살았지만 이들은 이 모든 곳에서 완전한 사회적 · 정치적 평등을 법에 의해서 부정당했다. 매사추세츠만 유일하게 배심의 봉사와 선서, 두 가지를 허용했다. 레뮤얼 쇼는 **로버츠(Roberts v. City of Boston**, 1849) 사건에서 인종에 따라 학생들을 분리하려는 보스턴의 학교 이사회의 권한을 다루는 의견에서, 다음과 같이 요약했다. "모든 인간은 연령이나 성별, 출생이나 인종, 신분이나 조건의 구분 없이 법 앞에 평등하다." 그러나 그는 또한 그 규제권능을 가진 의회는 인종을 기초로 권리를 자의적으로 부여하거나 철회할 수 있는데, 이는 "이러한 권리들은 그들 각각의 관계와 조건에 맞게 적응된 법에 의존하기 때문이다"라고 인정했다.[58]

남북전쟁에서 북군의 승리는 인종관계의 법적 기초를 재규정할 전대미문의 기회를 제공했다. 엄청나게 증가한 자유로운 흑인 수는 공화당에게는 잠재적인 정치권력의 원천이었고, 반노예제 옹호자의 윤리적인 목적을 실현하기 위한 수단이었으며, 연방주의의 범위를 조정하기 위한 토대였다. 북군의 승리 확정으로 전쟁은 이전에는 주의 배타적인 법률영역이었던 신분법에 대해 연방의 권한을 행사할 가능성을 열었다.

그러나 매우 중요한 분야의 하나에서 공화당의 의회 장악도 무력함을 드러냈다. 1862에 상하 양원은 반역 활동가의 재산몰수와 노예해방을 인정하는 입법안을 채택했다. 그러나 '온건주의자들'은 대통령 링컨에게 호소했다. 헌법은 사권박탈법을 금지했고 반역죄의 처벌은 유죄가 확정된 반역자의 생애 동안을 제외하고 "혈통 오염이나 몰수"를 할 수 없다고 특정하고 있다(제3장 제3조.) 링컨은 반역자의 토지를 영구 몰수하는 조항이 위헌이라는 이들의 주장에 동의했다. 의회는 마지못해 몰수법을 개정했고,[59] 그리하여 하원의원인 새디어스 스티븐스(Thaddeus Stevens)는 남부사회에서 경제적으로 살아갈 수 있도록 제공되는 자영농지인 "40에이커와 한 마리의 나귀(forty acres and a mule)"에 대한 연방권원을 가진, 이전의 노예였던 자유로운 흑인에게 제공하는 유일한 수단을 소멸시켰다.

남부에서 소수의 흑인 보호를 담보하려는 공화당의 노력 중에 가장 눈에 띄는 초창기 사례는 1865년 의회가 설립한 자유민 사무국이었으며, 이는 이듬해까지 완전한 권한을 부여받지 못하고 1868년에 업무가 중지되었다. 의회는 "반란 주에서 피난민과 자유민에 대한 모든 통제권한"을 이 사무국에 부여했다.[60] 사무국장 올리버 하워드(Oliver O. Howard) 장군은 이 법령이 남부지역에서 활동하는 지방 사무국 직원에게 소액 민사사건과 경범죄 사건을 심리할 권한을 부여했으며, 사무국의 목적은 "실질적인 법을 마련하기 위한 것"이라고 해석했다.[61] 사무국 직원들은, 남부백인들이 연방군이 물러간 뒤에도 평등한 정의 프로그램을 지속할 수 있는 법을, 흑인들에게 충분히 인지시키려고 노력했다. 이 사무국의 직원들은 매년 수십만 건의 고충을 처리했으며, 그 대부분은 전통적으로 주법원이 처리했던 보통법상의 계약, 불법행위와 재산에 관한 문제와 관련되었다. 사무국의 법원은 법적 권한의 또 다른 심급—연방 심급—이 되었고 이들의 결정은 대개는 흑인을 두둔했다.

공화당은 남부에 연방정부의 권한을 행사하려고 또 다른 장치로 눈을 돌렸다. 예를 들어, 전쟁이 끝난 직후에 군사법원은 법과 질서의 회복에 상당한 기여를 했다. 의회 역시 연방법원의 관할을 확대했고, 흑인들이 종종 적대적인 주법원으로부터 사건의 이송을 용이하게 했으며, 지역의 연방법원 수를 늘려서 연방사법권을 좀 더 쉽게 이용하게 만들었다.

흑인법

이러한 법률들은 흑인을 보호하기에는 불충분했다. 남부주들은 거의 즉각적으로 새로 획득한 자유민의 자유를 축소하기 위한 흑인법을 제정했고, 반면 백인우월주의자들의 야경단은 폭력으로 흑인들을 겁주려고 했다. 흑인법에 따르면 흑인은 인간이며 자유인이라는 것을 인식했다. 흑인은 물건을 사고팔고, 유증을 할 수 있었다. 이들은 계약(백인이 아닌 다른 흑인과의 혼인계약을 포함)을 할 수 있고 제소하거나 제소당할 수 있으며, 흑인이 당사자인 사건인 경우 법원에서 증언할 수 있었다.

한편, 흑인법은 자유민의 새로운 지위를 인정한 반면에 일종의 준노예에 가까운 것으로 규정한 인종통제 수단이었다. 예를 들어, 흑인은 일정한 직업(예술가, 외과의사와 상인)을 추구하는 것이 금지되었으며 거주지역이 제한되었다. 이들은 총기류를 소유할 수 없었고—노예제도 당시의 사회적 예의를 존중해—백인에게 모욕적인 말을 직접 하는 것이 금지되었다. 흑인은 배심, 투표나 공직 취임이 금지되었다. 요컨대, 흑인은 정치적으로 미약했고 사회적으로 최하층민이었다.

북부 여러 주에서도 동시에 비슷한 법을 제정했다. 이러한 주들은 또한 인종혼합을 금지하고 자유 백인 노동자 시장을 보호 · 유지하기 위한 노력의 일환으로 백인의 이주를 금지하는 법률들을 강화했다. 공화당의 보수주의자들을 포함해 북부 정치 지도자들은 사회정책의 법적 토대는 지역적으로 형성되어야 한다는 믿음을 가지고 강력한 주의 권리정책을 고수했다. 그러나 남북전쟁 직후에 이와 같은 북부인의 다수는 남부인들이 처벌받을 짓을 했으며, 흑인법들은 전쟁으로 폐기되어야 했을 정치적 · 사회적 제도의 받아들일 수 없는 재주장을 구체화한 것이라고 생각했다.

남북전쟁의 수정헌법

1865년에 시작해서 10년 동안 의회의 공화당원들은 남부정치의 사회적인 토대를 재건하기 위해 연방정부의 입법권을 발동했다. 남북전쟁이 발발할 당시까지 헌법은 주로 소극적인 제도로서 해석되었다. 사실 최초의 11개 수정헌법은 연방권한에 대한 제한이었다. 그러한 충돌에 맞서기 위한 엄청난 노력이 국가의 통치문서를 변화에 필요한 동력으로 변형시켰다. 개인의 권리에 대한 연방정부의 적극적인 책임에 대한 반노예제변호사회의 강조는 마셜, 스토리, 에이브러햄 링컨의 연방주의와 함께 수렴되었다. 그 결과 헌법에 대한 새로운 견해는 헌법이 연방정부에 "건국이념을 실현하기 위한 수단으로서 적극적으로 행동"할 의무를 부여했다고 보았다.[62]

남북전쟁의 3개 수정헌법—제13차, 제14차, 제15차—은 연방의 권한을 통해 흑인의 사회적 · 정치적 지위와 연방정부와 주의 관계를 재정립함으로써 새로운 헌법질서의 정신을 구현했다. 1865년 승인된 제13차 수정헌법은 노예제를 폐지했을 뿐만 아니라 수정헌법에서는 최초로 "적절한 입법을 통해서 이 수정안을 집행할 권한"을 의회에게 수여했다(이는 최초의 헌법승인 이래 의회에 주어진 최초의 새로운 '권한' 이었다.)[63] 의회는 수정안의 비준에 '적절한 입법' 을 제공했다. 1866년 민권법은 "상속, 재산의 매매와 계약체결에 관해서 이와 반대되는 어떠한 법, 법령, 조례, 규제나 관습에도 불구하고" 흑인에게 백인과 동일한 권리를 보장했다. 이 법은 "피부색이나 법, 규제, 관습"에 따라 이러한 권리를 박탈하는 것을 범죄로 규정했다. 그리하여 비자발적인 근로계약을 공식적으로 폐지했던 연방법은 계약을 체결하고 재산을 보유할 권리로서 자유를 정의했다. 이는 주와 지방 공무원들뿐만 아니라 사적인 시민들조차 이러한 권리에 간섭하는 것을 금지했다. 그러나 19세기 말에 흑인들이 레스토랑, 호텔, 영화관에서 쫓겨나는 경우가 점차 증가하자 연방정부에 도움을 요청했고, 이때 이들은 일반적으로 크게 실망했다.

1868년에 승인된 제14차 연방수정헌법은 개인의 법적 지위에 관한 법률, 좀 더 일반적으로 연방 제도의 장기적인 발전에 큰 영향을 미쳤다. 이는 시민권제도를 확립했고 법, 특권과 면책에 대한 평등보호와 주의 조치에 대한 적법절차를 모든 사람들에게 확대할 것을 선언했다. 그리하여 흑인의 시민권을 민사와 정치적 권리에 대한 연방의 보호를 받을 자격이 있는 것으로 만들어 대법원장 태니가 **드레드 스콧** 사건에서 개진했던 의견을 번복했으며, 궁극적으로 연방정부가 주에 대해서 우월적 지위에 오르게 만들어 연방주의에 강력한 혁명을 가져왔다.

수정헌법 제정자들의 특정한 의도는 논구할 주제로 남아 있으며, 의회의 주장에 대한 역사적 기록은 20세기 해석자들을 양분한 채로 두었다. 불일치의 한 주요한 분야는 수정헌법 제정자들이 주에 권리장전을 편입하려고 했는지에 관한 문제와 관련되었다. 그때까지 연방대법원은 권리장전이 단지 연방정부에서만 적용된다고 판결해왔다. 편입이론은 제14차 수정헌법에서 권리장전에 포함된 권리와 자유는 주에 대해서도 마찬가지로 적용된다고 함으로써 연방제도에 엄청난 혁명을 가져다주었다. 권리와 자유는 적법절차, 평등한 보호와 특권과 면제를 광범위하게 보장하는 데 있어서 서로 협력해왔다. 비록 일부 연방 하급심 법관들이 재건기 동안에 편입이론을 인용했으나 대법원은 이를 거절했고, 20세기에 이르러서야 대법관들은 권리장전의 조항 전부는 아니지만 선택적으로 제14차 수정헌법에 편입시켰다.

제15차 연방수정헌법은 1870년에 승인되었다. 이는 흑인에게 투표권을 수여하지 않았으나, "인종, 피부색이나 이전의 노역조건"에 근거해 투표권을 부정하거나 축소하는 연방과 주 정부의 노력을 불법으로 규정했다.[64] 수정헌법은 흑인 투표권자를 위협했던 남부인들에 대한 기소의 법적 근거를 마련하고자 한 공화당의 시도였다. 제13차 수정헌법과 함께 법원은 흑인 투표법의 연방 이행강제를 제한하면서 매우 제한적인 의미로 해석했다.

새로운 수정헌법은 재건기의 청사진을 완성할 권한을 의회의 공화당원들에게 제공했다. 의회는 흑인법의 폐지, 큐클럭스클랜(Ku Klux Klan)의 폭력억제와 연방의 군사, 사법과 법률상 권한을 인정하면서 남부의 통치를 재건했다. 그 결과는 남부의 정치적 · 사회적 특성상 일시적인 혁명과 다름 아니었다. 백인들은 특권을 잃었고 흑인들은 공직에 선출되었으며 남부 일부 주의 법체계는 흑인의 영향 아래 놓이게 되었다. 백인 비밀단체의 폭력이 끊이질 않던 사우스캐롤라이나 주에서 흑인 라이트(J.J. Wright)는 주대법원의 대법관이 되었다.

법을 통한 사회변혁의 한계

재건기의 뿌리 깊은 인종주의는 법을 통한 사회변혁의 범위를 제한했다. 공화당은 재건과 관련한 비용 걱정이 커졌고 전쟁의 상흔이 사라지면서 흑인의 운명에 실제 별 관심이 없던 북부 백인들 역시 관심을 잃기 시작했다. 남부의 인종주의 선동가로 '쇠스랑' 이라 불리던 사우스캐롤라이나의 벤 틸먼(Ben Tillman)은 북부인들에게 다음과 같이 설명했다. "당신들은 우리보다 흑인을 더 사랑할 수 없다. 당신들은 우리보다 그들을 더 사랑하는 척하지만 당신들은 더 이상 그런 척해서는 안 된다."[65]

대법원은 공화당의 주도적인 움직임에 대해서 회의적이었는데, 왜냐하면 이들은 주와 연방정부와의 전통적인 관계를 역전시켰기 때문이었다. 예를 들어, 의회는 1875년 민권법을 제정했는데 이는 그 화려한 전문에서 "법 앞에 모든 인간의 평등"뿐만 아니라 "출생, 인종, 피부색이나 신앙이 무엇이든지 간에 모두에게 평등하고 정확한 정의를 부여하기 위한" 정부의 의무를 선언한 영향력이 대단한 법률이었다. 이 법은 "미국 사법관할 안의 모든 사람에게 공공시설의 완전하고 평등한 향유"를 인정했다.[66] 이러한 규정들은 정부가 준공공시설과 영화관, 호텔과 기차 등과 같이 공공에 봉사하는 사적 시설에서 위반행위를 기소하도록 허용한 것처럼 보인다.

이 법안에 대한 최종적인 논쟁을 벌이는 동안 많은 의원들은 이 법이 위헌이라고 주장했고, 대법원은 **시빌 라이트 케이스(The Civil Rights Cases v. U. S.**, 1883)에서 그 주장에 동의했다. 대법관들은 8대1의 투표로 민권법을 폐기했다. 대법관 조셉 브래들리(Joseph Bradley)는 "사람들이 노예상태에서 벗어날 때, 유익한 입법의 도움을 받아 그러한 상태에 대한 불가분의 사정이 동요해 그가 단순히 시민의 지위를 획득했다면 그것은 그의 신분상승 과정의 일부이며, 법의 특별한 보호를 받아서는 안 되고, 시민이나 사람으로서 그의 권리들은 다른 사람의 권리가 보호되는 일반적인 형태로 보호되어야 한다"라고 설명했다.[67] 이전의 노예 소유주이자 1866년 민권법의 공동 후원자였던 대법관 존 마셜 할랜(John Marshall Harlan)은 반대의견에서 동료법관들을 비난했으나, 누구도 그의 주장에 동조하지 않았다. 이는 연방대법원이 재산 매매에서 흑인에 대한 사적인 차별에 이 법률을 적용하기 시작한 1960년대까지 잠자고 있었다. 이 결정은 인종 사이의 평등을 장려하기 위한 연방법의 적극적인 이용에 마침표를 찍었다. 이는 연방과 주의 법에서 흑인뿐만 아니라 인디언들과 중국인들에 대한 차별의 긴 여정의 시작이었다.

'대체노역', 흑백분리와 정치적 배제

노예를 인정하던 남부의 정부들은 1870년대 말에 정치적인 통제를 다시 획득했다. 이들은 초창기 흑인법의 노동 통제적인 내용을 부활했고, 흑인의 사회참여와 정치참여에 대한 새로운 제한을 두었다. 남부 인종관계법의 '내재적인 정신'은 복수심으로 뒤덮여 있었다. 남부인들은 "법률은 백인의 노동력 통제를 유지하기 위한 것"으로 이해하고 있었다.[68]

일종의 '대체노역'은 흩어져 있던 노예법을 대체했다. 대체노역은 흑인 노동자를 모집하고 유지하는 데 이용되었다. 노예제와 같이 이는 사회적 · 경제적 제도였다. 남부 입법자들이 제정한 법률의 다양성은 이 제도의 복잡성을 웅변적으로 증언하고 있다. 유혹법은 다른 사람과의 계약관계에 있는 근로자를 고용하는 것을 범죄로 규정해 '자신들'과 계약관계에 있는 흑인들에 대해서 고용주가 재산권을 주장할 수 있음을 인정했다. 이주-대리인법은 한 주에서 다른 주로 옮겨 다니며 노동으로 생계를 유지하는 사람에 대해서 금지적인 허가비를 부과했고, 다양한 계약이행 법률들은 실제로 채무강제 예속노동을 부과했다. 일부 계약입법은 채무가 관련되지 않았을 때에도 노동계약 위반을 형사상 범죄로 간주했다. 매우 포괄적인 부랑법은 노동력이 부족한 때에 일하지 않고 게으름 피우는 흑인들을 단속할 권한을 경찰에게 허용했으며, 또한 노동자들을 작업장에서 관리하기 위한 여러 가지 구속수단을 제공했다. 부랑이나 다른 경범죄로 구속된 흑인들은 위반자에게 이전의 고용주나 약정에 동의한 다른 백인과 자발적인 노동계약을 체결할 '기회'를 주었던 형사보증제도를 이용하기가 쉽지 않았다. 유죄-노동자법은 보증제도를 이용할 수 없는 데서 시작되고, 보증을 가지고 있지 않은 흑인은 쇠사슬에 묶여 일터로 내몰렸다.

남부주의 대법원들은 남북전쟁 후 임대인, 상인-채권자와 실제로 토지에서 일하는 사람들(임차인과 소작농)의 상대적 지분을 결정하는 새로운 남부법령을 해석하도록 요청받았다. 수년 동안 급진적인 공화당 주정부가 임명하거나 선출했던 법관들이 이들 법원에서 다수의 목소리를 내는 동안 흑인(불균형적으로 소작농 계약을 체결하게 된)들은 대우를 잘 받았으나, 완고한 보수주의자 민주당원들이 이러한 남부주의 의회와 법원에서 급진적 공화주의자들을 대체하자, 소작농들은 점차 지주와 상인들의 비용을 공제하고 남는 것이 아무것도 없는 상황에서 농작물의 가치에 대해서 어떤 법적인 권리도 주장할 수 없는 단지 재산 없는 노동자에 불과한 것으로 취급되었다. 다른 한편 지주와의 임차계약에 서명한 사람들은 지주와 상인들에게 분배하기 전에 곡물의 일부에 대한 권리를 가지는 것으로서 인정되었다. 이러한 '임차인들'은 일반적으로 백인들이었다.[69]

법률적으로 강제된 인종의 사회적 분리는 비자발적 노역과 보조를 맞춰 발전해 왔다. 재건기가 붕괴했을 때 남부주들은 점차 공식적인 흑백분리를 추진했다. 어떤 면에서는 비자발적 노역에 의한 흑인의 경제적인 몰락으로 이들의 사회적 지위도 마찬가지로 하락했다. 그러나 흑인들이 공공시설을 이용할 수 있을 때조차도 법률에 의해서 인정된 경우는 드물었다. 1880년대 말과 1890년대 등장한 흑백분리법은 사회통합 계획을 대체한 것은 아니었고, 오히려 흑인들은 관습적인 묵계에 따라 배제되었다. 법률상 흑백분리는 새로운 것을 만들기보다는 기존의 사회적 약속을 공식화했다.[70]

남부인들은 모든 분야에서 백인의 우월성을 다시 강요했다. 예를 들어, 주의회는 많은 철도회사가 인종분리 정책을 유지하는 데 추가되는 비용 때문에 이를 반대했음에도 불구하고 기차에서 인종분리 정책을 의무적으로 시행하도록 정했다. 아칸소 주는 투표장소를 분리하기까지 했다. 북부와 남부 주의 사적인 주민들은 비백인에게 부동산 매매를 금지하는 인종상의 약속사항을 부동산 양도증서에 두고 있었다.

흑인의 정치참여는 남부 모든 지역에서 배척당했다. 가장 공통된 장치는 문맹인과 교육을 제대로 받지 못한 흑인들을 배제했던 읽기와 이해능력 시험과 가난한 흑인에게 정치적인 권리를 누릴 수 없게 만든 법률상 장벽인 인두세였다. 좋은 정부로 나아가기 위한 개혁을 종종 방해했던 이러한 조치들은 하층백인들에게도 적용되었으나, 이른바 예외조항을 통해 이들에 대해서는 면제조항을 두었다. 매우 인종적인 동기를 가지고 제정되었으나 **귄**(**Guinn v. United States**, 1915) 사건에서 연방대법원이 위헌 판결한 오클라호마 주법률은, 투표자들에게 주헌법의 일부를 읽고 쓸 수 있는 능력을 요구했다. 그러나 1866년 1월 1일 주의 어느 지역에서건 투표권을 가지고 있던 사람이나 이러한 투표권자들의 후손은 누구나 이 법률에서 면제되었으며, 물론 흑인에게는 자격이 주어지지 않았다.

다양한 배제시험은 흑인 유권자들에게 치명적이었다. 예를 들어, 루이지애나 주에서 등록한 흑인 유권자 수는 1896년 12만7,000명에서 1908년 1,885명으로 줄었으며 반면에 백인 등록은 같은 기간에 16만 88명에서 15만4,669명으로 단지 약간 감소했을 뿐이다.

연방대법원은 이러한 조치 중 가장 인종적으로 파렴치한 법률을 승인했다. **플레시**(**Plessy v. Ferguson**, 1896) 사건에서, 분리되었으나 평등한(separate but equal) 공공시설은 제14차 연방수정헌법 아래 대법관 8대1의 투표에 의해 합헌이라고 결정되었고, 기차와 선박에서 인종분리를 정하고 있는 '승객편의촉진법(Act to promote the comfort of passengers)'이라는 루이지애나 법령을 지지했다. 대법원의 판결문을 작성했던 대법관 헨리 브라운(Henry Brown)의 의견은 "이러한 법은 인종적인 편견을 없애거나 신체적인 차이점에 근거한 구분을 폐지하기에는 무력"하다고 했다.[71] 대법원은 그 뒤 반세기 동안 도덕률 원칙에 대해 기능주의적인 법치주의의 반노예제 입장에 공식적인 승리를 가져다주었으나, 마이클 클래르먼(Michael Klarman)이 **플레시** 사건에 대해서 말한 바와 같이, 이는 "단지 대부분의 백인 미국인들의 우선적인 선택을 반영한 것"이었다.[72]

인디언, 중국인, 그리고 신분의 정의(定義)

다른 두 인종상의 소수민들인 인디언과 중국인들은 신분법상의 변화에 영향을 받았다. 양자의 경우에 법 앞의 평등이라는 이상은 결코 실현되지 않았다.

흑인 신분법이 지방과 주의 통제에 근거한 반면에 인디언들의 신분법은 연방의 통제 아래 놓였다. 체로키 인디언들은 독립전쟁 기간에 영국인 이민자들이 "자신들의 궁핍이나 필요, 국가가 인정한 적 없는 사기와 문서위조로 개인이 획득한 권원 아래에서 이룩한 놀라울 정도의 엄청난 정착"에 대해 인디언 대리인인 존 스튜어트에게 불평했다. 왜냐하면 이들은 단지 공유 부동산 임차인에 불과하며 국가의 승인없이 그렇게 많은 토지를 획득하는 것이 인정되지 않았기 때문이다.[73] 처음 식민지 동맹정부는 체로키 인디언들에게 광대한 토지를 보장하는 호프웰 조약(Treaty of Hopewell, 1796) 협상에 따라서 문제를 다루었으며, 이러한 절차는 1790년대 크릭(Creek)과 치카소(Chickasaw) 인디언에 대한 협상에서도 연방정부에 의해서 계속 반복되었다. 그러나 무단침입자들이 이러한 남서부 인디언들의 토지를 계속해서 차지해 연방정부는 이들을 강제로 퇴거시키거나, 무단침입자들이 특히 횡행하는 체로키와 크릭 인디언들의 경계지역의 인디언 토지 일부를 구입하기도 했다. 이는 문제를 해결하기보다 더 많은 문제점들을 만들어냈다. 연방 인디언 대리인인 리턴 마이그스(Return Meigs)는 1820년에 "교활하고 … 낙담한" 무단침입자들은 이들이 선매권을 탄원했을 때 사신들의 범죄에 대한 보답으로 토지가 매입될 것이라는 희망 아래에서 종종 행동했다.[74] **조지아(Cherokee Nation v. Georgia**, 1831) 사건에서 연방대법원은 인디언은 '독립되지 않은 국내 국가(dependent domestic nation)' 라고 선언했고, 따라서 의회는 보호구역 제도를 통해 분리정책을 펼쳤다.[75] 19세기 말경에 의회는 이를 스스로 번복해 인디언 문화를 파괴하고 동화정책을 펴나갔다. 백인의 경제적인 이기심이 이러한 변화의 일부를 설명한다. 서부의 농부, 목장주와 철도인들은 보호구역의 땅에 굶주려 있었으며 다른 것에는 별 관심이 없었다. 이러한 보호구역에 대한 백인들의 노골적인 침범은 여론에 큰 영향을 미쳤고 이에 대해서 백인 개혁가들은 인디언 인구들을 흡수함으로써 간단히 인디언 문제를 해결하려고 했다.

이러한 운동의 정점은 1887년에 제정된 도우스단독보유법(Dawes Severalty Act)이었다. 이는 행정부에 인디언 지역(오늘날 동부 오클라호마 지역)에 있는 사람들을 제외하고 거의 모든 인디언들에게 가계규모와 토지의 질을 근거로 한 인디언 땅의 개별적인 할당을 받아들이고, 25년 동안 신탁을 설정(소유주가 이 법에서 정한 농업상 이용에 종사하기 이전에 토지의 매매를 배제하기 위해)하도록 강요할 수 있는 권한을 인정했다. 이 법률은 서부에서 강력한 지지를 얻었는데, 그 이유는 이 법이 백인이 개발하기에 유용한 보호구역 땅을 신속하게 이용 가능하도록 약속했기 때문이었다.

인디언들은 동화정책에 저항했고 그리하여 남부 인종주의자들은 여하한 종류의 인종혼합도 금지하고자 했다. 그 당시에 과학적 인종주의이론을 진지하게 연구했던 미시시피 주 출신의 내무장관 라마(L.Q.C. Lamar)는 흑인에 대한 경험이 인디언의 경험과 상관성이 있다고 생각했다. "부족제도는 고수되어야 하며 이는 인디언 존재의 정상적인 조건이다"라고 라마는 주장했다.[76] 의회는 1871년에 인디언들과 공식적인 조약을 협정하는 것을 중지했다. 19세기 말 무렵 **우스터(Worcester v. Georgia)** 사건에서 인디언 부족을 '분리된 국내 국가'로서 기술하는 대법원장 마셜의 판결은 연방정부가 더 이상 인디언들에게 탄원할 수 없다는 대법원 '절대적인 권한(全權)'의 원칙을 만들어냈으며, 내무장관은 이러한 조치를 인정하는 이전의 명시적인 조약상의 규정이 부족함에도 불구하고 부족의 수탁인으로서 부족의 토지를 매매하거나 임대할 수 있었다. 또한 대법원은 주의 수렵법을 인디언 보호구역에 적용하고 인디언 법원을 무시하도록 허용함으로써 인디언 보호구역의 통제를 주에게 양도했다.[77] 그 결과 법률상 인디언들은 진정한 시민권을 가지지 않은 국민으로서 공허한 국적의 형태를 취하고 있었다. 이러한 상황은 1924년까지 개선되지 않았다. 연방법원의 형사관할권이 1885년까지 인디언 보호구역에 미치지 않았고, 많은 비형사상의 문제에 있어서 보호구역 인디언들은 '법 없는 사람들'로 남아 있었다.[78] 이러한 상황은 커티스법이 부족법원을 폐지하고 보호구역을 연방법원의 완전한 관할 아래 두기로 했던 1898년 이후에도 계속되었다.

주와 연방정부의 인디언 문화와 관습법 남용은 1930년대까지 계속 줄어들지 않았다. 프랭클린 루스벨트(Franklin Roosevelt)는 인디언 사무국의 사무총장으로 존 콜리어(John Collier)를 임명했으며, 의회는 인디언 권원을 개별화시킨 도우스법의 부족재산을 황폐화시키는 효과를 종료시킨 1934년 인디언재건법(Indian Reorganization Act)을 제정했다. 동시에 연방 인디언법에 관한 콜리어의 수석 법률 전문가인 펠릭스 코언(Felix Cohen)은 인디언 부족 관련 법률에 대한 논문작성에 착수했다. 같은 종류의 사례집과 논문들과 같이 코언의 《연방 인디언법 편람*Handbook of Federal Indian Law*》(1941)은 후에 연방대법원, 내무부 관리와 주의회가 목소리를 내었던 것보다 여러 가지 면에서 '분리된 국내 최초의 국가'에 대해서 더 많은 목소리와 권한을 인정했던 마셜 당시의 '좋은' 법을 강조하고 특전을 부여하고자 서술되었다. 20세기 중반 코언의 논문은 법관들이 인디언과 부족법원에 대한 일부 권한과 반(半)주권을 되돌려주기로 한 판결에서 인용했다.[79] 이러한 법률상 되돌림 절차의 부족에 실망한 일부 젊은 인디언 활동가들은 1970년대 초 이들의 상대인 흑인과 페미니스트의 반동을 그대로 되풀이했다. 의회는 부족회의에 대리인을 파견하면서 1975년 인디언 자결과 교육원조법(Indian Self-Determination and Education Assistance Act)을 제정해 대응했고, 1978년 인디언아동복지법(Indian Child Welfare Act)을 제정해 인디언 아동후견 사건에서 부족의 관할권을 추가했다. 1990년대 무렵 내무부 관리와 연방법원의 결정은 인디언들의 불만과 부족의 기회를 처리하는 데 있어서 코언의 길을 따랐다. 2005년 현재 30개 주에 5,500만 에이커의 보호구역에 150개의 부족법원이 설치되어 있다. 카지노에 한정되지 않은 많은 것을 포함한 관광산업은 연간수입이 약 14억 달러에 달했으며 주와 연방세를 거의 4.5억 달러나 납세했다. 이러한 '부'는 모든 인디언 부족에게 공평하게 분배되지 않았으나 결과적으로 많은 인디언들의 부가 실질적으로 향상되었다.

중국인

중국인들은 19세기 이민의 물결 속에서 가장 이국적이었다. 언론과 '과학적' 인종주의자들은 중국인들을 마약과 매춘의 조달자라 매도했고 백인 노동자 계급은 이들이 싼 임금으로 자신들의 생존권을 위협한다고 보았다.

중국인의 수가 증가함으로써 특히 이들이 집중해 있던 미국 서부에서 이들의 법적 지위가 하락했다. 예를 들어, 1879년 캘리포니아 헌법회의는 중국인 기피증의 온상이었다. 주의 노동자당 지도자인 데니스 커니(Dennis Kearney)는 중국인 거주자들의 투표권을 배제하고 공공사업에 이들의 고용을 금지하도록, 헌법회의에 파견된 대표자들을 설득했다. 캘리포니아 주가 성립한 초창기 10년 동안 주는 공립학교에서 중국인과 일본인들의 분리수용을 공식적으로 인정받았다. 주와 지방정부는 이러한 인종분리 정책을 과도하게 시행했다. 이러한 조치들은 중국인 노동자를 고용한 회사의 처벌, 시내에 거주하고 있는 중국인들을 퇴거시키기 위한 공무원의 권한강화와 직업허가권의 획득을 금지하는 법률을 포함하고 있었다. 샌프란시스코 시 감독위원회는 중국인들의 주요 건축자재인 목조로 된 건물에서 세탁소를 운영하는 것을 금지했다. **익호(Yik Wo v. Hopkins**, 1886) 사건에서 상급법원은 이러한 차별은 "법에 의한 평등한 보호의 부정과 제14차 연방수정헌법 위반"으로 불법이라고 판결했다.[80] 그러나 캘리포니아 주의 제9차 연방 순회법원 담당자이면서 연방 대법관이기도 한 스티븐 필드(Stephen J. Field)는 중국인들의 평등에 별 관심이 없었다. 그는 다음과 같이 말했다. "주가 성립한 이후 30여 년 이상 우리 제도에는 중국인들에 대한 평이 없었다. 중국인들은 우리와 함께 동화되지 않았고 앞으로도 그럴 것이다."[81]

서부에서 조직화된 노동자들은 중국인들의 유입을 제한하도록 의회를 설득했다. 1882년 중국인배척법은 "중국인 노동자들의 유입은 특정한 지역의 미풍양속을 저해한다"라고 선언했다. 1889년 이 법의 합헌성에 투표한 대법관 필드는 "과거의 경험으로 미루어 보아 중국으로부터 일정한 계층의 이민을 제한하는 것이 태평양 연안 공동체의 평화와 더 나아가 우리의 문명보존에 필수였다"라고 고백했다.[82] 의회는 1892년과 1902년에 이 법을 갱신해 모든 중국인 이민을 무기한 정지시켰다. 그 결과는 놀라웠는데 중국인 수가 1880년 최고에 달했을 때 10만4,000명에서 1900년 8만5,000명으로 크게 줄었다.

최초의 중국인배제법 제정은 재건기의 붕괴와 동시에 일어났다. 이와 같은 사건은 법정에서 중국인의 처우에 획기적인 변화를 가져왔다. 모든 지역들이 주로 편입되어 새로운 법률제도가 시행되었으나 그 운영은 전국적이기보다는 지역적인 인물에 의해서 운용되었다. 약 1882년경까지 중국인들은 종종 항소심에서 지지를 받았다. 민형사상 사건에서 중국인들은 1883년 이전에 태평양 북서지역에서 항소심 사건의 대부분을 승소했다. 그 뒤 이들의 법적 지위는 지속적으로 하락해 1883년부터 1902년까지 중국인들은 형사사건의 경우 항소심의 거의 70퍼센트와 민사사건의 60퍼센트를 패소했다. 주대법원은 "1882년 배척법에 따른 반중국인 감정의 물결"에 합류했다.[83]

인종과 신분에서 계약으로의 이동

"진보적인 사회의 운동은 지금까지 신분에서 계약으로의 운동이었다"라고 영국인 헨리 메인 경(Sir Henry Maine)은 1861년 결론을 내렸다. 메인은 현대의 법질서에서 개인의 법적 지위를 결정할 때에 인종, 성, 가족과 같은 타고난 특성보다 재능과 능력이 더 중요하게 될 것이라고 믿었다. 메인의 견해는 희망사항이자 미완으로 끝났다. 그러나 변화는 진행중이었고 남북전쟁이 그 중요한 분수령이었다. 그때까지 소수인종들은 지역 다수파의 횡포에 직면하곤 했으나, 남북전쟁 이후 연방정부는 이들의 법적 지위를 정의하는 데 있어서 주도적인 역할을 한 헌법상의 근거를 가지게 되었다. 반노예제 운동의 도덕적 명령은 입법의 제정과 헌법 수정에서 표현되었다.

변화와 진보는 동의어가 아니었다. 노예제는 사라졌지만 법률상 강제된 인종분리, 비자발적인 노역, 온정주의와 정치적인 배제가 이를 대체했다. 1787년의 전망에서 개인의 신분법에서 만들어진 이러한 변화는 매우 역동적이었으나 그러한 법률이 평등성을 인정했을 때조차도 그것을 보장하지는 않았다.

8

19세기 가족관계법

The Nineteeth-Century Law of Domestic Relations

공화제 가족의 등장

18세기 미국의 가족은 사회적 권위의 연결고리에서 매우 중요한 자리를 차지하고 있었다. 가족은 공동체로 견고하게 동화되는 '소공화국'이었다.[1] 대규모 정치사회에서와 같이 가족 안에서 가부장은 사회관계를 명령했다. 아버지는 자신의 권위에 순종적인 부인과 자식을 지배했다. 식민지 미국의 시골지역에서 출산은 부모의 노후생활 보장과 미래 노동력의 도착으로서 환영받았다. 가족관계에서 애정이 확실하게 존재했지만, 식민지 미국인들은 자유보다는 권위, 변화보다는 안정, 개인의 이기심보다는 공동체의 가치를 우선시했다.

미국독립전쟁에서 유래된 이념적 · 경제적인 힘이 이러한 전통적인 질서에 도전했다. 공화주의는 권위를 책임져야 하는 가족질서를 양성했고, 재산권은 독립과 동등한 것이었으며 인간관계는 계약용어로 설정되었다. 새로운 공화제 가족은 식민지시대의 공동체를 지향하는 소공화국과 크게 대조적인 사적이고 내향적인 기관이었다.

시장자본주의 역시 공화제 가족의 형성에 큰 역할을 했다. 국가의 경제가 농업에서 상업 기반으로 변경됨으로써 가족 구성원의 상대적 가치 역시 변화했다. 아버지는 가정에서 직장으로 일하러 나가 임금을 벌어들였고 반면에 어머니는 가사에 대한 책임을 졌다. 중상류층에서 어린이들이 소중한 존재가 되면서 노동자로서의 경제적 가치를 상실했다. 19세기 동안에 각 가족 구성원은 점차 새로운 정체성을 띠었고 이들은 자신들의 개별적인 가정에 의한 경쟁적 · 물질적 탐욕의 세계로부터 벗어나려고 노력했다.[2]

이러한 이념적 · 경제적 변화는 가사와 마음에 맞는 결혼을 적극 권장하는 풍조를 낳았다. 가정과 직장의 점진적인 분리는 부인에게 가사에서의 새로운 자치권을 인정했으나 또한 국가의 도덕적인 수호자의 책임을 지웠다. 마음에 맞는 결혼은 이러한 가사숭배 풍조를 보완했다. 사랑, 애정, 사귐이 큰 의의를 가지는 제도로서 혼인이 등장했다. 예를 들어 가족에 대해 19세기 저자들은, 직장일로 여러 날을 비우게 되는 남편에게 부인과 밀접한 정서적인 유대관계를 형성하고, 가정에서 평등하게 대하며, 자신과 자녀들을 부인의 도덕적인 수호 아래 둘 것을 촉구했다.[3]

공화제 가족의 등장으로 새로운 실체법인 가족관계법의 발전이 수반되었다. 19세기 초에 가족의 법적 지위에 관련된 문제들이 여러 가지 분야인, 예를 들어 계약법, 재산법과 불법행위에 산재해 있었다. 그러나 19세기 말경에 통일된 가족관계법이 청혼, 결혼, 부인의 재산권, 입양, 이혼, 자식의 후견과 관련되어 등장했다. 점차 기술적인 문헌들이 이에 수반되었고 그 선구적인 작가 중 하나인 조엘 비숍(Joel Bishop)은 1868년 "실무가들은 다른 모든 법률분야에 친숙했으나 이러한 변화 안에서 발생하는 가족법의 문제에 대해 건전한 충고를 줄 수 없었다"라고 적었다.[4]

가족의 형성: 청혼과 혼인법

혼인약속 위반의 소

청혼은 전통적으로 두 당사자가 서로에 대해서 마음이 맞는지를 시험하는 중간단계라기보다는 혼인의 경제적인 요구조건에 대한 교섭단계로 여겨졌다. 영국법은 특히 부유한 계층에서 종종 장인과 청혼자 사이에 끈질긴 협상이 필요했던, 신부가 처분할 수 있는 자산에 대한 재산양도로서 혼인을 취급했다.

독립전쟁 이후 공화적인 법질서에 있어서 혼인약속 위반의 소는 마음에 맞는 혼인이 수반되어야 한다는 새로운 가정을 반영했다. 여성을 퇴짜 놓은 청혼자는 계약법과 불법행위법 양자를 결합한 소송을 당하게 되었다. 이러한 소송은 파혼으로 책임지게 될 직접적인 경제적 비용뿐만 아니라 현모양처가 될 기회를 박탈한 기만적인 행위로 불법행위법과 같은 원리 아래에서 부여받을 수 있는 좀 더 미확정된 비용을 계산해 남성에 대해서 제기했다. 혼인약속 위반의 소는 비록 그 중요성이 19세기를 지나면서 감소되었고 궁극적으로 사회적 · 법률적 간극을 발생시켰지만 청혼한 사적 당사자 사이의 주요수단이었다.

19세기 초 혼인약속 위반의 대표적인 사건인 **와이트먼(Wightman v. Coates**, 1818)은 매사추세츠 주대법원이 판결한 사건이었다. 오랜 약혼 기간 후에 마리아 와이트먼(Maria Wightman)은 혼인약속 이행을 거절했다는 이유로 조슈아 코츠(Joshua Coates)를 제소했다. 코츠는 마리아가 연애편지를 보낸 사실이 있었음에도 불구하고 그녀와 혼인을 약속한 적이 없다고 부인했다. 법원의 판결문을 작성한 주 대법원장 아이작 파커(Isaac Parker)는 이전에 이와 같은 소는 재정적인 문제로 전환되었음을 인정했다. 파커는 청혼의 재정적인 측면을 강조하지 않고 대신에 혼인약속을 했을 때 발생한 예상치 못한 결과가 초래한 정서적인 행복의 손실을 강조했다. 파커는 여성의 편에서 사법적인 심사의 범위를 조언했다. 장래를 약속한 남자의 배신으로 인생이 어긋난 여성은 그러한 상황에 대해서 항상 배심들로부터 관심을 받았다. 파커는 "희망을 잃고 서약이 깨진 채 오랫동안 슬퍼해야 할 사람을 위해서 법률이 줄 수 있는 한 그와 같은 보상을 구하는 것이 잘못된 것은 아니다"라고 적었다.[5]

혼인약속 위반의 소는 여성이 제기한 소이며, 여기에는 여성은 혼인과 자신의 사회적인 책임을 완수하기 위해 어머니가 되어야 한다는 필요성에 대한 이해가 전제되어 있었다. 법관들은 혼인약속 위반의 소를 통해 평등이 아닌 여성의 독특한 지위에 근거해 여성을 특별취급했다. 남성은 자신의 행동에 대해서 커다란 책임을 부담했는데, 이는 남성의 사회적 지위와 타고난 천성이 여성에 비해서 우월하다고 여겼기 때문이다. 예를 들어, 항소심 법관은 비록 단지 남성 당사자가 관련된 경제적 · 형사적 사건에서 비슷한 증거가 인정되지 않을지라도 약속위반의 정황증거를 받아들였다. 전통적인 가부장제의 해체는 단지 이를 대체하기 위해 새로운 사법적인 가부장제가 성장했다는 것을 의미한다.

남자가 젊은 경우와 신부가 혼인생활과 모성에 적합하지 않은 경우만이 여성이 기소한 혼인약속 위반의 소에 있어서 주요한 행위무능력에 해당했다. 법관들은 21세 이하의 젊은 남성이 혼인약속을 하고서 이를 파기한 경우에는 보통 처벌하지 않음으로써 남자들의 젊은 날의 경험에 대해서는 관대했다. 남성들은 약혼녀의 도덕적 혹은 육체적인 정조에 현혹되었다는 사실을 입증함으로써 약속의 결과로부터 벗어날 수 있었다. 혼인약속 위반의 소를 제기한 여성들은 이전의 자신의 품행이 공개적으로 알려질 수 있음을 무릅쓰고 그렇게 했다. 그러나 법관들은 허위주장이 여성의 평판을 불공정하게 해칠 수 있음을 인식해 여성의 부정(不貞)에 엄격한 입증기준을 적용했다.

비록 법원은 여성에 대한 특별보호를 확대했지만 여성들이 건전한 판단을 실천할 것을 주문했다. 예를 들어, 펜실베이니아 주 대법원장인 존 배니스터 깁슨은 허위 혼인약속에 속아서 임신한 여성은 그 결과로서 어떠한 적정 이상의 손해배상을 지급받을 수 없다고 판결했다. 깁슨은 "자신의 연인에게 자신의 미덕의 보루를 포기하기에 충분할 만큼 어리석은 모든 소녀는, 공언(空言)은 약속이 아니라는 것을 잊어서는 안 된다"라고 주장했다.[6]

불법행위 원리들 또한 버림받고 순결을 빼앗긴 여성들이 청혼자들에 대해서 복수할 수 있도록 함으로써 미국 청혼법의 길잡이 역할을 했다. 계약법상의 원리들은 원고의 손해를 직접적인 손실액으로 한정했으나, 정조사건의 경우에 이러한 손해는 계약이론 아래에서는 산정하기 어려웠고 어느 경우에서건 그 손실은 문자 그대로 회복할 수 없는 것이었다. 불법행위법상 징벌적 손해배상(손해액에 따라서 난봉꾼을 처벌하고 다른 사람들에게도 경각심을 불러일으키기 위한 것)은 난봉꾼에게 미확정된 비용을 더 많이 남겨두었다. 그러나 법원은 이러한 원리를 받아들이는 데 소극적이었으며, 19세기 전반에 대부분의 사법관할권은 속아 넘어간 여성은 소를 제기할 수 없다는 옛 보통법상의 원리를 고수했다. 단지, 외관상 재산의 손실을 입은 여성의 아버지와 후견인만이 소를 제기할 수 있었다.

19세기 중반에 주 항소법원들은 부녀유괴죄를 재고하기 시작했다. 위선적인 미국인들은 여성의 열정 없는 성질을 강조했고 일부 지도층은 여성은 성적인 쾌락을 경험할 수 없다고 주장했다. 여성들은 새로운 세대를 잉태시킬 정자를 가진 남편이 채워주길 기다리는 단지 빈 용기에 불과했다. 유괴된 여성들은 남성의 욕망과 속임수에 넘어간 순진한 희생자였다. 여성의 특성과 부녀유괴죄의 특징에 대한 위선적인 견해는 여성은 시정할 필요가 있는 특정한 권리를 소유한 것으로 인식하도록 법관을 부추겼다. 이러한 사법적인 변화는 여성에게 권리와 진정한 우애결혼의 유지 문제로서 남성에 대한 구제수단을 강구하도록 허용함으로써 남성에게 부담이 되었다.

여성에게 법정에서 부녀유괴죄의 입증을 용이하게 한 동일한 빅토리아시대의 원리들은 또한 제소하는 데 따른 사회적 위험을 더욱더 크게 만들었다. 예를 들어, 사회개혁자들은 이러한 소를 제기한 여성들이 처음에 남성을 유혹해 관계를 맺고 나서는 재정적인 이득을 얻고자 남성의 돈을 탐낸다고 비난했다. 비록 선례가 미래의 신붓감이 친구에게 했던 진술이 난봉꾼의 의도를 보여주는 증거가 될 수 있다고 인정했지만, 미시간 주대법원은 대표적인 사건인 **맥퍼슨(McPherson v. Ryan**, 1886) 판결에서 이러한 원리를 거절했다. 법관은 옛 원리가 "거의 모든 남성들을 악한 기질을 가진 계획적인 여성의 자비 속에" 자리매김하고 있었다고 판결했다.[7] 더 나아가 20세기 초에 여성의 경제적 기회의 범위가 확대됨으로써 위선적인 청혼자로 인한 손실은 100년 전과 비교해서 적었다.

혼인약속 위반의 소의 중요성이 약화된 것은 19세기 말 가족관련법에 있어서 일반적으로 계약주의가 크게 쇠퇴했다는 증거이기도 했다.

혼인, 계약의 이상과 공공의 이익

교회법원이 혼인에 대한 관할권을 가지고 있었던 영국과 달리 미국에서 결혼식은, 비록 널리 퍼져 있는 도덕적인 가치를 포함하고 있는 측면이 있으나, 전체적으로 세속적인 의식이었다. 도덕적인 권위와 공공이익의 혼합이 다음 두 가지 방면에서 특히 중요했는데, 이는 혼인의식의 규제와 혼인능력을 갖춘 사람의 지정이었다. 19세기에 각 주마다 잇달아 혼인규제를 완화해 개인의 권리를 신장하던 것에서 엄격한 통제를 부여하는 것으로 변화했다."[8]

혼인의식

식민지시대의 아버지들은 자녀들의 결혼식을 규제했는데, 이는 자녀들이 재산의 한 형태이며 이들의 혼인은 직접적으로 경제적인 이해관계를 발생시키기 때문이었다. 혼인은 또한 성장과 안정을 위한 성공적인 결합에 의존하는 전체로서 공동체를 위해서도 중요했다. 약혼자들이 눈에 잘 띄는 장소에 혼인의사를 선언하는 혼인예고장을 내붙이도록 하는 공동체 정보제도가 법에 의해서 부과되었다. 일부 식민지에서는 곧 치러질 이들의 혼인에 공동체의 관심을 끌어들이고 재정적인 능력을 갖추고 있다는 증거로 혼인 허가비를 납부해 혼인허가증을 발급받도록 요구했다.

혼인은 두 가지 세속적인 형태로 거행되었다. 첫째는 민사혼(비록 주의 대리인으로서 종교인이 의식을 거행하는 경우도 종종 있지만)이고 다른 하나는 보통법상 결혼식이었다. 오늘날, 보통법상 혼인의 대중적인 의미는 비도덕적인 혼인의식을 말하고 있지만 초기 미국법에서 보통법상 혼인은 오늘날의 것과 다른 의미를 띠고 있었다. 이는 스스로를 남편과 아내로 간주하며 동거중인 두 사람 사이의 구두약속이었다. 19세기 거의 모든 주에서 보통법상의 혼인을 인정했고, 이는 주로부터 권한을 받은 공무원 앞에서 거행한 혼인의식과 같이 법적인 구속력을 가지고 있었다.

새로 성립한 국가의 유동적이고 개척적인 환경 아래에서 보통법상 혼인은 재산권과 자녀의 적출성 확정에 결정적이었으며, 법관들은 이러한 혼인에 대한 효력 인정을 확대했다. 그 대표적인 사건은 뉴욕 주 대법원장 제임스 켄트(James Kent)가 판결한 펜튼(**Fenton v. Reed**, 1809) 판결이었다. 켄트는 나중에 뉴욕 주의 형평법원장이 된 사람으로 조셉 스토리와 더불어 미국에서 가장 영향력 있는 법 저술가였다. 이 소송에서 엘리자베스 리드(Elizabeth Reed)는 그녀의 두 번째 보통법상 혼인에 대한 사법상의 유효성을 인정받아 남편의 독립전쟁 참가 연금혜택을 수여받으려고 했다. 그녀의 첫 번째 남편 존 게스트(John Guest)는 그녀를 유기했고, 그가 사망했다고 믿은 그녀는 리드와 함께 이주했다. 얼마 후 게스트가 돌아왔으나 엘리자베스를 찾지 않고 사망했다. 엘리자베스는 리드가 사망할 때까지 함께 살았다.

켄트는 엘리자베스가 게스트와 리드와 혼인한 동안에는 중혼인 상태로 살았다고 했다. 그러나 게스트의 사망 후 엘리자베스와 리드는 남편과 부인이었다고 판결했다. "보통법상 혼인의식이 유효하기 위해서 특이한 의식이 필요한 것은 아니다. 당사자의 동의가 자연법과 공법이 요구한 모든 것이다"라고 나중에 자신의 주석서에서 설명했다.[9] 켄트는 자발적인 행위를 통해서 남녀는 스스로를 성공적으로 구속할 수 있을 것이라고 믿었다. 또한 그는 혼인을 상소심 법관이 특별히 감독하기에 적합한 공적인 행위보다는 사적인 행위로 간주했다. 뉴잉글랜드와 위쪽 남부의 일부 법원에서만 켄트의 판결이유를 따르지 않았다.

남북전쟁 이전 대부분의 주 항소심 법원은 보통법상 혼인의 경제적 필요성을 수용했고 이들은 **펜튼** 법리를 쉽게 받아들였다. 이들은 기존의 동거유형을 전복하고 공공의 규제권한을 인정하고자 가족의 재산권을 복잡하게 만들기를 거절했다. 예를 들어, 식민지 펜실베이니아 주는 주민에게 혼인과 자녀의 출산을 권고하는 엄격한 혼인법을 확립했다. 그러나 1833년 주 대법원장 깁슨은 이러한 혼인법은 "현존하는 사회의 관습과 언행에 대해 잘못 적용되었고" 보통법상 혼인의 인정을 거부하는 것은 "반세기 동안 주에서 태어난 자녀의 대다수를 서자로 만들 수 있다"라고 판결했다.[10]

남북전쟁 이전 의원들의 행위는 민사혼을 용이하게 함으로써 보통법상 혼인을 과소평가하게 하는 장기적인 효과를 가졌다. 이들은 혼인허가증을 획득하는 데 드는 비용을 저렴하게 낮추고 혼인의식을 거행하기 위해 많은 수의 종교 지도자, 지방자치 공무원과 사법관리에게 권한을 수여했다. 혼인허가제도는 대중통제의 주요한 수단으로 남아 있었지만, 법원은 이를 "혼인을 제약하기 위한 것이 아니라 등록을 위한" 행정상의 도움으로 해석했다.[11]

남북전쟁 이후 사회 개혁가들은 혼례권에 대한 주의 통제의 부재가 거대한 이민과 산업화가 가져온 혼인의 위기에 기여했다고 주장했다. 이들은 보통법상 혼인은 인구가 비교적 동일한 인종이었고 농업인구였기 때문에 제역할을 했다고 결론지었다.

1880과 1920년대 사이에 전성기를 누렸던 과학적 우생학 운동은 혼인제도 개혁의 긴급한 필요성을 촉구하는 데 기여했다. 우생학자들은 범죄, 정신질환과 사회적 무질서는 일반적으로 생물학적 근거를 가진다고 주장한다. 이들은 유전의 과학적인 관리를 통해 이러한 문제점들을 궁극적으로 제거할 수 있다고 약속했다. 우생학자들은 중립적이며 과학적인 언어로 인구의 인종적 · 민족적 오염에 대해 만연하고 있는 공포를 위장했다.

주 입법자들은 혼인에 대한 전통적인 사적 계약상의 근거를 가지고 개입을 정당화하기 위해 공공의 권리 개념을 주장하는 우생학자들과 짝을 이루었다. 혼인허가증은 사회통제의 중요한 수단으로 다시 등장했다. 한 쌍의 예비 신랑신부들은 공공관리들에게 자신들을 내맡겨야 할 뿐만 아니라, 또한 통계학적 목적을 위한 중요한 정보를 제공해야 했다. 비록 혼인허가증 획득요건이 주마다 다양했지만 그 효과는 재산권과 출생에 의한 권리를 부정함으로써 비정식 혼인을 방해하려는 것이었다. 1892년 미시시피 주는 가장 엄격한 법을 제정했다. 이에 따르면 혼인허가증 없이 거행한 혼인은 무효였고 그리하여 보통법상 혼인의 오랜 법령상의 근거를 제거했다. 1906년경 단지 뉴욕주와 사우스캐롤라이나 주만이 혼전 혼인허가증 획득을 요구하는 조항이 없었다.

혼인예고의 전통적인 관행은 20세기 초에 사라졌다. 입법자들은 혼인예고제도를 새로운 법으로 대체했는데, 이는 혼인허가증의 효력이 발생되려면 보통 3일의 대기기간을 가져야 한다는 것을 예비 신랑신부에게 고지할 것을 요구하고 있었다. 1848년 메인 주는 이러한 관례를 규정한 최초의 주였고 약 100년 후 과반수 이상의 주에서 이를 채택했다.

보통법상 혼인은 비록 법 조항이 이에 무관심하게 만들었고 항소심 법관들이 기존의 근거를 무시해버렸어도 대부분의 주에서는 선택사항이었다. 예비 신랑신부들은 더 이상 입법상의 명령에 공개적으로 맞서거나 보통법상의 원리에 근거해서 자신들을 지지해주길 기대할 수 없었다. 대표적인 사건인 **월커(State v. Walker**, 1887) 판결에서 캔자스 주대법원은 다음과 같은 결론을 내렸다. 법관들은 신랑신부가 "교회와 주의 형식으로 혼인을 규제할 사회의 권리"를 공개적으로 부인했기 때문에 불법적인 동거로 인한 월커(E.C. Walker)와 릴리언 하먼(Lillian Harman)의 유죄를 지지했다.[12]

혼인적격의 규제

우생학적 운동은 혼인적격규제법에 훨씬 더 큰 충격을 주었다. 19세기 초 혼인적격에 대한 전통적인 영국법상의 제한은 공화제 가족을 형성해왔다. 심리적 · 정신적 · 도덕적 그리고 계약상의 책임을 포함한 무능력은 그 정도와 종류에 따라 법률적인 결혼생활에 들어가는 것에서부터 당사자의 일방을 금지하거나 만약 혼인이 존재했다면 이를 무효로 하는 근거가 되었다.

남북전쟁 이후 혼인법은 성적 결합으로 자녀를 출산할 수 없는 일정한 연령이 있음을 인정했다. 영국 보통법은 혼인연령을 여성은 12세, 남성은 14세로 정했으나 21세가 될 때까지 부모의 통제 아래 놓였다. 이러한 보통법상의 최소 혼인연령은 좀처럼 문제가 되지 않았다. 19세기 내내 대부분의 신랑신부들은 20대 초에 혼인했고 19세기 말에 접어들면서 혼인연령이 약간 저하되었을 뿐이었다. 효과적인 정책은 어느 경우에 있어서나 어렵지만 특히 가부장제가 약화되고 당사자들 스스로가 적절한 혼인연령을 가장 잘 판단할 수 있다고 하는 우애결혼의 이상을 주장하는 경우에 더욱 그러하다.

연령과 같은 성적 무능력은, 비록 혼인무효에 대한 식민지시대의 선례가 애매하긴 하지만, 혼인을 금지하기보다는 혼인을 해소하는 근거가 되었다. 입법자들이 이러한 문제를 규제하기 시작했을 때조차 상당한 수의 사례가 등장했다.

대부분의 성기능장애법은 혼전에 그 상태를 밝히는 데 실패했기 때문에 사기죄로 다루었는데, 이는 일방이 혼인을 완성할 수 없다는 것을 알고서 혼인을 청약했기 때문이었다.

여기에는 **디밴보우(Devanbaugh v. Devanbaugh**, 1836) 사건에서와 같이 입증과 감정상의 문제들이 있었다. 뉴욕 주의 형평법원장 루번 월워스는 남편이 자신의 부인은 성교를 할 수 없다고 주장하며 혼인을 무효로 결정해 달라는 요청을 받았다. 월워스는 부인의 신체감정을 명령했고 의학감정관은 부인이 단지 수술에 의해서나 파열될 수 있는 매우 튼튼한 처녀막을 가지고 있다고 증언했다. 월워스는 부인은 치료 불가능한 성기능장애가 아니어서 수술로써 문제를 치유할 수 있다고 결정했다. 부인은 이러한 절차를 거부했고, 남편과 더 이상의 혼인 지속을 거절했다. 월워스는 한걸음 더 나아가 "이는 그녀 스스로의 양심과 그녀의 적법한 남편 사이에서 해결할 문제이기 때문에 본 법원은 어떠한 경우에서든 그녀의 혼인서약 이행을 강제할 관할권을 가지고 있지 않다"라고 판결했다.[13]

혼인 당사자들은 성적으로 완전한 일체가 될 법적인 권리를 가진다. 입법자들은 이를 제공했고 법관들은 이러한 요구를 이행시켰다. **디밴보우** 사례가 지적하는 바와 같이 사건의 대부분은 여성에 대해서 남성이 제기한 소송들이었는데, 이는 빅토리아시대에 남자보다 여자들이 더 불완전한 혼인을 인내하고자 했다는 것을 암시하고 있다.

남북전쟁 이전의 법관들은 근친혼에 대한 금기를 자유롭게 했다. 영국의 관행에서 벗어나 미국 보통법은 일반적인 원리로서 부모와 자식, 형제자매와 같은 단지 최근친혼에 대해서만 금지했다. 19세기 중반을 거치면서 미국의 이러한 접근방식은 비록 지역적인 편차가 있기는 하지만, 이러한 규제문제를 개인의 양심과 교회에 맡기고 있었다. 뉴잉글랜드와 옛 남부에서 '신학적인 체계'는 사촌의 결합은 허용했으나 그 이외의 근친혼은 금지했다. 동시에 미국 개척자들이 건설한 새로운 주에서 발전한 '서부체계'는 사촌 사이의 혼인은 금지했으나 비혈족인 근친결합은 인정했다. 이러한 차이는 인구가 희박한 지역에서 가산의 완전한 분배를 촉진하는 정책에서 비롯되었다.

정신적 능력은 혼인적격의 또 다른 하나의 기준이었다. 건전한 정신을 갖추지 못한 사람은 혼인계약 체결 시에 합의의 계약기준에 부합하지 못하기 때문이었다. 과학적인 정의(定義)가 부재하고 있어서 남북전쟁 이전의 법령과 보통법상의 판결은 정신적 무능력과 심신상실을 구분하려고 노력했다. 법원은 증거가 논의의 여지가 없는 경우에만 인정하는 경향이 있었다. 예를 들어, 1850년 뉴햄프셔 주의 대법원은 **트루(True v. Raney)** 사건에서 22세의 여성의 운명을 결정했다. 그녀는 유괴되어서 결혼에 이르렀고, 그녀의 부모는 그 혼인의 해소를 위해 소를 제기했다. 이들은 자신의 딸은 스스로 빨래나 옷을 입지도, 글을 쓰거나 읽지도, 돈을 사용하거나 시간을 구분할 줄도, 바느질이나 뜨개질도 할 줄 모른다고 증언했다. 대법원장 존 질크리스트(John Gilchrist)는 다음과 같이 결론지으면서 혼인을 해소시켰다. "이 젊은 여성처럼 매우 불쌍하게도 저능한 사람은 일상생활의 일반적인 의무를 이행하기 위한 계약의 의미에 대해서 최소한의 생각도 가질 수 없을 것이고 혼인계약의 경우에는 더욱더 그렇다."[14]

남북전쟁 동안과 그 뒤에 입법자들은 그들의 전임자들보다 혼인적격에 대해서 더욱 강력하게 규제했다. 예를 들어, 유타 연방 관할지역의 몰몬교가 장악한 의회는 복혼을 범죄화하는 보통법을 회피하기 위해 영국 보통법이 '계수'되지 않아서 법원에 권위를 가지지 않는다고 선언했다. 1862년 몰몬교의 제도(많은 사람들이 인종과 관련된 노예제의 상대로서 성性과 관련된 노예제로 간주하는)로 충격을 받은 의원들이 유타지역에서 중혼을 범죄화하고 말일성도의 몰몬교회에 대한 지역의회의 협력을 취소하고 부동산으로 5만 달러 이상 소유하는 종교단체를 금지시키는 복혼금지법을 제정했다. 이 법안은 조지 레이놀드(George Reynolds)의 부인 중의 한 사람이 몰몬 관리에 의해서 실제로 그와 결혼했다고 증언했을 때인 1876년까지 유타의 몰몬교가 지배하고 있는 대배심에 의해서 집행될 수 없었다. 그의 유죄는 연방대법원에 상고되었고 1878년 대법원은 몰몬의 복혼은 종교적 신념에 근거한 원칙이 국법에 우선하고 실제로 모든 시민들이 법을 자신에게 편의적으로 이용하게 만드는 것을 허용하는 '추악한 관행'이라고 선언했다. 의회는 그 뒤 추가적인 입법조치를 취했고 수년 동안 몰몬교인들은 저항했으며 자신의 교회 지도자들을 보호하고 숨기려고 애썼다. 1890년 몰몬 총재 윌리엄 우드러프(William Woodruff)는 교회를 구하기 위해 신이 자신에게 복혼제도를 포기하도록 충고했다는 선언을 발표했다. 대부분의 몰몬은 묵묵히 이를 준수했고(반대파들은 그러한 관행을 계속했다) 그 지역은 주로서 인정되었으며, 교회에서 몰수한 재산은 연방정부가 되돌려주었으며 유죄가 확정되었던 복혼자들은 대통령의 사면을 받았다.[15]

남북전쟁 이후 입법자들이 혼인적격의 기준을 정당화하기 위해 원용한 또 다른 기준은 인종이었다. 인종 사이의 혼인을 금지하는 미국법은 특이했다. 영국 보통법에도 이러한 규정은 있었다. 메릴랜드 주는 다른 인종 사이의 혼인을 금지하는 법령을 제정한 최초의 식민지였고 남북전쟁 이전 기간에 많은 식민지와 영토에서 이러한 규정을 두기 시작했다. 명백하게 금지하고 있지 않은 곳에서조차 사적인 편견이 효과를 발휘했다. 법률은 사회의 가장 강력한 사회적 금기사항 중 하나를 새로이 부과하기보다는 기존의 것을 공식 인준했다.

노예해방은 흑인법이 이인종간(異人種間) 혼인금지 조항을 포함하고 있던 남부에서 특히 새로운 공포감을 조성했다. 이와 유사한 금지가 서부 주에 등장한 중국인들을 겨냥하고 있었으나 반(反)이인종간 혼인금지법의 공격은 주로 흑인을 대상으로 이루어졌다. 예를 들어, 1869년 노스캐롤라이나 주대법원은 "노예해방은 우리의 정책상의 변화뿐만 아니라 우리 주민들의 감정에 있어서의 변화도 가져오지 못했다"라는 이유로 흑인남자와 백인여자의 혼인을 무효화했다.[16] 1877년 텍사스 주의 항소법원은 제14차 수정헌법과 1866년 민권법에 근거해 흑인여성과의 결혼을 유죄로 인정한 판결을 번복하기 위한 찰스 프래셔(Charles Frasher)의 노력을 거절했다. "혼인은 계약 이상의 것이고, 민사상의 지위이기 때문에 가사문제를 규율하기 위한 주의 일반적인 권한 아래에서 주의 재량에 대한 법과 연방헌법에 의해서만 결정할 수 있다"라고 법원은 판결했다.[17]

1916년경 28개 주와 영토에서 이인종간 혼인을 금지했다. 많은 법령들이 인종관련 행위 중에서도 이인종간 혼인을 금지했다. 19세기 가족관계법의 권위자인 제임스 쇼울러(James Schouler)는 "시대의 표출된 경향"은 모든 "신분과 조건의 법률상 장애"를 제거하는 방향으로 흘러갔지만 "인종 간 장벽"은 "혼인교제가 관심을 갖는 한 인간의 성질에 강력한 토대를 계속해서 구축할 것"이라고 주장했다.[18]

우생학적인 운동도 마찬가지로 혼인적격의 새로운 기준에 기여했고 그 생물학적이고 유전적인 토대를 바탕으로 과학적 신뢰를 인종주의에 빌려주었다. 시장을 규제하려는 주의 노력을 비판했던 크리스토퍼 티드먼(Christopher Tiedeman)과 토머스 쿨리(Thomas M. Cooley)와 같은 법 저술가들조차 개인과 가족관계에 있어서 개입이 필수라고 한 생물학과 의학을 받아들였다. 새로운 입법은 지지자들의 입장에서 보면 혼인에 대한 과학적인 통제를 부여함으로써 사회의 타락을 예방하기 위한 것이었다. 예를 들어, 1895년 코네티컷 주는 45세 이하의 정신박약자, 심신박약자와 간질병자의 혼인을 금지하고 이를 위반한 자에 대해서는 최소 3년의 징역형을 부과하도록 했다. 1900년경 모든 주는 혈족 사이의 혼인을 금지했다.

빅토리아인들의 믿음은 매춘부들과 접촉해 정숙한 신부에게 성병을 전파했다고 여겨지는 바람둥이 남성을 억제하고자 의료적인 통제를 시행했다. 1930년대 무렵 26개 주와 영토에서 임질이나 매독에 감염된 채 혼인한 사람에 대해서 형사처벌을 인정한 국내 최초의 1899년 미시간 주법과 유사한 법률들을 제정했다. 1913년 위스콘신 주는 혼인허가증을 발행하기 전에 신랑의 성병감염 여부에 대한 의학적 검사를 요구한 최초의 주가 되었다. 우생학적 운동은 사회적으로 의존적이고 일탈적인 자에 대해서는 단지 불임시술 후에만 혼인을 허가한 법률제정에서 가장 큰 성과를 거두었다. 1907년 인디애나 주는 백치, 상습범, 심신박약자와 강간범에게 불임시술에 동의한 경우에만 혼인할 수 있도록 한 최초의 주였다. 1931년경 27개 주에서 비슷한 법안을 채택했다. 일부의 경우 그중에서도 특히 인디애나 주와 뉴욕 주에서 주의 항소법원은, 이러한 법안은 적법절차와 법의 평등한 보호규정을 위반한 것이라고 판결했다. 그러나 미국연방대법원은 주에게 상당한 재량을 수여했다. 예를 들어, **벅(Buck v. Bell**, 1927) 사건에서 대법관 올리버 웬들 홈즈는 버지니아 주 법령 아래 그의 모친도 정신박약자였던 18세 케리 벅의 불임시술을 허락했다. 홈즈는 범죄를 위해 타락한 후손에 대한 형벌집행을 기다리거나, 이들의 저능함으로 인해 굶주리게 하는 대신에, 사회가 계속적으로 그들과 같은 종류의 인간으로부터 부적합한 사람들을 공개적으로 예방하는 것이 모든 사람들을 위해서 최선"이라고 설명했다.[19]

가족의 운영: 기혼여성의 재산권, 산아제한과 자녀

가족관계법은 부부 사이, 부모와 자녀 사이의 권리와 자원의 분배와 관련되었다. 19세기 입법자들은 기혼여성의 재산권을 재정립하고 산아제한과 낙태의 기준을 정하며 자녀의 입양을 규제하기 위해 공화제 가족에 개입했다.

기혼여성의 재산법

공화주의 이념이나 여권 운동가의 항의가 아닌 시장자본주의가, 자신의 재산을 통제하고자 하는 기혼여성의 법적 권리에 있어서 최초의 주요한 개정을 가져왔다. 19세기 초의 투기적 경제는 위험과 보상을 제공했고 1830년대 무렵, 주 입법자들은 가족의 존립 가능성을 보호하고 '기혼여성의 재산법'을 통해 경제발전을 추구했다. 이러한 법들은 남편의 재정상의 곤란으로부터 아내를 보호하고자 제정되었다. 다양한 법률상의 관행이 이러한 법에 앞서 18세기 말에 존재했는데, 이들은 특히 재산을 가진 상류계급의 여성을 위해서 아내의 지위의 핍진함을 달래려고 한 것이었다. 예를 들어, 남편의 사망 시에 그 재산의 1/3을 아내에게 보장하는 관행인 과부산은 보호수단이 되었다. 과부산권이 관련되어 있는 곳에서 남편은 재산을 양도할 때 부인의 동의를 얻어야만 했다.

기혼여성은 또한 특유재산을 통해서도 보호받을 수 있었다. 특유재산의 확정은 손쉬운 절차였다. 이는 변호인의 조력을 받을 필요도 없었다. 비록 이러한 신탁 설정에 관련된 재산의 총액이 재정적으로 건전했다 하더라도 이 경우 재산의 양은 크게 중요하지 않았다. 특유재산은 혼인계약(혼전계약이라고도 한다)에 따라 결혼식 전이나 후에 설정될 수 있다. 이는 또한 유언, 유증이나 매매에 의해서 확립될 수 있다. 합의가 무엇이든지 간에 문서는 기혼여성의 특유재산을 보유할 수 있는 수탁자를 지정해야 한다. 일부 문서는 부인에게 신탁된 재산에 대한 포괄적 통제권을 부여하는데, 좀 더 전형적으로는 부인에게 제공된 합의는 단지 제한적인 통제권이었다. 어느 경우든 신탁의 유일한 목적은 남편의 채무에 대한 책임으로부터 부인의 재산을 면제시키기 위한 것이었다.

대부분의 기혼여성은 혼전계약을 체결하지 않았다. 대신 부인은 자기가 혼인할 때 가져온 재산이 채권자에게 위협받게 되었을 때 단지 특유재산으로 인정받게 된다. 특유재산의 성장은 "중상층 여성의 주요한 권리신장을 이루었으나 개별 남성들의 실패에 따라 편의적으로 이루어지기 시작했다."[20] 특유재산의 목적은 여성을 남성과 평등한 위치에 자리매김하기 위한 것이 아니라 재정적인 파국에 대해 안전장치를 제공하기 위한 것이었다.

대륙법 전통이 강한 주(예를 들어, 캘리포니아, 텍사스, 루이지애나 주)에서는 공유재산제가 시행되었다. 이에 따르면 비록 보통법 관할지역에서와 같이 남편이 재산관리의 배타적 권리를 가지고 있긴 했지만 남편과 부인은 재산의 절반을 각각 소유했다. 게다가 부인의 재산은 그녀의 남편이 진 채무로 채권자에게 압류될 수 있었다. 그럼에도 불구하고 이러한 제도는 부인의 재산상속을 보장해주었는데, 이는 남편이 죽었을 때 부인이 자동으로 절반의 소유를 갖게 되기 때문이었다.

보통법이나 대륙법 전통을 가진 주에서 입법자들은 경제의 주기적인 변동에 대응하기 위해 기혼여성의 재산법을 제정하기로 결정했다. 이러한 법안은 부인의 지위

의 법리를 파기함으로써 여성에게 평등보다는 형평을 가져다주었다.[21]

기혼여성 재산권의 법적인 보호에는 세 가지 흐름이 있었다. 첫 번째는 1830년대 말에 시작되어 1840년대 중반까지 지속되었다. 1835년 아칸소 주와 플로리다 영토의 의회는 비록 이들의 관할권이 보통법을 채택함으로써 이전의 대륙법 체계 아래 존재하던 여성의 권리를 보호하게 되었지만 기혼여성의 재산법을 제정했다. 일반적으로 미국 최초로 추켜세워지는 1839년 미시시피 주법은 1837년의 경제공황으로 발생한 경제붕괴의 산물이기 때문에 더욱 중요한 의의가 있었고, 마찬가지로 이는 남편의 채권자로부터 부인의 재산을 지키려고 하는 다른 주들의 모범이 되었다. 그리하여 기혼여성재산법의 최초 흐름은 전통적인 혼인재산법과 부인의 지위에 관한 법리를 무력화시키면서 남편의 채무로부터 여성의 재산을 면제했다.

뉴욕 주의 엘리자베스 캐디 스탠튼(Elizabeth Cady Stanton) 같은 여권주의자의 로비는 기혼여성재산법의 두 번째 흐름을 통과시키는 데 기여했다. 이러한 종류의 입법은 북부에 집중되었고 부인을 위한 특유재산을 설정했다. 이러한 법률은 전통적인 부인의 지위와 과부산권의 개입을 통한 가부장제와 자유시장에 대한 적절한 유입이었다.

전국적인 모범이 되었던 미시시피 주의 법을 대체한 1848년의 뉴욕 주법은 이러한 두 번째 종류의 입법을 대표하는 것이었다. 이는 남편의 채무로부터 기혼여성의 재산을 격리시켜 "재혼을 하지 않고 독신으로 남아있는 한, 부인의 유일하고 특정한 재산을 계속해서 유지할 수 있다"라고 규정하고 있다.[22]

법률상 보호된 부인의 미래 재산은 마치 독신여성의 경우와 같이 부인의 유일한 점유와 통제 아래 놓이게 되었다. 그러나 법률은 남편에게 직접 받은 재산은 남편의 채무로부터 면제되지 않는다고 규정하고 있다. 이리하여, 남편은 부인에게 자신의 재산을 양도함으로써 채권자로부터 자신의 재산을 보호할 수 없었다. 뉴욕 주법은 채권시장이나 가계의 우애관계를 단절시키지 않았다.

남북전쟁 이후 세 번째 입법의 흐름은 적지만 점차 증가하는 여성의 노동실태 변화를 고려했다. 이러한 법률들은 부인의 지위에 관한 법리로부터 부인의 수입을 보호했다. 1855년 처음 제정된 매사추세츠 주법은 1860년대와 1870년대 여러 다른 주에서 도입했으나 일리노이, 뉴욕, 매사추세츠 주의 상급법원은 하숙을 치고, 과일 통조

림을 만들고 재봉사처럼 일해서 수입을 올리는 것을 '남편의 내조자' 로서 부인이 해야할 봉사의 일부로서 취급함으로써 법령을 협의로 해석했다 .[23]

기혼여성재산법은 공화제 가정에서 여성에게 가사를 분담시켰다. 이들은 법으로 여성에게 특별한 처우를 제공했다. 이들은 평등이 아닌 형평성을 제공했다. 가사는 이러한 법률의 이념적 토대를 제공해주었으나 19세기 시장자본주의는 이러한 변화를 가져오게 된 숨은 원동력이었다.

낙태와 기혼여성의 산아제한

입법자가 여성에게 협의의 재산권 보호를 수여한 동시에 이들은 또한 피임이나 산아제한을 통해 가족의 규모를 통제하려는 여성의 자유를 제약했다. 가족규모의 획기적인 감소는 19세기 미국 인구통계에 나타난 중요한 사실 중 하나였다. 19세기의 각 10년마다 백인여성의 가임율은 감소해 가구당 자녀수가 7.04명에서 3.56명으로 줄었다. 20세기 초에 미국은 서구에서 가임율이 가장 낮은 국가 중 하나였다.

미국인들은 산아제한이나 낙태를 통해 의도적으로 가족의 규모를 제한했다. 이러한 행동(예를 들어, 부인은 임신을 조절해 가족통제를 실시했고, 단란한 가족은 적은 수의 자녀에게 많은 애정을 보이길 원했으며, 남편은 자녀의 비용을 자세히 계산하는 것, 혹은 이 모든 것을 포함한)의 정확한 이유는 불확실하다. 그 동기가 무엇이든지 간에 낙태와 산아제한은 가족관계법 안에서 가장 큰 논란을 불러일으켰다. 이의 발전은 가족법의 다른 분야와 비슷한 유형을 따르고 있다. 19세기 중반에 시작된 주의회의 개입이 증가했고 사법부는 지금까지 사적인 문제로 여겨왔던 것에 대한 완전한 개입을 주저했다.

외설이 된 산아제한

가족규모의 축소는 사회적인 인식과 산아제한에 대한 과학적 이해와 더불어 발생했다. 18세기의 부부는 산아제한을 위해서 만혼, 수유, 금욕과 **성교의 중지**와 같은 오래되고 매우 비효율적인 방법을 시행했다. 그러나 19세기에 산아제한은 로버트 데일 오언(Robert Dale Owen)과 존 험프리 노이예(John Humphrey Noyes)가 열렬히 주장한 급진적인 사회개혁과 연합했다. 이러한 산아제한 방법은 사회타락의 징표로서 받아들인 19세기 중산층의 인식에 기여했다. 동시에 새로운 산아제한 방법이 등장했는데 가장 대표적인 것은 성교 후 관주법(灌注法)이었다. 매사추세츠의 가정의이자 오언의 저술을 신봉했던 찰스 놀튼(Charles Knowlton)은 1832년 발행된 의료법에 관한 최초의 저술인《철학의 열매*Fruits of Philosophy*》에서 그 방법을 설명했다. 1881년경 이 책은 27만7,000부 이상 판매되었고, 이는 영국에서 이용할 수 있는 가장 권위 있는 피임 방법이었다.

놀튼의 생생한 설명은 교회와 공동체의 지도자들을 자극했다. 매사추세츠의 여러 타운은 보통법상이나 성문법상 피임기구 배포를 불법으로 규정하지는 않았으나 외설물 판매로 놀튼을 기소했다. 놀튼은 단지 공공의 건강을 증진시키려고 한 것뿐이라고 주장했으나 검사는 그가 외설을 조장했다고 기소하는 데 성공했다. 놀튼은 단지 자신의 고향에서 두 차례의 평결불성립 이후 석방되었다. 1847년 매사추세츠 주는 비록《철학의 열매》가 계속해서 배포되었지만 외설물을 출판하는 것은 불법이라고 선언했다. 산아제한 정보의 전파에 대한 명시적인 제한은 1870년대 도덕적 순결운동이 일어나면서 최초로 등장했다. 이 운동의 지도자들은 빅토리아시대 미국의 가족을 둘러싸고 있는 위선적인 분위기 속에서 산아제한법을 외설과 연계시키는 데 성공했다. 이러한 운동은 또한 전국적으로 강력한 지지를 얻었다. 뉴욕 시의 실패한 사업가인 앤서니 컴스톡(Anthony Comstock)은 이러한 개정 노력에 힘을 실어주었다. 그는 외설을 취급하는 일부 주법이 지나치게 취약해 연방정부의 개입이 필요하다고 주장했다. 부통령 헨리 윌슨(Henry Wilson)과 대법관 윌리엄 스토롱(William Strong)과 더불어 컴스톡은 약간의 논의를 거친 뒤 1873년 5월 1일 발효한 최초의 전국외설법의 초안을 작성했다.

컴스톡법은 우편을 통한 외설물의 배포와 수입을 금지했다. 금지목록은 "임신을 억제하고 낙태를 위해" 고안, 개조, 의도한 물건을 포함했다.[24] 위반자에게 5,000달러의 벌금이나 1년에서 10년까지의 징역형, 혹은 이 모두를 부과했다. 부통령 윌슨은 컴스톡의 노력에 대한 보답으로 그를 법집행에 필요한 특별우편 감독관에 임명했다.

여러 주에서 재빨리 컴스톡과 유사한 법을 제정했고 그중 가장 엄한 것은 코네티컷 주법이었다. 1879년 유명한 서커스 공연단장인 파인스 바넘(Phines T. Barnum)은 피임기구 사용을 불법으로 규정하도록 의회를 설득했다. 바넘과 그 지지자들은 이러한 법률집행에서의 문제점들을 인식했으나, 이들은 이웃이나 친구들의 습관을 신고할 수 있는 주의력을 갖춘 시민들을 기대했다. 새로운 규제법을 주창한 작가 디오 루이스(Dio Lewis)는 "선남선녀는 이러한 죄의 종자들을 재빨리 정의의 광장에 데려가야 한다. 관대한 사람이 미친개를 쏘아 맞히듯이 즉석에서 피임기구를 사용하는 이들을 쏘도록 허락하지 않는 것은 견디기 힘든 일처럼 보인다"라고 주장했다.[25]

법관들도 윤리에 대한 주의 규제를 주창하는 컴스톡의 열성적인 주장에 동참했다. **잭슨(Ex Parte Jackon**, 1877) 사건에서 대법원은 컴스톡법을 지지하고 영국의 **히클린(Queen v. Hicklin**, 1868) 사건에서 대법원장 콕번(Cockburn) 경이 발전시킨 외설의 포괄적인 정의를 덧붙였다. 콕번 경은 "외설의 기준은 외설로 분류될 문제의 성향이, 비윤리적인 영향에 노출되었고 이러한 종류의 출간이 수중에 들어가서 사람의 마음을 타락시키고 부패시켰는지의 여부"라고 판결했다.[26] **잭슨** 사건에서 대법관 스티븐 필드의 의견은 도덕적 권위의 유지에 있어서 주의 적극적인 역할이 필요하다는 정서를 반영했다. "의회의 목적은 출판의 자유나 사람들의 다른 권리를 간섭하는 것이 아니라 공공의 윤리에 해롭다고 간주되는 내용물을 배포하고자 우편물을 이용하는 것을 거절하는 것이다"라고 컴스톡법의 제정을 설명했다.[27]

컴스톡은 도덕적 순결에 대한 빅토리아시대의 추구에서 비롯된 과잉을 구체화했다. 가난한 아버지로 낙인찍힌 컴스톡은 성 패트릭 성당 인근의 뉴욕 시 4층짜리 건물 주인 부유한 마담 레스텔(Restell)에게 산아제한 정보를 요구했다. 매년 수백 명의 여성들이 피임과 낙태에 대한 정보를 찾아 레스텔이 운영하는 진료소를 방문했다. 레스텔이 정보를 제공했을 때 컴스톡은 그녀를 체포했고 투옥에 직면해 67세의 레스텔은 스스로 칼로 목을 베었다. 컴스톡은 아무런 양심의 가책 없이 "피는 피 묻은 삶을 끝낸다"라고 말했다.[28]

마거릿 생어(Margaret Sanger)가 이끈 20세기 초의 새로운 개혁세대들은 가족의 의사결정 사생활에 대한 담보되지 않은 침해로서 컴스톡법을 공격했다. 생어는 새로운 전략을 마련했는데 이는 후에 민권운동이 채택한 것으로서, 일반의 관심을 돌리고 전문가의 지지를 얻기 위해 시범사건을 제소하는 전략이었다. 대부분의 주 항소심은 피임기구나 그 사용정보에 대한 제약을 폐기하기보다는 완화해 의회의 개입을 지지했다. 예를 들어, 1918년 뉴욕 주의 항소법원은, 의사는 아주 흔한 '질병의 예방이나 치료'를 위해 산아제한을 권고할 수 있다고 인정했다.[29] 이러한 결정은 단지 성적 권리를 의학적 권위와 동일시했고, 생어와 같은 산아제한의 지지자들을 가족과 국가의 안정을 위협하는 급진주의자들로 낙인찍었다.

낙태

낙태는 산아제한보다 훨씬 무거운 도덕적 · 법률적 부담을 가져왔다. 식민지시대의 여성들은 강간이나 유괴로 태어난 아이들을 스스로 없애기 위해 영아살해와 함께 낙태에 의존했다. 낙태는 태아가 자궁에서 움직이기 시작한 약 4~5개월 정도의 기간인 '태동기' 이전에 시행되었다면 보통법 아래에서 법적인 처벌을 받지 않았다. 이 용어는 자궁에서의 움직임은 영혼이 그 속에 들어갔다는 것을 가리킨다는 토마스 아퀴나스(Thomas Aquinas)의 주장이 있었던 중세시대에서 기원한다.

1812년 매사추세츠 대법원의 대법관들은 최초로 이 문제를 법률적으로 깊이 천착했다. **뱅스(Commonwealth v. Bangs)** 사건은 서자의 출생을 막기 위해 임신한 애인에게 투약하고 구타한 이사야 뱅스(Isaiah Bangs)의 운명과 관련되었다. 법원은 뱅스가 불법적으로 행동하지 않았는데, 이는 주가 태아가 태동했다는 증거를 제출하는 데 실패했기 때문이라고 판결했다. 다른 사법관할권도 보통법상 인정하고 있는 태동기 법리를 근거로 **뱅스** 판결을 지지했다.

의회는 태동기 법리에 법령상의 권위를 부여했다. 1821년 코네티컷 주는 태동이 발생했을 때에만 범죄가 된다는 보통법상의 원리를 따라 최초의 낙태법을 제정했다. 이 법은 낙태를 한 여성에 대한 것이 아니라 낙태지지자를 겨냥한 것이었다. 간단히 말해서 어머니는 다른 성범죄(근친상간과 강간)와 달리 그녀의 협력이 거의 항상 이루어졌음에도 불구하고 그녀 스스로는 낙태 지지자가 아닐 수 있다. 1830년대와 1840년대를 통하여 다른 주의회들은 영국이 의회법에 따라 이를 폐지했음에도 불구하고 태동기 법리를 따랐다. 1828년 가장 대표적으로는 뉴욕 주를 비롯한 몇몇 주에서, 의사 2명의 권고에 따라 "임신부의 생명을 구하기 위해" 낙태가 시행되었다면 태동기 이

후에도 적법할 수 있음을 인정했다.[30]

낙태는 1850년대와 1860년대 크게 증가했는데, 이는 대략 매 25~30명의 출산 중 1명의 비율에서, 1860년대에 매 5~6명의 출산 중에 1명의 비율로 증가했다. 낙태의 급증은 중산층 백인여성에 집중되었던 것으로 보이고, 이들의 행동은 종교 지도자들의 점증하는 비난을 받게 되었다. 예를 들어, 보스턴의 목사는 낙태를 "유행에 따르는 살인"과 다름없다고 비난했다.[31]

의료 전문가들은 반낙태주의 입장으로 방향을 잡은 법원과 의회의 태도를 재정립하는 데 커다란 영향을 미쳤다. 1847년 설립된 미국의사협회는 그 주요 임무 중 하나를 낙태근절로 정했고, 그 지도자들은 의료 전문가들의 영향력을 확대할 수 있는 수단으로서 낙태법 개정을 인식했다. 주의회는 다양한 경로로 이러한 요구에 대응했으나 일반적인 경향은 좀 더 엄격한 처벌을 부과하는 좀 더 포괄적인 법령을 제정하는 방향으로 나아갔다. 1845년에 매사추세츠는 최초로 독립된 낙태법을 제정했으나 1860년경에는 13개 주가 자신의 주법에서 낙태를 범죄로 하는 규정을 가지지 않았고 이들은 계속해서 태동기 법리에 의존했다.

그러나 1880년대 무렵 의학과 종교 지도자들은 법집행기관이 낙태를 반대하는 방향으로 급선회하게 만들었다. 이들은 낙태를 공공의 건강과 안전에 반하는 범죄 행위로 규정하기 위해 주의 규제권능을 원용했는데, 낙태는 여성이 출혈이나 감염으로 사망에 이르거나 불임이 될 위험한 수술이라는 입장을 취했다. 컴스톡법과 유사한 법과 산업시장을 규제하려는 법안과 같이 19세기 말 반낙태 법률들은 지금까지 사적인 문제로 간주되어왔던 것에 입법권한을 확대한 증거였다. 이러한 법률들은, 부분적으로 남부와 동부의 유럽 이민자들의 새로운 유입과, 중산층 식민지 태생 여성의 출산율 감소가 이러한 여성들이 낙태 시술자에게 쉽게 접근할 수 있어 나타났다는 것에 대한 기존 정착민들의 두려움에서 기인했다. 낙태반대 운동의 지도자인 호레이쇼 스토러(Horatio Storer)는 미래의 미국을 "우리 자녀들로 채울 것인지 아니면 외계인의 자녀들에 의해 채울 것인지" 웅변적으로 물었다. 문제는 "우리 여성들이 대답해야 할 것이다. 왜냐하면 국가의 미래가 그들의 자궁에 달려 있기 때문이다."[32]

낙태는 대부분의 주에서 범죄가 되었고 태동기 법리도 그 유효성의 대부분을 상실했다. 예를 들어, 1881년 뉴욕 주의회는 태동기 전 낙태를 범죄행위로 만들었으나 이는 활동하지 않는 태아의 파괴로 인정해 가벼운 처벌을 내렸다. 캘리포니아, 미네소타, 인디애나와 애리조나 영토와 같이 뉴욕 주법은 낙태를 시도하는 여성을 형사처벌했다.

낙태법은 도덕적인 관심과 공공의 건강상의 문제로 자기 신체에 대한 여성의 재량권을 제한했다. 남성들로 구성된 의회는 공공의 관심과 결정의 문제로 여성의 자궁을 통제했다. 낙태법이 가져다준 충격은 기혼여성에게 매우 뚜렷했는데, 이들은 세기말에 산아제한의 주요 수단을 낙태에서 피임으로 전환했다. 낙태의 관행은 비록 대부분의 주에서 범죄행위로 규정하고 있어도, 20세기 초 미국에서 계속 성행했다. 의사이자 낙태 반대론자인 프레데릭 타우시그(Frederick J. Taussig)는 1910년에 매년 약 8만여 건의 낙태가 시술되었고 낙태를 시행했던 사람들 중 매우 적은 수만 처벌받았을 뿐이었다고 결론지었다. 이러한 관행의 범죄성에 대한 배심들의 의견은 크게 갈리었다.

자녀와 입양

어린이의 사회적 · 법률적 지위는 19세기 공화제 가족에 있어서 변화했다. 근대 이전의 사회에서 어린이는 성인과 차별되는 경우가 드물었다. 어린이는 단순히 조그만 성인으로 취급되었다. 근대에 들어와서 아동기는 인식 가능한 인간발달의 한 단계가 되었다. 어린이는 자기 스스로의 심리와 감정을 가진 순진, 미묘 그리고 유순한 인간존재였다. 우애결혼과 가족 내부의 가치를 중시하는 태도는 이러한 자질을 강조함으로써 정체성을 가진 개인이지만 부모로부터 독립되지 않은 어린이로 인식했다.

비록 그 변화의 정도가 어린이의 사회적 계급에 의존했지만 어린이의 경제적 중요성도 변화했다. 19세기 중반 '경제적으로 무용한 어린이' 라는 개념화는 미국 도시 중산층 사이에서 크게 발전했다.[33] 미래의 시장가치를 결정하는 것으로서 관심이 어린이 교육으로 옮겨갔다. 중산층 아버지들은 옛날처럼 보험으로서 자녀에게 의존하는 것에서 벗어나 비생산적인 자녀들을 보호하려고 신탁과 기부와 같은 다른 재정적인 약속을 설정하고 그 자신의 인생을 보호하기 시작했다. 그러나 노동자계급 어린이의 경제적 가치는 19세기에 하락하기보다는 오히려 증대되었다. 1860년대 이후 신속한 산업화는 가난한 어린이에게 새로운 직업을 가져다주었고 1870년 인구조사에 따르면 대략 8명 중 1명의 어린이는 고용되었다. 단지 약 1930년경에 이르러서야 비로소 노동자계급의 어린이들도 소년기의 새로운 비생산적인 세계에서 그 상대인 중산층 자녀들과 함께할 수 있었다.

자녀에 대한 부모의 배타적인 권한에 관한 주의 간섭은 영국법상 **후견인으로서의 국가** 법리에 따른 것이었다. 이는 사법부가 부모나 후견인의 낭비로부터 어린이의 재산을 보호하기 위해 개입할 수 있게 한 권한이다. 미국의 법원은 예를 들어, 후견절차에서 어린이 보호를 크게 확대하는 등 여러 가지 방법으로 이러한 법리를 확대했다. 공공신탁의 보호개념 역시 후견인으로서의 국가 법리에서 파생된 것이고, 주의회는 개입을 정당화하기 위해 규제권능과 공공신탁 개념에 의존했다. 주의회는 19세기 중반과 말기에 교육자, 의사와 개혁자들로부터 부모나 자신들로부터 어린이를 보호할 수 있은 조치를 취하도록 요구받았다. 예를 들어, 입법자들은 청소년을 분리해서 취급하기 시작했다. 남부를 제외하고 의회는 의무교육법을 제정했다. 19세기 말 이들은 소년법원을 제공했고 혼인연령을 높임으로써 어린 사람들의 혼인의 자유를 제한했다.

중산층의 경제적 관심은 또다른 방법으로 나타났다. 대다수의 중산층 재산 소유자들에게는 자녀의 적법한 부모 확립과 후손에게 부의 이전이 가장 중요한 경제적인 관심사였다. 19세기 미국 가족법은 이 두 가지에 대한 명확한 규정을 두었다.

영국 보통법상 서자는 **어느 누구의 자식이 아니다(filius nullius)**라는 취급을 받았다. 이 용어는 서자는 어느 누구의 상속자도 아니며 부모의 재산에 대한 권리를 주장할 수 없다는 것을 의미했다. 미국 입법자들은 처음에는 판례에 의해서 그리고 입법에 의해서 비정한 영국법상의 법리를 완화했다. 단지 애리조나와 노스다코타 주에서만 모든 자녀들은 친부모의 적법한 자녀여야 하며 그리하여 이들이 적법한 혼인 아래 출생한 것처럼 양육과 교육을 받을 권리를 가진다고 선언했지만, 대부분의 다른 주에서는 미혼모와 그 비적출자는 호혜적인 후견과 상속권을 획득했다. 이보다 훨씬 중요한 것은 20세기 초에 사회복지사와 복지 공무원의 역할증대였다. 이러한 발전은 1917년 비적출 자녀의 이익을 보호하기 위한 주 위원회를 설립했던 미네소타 주가 선구적이었다.

입양은 미국 가족관계법에 있어서 가장 영향력 있는 개선이었다. 남북전쟁 이후 공화제 가족에서 입양은 사적으로 이루어졌으며, 새로 입양한 자녀의 법적 권리를 보호하는 데 관심이 있는 부모들은 사적인 입법에 따라 그렇게 했다. 그러나 법원 역시 입양된 자녀들은 부모의 재산에 대해 제한된 권리를 가진다고 인식하기 시작했다. 19세기 중반 의회는 입양한 자녀들에 대한 부모의 법적인 의무를 규정한 일반법률을 가지고 사적인 조정을 대체했다. 1850년 앨라배마 주는 최초의 입양법을 제정했고 이듬해 유명한 매사추세츠법이 뒤를 이었다. 20세기 초에 정교한 관료조직이 등장해 부분적으로는 비적출 자녀를 다루면서 입양부모의 적격을 결정하는 기준을 확립했다. 그러나 새로운 법은 장단점을 가지고 있었는데, 이는 친부모로부터 빼앗은 자녀를 주가 '더 좋은' 가정으로 옮길 수 있으며, 그리하여 가장 허물없는 관계였던 것이 주의 행위로 소원해졌다. 자녀들은 자연적으로는 의존적이었는데, 이들의 필요와 이익을 공무원이 가장 잘 보호할 수 있게 됨으로써 독립되었다.

가족의 해소: 이혼과 후견

이혼

식민지시대 미국에서 이혼은 매우 드문 일이었다. 이혼은 입법기관이 사적인 법제정에 시간이 오래 걸리고 비용이 많이 드는 입법상의 조치를 통해서만 가능했다. 많은 부부들이 '침상과 식탁'으로부터 갈라섰다. 이들은 법적으로 자신들의 관계를 해소하지 않은 채 단순히 별거했다.

이혼의 내용은 그 형식보다 좀 더 완만하게 변했다. 법률상 이혼은, 비록 최근의 연구가 남부에서조차 부인들이 남편과 이혼을 원하는 경우가 많았다는 것을 보여주고 있지만, 20세기 초까지 특히 남부에서 일반적이지 않았다. 1851년에 입법상 이혼은 버지니아와 메릴랜드 주에서 혼인을 해소하는 유일한 방법이었다. 북부 입법부는 사적인 이혼법을 수여하는 임무에서 재빨리 벗어났다. 1780년 매사추세츠 주는 사법상 이혼을 허락한 최초의 주였고 19세기 말 사우스캐롤라이나를 제외한 모든 주는 사법상 이혼을 인정했다.

혼인과 가족은 사회적 안전판으로서 널리 인식되었다. 그러나 혼인의 우애적인 형태는 사랑과 애정이 기대에 미치지 못할 때 혼인의 해소를 요구했다. 혼인이 재산상의 이익과 적법한 자손을 확립하는 것과 마찬가지로 이혼은 이러한 연결을 분리했다. 이혼은 다른 가족관계법과 마찬가지로 본질적으로 경제적인 문제였다. 수백만 명의 소규모 재산 소유자들 사이의 합리적인 기준을 따른 재산권의 분할과 처분은 단순한 법률체계에 의존했고 사법상의 이혼은 이를 제공했다.

이혼법이 합리화되었음에도 불구하고 심각한 모순들이 남아 있었다. 예를 들어, 조직적인 종교단체들은 이혼에 대한 강력한 반대자들이었다. 가톨릭 교회는 이혼을 종교상의 죄로 비난했고 개신교는 이혼을 개인과 국가의 윤리적 타락행위로서 설명했다. 혼인적격 기준과 산아제한을 철저하게 제한하려고 했던 사회개혁가들은 이혼의 증가를 사회적인 타락의 증거라고 주장했다. 법관과 입법자들은 이러한 사회적인 가정에 동화되었고, 변화의 압력에도 불구하고 이들은 이혼을 용이하고 효과적으로 만드는 것을 꺼렸다.

당사자 대항주의 절차도 그 자체 장애요인이었다. 합의이혼 개념은 19세기 미국법에는 알려지지 않았다. 일방은 상대방이 현행 법률관계가 재조정을 인정하기에 충분할 정도의 잘못을 범했음을 입증해야 했다. 입법자들은 이혼장 발행임무를 포기했으나 이들은 계속해서 법관이 적용해야 할 법률을 제정했다.

이혼의 법률상 근거는 혼인으로 발생한 도덕적 · 경제적 이해관계의 혼합을 보여준다. 모든 주의회는 이혼원인에 간통을 포함했고, 뉴욕 주와 같은 가장 보수적인 주에서는 다른 이혼원인을 인정하지 않았다. 그 밖에 유기는 공통적인 이혼원인이었으나 사기, 성기능 장애, 중죄의 처벌과 습관적인 만취 상태도 역시 포함되었다.

19세기 말경 학대가 가장 공통적인 이혼사유로 등장했다. 그 법적인 정의는 때와 장소에 따라서 차이가 있었다. 처음, 주의회는 학대를 부인에 대한 남편의 신체적 상해나 강박으로 정의했다. 이는 유연한 개념을 제공했다. 1863년 캘리포니아 주대법원은 **포웰슨(Powelson v. Powelson)** 사건에서 단지 신체적 공격만으로 학대가 된다는 개념을 거부했다. 법원은 "우리가 생각하기에 주로 정신적인 행위일지라도 건강을 해치고 육체의 고통을 증가시키기에 충분한 행동을 법률상 학대로 간주한다"라고 판결했다. 1890년 법관들은 계속해서 이와 같은 입장을 고수했는데, 이는 '선진 문명국가'에서 우애결혼은 '사랑과 존경의 호혜적 감정'에 근거했기 때문에, 모욕은 신체적인 상해의 위협이 없더라도 혼인의 기초를 파괴할 수 있다고 했다. 2년 후 의회는 법원의 결정을 인준하면서 '정신적 학대'는 배우자의 신체적 건강을 손상시켰다는 증거가 없다 하더라도 입증할 수 있다고 했다.[34]

당사자 대항주의처럼 보였던 것은 종종 합의적이었다. 남편, 부인, 변호사와 법관들조차 무미건조한 법리를 회피하고 이미 절차에 드는 많은 비용을 줄이기 위해서 서로 공모했다. 법제도는 "회피하고 눈 감아주고 무시해버렸다."[35] 예를 들어, 뉴욕 주에서 이혼은 간통의 입증을 요구했다. 이러한 요구에 부응하기 위한 산업이 번창했다. 일부 변호사들은 수임료를 얻고자 현장 사진을 위해 호텔 방에서 남편과 자세를 취하는 여성을 고용하기도 했다.

혼인을 규제하는 법리의 완화가 혼인을 더욱더 양산했다는 것은 의심이 없지만, 법률제도는 불행한 혼인을 끝낼 것을 촉구했다. 이혼율은 19세기를 지나면서 꾸준히 증가했고 1860년과 1900년 사이에 70퍼센트 이상 증가했다. 1860년에 이혼이 7,380건 혹은 결혼 1,000건당 1.2건이 발생했고, 1920년에 16만7,105건의 이혼이 있었는데 이는 결혼 1,000건당 7.7퍼센트였다. 이러한 이혼의 2/3 이상이 여성에게 인정되었다.

자녀후견제도

이혼의 증가는 자녀후견과 관련된 문제를 야기했다. 전통적으로 아버지는 자녀의 후견권을 가지고 있었으나 이러한 관행은 19세기에 가부장제가 약화되고 **후견인으로서의 국가**의 법리에서 공공신탁 개념이 강화되면서 점차 쇠퇴했다.

주 상급심 법관들은 19세기 자녀후견 사건에서 두 가지 중요한 원리를 고안했다. '자의 최선의 복리' 원리는 **프래서(Prather v. Prather**, 1809) 사건에서 사우스캐롤라이나의 형평법원장 헨리 드 소쉬르(Henry De Saussure)가 최초로 발전시켰다. 이 사건은 아버지가 간통을 했다는 이유로 자녀의 후견권을 주장하는 사우스캐롤라이나의 어머니와 관련된 것이다. 드 소쉬르는 자녀가 아버지에게 속한다는 보통법상의 법리에 연연하지 않고 자녀의 최선의 복리를 위해서 어머니에게 후견권을 부여했다. 새로운 공화국에서 후견권에 대한 분쟁은 공정한 법관이 자녀에게 필요한 것을 산정할 때 자녀에 대한 어머니의 권리를 새롭게 인식하는 재량적인 심리절차가 되었다.

'유아에 대한 모친우선' 원칙은 후견을 결정할 때 어머니를 우선하는 편견을 가지고 있었으며 동시에 이것은 빅토리아시대의 성별 차이를 인정하는 사법적인 재량권에 기여했다. 이 원칙 아래 어머니는 유아에 대한 우선적인 권리를 인정받을 수 있었다. 남북전쟁 이후의 시기에 많은 주법원들은 딸에게는 나이에 상관없이 어머니가 최선의 보살핌을 제공할 수 있다고 주장했다. 예를 들어, 1876년 앨라배마 주의 대법원은 "어머니의 보살핌을 앗아가는 것보다 어린 소녀에게 더 큰 재앙은 없다"라고 설명했다.[36] 유아에 대한 모친우선 원리는 부친이 자녀에게 제공할 수 있는 모든 조건을 잘 갖추었다고 인정하기보다는 어머니의 특수한 지위에 기초해 어머니에게 법률상 의뢰를 인정하는 것이다.

가부장제에서 사법적인 관리

1871년 미국 가족관계법의 선구자인 조엘 비숍(Joel D. Bishop)은 "관행이 법을 만들지 법이 관행을 만들지 않는다는 것이 경험을 통해 입증되었다"라고 설명했다.[37] 시장자본주의와 공화제 이념은 19세기 미국에서 남편과 부인, 부모와 자식의 지위를 변화시키는 데 큰 역할을 했다. 19세기 입법자들은 오늘날 우리 세대에게 중요한 유산을 남겨준 이러한 변화를 고려했다. 가족은 국가윤리의 기초이고 법률은 사회변화의 와중에 이를 보호해야 한다는 일관된 믿음이 이러한 노력에 절박함을 덧붙였다. 가족관계법은 "세기 초에 공법 중에서 가장 사적인 것을 사법 중에서 가장 공적인 것으로" 전환시키면서 변화 속에서 일관성을 유지했다.[38]

사법적 관리는 19세기 전반에 걸쳐서 가부장제를 대체했고 경제의 운명과 같이 가족의 운명은 공공규제의 문제가 되었다. 법관과 입법자들은 가족의 후견인으로서 등장해 자녀와 기혼여성의 새로운 법적 지위를 확립해나갔다. 1900년경 아동은 학대, 혹사, 경시나 착취당하지 않을 권리 또는 양육과 교육이 부인되지 않을 권리를 포함한 특정한 권리를 가지고 있었다. 기혼여성은 재산에 대한 형평성 있는 주장, 불행한 혼인에서 벗어날 가능성과 자녀에 대한 우선적인 권리를 보유하고 있었다. 이들의 새로운 지위는 여성이 남성과 법 앞에서 평등해야 한다는 인권의 문제로서 강조하는 믿음보다는 특별한 법적 지위로 변화되었다는 사회적 가정에 전적으로 의존했다.

9

위험한 계층과 19세기 형벌제도

The Dangerous Classes and the Nineteenth-Century Criminal Justice System

1872년 사회 개혁가 찰스 로링 브레이스(Charles Loring Brace)는 그가 '위험한 계층'이라고 부른 것을 설명했다. 브레이스에 따르면 이들은 "가난하고, 비참하며 범죄적인 사람들로, 커다란 집단을 형성해 사회의 수면 아래에 숨어있는 사람들"이라고 기술했다.[1] '위험한 계층'인 범죄인들의 가장 두려운 요소를 통제하는 것에 19세기 입법자들이 커다란 노력을 기울였으며 이는 또한 개인의 자유와 사회안정 사이의 관계에 대한 근본적인 문제를 야기했다. 형법은 개인의 자유(구속과 사형을 통해)와 재산(벌금과 몰수를 통해)을 박탈하는 국가의 권한과 관련되었다. 사회안정은 국가가 범죄라고 판단한 행위를 저지른 사람들의 자유를 공공의 관점에서 견제할 것을 요구했다.

독립전쟁 이후 미국인들은 개인의 자유와 사회안정에 대한 경쟁적인 요구를 화해시키려고 노력했다. 미국인들은 형법의 기초를 대중에 둔 반면에 그 토대를 분산시킴으로써 형사소추에 있어서 주 권한을 제한했다. 새로운 주헌법들, 1787년 연방헌법과 권리장전은 형법의 남용에 대한 명시적인 실체적 · 절차적 보호장치를 두고 있었다. 연방법관들에게 보통법상의 범죄를 심리하도록 허용하려는 연방주의자들의 노력은 **굿윈(United States v. Hudson and Goodwin**, 1812) 사건에서 대법원의 결정으로 수포로 돌아갔다. 그러나 주는 규제권능을 통해서 범죄를 규정하고 처벌할 충분한 권한을 가지고 있었으나, 이러한 권한은 법관이 아닌 대중적인 입법부에 뿌리를 두고 있었다.

19세기 말경 형사정의에 대한 이러한 분산적이고 대중적인 근거를 바탕으로 한 접근방식은 대체되었다. 이민, 도시화와 산업화에 따른 급격한 사회변동으로 범죄문제에 대한 체계적 · 과학적 접근을 요구하는 압력이 생겨났고, 이러한 접근방식은 20세기 중반까지 완전히 실현되지 않았다.

남북전쟁 이전의 형사재판제도의 형성

독립전쟁 이후 범죄에 대한 공화주의자의 태도

식민지시대 미국인들은 범죄행위를 종교나 도덕상의 죄와 마찬가지로 여겼으며, 갱생개념은 가지고 있지 않았다. 형법의 목적은 처벌과 위하(威嚇)였다. 식민지시대 입법자들이 범죄는 타고난다고 믿었던 반면에 이들은 범죄를 "공동체 구조 안에서 근본적인 결함의 징후로서 해석하거나 제거하려고 기대하지도 않았다."[2]

그러나 독립전쟁은 시장자본주의와 개인주의의 강력한 힘을 해방시켰고 공화주의의 가치는 그 뒤 미국인의 형법에 대한 이해를 새롭게 하기 시작했다. 경제적 범죄(절도, 강도와 같은)를 다루는 법률이 앞다투어 등장하기 시작했다. 검사들은 미성년자 간음죄, 간통죄와 안식일 위반죄가 법전에 남아있었음에도 불구하고 이에 관한 법률조차 개인의 재량과 판단의 문제로 남겨놓음으로써 전통적인 도덕적 범죄에 할애하는 시간을 점점 줄였다. 예를 들어, 독립전쟁 시에 매사추세츠 미들에식스 카운티에서 모든 기소의 2/3는 비도덕적인 범죄였으며, 범죄를 고지식하게 죄악이라고 기술했다. 1800년경 모든 기소의 50퍼센트 이상은 절도죄였으며 단지 0.5퍼센트만이 도덕적인 범죄였다.[3] 초기 공화국에서 형법의 압도적인 이용은 "성적 · 사회적 행동의 길잡이라기보다는 경제적 · 정치적 질서의 수호자로서"였다.[4]

계몽주의 정치사상 역시 독립전쟁 이후의 범죄와 형벌에 대한 이론에 영향을 끼쳤다. 이탈리아 귀족으로 케사르 보네사나, 베카리아(Beccaria) 후작은 18세기 말 미국인들에게 형벌론의 고전적 혹은 이성적인 학파에 대한 가장 일관적인 설명을 소개했다. 1764년 베카리아는 《범죄와 형벌론*Essay on Crimes and Punishments*》을 출판했다. 최초의 영어 번역은 1777년 사우스캐롤라이나의 찰스턴에 나타났으나 2년 전 존 애덤스는 보스턴 대학살과 관련된 영국병사의 변호에서 베카리아를 원용했다. 토머스 제퍼슨의 《비망록》은 《범죄와 형벌론》에서 발췌한 26개의 내용을 포함하고 있었다. 제퍼슨은 1776년 버지니아 주형법에 대한 개정안을 작성하는 데에 이를 주로 참고했다. 제퍼슨은 시민정부에 대한 6가지 가장 중요한 저작 중 하나로 《범죄와 형벌론》을 포함시켰다.

베카리아에 따르면 형법은 억압의 도구가 아닌 자유의 도구였다. 그는 사회가 혼돈에 빠질 경우 자유는 단지 '각 개인의 압제'를 억제함으로써만 누릴 수 있다고 단언했다.[5] 형법의 합법성과 효용성은 상호 관련이 있었고, 베카리아는 형법의 성공은 그것의 인간적 · 합리적인 내용에 따른다고 주장했다. 형벌은 범죄에 비례해야 된다. 정의는 형벌의 유연하고 예상 가능한 운용을 필요로 한다. 비례하지 않는 형벌, 애매한 형법과 법관이 만든 불문의 법은 형법의 효과적인 운용을 훼손시킨다. 대부분의 계몽주의 사상가들과 달리 베카리아는 또한 사형제도에 대해서도 반대했는데 이는 사형제도가 실제로 범죄를 억제하기보다는 장려하는 '야만성의 예'를 제공하기 때문이었다.[6]

형사재판의 성질에 대한 베카리아 사상은 개인의 방종을 억제하는 반면에 동의에 근거한 공화제 정부의 형성이라는 이중적인 임무에 직면한 독립전쟁 이후 당국자들의 공명을 불러일으켰다. 1784년 한 관찰자가 기록한 것처럼 "우리의 불충분한 형법이 어떻게 처음 그들이 의도한 목적에 부합하는지를 관찰할 때 모든 사람들에게 가장 큰 고통을 가져다주었다."[7] 그 당시 버지니아 주는 전체 형사재판제도는 불법행위자를 정의 앞에 세울 수 없었던 것처럼 보인다. 예를 들어, 카운티에서 중죄로 소환되었던 1/3은 기소되지 않았고 기소되어 재판받은 이들 중 1/3은 석방되었다.[8] 입법자들은 형사재판에서 실질적인 위기에 직면했다.

최초의 형법개정 운동, 1787~1820

입법자들은 형법과 형벌의 운용을 공화제 이념에 맞춤으로써 이러한 위기에 대응했다. 퀘이커 교세가 강한 펜실베이니아 주가 개혁운동의 중심지였다. 1776년 펜실베이니아 주헌법의 제정자들은 미래의 입법자들에게 "형벌은 일반적으로 범죄에 좀 더 균형을 이루도록 하고 가능한 한 빨리" 새롭고 좀 더 인간적인 형법을 제정할 것을 규정하고 있었다.[9] 이러한 목적을 달성하는 데까지는 거의 10년 이상이 소요되었으나 1786년 의회는 강도, 절도와 수간죄에 대한 사형을 폐지했다. 8년 후 의회는 범죄행위 등급의 원칙을 확립함으로써 훨씬 더 급진적인 조치를 취했다. 예를 들어, 살인죄의 경우, 새로운 법은 "일반적인 살인죄의 명칭에 포함된 여러 가지 범죄는 그 잔인한 정도에 있어서 각각 크게 다르다"라고 선언했다. 그리하여 새로운 법은 살인죄의 두 가지 '등급'을 구별했다. '1급'의 경우는 중죄를 저지른 과정에서 발생했거나 사전에 계획한 경우이고 '2급'은 그 이외의 모든 경우를 포함했다. 단지 1급 살인죄만 사형에 처할 수 있었다.[10]

필라델피아의 의사였던 벤저민 러시는 식민지에서 독립한 뒤 새로운 국가에서 형법개정에 대해 가장 강력한 목소리를 내었다. 러시는《범죄인과 사회에 대한 공공처벌의 효과에 관한 연구*Enquiry into the Effects of Public Punishments upon Criminals and Society*》(1787)와《살인죄에 대한 사형정책의 부당함과 졸렬함에 대한 고찰*Considerations on the Injustice and Impolicy of Punishing Murder by Death*》(1792)이라는 주요저술에서 자신의 주장을 전개했다. 러시는 공화국은 무질서와 방종에 빠지기 쉬워서 단지 공공의 미덕 실천(공동선에 대한 개인의 희생)을 통해서만 공화제가 성공할 수 있다고 주장했다. 그는 관심의 초점을 사형제도에 맞추면서 인간적이고 적절한 처벌에 대한 베카리아의 주장을 미국적인 상황에 맞게 전개했다. "사형은 절대왕정의 자연적인 소산이다"라고 주장했으며,[11] 교수대는 공화적인 가치와 행동을 강화시키기보다는 오히려 부식시킨다"라고 주장했다. 과도한 처벌은 절대왕정의 특징이며 온건하고 자애로운 처벌이 공화제의 특징이었다.

대부분의 형법개정 운동가들은 모든 범죄에 대해 사형을 반대하는 러시의 주장에 동조하지 않았다. 그들은 단지 절도, 강도, 위조와 강간죄와 같은 범죄의 경우에 사형을 취소할 수 있기를 희망했을 뿐이다. 이 점에 관해서 펜실베이니아 주 입법은 온건한 목적에 부합하는 법개정의 모델이었다.

다른 주에서도 비슷한 개정안을 채택했다. 러시의 저작은 매사추세츠와 버지니아 주를 포함한 많은 주의회에서 널리 읽혔다. 버지니아 주의 조지 테일러(George K. Taylor)는 의회가 펜실베이니아 주의 형법체계를 "모방하고 채택"하도록 간청했다.[12] 모든 노력이 다 성공적이었던 것은 아니었다. 예를 들어, 루이지애나 주의 에드워드 리빙스턴은 공화국 초기에 최초로 모든 법의 법전화를 주장했던 사람이다. 그는 대륙법 전통이 강하게 남아 있던 루이지애나 주가 유명한 프랑스 나폴레옹법전을 모방한 민법전을 채택했을 때 어느 정도 성공을 거두었다. 입법자들은 그의 형법전이 지나치게 급진적이라면서 무시해버렸다. 그러나 변화는 불가피한 시대의 흐름이었다. 형벌과 처벌문제에서 남부의 가장 전통적인 주였던 사우스캐롤라이나 주는 1813년과 1850년 사이에 사형에 처할 수 있는 범죄의 수를 165개에서 22개로 크게 줄였다.

사형제 이용의 감소는 실질적인 문제점들을 발생시켰다. 그렇지 않았더라면 사형이 집행되었을 범죄인에게 무엇을 해야 할 것인가? 다시 한번 펜실베이니아 주가 그 모범을 보였다. 펜실베이니아 주의 개혁가들과 영국의 퀘이커 활동가들은 범죄자들을 수용할 교도소 건설을 촉구했다. 인간의 본성에 대한 복잡한 사고와 개인의 변화 가능성은 교도소 운동에 활기를 불어넣었다. 식민지시대의 정착자들이 범죄의 선천성을 강조한 반면에 독립전쟁 이후의 세대들은 범죄의 발생원인으로서 환경을 강조했다. 퀘이커들은 종교적인 입장에서 이러한 문제에 접근했으나, 베카리아의 고전적인 형벌론으로 표현된 계몽주의 사상은 법률이 개인적인 교화와 사회개혁의 도구라는 전제를 재강화하고 보충했다. 뉴욕의 개혁가 투니스 워트먼(Tunis Wortman)은 1796년에 "선천적 범죄이론은 타파된 지 이미 오래"이고 인간은 이제 "교육의 피조물이며 습관의 자손"으로 간주된다고 설명했다.[13]

교도소라 불려왔던 것도 처음에는 다른 이름으로, 가장 일반적으로 '감화원'이나 '갱생원'으로 알려졌다. 1788년 펜실베이니아 주는 러시가 지회회원으로 있는, 기존의 교도소 시설과 운용실태를 보고해 공공 교도소의 비참함을 완화하기 위한 필라델피아 협회를 발족시켰다. 협회의 보고서는 "좀 더 사적이거나 은밀히 자행되는" 형벌이 불행한 대상을 교화하는 데 좀 더 성공적이라고 생각하는 경향이 있음을 밝히는 등 사뭇 비판적이었다.[14] 협회의 보고서는, 모든 사람들이 독방과 징역형을 통해 자신들의 변덕스러운 습관을 반성하고 교정할 기회를 가져다주는 환경에 놓인다면 스스로 교화할 수 있다는 낙관적인 공화주의 신념을, 그 뒤 50여 년 동안 확고히 했다.

교도소의 비판가들은 투옥이 공화주의 이상에 모순되며 비실용적이라고 비난했다. 예를 들어, 새뮤얼 애덤스는 새로운 공화국을 지속시킬 수 있는 유일한 길은 "공화국의 법에 감히 맞서는 반동들에게 죽음을 경험하도록" 하는 방법을 통해서라고 결론지었다.[15] 매사추세츠 캐슬 섬의 감옥에 수감되었던 죄수 스티븐 버로우(Stephen Burroughs)는 자신의 회고록에서 어떻게 "자유를 위한 주장을 최우선으로 여기는 나라가 자유의 축복을 얻은 직후에 타인의 자유를 박탈할 수 있는 것인가?" 하고 의아하게 생각했다.[16]

이러한 반대운동은 약간의 진척을 가져왔다. 18세기 마지막 10년 동안에 의회의 다수는 교수대의 대용물로 교도소를 채택했고 죄수들의 제도적인 갱생이라는 주장을 채용했다. 1796년 뉴욕 주의회는 저지대 맨해튼의 그린위치 마을에 뉴게이트 교도소 설립을 위한 기금지출을 승인했다. 1797년 뉴저지 주는 주의 최초 교도소를 완성했고 버지니아, 켄터키, 매사추세츠, 버몬트, 뉴햄프셔와 메릴랜드 주도 그 뒤를 따랐다.

1820년경에 이러한 최초의 형법개정과 교도소 설립 움직임은, 이와 관련된 목적이 지속적으로 남아 있었음에도 사라졌다. 엄청난 비용과 초만원인 교도소, 누범의 증가는 법률의 변화와 교도소의 건설만으로는 범죄의 전파를 막을 수 없음을 보여주었다. 그러나 최초의 형법개정 운동의 실패는 러시가 상상했던 범위를 넘어선 환경주의, 인간의 완전성과 제도적인 훈육개념을 확장한 새로운 세대의 개혁가들을 격려했다.

남북전쟁 이전의 형사재판제도

형사재판제도는 남북전쟁 이전에 근대적인 형태를 띠기 시작했다. 가장 중요한 발전은 배심제도, 교도소, 소년원과 경찰제도와 관련되었다.

대배심과 소배심제는 공동체의 의사를 법 적용과정에 반영하기 위해 도입했다. 형사배심제는 중요한 변화를 경험했는데 그 중에서도 가장 커다란 변화는 "법을 결정할 배심의 권리에 대한 제한의 증가였다."[17] 이러한 변화는 민사배심제에서 배심의 법 발견 역할이 감소하기 시작한 것과 나란히하고 있었다.

대배심은 이들 앞에 가져온 고소와 기소장을 국가가 제시한 증거를 바탕으로 심리하며 사권박탈영장을 발행했다. 이들을 '대' 배심이라 부르는 것은 일반적인 심리나 '소' 배심보다 배심원의 수(보통법상 12명 이상 23명 이하)가 많기 때문이었다. 대배심은 본래 영국법상 배심원이 범죄에 대한 개인적인 지식을 발표하는 제도로서 착안되었다. 초창기 미국역사에서 대배심은 무분별한 기소를 금지하기 위한 공동체의 정서에 의존하는 다소 다른 역할을 해왔다. 대배심은 또한 고속도로, 선술집과 구치소의 상태를 점검하는 행정기관이기도 했다. 대배심은 범인으로 지목된 공동체의 구성원을 기소하는 동시에 지방정부의 부패와 기강해이를 점검하는 조사기구였다.

대배심은 논란거리였다. 예를 들어, 제퍼슨주의 공화주의자들은 연방주의자 법관들이 대배심을 정치적인 목적을 부담시키기 위해 이용했다고 주장했다. 뉴욕 주의 저명한 보수주의 보통법 법률가였던 형평법원장 제임스 켄트조차 법관은 '형법운용에 대해' 대배심에게 부담시키는 것을 스스로 제한해야 한다고 믿었다.[18]

대배심의 진행절차를 둘러싼 비밀엄수는 부가적인 선동을 불러왔는데 특히 잭슨주의 참여민주주의가 정권을 장악한 뒤인 1840년대와 1850년대에 그러했다. 여러 주의 헌법제정회의에서는 형사문제에서 비밀엄수 절차가 새로 독립한 국가의 민주적 기관의 정신과 모순된다는 비판과 함께 그 운명에 대한 논쟁이 있었다. 대부분이 휘그파인 대배심의 옹호자들은 공동체 규제의 전통적인 공화주의적 관념에 찬성했고 대부분이 민주당원인 반대자들은 단지 공개적인 절차를 통해서만 개인이 속한 공동체의 도덕성을 지지하기 위한 책임을 지울 수가 있다고 주장했다.

대배심제는 대안의 부재 때문에 이러한 공격을 극복할 수 있었다. 예를 들어, 민주적인 개혁자들은 공공의 심사가 대배심의 비밀스러운 배심회의를 대체하도록 촉구했다. 그러나 남북전쟁 이전의 입법자들은 개인의 미덕과 책임만큼 중요한 재산, 생명과 개인의 평판이 대배심제의 제도화된 비밀엄수를 통해서 더욱 잘 보호될 수 있다고 결론지었다. 개혁을 주장하는 사람들은 일부 변화를 가져왔는데 가장 중요한 것은 대부분의 주에서 대배심의 독립된 정보(범죄의 고발)를 가져오기 위해 검사의 권한을 확대하기로 한 결정이었다.

소배심제 역시 변화했다. 제퍼슨주의 공화주의자들은 민주적인 원리에 튼튼하게 터를 잡은 적극적이고 견제받지 않는 배심제를 옹호했다. 1830년대와 1840년대에 잭슨주의 민주당원들은 사실심 배심원이 단지 대중적인 정의를 구현하는 기구라는 이전의 믿음을 다시 되풀이했다. 알렉시스 드 토크빌이 "배심제는 현저하게 정치적인 제도이다. 이는 국민주권의 한 형태로서 간주해야 한다"라고 기술했을 때 위와 똑같이 설명했다.[19] 그러나 입법자들은 자유분방한 배심원들이 법에 의한 지배의 가장 귀중한 요소 중 하나인 선례와 보통법상의 법리에 근거한 일관되고 통일된 결정을 해쳤다는 것 또한 인식했다.

두 가지 문제점이 형사배심제에 대한 남북전쟁 이전의 논의를 주도했다. 첫째는 법률문제를 결정하는 배심의 권한이었고 둘째는 배심을 선출하는 방법이었다. 약 1800년 이전에 독립적인 배심이 형법을 공동체의 도덕성에 연계시킴으로써 정의에 봉사한다는 일반적인 합의가 있었다. 배심원단은 피고가 무죄 혹은 유죄인가를 진술하는 일반평결을 발표했다. 예를 들어, 존 애덤스는 일반평결이 배심에게 "법원의 지시에 반해서 자신의 최선의 이해, 판단과 양심에 따라 평결을 내리도록" 허용한다고 결론지었다.[20] 배심은 완전히 자의적으로 이루어지는 것은 아니며 19세기 초 민사재판에서 등장했던 배심재량권에 대한 동일한 제한이 형사사건 심리에서도 마찬가지로 등장했다. 예를 들어, 변호인은 법원에서 개별적인 변론절차를 이용할 수 있는데 이는 법률문제는 권위 있는 법관이 결정하도록 남겨두고 배심원들이 '예' 나 '아니오' 라고 답변하는 방식으로 사실문제를 결정하는 기술이었다.

비록 19세기 형사 사실심 법관들의 행위가 실질적인 논쟁을 유발시키긴 했지만 그들은 점차 배심원들의 영향력을 침식했다. 입법자들은 예를 들어, 증거인정에 대한 엄격한 규정을 구체화한 법률로 이러한 변화를 도왔다. 재판절차에서 통일성은 단조로운 민주적인 감정보다 훨씬 더 중요했다. 더구나 배심의 영향력 축소는 떠오르는 법조 전문가의 수장으로서 법관들이 지배력을 크게 행사하면서 법의 기술적인 측면이 점차 증가한 것에서 직접 비롯되었다.

배심의 영향력을 축소시키려는 사법부의 노력에도 불구하고 '배심에 의한 법의 무시(jury nullification)' 로 알려진 현상이 만연했다. 낙태시술소 운영으로 기소된 개인들은, 금지기간에 볼스테드법을 위반해 기소되었던 많은 사람들, 베트남 전쟁 당시 반전 시위자와 자살방조죄의 키보키언 박사(Dr. Kevorkian)의 재판에서와 같이 19세기 말 배심에 의해서 면책되었다.[21]

배심은 대중통제의 기구이고 모든 피고는 동료들 앞에서 심리받을 것을 인정하는 영미법상의 특징 때문에 배심원단 구성문제(예를 들어, 배심을 어떻게 선출할 것인지)는 논쟁을 불러일으켰다. 우리는 이러한 선출과정에 대해서 애석하게도 조금밖에 모른다. 여성과 흑인은 물론 정치적인 공동체의 일부라고 여기지 않았기 때문에 제외되었다. 대부분의 주는 배심소집 명부를 작성하는 데 납세의 역할에 의존했는데, 법집행관이 배심소집 명부작성에서 지대한 권한을 행사하던 영국과 달리 재산소유의 확산으로 인해 미국 배심들이 전체로서 공동체를 더욱더 대표할 수 있다고 생각했던 듯하다. 입법자들은 기소 측과 피고 측 모두 선제적(일반적으로 횟수를 제한)이거나 정당한 이유(일반적으로 횟수의 제한은 없으나 법관이 제약한다)가 있는 경우 여러 차례 기피권을 행사할 수 있도록 했다.

19세기 내내 운영에서 경제성과 효용성에 대한 압력은 배심원단을 구성하는 근거를 제한했다. 예를 들어, 주의회는 배심소집 명부작성에 필요한 배심원 수를 줄이고 양측에 인정한 기피의 수를 증가하는 법률을 제정했다. 더욱 중요한 것은 이러한 입법은 '예비배심'의 이용을 허락했다. 배심소집 명부가 소진되면 법원서기는 예비배심에게 관심을 돌릴 수 있었다. 서기는 법정의 통제를 벗어나 있던 사람들까지도 포함해 예비배심을 광범위하게 해석했다. 비판가들이 정확하게 지적한 바와 같이 배심원단 구성의 관행은 배심의 자질과 대표성을 감소시켰다. 예를 들어, 인디애나 주에서 예비배심원들은, 배심임무에서 벗어나기 위해 유죄를 쉽게 허용하는 경향이 있는 '게으르고 방탕한 사람들'과 '부랑아와 술고래'들로 구성된 배심의 출현이 "배심 심리의 장점을 파괴했을 뿐만 아니라 그들의 결정에 대한 대중의 신뢰와 묵인을 해쳤다"라고 비난받았다. 그러나 데이비드 보덴해머(David Bodenhamer)가 보여주는 바와 같이 1840~1850년대에 인디애나 주의 매리온 카운티에서 1명 이상의 제3의 배심이 있던 경우 배심 유죄판결율과 이러한 배심이 없던 경우의 배심 유죄판결율은 동일(78퍼센트)했다.[22]

수용소의 발견

1820년대 동안 감옥 개혁가들의 첫 세대는 다른 세대에게 길을 내주었다. 첫 세대는 "이러한 구조가 무엇과 같아야 하고 어떻게 운용되어야 하는지에 대해서 명확한 아이디어"가 부족했다.[23] 벤저민 러시 같은 초창기 개혁가들은 투옥이 교수형보다 훨씬 인간적이라고 주장했으나 이들은 감옥이 어떻게 갱생을 촉진할 수 있을지에 대해서는 단지 어렴풋한 생각만을 가지고 있었다.

새로운 개혁세대들은 형사상의 장애문제에 대한 해결책으로서 감옥을 제공했다. 이들은 정신장애와 빈곤뿐만 아니라 범죄를 포함한 근본적인 사회적 혼란에 대한 제도적인 해결책으로서 '수용소를 발견' 했다. 자신들의 전임자들과 마찬가지로 잭슨주의 시대의 감옥 개혁가들은 인간의 완전성을 강조하는 복음주의 교파와 같은 강력한 종교적인 연계성을 가지고 있었다. 이들은 또한 반노예제와 금주법과 같은 다른 사회적 개혁원인들과도 깊이 관련되었다. 아마도 이들의 가장 대표적인 목소리는 1825년부터 1854년까지 가장 영향력 있는 감옥 개정운동 단체인 보스턴 감옥훈육협회의 지도자 루이스 드와이트(Louis Dwight)였다.

감옥은 두 가지 상호 연관된 개념에 의존하고 있었다. 첫째는 범죄는 불건전한 환경의 산물이고 건전한 환경에 놓인 사람은 궁극적으로 교화될 것이라고 주장한 베카리아와 관련된 생각이었다. 이러한 생각은 인간은 자기교정을 할 수 있는 이성적인 피조물이라는 둘째 전제로부터 도출되었다. 환경주의, 이성주의, 낙관주의가 감옥에 관한 논의 속에 융합되어 있었다. 감옥은 사회에서 수용 가능한 새로운 유형을 선호해 옛 유형을 변경한 중노동, 훈육, 독거, 정숙과 종교적인 공부를 함에 있어서 갱생의 피난처를 제공했다.

전임자들과 잭슨주의 시대의 감옥 개혁가들을 구별시키는 것은 구성과 행정적인 통제를 종합적인 기관으로 만드는 청사진이었다. 이러한 일반적인 체계 안에서 두 가지 경쟁적인 체계가 등장했는데, 이는 오우번(Auburn) 혹은 집단체계와, 이스턴 주 교도소(Eastern State Penittentiary) 혹은 개별체계였다.

오우번 체계의 명칭은 뉴욕 주의 오우번 타운에 있는 감옥에서 유래했다. 1819년에 문을 연 교도소는 처음에는 주로 중죄인에 대한 독방시설을 갖추고 있었으나 신경

쇠약, 질병과 자살의 발생으로 이어졌다. 설립한 뒤 4년째에, 주당국의 점검 뒤 놀라운 사실이 드러났다. 교도관인 엘램 린즈(Elam Lynds)는 교도소 훈육의 새로운 체계를 수립했다. 죄수들은 개별 방에서 수면을 취했으나 일과 식사는 함께 했다. 대규모 중앙광장과 분리된 죄수들의 방으로 이루어진 요새와 같은 성채 모양의 감옥설계는 린즈의 프로그램에 이상적으로 적합했다. 간수는 침묵을 강요했는데, 이는 죄수들이 자신의 갱생을 완성할 수 있게 하고 다른 죄수들로부터 추가적인 범죄수법을 배울 기회를 갖지 못하게 한다는 믿음에서 비롯되었다. 훈육과 질서는 죄수들을 수갑을 찬 채 일렬로 줄지어 세우고 눈동자는 아래로 향하게 하고 한 손은 앞 사람의 어깨에 얹고 움직이도록 강요되었다. 명령에 잘 따르지 않는 죄수들에게는 채찍과 고문을 포함한 엄격한 체벌이 가해졌다. 알렉시스 드 토크빌은 1831년 오우번을 방문 후에 "이러한 거대한 장벽 안의 침묵은 죽음의 침묵이었다. 우리는 마치 지하 묘지를 가로지른 듯한 느낌이 들었다"라고 보고했다.[24]

펜실베이니아 주의 감옥체계는 1829년에 문을 연 체리 힐에 있는 이스턴 주 교도소에서 볼 수 있다. 건물의 설계는 교정에 대한 접근방식을 보여주고 있다. 이스턴 주 교도소는 벌집 모양을 한 조그만 감방이 중앙 행정실로부터 퍼져 있는 부챗살 형태로 설계되었다. 각 죄수들은 자신만의 운동공간이 주어져 다른 죄수들과의 접촉이 금지되었다. 오우번 체계에서 시행하는 것 이상으로 이스턴 주 교도소의 체계는 우편물과 방문자의 횟수를 줄임으로써 외부의 영향이 죄수에게 미치지 않도록 하고 있었다. 오우번 교도소보다 누범자는 적었으나 자살로 죄수의 목숨을 잃는 경우가 크게 증가했다.

양 체계의 장단점은 거의 비슷했으나 비용 면에서는 그렇지 않았다. 주 입법자들은 집단적인 교도소를 선호했는데 이는 개별적인 교도소보다 건설과 운용비용이 절감되었을 뿐만 아니라, 오우번 체계는 교도소를 자립화한다는 실현 불가능한 약속을 함으로써 교도소 산업의 부가적인 측면을 제공했기 때문이었다. 오우번 계획은 "경제와 개혁이라는 두 가지의 최선을 제공"했다.[25] 그러나 남북전쟁이 발발할 무렵 이러한 목표는 실현하기 어려운 목표로 남아 있었고 감옥은 정신이상자 보호시설과 빈민수용소와 같이 낙관적인 설립자들이 열렬히 추구했던 갱생기관보다는 수용시설로서 발전해왔다.

보호시설

보호시설과 청소년 감화원은 제2차 교도소 개혁운동이 일어났을 무렵에 등장했다. 이들 역시 타락한 영향력에서 벗어나 자유로운 환경에 청소년들을 놓음으로써 이들에 대한 교화를 약속했다.

반항적인 어린이들을 위한 감화원은 식민지시대와 독립전쟁 당시에 가난한 고아들을 돌보려는 시도에서 비롯되었다. 1740년에 조지 화이트필드(George Whitefield)는 조지아 주의 사바나에 최초의 고아원을 설립했다. 독립전쟁으로 발생한 극빈자들의 감독관들은 새로이 설립한 공공기관인 구빈원에 어린이들을 보냈다. 그러나 말썽꾸러기와 반항적인 아이들은 종종 교도소에 보내졌다. 어린이들은 감수성이 극히 예민하다고 여겨졌기 때문에 개혁가들은 무엇보다도 성인 죄수들과의 직접적인 접촉을 피하는 것을 우선시했다. 젊은이들이 타락하기 쉽다면 이들은 또한 가르치기도 쉬웠다.

19세기 초 사적인 박애주의적 노력으로 시작되었던 청소년 교화가 19세기 중반에 주 후원사업으로 발전했다. 뉴욕 주의 경험이 대표적이었다. 최초의 개별적인 개혁조직인 청소년범죄교화협회가 1825년 등장했다. 개혁가들은 청소년 범죄를 빈곤에 연관시켰고 뉴욕 시의 협회 지도자들은 빈곤상황을 구제하는 대신에 직접 청소년들을 자신의 가족으로 맞이하거나 훈육과 연수를 강조하는 환경에 이들을 자리매김해야 한다고 결론지었다. 1825년 봄, 뉴욕 주의회는 사설 자선단체로서 뉴욕 양생원을 설립했다. 3년 안에 박애주의자들은 보스턴과 필라델피아에 양생원을 설립했다.

이러한 양생원 설립을 특허한 의회는 또한 양생원 수용정책도 고안했다. 어린이는 법원의 명령으로, 극빈자의 지역 감독관 추천으로, 그리고 부모의 개인적인 선택으로 수용되었다. 여기에는 어린이를 위한 적법절차에 의한 보호가 미흡했고 **후견인으로서의 국가** 원리를 통해 국가는 어린이 보호에 직접적이고 점증하는 책임을 진다는 믿음이 아주 자연스럽게 발생했다.

잭슨주의 시기에 그 시초부터 비행 청소년의 '범죄'는 반사회적 행동의 범주에 속했다. 예를 들어, 어린이는 부모가 적절한 양육을 제공하지 못한 경우에도 비행 청소년으로 분류되었다. 청소년들은 또한 범죄자로서 갱생원에 수용될 수 있었다. 즉, 이는 절도와 같이 그들이 실제로 취한 일부 행위보다는 개인적인 조건(예를 들어, 부랑)

때문에 수용될 우려가 있었다.

보호시설은 절약, 근면과 사회적 책임을 강조하는 중산층의 가치를 가진 어린이를 확산시키고자 시도되었다. 석방은 일정한 연령이나 좀 더 흔히 도제관계를 맺으면 이루어졌다. 이러한 프로그램은 신흥 산업경제로 도제의 필요성이 줄어들고 그리하여 성년 노동자의 기회가 확대된 1850년대까지는 제역할을 다해왔다. 어린이들은 이들이 다루기 어렵거나 비협조적이면 재수용할 수 있다는 단서를 가지고 사회에 복귀했다. 보호시설에서 발전한 조건부 석방정책은 1세기 후 가석방과 보호관찰제도로 성인 범죄자에게 확대했다. 보호시설은 그것이 달성하고자 했던 좀 더 고귀한 목적을 달성한 경우는 드물었으며 남북전쟁이 발발할 무렵에 이는 교도소처럼 "원치 않는 사람들의 인간창고"가 되었다.[26]

경찰

역사가들은 일반적으로 최초의 도시 경찰력으로서 1838년 보스턴의 주간 구조대 설립을 인용했으나, 필라델피아는 일찍이 1833년에 비슷한 조직의 설립을 경험했다. 최초의 설립날짜가 언제이든지 남북전쟁 이전의 경찰은 남북전쟁 이후의 경찰과는 달랐고, 19세기 경찰은 현대 도시의 법집행 기관과는 크게 달랐다. 경찰은 "비공식적이고 때론 임의적인 관료주의로부터 공식적이고 원칙에 따른 군사적인 조직"으로 변모했다.[27] 임무도 조직구조에 따라 변화했다. 최초의 경찰력은 도시의 기능을 질서 있게 유지하는 임무를 수행해서, 범인 검거는 경찰업무의 일부에 지나지 않았다. 남북전쟁 뒤에 범죄에 대한 관심이 고조되면서 경찰은 위험한 계층을 통제하는 임무를 떠맡았다. 오늘날 경찰업무는 거의 전적으로 범죄와 교통통제에 관련되었다.

남부의 노예순찰단과 북부와 남부의 야경단이 경찰의 선례였다. 1837년 사우스캐롤라이나 주 찰스턴의 노예순찰단은 100명의 단원을 거느리고 있었다. 남부 시골지역에서 순찰단원은 농장에서 달아나는 노예를 감시할 뿐만 아니라 도망노예를 붙잡아 되돌려 보내는 일에 조력했다.

13세기 영국에 그 기원을 둔 야경단은 범죄가 발생했을 때 횃불과 호각소리를 내는 예방적 순찰제도였다. 감시단은 기존의 중요한 사회적 합의에 근거한 직접적인 통제가 존재했던 소단위 공동체에서 합리적으로 잘 운용되었다. 이러한 비공식적인 합의는 미국의 도시들이 규모와 사회적 · 인종적으로 다양한 기원을 가진 낯선 사람들의 엄청난 수를 포함한 인구의 규모가 크게 증가함으로써 사라졌다. 19세기 미국의 공공장소에서 빈번하게 발생했던 도시의 폭동은 점증하는 사회적 긴장을 드러냈다. 예를 들어, 앵글로-색슨 개신교도와 아일랜드계 가톨릭교도 사이의 충돌은 19세기 여러 도시에서 발생했다. 노예제를 둘러싼 논란은 보스턴, 신시내티, 필라델피아와 다른 주요 도시에서 백인 노예 폐지론자들을 공격하고 도시를 무법천지로 만들었다. 그 중 가장 치명적인 폭동은 1836년 뉴욕 시에서 발생한 것으로, 경찰과 주 방위군에 연방군이 가세한 직후에 발생해 나흘만에야 징집병 폭동을 잠재웠다.

미국에서 초창기 경찰력은 미국보다 거의 50년가량 앞서서 산업화와 도시화의 충격을 경험한 영국으로부터 많은 것을 도입했다. 1829년 영국의회는 범죄예방을 주목적으로 하는 런던대도시경찰법을 제정했다. 경찰은 '순찰구역'으로 알려진 정해진 구역을 정기적으로 도보로 순찰하는 경찰들을 사회 전체에 지속적으로 등장시킴으로써 사회통제를 실행에 옮겼다. 경찰법의 기초자인 로버트 필(Robert Peel) 경은 순찰직원은 단복을 입고 군사적인 계급체계를 통해서 감독받기를 요구했다.

미국 입법자들은 영국식 모델을 대부분 수용했으나 중요한 내용에서 그와 달리했다. 첫째, 영국경찰은 국왕의 각료가 통제하는 전국적인 조직이었다. 그러나 미국경찰은 지역정치의 요구에 부응하는 지역경찰로서 등장했다. 영국의 경찰청은 상명하복식이었으나 미국에서 경찰조직은 상향식으로 이루어졌다. 둘째, 국민들의 직접적인 통제로부터 자유로운 영국경찰은 높은 수준의 전문성을 유지하고 있었다. 미국에서 경찰업무는 전문성보다는 정치적 것을 고려하는 아마추어를 위한 직업이었다. 셋째, 초창기 미국 경찰력은 영국과 같이 범죄예방 전략을 채택했으나, 처음에는 단복과 군사적인 관리를 반민주적인 것으로 간주해 모두 거절했다.

미국에서 경찰력은 영국의 경찰력보다 더디게 전문화되었다. 예를 들어, 뉴욕 시경은 1853년에 상당한 논의를 거친 뒤에야 단복을 착용했다. 뉴욕의 유명한 개혁가 제임스 제라드(James W. Garard)는 "범죄예방에 있어서 런던경찰의 위대한 **도덕적인** 힘은 제복에 있으며" 제복을 입은 경찰은 "그들의 잘 알려진 정보, 활동, 불굴의 기상과 결코 타락하지 않는 **정직성**"에 의해서 범죄성향이 있는 사람들의 마음속에 공포와 두려움을 불러일으켜 범죄를 예방했다고 주장했다.[28]

남북전쟁 이전 경찰력은 19세기 말까지 지속되었던 상황인 지역정치에 깊이 연관되어 있었다. 적절한 정치적 관계를 유지하고 있는 개인들은 명백하게 자질이 부족함에도 불구하고 경찰에 채용될 수 있었으며 유능한 직원도 정권이 바뀌면 직책을 잃을 수 있었다. 경찰채용을 위한 정식훈련도 없었고, 순찰담당 직원의 감독도 취약했다. 경찰은 19세기 중반에 대중적인 정당의 발전으로 출현한 도시 기계화의 또 다른 요소였다.

초창기 경찰력은 범죄수사에서 중요한 역할을 못했고, 경찰관이 아닌 도둑잡이에게 그 임무를 인계했으며, 도둑잡이는 그 명칭에도 불구하고 실제로 도둑을 잡지 못했다. 대신에 도둑잡이는 오늘날 장물 취득자로 활동하면서 장물을 되찾는 일에 종사했다. 미국보다는 영국에 이와 같은 사람들이 훨씬 많았는데 이들 중 가장 유명한 이는 1820년대 보스턴의 경찰서장 조지 리드(George Reed)였다. 한 동시대인은 "그의 눈부신 성공의 비밀은 자기권한으로 사람들을 고용해 일부의 경우에는 그들이 자신에게 제공하는 정보의 가치에 따라 달리 대우함으로써 이들이 소명의식을 갖고 열심히 일하도록 한 데 있다"라고 리드에 대해서 말했다.[29] 19세기 중반 짧은 기간에 장물교환에서 현금지급을 조정함으로써 경찰은 도둑과 피해자의 중간조정자 역할을 했다. 예를 들어, 뉴욕 주에서 경찰은 시계반환 보증금으로 75달러를 부과할 수 있었다.

남북전쟁 후 형사재판제도

정체, 환멸과 퇴보감이 남북전쟁 전 입법자들이 만든 제도적인 근간을 흔들었다. 남북전쟁으로 요구된 정부후원의 유동성은 제도적 해결의 효용성에 대한 믿음을 새롭게 했다. 모든 단계의 연방제도에 대해서 "미국정부와 사적 단체나 준 공공단체들은 공동선을 제도화하기 위한 노력에서 전세계적으로 선구자였다."[30] 보통 사회적 경제적인 자유방임주의자로서 묘사된 남북전쟁 후 입법자들은 전형적으로 진보의 시대로 명명된 개혁—가석방, 보호관찰과 부정기형—을 위한 근거를 마련했다(제10장 참조.) 경제정책 수립과 함께 남북전쟁 이후 눈부신 경제성장기에 주를 근거로 한 확고한 연방주의는 산업화와 도시화의 문제에 대한 지방과 주의 해결을 강조했다.

범죄문제

범죄율은 인구 10만 명당 보고된 범죄의 발생 수이다. 상당수의 범죄가 보고되지 않았기 때문에 실제 범죄율은 보고된 범죄율보다 의심의 여지없이 높으며 일부 전문가들은 모든 범죄의 절반은 보고되지 않는다고 믿었다. 1850년대까지 범죄율은 지속적으로 증가했다. 그러나 그 뒤 이러한 양상은 갑자기 변했다. 19세기 말 서구(단지 미국뿐만 아니라)에 놀라울 정도로 다양한 지역과 실제로 모든 단계에서 중죄율이 감소했다. 범죄의 절대적인 숫자는 증가했으나 인구의 증가만큼 재빨리 증가하지는 않았다. 공공질서 파괴범죄(만취와 치안문란죄) 역시 감소했다. 그러나 중죄율과 달리 이러한 범죄는 20세기에도 계속 감소했다.

19세기 후반 범죄율의 감소는 시사하는 바가 크다. 학자들은 산업화와 도시화가 흉악범죄 발생율의 발전에 기여한다고 오랫동안 주장해왔다. 이들은 이민자들과 임금노동자들로 가득 채워진 풍요로운 도시들이 범죄를 야기한다고 주장했다. 이들은 또한 남북전쟁 후 극에 달했던 형사재판제도의 개혁들이 비효율적이고 빈번하게 계급적대감과 억압에 기여했다고 주장했다. 범죄율의 하락은 이러한 가정과 모순될 뿐만 아니라 1870년에서 1910년까지 캘리포니아의 앨러미다 카운티의 단일 형사재판제도의 운영에 관한 가장 집중적인 연구와도 모순되었다. "카운티의 범죄율은 하락했다. 19세기 말 겉으로 보기에는 오클랜드—카운티의 주요도시—는 덜 폭력적이고 좀 더 질서를 유지하게 되었다." 앨러미다 카운티에서 일어난 일들은 그 밖의 다른 지역에서도 일어났다. 형사재판제도의 전문화와 과학수사의 발전이 이루어짐으로써 좀 더 효과적이 되었고 동시에 도시화와 산업화는 범죄율을 완화시키는(어떻게 하는지는 잘 모르지만) 사회적 훈육을 부과했던 것처럼 보인다.[31]

이 당시 미국인들은 그들이 이용할 수 있는 모든 통계자료를 가지고 있지 않았다. 대부분의 시기에 대부분의 사람들처럼 미국인들은 범죄가 증가해 자신들의 삶을 괴롭힌다고 확신했다. 입법자들은 개별적인 취급, 관료적인 조직과 전문화를 통합한 새로운 방안을 모색하면서 동시에 전통적인 제도적 해결책을 다시 강구하기 시작했다.

감옥, 개별적인 처우와 범죄의 과학적인 기초

에녹 와인스(Enoch Wines)와 시어도어 드와이트(Theodore Dwight)는 1867년에 미국에서 최초로 감옥에 대한 전반적인 설문조사를 준비했다. 이들의 〈감옥과 교화원에 대한 보고서*Report on the Prisons and Reformatories*〉는 "미국에는 감옥제도가 없었다. … 원하는 바를 발견할 수 없었다"라고 결론지었다.[32] 와인스와 드와이트는 감옥은 전쟁 이전 개혁가들이 내세웠던 낙관적인 약속을 충족시키는 데 실패했다고 주장했다. 이들은 3년 뒤 신시내티에서 열린 교도소와 교화원 훈육 전국회의에서 시작된 새로운 제도적인 개혁을 선전하고 다녔다.

신시내티 회의는 미국 행형학사에서 가장 중요한 사건이었다. 에녹 와인스가 조직한 이 회의는 실제로 모든 주요한 감옥개혁 문제를 다루고 있었다. 특히 영향력 있는 것은 디트로이트 교화원의 감독관이자 1877년 19세기 말 모범적인 행형기관인 엘마이라 교화원의 원장인 제불론 브록웨이(Zebulon R. Brockway)의 논문이었다.

브록웨이는 부정기형과 제도적인 기관에서 개별적인 처우를 옹호했다. 그는 종교적 가르침, 세속적 교육과 중노동이 갱생에 본질적이라고 한 남북전쟁 이전 형사상 개혁가들의 주장에 동의해 엄격한 훈육을 통해 새로운 습관을 부여하는 감옥의 전통적인 역할을 긍정했다. 그러나 브록웨이는 초창기 개혁자들보다 개별적인 처우에 대해서 훨씬 더 강조했다. 그는 현행 양형방법이 예상 가능한 구속기간을 확정함에 따라 죄수에게 개선과 운영에 대한 동기를 부여하기에 미약하며, 어느 경우나 각자는 구속기간만큼만 교화될 수 있다는 것은 그릇된 전제라고 믿었다. 최대와 최소 형기가 없는 과형을 선호하는 브록웨이에 따르면 부정기형은 단 한 가지 이유를 위해서 필수불가결했다. 즉 범죄자들은 자신의 개선을 완벽하게 통제할 수 있다.

맞춤형 죄수교화 방식에 대한 브록웨이의 주장은 개혁가들뿐만 아니라 입법자와 교도소 관리자들에게서도 광범위한 호응을 얻었다. 개혁가들은 브록웨이의 주장은 추가비용 부담 없이 현존하는 수용시설을 훨씬 능률적으로 만들 수 있다고 믿었다. 입법자와 관리자들은 부정기형이 약속했던 재량적인 통제를 받아들였다. 예를 들어, 교도관들은 반항적인 죄수에 대해서는 교화를 향한 적절한 발전이 이루어지지 않았다는 인증서를 발부해 강제적인 협력을 이끌어낼 수 있었다.

과학은 개별적인 처우에 대한 새로운 강조에 신뢰성을 부여했다. 우생학적인 운동이 인종관계와 가족법의 재평가를 자극하는 동시에 이탈리아 군의관, 체사레 롬브로소(Cesare Lombroso)와 미국인 리처드 더그데일(Richard L. Dugdale)은 범죄, 형법과 기관에 대한 새로운 가설을 만들어냈다.

롬브로소는 인간비교의 연구와 기술을 의미하는 인체측정학을 발전시켰다. 범죄인들은 불가피하게 원시적인 형태로 생물학적인 '격세유전' 으로 '태어난다' 고 하는 것을 체계적인 방법을 통해 보여주는 그의 아이디어는 《범죄인*The Criminal Man*》(1876)에서 발표되었다. 《범죄인》은 여러 가지 부류(선천적 범죄인, 격정적 범죄인, 우연범)가 있고 각각의 유형은 뚜렷한 신체적인 특징들을 가지고 있다고 결론지었다. 검은 곱슬 머리카락, 성긴 턱수염, 눈꼬리가 치켜 올라간 눈, 작은 머리, 움푹 들어간 앞이마와 커다란 귀는 선천적인 범죄성의 증거였다.

더그데일 또한 유전과학의 영향을 받았고 그의 《'주크 가' : 범죄, 빈곤, 질병과 유전에 관한 연구*"The Jukes": A Study in Crime, Pauperism, Disease and Heredity*》(1877)는 대중의 선풍적인 인기를 얻었다. 더그데일은 17세기 이래 아다 주크(Ada Jukes)의 후손들은 상습적인 절도범, 살인범과 매춘부들을 포함하고 있음을 발견했다. 더그데일의 연구는 일단 유전적으로 뿌려진 악의 씨앗은 범인의 세대를 통해서 나타난다는 전제에 그 당시 인정받고 있던 과학의 기준을 접목시켰다.

악의 씨앗을 가지고 있지 않은 사람들로부터 카인의 자국을 가지고 태어난 사람들을 가려내는 것이 범죄인의 교화에 대한 개별화된 접근방식을 채택하는 이유 중 하나였다. 감옥은 교화과정의 중심에 남아 있었으나 입법자들은 진정한 교정제도의 윤곽을 마련하기 위해 19세기 마지막 25년 동안에 새로운 요소를 많이 추가했다. 이러한 것에는 보호관찰, 가석방, 개정된 양형관행, 유죄인정의 합의와 청소년 법원이 포함되었다.

보호관찰

보호관찰은 범죄인이 어떤 특정한 조건을 준수하는 한 공동체에서 자유롭게 생활할 수 있도록 했다. 이러한 관례는 신시내티 회의의 이상적인 목표 중 많은 것을 달성했다. 처음 영국에서 나중에는 미국에서 법관들이 위험하지 않다고 간주되는 경우 범죄자에게 집행유예를 선고하면서 이들이 적절한 행동을 유지하는 데 실패한다면 선고형량 전부를 복역해야 한다고 했다.

1878년 매사추세츠 주는 보호관찰법을 제정한 최초의 주가 되었다. 의회는 오랫동안 실시되었던 비공식 관행을 공식화했다. 보스턴의 제화업자 존 오거스터스(John Augustus)는 1841년 자원 보호관찰 공무원으로서 역할을 시작했다. 오거스터스는 형사법원을 방문해 그가 갱생이 가능하다고 믿는 개인들에 대한 소명자료를 수집했다. 그는 만취자에 대한 벌금의 납부, 가난한 범죄자에 대한 보석신청과 자기가 책임지고 있는 피의자에 대한 고용을 돕는 등 외형적으로는 개인적인 열정으로 자극받은 것처럼 보였다. 보스턴의 형사법원은 마침내 오거스터스의 활동에 대해 공식적으로 주목했다. 법관은 유죄를 선고받은 범죄자를 교정기관에 수용하는 대신에 오거스터스의 보살핌을 받도록 했다. 오거스터스가 조력한 사람들의 정확한 숫자에 대해서는 논란이 있으나, 그는 1858년경에 약 1,152명의 남자와 794명의 여자에게 도움을 주었다고 주장했다.

매사추세츠 주법은 다른 주의 모범이 되었다. 이는 보스턴의 서퍽 카운티에만 보호관찰 공무원을 인정했으나 1880년 의회는 주 전체로 이 조항을 확대했다. 대부분의 다른 주에서와 같이 보호관찰 공무원은 원래는 자치단체 공무원의 통제를 받았으나 나중에는 법원의 감독 아래 놓이게 되었다. 1900년경 4개의 다른 주(미주리, 로드아일랜드, 뉴저지와 버몬트 주)가 보호관찰제도를 도입했다.

가석방과 부정기형

가석방은 일정한 조건을 충족시킨 뒤에 죄수를 석방하는 관행이었다. 가석방은 자기 스스로의 교정을 촉구하기 위해 죄수를 자극시키는 것으로 적절한 행동에 대한 동기유발을 제공한다는 전제 아래 놓여 있었다. 부정기형은 유죄가 확정된 범죄자가 정상적인 사회생활을 할 수 있음을 보여줄 때까지 수용하는 제도였다. 개방적인 형벌을 채택하고 있는 주는 없었고 대신에 주의회는, 유죄가 확정된 자는 선고형량의 최대형량에 도달한 뒤에는 석방되어야 한다는 요건을 형법의 양형규정에 추가했다.

죄수에 대한 조기재량 석방은 신시내티 회의 이전에 영국과 미국에서 이미 널리 시행되고 있었다. 1840년 오스트레일리아의 북동부에 있는 노퍽 섬의 감옥소장이 되었던 알렉산더 맥코노치(Alexander Maconochie)는 일반적으로 가석방의 아버지로 불렸다. 맥코노치의 계획은 나중에 그의 활동이 미국인들에게도 잘 알려졌던 아일랜드 감옥의 소장이었던 월터 그로프턴(Walter Grofton) 경이 채택했다. 그로프턴은 최종적으로 석방 허락을 받을 때까지 등급이 상향되도록 '출소표' 프로그램을 고안했다.

남북전쟁 뒤 입법자들 또한 자신들 스스로의 경험에서 이를 도출하기도 했다. 예를 들어, 보호시설에 수용한 비행 청소년들은 도제관계를 통해 조기에 석방될 수 있었다. 성인 기결수의 경우는 교도소장이 모범수에게 형기단축의 보상을 주는 프로그램을 고안했다. 주지사가 형기를 마치기 전에 죄수를 석방하는 사면권은 일반화되었다. 1828년과 1866년 사이 매사추세츠 주에서 모든 죄수의 12.5퍼센트가 사면으로 석방되었다. 이러한 관행은 행정적 측면을 고려(부정기형 아래에서 가석방과 재량석방처럼)했는데, 이는 교도소의 수용능력 이상으로 많은 죄수의 수를 줄여서 흉악범과 최근에 중죄를 범한 사람들을 위한 공간을 마련한 반면에 모범수들을 석방했다. 1817년 뉴욕주는 5년 이상 복역한 죄수들의 형량을 25퍼센트 감형하는 법률 혹은 '선행특전'을 인정한 최초의 주였다. 1869년경 23개 주는 감형법을 도입하고 있었다.

브록웨이는 조건부 석방을 미국 교정제도의 일부로 공식화하기 위한 운동을 벌였다. 1877년 엘마이라 교도소장이 된 뒤 그는 엘마이라 교도소를 전국적인 모범으로 만들었다. 의회가 후원해서 부정기형의 개선된 형식을 부과했다. 브록웨이는 죄수가 선행으로 점수를 벌면 형량을 낮춰주는 등급제도를 도입했다.

1900년경 11개 주는 부정기형의 일부 형태를 취했고 다른 20개 주는 가석방제도를 시행하고 있었다. 양형법은 다양했고 이들은 다소 모순적인 효과를 가졌다. 의회는 최장기형을 특정했고 죄수는 구 양형제도 아래에서 복역했던 것보다 다소 긴 시간을 복역했다. 대부분의 죄수들은 자신의 최대형량을 끝마치기 전에 석방되었으나,

대대적인 교화로 인한 것보다 만원인 수용시설이 최장기간 복역한 죄수의 석방을 지시했다.

특정 죄수를 위한 새로운 수용시설

남북전쟁 후 개혁가들은 특히 여성과 청소년 범죄자들의 처우에 대해서 관심을 가졌다. 가사에 대한 숭배는 그 행동이 국가의 윤리적 토대를 위협하는 것처럼 보인 여성 중죄자에 대해 특별한 관심을 보였다. 드와이트나 와인스 같은 개혁가들은 감옥과 구치소에서 벌어지는 무분별한 성적 비도덕성에 관심을 가졌다. 갱생의 이상 가운데 중요한 특징 중 하나가 죄수의 도덕적인 행동지침을 설정하는 것이었기 때문에 감옥에서 성적 비도덕성은 특히 해로운 것으로 간주되었다. 초창기 감옥에서 남녀는 완전히 분리 수용되지 않았었고 기존의 분리정책은 일반적으로 기관의 분리보다는 부서(주요 감옥시설 중 한쪽의 분리)에 의해서 이루어졌다. 모든 여성 범죄자들은 카운티 교화원에 수감할 것을 명령했던 매사추세츠 주는 19세기 중반 유일한 예외였으며, 이러한 관행은 남북전쟁 후 급속히 전파되었다.

여성수용시설의 분리는 여성 범죄자들의 숫자가 적었기 때문에 느리게 발전했다. 19세기 범죄는 여자들이 좀처럼 침범할 수 없는 남자들의 세계였다. 1872년과 1910년 캘리포니아의 오클랜드에서 체포된 10명 중 9명은 남자였다. 적어도 오클랜드에서 여성의 대부분은 흉악범죄나 매춘과 같은 윤리적인 범죄보다는 만취와 공공질서 문란죄로 체포되었다. 거의 남자의 전유물이었던 그런 행동을 한 남자보다 질서를 문란시킨 여성들에 대한 공공의 분노가 훨씬 더 심했다.

남북전쟁 후 입법자들은 여성 범죄자들의 성공적인 갱생을 위해서는 독립된 시설이 필요하다는 것을 점차 인식하게 되었다. 1873년 인디애나 주는 최초의 여성 교도소를 열었고 4년 뒤 매사추세츠 주와 1881년 뉴욕 주가 뒤를 이었다. 각각의 경우에 있어서 여성의 복지향상에 주력한 사적인 박애주의 운동은 새로운 기관을 설립하고자 입법자들을 설득했다. 여성 범죄자들을 위한 교도소는 성별 · 개인적 훈육과 현모양처에 대한 빅토리아시대의 태도를 여성죄수들에게 주입하려는 사회의 대전제를 이들의 프로그램에 반영했다.

주 입법자들 역시 종종 좀 더 경험이 많은 죄수들과 함께 수감된 젊은 범죄자들의 절망적인 상황에 민감하게 되었다. 1825년 뉴욕 주는 21세 이하의 남성초범의 경우에 공간이 이용 가능하면 지역 교화원에 수감하도록 했다. 1861년 미시간은 젊은 범죄자들에 대해 후견적인 환경을 제공할 목적으로 디트로이트 교화원을 설립했다. 가장 유명한 대책은 뉴욕 주의회가 "당대의 최상의 아이디어"라고 한 브록웨이의 엘마이라 갱생원이었다.[33] 뉴욕 주의회는 이 갱생원에는 단지 16세에서 30세까지 중죄를 지은 초범만을 수용하도록 강제했다. 엘마이라는 조건부 석방제도를 운영했고, 작업과 교육내용의 편성은 죄수들이 생산적인 삶을 영위하기에 적합하도록 했다. 브록웨이는 직업훈련의 배경으로서 교도소 산업의 이용에 선구적이었다. 그의 목표는 죄수 개인의 완전한 갱생이었다.

소년법원

소년법원은 남북전쟁 후 개별적인 처우 등 교정의 주요한 특징을 구체화한 것이었다. 비행 청소년을 위한 재판제도의 제공은 보호시설과 더불어 오랫동안 시행되었던 재량행위의 확대였다. 이러한 취지에 따라 1899년 일리노이 주법 아래 시카고에 설립되었던 전국 최초의 소년법원은 후대들이 초창기의 관행을 폐기하기보다는 이를 계승 발전시켜왔다는 구체적인 증거였다.

소년범죄 사건이 빈번하게 발생하자 사적 시민단체가 개혁을 주장했다. 시카고 여성회는 비행청소년의 처우에 대한 변화를 요구하며 1890년대 쿡 카운티 교도소에 적극적인 관심을 보였다. 1898년 청소년 범죄에 대한 대배심 조사는 관리부실, 부패와 학대가 자행되고 있다는 여성회의 주장에 신뢰를 더했다. 이러한 증거로 무장한 여성회는 시카고에 독립된 소년법원을 설립하려고 스프링필드의 입법자들을 설득했다.

이러한 법률은 **후견인으로서의 국가** 개념 아래 청소년의 복지에 대한 사법적인 규정의 구체적인 증거였다. 법원은 '청소년 보호' 기관이었다.[34] 소년법원은 전과기록의 오명에서 벗어나도록 하고 불쾌한 가정환경으로부터 아이들을 구출했다. 소년법원은 기소된 자에 따라서 전통적인 기소절차를 우회하기 위해 의도적으로 설치된 것으로서 이론상으로는 아이들 각자의 필요에 따른 법관의 수혜적 재량권을 대체했다. 소년법원은 처벌을 위한 곳이 아니라 적절한 도움으로 유용한 중산층 정도의 삶을 영위하도록 아이들을 돕기 위한 것이었다.

유죄답변의 합의

관료주의적 형사재판제도의 재량권 확대는 재판제도에서 공동체의 가장 중요한 목소리인 배심제를 깎아내리는 관행인 유죄답변의 합의에서도 수면 위로 부상했다. 유죄답변의 합의는 검사와 피고 측 변호인 사이의 유죄를 인정하는 답변과 그에 대한 대가로 형량을 경감시키기로 하는 검사와 피고 측 변호사 사이의 합의도출을 말한다. 이러한 관행의 기원은 확실하지 않으나 19세기 중반에 기능을 발휘하기 시작한 것으로 보인다. 1860년대 뉴욕 시 지방검사는 범죄를 가볍게 하기 위해서 유죄를 인정하도록 권장했고 이러한 거래는 "언제나 책상 밑에서 이루어졌다."[35] 보호관찰제도의 발전이 유죄답변의 합의를 자극한 것처럼 보인다. 19세기 말 보호관찰이 인정된 개인에 대한 연구는 이들이 자주 무죄에서 가벼운 범죄의 유죄로 답변을 변경했음을 지적했다.

엄청난 사건 처리의 압력과 넘쳐나는 교도소는 유죄답변의 합의를 권장하게 된 주원인으로 종종 인용되었다. 유죄답변의 합의는 유죄가 명백한 사건을 편리하게 해결할 수 있는 이점을 가지고 있었다. 또 다른 경우에 유죄답변의 합의는 검사가 1급 살인죄로 기소했으나 범죄의 모든 요건을 완전히 증명하지 못하고, 2급 살인죄와 같이 좀 더 가벼운 죄의 구성요건을 충족하는 경우에 유용했다.

유죄답변의 합의는 피고의 입장에서도 그가 유죄인 경우라면 유용할 수 있다. 19세기 형사재판은 주먹구구식이었고 대부분이 유죄로 끝나는 엉터리였다. 예를 들어, 1890년대 플로리다의 레온 카운티의 흉악범 재판은 약 1시간 정도 걸렸고 대부분의 사건에서 피고의 유죄가 인정되었다. 19세기 말 조지아 주에서 흑인 10명 중 8명은 유죄였고 백인은 10명 중 6명이 유죄였다.[36] 재판에 가는 것은 유죄인 피고에게 아주 약간의 성공 가능성만을 제공했고 반면에 좀 더 가벼운 범죄의 인정은 자신의 운명을 스스로 결정하게 했다.

경찰과 19세기 말 사회복지

19세기 경찰은 두 가지 변혁을 경험했다. 첫째는 대략 1850년에서 1885년까지, 둘째는 1890년대의 경험이었다. 첫째 기간에 경찰은 군대조직처럼 중앙으로 집중하고 단복을 착용하는 대신에 순찰과 감시제도를 포기했다. 둘째 변혁은 조직보다는 경찰행동의 변화와 관련되었다. 1880년대 중반까지 경찰은 범죄 예방자와 같이 사회복지의 대리인에 가까웠다. 그 뒤 경찰이 계급통제보다는 범죄를 예방하는 대리인이 됨으로써 '위험한 계층'을 관리하는 범위가 좁아졌다.

남북전쟁 뒤 경찰력은 자치행정의 무기였고 이들의 임무는 오늘날 경찰임무와는 전혀 다른 내용을 포함하고 있었다. 경찰은 특히 경찰복이 이들을 눈에 띄게 만든 뒤에 긴급한 사회적 책임으로 간주되는 것을 수행했는데, 미아 찾기와 귀가조치, 오물방류의 적발과 부랑자의 야간숙소 제공 등이었다. 조그만 지역 공동체에서 어린이는 공동체로부터 물리적으로 멀리 떨어져 있지 않다면 결코 미아가 되는 경우는 없었으나 남북전쟁 후 불규칙하고 비인격적인 도시세계에서 어린이는 집에서 가까운 거리에서도 헤매다 쉽게 길을 잃었다. 부모와 친지들이 스스로 찾아나서는 경우도 있었으나 경찰은 이러한 문제에서 적극적이었다. 뉴욕, 시카고, 세인트 루이스, 워싱턴 D.C., 디트로이트와 피츠버그 시에서는 미아찾기 도움 요청이 동시에 많아졌다.

약 30년 동안의 단복착용 뒤에 경찰은 사회복지보다 범죄예방과 형법집행의 전문기능을 수행할 것이 기대되었다. 더구나 1890년대 무렵에 미아찾기를 포함하는 임무를 수행하는 자치도시의 전문적인 기관들이 등장함으로써 경찰이 범죄단속에 자유롭게 전념할 수 있게 되었다.

초창기 단복을 입은 경찰의 다른 주 임무는 노숙자들을 위한 야간숙소를 제공하는 것이었다. 경기가 나쁠 때 부랑자와 극빈자들이 경찰서 문 앞에 나타나면 경찰은 이들에게 숙소와 식사를 제공하기도 했다. 경찰은 범죄 예방자로서가 아닌 사회계급관리의 대리인으로서 행동했다. 그러나 1890년대에 이러한 활동은 좀 더 중요한 범죄예방 임무와 양립하기 어렵다는 비난을 받았다. 미아와 함께 '위험한 계층'의 관리는 경찰에서 새로운 사회 복지사에게로 넘어갔다. 경찰은 독립된 기구로 각각 여가활동, 계획수립, 건강과 복지를 담당하는 정부의 많은 기관 중의 하나가 되었다.

경찰이 도시의 일상생활에서 발생하는 문제점들에 대한 관리를 철회하자 이들은 또한 범인체포에도 소극적이 되었다. 경찰 전체의 체포율이 하락했고 또한 공공질서에 관한 체포율도 마찬가지였다. 경찰은 무질서한 사람들을 관리하기 위한 주도권 행사를 그만두고, 단지 시민의 요구가 있을 때만 행동했다. 경찰은 살인, 강도죄와 같은 '흉악' 범의 해결에 전력을 다했다.

경찰 전문화와 합리적 행정 개념은 1890년대에 형성되었으며, 진보시기에 획기적으로 발전하게 된 선구적인 개념이었다. 경찰 전문화에 대한 두 가지 자극제가 있었다. 첫째는 경찰의 부패에 대한 민심동요의 문제로서, 경찰 지도부는 경찰의회를 설립하고자 했다. 예를 들어, 1894년과 1895년 렉소우 위원회는 뉴욕 시경 간부가 고문을 통해 자백을 얻어내고 공금유용 등과 같은 독직사건에 연루되었음을 밝혔다. 경찰청장은 이러한 사건의 발생과 함께 1893년에 나중에 국제경찰청장협회가 된 전국경찰청장조합을 설립했다.

둘째로, 범죄활동을 억제하고자 전국적인 협력을 구했던 경찰은 자신의 관할경계를 넘어서기 시작했다. 예를 들어, 국제경찰청장협회는 1890년대 말에 개별 경찰부서의 기금을 지원받아 범인식별중앙기구를 설립했다. 의회조차 정보공유와 협력을 위한 연방후원기구를 설립하고자 경찰청장의 적극적인 활동을 촉구하기까지 했다. 이러한 노력은 1935년 연방수사국을 설립하는 길을 닦아놓았다.

실체적 형법

입법자들은 많은 법을 제정함으로써 19세기 사회와 경제의 점증하는 상호의존성에 대응했다. 이들은 법률이 인간의 행동을 안내할 수 있다는 생각에 대한 근본적인 믿음을 가지고 있었다. 예를 들어, 1822년 로드아일랜드 주는 단지 50개의 범죄만을 규정하고 있었으나 1872년 그 수가 128개로 증가했다. 1881년 인디애나 주는 300개 이상의 범죄를 특정해서, 인간활동의 겉모습을 덮어씌웠다. 특히 남북전쟁 후 모든 주는 경제적 독점, 낙태와 도박을 범죄화하는 법률을 제정하고 경제적 · 윤리적 활동을 규제하기 위해 형사처벌을 이용했다. 경제주기가 하강곡선을 그리고 있을 때 수많은 실업자가 양산되었고 주와 시의회는 경찰이 어려운 시기에 특별단속을 실시하도록 하는 다양한 부랑자 법률을 제정해 자치질서를 유지하려고 노력했다.

법령의 수가 폭발적으로 증가했음에도 불구하고 실체적 형법의 변화는 체포와 처벌의 제도적 장치가 변화한 것보다는 적었다. 그러나 법원이 중요한 법리의 일부를 더했다. 그중 하나는 영국 보통법에서는 허용되지 않았던, 법정에서 자신의 입장을 증언하기 위해서 사람을 고발하는 것을 허용했다. 둘째는 매사추세츠에서 처음 도입된 것(**Commonwealth v. Selfridge**, 1806)으로서 생명이 위협받는 절박한 상황에서 영국에서와 같이 공격자를 '피할 의무'를 지지 않으나 정당방어로 무력을 사용할 수 있었다(이는 흉기를 가진 '무법자'의 사살을 정당화하는 데 이용되었다.)[37]

남북전쟁 이전 개혁가들은 사형제 폐지를 주장했다. 1830년대 전국을 휩쓸었던 사형제 폐지운동의 물결은 존 퀸시 애덤스 대통령과 노예제 폐지론자인 윌리엄 로이드 개리슨과 같은 다양한 인물의 지지를 받았다. 1846년 미시간 주는 모든 범죄에 대해서 사형을 폐지했고 1849년경 다른 15개 주는 공개처형을 폐지했다. 그러나 이러한 노력은 남북전쟁의 발발로 교착상태에 빠지게 되었고 사형제에 대한 새로운 공격은 진보의 시대까지 이루어지지 않았다.

맥너튼 준칙과 형사상 심신상실

심신상실이나 정신장애는 범죄행위를 면책할 수 있다는 믿음이 실체적 형법에서 중요한 변화를 가져왔다. 이른바 심신상실의 면책주장은 윤리적 약점보다는 육체적 · 정신적 원인이 인간행동을 설명한다고 하는 사상인 19세기 과학적 자연주의의 영향을 반영했다. 우생학 운동, 유전학 연구와 유아의 심리적 훈육, 이 모두는 과학적 자연주의에서 비롯되었다.

보통법은 역사적으로 사람들을 자신의 행동에 책임지는 합리적이고 자율적인 존재로 취급했다. 유죄를 확정하기 위해서는 **범의**(**犯意, mens rea**)의 확정이 필요했다. 물론 정신병자는 이러한 요건을 충족시킬 수 없었다. 그러나 보통법은 엄격한 기준을 부과했다. 피고는 자신의 행위가 잘못되었다는 것을 판단할 수 있는 기초적이고 근본적인 능력이 부족하다는 것을 보여주어야 한다는 것이었다. 사람들은 부분적으로 정신착란에 빠질 수 없었다. 이는 모 아니면 도였다.

그러나 보통법은《심신상실의 법의학*Medical Jurisprudence of Insanity*》(1838)을 쓴 아이작 레이(Isaac Ray)와 같은 19세기 법의학자들의 연구로 발전한 인간행동에 대한 자연주의적인 견해와 배치되었다. 레이는 정신병자를 위한 수용소 건립 운동에 앞장 선 심신상실 연구의 국제적 권위자였다. 레이는, 뇌의 신체적 질병은 사람들이 자신의 도덕적 기준과 반대로 행동하게 하며, 전통적인 보통법상 준칙(사람은 자기 행동의 옳고 그름에 대해 알 수 있어야 한다)은 부당하게 엄격하고 과학적 지식과도 상반된다고 주장했다.

레이는 심신상실의 면책주장과 관련해서 19세기 가장 중요한 사건인 **맥너튼**(**Regina v. McNaghten**, 1834) 판결에 간접적으로 영향을 미쳤다. 대니얼 맥너튼(Daniel McNaghten)은 영국수상 로버트 필의 개인비서 에드워드 드러먼드(Edward Drummond)를 총으로 살해했다. 맥너튼은 필의 보수당원들이 자신을 기소할 것이라는 망상에 사로잡혀 있었고, 그러던 어느 날 수상과 그 당직자들을 미행한 뒤 드러먼드를 수상인 필이라고 착각해 등 뒤에서 총을 쏴 살해했다. 맥너튼의 변호인은 레이의 저서를 원용해 보통법상의 준칙을 에두르려고 시도했다. 법관의 설시에 따라 배심원단은 맥너튼이 심신상실의 이유로 유죄가 아니라고 평결했다.

이에 대한 항의가 거세게 일었으며 그에 대한 반응으로 귀족원은 여왕좌재판소에 심신상실면책 규정을 마련하도록 했다. 역설적으로 같은 법원은 보통법상의 준칙을 약간 완화한 맥너튼 준칙 혹은 '옳고 그름'의 준칙을 마련해 배심원들에게 피고의 무죄평결을 재고하도록 촉구했다. 맥너튼 준칙은 피고의 행동은 만약 그가 "자신이 하는 행동의 성질을 알지 못하고 심신의 질병으로 이성이 결핍되어서 그러한 행동을 했다면 면책될 수 있다"라고 했다.[38] 맥너튼 준칙은 "선례를 완전히 무용지물로 만들었다."[39]

그러나 이러한 준칙은 형사책임의 면책요건으로서 정신장애를 인정하는 데에서 한 단계 발전이었는데 왜냐하면 이전의 기준은 기소된 자가 '야수' 이상으로 옳고 그름을 알지 못했음을 입증해야 했다.[40] 맥너튼 준칙은 '이성의 결핍'이나 '심신의 질병' 은 무엇이 옳고 무엇이 그른지를 분간하지 못한 기소된 자의 실패의 원인으로서 증거가 될 수 있음을 허락했다.

미국의 경우 일부 주에서는 레이가 주장한 저항불능의 충동시험이라는 좀 더 자유로운 기준을 채용했다. 레이는 "사람들이 그 행동의 성질과 결과에 대해서는 충분히 인식하고 있지만 범죄행위 시에 저항불능이었던 사건들이 엄청나게 많다"라고 적었다.[41] 그러나 대부분의 주에서는 맥너튼 준칙을 20세기까지 따르고 있었다.

의사의 중요성 감소

심신상실면책의 인정은 19세기 입법자들이 의사(意思)개념을 깎아내리는 한 방법이었다. 보통법은 이성이 부족하거나 낮은 사람은 의사를 확립할 수 없다고 오랫동안 인식해왔다. 그리하여 만취자와 일정한 연령 아래의 어린이는 자신의 행위에 대해서 책임을 지는 범의(犯意)를 가졌다고 볼 수 없기 때문에 자신의 범죄행위에 대해서 책임을 질 수 없었다. 그러나 19세기 동안에 의사의 중요성은 이러한 전통적인 분야 이외의 문제에서 감소되었다. 의사 중요성의 감소는 두 가지 발전에서 비롯되었다. 첫째는, 형법의 목적이 처벌에서 반사회적 행위의 규제로 전환되었다. 증기기관과 20세기 초 자동차와 같이 위험한 기계의 운영은 새로운 사회적 책임을 만들어냈다. 형사상 과실개념은 무모한 행동을 억제하는 수단으로서 이러한 활동을 포함하도록 확대되었다. 예를 들어, 1850년대 이후 입법자들은 이전에 형법을 통해서는 단속할 수 없다고 보았던 회사에 대해서 형사상 소추할 수 있다고 보았다.

둘째로, 형법은 점차 재산보호수단으로서 중요성이 더해졌다. 보통법은 역사적으로 검사에게 기소된 자가 재산을 훔치거나 파괴하고자 한 의사를 가지고 있었다는 것을 확립하기를 요구했다. 19세기 말경 공동체의 재산을 보호하고자 제정된 새로운 법률은 악의적인 상해와 관련되지 않은 이러한 행위에 대해서도 범죄로 규정했다. '사취의사(詐取意思)' 라는 내용이 여러 가지 재산범죄에서 점차 빠져나갔다. 양도저당권이 설정된 재산의 매매, 부도수표의 발행, 사기로 재산의 획득, 공무원의 횡령과 기금의 고의유용은 검사의 의사입증을 요구하지 않는 범죄행위 목록에 추가했다.

'위험한 계층'의 사회적 통제

1900년경 현대적인 형사재판제도의 포괄적인 윤곽이 드러났다. 이러한 제도를 통해 실시된 사회통제는 노동력과 산업화와 도시화에 따른 안정된 사회질서를 훈육하기에 적합했다. 이러한 급격한 변화 속에서도 범죄율은 증가하기보다는 하락했다. '위험한 계층'이라는 용어와 도덕적 사악함이라는 개념은 시대착오적인 것이 되었고, 그 당시 과학의 지지를 받았으며, 인간성에 대한 자연주의적 입장에 근거한 범죄성의 과학적 설명으로 대체되었다. 전문화와 관료적 기구(경찰, 교도소와 가석방과 보호관찰제)가 대신 들어섰으나 가족, 동료, 교회를 통한 사회적 안정을 보장하던 전통적인 수단을 완전히 대체한 것은 아니었다.

그러나 '체계'라는 단어는 지나치게 포괄적이다. 이는 질서, 일상과 현재화되지 않은 효용성의 느낌을 전달한다. 대중통제, 지역적인 결정구조와 부패가 끊이질 않았었다. 그리하여 자경단은 "복수심을 가진 대중적 정의"와 다를 바 없었다.[42] 1856년(사업가들과 강력하게 연대한) 반아일랜드 샌프란시스코 자경단에서부터 재건기의 흑인 혐오단체인 큐클럭스클랜에 이르기까지 300개 이상의 자경단 운동이 19세기 미국에서 등장했다. 19세기의 마지막 16년 동안에 대부분 남부의 흑인과 서부의 잔류자에 대한 2,500여 건의 불법폭행이 기록에 남아 있다. 이러한 행동은 개인의 자유와 사회적 안정의 유의미한 균형 잡힌 조화를 달성하려는 법에 의한 지배와 분산되고 예산이 부족한 형사재판제도의 무능함을 비웃었다. 이는 정확히 진보의 시대 개혁가들이 형사 정의뿐만 아니라 사회와 경제에 있어서 광범위한 법의 역할을 달성하려고 노력을 기울였던 상황이었다.

10

법, 산업화와 규제국가의 시작: 1860~1920

Law, Industrialization, and the Beginnings of the Regulatory State: 1860~1920

남북전쟁 발발 이후부터 제1차대전을 거치는 동안 미국인들 삶의 모든 측면에 놀라운 변화가 일어났다. 대규모 이민은 국가의 문화와 인종의 혼합을 바꾸어놓았다. 이러한 새로운 이민자의 흐름은 미국인들의 이농천도의 지속적인 흐름에 통합되었다. 남북전쟁 직전에 도시인구(인구 2,500명 이상 공동체에 살고 있는 사람)는 전체 인구의 약 20퍼센트를 차지했었다. 1920년에 인구의 50퍼센트 이상이 도시에서 생활하고 있었다. 도시는 전국을 휩쓴 가장 급격한 변화를 상징하고 있었다. 경제가 상업과 농업에서 제조업과 산업으로 변혁되었다.

폭발적인 경제성장이 미국을 급상승시켰다. 모든 가능한 산업활동 지수가 상승했다. 철과 강철 생산량이 남북전쟁이 끝날 무렵 약 90만 톤에서 제1차대전 때에는 2,400만 톤으로 뛰어올랐으며, 1860년 방직 제조업자는 약 84만5,000가마니의 면화를 사용했으나 20세기 초는 400만 가마니의 면화를 소비했다. 철로는 1860년에 약 3만 마일에서 1910년 24만 마일로 늘어났다. 19세기 말 이미 매우 부유한 나라에서 미국처럼 그렇게 눈부신 경제성장을 한 나라는 없었다.

입법자들은 2개의 커다란 정치적인 발전이 이루어진 기간에 이러한 전면적인 경제변화에 대응했다. 첫 번째는 1830년대 최초의 양당제도에 그 기원을 두고 1890년대 말 눈부신 경제성장기가 끝날 때까지 중요한 역할을 했던 '정당정치 시기' 였다.[1] 이 기간은 대중적인 투표참여와 주요정당 사이에 법과 정치제도의 전통적인 분배역할의 영속화를 특징으로 들 수 있다. 두 번째 시기는 1890년대에 시작되어 제1차대전의 전흔 속에서 끝난 진보시기였다. 진보시기는 대중적인 투표참여의 감소와 정치에 뿌리를 두고 있는 분배적 정의의 전통적인 계획에 근거한 경제활동의 촉진에서 공공정책의 점증하는 관료적 · 비정치적인 모델에 근거한 규제활동으로 그 강조점이 변화한 것을 특징으로 들 수 있다.

기업의 경제활동에 대한 정부의 장려

자유방임주의적 개인주의

남북전쟁 이전의 개인주의와 자유방임의 이데올로기는 19세기 말 산업혁명에 대한 법적 대응의 중요한 부분을 차지하고 있었다. 이러한 개념들은 개별적인 고용주와 고용자가 자유시장에서 경쟁하도록 남겨두는 경우에만 가장 비용이 저렴하고 높은 생산성이 발생할 수 있음을 제공하고 있었다. 일부 경제학자들은 자유시장을 현세의 개인을 이롭게 할 뿐만 아니라 '내세의 삶을 위해서' 준비하도록 하는 '신법(神法)' 의 작용으로서 기술함으로써 주제의 호소력을 더했다.[2] 이들의 주장은 경제에 대한 정부의 간섭은 생산성을 그리고 궁극적으로는 공공이익을 위협한다고 했다. '계약자유(정부로부터의 자유, 개인의 경제적 운명을 결정할 개인의 능력)' 의 개념은 그 시대의 유행어가 되었다. 1887년, 민주당 출신의 대통령 그로버 클리블랜드(Grover Cleveland)는 "국민은 정부를 지지한다고 하더라도 정부는 국민들을 지지할 수 없다"라고 언급하면서 가뭄피해를 입은 텍사스 농부들에 대한 소규모 지원책에 거부권을 행사했다.[3] 뉴욕주 출신의 공화당 상원의원인 로스코 콘클링(Roscoe Conkling)은 거의 비슷한 시기에 다음과 같이 언급했다. 주가 할 수 있는 모든 것은 "장애와 위험을 제거하고, 삶을 영위하는 데 있어서 각계각층의 사람들을 자유롭고 안전하게 내버려두는 것이다."[4]
자유방임주의적 개인주의 관점에서만 법률상의 발전을 설명하는 데에는 어려움이 따른다. 그 당시의 중요한 문제는 경제가 성장해야만 하느냐(그 당시는 당연히 경제성장을 이룩해야 한다는 광범위한 합의가 있었다)의 문제가 아니라 어떻게 경제성장을 관리하고 사회적인 혜택을 가져다줄 것인가의 문제였다. 경제에 대한 정부의 개입여부에 관한 논쟁이 아니라 연방의회와 주의회가 정부의 적절한 역할로서 경제의 장려 혹은 규제를 강조해야 할 것인지에 대한 논쟁이었다. 산업화와 도시화는 자유방임이론과 입법자들의 활동을 다양화시키기에 충분한 사회적 압력을 가했다.

기업의 경제활동에 대한 연방의 장려

남부의 탈퇴로 북부 공화당원들이 의회를 장악했고 이들은 입법부의 분배적 경제역할을 추구했던 전통적인 헌법상의 입장을 취했다. 공화주의자들은 경제적인 국가주의와 함께 개인의 권리를 증진시키기 위한 연방정부의 적극적인 책임을 강조하던 노예 폐지론자들의 주장을 혼합했다. 적어도 이론상으로 정부활동의 영향력은 광범위하게 국가 전체에 미쳤고 실제적으로는 초창기 공화당의 정책들은 대기업을 위한 기초를 다졌다.

의회가 부자들에게 준 혜택은 각 분야에 걸쳐서 풍부했다. 예를 들어, 의회는 눈부신 성장기 동안에 전국적으로 유일하고, 가장 중요하며 가장 두려운 기업이었던 철도의 성장을 촉진하기 위한 직접적인 책임을 졌다. 의회는 토지수여 정책을 통해 대륙횡단철도 개발업자들에게 엄청난 보조금을 확대했다. 1862년 태평양철도법은 최초의 대륙횡단 철도회사인 태평양-중앙태평양철도회사에 엄청난 양의 연방토지를 무상으로 수여했다. 2년 뒤 의회는 북태평양철도회사에 더 많은 토지를 수여했다. 결국 의회는 1억3,100만 에이커의 연방토지를 사기업인 철도 건설업자들에게 넘겨주었고 주에서는 추가로 4,900만 에이커를 기부했다. 1900년경 철도 건설회사를 원조할 목적으로 수여된 토지의 양은 텍사스 주만큼이나 넓었다.

의회는 다른 방법에 있어서도 마찬가지로 적극적이었다. 예를 들어, 1862년 의회는 농업문제에 대한 전국적인 관심을 불러일으켰던 차관급 부서인 농무성을 설립해 상원의원과 하원의원을 선출하고 있는 모든 주에 3만 에이커의 연방토지를 수여하는 모릴토지수여법(Morrill Land-Grant Act)을 통과시켰다. 이 토지들은 전체로서 경제에 큰 영향을 가져다줄 일반적인 지식생산을 장려하면서 좀 더 나은 과학적인 농업을 위해 적어도 하나의 농업대학을 후원하도록 했다. 25년 뒤 의회는 농업 시험장을 위한 연간예산을 폐지하는 해치법(Hatch Act)을 통과시켰다.

의회의 적극적인 경제 활성화 정책은 관세와 은행 관련 입법도 포함하고 있었다. 전자는 수입품에 관세를 부과함으로써 철강과 같은 유치산업을 보호했다. 1890년 공화당 주도의 매킨리관세법은 남북전쟁 이전의 수입 관세율(정부운용에 필요한 예산확보를 위해 제정된 관세)을 훨씬 상회했다. 우드로 윌슨(Woodrow Wilson)의 민주당 행정부의 집권 초기인 1913년에 제정된 언더우드관세법조차 많은 산업 분야에 대해서는 관세를 상당히 낮추었지만 유치산업 보호라는 일반적인 개념은 유지했다. 전국은행법은 신용협의를 용이하게 했고, 그리하여 제조업 확장에 필요한 자본의 이용을 가능하게 했다. 1863년 전국은행법은 이른바 전국은행을 설립해 발행한 유통어음을 기업들에게 건전하고 통일된 교환수단으로 제공했다. 그러나 진보시기에 장려입법은 종종 지나치게 규제적인 요소를 가지고 있었다. 1913년에 설립된 연방준비은행제도가 대표적이었다. 이는 신용시장을 훨씬 강력하게 해 기업활동을 자극했으나 중앙은행과 12개 지부를 통해서 경제에 대한 연방의 감시를 한층 강화했다.

의회는 또한 홈스테드법을 제정해 군대를 동원해 인디언들이 차지하고 있던 서부를 정리하고 수상 관련 산업을 활성화하기 위해 강과 항구에 대한 광범위한 작업을 감독함으로써 개척자들의 영구적인 정착을 도왔다. 이러한 장려활동은 경제에 대한 연방 개입의 뚜렷한 증거였다. 의회는 사람들이 바라는 대로 국가의 자연적인 부를 적재적소에 배치함으로써 개인의 창조적인 경제적 에너지를 분출하도록 촉진했으나 종종 불공평한 결과를 가져오기도 했다. 예를 들어, 철도는 새로운 도시, 새로운 일과 새로운 비즈니스를 의미했고, 투자한 기업가들에게는 엄청난 개인적인 부를 가져다주었다.

기업의 경제활동에 대한 주의 장려

제1차대전 이전에 주 경제정책을 특징지을 수 있는 창조적인 경제적 에너지의 분출은 어포매톡스(Appomattox) 후에 더 강해졌다. 각 주가 그 경제적 행운을 지지하기 위해 법을 통해 추구했던 주의 중상주의는 여전히 중요한 요소로 남아 있었지만, 전쟁 전의 재정파탄에 대한 기억이 지나치게 관대한 주의 지원책을 가져오게 했다. 사기업의 공적 지원에 대한 19세기 중반 주헌법상의 제한은 20세기에도 잘 유지되었으나 그럼에도 불구하고 모든 주의 입법부는 새로운 기업을 유치하려는 다른 주들의 노력과 경쟁하기 위한 법적 수단을 강구했다.

주의회들은 철도건설을 보조하기 위한 새로운 방법을 고안했다. 그 중 가장 선호하는 방법은 지방지원법이었다. 이러한 법률들은 면세된 채권을 통해 철도회사의 주식을 인수하도록 시와 카운티에 권한을 강화시켰다. 다른 경우에 지방정부는 철도가 그 지역에 도달할 수 있다는 약속 아래 개발업자들에게 보조금을 지급했다. 기업가들은 자본을 이용 가능하게 되었다. 예를 들어, 뉴욕 앤 오스웨고 철도회사는 "지역의 지원을 얻기 위해 뉴욕 주 북부지역을 굽이굽이 흘러 글자 그대로 약 50여 개의 지역을 거치는 250마일의 미로를 건설했다."[5]

지방의 지원책은 다른 방식으로도 주어졌다. 예를 들어, 1869년 일리노이 주는 철도회사 채권을 발행한 지방정부에 세금우대 조치를 취했다. 1866년과 1873년 사이에 29개 주의회는 철도회사에 지원책을 수여하기 위한 800개 이상의 제안을 승인했다. 대표적인 3개 주(뉴욕, 일리노이와 미주리 주)는 7,000만 달러 이상의 지원책을 승인했다.[6] 일부의 경우에 주 정부는 철도회사에 직접적으로 혜택을 가져다주는 내부개선을 시행하기도 했다. 1865년 매사추세츠는 보스턴에서 서쪽으로 직행노선을 놓기 위해 버크셔 산맥을 관통하는 5마일 길이의 후색 터널 건설을 재정적으로 후원했다.

그러나 1870년대에 직접적인 지방의 지원책은 막을 내렸다. 자유방임사상은 정책상 이러한 변화에 별다른 영향을 미치지 못했다. 오히려 주 입법자들은 지나치게 의욕적인 주의 경제개발 계획을 가지고 경제적으로 어려운 시기를 이겨내려는 일반의 감정에 대응했다. 1873년의 불황에 이은 대규모 파산, 사기와 채권의 횡령은 주의 철도건설 장려정책에 마침표를 찍었다. 상황이 나빠지자 입법자들은 지원책을 철회했고, 비록 직접적인 지원책의 중요성이 점점 약화되었지만, 상황이 나아졌을 때 지원책을 마련했다. 물론, 철도는 계속해서 성장해 1880년에 9만3,000마일에서 1920년에 26만 마일로 확장되었다. 이러한 성장은 비록 초창기의 직접적인 주의 지원책이 철도회사의 경제적인 도약에 결정적이었지만 회사의 수입과 사적인 투자로부터 비롯되었다.

주의 경제지원 활동은 다른 형태로 나타났다. 시장의 다양한 측면에 대한 자료를 수집하기 위해 기관들이 19세기 말과 20세기 초에 앞다투어 등장했다. 1869년 매사추세츠는 노동자들의 사회적인 상태를 점검하기 위한 통계를 얻고자 전국 최초의 노동청을 설립했으나, 과학적인 관리 개념으로 무장한 회사 관리자들은 이러한 동일한 자료를 노동시장을 평가하기 위해 이용했다. 주에서 장려와 규제의 목적은 자유방임 이론이 제시한 것보다 실제적으로는 훨씬 더 상호보완적이었다.

경제적 특권의 분배: 공공수용

주의 장려활동 역시 공공수용과 회사설립이라는 가장 중요한 두 가지의 특권을 분배하는 데에서 중요한 역할을 했다. 자유방임사상의 가장 눈에 띄는 예외 중 하나인 사유재산에 대한 공공수용의 전성기는 약 1870년에서 1910년까지 지속되었다.[7] 남북전쟁 이전에 주헌법에 그 권한을 둔 주의회는 공공목적으로 사유재산을 수용(적법절차와 정당한 보상조항에 해당)하기 위해 사기업에 권한을 부여했다. 이러한 수용은 전체 공동체의 이익에 크게 이바지하고 '공공의 권리'를 사유재산의 이해보다 우선시했다.

1870년대 초에 주의회는 특히 발전을 시작하고 있는 서부에서 공공수용법에 대한 새로운 묘안을 생각해냈다. 이들은 사기업에 사적인 목적으로 사유재산을 수용할 수 있는 권한을 인정했다. 1875~1876년 콜로라도 제헌회의에 파견된 대표자들은 이러한 조항을 포함한 전국 최초의 기본법을 제정하면서 그 길을 열었다. 헌법의 이러한 내용은 주의 특허를 가지고 있는 광산회사에 특히 중요했다.[8]

대부분의 서부지역 의회들은 이를 원용하려는 다양한 경제적 이해관계를 반영해 공공수용권을 제정했다. 이러한 의미에서 공공수용은 경제적 다원주의를 반영한 분배적 공공정책이었다. 서부 주에서 공공수용권을 둘러싼 정치적 · 법률적인 대소동은 많은 것을 암시하고 있다. 농부, 목장주와 광산업자들의 충돌은 전형적으로 권한이 어떻게 이용되어야 하는가보다는 권한으로부터 누가 혜택을 보는가(작물과 가금류의 축산을 위한 관개를 위할 것인지 광물의 추출을 위할 것인지)에서 비롯되었다. 대부분의 서부 주들은 모든 이해관계자들에게 약간씩의 이익을 가져다주는 절충적인 접근방식을 취했다. 아이다호 주의회는 사적인 개인이 공공수용권을 통해 추구할 수 있는 경제활동의 자세한 목록을 준비했다. 이러한 목록에는 "부두, 선착장, 방파제, 수로, 나루터, 다리, 유료도로, 샛길과 광산과 농장에 용수의 공급"을 포함하고 있었다.[9]

서부의 건조지역에서 공공수용권은 정착과 경제발전을 촉진하기 위한 관개에 이용되었다. 법률에 대한 도구적 입장은 경제적 진보를 원활하게 만들었으며 그리하여 자유방임이론을 무용지물로 만들었다. 서부용수법을 지배하는 원칙인 선점용(先占用)의 법리는 물을 먼저 유용하게 이용하는 사람이 배타적인 이용권을 갖는다고 인정했다. 그러나 이러한 원리는 만약 용수권이 이미 다른 사람에게 인정되어 이용자가 용수에 대한 이점을 가지지 못한다면 별 의의가 없었다. 일부 토지소유자들의 재산권이 침해되었던 것은 확실하다. 대부분의 서부 주에서 사적 개인은 자신의 토지에 물을 대기 위해 주의 공공수용법을 주장할 수 있었다. 19세기 말 건조한 로키 산맥의 여러 주 의회들은 지속적으로 감소하고 있는 지하수의 개발계획을 승인했다. 일부 주는 희소자원의 할당을 돕고자 카운티 수자원공사를 설립했다.[10]

1910년 무렵에 공공수용 활동의 폭발은 기업이 이러한 특권을 남용했다는 불평이 속출하자 종말을 고했다. 그러나 공공수용은 사라지지 않았고 의회는 배심원들이 사기업이 수용한 모든 사건을 심리하도록 하는 법규를 포함해, 공공수용을 주장하기 위한 요구조건을 까다롭게 만들었다. 20세기 말까지 지방자치단체는 도시계획과 재건을 위해 좀 더 새롭고 공적으로 믿을만한 형식을 취하고자 공공수용을 주장했고, 반면에 연방정부는 테네시 계곡 개발공사와 같이 주요 지역의 기업 경제활동을 발전시키고자 이에 의존했다.

1897년 미국 연방대법원은 시카고 시의 주간(州間)철도 용지의 수용은 제14차 연방수정헌법의 적법절차 조항에 대한 실질적인 위반에 해당하기 때문에 보상을 해야 한다고 판결했으며, 그리하여 연방정부가 관련되지 않은 공공수용에 관한 논쟁에 뛰어들었다. 미시간 주대법원은 **해스콕(County of Wayne v. Hathcock**, 2004)[11] 사건에서 재산권이 경제발전을 위해서 수용되고 사적 법주체에게 이전될 수 없다고 판결한 반면에, 연방대법원은 **켈로(Kelo v. New London**, 2005) 사건에서 코네티컷 주 뉴런던 시의 경기가 부진한 지역의 통합적인 개발계획을 위해 개인의 주택을 수용할 수 있다고 승인함으로써 달리 판결했다.[12] 그러나 이 판결에서 4명의 반대의견이 있었으며 일반공중은 이러한 재개발 계획에 일부 주의회들이 자신들의 공공수용법을 수정함으로써 사적인 투자자가 이의가 제기된 수용으로부터 이익을 볼 수 있다는 것에 크게 반발했다.

기업

남북전쟁 이전 주들은 경제활동을 촉진하기 위해 회사의 특권을 인정했다. 1860년경 대부분의 주들은 비록 기업의 대부분이 여전히 특별칙령에 따라 기업을 조직하기를 선호했지만 일반적인 회사법을 제정했다. 19세기 말 민주당과 공화당의 주 입법자들은 회사설립의 자유를 크게 인정함으로써 좀 더 나은 기업환경을 조성할 수 있다는 것을 깨달았다. 웨스트버지니아, 뉴저지와 (궁극적으로) 델라웨어 주는 회사에 광범위한 권한을 수여함으로써 기업하기 좋은 곳으로 만들어 기업들을 유치했다. 이미 자유로운 회사법을 가지고 있어, 존 록펠러(John D. Rockefeller)의 강력한 스탠다드 정유회사가 오하이오 주를 떠나 재건토록 했던 뉴저지 주는, 1899년 회사법을 개정해 "기업의 행동과 지위를 공적이 아닌 사적 문제로 취급했다."[13] 뉴저지 주법은 지주회사가 외국기업의 주식을 소유할 수 있도록 특허회사의 설립을 가능하도록 만들었다. 1903년 매사추세츠 주 입법자들은 "일반적인 회사는 개인이 할 수 있는 어떠한 일도 할 수 있도록 허용되어야 한다"라고 주장함으로써 회사법의 새로운 정신을 포착했다.[14]

지방 공공단체

주는 또한 지방 공공단체의 운용에 대한 규정을 완화함으로써 경제성장을 촉진했다. 특별칙령은 일반칙령에 길을 내주었다. 지방 공공단체는 자신의 문제들을 관리할 상당한 권한과 독립을 획득했다. 도시인구의 팽창과 제조업의 중심으로서 시의 경제적 중요성의 증가는 상당한 수준의 지방자치를 필요로 했다. 전통적인 특별칙령 아래 의회는 시의 운용문서를 개작하거나 개정했다. 일반칙령에서조차 시정의 광범위한 부패를 포함해 무수한 문제점들을 다루는 데 있어서 지방자치단체의 유연성을 부정하면서 때때로 의회의 감독을 요구했다. 지방 공공단체의 개정요구는 지방자치와 결부되었고 이 양자는 시의 경제적 건전성에 결정적인 역할을 했다.

19세기의 마지막 25년 동안에 고유권적 지방자치 원칙이 위와 같은 문제의 해결책으로 등장했다. 1875년 미주리 주헌법은 고유권적 지방자치 원칙 조항을 포함한 최초의 주헌법이었다. 이에 따라 지방자치단체에는 일정한 입법조항을 준수한다는 서약 아래 그 지방의 문제에 대한 통제권이 주어졌다. 이러한 내용 중 가장 중요한 것은 지방자치단체의 차용권과 관련되었다. 비록 1890년에 캘리포니아 주가 3,500명 이상의 주민이 거주하고 있는 공동체에 특권을 확대했지만 고유권적 지방자치 원칙은 일반적으로 규모가 큰 지방자치체에 적용했다. 고유권적 지방자치 원칙은 지방정부의 운영과 계획에 도움을 주는 반면에 지방정부의 상시적인 운영을 감독하는 데 많은 시간을 할애했던 의회를 자유롭게 했다.

지방공공 단체에 수여한 이러한 권한증대의 결과로, 사기업이 공적인 지방자치 수자원 공사로 전화되는 일이 꾸준히 증가했다. 19세기 말 무렵에 공중보건 관리들은 정수된 물을 이용할 수 없는 사람들 중에 콜레라와 이질이 특히 많이 발생한다는 것에 주목했다. 이러한 전문가들은 수돗물이 공급되지 않는 지역에 사는 가정부를 고용하는 시의원들을 설득해, 전 지역에 수돗물을 공급하는 공적 상수도 체계를 확립하는 것이 모든 사람에게 도움이 될 것이라고 주장했다. 그 결과 사적인 것에서 공적인 상수도 체계로의 전환과 일치하는 도시 사망률의 지속적인 하락이 전국적으로 일어났다. 이러한 자료에 대한 베르너 트로스켄(Werner Troesken)의 분석은 사망률이 이민자와 흑인들이 많이 살고 있는 지역에서 가장 많이 하락했음을 보여주고 있다.[15]

분배정책에 대한 공격

이러한 지원정책의 이면에는 정당정치 기간에 정치참여를 주도하고 자원과 특권의 분배에 관여한 정당이 있었다. 각 주에는 1890년대 뉴욕 주의 공화당 토머스 플랫(Thomas C. Platt)과 민주당 데이비드 힐(David B. Hill)과 같은 당의 실력자들이 있었다. 도시의 정당조직은 최근 이민자들로 조직되었고 이들에게 긴급하고 필요한 서비스를 제공했다. 정당들은 유권자 수를 늘려나갔고 통치기능을 가진 조직을 만들었으며, 그중에서도 특히 주목할 만한 것은 개인과 단체에 자원과 특권을 분배하는 의회였다. 이어서 이러한 단체들은 선거에서 자신들이 선택한 정당에 보답했다. 그러나 산업화와 도시화는 이러한 전통적 분배구조가 수용할 수 없는 사회적인 변화를 발생시켰다. 제3의 정당결성과 사회개혁 운동이 불만이 많은 사회 구성원들에게 봉사하도록 고안된 법과 법률제도에 대한 새로운 견해를 촉구하기 위해 즉각적으로 전개되었다.

대중주의자, 중립파와 법

대중주의자들은 자유방임사상과 전통적인 분배정책에 최초의 반격을 가했다. 1880년대 말과 1890년대 초에 농민공제조합으로 알려진 사회적 상호부조단체로 시작된 대중당은 기존의 정치조직과 확연히 구별되었으며 농부(흑인과 백인), 노동자와 일부 지역에서는 소상인을 도울 목적의 강령을 가지고 있었다. 대중주의자들은 심각한 경제적 어려움이 정부에 대한 '재계(대기업과 특히 철도회사)'의 통제력이 커지는 산업화로 야기되었다고 주장했다. 대중주의자들은 집중된 부자들의 권력을 해소하는 것이 유일한 해결책이라고 주장했다.

대중주의자들은 정부에 그 역할을 분배에서 규제와 관리로 전환할 것을 촉구했다. 정부는 국민들의 생활조건을 개선하기 위한 적극적인 공공정책을 추구하도록 요구받았다. 예를 들어, 1892년 전국적인 정강의 선언에서 대중주의자들은 철도의 국유화, 공공토지의 보호, 산업독점의 종식, 철도의 운임과 화물료의 규제, 누진소득세와 채무자의 이해를 돕는 화폐를 우선시하고자 금본위제의 폐지를 요구했다. 각각의 주에서 대중주의자들은 1890년 네브래스카와 캔자스 주의회에 대한 정치적 통제를 장악했고 1880년대에 다른 농촌지역의 주의회에서 강력한 대표권을 행사했다. 이들은 또한 철도와 정미소가 부과하는 요율을 규제하기 위해 (직접적으로 정치적인 영향을 받지 않는) 행정기관의 설립을 주장했다.

전통적인 정부의 분배역할과 그에 대한 당파적인 규제에 대해 반대하는 사람, 전문가, 지식인, 성공한 기업가와 전통적인 부자를 포함한 도시의 사회적인 엘리트로부터도 제기되었다. 부분적으로 이러한 그룹들은 자신들이 지금까지 해오던 지도적인 역할에서 밀려나게 된 것과 정치 운영자들과 이민자들과의 연대가 '적임자'로부터 정치적인 통제를 빼앗아간 것에 대해서 불쾌하게 생각했다. 이들은 '공평무사', '불편부당', '전문가'의 가치를 강조했다. 1880년대 중반 이러한 개혁가들은 중립파로 알려진 전국적인 운동을 전개해 전국적으로 이들은 정부의 파당적인 관리보다는 과학적 관리, 오스트레일리아로부터 비밀선거의 도입과 도시정치의 개혁을 촉구했다.

미국 정치사 전체를 관찰해보면 알 수 있는 것과 같이 대중주의자들과 중립적인 개혁운동의 대부분은 궁극적으로 두 주요정당에 흡수되었고 특히 민주당과 공화당 지도자들이 이러한 개정운동을 받아들이는 데 실패한 경우에는 정치적인 패배를 안겨주었다. 이러한 개혁운동의 흡수는 결코 완벽하지 않았고 종종 우연적이었으나 1893년 경제공황은 1896년 대통령 선거에서 정치적으로 주요한 재편성이 이루어질만큼 매우 놀랄만했고, 미국에서 오랫동안 지속되었던 정치적인 균형은 1896년 공화당의 대승으로 종말을 고했다. 그 뒤 양당은 과거에는 급진적이었던 대중주의자들의 주장의 대부분을 수용하는 방향으로 선회했다.

진보시기와 법

입법자들은 산업화에 대응했으나, 19세기 말 경제에서 발생한 문제점들은 1920년경까지는 전국적인 수준에서 **충분히** 대응하지 못했다. 산업화의 문제점에 대한 대응은 나중에 '진보시기'로 알려진 1880년대의 경험을 가진 대부분의 주에서 좀 더 신속하게 이루어졌다.

공공정책 문제에 대한 과학적·이성적인 해결을 강조하는 진보적인 운동은 또한 정부에 대한 대중적인 참여의 감소를 가져왔다. 조화되지 않은 사회적 그룹(흑인 대중주의 운동을 지지했던 남부의 가난한 백인들과 거대한 정치조직과 사회주의에 경도된 이민자들)의 중요성은, 선거인 명부등록, 무소속 투표와 참정권을 제약하고 정당조직의 통제를 약화시키는 다른 장치들과 같은, 진보적인 '개혁'에 의해서 정치적인 변화 속에서 감소되었다. 이러한 변화는 정부를 잘 조직된 경제적인 이익단체에 적절하게 대응하도록 도왔고 이러한 유형은 20세기 내내 계속 발전했다.

정부의 기능이 점차 규제와 관리 쪽으로 방향을 선회한 동시에 선거참여는 감소했다. 이러한 변화와 함께 적극적인 유권자에게 공공정책의 근거를 둘 필요성은 '정당

정치 기간'에 보았던 것처럼 사라졌다. 대중적인 합법성보다는 전문적인 의견들이 미국사회와 경제를 재편성하기 위한 많은 법률들의 이론적 근거를 제공했다. 1904년 대통령 선거에서 투표자가 1836년 이래 최초로 70퍼센트 아래로 떨어졌다. 8년 뒤에는 다시 60퍼센트 이하로 크게 하락했다.

진보주의는 하나의 통일된 운동이 아닌 다양한(모순적이기까지 한) 동기를 가진 전혀 이질적인 단체의 집합이었다. 일부 진보주의자들은 경제적 효용의 목표를 추구했다. 예를 들어, 기업가들은 과도한 산업화가 좀 더 효율적이고 유리한 시장의 이익을 감소하게 만들었다는 것을 인식하기 시작했다. 진보주의 운동 내부의 시민 지도자들은 구태의연한 정당원리에 입각한 경제적 부담을 덜고자 했다. 이들은 이민 유권자들의 정치력을 약화시키는 노력의 일환으로서 선거구 개정을 촉구했다. 다른 진보주의자들은 이와 같은 이민자들의 다수를 위한 사회정의를 실현하고자 노력했다. 예를 들어, 제인 애덤스(Jane Addams)는 집 없는 사람과 빈민의 삶의 질을 향상시키고, 정치적인 안정과 법에 의한 지배의 믿음을 위협하는 것처럼 보이는 사회적 부조화를 종식시키고자 노력했다. 다른 사람들은 여전히 좀 더 강력한 공중보건법과 기관, 식품과 의약산업의 규제, 현대경제를 위한 좀 더 효과적인 청소년 교육과 좀 더 전문적인 경찰과 지방자치 정부의 관리들을 추구했다.

진보주의자들은 사실 많은 공통점도 가지고 있었다. 가장 눈에 띄는 것은 사회현실을 직시하고 알고자 하는 태도였다. 새로운 "계산된 자유재량"이 "사회관계의 인과관계에 대한 사실문제를 생각하고 공동체 전반에 미치는 손익대차대조표를 합계하기 위한 새로운 경향"을 포함하는 공공정책의 결정에 도입되었다.[16] 19세기 초 미국법 발전에 영향을 미쳤던 전통적인 '공적 권리'는 경제활동의 규제와 관리를 강조하는 정치개혁 운동과 결부되었다. 이러한 고려는 정부의 새롭고 확대된 방법뿐만 아니라 법과 법률기관을 통해 일상생활에 크게 침투하기 시작했다. 중요한 것은 19세기의 분배적인 정당정치에 대한 전통적인 안주보다는 주요한 공공이익의 문제를 이성적으로 해결할 수 있는 과학적 전문가들의 역량이었다.

경제적 효용성과 사회정의의 추진력으로 구성된 진보주의는 분리되었으나 유사한 운동을 포섭했다. 중요한 일부만 거명하자면 독점금지법, 철도규제, 지방정부의 개정, 여성의 참정권, 노동시간 및 조건, 아동노동의 금지 등이었다. 진보주의자들은 대중주의자들과 중립파들보다 훨씬 더 완벽하고 적극적인 방법으로 이러한 목적 모두를 달성하기 위한 법적인 권한을 얻었다. 이들은 성장하는 도시와 산업사회에 좀 더 잘 부응하기 위해 제도를 개선하려고 했다.

경제활동에 대한 주의 규제

주의 역사적인 규제권한은 산업화를 규제하기 위한 입법부의 노력에 헌법상 토대를 제공했다. 주 활동에서 이보다 더 논란의 여지가 많은 다른 분야는 없었다. 다른 입법상의 조치가 자유방임 원리에 이보다 더 배치되는 것은 없었다. 19세기 마지막 25년 동안에 각 주들은 기업활동의 제한, 여성과 아동 노동자를 위한 보호입법 제정과 독립적인 규제위원회와 사무소의 신설 등과 같은 규제활동의 중심이 되었다. 그러나 경제활동의 전국적인 성격을 고려해 제1차대전 동안 경제에 대한 연방정부의 빈번한 개입으로 권한의 무게중심이 주에서 연방으로 이동했다.

철도회사에 대한 주의 규제

주의 규제는 철도회사에 대한 대응으로서 발전했다. 농부, 상인과 노동자들은 철도회사의 규제를 촉구했고 20세기 초반에 이들은 규제를 경쟁의 위협을 감소시키는 수단으로서 간주했던 철도회사의 관리자들과 함께 했다. 매사추세츠 주는 1869년 남북전쟁 이전의 철도위원회를 대폭 개정한 입법으로 그러한 길을 열었다. 개정된 위원회는 철도회사를 점검하고 법이 정한 기준을 준수하도록 만드는 권한을 가진 "모든 철도회사에 대한 일반적인 감독권"이 주어졌다.[17] 대부분의 초창기 주 규제의 대표적인 기관인 위원회는 합리적인 요율이라고 간주되는 것을 이행하거나 요율을 정할 권한이 없었다. 그 역할은 엄격히 권고적인 것에 그쳤다. 농민공제조합과 대중주의자들의 선동이 크게 일어났던 중서부 지역에서 입법자들은 좀 더 강력한 규제위원회를 설립했다. 1871년 일리노이 주는 철도회사와 창고업이 법규를 준수하는지의 여부를 결정할 권한을 가진 위원회를 설립하는 농민공제조합법을 제정했다. 이들은 법규를 준수하지 않은 위반자를 기소할 수 있었다. 위원회는 요율결정권을 가지고 있지 않았으나 철도회사가 징수할 수 있는 최대요금에 대해서 엄격한 규율을 정하고 있는 법안에 따라 상당한 권한을 행사했다. 다른 중서부 주들은 비슷한 유형을 따랐고 얼마 뒤 버지니아 주(1877), 사우스캐롤라이나 주(1878)와 조지아 주(1878) 역시 위원회를 설립했다.

모든 주 위원회들은 충분히 저항할 수 없는 힘에 의해서 괴롭힘을 당했다. 입법부는 위원회의 권한을 시기했고 그리하여 새로운 규제위원회에 광범위한 권한을 수여하기를 꺼렸다. 게다가 이러한 초창기 위원회들은 규제과정에서 요금의 결정과 같은 주요결정이 의회에서 정치적으로 변경되기 쉬운 '정당정치 기간' 에 설치되었다. 철도회사는 다루기 쉽지 않았는데 이는 주 규제가 그들의 이윤과 영업방법에 영향을 줄 수 있기 때문이었다. 그리고 이들은 또한 피규제자가 규제자가 되는 매우 예측 가능한 결과를 가진 정치과정을 조율하는 데 필요한 재원을 소유했다. 예를 들어, 캘리포니아 주에서 중앙과 남부 태평양철도회사의 릴런드 스탠퍼드(Leland Stanford)와 콜리스 헌팅턴(Collis P. Huntington)은 주의 19세기 정치와 행정조직에 영향력을 행사했다. 대표자들은 1879년 캘리포니아 제헌회의에 참가하자마자 철도회사가 위원회를 통제하기보다는 철도회사를 통제하는 위원회를 신설했다.

주 위원회는 또한 매우 경쟁적인 시장에서 일일 기준으로 입법상 지정된 요율을 적용하고자 노력했다. 철도회사는 자신들의 입장에서 연방감독이 주 규제의 난맥상에 대한 매력적인 대안이라고 생각하는 경향이 있었다.

다른 기업들에 대한 주의 규제

비록 주 규제의 가장 대표적인 예가 철도회사에 적용되었다 하더라도 입법자들은 또한 다른 규제운동의 입장에서 자신들의 규제권을 행사했다. 시 의회와 공익 설비회사들은 공익설비가 물, 가스, 전기와 전동차 운행의 판매와 배달을 위한 경쟁을 매점함으로써 정기적으로 다투었고 시 의회는 공익 설비회사들이 부과하는 요율을 억제하는 반면에 이들의 '설비비용' (파이프라인, 전선줄과 상수도관을 설치하는 데 투입된 비용)을 볼모로 붙들려고 했다. 20세기에 들어서자 이러한 다툼은 점차 주 공익설비위원회가 해결해야 할 중요한 임무가 되었다.[18] 텍사스 주에서 기름과 가스생산과 인도체계, 버스노선과 화물 운송산업의 규제는 주 철도위원회에서 모두 다루었으며 그리하여 이 위원회는 1930년대 전국에서 가장 강력한 규제기관이 되었다.[19]

경제성장은 중산층에게 생명과 사고보험에 가입할 것을 부추겼으나 반면에 산업재해는 근로자들이 19세기 말 무렵에 상업적인 보험회사의 자산을 능가했던 산업재해보험협회를 결성하도록 촉구했다. 기업들은 자산의 보험기금을 추가했다. 1908년 무렵 전국 임금 소득자의 약 10퍼센트만이 이러한 재해보험 프로그램의 혜택을 보았다.[20] 보험회사는 종종 자신들이 제공하는 것 이상으로 과대한 약속을 하는 공격적인 영업활동과 판매 프로그램을 가지고 새로운 요구에 부응하기 위해 뛰어들었다. 주는 영업의 모든 측면을 다루는 수많은 입법을 제정해 이에 대응했고 철도회사와 같이 종종 보험회사를 규제하기 위해 위원회로 방향을 선회했다. 그러나 회사와 정책 수립자들 모두는 보험업에 대해서 일부 공통점을 가지고 있었으나 연방의회는 주가 역사적으로 통제했던 분야에 개입하기를 원하지 않았다. 단지 19세기 말이 되어서 1895년 미국변호사협회의 도움을 받아 다른 주의 모델이 된 표준화재보험 정책을 위스콘신 주의회가 제정했을 때 통일적인 보험정책을 향한 운동이 지지를 얻었다.

의회는 허가권을 통해 다양한 업종을 규제했다. 1890년과 1910년 사이에 비록 법률가, 의사와 교사들의 자격에 대해서 일찍이 법률로 규정되었지만 직종별 허가에 관한 규정이 주법전에 확실하게 자리를 차지하고 있었다. 새로운 법률은 배관공, 이발사, 장례업자, 간호사, 전기업자, 말굽 제조자와 치과의사와 같은 다양한 직종으로 확대되었다. 종종 허가권의 수여는 지원자의 자격시험을 주관하는 위원회에 위임되었다. 게다가 이러한 규제의 대부분은 우호적이었다. "영업을 합리화하고 '불공정한 경쟁' 을 제거"하기 위해 각 업종의 종사자들이 촉구해서 제정되었다.[21]

노동과 작업장의 규제

1860년경에는 비교적 적은 수의 사람들이 임금노동에 종사했다. 그러나 1900년경에 전체 노동력의 2/3 이상이 일당이나 주급을 위해 자신의 노동이나 기술을 팔았다. 어린이와 여성(대부분 미혼)들은 새로운 경제질서에서 중요한 부분을 차지했다. 1900년경에 10세에서 15세 사이의 어린이 70만 명 이상이 비농업 분야에 종사했고 3,700만 명 이상의 여성이 임금노동 시장에 뛰어들었다. 이들 여성과 남성동료들이 힘들게 일하던 직장은, 종종 불결하고 위험했으며, 경기변동의 부침에 영향을 받았다. 1873~1879년, 1884~1886년과 1893~1897년의 경기침체는 수십만 명의 사람들을 실업자로 내몰았다. 1893~1897년의 불황은 노동력의 18퍼센트 이상을 실업자로 만들어 1930년대의 대공황 이전에 노동시장을 붕괴시켰다.

작업장과 노동 시장의 구조에서 이러한 커다란 변화는 각각 두 가지 독립된 발전을 가져왔다. 첫째는 노동과 자본의 폭력적인 대립을 크게 증가시켰다. 예를 들어, 1877년 볼티모어와 오하이오 철도회사의 임금삭감은 수백만 달러어치의 철도회사의 재산을 파괴한 전국적인 폭동의 전조가 되었다.

노동조합은 산업화에 대한 두 번째 대응이었다. 자본이 그 자원을 유동화시키려 하자 노동은 점차 집단적인 권한을 행사하기 시작했다. 1871년에 설립된 노동기사단과 같은 초창기 노동조합은 개인의 가치와 노동자의 인격을 강조하는 공화주의적 개념을 고수했다. 그러나 노동이 점차 새로운 산업시장에서 상품화되자 노동자들의 결합은 강화되고 좀 더 권위적이 되어 1886년 미국노동연맹의 형성으로 발전했다. 미국노동연맹의 최초 지도자인 새뮤얼 곰퍼스(Samuel Gompers)는 미국에서 자본주의는 지속될 것이고 임금 노동자들은 기존의 제도 안에서 혜택을 얻게 될 것이라고 결론지었다. 노동자들이 원하는 것은 근로조건을 개선하기 위한 보호입법과 노조의 법적 인정이었다.

주의회는 종종 모순적인 방법으로 노동 시장의 발전에 대응했다. 한편, 노동운동과 연계된 폭력은 종종 격렬한 반노조법으로 전환되었다. 1885년 앨라배마 주 법은 파업 분쇄자들을 방해하는 태업과 피케팅을 금지했다. 이러한 법안들은 "주의 산업을 보호하고 장려하기 위한 법"이라는 이름을 가졌다.[22] 로드아일랜드 주는 도로 교통의 흐름을 방해한 파업자들을 처벌했다. 1886년 시카고의 건초시장 폭동이 발생하자 일리노이 주는 노동조합을 범죄단체의 공모로 처벌하는 최초의 주법을 제정했다. 제1차대전 뒤 만연하게 된 이러한 법률은 산업 소유권을 변경하려고 시도하는 사람들에 대해서 형사처벌할 수 있도록 했다.

노동운동으로 발생한 사회적 무질서에 대한 우려 또한 개혁을 자극했다. 여러 주에서 고용주가 해고된 노조원들을 재고용에서 제외할 목적으로 사용하는 블랙리스트를 불법화했다. 고용조건으로서 근로자가 노조에 참가하지 않을 것을 서약하는 '황견' 계약 역시 여러 주에서 불법으로 규정했으나 뉴딜 시기까지 다른 주에서 지속되었다. 다른 주에서는 근로자에게 대용지폐로 임금을 지급하는 것을 금지하고 정기적으로 임금을 지급하도록 규정하고 있었다.

보호입법

위험한 직업에 종사하는 어린이, 여성과 남성 근로자들을 보호하기 위한 보호입법은 가장 역동적이고 논란의 여지가 많은 주 개입의 형태였다. 남북전쟁 직후에 전국적으로 도시 중산층은 '경제적으로 무용한 자녀'를 생산했다.[23] 중산층 아버지들은 자신들의 인생을 위한 보험을 들기 시작했으며 농장에서 더이상 노동하지 않는 자녀들을 보호하기 위한 신탁, 기부와 같은 다른 재정적인 약속을 했다. 그러나 중산층 자녀들을 자유롭게 만든 하나의 산업화 과정은 가족이 자신들의 임금에 의존하는 노동계층 자녀들의 노동가치를 증가시켰다.

어린이 노동은 금지할 수 있는 악이라는 생각이 19세기 중반에 널리 퍼져 있었다. 1842년 코네티컷 주는 어린이를 위한 최저임금과 근로시간을 규정했고 1851년 뉴저지 주는 10세 미만 어린이의 노동을 금지하고 10세 이상 어린이에 대해서는 하루 10시간, 주당 60시간으로 근로시간을 제한하는 최초의 포괄적인 법률을 제정했다. 1900년경에 북부와 중서부의 산업화된 지역이 대부분인 약 28개 주는 어린이 노동자들을 법적으로 보호하는 수단을 가지고 있었다. 노조는 이러한 법안을 지지했으나 이타주의보다는 편의주의의 발로였다. 노조 지도자들은 어린이 노동이 성인 노동자의 임금구조를 하락시키고 조합화의 노력을 훼손시킨다는 것을 깨달았다.

산업화된 주요 주에서조차 어린이 노동문제를 다루는 규제조치들은 모호하고 그 집행도 느슨했다. 어린이노동법은 전형적으로 단지 제조업과 광산에 종사하는 어린이들만을 보호했기 때문에 종종 많은 예외와 허점을 가지고 있어서 효과적이지 못했다. 예를 들어, 가난한 어린이들은 이들의 수입이 자활에 필요하거나 홀어머니나 불구인 아버지를 도울 수 있다면 노동을 허락받았다. 어린이노동법보다 대부분의 주에서 의무교육법이 어린이들을 공장과 물방앗간으로부터 벗어나게 했다. 이러한 법을 집행하기에 감시자들이 충분하지 않았다. 1900년 뉴저지 주는 어린이 노동 감시자 4명이 7,000개 이상의 공장을 감독하도록 했다.

노동하는 어린이에 대한 법에 따른 특별한 인식은 여성의 노동시간 규제를 위한 길을 마련했다. 전원 남성으로 이뤄진 의회는 공공정책의 길잡이로서 문화적인 고정관념에 의존했다. 입법자들은 여성의 '열등한' 신체는 남성들만큼 오랫동안 산업현장의 힘든 일을 견딜 수 없다고 생각했는데, 이는 여성은 '인류의 어머니'이며 이들이 근로계약을 체결할 권리는 여성의 출산능력을 유지하기 위한 주의 이해에 근거해 제한할 수 있었기 때문이었다. 1874년 매사추세츠 주는 "어떠한 공장에서든지" 여성의 법정 작업시간을 하루 10시간, 주당 60시간으로 정했다.[24] 1893년 일리노이 주는 한걸음 더 나아가서 공장이나 작업장에서 하루 8시간 주당 48시간 이상의 여성노동을 금지하는 모델법안을 제정했다. 그러나 이를 제정했던 똑같은 입법자들은 전문직과 관리직 여성에게는 이러한 법정 노동시간을 적용하도록 주장하지 않았다.

어린이와 여성들을 위해 이룩된 발전은 또한 남성 노동자들, 그중에서도 서부의 남성 노동자들에게 혜택을 가져다주었다. 주의 제헌회의에 파견된 대표자들은 종종 위험직종의 근로자들을 보호하도록 주민의 대표에게 지시했다. 예를 들어, 1876년 콜로라도 주헌법과 1889년 아이다호 주헌법은 광부들을 위한 특별보호를 제공했다. 1895년 유타 주헌법은 여성과 어린이들이 광산에서 노동하는 것을 금지하도록 의회에 명령했고 "공장, 제련소와 공장 고용인들의 건강과 안전을 제공하는 법을 제정"하도록 의회에 요구하고 있었다.[25] 1년 뒤 의회는 제련소와 광산 노동자를 위한 8시간 법정 근로 기준법을 제정했다. 1888년 뉴욕 주의회는 철도회사 근로자들은 연속 12시간 이상 근무할 수 없으며, 1892년에는 모든 철도 노동자들의 최고 근무시간을 정했다. 이러한 입법 모두 다음과 같은 기본적인 가정을 반영하고 있다. 전체적으로 장시간 노동은 산업사회에서 고용인, 직장동료와 일반 모두에게 위험하다.

작업장에 대한 주의 개입은 진보시기에서조차도 한계가 있었다. 여성 노동자들이 관련된 경우를 제외하고 주의회는 자본-노동 방정식의 가장 민감한 요소인 최저임금제를 무시했다. 뉴욕, 인디애나와 네브래스카 주의회는 임금지침을 마련했으나, 이러한 지침은 단지 공공사업에 종사하는 근로자들에게만 적용했다. 오리건 주의회는 1912년 최저임금제와 여성과 미성년자들을 위한 최고 근무시간을 정하기 위한 산업복지위원회를 설립해 가장 진보적인 접근방법을 채택했는데, 이는 다른 주의 모델이 되었다.

공동고용의 원리에 대한 입법상의 훼손

주의회는 기존의 산업재해 관련 보통법에 대해서 법령상의 제한을 가함으로써 새로운 산업현장의 근로와 경제적 환경에 영향을 끼쳤다. 사망과 불구는 산업화에서 사회와 개인이 치른 대가 중 하나였다. 신기술은 인류에게 커다란 재앙을 불러왔다. 예를 들어, 1890년대경에 철도사고로 **매년** 6,000~7,000명이 사망하고 3~4만 명이 상해를 입었다. 사망자의 약 1/3과 부상자의 2/3 이상이 철도회사의 고용인들이었다. 이러한 유혈상황은, 산업화가 겨우 싹을 틔우고 그 사상자 수가 적었던 19세기 초에 법원이 고안했던 산업재해에 적용하고 있는 보통법상의 원리(공동고용의 준칙, 위험의 인수와 기여과실)에 대해서 의회가 개정하도록 근로자들이 나서는 계기가 되었다.

영국은 미국에서의 발전의 전조였으나 불과 몇 년 정도 앞섰을 뿐이었다. 1880년과 1887년 책임법(Liability Act)을 제정할 때 영국의회는 산업상 재해에 대한 고용주의 책임을 확대했다. 미국의회는 좀 더 신중하게 접근했다. 1856년 조지아 주는 철도회사 고용인들에게 공동고용 준칙에 따라 상해에 대해서 과실과 상관없이 보상받도록 허용함으로써 공동고용 준칙을 개정한 최초의 주가 되었다. 아이오와 주는 6년 뒤 비슷한 법을 제정했으며 와이오밍 주(1869)와 캔자스 주(1874)가 그 뒤를 이었다. '정당정치 기간'에 정치제도의 분배적 성격은 위스콘신 주의 예가 시사하는 바와 같이 양방향에서 역풍을 맞을 수 있다는 것을 의미했다. 1875년 위스콘신 주는 철도회사의 공동고용 준칙을 폐지했다. 그러나 1880년 보수적인 정치세력이 주의회를 장악했을 때 그와 같은 법률이 폐지되었다.

장기적인 경향은 공동고용 준칙에 대한 입법상의 폐지 쪽으로 기울었다. 1911년 25개 주는 이를 개정하거나 폐지했다. 철도사고법은 "일반적으로 산업재해법보다 성숙한 상태에 이르렀다. 안전규제법이 도로에 시행되었으며, 보통법상 불법행위법 체계는 고용주의 가장 효과적인 방어수단인 공동고용 준칙을 제거함으로써 크게 수정되었다."[26] 1900년경 비록 산업상 재해 건수가 증가했으나 이를 관리하는 비용은 50년 전보다 충분하지 않은 것처럼 보였다. 게다가 고용인으로부터 고용주의 책임이전은 충분하지 않았는데, 이는 법률상 구제가 상해를 입은 근로자에게 일자리를 잃거나 장기간의 법정공방을 벌여야 하는 등의 많은 대가를 치러야 했다. 기업의 지도자들 역시 변화를 요구했는데 이는 산업상 재해소송에서 배심재판과 관련한 혼란과 불확실성을 제거할 수 있는 상해 근로자에 대한 합리적인 보상체계를 원했기 때문이었다.

1920년 무렵 42개 주와 3개의 미국령은 근로자 재해보상법을 제정했다. 비록 이러한 법률은 구체적인 내용에서는 차이를 보였지만 여러 가지 공통적인 요소를 가지고 있었다. 이들은 정부가 운영하는 보험제도를 설립했고 모든 고용주들은 이에 가입하거나 이에 상응하는 개인보험에 가입하도록 했다. 이 법은 특별한 사고에 대해서는 고용주의 면책을 인정했다. 상해 근로자는 주 위원회에서 행정청문 절차를 제청하기만 하면 되는 배상액 지불계획을 확립했다.

이러한 법률에 대한 최초의 반응은 매우 비판적이었다. 가장 유명한 사건인 **아이브스(Ives v. South Buffalo Ry. Co.**, 1911) 판결에서 뉴욕 주 항소법원은 주의 규제권능이 이러한 입법을 허용했다는 것을 부인하면서 주의 근로자 재해보상법을 무효화했다. 진보적인 개혁가들은 이러한 판결을 비난했으며 입법의 의의를 파악하게 된 업계는 마찬가지로 항의하면서 연방의회가 연방 재해보상법을 제정하도록 촉구했다.

그러나 **아이브스** 판결은 현실과 동떨어진 판결이었다. 수개월 뒤 워싱턴 주대법원은 **아이브스** 사건에서 무효화한 것과 거의 동일한 법률을 지지했다. 위스콘신, 매사추세츠, 몬태나와 아이오 주대법원은 부가적인 입법을 재빨리 승인했다. 계획의 일부가 무효로 판결된 텍사스(1915) 주에서조차 항소법원 법관은 이를 제정할 주의회의 권한을 부인하지 않았다. 1915년 성난 선거구민들에 의해서 주헌법의 수정안이 통과됨에 따라 뉴욕 주 항소법원은 **아이브스** 사건에서 무효화된 것과 실질적으로 동일한 법률을 지지했다.

1917년 미국 연방대법원은 그 지지를 덧붙였다. 1908년 연방대법원은 최초의 연방고용주책임법(Federal Employer Liability)이 지나치게 광범위하다는 이유로 무효화했으나 4년 뒤 개정법안을 확실하게 승인했다. 게다가 대법관들은 재해보상법을 제정할 규제권능 아래 충분한 권한을 가지고 있다는 주의 주장을 받아들였다. 1917년 대법원은 별개의 세 사건에서 주법을 지지하고 계약자유와 실체적인 적법절차 원리에 근거해 이러한 법률을 반대한다는 주장을 거절했다.

주의 경험은 산업화에 대한 연방의 대응방안 확립에 중요한 역할을 했다. 50년 이상, 미국인들은 국가의 급속한 발전과 양당제도의 분배적 정치에 익숙해졌다. 그러나 산업화는 경제적·사회적 조건과 규제권능 범위를 초과하는 주의 규제를 조장했다.

경제활동에 대한 국가적 규제

남북전쟁 후 의회의 규제노력은 시험적이었고, 한편으로는 경제규모의 전국화 노력에 다른 한편으로는 그 당시 양당제도의 다수결적 민주적인 충동과 주의 권리에 대한 전통적인 존중에 끌려다녀 종종 모순되기도 했다. 의회는 정당의 정치활동이 압도적이었던 시기에 정치적 기구였기 때문에, 주의회와 같이 종종 최선의 규제방안은 "모든 의원이 자신의 지역구를 대변할 수 있는 것"이라는 원칙에 따라 행동했다.[27]

다툼이 있는 정치적 이해가 크게 고려되는 상황 아래에서 규제에 관한 이러한 전통적인 분배적 접근은 점진적이었으나 완전하지 않아서 진보시기에 새로운 규제방안으로 대체되었다. 그러한 새로운 모델은 의회 구성원들의 정치적인 고려보다는 규제자들이 분야의 전문가들에 의존하는 과학적 · 이성적 · 비당파적 접근을 강조했다.

행정법 집행기관

경제적 통합에 대한 19세기 말의 대응은 행정, 입법, 사법 기능이 뒤섞인 혼합 정부기관인 행정법 집행기관의 출현이었다. 이러한 기관은 의회와 법원과 분리되었다. 그러나 이들은 법률상의 효력을 가지는 규제방안을 채택하는 데에서 입법부의 역할을 했으며, 심리를 하고 준사법적인 의견을 제시함으로써 사법부의 역할을 했다. 이러한 정부의 '제4부'는 헌법에 명시되지 않았으나 입법부가 할 수 없는 규제감시 기능을 일상적인 근거를 토대로 의회로부터 위임받은 권한을 행사했다.

규제에 대한 이러한 새로운 행정적인 접근의 원동력은 여러 갈래에서 비롯되었다. 예를 들어, 남북전쟁의 경험은 대규모 문제점들을 해결하는 수단으로서 관료조직과 특별 행정기관의 가치를 인식하게 했다. 북군은 전쟁 동안 조직의 관료화를 이룩하려고 크게 노력했다. 군대의 비공식적인 방계조직인 위생위원회는 북부에 진을 치고 있는 군대의 진영에서 일반의 건강을 유지했을 뿐만 아니라 전장에서 사상자를 후송하는 데 큰 노력을 기울였다. 위원회는 유능한 사람들을 채용하고 있는 행정기관이 어떻게 중요한 기능을 직접적인 정치적 농간 없이 효과적으로 수행할 수 있는지를 보여주는 대표적인 선례가 되었다. 재건기의 자유민 지원청은 또 다른 예를 보여주고 있었다.

노예 폐지론자들은 정부가 도덕적 권위에 따라야 한다는 것과 공공정책에 대한 이러한 결정이 당파적 요소와 엄격한 다수의 통제로부터 자유로워야 한다는 원칙을 확증함으로써 행정적인 규제를 충돌질했다. 비록 노예 폐지론자들은 의회나 공화당(주의회는 말할 것도 없이)을 지배하지 않았지만 정부에 있어서 윤리와 불편부당함에 대한 강조는 다수결적인 민주주의의 분배적 정치원리에 거스르는 것이었다.[28] 19세기 말 전국을 혼란에 빠트린 유례 없는 나눠먹기식 정치 스캔들로 인해 지식인들은, 새로운 과학적 원리가 독립적인 규제를 위한 비정치적인 기초를 제공한다는 이념에 도덕성의 강조를 연관시켰다. 예를 들어, 작가이자 개혁가인 고드킨(E.L. Godkin)은 1868년에 다음과 같이 예언했다. 국가는 "정신문화"로 "도덕적인 무정부 상태"에서 벗어날 수 있을 것이고, "서구에서 다가올 위대한 정치혁명"은 "대중의사에 과학적인 표현이나 다른 말로, 훈련된 인간이성의 통제 아래 지금껏 펼쳐보지 못했던 사회에 인간관계를 자리매김"하는 것이라고 했다.[29] 독립적인 규제기관이 정치에 대한 인간 이성의 도구가 되었다.

전국적인 규모의 경제변화, 개혁가들의 요구와 제3의 당 설립운동은 궁극적으로 중요한 조치를 가져왔다. 이는 두 단계를 거쳤다. 첫째는 정당정치 기간에 시험적이고 불공평했으나 둘째는 진보시기에 좀 더 광범위했다. 초창기의 두 가지 가장 중요한 연방 규제방안은 새로운 경제의 가장 활력 있는 분야인 철도와 제조업을 다루기 위한 것이었다. 1887년 주간통상위원회와 1890년 셔먼독점금지법(Sherman Antitrust Act)은 경제성장에 따라 발생한 문제점에 대한 정치적 · 행정적 해결의 혼합체였다. 의회는 한쪽 발은 분배적 정치의 구세계에 걸치고 있으면서 행정규제의 미래로 마지못해 발걸음을 놓았다. 그 결과는 "누구도 혜택을 받지 못한 일관되지 못하고 실행 불가능한 정책"이 되었다.[30]

주간통상위원회

전국적인 철도망 구축은 지리적 위치를 경제적 상호의존 체계로 연결시킴으로써 주가 규제하던 기존체계의 부적절성을 드러냈다. 주간통상위원회(Interstate Commerce Commission)는 의회가 전국적인 시장과 철도교통 체계를 합리화하려고 만든 기구였다.

주간통상위원회 배후의 정치적인 동기는 흔히 급진적인 서부농부들과 냉혹한 동부 철도재벌 사이의 투쟁이라고 회자되었다. 역동적이기는 하지만 이러한 해석은 전국적인 철도망 연결이 가져온 경제적 이익의 다양성을 심각하게 평가절하하고 있다. 동부의 상인, 중서부의 도매업자와 상인과 서부의 농부들은 철도운임에 대한 연방규제에 있어서 반드시 똑같은 이해관계는 아니더라도 각각의 이해를 가지고 있었다. 또한 철도에 대해서도 마찬가지였다. 광범위한 독점이 지선과 지국이 운영하는 지역에 존재하는 동시에 간선(서부 농촌지역과 중서부 무역 중심지와 동부의 제조와 항구도시를 연결하는 철도)에 대한 경쟁이 치열했다. 철도회사는 운송자들 사이의 사적 합의에 의한 공동협약을 통해서 특정 지역과 고정가격으로 이러한 문제점들을 해결하려고 시도했다. 공동협약은 끊임없이 파기되었고 회사들은 사법적인 구제를 추구하지도 않았는데, 이는 협약의 법적 효력이 부족했기 때문이었다. 철도 운송자들 역시 지방지선이 관련된 단기수송에 대해서 종종 좀 더 경쟁적인 간선으로 여러 주를 지나는 수송보다 더 비싸게 부과함으로써 수송 길이에 따른 가격차별 관행을 실시하고 있었다. 철도회사들은 소규모 고객들에게는 요금표대로 부과하는 반면에 일부 대형고객들을 유치하기 위해 요금을 할인해주었다.

의회의 주간통상위원회 설립에 관한 논쟁은 10여 년이나 끌어왔다. 이는 대법원이 **워배시(Wabash, St. Louis & Pacific Railroad Company v. Illinois**, 1886) 사건에서 일리노이 주 철도규제법은 주간통상을 규제할 의회의 배타적인 권한을 위헌적으로 간섭했다는 이유로 파기한 후에 마침내 설립되었다. **워배시** 사건으로 대부분 주의 철도

규제가 막을 내리고, 주간통상 문제로 옮겨가 의회의 조치를 요구했다.

주간통상법(Interstate Commerce Act)은 철도회사가 실시하고 있던 주요 차별정책을 다루었다. 이 법은 모든 고객들을 동일하게 처우하도록 하고 있었다. 이 법은 할인을 불법으로 규정하고, 공동운영을 금지했으며 "모든 운임은 합리적이고 정당"할 것을 요구함으로써 장거리와 단거리 고객의 차별을 종식시켰다.[31]

의회는 철도회사에 대한 불만족 신고를 심리하고 그에 대한 실태를 조사하기 위해 5명의 위원으로 구성하는 위원회를 설립했다. 대통령은 상원의 조언과 동의를 받아 위원회 위원들을 임명했고, 이들은 최장 6년 동안 대통령이 해임하지 않은 한 임기별로 취임할 수 있었다. 위원회 정책에 대한 파당적인 통제 위험성을 줄이기 위해 3명 이상의 위원은 같은 정당소속일 수 없었으나 비정치인 전문가들로 위원회를 구성하려는 개혁가들의 요구에는 부응하지 못했다. 그로버 클리블랜드 대통령은 토머스 쿨리(Thomas M. Cooley)를 위원회 의장으로 임명했다. 쿨리는 전 미시간 주대법원 판사였고 자유 방임을 옹호하는 국가의 가장 영향력 있는 법률 저자 중 하나였다.

이 법은 경쟁적인 이해들 사이의 타협이었고 20여 년 동안이나 지지부진했다. 그 원인의 하나는 철도회사에 우호적이었던 쿨리의 지도력이 위원회의 권위에 역효과를 가져왔다. 게다가 대법원은 위원회가 취한 몇 가지 조치들을 무력화시켰다. 그러나 더욱 중요한 것은 그렇게 할 권한은 매우 적으면서도 지나치게 많은 이해관계를 고려해 균형을 이루어야 하는 견지하기 어려운 입장으로 위원회를 몰아세운 법률 자체였다. 의회는 위원회를 설립함에 있어서 전문가에 의한 독립적인 규제원칙을 가지고 주간통상 문제를 해결하려고 했으나 미국 정치의 다원주의를 극복할 수 없었으며 그 결과 법안제정을 촉구하는 사회의 충돌하는 이해관계들이 위원회 자체로 옮겨졌다.

위원회는 의회가 그 강제력을 향상시키고 기능을 감독하기 시작한 진보시기에 진정한 의의를 확보하기 시작했다. 시어도어 루스벨트 대통령은 주간통상위원회에 커다란 권위를 부여하는 것을 주요목표로 삼았으며 1906년 헵번철도법(Hepburn Railway Act)의 제정으로 의회로부터 그 일부를 획득했다. 이 법은 주간통상위원회에 운송업자의 수송운임의 불만에 대해 최고 운임율을 결정할 권한과 철도회사의 장부를 점검하고 통일적인 장부의 보관을 지시할 권한을 인정했다. 제1차대전 중에 미국의 경제적 자원을 효과적으로 이용할 필요성이 규제 움직임을 한걸음 나아가게 만들었다. 1917년 12월에 의회는 전쟁기간에 철도를 국유화해 전국적으로 퍼져 있는 교통체계를 구축하고자 전시철도위원회를 신설했다.

그 결점에도 불구하고 최초의 주간통상위원회는 19세기 미국법의 역사에서 중요한 사건이었다. 이는 훗날 20세기 행정국가 출현의 토대를 마련했다.

셔먼독점금지법

의회가 규제위원회를 설립했을 때조차도 의회의 직접적인 조치에 대한 대안의 필요성은 지속적으로 대두되었다. 의회는 경제적인 경쟁문제에서 그 권한을 행정기관에게 위임하지 않고 규제입법인 셔먼독점금지법을 제정하는 방법을 선택했다. 주간통상위원회와 함께 셔먼법의 제정은 "미국인들이 경쟁, 협력과 기업의 성장"에 대해서뿐만 아니라 이러한 행동을 변화시킬 수 있는 입법상의 권한에 커다란 자신감을 가지고 있다는 양면성을 보여주고 있다.[32]

독점권은 19세기 말 경제질서에 대한 진정한 위협으로 나타났다. 성숙한 기업 사이의 치열한 경쟁은 이윤을 감소시켰고 기업의 관리자들이 시장의 대부분을 통제할 수 있는 합병을 촉발하게 만들었다. 그렇게 하기 위해서 새로운 법률장치—처음에는 신탁으로 그리고 1890년대에는 여러 '주외(州外)' 회사의 가격과 시장구조에 대한 통제를 한 회사에게 허용하는 지주회사제도—로 눈을 돌렸다. 경제의 새로운 전국적인 회사구조는 성장을 위해서 법과 법제도에 크게 의존했다.

오하이오 주 출신의 상원의원인 존 셔먼(John Sherman)의 이름을 딴 셔먼독점금지법은 회사의 합병에 대한 일반대중의 반감 속에서 제정되었다. 반독점에 대한 대중적인 지지는 미국에서 오랜 역사를 가지고 있으며 셔먼법은 단지 그 흐름을 가장 최신판으로 선언한 것에 불과했다. 이는 다음과 같이 선언했다. "신탁형태의 합병이건 공모이건 여러 주나 외국과의 무역과 통상을 제약하는 모든 계약은 불법이다"라고 선언했다.[33] 이 법은 행정적인 구조를 신설하지 않은 대신에 그 이행임무는 법무부와 연방법원에 할당했다. 위반자는 벌금, 징역과 회사의 경우는 해산을 당했다.

이 법안의 주요조항은 의회가 그 밖의 법률에서 추구했던 경제촉진 역할(창조적인 경제 에너지의 분출)과 모순적이었으며 애매했다. 19세기 말의 매우 경쟁적인 분위기 속에서 모든 기업들은 계속 존속되길 원한다면 무역과 시장의 합병을 제약받아야만 했다. 법규의 규정에도 불구하고 "경쟁의 위험과 경쟁을 위한 위험 모두가 셔먼법을 제정하게 된 중요한 요소"라고 언급한 법안의 제정자들은 모든 합병을 금지할 의도를 가지고 있었던 것은 아니었다.[34] 법률의 애매한 규정은 상호보완할 수 없는 방법으로 장려와 규제 모두를 추구하는 공공정책의 모순을 가져왔다.

셔먼법은 다른 면에서도 문제가 있었다. 법률은 주 경계를 벗어나는 상품의 운송을 다루고 있었지만 제조업(상품생산, 여러 주에서 운영중인 회사의 상품생산조차)이 법률과 헌법상 통상조항의 적용을 받는지 여부에 대해서 최소한의 합리적인 논쟁이 있었다. 제조업은 전통적으로 지방기업으로서 취급되었고 그에 대한 적절한 통제는 주에 속했다. 대륙을 횡단하는 산업시장경제의 출현은 주에게 규제문제의 어려움을 가져다 주었다.

52대1의 상 · 하원의 찬반투표로 통과된 법안에 대한 압도적인 지지는 이 법에 비판적인 사람들이 대법원이 이를 무효화할 것이라고 생각했음을 암시하고 있다. 어떠한 경우에 있어서건 미국법사 전체를 통틀어서 반복적으로 의회 구성원들은 연방법원에 국가 최초—그리고 그 당시에는 가장 중요했던—독점금지법의 규정을 협의로 해석하도록 다양한 정치적 압력을 행사했다.

연방대법원이 셔먼독점금지법을 별 쓸모없게 만들 것이라고 추정했던 하원의원들은 설탕의 제조와 판매는 주간통상에 영향을 미치지 않아서 결과적으로 이러한 절차의 독점은 입법 아래의 사법판단에 적합하지 않다고 한 **E.C. 나이트**(**U. S. v. E.C. Knight Co.**, 1895) 사건의 대법원 판결에 의해서 처음으로 고무되었다. 그러나 이러한 견해는 널리 유행하지 못했다. 1897년에 대법원이 모든 독점(교역제한과 결합관계)을 금지하는 것으로 판결했을 때 법령의 범위를 광범위하게 해석했는데, 이는 대법관 페컴(Peckham)의 말을 따르면 "이러한 독점은 수많은 소규모이지만 거기에 자기 인생을 바친 독립적인 거래자와 그 속에서 얻은 소규모 이윤으로 가족을 부양하는 사람들을 내쫓았기 때문이었다."[35] 그러나 이러한 해석은 교역의 제한이 '비합리적'이고 '불공정한' 것이 되는 옛 보통법상의 기준에 한동안(회사의 대형화 자체를 인정하는 대법관의 임명) 길을 내주었다. 시장의 지배와 기업의 규모 자체는 더 이상 독점금지 소송을 담보하기에 충분하지 않았다. 효율성을 달성하기 위한 합병은 적법한 것으로 판결했다.[36]

진보시기에 의회(이번에는 우드로우 윌슨의 촉구에 의해)는 커다란 규제를 독점금지 정책에 주입하려고 노력했다. 1914년 클레이튼독점금지법(Clayton Antitrust Act)은 "실질적으로 경쟁을 약화시키거나 여하한 통상에 있어서 독점을 형성하려는 경향"이 있는 기업활동을 금지하기 위해 위와 같은 규정을 덧붙였다.[37] 이 법은 연방법원이 셔먼법 아래에서는 포함되는 것으로 판결했던 노동조합을 배제했다. 그러나 추가적인 규정은 법원에게 재량권을 좀 더 크게 인정했다. 같은 해, 의회는 또한 독점금지법을 위반한 불공정 무역행위에 대한 '정지명령' 을 내리거나 회사를 조사할 수 있는 광범위한 권한을 가진 연방무역위원회를 신설했다. 그러나 주간통상위원회와 같이 양당 소속 위원회의 명령에 의존적인 이러한 법안은 연방법원의 심사대상이 되었다.

파산법

의회는 남북전쟁 발발 즈음에 새로운 파산법을 제정했다. 다시 한번 이 법은 다양한 경제적 이해관계의 경쟁적 요구를 반영했다. 채무자는 자신이 감당할 수 없는 채무에서 벗어나길 원했고 반면에 채권자는 어려운 시기에 자신들이 빌려준 돈을 상황이 나아지면 돌려받을 수 있도록 확증받기를 원했다. 게다가 북동부 기업가들은 남북전쟁의 결과로서 남부인들에게 받지 못한 채권의 일부라도, 그 액수가 아주 적은 경우일지라도 청구하도록 허용하는 것을 새로운 파산법에 기대했다.

1867년 파산법은 어느 누구도 전적으로 만족시키지 못했으며 주간통상의 확대로 인한 채무자-채권자 관계에 통일성을 확보하는 데 실패했다. 상인들은 이 법을 싫어했는데 이는 법원이 '지불불능' 은 회사가 채무를 지불할 자산이 부족한 때가 아니라 일반적인 영업활동에서 지불이 불가능한 때를 의미한다고 다소 애매하게 해석했기 때문이다. 일단 상인이 지불에 실패한 경우 채권자는 그를 지불불능의 파산으로 몰아넣을 수 있었다. 1874년 이 법의 개정안은 채무자에게 수년 동안 채무를 지불할 계획서를 제출하도록 요구했고 채권자는 채무자가 운영중인 회사의 자산을 압류하는 것을 금지했다. 그러나 이 법은 여전히 논란의 여지가 많았고 의회는 4년 뒤 이 법을 폐기했다.

1898년 새로운 법은 전국적으로 통일된 파산기준에 대한 업계의 실망에서 직접 비롯되었다. 전국파산법은 1878년 그 설립 정관에 "입법의 통일성을 향상"시키기 위한 것을 내세운 새로운 미국변호사협회의 노력에 의해 개정된 법률이었다.[38] 세기 말 전문 변호사와 업계는 안정된 경제환경을 약속하는 전국적인 법률의 통일적인 체계에 상호 이익을 가지고 있었다. 채무자에게 큰 손해를 입힌 1893년 경제공황은 채무자들에게 전국적인 입법의 중요성을 깨닫게 했다.

1898년 제정된 파산법은 임금 노동자나 "주로 농장이나 토지를 경작하는 일에 종사하는 사람들"은 지불불능 파산에 빠트릴 수 없다고 규정했다.[39] 이 법은 자산의 분배에 있어서 따라야 할 우선순위를 결정하는 데에서 특히 중요했다. 비록 이 법은 연방 판사들에게 장기간 확립된 주 우선의 원칙을 따르도록 허용했지만, 가장 중요한 것은 "노동자, 서기나 시종들"은 파산절차 진행 3개월 이내에 자신들의 임금에 대해서 1순위의 청구권을 가진다고 하는 일정한 연방법상의 조건을 준수하도록 규정했다.[40] 신법은 성숙한 산업경제의 상호의존적 성질과 지불불능 채무자들의 구입능력을 신속하게 회복해야 할 필요성을 고려했다.

소득세, 연방 규제권능과 제1차대전의 선례

의회는 그 당시의 법사를 언급할 때 흔히 부르고 있는 자유방임주의와 어긋나는 다른 규제적이고 보호적인 입법을 제정했다. 1894년 제정된 연방 소득세법과 같은 일부 법안들은 규제와 장려를 혼합했다. 북부정부는 남북전쟁의 재원을 조달하기 위해 소득세법을 제정했으나 이는 전쟁이 끝나면서 폐지되었다. 1880년대와 1890년대 초 대중주의자들은 대부분 소비자에게 전가되는 관세를 줄이는 수단과 기업의 부를 재분배하는 장치로서 새로운 세법의 제정을 촉구했다. 역사적으로 연방정부는 관세를 통해 예산을 지출했으나, 1890년대 정부는 대규모 재정흑자를 기록해 관세를 줄이는 수단으로서 소득세 도입을 촉구할 수 있는 환경을 조성했다. 주는 정부의 재정확보를 위해서 오랫동안 재산세에 의존했으나, 연방 소득세법은 의회의 많은 구성원들이 셔먼법과 같이 대법원이 이를 위헌으로 선언할 것이라는 기대 아래 투표한 매우 역동적이고 논란의 여지가 많은 개선안이었다. 이번에는 대법관들이 제정된 1년 뒤 이 법을 무효화함으로써 이들을 실망시키지 않았다. 새로운 법의 제정에 대한 선동은 진보시기로 이어졌고 1913년 제16차 수정헌법이 인준되어 의회에게 소득세를 부과할 권한을 수여했다.

누진소득세는 개별적인 경제적 기회를 위해 좀 더 적절한 분야를 창조하기 위한 대중주의자들과 진보적인 개혁가들의 계획의 일환이었다. 두 주요 정당에서 개혁가들이 채용한 다른 것은 부자들에 대한 연방상속세였다. 이들은 스페인과의 전쟁 동안에 상속재산이 1만 달러가 초과하는 사람들에 대한 일시적인 유산세를 부과하는 1단계 조치를 취했다. 이 법률은 1902년 폐지되었으나 1906년 테오도르 루스벨트 대통령이 영구적인 연방유산세를 요구했다. 우드로 윌슨 대통령도 이러한 요구를 반복했다. 1916년 의회는 마침내 자산이 5만 달러 이하인 사람들에 대해서는 면제하는 연방유산세법을 제정했다(중산층 가정의 수입이 연간 약 1,300달러를 상회하던 당시에는 큰 재산이었다.) 1924년 의회는 부자들이 죽음이 임박해짐에 따라 자신의 상속인들에게 큰 재산을 증여함으로써 유산세를 회피하는 것을 금지하고자 연방증여세를 추가했다. 이러한 두 세금은 1972년 개정 세법에서 하나로 통합되었다. 면제금액은 인플레이션과 보수층(이를 '사망세'로 부르는)의 요구에 따라 2006~2008년에 200만 달러로 의회가 증액했다. 이를 초과하는 모든 금액에는 45퍼센트로 세금이 부과되었다.

연방정부 또한 노동자의 노동과 생활조건 규제에 대한 불평에 대응했다. 예를 들어, 1884년 산업화가 노동자에게 미치는 영향에 대한 보고서를 발간하는 노동청을 설립할 때 주의 경험을 모방했다. 1885년 유리공장 노동자들의 요구로 계약 노동자들의 유입을 금지시켰다. 주간 철도회사의 안전수칙 역시 점검대상이었다. 1893년 의회는 주간 운송자에 대해 무엇보다도 각 차의 양 옆과 끝에 철제난간과 손잡이와 충격시 자동으로 작동하는 연결장치를 설치하도록 하는 규제안을 부과했다. 1898년 풀만 파업의 여파로 의회는 주간통상에 종사하는 철도회사가 노조에 가입하지 않는다고 서약한 '황견' 계약 아래 노동자를 해고한 경우에 형사처벌토록 했다. 1908년 연방고용주책임법은 주간 철도회사의 공동고용 준칙을 폐기했다.

진보운동의 중요한 내용은 대체로 연방의 권한에 대한 호소와 관련되었다. 부분적으로 진보론자들은 연방 규제권능의 개념으로서 창조된 통상권에 의존했다. 예를 들어, 의회는 주간통상에 있어서 불량품이나 부정표시의 식품과 의약품의 제조, 판매, 운송을 금지하는 1906년 순식의약품법(純食醫藥品法, 1906 Pure Food and Drug Act)을 제정하기 위해 이러한 권한을 원용했고 같은 해 의회는 또한 주간통상에서 고기를 판매하는 모든 회사가 연방검사를 받도록 하는 고기검사법(Meat Inspection Act)을 제정했다. 1916년 키팅-오웬 어린이 노동금지법(Keating-Owen Child Labor Law of 1916)은, 비록 대법원이 궁극적으로 위헌판결을 했지만, 어린이 노동 생산물에 대해서 주간통상을 금지했다.

진보론자들은 경제에 있어서, 좀 더 일반적으로는 사회적인 관계에 있어서 전국적인 관련성에 대한 법적 · 헌법적 범위를 크게 확장했다. 연방헌법에 대한 진보적인 수정안(제16차, 제17차, 제18차, 제19차)들은 이러한 변화를 웅변적으로 말해주고 있다. 1913년 제16차 수정헌법은 의회에게 소득세법을 제정할 권한을 수여했다. 1919년에 헌법의 일부가 된 제18차 수정헌법은 주류의 제조, 판매, 운송을 금지했다. 다른 진보적인 헌법상의 수정은 정치에서 정당의 역할의 축소를 목표로 했다. 1913년에 인준된 제17차 수정헌법은 연방상원을 주의회가 선출하는 것보다 대중의 직접선거를 요구함으로써 정당보스의 영향력에서 벗어나게 만들었고 1920년 인준된 제19차 수정헌법은 투표에 있어서 성에 근거한 차별을 금지했다.

제1차대전은 관료제, 행정기관과 연방입법권의 확장에서 진보적인 신념을 고양시켰다. 마치 70여 년 전 남북전쟁 당시처럼 세계의 충돌로 국가의 참전은 경제에서 연방의 참여를 크게 고양시킬 수 있는 논리를 제공했다. 예를 들어, 의회는 경제적 우선순위를 결정하고 자원을 할당할 수 있는 광범위한 권한을 전시산업위원회(1917)에 부여했다. 같은 해 레버식품연료통제법(Lever Food and Fuel Control Act)은 대통령에게 전쟁에 필요한 식품과 연료의 분배를 통제하고 생산을 독려하기 위한 규제와 명령을 내릴 수 있는 권한을 인정했다. 이 법과 여타의 전시 규제법은 무효화되거나 전쟁이 끝난 뒤 사라졌으나, 장차 연방 입법권한이 미국의 일상으로 파고들 수 있는 강력한 선례를 만들었다.

미래로의 가교

1860년과 1920년 사이의 입법자들은 그 시대의 거대한 경제변화에 영향을 주고받았다. 이들의 행동은 자유방임의 특징을 가진 것으로 보아도 별 무리가 없을 것이다. 경제의 변혁은 적지 않은 입법상의 개입과 적지 않은 법이 시민 개인의 삶에 자리했다. 이러한 활동은 경제성장을 촉진하고 일부는 규제하기 위한 조치였으나 모든 것이 그러한 결과를 초래한 것은 아니었다. 정당정치 기간의 특징인 분배정책은 불편부당한 전문가가 점차 중립적 · 과학적 근거에 입각해 문제를 해결할 것이라는 전제(단지 부분적으로는 실현되지 않았지만)를 두고 있던 진보시기의 행정적인 규제방식에 길을 내주었다.

경제장려와 규제에 대한 주의 역사적 우위 역시 전국적이고 상호의존적인 경제의 성장 앞에 길을 내주었다. 연방제도의 성질상, 주는 일단 다른 주의회에서 이웃 주에서 금지된 바로 그러한 관행을 계속하기로 선택했다면, 자신들의 규제목적을 이행할 능력이 부족했다. 자본은 가장 유리한 투자환경을 찾아서 주의 경계를 넘어간다. 그리하여 일부 방직회사는 아동노동을 금지하고 여성의 근로시간을 제한하는 법률을 가지고 있는 뉴잉글랜드로부터 이러한 법률이 존재하지 않는 남부의 주로 이전했다. 단지 전국적인 입법만이 아동노동을 멈추게 할 수 있을 것이다. 경제의 전국화는 연방의회에게는 다른 의의를 가졌는데, 주의회의 권한이 약해지면서 연방의회의 권한은 증대되었다. 그러나 모든 수준에서 입법자들은 남북전쟁 이전의 시골과 농업국가가 도시와 산업화의 20세기로 건너갈 수 있는 법적인 가교를 건설하는 데 있어서 정당정치 기간과 진보시기 동안에 성공적이었다.

11

법률문화의 전문화: 법관과 변호사, 1860~1920

The Professionalization of the Legal Culture: Bench and Bar, 1860~1920

19세기 말 미국의 경제적 · 사회적 변혁은 법률문화에도 영향을 주었다. 법관과 변호사는 비정치적이고 '과학적' 인 원리를 가진 전문적인 중재자와 같은 현대적인 형태로 1920년경에 나타나 회사자본주의의 발전에서 적극적인 역할을 했다. 일부 법관들과 법률가들은 산업사회가 된 미국의 문제점에 대해서 '형식적' 이고 보수적인 법률적 접근방식을 취했다. 이러한 형식주의자들은 법관이 자유방임 경제원칙에 근거한 추상적인 이성에 자신들을 제한해야 한다고 믿었다. 다른 법관과 법률가들은 경제에 있어서 입법적이고 규제적인 개입을 지지하기 위해 추상적인 법원칙보다는 사회과학적 증거를 도출하는 산업화에 대한 사회학적 자유주의적 접근을 촉구했다. '사회학적 법학' 지지자들은 진보적인 운동과 불가피하게 동일시되었다.

각 세대는 사법의 역할이 이러한 범주의 하나에 속하는 것이 좀 더 적절한지에 대한 문제와 씨름해왔다. 남북전쟁 시기부터 약 1900년까지는 형식주의와 보수적인 사법적 접근을 선호했으나, 제1차대전을 거치면서 사회학적 법학과 자유주의가 득세했다. 이러한 부침 속에서 전반적인 경향이 등장했다. 법률교육과 법실무의 전문화를 향한 지속적인 운동이었다. 그 이념적 경향이 무엇이든지 간에 법률가들은 사회를 통제하는 요소로서 종교를 법으로 대체함으로써 산업화에 부응했다.

법률 전문직의 등장

남북전쟁 뒤 도시, 산업사회의 성장은 변호사의 구성, 조직과 훈련에 영향을 미쳤다. 법률실무는 기술직, 의료직, 교직과 같은 다른 중산층 직업들이 자기 고유의 '전문적인 문화'를 발전시킴과 동시에 전문화되기 시작했다. 전문직은 "개인이 주요한 소득원인 전임직종"으로서, 상당히 어렵고 시간이 소요되는 과정을 거치면서 유용한 지식을 체계적으로 숙지하고, 실무나 도제관계에 입문하기 전에 이론적 훈련을 마치고 인정된 기관으로부터 학위나 허가증을 수여받았다."[1] 전문직종의 사람들은 기술적인 적성, 뛰어난 기술과 훌륭한 업무수행에 대한 객관적 기준을 강조했다. 전문직은 공공에 대한 봉사를 제공하고 이유 없이 고객에게 거절할 수 없었다.

법의 전문화는 남북전쟁 이전의 시기에 그 기원을 두고 있었다. 약 1830년까지, 법률가 계층은 지역적인 통제와 혼인, 아버지 직업과 확대된 도제관계를 바탕으로 한 길드와 같은 조직이었다. 1830년대에 들어서서 지방의 담당자들은 법률가 인증권한을 주정부에게 넘겨주었고 거의 동시에 아버지가 서기, 무역가, 장인들이었던 백인 개신교 중산층 가족의 아들들 중 상당수가 법률직에 발을 들여놓기 시작했다. 그러나 남북전쟁 이후까지 법률실무의 전문화가 본격적으로 이루어진 것은 아니었다. 전문적인 법률 서비스를 제공할 수 있는 능력 있는 전문가를 선임하고자 노력하던 은행, 철도회사와 산업계는 점차 법정과 현직에 종사하고 있지 않은 변호사들을 채용했다.

법 실무의 성격변화

"법률가들의 주요 활동무대는 법정에서 사무실로 옮겨졌다. 소송은 줄어들었고 변호업무가 실무의 주요 내용이 되었다"라고 1893년 〈미국법률가협회*American Lawyer*〉의 한 논문에서 선언했다.[2] 남북전쟁 이전 변호사 사무실은 규모가 작고 1명의 변호사와 1~2명의 서기로 이루어져 있었다. 1930년대에 들어서조차도 대부분의 법률가들은 여전히 혼자나 1명의 파트너와 함께 실무에 종사했으나, 이보다 50여 년 전부터 전문적인 실무의 새로운 길이 등장했다. 법률가들의 경력이 19세기 말에 단독개업에서 법무법인의 파트너십 형태로 변화했다.

법무법인의 등장은 산업화에 대한 대응이었다. 19세기 중반을 거치면서 법률상 제기된 문제는 비교적 단순했고 이를 둘러싼 상황도 일반대중이 이해할 수 있는 문제들이었다. 훌륭한 법률가는 일반적인 법률가였고 이들의 역할은 다양한 법률적인 문제에 대응하기 위해 법원에서 법적 대리권을 제공하는 것이었다.

그러나 1870년대 무렵, 산업화된 북동부와 중서부에서 시작되어 궁극적으로 1920년경 전국적으로 전통적인 법률실무 모습은 사라졌다. 법률가의 역할은 옹호자에서 조력자로 발전했고 법률가들은 실무가의 해박한 지식을 요구하는 법률문화에 있어서 경쟁의 필요성 때문에 전문화되기 시작했다.

그 당시의 5~6명 이상의 구성원을 가진 대형 법무법인의 성장보다 더 극적인 변화는 없었다. 이러한 법무법인의 출현은 전반적인 법률 엘리트의 모습을 변화시켰다. 비록 이러한 법무법인의 법률가들은 전국의 모든 법률가들 중에 미미한 비율(1898년 0.5퍼센트 미만과 1915년 1.3퍼센트)에 그쳤지만 대형 법무법인의 성장은 전체적인 법률가의 성장을 훨씬 앞섰다. 예를 들어, 1900년과 1915년 뉴욕, 보스턴과 시카고에서 모든 법률가들의 성장률은 1.7퍼센트인 반면에 이러한 도시에서 대형 법무법인의 법률가들은 매년 6.7퍼센트씩 증가했다.[3]

대형 법무법인을 향한 움직임은 산업화와 도시화에 대한 대응이었다. 대형 법무법인은 복잡다기한 회사의 필요성을 충족했다. 대형 법무법인의 급속한 성장은 1890년대에 발생했고, 같은 기간 기업은 합병을 통한 대대적인 통합을 겪었다. 비록 모든 대형 법무법인들은 회사를 고객으로 가지고 있었으나 모든 대형 법무법인이 회사법에 전문화되어 있지는 않았다. 대부분은 일반적인 업무에 종사하는 것으로 자신들을 명부에 올렸으며, 의뢰인들에게는 명부에 기재된 내용을 인쇄한 서류를 참고하도록 했다. 이러한 대형 법무법인의 변호사들은 개별적으로도 여전히 상당한 수입을 올리고 있었다. 20세기 초 가장 유명한 월가의 법률가들 중 한 명인 엘리후 루트(Elihu Root)는 자기 회사가 봉사하는 회사의 주인을 위해 다양한 법운영을 개인적으로 감독해주고 연간 5만 달러에서 11만 달러를 벌어들였다. 그러나 그 법률회사는 1890년대에 3~5명의 파트너로 이루어졌을 뿐 견습 변호사는 1명도 없었다.

대형화 추세는 또한 뉴욕 시의 폴 크래바스(Paul D. Cravath) 법무법인이 선구적으로 실시했던 법실무의 공장제도화를 부추겼다. 1890년대 크래바스는 법실무에 자신의 조직적인 재능을 도입했다. 그는 명문대학을 우수한 성적으로 졸업한 젊은 법률가들만 채용했다. 진취적이고 기개 있는 젊은 법률가들에게 법무법인의 중간간부로서 연봉을 지급했다. 더구나 크래바스는 파일을 만들고 타자기를 주문하고 속기사와 타자수를 채용해 법무법인을 일상적인 사무실로 조직했다. 일단 조직된 크래바스 체계는 1920년대 무렵에 "익명의 조직인을 대량으로 생산해 자신을 채용한 법무법인에 확고한 충성심을 발휘"하도록 하면서 미국에서 확고하게 자리잡았다.[4] 신규채용된 변호사들은 5년의 견습기간을 거친 뒤에 법무법인의 이익을 나눠가질 수 있는 자격을 가지는 파트너십으로 화려하게 승진했다. 그 결과로 매우 큰 수입을 올렸다. 19세기 말 뉴욕 시에서 실무에 종사하는 법률가들의 2/3가 연간 약 3,000달러를 벌어들이는 반면에 크래바스 체계를 가진 대형 법무법인에 종사하는 법률가들은 그 3배의 수익을 기대할 수 있었다. 그러나 접근에 대한 장애는 "접근에 대한 욕망이 커질수록 더욱더 크게" 되었다.[5] 인내와 통합만으로는 충분하지 않았다. 법률분야라는 새로운 학문적인 직업에서 최고의 기회는 앵글로-색슨, 상류계층, 개신교와 아이비리그 출신에게 주어졌다.

비록 상대적으로 소수의 법률가들이 법무법인 공장에 참여한다 하더라도 이러한 새로운 조직형태는 회사법과 재무법에서 수지맞는 기회를 제공하는 뉴욕, 시카고와 샌프란시스코와 같은 20세기 대표적인 법률 서비스 형태가 되었다. 이러한 법무법인의 수가 증가하자 법 실무에 대한 전통적인 입장이 사라졌다. 개인적인 존경, 사회적 위엄과 문화적 권력이 함축한 모든 것을 가진 전문직종으로서 법에 대한 19세기의 모습은 새로운 비인격적인 제도 앞에서 사라졌다. 새로운 체제에서 앞서가는 법률가들은 협상가와 해결사, 부의 이용과 수단을 알고 사업하는 실무가들이었다.

대형 법무법인과 법률공장들이 법률 서비스의 전형적인 형태였지만 실무가들 사이에는 서비스 유형이 크게 차별화되었다. 엘리후 루트가 1900년에 월가에서 연간 10만 달러를 벌었다면 그와 동시대 법률가들은 2,000~5,000달러를 벌었다. 예를 들어, 캘리포니아 주에서 19세기 말 동안에 변호사회는 "급속한 도시화와 산업화된 인구의 필요에 부응하기 위한 전문화와 돈을 추구하는" 법률가들과 함께 변경에서 도시로 활동무대를 지속적으로 옮겨갔다.[6] 캘리포니아의 유형은 그 밖의 모든 지역에서 법 실무 발전의 유형이었다. 첫 번째는 토지, 이어서 법과 행정규제, 그 뒤에는 기업과 산업이 수지맞는 실무의 기회를 법률가들에게 제공했다.

어디에 자리하고 있든 법률가들은 새로운 사회적 · 경제적 환경에 적응했다. 이상적으로 생각했던 과거가 사라진 남부에서조차 변호사회는 새로운 변화의 물결에 대응했다. 예를 들어, 1870과 1900년 사이에 버지니아 주 법률가들은 "농촌-농장주의 전통에 지방적인 색채를 강하게 가지고 있었다."[7] 지금까지는 농업중심의 경제에 일반적인 법률 서비스를 제공했던 단독개업 변호사와 2명의 파트너십으로 운영하는 변호사들이 압도적이었지만 지역 변호사들 역시 비농업적인 경제발전의 필요에 대해서도 대응했다. 4명으로 구성된 최초의 법무법인은 1901년까지 버지니아 주에 등장하지 않았다. 그러나 20세기에 들어서자 버지니아 주와 그 밖의 남부지역에서 법률가들은 도시에 밀집했고 회사의 요구는 이들의 실무를 전문화하도록 요구했다.

변호사회의 재탄생

전문화를 향한 압력과 법률가와 법의 사회적 중요성의 증가는 1870년대에 변호사회 결성운동의 재탄생을 설명해준다. 19세기 초반에 변호사회는 "매우 느슨하고, 매우 개방적인" 단체였다.[8] 그 당시에는 몇몇 초보적인 수준의 클럽이나 협회가 있었으나 매사추세츠를 제외하고 이러한 조직들은 회원을 규율하고, 입회자격을 정하거나 윤리적인 기준을 부여할 권한이 없었다. 이 기간의 지도적인 회원들은 정치활동과 무분별한 법 실무에 관여했다는 의심을 사기에 충분했다.

남북전쟁 후 변호사회를 전문화하려는 운동은 전문적인 행동기준과 관련되었다. 변호사회의 지도자들은 동료 변호사들의 전문적인 특수성을 향상시킬 목적으로 스스로 협회를 결성했다. 변호사회 결성운동의 이면에 자리하고 있는 동기의 일부는 공화국 출범 이래 법률가들을 따라다녔던 정치활동에 대한 오점을 벗기 위한 것이었다. 1871년 버몬트 주 대법관이었던 아이작 레드필드(Issac F. Redfield)는 "입법기관의 법률가들은 전문성에서 상인, 은행가나 기술자들 수준에 불과하다"라고 적었다.[9] 사법부에 대한 당파적인 개입은 종종 직접적이었다. 1874년 레드필드의 버몬트 주에서 민주당은 주대법원을 재조직했는데 그 과정에서 모든 현직 공화당 대법관들을 축출했다. 게다가 이러한 정치활동의 치명적인 결과에 대한 관심은 사법부가 선거정치를 통해서 종종 부패하고 정당의 하수인으로 전락하게 된 지방자치단체에 대한 심각한 관심과 나란히 비교되었다. 대도시의 정치인들은 종종 사법부에 지나치게 간섭했다. 예를 들어, 뉴욕 시에서 법관 조지 바너드(George G. Barnard)와 앨버트 카도조(Albert Cardozo, 연방 대법관 벤저민 카도조의 부친)는 뇌물수뢰죄로 구속되었다.

1870년 2월 변호사협회 결성운동은 부패가 극심한 변호사협회에 변화를 가져오기 위해 뉴욕 시 변호사협회를 결성한 뉴욕 시에서 실행에 옮겨졌다. 시의 변호사들은 법률집행 과정에 대한 파벌정치의 개입으로 인한 위협이 자신들이 의존하고 있던 기업환경을 해치게 될 것을 염려했다. 민주당원이자 유명한 변호사였던 새뮤얼 틸던(Samuel J. Tilden)은 "독립적인 변호사협회와 깨끗한 사법부가 없다면 뉴욕이 상업과 자본의 중심지로서 역할을 다하기는 불가능할 것"이라고 강력하게 주장했다.[10] 뉴욕의 새로운 변호사협회 발기인 중 하나는 "내가 생각하기에 이 협회의 생각과 설립목적을 한마디로 말한다면 우리 자신을 **전문직**으로 만드는 것이라고 말할 수 있을 것이다"라고 결론지었다.[11]

기존 변호사협회의 부패와 정치개입의 불안 이외의 많은 것들이 새로운 협회의 결성을 촉진했다. 경쟁 또한 중요했다. 19세기 말에, 무역인들은 자기들이 관여하는 시장에 대한 통제의 일부를 획득하기 위해 급속하게 조직화했고 배관공과 장의사와 같이 다양한 직업을 가진 사람들이 허가제도를 통해서 위와 같은 목적을 달성했다. 변호사협회는 대부분이 법률가들로 구성된 주 입법자들에게 변호사가 되는 자격을 확립하도록 촉구했다. 1870년과 1890년 사이에 변호사협회의 입회조건이 눈에 띄게 강화되었는데, 특히 전통적인 구술시험은 정식 논술시험으로 대체되었다. 1917년경 약 37개 주는 협회의 주요기관으로 변호사시험위원회를 두고 있었다. 변호사협회의 입장에서 공공봉사와 이기주의는 서로 맞물려 있었다.

변호사협회 설립운동은 비록 인구가 적은 농촌지역의 소도시 변호사들의 경우 종종 성공적으로 저항했지만 전국적으로 급속하게 전개되었다. 예를 들어, 미시시피주에서 1886년과 1892년 사이에 주 전체 변호사협회를 결성하려는 지속적인 노력은 실패로 끝났다. 비록 "유능하고 훌륭한 미시시피 주의 변호사들의 일부가 협회의 결성을 원했지만 미시시피 주는 현대적인 산업사회에 참여할 준비가 되어 있지 않았다."[12] 미시시피와 같은 주에서 단체로서 변호사협회는, 비록 전문직의 권위보다는 정치권력에 접근할 수 있었던 변호사들이 개별적으로 영향력을 행사했지만, 주헌법과 실무와 절차적인 규정의 제정에 단지 약간의 영향력을 행사했을 뿐이었다.

전문화의 문제는 미국변호사협회(ABA)의 등장에 있어서 특징이었다. 최초의 전국적인 변호사 단체였던 미국법률협회는 1849년 존 리빙스턴이 결성했고 이 단체의 가장 주목할 만한 업적은 전국적인 법조인 명부의 발간이었다. 그러나 이 단체는 곧 사라졌는데, 이는 전국적인 것이라기보다는 지역적인 현상으로 간주되는 변호사 단체의 편협성 때문이었다. 29년 뒤 1878년 코네티컷 주 대법관인 시미언 볼드윈(Simeon E. Baldwin)은 미국변호사협회의 설립을 위해 매우 성공적인 노력을 기울였다. 창립총회에는 뉴욕 주의 북부에 있는 고급 휴양지인 사라토가 스프링에서 100명의 법률가들이 참석했다. 그 당시 전국적인 법조인 수는 6만 명을 웃돌았다. 새로운 단체의 정관은 그 목적을 다음과 같이 명확하게 설정했다: "법학을 발전시키고 사법의 운용과 입법상 통일을 도모하고 … 법률가들의 명예를 옹호하고 … 회원들의 상호 친목을 도모하기 위해".[13] 노동자 단체와 마찬가지로 최초 10년 동안 사교적이었던 새로이 결성된 협회는 성장이 더디었다. 1902년경 협회에는 1,718명의 회원이 있었고, 1920년경 회원수는 단지 2배로 늘었을 뿐이었다. 경쟁자인 전국변호사협회가 1888년 결성되었으나 수년 안에 사라졌다.

미국변호사협회의 회원수는 창립 배후에 있는 동기나 의의를 헛되게 하지 않을 만큼의 규모를 유지했다. 전국변호사협회와 같은 새로운 단체는 매우 배타적이었다. 미국변호사협회는 재조와 재야 법조계를 개혁하고자 십자가를 짊어질 유능한 사람을 회원으로 가입시키려고 노력했다. 미국변호사협회는 역사적으로 19세기 말 개혁정책의 반대자들과 연관되었다고 알려졌으나 이에 대해서는 좀 더 심도 있는 연구가 필요하다. 오히려 미국변호사협회는 "그 발기인들이 개혁정책에 동정적인 인사들로 구성되어 그 자체 개혁정신의 선언이었다."[14] 이러한 유능한 법률가들은 법률실무의 급진적인 변화를 염려했다. 변호사협회의 확장은 '건수를 노리는 변호사'와 인종적인 이민 변호사들을 법률업무에 종사하도록 허용했다. 동시에 산업화는 기업을 중요한 고객으로 만들었고 기업은 법률가로서의 전문직에 대한 충성보다 회사에 대한 충성을 요구했다. 미국변호사협회의 지도자들은 또한 법률 전문직이 경제학, 정치학, 역사학과 같은 다른 새로운 '과학적' 전문직과 함께 그 명성을 나눠가져야 함을 재인식했다. 미국변호사협회의 결성이 있기까지 미국사회과학협회(1865~1909)는 법률가들의 과학적 관심을 고취시키는 데 공헌했다. 그리하여 미국변호사협회의 창립은 자신들의 직업의식을 고취하고자 한 반면에 다른 전문직종 단체들과 자신들을 차별해 가장 권위 있는 단체로 만들고자 하는 노력의 하나였다.

미국변호사협회는 성공했는데, 적절한 주제를 가지고 제한된 의제만을 다루었기 때문이었다. 전문적인 기준에 대한 미국변호사협회의 강조는 사법행정, 법률소송 절차와 상법과 같은 다양한 법률분야의 발전을 감독할 책임을 상임위원회의 위원에게 부여했다. 이러한 위원회들은 모임을 갖고 보고서를 작성했으며 공식적인 무게가 실리지는 않았지만 국내의 주요 법률단체의 승인을 얻은 권고안을 내놓았다. 게다가 법에 대한 좀 더 과학적인 접근과 연구와 마찬가지로 법률의 통일성에 대해서 주안점을 둔 미국변호사협회의 관심은 경제를 전국적으로 통합하고자 하는 요구와 서로 잘 부합했다. 1892년에 이르러서 미국변호사협회는 원래는 뉴욕 주가 조직한 단체의 후신인 통일주법을 위한 위원의 전국회의와 공동으로 모임을 가졌다. 이들의 공동노력은 모범 입법안의 형식으로 각 주에 제안되었던 통일법의 권고안을 만들어냈다.

변호사협회 구성의 변화

19세기 초 변호사협회는 주로 중상류사회 출신의 회원들로 이루어진 동종교배의 획일적인 단체였다. 그러나 이 당시에도 변호사들의 채용유형은 획일적인 것과 거리가 있었고 1830년대에 변호사협회는 초창기의 진입장벽이 재고되거나 무시됨으로써 점차 개방되었다. 1860년대에 변호사와 법관들의 가문의 배경이 상당히 다양해졌음을 보여주고 있다. 예를 들어, 1840년 이전에 매사추세츠 주 대부분의 변호사들은 부친이 법률가였거나 새로운 변호사들은 법률가들의 딸과 혼인한 가문의 출신들이었다. 남북전쟁 이후 새로운 선출유형이 출현했는데, 이는 기업인 자녀들의 법률업무 참여가 크게 늘어나고 변호사들이 기업인의 딸들과 혼인하는 경우가 많아졌기 때문이었다. 이러한 법조인의 확대는 다른 지역에서도 눈에 띄었는데, 특히 북동부, 중서부와 그 정도는 약했지만 서부에서도 이러한 현상이 보였다. 변호사협회의 다양성은 도시화와 산업화의 부산물이었다. 그 밖의 지역에서 변호사협회의 사회적 구성은 좀 더 완만하게 변화했는데 특히 변호사들의 채용이 20세기까지 법조인 집안 출신들로만 이루어졌던 남부가 대표적이었다. 그러나 19세기 전체와 20세기 초에 변호사협회의 대부분이 중산층 출신이었다.

1900년경 법조인들의 사회적인 변동은 또 다른 곳에서 발생했다. 외국인, 여성, 흑인들도 적지 않게 법조계에서 세를 얻기 시작했다. 인종 변호사들의 경우에는 세대 간의 간극이 있는데, 이는 이민자의 자녀들로서 교육을 받고 법조계에 발을 내딛기까지 시간이 걸리기 때문이었다. 예를 들어, 인종 변호사들은 보스턴이 아일랜드와 이탈리아 이민자들의 중심지였음에도 불구하고 매사추세츠 주에서조차 1900년대에 이르기까지 법조계의 소수에 지나지 않았다. 1870년에 매사추세츠에서 외국출신의 변호사들은 단지 40명(3.3퍼센트)이었고, 이 중 반은 아일랜드인이었으며, 1896년에 이르러서도 아일랜드인 선조(미국에서 출생한 사람들을 포함해서)를 가진 사람들은 보스턴의 전문직종 종사자들 중에서 단지 1퍼센트를 차지하고 있었다. 그러나 인종 변호사들은 증가하기 시작했고 법과대학원 경쟁이 치열해지자 유대인, 가톨릭과 동유럽 출신 학생들에게 입학 정원의 일정한 몫이 할당되었다.

매사추세츠와 그 밖의 지역에서 1900년에 변호사협회에 가입한 인종 변호사들의 대부분은 기존의 전통적인 가문 출신의 백인들에 비해서 사회적 지위가 낮거나 교육이 부족했다. 이들은 산업화된 도시지역에 생활하면서 기존의 같은 인종 소송 의뢰인들에게 봉사했다. 그중에서 일부 변호사들은 눈부신 활동을 했다. 켄터키 주 루이스빌의 유대인 이민가족 출신인 루이스 브랜다이스(Louis D. Brandeis)는 1890년대 보스턴에서 가장 성공적인 기업 변호사의 한 사람이었고 훗날 미국 연방 대법관이 되었다. 그러나 인종 변호사들은 대부분의 경우 개업허가를 얻은 뒤에도 모든 주의 변호사협회를 장악하고 있는 기존의 엘리트들과 비교할 수 있을 정도로 활동하는 경우가 드물었다.

여성들은 개업하고자 할 때 자신들의 열등한 정치적 지위 때문에 상당한 제약을 받았다. 여성에게는 단지 관련된 문제가 이들의 성에 적절하다고 인정될 때에만 정치적인 역할이 주어졌다. 예를 들어, 1857년과 1890년 사이에 17개 주는 여성들에게 학교 이사회 선출 투표권을 인정했고, 3개 주는 재산을 가진 여성들에게 세금과 채권에 관한 주민투표의 투표권을 인정했다. 1870년과 1910년 사이에 17개 주는 여성의 투표권 인정여부에 대한 주민투표를 실시했으나, 단지 1893년 콜로라도와 1896년 아이다호 주만이 성공했다.

여성들은 실무에 종사하기 시작했을 때 더욱 심한 차별을 받았다. 이들은 1870년대 이전에 변호사협회의 가입을 배척받았고 이들의 지위는 1920년대에 이르기까지 매우 더디게 발전했다. 예를 들어, 1920년 이전에 버지니아 주에서 여성은 개업할 수 없었으며 1900년 매사추세츠 주에서는 단지 50명의 여성만이 실무에 종사했다. 그러나 적지 않은 여성들이 변호사협회 가입을 원했다. 가장 유명한 사례는 1852년 기혼 여성 변호사인 마이라 브래드웰(Myra Bradwell)의 경우였다. 브래드웰은 법을 공부했고 시험에 통과했으나 1869년 일리노이 주의 변호사협회 가입을 거절당했다. 그녀는 제14차 연방수정헌법의 평등보호 조항에서 주의회가 그녀의 개업을 배척하는 것을 금지했다고 주장하면서 연방대법원에 항소했다. 대법관들은 전원일치로 기각했다. 대법관 조셉 브래들리는 판결에서 다음과 같이 설명했다. 전통적인 가족은 "신의 명령과 마찬가지로 사물의 성질"에 바탕하고 있다고 설명했다. 여성의 지위는 대법관 브래들리에 따르면 '가사'에 종사하는 것이 본래의 성질에 따른 것이어서 법정이나 회의실에는 적합하지 않다고 했다.[15]

대법원은 이러한 입장을 확고하게 견지해 실무로부터 여성을 배척(혹은 포함)할 광범위한 권리를 주에게 인정했다. 아마도 가장 중요한 사건은 **록우드(Ex Parte Lockwood**, 1894) 판결이었다. 전국적으로 유명한 여권 운동가인 벨바 록우드(Belva Lockwood)는 버지니아 주가 자신의 개업을 거절한 것이 적절한지에 대해서 검토하도록 대법관들에게 요청했다. 변호사협회 가입을 규정하고 있는 법규는 '누구나' 자격을 부여받을 수 있다고 했으나, 일반대중의 감정과 문화적인 배경은 여성을 배제하는 것이 당연했다. 대법원은 '인(人)'이라는 용어는 여성에게까지 확장되지 않았으며 개업권리는 미국시민의 특권 및 면제에 해당하지 않는다는 근거로 록우드의 항소를 기각했다. 이듬해, 버지니아법은 개업할 수 있는 사람을 '남성주민'으로 개정해버렸다.[16]

그러나 여성은 동정적인 주 입법자들의 노력을 통해 길을 터나갔다. 브레드웰 사건이 일어난 해에 애러벨라 맨스필드(Arabella Mansfield)는 아이오와 주에서 개업을 허가받았다. 일리노이 주의 최초 여성 변호사는 미혼의 알타 후렛(Alta M. Hulett)이었고 1873년에서야 금기를 깼다. 클라라 폴츠(Clara Foltz)는 '백인 남성주민'[17] 에게만 개업하도록 제약했던 캘리포니아 주법을 개정하기 위한 성공적인 노력 후에 변호사협회의 가입을 허락받았다. 미시간 대학교 법과대학원은 1870년 여성 입학을 허용했고 예일 법과대학원은 1886년 그리고 코넬은 1887년에 그 뒤를 이었다. 그러나 변호사협회는 남성 중심으로 남아 있었다. 1960년과 같이 오늘날과 비교적 가까운 시기에도 여성 변호사의 비율은 전국적으로 3퍼센트 미만이었다.

흑인남성들은 여성보다 단지 약간 많은 수가 변호사협회에 가입했다. 1934년에 단지 약 1,200명의 흑인 변호사들이 있었다. 1870년 인구통계에는 매사추세츠 주에 단 3명의 흑인 변호사가 조사되었고 1890년 노스캐롤라이나 주에는 14명, 그리고 1900년에 텍사스 주에서 약 24~25명 정도였다. 비록 목사들보다는 영향력이 덜했지만 흑인 변호사들은 이들이 봉사하는 흑인 공동체에서 중요한 역할을 했다. 1895년부터 1920년까지 텍사스 주의 갤버스턴에서 비록 흑인차별제도에 제약을 받긴 했지만 흑인 변호사들은 "통상적인 편견보다 훨씬 더 효과적으로 자신들의 공동체와 법률에 봉사했다. 인종적인 정의의 대변자로서 이들은 때때로 새로운 남부의 제도화된 인종차별을 공격하기 위해 건설적인 방법으로 자신들의 법률기술을 이용했다."[18]

비록 가장 수지맞는 사건들(은행, 회사와 신탁사건)은 백인 변호사들이 수임했지만 흑인 변호사들은 민사와 형사사건을 다루는 광범위한 법 실무에 종사했다. 흑인들은 일반적으로 변호사협회와 같이 자신들이 봉사하는 의뢰인의 종류에 따라서 자신들의 실무를 맞추었고 이들의 상담자가 되었다. 흑인 변호사들은 대체로 법조계의 주류에서 벗어났는데, 이는 그들이 흑인 의뢰인들을 주로 대변했기 때문이었다.

법의 과학화를 위한 법률가 교육

법학교육의 수준향상은 전문화의 발전을 촉진했다. 19세기 전반에 법학교육은 도제제도를 통해 변호사가 되고자 하는 사람을 훈련시키는 비정규적인 방법을 취하고 있었다. 남북전쟁 이전에 일부 법과대학원이 존재했으나 법학교육 방법이나 내용에서 통일성이 부족했다. 태핑 리브(Tapping Reeve, 유명한 코네티컷 주의 리치필드 법학교 설립자)와 같은 일부 법관들과 변호사들은 사립학교를 운영했고 일부 대학은 법과를 개설했다. 그러나 약 1850년경, 법률훈련에 대한 강조는 사무실과 도제식에서 크게 벗어나 전문적인 교육으로 전환하게 했다.

첫 번째로 1848년 이후 뉴욕, 인디애나, 캘리포니아와 그 밖의 많은 '성문법' 주에서 소송법의 개정('필드 법전, the Field Code')으로 실무 변호사는 도제기간을 통해 '개별적 소답(special pleading)'과 영장제도의 불가사의를 배울 필요가 없어졌다. 이러한 개정은 1850년대 초에 소답서면(Pleading)에 관련한 최초의 저자 가운데 한 사람인 조지 밴 샌보드(George Van Sanvoord)가 언급한 것처럼 소송에서 "구제가 의존하는 관련 법원리"를 파악할 필요성이 증가했다.[19] 법과대학은 이러한 법 원리를 획득할 수 있는 곳이었다.

두 번째로 19세기 중반에 미국변호사협회의 엘리트 지도자들 가운데 일부는 법조계에 새로 입문한 많은 사람들의 '수준'과 '사회적 신분'의 하락을 염려했다. 예를 들어 뉴욕의 조지 템플턴 스트롱(George Templeton Strong)은 1859년 말에 "변호사협회 소속의 신사 100명이 오늘 아침 특별회의실에 모였는데 비록 많은 이들이 성공적이고 훌륭한 실무가들이었지만 이들 중에 외모, 말씨나 예절로 보아 하층 사회 신분으로 밝혀지지 않을 사람은 3명 정도에 불과"했으며 컬럼비아 법과대학(스트롱이 앞서 6년 이상 설립에 관여했던 대학)은 위와 같은 자질을 향상시키기 위해 조치를 취할 것이라고 불평했다.[20]

1850년과 1900년 사이에 법과대학의 수가 15개에서 101개로 증가해 1만 명 이상의 학생들이 등록했다. 그 당시 전국에서 가장 큰 미시간 대학의 법과대학은 1900년에 무려 883명의 학생을 수용하고 있었다. 1920년경 법과대학의 학생수는 다시 거의 2배로 증가했다. 1895년 24개 주는 후보자가 변호사 시험을 치르기 전에 1년에서 4년의 공부(혹은 대학 졸업장)를 요구했고 그 뒤 이러한 요구를 하는 주의 수가 점차 늘어났다.

이러한 법학교육 기관은 그 모습이 상당히 다양했다. 예를 들어, 야간 법과대학은 19세기 말과 20세기 초에 크게 유행했다. 디모인에 있는 아이오와 법과대학은 1866년에 야간학생 12명 모두에게 학위를 수여했다. 1900년에 20개의 야간 법과대학과 주야간을 합친 5개의 다른 법과대학이 있었다. 이러한 야간대학은 특히 실무가들 교육에서 중요했는데, 이들은 학생들에게 자신들의 인종 공동체에서 필요한 실무교육을 제공했다. 이민자들은 이러한 학교들에 특히 관심을 기울였고 주요도시의 인종적인 변호사협회의 대부분과 마찬가지로 지역의 정치권과 사법부의 인사들이 이들을 채용했다.

비록 남부에서 **플레시(Plessy v. Ferguson**, 1896) 사건의 '분리하되 평등'의 원칙으로 인해 불가피하게 열등한 시설과 교수진으로 이루어졌지만 흑인들은 분리된 교육기관을 가지고 있었다. 가장 중요한 흑인 법학교육 기관은 남북전쟁 뒤에 문을 연 하워드(Howard) 법과대학이었다. 이 대학의 영향력 있는 학장인, 백인 농장주와 노예여성 사이에 태어난 아들이었던 존 머서 랭스턴(John Mercer Langston)은 흑인 법률가들의 일부를 교육시켰고 이들 중 많은 수가 20세기 초에 흑인 민권운동의 선봉에 서서 싸웠다. 랭스턴은 하워드 법과대학 최초의 학장이었으며 이곳에서 흑인학생들에게 법과 자신감을 가르치기 위해 모의법정 연습과 강의에 의존한 교과과정을 발전시켰다. 차별과 실무기회의 부족에도 불구하고 흑인 변호사들은 "더디지만 지속적으로 발전했고 랭스턴과 그의 하워드 대학에서 교육받은 제자들은 많은 신뢰를 얻게 되었다."[21]

법률교육의 성장은 미국변호사협회에서 법률교육자들이 법과대학을 위한 분리된 단체의 설립을 요구하게 했다. 미국변호사협회는 법률교육 분과를 설립했으나 독립 교육 기관들은 1899년 '평판이 좋은' 법과대학의 연합체를 설립하도록 미국변호사협회에 압력을 가했다.[22] 25개 지부로 구성된 미국법과대학연합은 개인이 아닌 학교에 회원자격을 부여했으며 이러한 자격을 부여받기 위해서는 일정한 기준을 갖추어야 했다. 미국법과대학연합은 법률교육의 감시자가 되었으며 회원인가권을 가지고 법과대학에 영향력을 행사했으며, 주의회는 법률교육에 대해 좀 더 전문적인 견해를 채택하도록 변호사 자격취득 과정을 통제했다. 미국법과대학연합은 야간 법과대학 수의 증가에 특히 비판적이었다. 그러나 20세기 초반에는 상반된 결과가 나타났다. 미국법과대학연합은 법과대학의 극히 일부만을 대표했는데 이는 한편으로 인가기준이 비현실적으로 높은 이유도 있었고, 다른 한편으로 회원수가 매우 적어서 입법부에 대한 효과적인 압력을 행사할 수 없었기 때문이었다.

크리스토퍼 콜럼버스 랭델과 사례연구

교육적인 위계질서의 상부를 차지하고 있던 법과대학들이 미국법과대학연합을 주도했고 법률교육 과정을 좌지우지했다. 이러한 흐름은 위에서 아래로의 형식을 취했고 그중에서도 가장 중요한 것은 1870년대 하버드 법과대학의 사례연구 도입이었다. 비록 학교마다 다양했지만 전통적인 법률교육 방법은 학생들이 교과서의 할당된 부분을 암기해 강사가 문제를 내면 관련된 내용을 반복하도록 하는 것이었다. 학생들은 규정으로서 학부교육을 받도록 요구받지 않았고 교과과정은 수개월에서 1년 혹은 2년까지 다양했다. 수업방식은 훌륭한 강사들조차도 독단적이었다. 학생들은 법률문서 작성법(유언, 권원이전, 변호인의 권한, 신청, 소답, 준비서면과 같은 것)과 도제기간에 배울 수 있는 기술들을 배웠다. 그러나 19세기 중반 교수들이 논문—증거법에 그린리프(Greenleaf), 부부관계법에 리브(Reeve), 기탁(寄託, bailment)에 스토리나 켄트의 주석서—을 이용하길 주장하자 학생들은 점차 많은 문제에 직면했다. 이러한 논문집의 초판은 주제와 관련한 다양한 법리와 원칙을 요약하는 간략한 진술만을 포함했다. 그러나 주와 연방의 항소심 사건 수가 증가함에 따라 (1810년에 10건에서 1850년에 800건, 1885년에 3,798건) 이러한 논문의 제3, 4 그리고 몇 번째인지도 모를 편집자들은, **브라운(Smith v. Brown)** 사건에서 버몬트 주대법원이나 **호프(Hope v. Despair)** 사건에서 뉴저지 주대법원이 내린 판결의 다양성과 차이를 확인해 이러한 진술에 대한 주를 추가해야 할 필요성을 느꼈다. 약 1870년 무렵에 최종결과는 한 쪽 상단에 본문을 하나나 두 줄을 위치시키고 그 나머지를 많은 주로 채우는 논문방식을 취했다. 이러한 방식은 실무가들에게는 상당히 유용했으나 교재로서는 별로 유용하지 않았다.

1870년부터 1895년까지 하버드 법과대학의 학장으로 재직했던 크리스토퍼 콜럼버스 랭델(Christopher Columbus Langdell)은 전통적인 법률교육 과정을 변화시킨 급진적인 개혁을 소개했다. 그가 추구한 변화는 상당한 저항에 부딪혔다. 학생과 교수진은 항의했고—학생들은 수업을 거부하기도 했다—개혁안의 일부는 랭델이 25년 동안의 학장직을 떠난 뒤까지 확실하게 뿌리내리지 못했다. 그러나 랭델은 영구적인 업적을 남겼는데 넓은 의미에서 그의 개혁안이 오늘날 법률교육을 계속해서 압도하고 있다고 해도 지나친 말은 아니다.

새로운 학장은 학부학위가 없는 학생들에게 입학시험을 요구함으로써 입학기준을 엄격하게 했다. 랭델은 법률교육 기간을 1년에서 3년으로 연장했고 각 학년별로 적절한 교과과정을 개설했다. 그는 또한 학생들에게 다음 연도의 교과과정과 궁극적으로는 졸업하기 위해 매년 말 통과해야 할 학기말 시험을 도입했다.

이러한 개혁은 랭델이 시도한 가장 중요한 변화인 사례연구 방법을 도입하기 위한 서막이었다. 랭델은 1871년 계약법에 대한 최초의 사례집을 출판해 이를 수업시간에 널리 이용했다. 이는 대부분 영국판결을 포함하고 있었고, 미국 법체계는 영국의 뿌리로 돌아갈 필요가 있다는 랭델의 믿음을 강조했으며, 법의 연구와 보충에 있어서 좀 더 형식적인 접근을 강조하기 시작했다. 판례 교과서는 전혀 새로운 것이 아니었다. 최초의 것은 1810년에 소개되었다. 판례 교과서는 법률원칙과 이것들이 어떻게 발전해왔는가를 보여주기 위한 방법으로 배열된 관련 주제에 대한 실제 사례 모음집이었다. 1860년대 뉴욕 법과대학의 존 노턴 포머로이(John Norton Pomeroy)는 사례연구 방법과 함께 판례 교과서를 이용했다. 사례연구 방법은 간단히 말해서 교수들이 강의하는 대신 학생들에게 질의하는 과정을 통해서 사례를 연구하는 방법을 의미한다. 각 사례는 학생들이 배울 수 있는 실생활의 경험이 예가 되었다. 아이오와 법과대학 교수인 윌리엄 해먼드(William Hammond)는 1875년 미국사회과학협회의 연설에서 상급법원 사례연구가 학생들에게 "법리뿐만 아니라 법리의 발전으로부터 법원을" 가르치기 가장 좋은 방법이라고 말했다. 그리하여 해먼드는 학생들이 다양한 사실과 연관해서 각각 법리의 유연성을 측정하는 습관을 획득하는 것이 능숙한 법적 판단을 배움에 있어서 실무를 대체할 가장 좋은 방법이라고 생각했다.[23] 이러한 점에서 사례연구 방법은 도제기간과 주가 많이 있는 논문에 근거한 공식적인 법률교육을 결정적으로 개선했다.

한동안 미국과 영국에서 다른 법률교육의 옹호자들은 과학으로서 법학에 대해서 언급했다. 예를 들어, 시몬 그린리프(Simon Greenleaf)는 1838년에 영국의 대법관 프랜시스 베이컨에게서 다음과 같은 영향을 받아 법학은 귀납적인 과학이라고 주장하면서 하버드 법과대학에 학년제를 개설했다.

> 사실이 자연과학을 공부하는 사람에게 의의를 가지는 것처럼 선고된 사건은 법학을 철학적으로 공부하는 사람에게 의의를 가진다. 이러한 사건들은 귀납적인 과정에 따라서 그 마음을 고차원적인 과학의 영역으로 상승시키고 … 훌륭하고 대표적인 원리와 스스로 친숙해지게 하는 요소이다.[24]

이러한 주장은 마찬가지로 랭델의 입장이었다. 그러나 랭델은 과학으로서 법학을 강조하기로 결정한 반면에 또한 필드의 소송법 개정을 다루기 위한 사례연구 방법의 필요성도 절실하게 느끼고 있었다. 법정에서 의뢰인의 사건을 대표하면서 고대영국 보통법상의 영장 이용이 필드의 소송법 개정 결과로 감소하자 "성공적인 소송은 이미 소의 원인으로 판단되었던 사실의 유형을 현재 논쟁이 되는 사실과 연결시키는 것에 점차 크게 의존했다"라고 윌리엄 라피아나(William P. LaPiana)는 기술했다. "사례에 대한 랭델의 몰입은 하버드 법과대학의 학장직을 수락하기 이전에 뉴욕에서 필드 법전을 가지고 쌓은 실무 경험에 의해서 조장되었던 것처럼 보인다."[25]

이러한 새로운 계획은 법률 교사들에게 새로운 요구를 갖게 했다. 이전에 주로 실무가들이었던 이들은 자신들의 실무적인 지식과 직접적인 경험을 소중하게 생각했다. 그러나 랭델은 이미 판례 교과서로 하버드 법과 대학생들을 교육시켰으며 법률 과학의 개념에 공감하게 만들었다. 법학교수의 역할은 기본원리를 가르치는 것이었고 그 적용은 나중의 경험으로 남겨놓은 것이었다. 법과대학은 실로 전문적인 학교가 되었다. 이들은 학생과 선생들이 오래 지속되는 법원리를 담고 있는 판례들을 취사선택해 이에 대한 철저한 분석을 통해 지속적인 법적 진리 탐구에 종사하는 과학적인 실험실이었다.

1920년 무렵에, 랭델의 체계는 전국 법률교육의 모범이 되었다. 이와 같이 신속하고 철저하게 받아들여진 교육개혁은 거의 찾아볼 수 없었으며, 하버드 졸업생들은 전국의 다른 유명한 법과대학에 교수로 채용되어 랭델의 메시지를 전파했으며, 게다가 시카고 대학교에서는 이를 추종했다. 그 결과, 전국적으로 법률교육의 구조와 내용이 대체로 통일성을 갖추게 되었다. 그리하여 오늘날 우리에게 친숙한 현대적인 법과대학이 출현했는데, 이는 정식 입학자격의 요구, 사례연구 방법, 주요과목 위주의 교과과정 확립, 주와 전국적인 판례공보를 갖춘 대형 도서관과 법률을 연구하는 소과학자로서 자신들의 역량을 연마하는 법과 대학생들에 의해서 편집되는 법학지의 발행 등을 포함하고 있었다.

법률교육에서 랭델의 혁명은 성공을 거두었는데, 이는 법학을 법학의 숙적인 정치학과 구별하면서 다른 신흥 사회과학 분야와 그 무게를 동등하게 하는 과학의 하나로서 보았기 때문이었다. 랭델에 따르면 법학은 단순히 직업(기술자가 연마하는 겉만 번지르르한 것)이 아니라 엄격한 정식훈련이 요구되는 진정한 고등교육의 한 분과였다. 그러한 의미에서 이는 한마디로 말하자면 전문직이자 과학적인 분과였다. 이러한 접근방식은 변호사협회, 특히 미국변호사협회가 추구해왔던 법률에 대한 전문적인 토대를 설립할 방법을 보충했고 이는 또한 태동하던 기업자본주의에 잘 기여했다.

그러나 새로운 법학은 진정한 의미에서 과학은 아니었다. 랭델의 "과학적인 법학은 실험적인 것이 아니라 경험적인 것이었다. 랭델의 모델은 유클리드의 기하학이었지 물리학이나 생물학은 아니었다."[26] 랭델은 경험적인 연구를 인정했으나 그 범위를 판례공보로 제한했다. 이러한 공보된 판례가 제한적이었음에도 불구하고 전공이 계약법이었던 랭델은 특별한 법률문제를 결정적으로 해결한 주요판례를 연구하는 데 많은 시간을 할애했다. 법의 생명은 논리였고, 그 논리는 이러한 점에 있어서는 건조한 것이었다. 새로운 계획은 법과대학을 대학에 있어서 다른 분야와 학문적인 동등한 위치로 자리매김했으며, 랭델이 생각한 것은 법률교육의 성공에 본질적인 내용이 되었다. 그러나 새로운 방법은 이미 법과대학을 졸업한 사람들에게는 영향을 미칠 수 없어 차별된다는 의미에 있어서 차별주의였다. 법과대학은 대학세계의 일부였지만 과학적 탐구의 봇물이 대학에 홍수를 이루고 있을 때 법과대학은 그렇지 못했다.

법형식주의, 자유방임과 사회학적 법학

법형식주의

사례연구 방법의 도입과 법에 대한 과학적 연구방법은 법형식주의와 관련된 광범위한 지적 경향의 일부분이었다. 법형식주의는 예측 가능한 결과로 이끄는 공식절차를 강조했다. 반입법주의적인 법형식주의는 위헌법률심사를 지지했으며 19세기 말 등장한 내용이 많아진 주헌법을 바람직하지 않은 것으로 보았다. 원칙으로서 형식주의는, 법은 그 근거로서 일시적인 입법보다는 보편적 진리를 가지고 있다는 입장을 취했다. 법은 과학적인 법률 사상가들이 판별할 수 있고 적절하게 훈련받은 법관들이 적용할 수 있는 지식의 총화였다. 그러나 형식주의가 무기력을 의미하는 것은 아니었고 반대로 이는 법관들에게 적극적으로 행동할 이유를 부여했다. 상급심 법관들은 공정하게 법원리를 적용할 신탁자로 가정되었다. 입법활동이 대중과 다수당의 이름으로 이루어질 때 법관들은 형식적인 법원칙을 가지고 개입해 이를 자동적으로 폐기하도록 되어 있었다. 이러한 의미에서 법관이 만든 법은 지속적인 과학적 진실에 입각한 것으로서 대중적인 변덕으로 조성되거나 산발적인 입법부가 제정한 것보다 우위에 놓였다. 법형식주의자들은 연방법원의 중요성을 강조했는데 이는 그에 임명된 법관들이 임무수행에 특별한 결격사유가 없는 한 임기가 보장되어, 선출직 주 상급심 법관들과 달리, 법적 진실을 발견하고 적용하는 데 자유롭기 때문이었다.

법형식주의의 개념은 남북전쟁 후 자유방임주의 개념과 긴밀하게 연관되었다. 예를 들어, 보호적이고 규제적인 입법이 특별한 공격대상이 되었다. 이 당시의 가장 영향력 있는 법학자의 하나인 크리스토퍼 티드먼은 1886년 "정부의 개입은 사회의 번영을 위협하는 모든 사회적인 악에 대한 충분한 만병통치약으로서 주장되고 요구되었는데, 이로 인해 사회주의, 공산주의와 무정부주의가 문명세계에서 만연했다."[27]

토머스 쿨리, 티드먼과 존 포레스트 딜론은 입법활동을 제약하기 위한 철저한 근거로 상급심 법관들을 무장시킬 방법으로 자유방임주의와 법형식주의를 결합했다. 쿨리는 1864년에서 1885년까지 미시간 주 대법관이었는데 선거구민들은 철도회사의 이익에 대한 그의 밀접한 관계 때문에 재선출하지 않았다. 쿨리는 위대한 법관이었고 19세기의 법 저술가 중 가장 많은 저술을 남긴 사람의 하나였다. 그의 가장 유명한 저술은 《주의 입법권에 대한 헌법상 제한론*Treatise on the Constitutional Limitations Which Rest upon the Legislative Power of the States of the American Nation*》이었다. 책의 제목은 그 내용을 잘 드러내지 못하고 있었다. 1868년 최초로 발행되었고 12차례 개정판이 나온 《헌법상 제한론》은 주의회와 주와 연방 사법권과의 관계에 대한 가장 권위 있는 논문이었다. 쿨리의 주장은 간단했다. 의회는 어떠한 규제적인 노력을 피해야 하고 의회가 그러한 입법을 제정했을 때 법원은 이를 재산의 자유로운 이용을 위반했기 때문에 위헌이라고 파기해야 한다고 주장했다. 이러한 견해는 복고적이었는데 이는 재산권을 입법상의 권위에 따라 정의된 인권보다 우위에 놓았다. 그러나 쿨리는 또한 개인의 자유에 대한 대변자였는데 재산의 개별적인 이용은 신성한 권리이며 법관들은 이를 보호해야 할 의무를 진다고 주장했다.

19세기 말에, 크리스토퍼 티드먼은 쿨리의 생각을 되풀이했다. 미주리 대학교의 법과 교수이자 많은 책의 저자인 티드먼의 명성은 《규제권능의 한계론*A Treatise on the Limitations of Police Power in the United States*》(1886)으로 드높아졌다. 그는 쿨리보다 한걸음 더 나아가 어떠한 정부의 규제도 부정했으며 심지어 대부업자가 부과하는 이윤을 제한하는 이자제한법조차도 반대했다. 티드먼은 주의회가 "범죄의 처벌과 금지에 의한 공공질서와 개인의 안전을 제공하기 위해서만" 그들의 규제권능을 원용해야 한다고 주장했다.[28] 연방 대법관 데이비드 브루워(David J. Brewer)는 1892년 판결문에서 티드먼의 주장을 다음과 같이 요약했다. "정부의 가부장적이론은 내게는 참기 어려운 것이다. 개인에 대한 최상의 자유와 그와 자신의 재산에 대한 최상의 보호는 정부의 의무와 제한에 있다."[29]

존 포레스트 딜론은 아이오와 주 대법관(1862~1868)이자 19세기 말 지방자치단체의 공채에 대한 가장 권위 있는 책인 《지방자치단체법*Law of Municipal Corporations*》(1872)의 저자였다. 애매한 법률분야이지만 그럼에도 불구하고 도시가 경제개발을 장려하고자 자신들이 감당할 수 없는 채무수준에서 법률적인 수단을 강구하던 당시에는 중요한 분야였다. 그의 논문은 도시가 단지 주의회에서 수여했던 권한만을 가진다고 설명했다('딜론의 법리Dillon's Rule'.) 딜론은 사실 단순히 주장하거나 가정된 지방자치단체의 권한에 회의적이었지 그 도시를 싫어하는 농촌 출신이었기 때문은 아니었다. 1850년대에 변호사로서 딜론은 철도회사의 주식을 청약하도록 카운티와 지방자치단체에 허용하는 아이오와 주법을 중단시키려는 시더 시 납세자들을 대표했다. 그는 아이오와 주 대법원장으로서 1862년과 1869년의 의견에서 이러한 입법부의 권한수여는 위헌이라고 판결했다. 아이오와 주 자치단체들은 이러한 권한수여를 무모하게 이용했다. 이들은 철도채권 보유자들에게 "엄청난 채무 부담"을 지웠으며 "가장 불행한 실수"를 저질렀다.[30] 그러나 채권이 이미 발행되어 유통되었기 때문에 미국 연방대법원은 딜론의 판결이유를 거부하고 이행거절에 해당한다고 판결했다(**Gelpcke v. Dubuque**, 1864.) 그리하여 그의 논문은 연방법원은 적절하게 발행된 지방자치단체의 채권을 무효화시키는 것을 승인할 수 없다고 설명했다.

그러나 건설되지 않았던 철도를 위해 발행된 철도채권의 소지자에게 지급하도록 농장 공동체들에게 명령하는 것과 이를 준수하도록 하는 것은 별개의 문제였다. 한동안 채권 소지자들에게 단지 부분적인 재산회복을 제외한 다른 모든 것을 부인한 아이오와와 미주리 주에서 이러한 연방법원의 명령에 위축된 지방관리들과 납세자들의 저항은 널리 퍼졌으며 효과적이었다.[31]

사회학적 법학

법형식주의와 자유방임사상은 법관의 개입자적인 역할을 증진시켰으며, 법학의 가치를 강조했고, 법을 언제나 결정된 규율과 가치 그리고 그 원리를 가지는 고정된 것으로서 다루었다. 그러나 이러한 견해가 19세기 전반에 공격을 당한 것과 같이 이들은 19세기 후반 법학이 암시하고 있는 경험과 사회적 사실에 대한 거부를 의심하고 법과 사회과학의 긴밀한 유대관계를 촉구하는 법조계로부터 공격을 받았다. 이러한 사회학적 법학에 대한 지지자들은 법관들은 입법부가 합당한 근거를 가지고 일정한 정책을 추진하려고 결정했을 때 간섭할 권한을 사용하지 않아야 한다는 입장을 취했다. 가장 중요한 인물들은 올리버 웬들 홈즈 주니어, 로스코 파운드(Roscoe Pound)와 루이스 브랜다이스였다.[32]

올리버 웬들 홈즈는 19세기 말에 법형식주의자들이 가장 소중하게 여긴 "확실성…과 안정성"은 다가올 미래에 미국법의 "운명의 신"이 될 수 없다고 주장했다.[33] 홈즈는 그 자신이 랭델의 방법에 비판적이었고 하버드 법과대학에서 배우고 가르쳤던, 남북전쟁에서 부상당한 재향군인이었다. 홈즈는 하버드 법과대학 교수에서 1882년 매사추세츠 주 대법원으로 자리를 옮겨 1899년에서 1902년까지 주 대법원장으로 재직했고 시어도어 루스벨트 대통령에 의해서 연방대법원에 임명되었다.

그는 1881년 《보통법*The Common Law*》을 출간했고 이는 전적으로 영국 보통법과 그 발전의 역사에 관한 것이었다. 이 책은 랭델, 쿨리와 티드먼의 생각과 크게 대비되었는데, 이는 사회적 경제적 사실들은 법을 결정하는 데에서 고려되어야 한다고 독자들에게 주장했기 때문이었다. 홈즈는 법의 위대함은 변화하는 환경에 적응할 수 있는 그 능력에 있으며 이러한 적응력이 법치주의라는 이념에 권위를 부여한다고 결론지었다. 홈즈는 미국법사에서 가장 유명한 구절의 하나를 《보통법》에 적었다. 그는 "법의 생명은 논리였던 것이 아니라 경험이었다. 시대의 필요성, 유행하는 도덕과 정치이론, 공공정책, 법관들이 자신들의 동시대인들과 함께 가진 공인되거나 무의식적인 편견조차도 사람들이 지배받아야 할 규율을 결정하는 데에서 삼단논법보다 더 큰 역할을 해왔다"라고 말했다.[34] 법형식주의자들과 달리 홈즈는 산업화의 새로운 시대환경과 그 당시의 견해에 적합한 법률을 발전시키기 위한 상당한 권위를 입법부에게 주고자 했다. 그러나 다른 주 사법부의 좀 더 혁신적인 상대들과 달리 그는 매사추세츠 주대법원에 대법관으로서 재직하던 16년 동안과 연방대법원에 재직하는 동안 앞에 놓인 문제가 보통법상의 문제와 관련되었을 때(**United Zinc v. Britt**, 1922) 영국 보통법을 맹종했다.[35] 그는 매사추세츠나 연방대법원 법관으로서 그가 좋아하지 않는 법률과 마주치지 않은 것처럼 보인다. 그러나 보통법에 관해서 그의 법정 밖의 논문들은 법정의 의견과 모순되었다.

로스코 파운드는 홈즈와 함께 법에 대한 실질적이고 사회과학적인 견해에 자신의 목소리를 보탰다. '사회학적 법학'이라는 용어를 만들어낸 것은 파운드였다. 그는 하버드에서 잠시 법을 공부한 뒤 학위는 받지 않은 채 1897년 네브래스카 대학에서 식물학으로 박사학위를 받았다. 그는 네브래스카 대학에서 식물학을 가르치는 동안에 네브래스카 변호사협회에 가입해 법률실무에 종사했다. 파운드는 1910년 하버드 법과대학의 교수가 되었고 1916년부터 1936년 학장으로서 재직했다. 법학에 대한 많은 글을 남긴 저술가로서 그의 논문과 책들은 형법, 교도소 개혁과 법원조직을 포함한 여러 가지 주제를 폭넓게 다루었다. 파운드는 특히 법률교육에 대한 랭델의 접근방법에 비판적이었고 랭델과 법형식주의자들이 취했던 과학에 대한 위축된 견해에 반대했다. 1912년 파운드는 '사회학적 법학의 범위와 목적' 이라는 일반적인 제목 아래 〈하버드 법학지*Harvard Law Review*〉에 일련의 영향력 있는 논문들을 발표했다. 이러한 용어는 그 당시 떠오르던 학문인 사회학과는 별 관련이 없었다. 오히려 파운드는, 법관들은 그들의 결정이 미칠 사회적 · 경제적 결과를 고려해 균형을 이루도록 법에 접근해야 한다는 것을 의미했다. 파운드의 주장은 변호사들에게도 마찬가지의 의의를 가지고 있었는데 이는 이러한 결과를 가져오는 결정에 이르도록 법관들을 도울 증거를 수집하고 제시하는 역할을 변호사들에게 촉구했기 때문이었다.

루이스 브랜다이스는 이러한 주장들이 실제로 어떻게 나타나는가를 변호사협회에 보여주었다. 브랜다이스는 켄터키 주의 루이스빌에 정착한 독일계 유대인 이민자의 아들이었다. 1878년 하버드 법과대학을 졸업한 뒤 그는 보스턴에서 매우 성공적인 회사법 변호사로서 입지를 굳혔다. 그러나 브랜다이스는 본질적으로 진보적이었고 19세기 말과 20세기 초에 두 가지 방법으로 효율적이고 민주적인 사회에 대한 자신의 전망을 추구했다. 첫째, 그는 과학적이고 경험적인 연구를 수행했던 사람들로 이루어진 규제단체들이 정당의 전통적인 분배적 영향력으로부터 경제를 자유롭게 할 수 있다고 믿은 최초의 '규제 대변자' 중 한 사람이었다.[36]

둘째로, 브랜다이스는 법적인 변호를 통해서 자신의 사회적 의제를 발전시켰다. 개혁그룹은 그를 변호인으로 고용했고 그는 주와 연방법정에서 의뢰인들 편에서 "사회학적 사건 적요서"를 제공했다. 이러한 사건 적요서는 "정부의 노동통계, 공장 점검원의 보고서, 그리고 의료논문으로부터 도출한 심리학적 · 경제학적 · 비법률적" 자료들로 구성되었다.[37] 이와 같은 자료는 20세기 이전에 법적인 분쟁에서 원용된 적이

거의 없었고 브랜다이스의 대규모 사용으로 법관과 배심원들이 법률을 살피는 것과 마찬가지로 점차 사건을 둘러싸고 있는 일정한 사회적 · 경제적 사실들을 고려하기 시작했다. 1916년 윌슨 대통령은 법형식주의자들의 반대에도 불구하고 브랜다이스를 1939년 은퇴할 때까지 대법관으로 재임했던 대법원에 임명했다.

신흥 고위 성직자들

1860년과 1920년 사이에 미국의 법률실무는 그 기본교리들이 산업화와 도시화된 사회의 요구에 부응한 전문직이 되었다. 법률가들은 이러한 발전에 적응하고 이를 수용했다. 이들은 이러한 변화에 저항하지 않았다. 변호사 단체의 엘리트들은 법률협회와 영향력 있는 법학교를 통해서 법률문화를 좀 더 비인격적이고 과학적이고 수지맞게 만든 전문적인 모델로 전환시켰다. 법률 전문직은 여러 가지 방면에서 기업가들과 손을 잡았으며 결과적으로 법을 존중하는 산업화된 사회의 '신흥 고위 성직자들' 로서 등장해 사회경제적인 향상과 더불어 전국적인 존경을 받게 되었다.

12
산업화에 대한 사법적 대응: 1860~1920

The Judicial Response to Industrialization: 1860~1920

티드먼과 쿨리와 같은 법형식주의자들은 규제적이고 보호적인 법안을 '계급입법' 이라고 비난했다. 이들은 정부가 다른 집단을 희생하면서 한 사회집단의 조건을 개선하거나 근로자와 고용주나 소비자와 생산자의 상대적인 교섭력을 변경하기 위해 그 권력을 사용해서는 안 된다고 주장했다. 이들의 동기는 여러 가지가 혼합되어 있었다. 법형식주의자들은 대중적으로 선출된 다수파들이 부자와 중산층의 재산을 약탈할 수 있다는 것과 부와 국가의 경제팽창을 해치는 것에 관심을 가지고 있었다. 중요한 것은 법형식주의자들은 또한 "자유를 보존하기" 위해 노력했다는 것이었다.[1] 헌법상 권리의 문제로서 이들은 정부의 정책이 정당하게 벌어들인 부를 재분배해서는 안 된다고 주장했다. 위헌법률심사제도와 형식주의적 법원리로 공공정책과 헌법상 자유의 문제를 지지하고자 상급법원을 예의 주시했다.

이 기간에 법원들은 종종 복고적이고 자유방임주의의 형식주의적 조직으로서 비쳤다. 사법부의 행동은 이러한 전형적인 유형이 제시하는 것보다 훨씬 더 복잡했다. 상급심 법관들은 일부 유명한 판례에서 자유방임사상 원칙을 원용했으나 대부분의 경우 주와 연방법원들은 "비록 일부는 법원에서 지연되기는 했으나 봉쇄되지 않았던 폭넓은 개혁입법을 승인하려는 지속적인 움직임으로 나아갔다"[2] 더구나 1880년 이후

"성문입법이 엄청나게 늘어나 미국법의 가장 역동적인 분야가 되었다."[3] 그 결과 상급심의 임무는 보통법상의 원리를 강조하는 전통적인 역할에서 특정한 법률제정에서 입법자의 의사를 사정하는 것으로 변했다. 루이스 브랜다이스 같은 변호사들은 사회학적 사건 적요서를 제출해 불가피하게 법관이 여러 가지 의의를 가지는 새로운 유형의 정보를 고찰하도록 촉구했다.

사법제도

주법원

남북전쟁 이후 미국의 경제변화는 법에 대한 의존을 크게 촉진했다. 사법활동의 범위와 규모는 사적 분쟁의 지속적인 증가뿐만 아니라 공공정책을 결정하는 데 있어서 법원의 결정과 더불어 남북전쟁 이전의 범위를 훨씬 뛰어넘었다. 법관은 급속하게 변화하는 사회를 통치하는 데에서 적극적인 역할을 했다.

연방, 주와 지방법원제도는 남북전쟁 뒤 더욱 복잡하고 조밀하게 발전했다. 예를 들어, 1900년 연방법원은 6개의 준미국법원, 특별사법위원회, 청구법원, 60개의 관할법원과 9개의 항소 순회법원과 대법원을 포함하고 있었다. 주도 마찬가지로 정교한 사법체계를 가지고 있었다. 캘리포니아 주는 주대법원, 20개 관할법원, 53개의 지방법원, 다수의 유언 검인법원, 치안판사 법원(시골지역에서)과 자치법원을 가지고 있었다. 이러한 유형은 그 밖의 다른 지역에서도 거의 마찬가지였는데, 지역의 사실심 법원, 중간단계의 항소심 법원과 상급법원의 체계를 이루고 있었다.

하급심은 법에 대한 점증하는 의존을 고스란히 부담했으며, 이들의 사건 일람표 작성은 산업화에 따른 사회와 경제변화를 반영했다. 예를 들어, 1880년과 1900년 사이 보스턴의 민사 사실법원은 "연간 약 2만여 명의 원고가 제기한 문제들을 다루었다."[4] 이러한 자치법원은 일반인들이 도시생활의 복잡성과 익명성에 관련된 영업, 거주, 재정과 상해에 관한 문제점을 해결하고자 이용했다. 법원은 남북전쟁 이전에 미국을 특징지었던 사회조직이나 회의가 더 이상 제공할 수 없었던 조정기능을 가진 안전판이 되었다. 사례의 대부분은 무미건조했고, 채무 상환이 주된 내용이었다. 식료품 업자, 옷가게 주인들과 의사들은 법원에 채무자들의 채무 이행을 강제하도록 청구했다.

다른 사실법원에서도 민사사건이 압도적이었다. 뉴햄프셔 주의 지방 순회법원은 1876년에(이듬해까지 해결되지 않은) 4,400사건이 계류 중이었고 이듬해 새로이 6,000여 건의 사건이 보태졌다. 1873년에 오하이오 주법원은 850만 달러 이상의 금전상 이전과 관련된 1만5,000건 이상의 민사사건을 판결했다. 1903년 12월, 캔자스 시 법원의 사건 일람표에는 5,100건 이상이 작성되었으며 이들 중 약 60퍼센트 이상이 회사에 대한 책임을 청구하는 것이었다. 이러한 상황 아래에서 그 수가 크게 증가하고 지연되는 사건 일람표가 당연시되었다. 1885년 미국변호사협회의 특별위원회는 이러한 문제를 연구한 결과 그 당시의 소송사건은 판결 시까지 1년 반에서 6년까지 걸린다는 사실을 발견했다.

사법제도의 나머지 분야에서도 업무가 폭주했다. 1900년 무렵, 전국 상급법원의 업무 자체만도 매년 약 2만5,000건(약 400권 이상의 판례공보)을 웃돌았다. 전국에서 가장 영향력 있는 항소법원이었던 뉴욕의 항소법원은 매년 500건에서 700건을 판결했다. 일리노이 주대법원은 1860년 약 150여 개를 판결했다. 1890년 그 수는 약 550여 건으로 3배 이상 증가했으나, 1920년에 법원 조직과 운영에 대한 다양한 개혁 덕택에 법원은 단지 약 250여 건만 판결했다. 주의 최고법원은 업무가 폭주했을 뿐만 아니라 경제활동에 깊이 관여했다. 1870년에서 1900년까지 이러한 법원에서 판결한 사건의 1/3 이상(36.2퍼센트)이 계약, 채무, 회사와 동업관계와 같은 영업활동에 관한 문제들이었다. 다른 1/5(21.4퍼센트)은 부동산 문제와 관련되었다. 법원은 영업문제를 해결하는 중요한 논의 장소였다.

20세기 들어, 영업분쟁에 대한 법원의 판결비율은 비교적 적어졌다. 소송인들은, 비록 법원이 소송의 폭주를 막기 위해 절차를 간소화하고 신속하게 처리하려는 비교적 다양한 개혁들을 시도했지만, 여전히 더디고, 비용이 들어 기술적으로 복잡한 법원보다는 조정과 같은 대체적 분쟁해결 방안을 선호했다. 성숙된 산업 사회에서는 "주의 대법원이 상업과 산업적인 거래에 관한 업무를 적게 다루는 것으로 나타났다."[5] 산업화 초기에 법원은 경제적 · 상업적 규제에 참여했으나 산업경제가 성숙함으로써 그 책임이 점차 정부의 다른 기관, 특히 독립적인 규제와 행정위원회로 집중되었다. 주대법원은 시민과 정부의 충돌과 사고소송의 가장 중요한 원인으로서 철도를 대체한 자동차와 사람들의 충돌이 야기한 문제에 더욱 관심을 기울이게 되었다. 불법행위, 헌법과 형사사건이 현대적인 주대법원의 사건 일람표에서 차지하는 비중이 증가했다.[6]

남북전쟁 뒤 주의 변호사협회 지도자들은 사법부의 과도한 업무부담을 완화하려는 개혁을 주장했다. 많은 주는 대법관의 수를 늘렸다. 1850년 3명의 대법관으로 시작했던 캘리포니아 주는 1862년에 5명으로 늘렸고 그런 뒤 1879년에 7명으로 다시 늘렸다. 캘리포니아 주와 같은 몇몇 주에서는 대법관들을 여러 분과로 나누고 단지 매우 곤란하거나 중요한 사건의 경우에만 전원 합의체로 운영했다. 일부 주는 과도한 업무부담을 지고 있는 법원을 돕기 위해 특수기구를 설치했다. 1870년에 5년 임기를 가지고 설립된 뉴욕 주의 항소위원회는 약 1,000건의 사건을 처리했다. 1895년 네브래스카 주는 사법권을 가진 주관개위원회(州灌漑委員會)를 설립했고, 이 기구는 정식법원에서 처리했어야 할 1,000여 건의 청구사건을 처리했다. 1891년 텍사스 주는 그 대법원을 각각 따로 선출된 법관으로 이루어진 2개의 독립 기구인 형사 항소심과 민사 항소심으로 분할했다.

개혁가들은 또한 중간단계의 항소심을 설치하고, 상급심의 관할을 제한하거나 심리할 수 있는 사건의 종류에 대한 규제를 강화함으로써 상급심으로 사건이 쇄도하는 것을 제한했다. 예를 들어, 일리노이 주는 1877년에 새롭게 설치된 중간 항소법원은 소송가액이 1,000달러 미만인 계약과 손해배상 사건의 최종심이 되었다. 약 1920년 무렵에 이러한 개혁과 진보시기의 영향을 받은 다른 법원의 개혁은 상급심에 이르는 사건의 수를 줄임으로써 법관들이 중요하다고 간주하는 사건에 집중할 수 있도록 했다. 그러나 법원은 정치적 결정의 산물이었고 대부분의 개혁은 본질적인 변화를 가져올 만큼 충분하지 못했다.

연방법원

대부분의 연방 하급법원의 업무는 남북전쟁 전에는 그리 많지 않았으나 1860년부터 1920년 사이에 사건이 쇄도했다. 1871년, 연방 하급법원은 8,187건의 형사사건을,

1900년에는 1만7,033건, 그리고 1920년에는 3만4,230건을 처리했다. 같은 법원에서 민사사건의 경우에는 1873년에 1만4,527건, 1900년에 2만2,520건, 그리고 1920년에 3만2,240건을 처리했다. 단지 20년 전의 하급심과 항소순회법원의 사건 일람표에 기록되었던 3만8,194건과 비교해서 1900년에는 모든 하급심에 계류 중인 민사사건만도 5만2,477건이었다. 대법원의 사건 일람표도 마찬가지로 늘어났다. 1862년과 1866년 사이 대법원은 회기당 평균 약 240건을 처리했는데 1878년과 1882년 사이에는 약 855건, 그리고 1886년과 1890년 사이에는 약 1,124건으로 늘어났다.

미국인구와 남북전쟁 뒤 연방정부의 권한과 범위의 엄청난 증가로 연방법원의 사건처리 분량은 초기의 미미한 수준에서 팽창이 불가피하게 되었다.[7] 예를 들어, 1850년과 1875년 사이에 연방 사법부의 운영비가 50만 달러에서 300만 달러로 치솟았고, 1900년에는 그 규모가 다시 3배로 늘었다. 1878년 1월 1일 시카고에 있는 연방순회법원은 3,045건이 계류 중이었는데 이는 남북전쟁 이전의 순회법원의 평균 심리건수의 10배나 되었다. 이러한 하급연방법원들은 주간(州間) 영업분쟁에서 주법원을 주도하고 있는 지역의 이익단체들로부터 벗어나서 자유롭게 심리할 수 있는 "질서정연한 법정"이 되었다.[8] 이러한 절차는 1842년 연방 상사보통법을 확립한 **스위프트(Swift v. Tyson)** 사건에서 대법관 조셉 스토리의 판결로 시작되었다. 이는 남북전쟁 뒤 일정한 계기가 만들어지자 계속해서 견제 없이 뉴딜시기로 이어졌다.

의회는 하급연방법원의 조직과 관할 모두를 전국으로 확대했다. 예를 들어, 1869년 법원조직법(Judiciary Act)은 9명의 새로운 순회법원 법관직을 신설해 사실심과 하급심의 항소사건에 배석하는 법관으로 채우게 했다. 새로운 순회법관에게는 말 타고 순회하는 연방대법관들의 전통적인 의무를 벗게 해 워싱턴에서 대법원의 늘어난 업무에 좀 더 관심을 기울이도록 했다. 대법관들의 사건 일람표의 기재 사건을 제약하고자 했던 1891년 항소순회법원법은 대법관들의 순회업무를 끝내고 옛 연방순회법원을 재조직해 새로운 항소순회법원을 설립했다. 이러한 중간단계의 항소법원 법관들은 이전에는 대법원에서 다루었던 업무의 일부를 다루었다. 이러한 개혁은 대법원의 업무를 다소나마 줄게 했다. 1900년 대법원은 723건의 사건을 다루었으나 그때부터 1920년까지 대법원의 사건 일람표는 매년 평균 약 930건을 포함했다.[9]

항소순회법원법(Circuit Court of Appeals Act)은 두 가지 중요한 새로운 원칙을 정했는데 이는 모두 주의 경험을 반영했을 뿐만 아니라 계속해서 대법원의 관할권에 영향을 미쳤다. 그중 하나는 중간단계의 항소법원(항소순회법원)의 권한이 강력해져야 하고, 다른 하나는 대법원이 판단할 가치가 있는 중요한 사건인지를 판단하기 위해 사건이송영장을 수여함으로써 대법원이 광범위한 재량권을 가져야 한다는 것이었다. 사건이송영장("~에 대해서 알게되다"라는 의미)은 대법원이 불법적인 것이 있었는지를 결정하고자 하급심에서 이루어진 절차를 점검하기 위해 발행하는 것이었다. 사건이송영장 이용의 확대에 있어서 의회는 하급심의 판결에 잘못이 있는 경우에 근거해서 대법원에 상소할 역사적인 권리를 감축했다. 이리하여 법령은 "대법원 기능에 관한 전혀 새로운 원칙: 대법원의 업무는 대법관이 모든 사건을 검토하는 것이 아니라 좀 더 중요한 정책판단을 결정하는 것이다"라고 표현했다.[10]

마찬가지로 중요한 의의를 가지는 것은 의회가 연방법원의 관할을 변경하도록 명령했다는 것이다. 이러한 변화는 크게 두 가지로 나눌 수 있다. 주에서 연방법원으로 사건을 이송할 권한과 권리의 문제로서 대법원에 항소할 범위를 줄이는 것이었다.

1875년의 사건이송법(Removal Act)은 영업단체들과 하급연방법원과의 관계에서 이정표가 되었다.[11] 이 법은 주에서 연방법원으로, 지역에서 전국적인 법정으로 이송하도록 재촉했다. 이는 양 당사자가 사건을 연방법원으로 이송할 수 있도록 인정했으며 이는 당사자 일방이 '법정' 지의 주에 거주하고 있지 않더라도(예를 들어, 연방법원의 소송이 진행중인 주의 거주자가 아닌 경우) 모든 다양한 사건을 이송할 수 있었다. 가장 중요한 것은 이 법이 연방법상 야기된 모든 사건을 이송할 수 있도록 허용했다는 점이다. 이 법은 새로이 자유민이 된 노예들에게 주법원의 편견을 회피하기 위한 사건이송을 허용했으나, 주간 영업활동에 종사하던 기업들이 사건이송 조항으로부터 가장 큰 혜택을 입었다. 이들은 법정지 쇼핑을 즐길 수 있었는데, 다시 말해서 이들은 자신들의 사건이 승소할 가능성이 가장 높은 법정으로, 연방이건 주법원이건 선택할 수 있었다. 이 법은 또한 특히 전국적인 시장을 가진 대기업들을 위해서 회사법의 통일을 촉진했다.[12]

위헌법률심사제도

항소법원은 자신들의 사건 일람표가 늘어남과 동시에 자신들의 권한을 확대했다. 헌법상 권위에 반대되는 입법안을 파기할 수 있는 법원의 권한은 연방과 주헌법의 제정자들에 의해서 인정되었다. 이러한 제도의 후속적인 발전은 결코 간단하거나 명확하지 않았으며 이는 항상 논쟁에 휘말렸다. 첫째, 공화주의적 정부형태에서 법관은 입법자를 비판할 권리를 갖고 있지 못하다는 점에서 항상 의심을 가지고 있었고 제퍼슨주의 공화당원들과 나중에 잭슨주의 민주당원들의 전폭적인 지지를 얻은 입장이었다. 이는 법관선출 방식이 입법부와 행정부의 임명에서 대중 일반선거로 변화했던 1850년대 이후 각 주에서 크게 문제가 되지 않았다.

둘째로, 미국 연방 법률체계의 성질 때문에 위헌법률심사제도는 헌법상 권위를 가지고 있는 다른 기관에 제소하고 다른 법정지를 선택할 수 있었다. 주 항소법원은 자신들이 자신들의 헌법을 해석할 수 있고, 필요하다면 의회가 제정한 법을 무효화할 수 있다고 일찍이 확립했다. 그러나 연방대법원 역시 연방헌법의 우월성 조항 때문에 연방헌법상의 문제와 의회의 법안에 관련된 법원의 결정과 주의회의 입법을 해석할 수 있었다. 그리하여 대법원은 주의 활동을 심문할 수 있었으나 주법원은 연방헌법의 의미를 결론적으로 정한 연방의회나 법원의 행동을 제한할 수 없었다.

주법원에 의한 주 법령의 위헌법률심사는 남북전쟁 이전에는 "매우 드물고, 엄청난 사건"이었다.[13] 예를 들어, 1861년 버지니아 주 항소법원인 주 최고법원은 법률의 합헌성이 문제된 사건으로 단지 35건만을 결정했다. 이 중에서 법관들은 단지 4건만 무효로 했다. 남북전쟁 이전에 전국에서 가장 권위 있는 2~3개의 상급법원 중 하나인 매사추세츠 주대법원은 1860년에 62개 법률의 합헌성을 고찰했으나 이 중 단지 10건만 위헌으로 판결했다.[14]

국가수립 이후부터, 대법원은 소급입법, 계약과 통상조항과 같은 특정한 연방헌법상의 금지규정을 위반하지 않도록 하기 위해 주의 법과 주법원의 결정을 심사했다. 1789년과 1864년 사이에 대법관들은 주 입법의 41건을 위헌판결했으나 이는 심리한 사건의 0.5퍼센트에도 미치지 못했다. 대법관들은 남북전쟁 이전에 단지 2건의 연방

법률만을 무효화함으로써 의회와의 관계에서 덜 적극적이었다.

그러나 1850년대 무렵에, 항소법원은 이미 공공정책을 결정하는 데에서 주요한 세력으로 등장했고, 그 결정은 경제와 사회의 분배적 결과를 가진다고 널리 이해되었다. 더구나 입법부의 과도한 권위에 대해 비판적인 사람들은 대중적으로 선출된 법관들이 이러한 입법상의 권한을 제한할 수 있기를 기대했고, 이는 위헌법률심사의 권한을 발동하는 것을 의미했다. 남북전쟁 발발 직전에 법관들은 법치주의를 집행했을 뿐만 아니라 미국정치에 만연한 이해충돌 사건을 조정하는 중요한 기능을 했다.

남북전쟁 뒤 항소법원은 정당정치 기간의 분배적인 정치적 결정에 대응해 그 권한을 확대하고 향상시키는 업적을 이룩했다. 1920년경 위헌법률심사제도는 여전히 논쟁거리였지만 받아들여졌다. 버지니아 주의 최고법원은 19세기 말 동안에 심리한 사건 3건 중 1건에 대해서 위헌판결을 했다. 오하이오 주는 1880년대에 15개 주법을, 1890년대는 42개의 주법을 위헌판결했다. 1885년과 1899년 사이에 미네소타 주대법원은 대략 70여 개 주법률을 위헌판결했으며 유타 주대법원은 1893년과 1896년 사이에 심리한 22개의 법률 중 11개를 위헌판결했다. 연방대법원의 상황도 거의 비슷했다. 그 시작부터 1920년까지 대법원이 무효로 판결한 217개의 주법에 대해서 가장 정점에 올랐던 1880년대에는 48개 법률이 무효화되었고, 대법관들이 의회에 경의를 표시하는 동안인 남북전쟁과 1937년 사이에 32개의 연방법률이 여전히 위헌판결을 받았다. 그에 대해서는 다음과 같이 말해지고 있다. 사실은 연방대법원이 주와 연방 법령에 대해서는 압도적으로 합헌판결을 했다.[15]

규제입법에 대한 사법적인 대응

19세기 말 위헌법률심사에 대한 쇄도는 산업화의 사회적 · 경제적인 결과의 입법상 규제에 대한 사법부의 점검과 관련되었다. 예를 들어, 〈미국법학지*American Law Review*〉는 1894년에 "법원이 단순한 경제적인 이론과 궤변적인 근거로 주 입법을 무효화하는 것이 유행이 되었다"라고 주장했다.[16] 규제와 보호입법의 경우를 철저하게 점검한 결과, 주와 연방법원의 사법적인 행동은 지금까지 생각해왔던 것보다 훨씬 복잡하고 원칙이 부족했다.

주법원과 경제규제

법원은 경제활동 규제법안을 무력화하기 위한 여러 가지 헌법상의 장치를 마련했다. 가장 중요한 것은 실체적인 법률의 적법절차로서 이는 "반입법적인 무기들의 사법적인 무기고에서 가장 중요한 원칙이었다."[17] 남북전쟁 이전 적법절차는 본질적으로 한 가지 의미를 가지고 있었는데 이는 절차적인 것이었다. 주헌법의 적법절차 조항과 연방헌법에 대한 제5차 수정조항은 모든 사람이 자신의 권리를 위해서 심리받고 보호받을 기회를 제공하는 재판을 받을 권리를 가지고 있다는 것을 제공했다. 그러나 적법절차는 옛 기득권 원칙에서 기인하는 또 다른 실체적인 의미를 가지면서 남북전쟁 당시에 시작되었다. 실체적인 적법절차는 개인에게 수여된 삭감할 수 없는 권리가 존재하며 정부는 자의적으로 이에 개입할 수 없다는 것을 의미하게 되었다. 결론적으로 입법부의 권한에 대한 절차적인 제한이 아니라 실체적인 제한을 의미했다. 1856년 뉴욕주의 항소심은 **웨네머(Wynehamer v. People)** 사건에서 이러한 원칙과 관련된 최초의 중요한 결정을 했고 1년 뒤 **드레드 스콧** 사건에서 대법원장 로저 태니는 제5차 수정헌법의 적법절차 조항에 따라 연방규제로부터 노예재산을 보호할 수 있다고 무기력하게 주장했다.[18]

실체적인 적법절차는 두 가지 목적을 가진다. 첫째, 이는 일정한 반분배적인 경제효과를 가진다. 의회가 규제법안을 통해 경제발전 비용을 분배하려고 시도할 때 주 최고법원은 실체적인 적법절차를 근거로 반대했고 그리하여 가난한 사람을 희생하는 대신에 부자들의 입장을 옹호했다. 둘째로 이는 다른 그룹을 희생하는 대신에 한 그룹을 돕고자 하는 특별입법을 무효화하는 수단이었다. 그리하여 실체적인 적법절차는 주 항소법원에서 가난한 사람들로부터 부자들을 보호하기 위해 배타적으로 혹은 압도적으로 이용되지는 않았다. 예를 들어, **질슨(People v. Gillson**, 1888) 사건에서 뉴욕 주 대법원은 애틀랜틱 퍼시픽 커피회사가 커피를 구입한 소비자에게 찻잔과 소스를 선물하는 것을 금지한 법률을 무효화했다. 이 소송에서 문제가 된 것은 부의 재분배와는 전혀 관계없고 대신에 "시민 무역업자들의" 판매할 권리와 소비자들이 커피 자체보다는 커피가격으로 컵, 소스와 커피를 구매할 권리들과 관련되었다.[19] 1900년 아이오와 주대법원은 다른 램프에는 사용할 수 없고 특정한 제조업자가 만든 램프에만 기름의 사용을 허용한 입법을 무효화했다. 법관은 제조능력이 있는 제조자들의 권리로서 문제의 기름을 판매할 수 있어야 한다고 주장했다.[20]

주법원은 경제규제법의 대다수를 지지해 건강, 안전, 도덕과 복지를 증진하기 위한 규제권능을 적절하게 이용하도록 입법에 간섭하지 않았다. 그 대표적인 것이 대부분의 영업허가법의 운명이었고 단지 헌법상의 충돌만이 법원에서 심리되었다. 항소법원은 다른 단체에 비해서 하나의 직업단체에 일부 이점을 수여한 경우에만 이러한 법률을 무효화했다. 예를 들어, **린지**(**People v. Ringe**, 1910) 판결에서 뉴욕 주 항소법원은 모든 장의업자에게 당연히 휘장업을 허가하도록 정한 '장의사-휘장업자법'의 합헌성을 고찰했다. 법관은 의회가 이러한 직종을 규제할 권한을 가지고 있음이 명백하지만 이는 두 가지 직업을 한 사람에게 결합함으로써 지나치게 나아갔다고 보았다. 장의사들이 항상 휘장업자가 아니며 사건이 판결될 당시에 시골 장의사들은 휘장업자가 아니라는 것이 일반상식이었다. 이 법은 휘장업자들을 배제하고 장의사들에게 장제사업에 대한 독점권을 간단하게 인정하는 것은 공동체의 건강, 도덕, 혹은 안전에 별 관계가 없는 것이었다. **린지** 사건에서 법원을 곤란하게 한 것은 법령이 한 직업단체에 독점권을 수여함으로써 "적법한 영업에 종사할 수 있는 보통법상의 권리"를 간섭하게 되어 "헌법상 권리에 대한 불필요하고 부당한 간섭"과 관련되었다는 점에 있었다.[21]

연방법원과 경제규제

주법을 파기하기 위한 대법원의 실체적인 적법절차의 발동은 커다란 논란을 불러일으켰다. 주 입법의 경우에 있어서, 법원은 주의 규제권능의 내용을 조정하기 위해 제5차 수정헌법 적법절차 조항의 실체적인 해석에 의존했다. 법원은 또한 산업시장경제의 상호의존적 성격이 점차 강화됨에 따라 특별한 의의를 가지는 통상규정 아래 주와 의회의 규제권한 범위에 대해서도 살펴보았다.

최초의 주 규제에 대한 연방 사법부의 심리는 **도살장**(**Slaughterhouse**, 1873) 사건이었다. 1869년 공화당이 지배한 루이지애나 주의회는 뉴올리언스의 도축업자 1명에게 모든 소, 돼지와 다른 가금류의 도축에 대한 실질적인 독점권을 인정하는 법을 제정했다. 뉴올리언스뿐만 아니라 전국적으로 육가공 산업의 불결한 위생상태는 의회가 그 규제권능을 발동하도록 야기했다. 그러나 법안은 정치적인 의도를 가지고 있었는데, 이는 라이벌 공화당과 민주당의 기업가들이 텍사스 주의 소들이 뉴올리언스로 흘러들어와서 가공 처리되는 수지맞는 사업을 차지하고자 서로 다투었기 때문이었다. 공화당이 장악하고 있던 의회는 정치적인 우호관계에 있는 크레슨트 시 도축회사에 권리를 수여해 예전의 남부 민주당 도축업자들을 확실한 패자로 만들었다.

민주당 도축업자들은 소를 제기했다. 이들은 두 가지 주요논점을 가지고 있었는데, 모두 최근에 채택된 제14차 수정헌법을 근거로 했다. 첫째, 이들은 의회가 미국시민으로서 자신들의 특권과 면책(간단히 말해서 자신들의 권리)을 축소했다고 주장했다. 둘째로, 이들은 의회는 또한 제14차 수정헌법의 적법절차 조항을 위반했다는 것이었다. 이러한 주장의 이면에는 의회가 수정안을 통과시키고 각 주가 이를 인준했을 때 의회가 의도한 것에 대한 추정에 의존했다. 공화당원 독점업자들의 변호인들은 루이지애나 주는 규제권능 아래에서 이러한 법을 제정할 충분한 권한을 가졌을 뿐만 아니라 어떠한 경우에도 문제가 된 기본적인 권리는 주의 규제 아래 있다고 주장했다. 더구나 이들은 적법절차 조항에 따른 보호는 단지 흑인에게만 적용되는데 이는 의회가 자유인이 된 흑인을 보호하기 위해 수정안을 새로이 제정했기 때문이라고 주장했다. 원고인 민주당원들은 적법절차 조항은 개인이 원하는 적법한 직업은 무엇이든지 간에 주의회의 제약을 받지 않고 추구할 실체적인 전국적 권리를 인정했다고 주장했다. 이들은 새로운 수정헌법 조항은 남북전쟁 이전에 존재했던 것보다 훨씬 확고한 안전을 보장해야 하는데 이는 제14차 수정헌법이 언급하고 있는 것과 마찬가지로 적법절차 조항을 주에 적용해야 된다는 데 전혀 의심의 여지가 없기 때문이라고 주장했다.

5대4의 근소한 판결로 대법원은 루이지애나 주법을 지지했다. 링컨 대통령이 임명한 대법관 새뮤얼 밀러(Samuel Miller)는 다수의견을 대표해서 판결했다. 밀러는 제14차 수정헌법은 특권과 면책을 포함한 기본권에 대한 주의 규제에 아무런 영향을 미치지 않으며, 게다가 주의 규제권한은 이들이 비록 독점적 지위에 이르게 된다 하더라도 최상위의 것이라고 판결했다. 이 사건에 제14차 수정헌법을 적용하기 위해서 밀러는 "대법원은 주민의 민사적 권리에 대한 주의 모든 입법에 대해서 영구적인 검열을 할 수 있으며," 이리하여 영업허가법, 주류통제법, 노동시간과 아동 노동법에 대해서 개입할 수 있다고 주장했다.[22] 대법원은 "정부는 경제정책의 영역에서 적극적으로 행동할 수 있는 원칙을 확인함으로써 남북전쟁 이후 국가조직의 다른 분야에 개입했다."[23]

4년 뒤 대법관들은 또 다른 규제권능에 관한 사건을 판결했는데 또 다시 이들은 주의 경제규제적인 권한을 인정했다. **뮌(Munn v. Illinois**, 1877) 사건은 곡물 처리업자가 곡물 보관요율을 정하고 이러한 요율을 초과하면 벌금을 부과할 수 있는 금액을 약정한 5개 주의 하나인 일리노이 주의 농민공제조합법에 관한 사건이었다. 시카고의 대규모 곡물 처리업자 중 한 사람인 아이라 뮌(Ira Munn)은 이 법의 위반으로 주법원에서 유죄를 선고받았다. 그 변호인은 대법원에 항소했고, 뮌의 영업활동을 방해했기 때문에 제14차 수정헌법의 적법절차 조항은 이러한 규제를 금지해야한다고 주장했다.

대법원은 7대2의 압도적인 표결로 일리노이 주의 편을 들어주었다. 다수의견을 대표한 대법원장 모리슨 웨이트(Morrison R. Waite)는 제14차 수정헌법을 무시하고 대신에 주의 규제권한의 범위에 집중했다. 웨이트는 일리노이 주법을 지지하기 위해 남북전쟁 이전의 주대법원과 의회에서 유행했던 '공공이익 원리'를 적용했다. "사유재산이 공적으로 이용될 때 이는 공적 규제의 대상이 된다"라고 웨이트는 판결했다. "공익에 관련된 재산권자는 공공의 이익을 위해 공적인 통제 아래에서 공공의 이익을 증진하도록 해야 한다." 웨이트는 입법부가 규제권능을 남용한다면 "주민들은 법원이 아닌 선거로 심판해야 한다"라고 주장했다.[24]

비록 아이라 뮌은 패소했지만 대법원은 제14차 수정헌법이 사기업에 대해 주(州)가 부과한 일정한 규제를 금지하고 있다는 그의 주장을 받아들였다. 이 판결은 모든 사적 영업(재산이 공익에 직접적인 영향을 미치지 않는 것)은 주의 규제를 받지 않을 수 있다는 가능성을 열어놓았다.

주 규제에 불만을 가진 기업을 상대하는 법률가들은 이러한 판결을 놓치지 않았다. 이들의 임무는 일반적으로 적대적인 주법원으로부터 실체적 적법절차와 통상조항의 주장이 용이하게 받아들여지는 연방법원으로 규제사건의 이송을 허용한 1875년 사건이송법에 의해서 촉진되었다.

19세기의 마지막 10년 동안 대법관들은 적법절차와 통상조항에 대한 접근에서 점차 개혁적이 되었는데 이들은 종종 주 규제에 반대하는 변호인들의 사건 적요서의 주장을 글자 그대로 차용하는 경우도 있었다. **뮌** 사건 이후 대법원의 방향은 또한 주가 수여한 특권에 대해서 개인의 권리를 인정하는 것으로 이해될 수도 있다. 대법관들은 공공정책의 형성과 헌법해석에 대한 독점권을 행사하는 데에서 스스로 광범위한 역할을 개척해나갔다.

대법원의 영향력은 매우 커서 의회가 조치를 취하도록 강요했다. 결정적인 것은 **워배시 철도회사(Wabash, St. Louis & Pacific Railway Co. v. Illinois**, 1886) 사건이었다. 대법관들은 이전까지 주가 의회의 입법이 부재한 경우에 규제권능을 통해서 주간통상에 대한 관할권을 행사할 수 있다고 판결했다. 주의 규제는 연방체제 아래에서 상당한 지지를 받고 있었으며 폭발적인 경제성장 가운데서도 지방에 대한 통제는 계속 소중하게 여겨졌다. 그러나 **워배시** 사건에서 대법원은 주의 규제를 크게 축소했는데, 이는 주의 경계 안에서 영업하는 기업(예를 들어, 철도회사)을 규제하는 경우에도 여전히 주간통상에 간접적으로 영향을 미친다는 것을 근거로 했다. 대법원의 입장을 대변한 대법관 밀러에 따르면 주는 헌법이 명시적으로 금지하고 있는 주간통상을 규제하려고 시도했다고 했다. 판결은 매우 결정적이어서 이듬해 이 문제를 10년 이상 끌어왔던 의회는 주간통상위원회를 설치했다.

대법원은 주간통상위원회의 합법성을 인정했으나 그 권한을 지속적으로 약화시켰다. 20세기의 시작과 더불어 대법관들은 주간통상위원회는 요율을 결정할 권한이 부족하다고 판결하고 그 조사권을 제약했다. 동료 대법관들의 의견에 대해서 종종 비판적이었던 대법관 존 마셜 할랜은 1897년 대법원이 "위원회를 모든 실제 목적에 쓸모없는 기구로 전락시켰다"라고 주장했다.[25] 그때부터 1906년 사이에 위원회는 대법원에 제소한 사건 16건 중에서 단지 1건만 승소했다. 엘킨스법(Elkins Act, 1903)과 헵번법(1906)에서 진보주의자들이 최고 운송료를 정하고자 위원회의 권한을 강화했을 때 대법원은 한발 후퇴했고, 위원회는 여전히 그 권한이 다소 위축되었어도 상당히 적극적인 활동기에 접어들었다.

대법관들은 또한 주의 규제위원회의 활동을 제약하기 위해 적법절차 규정을 원용했다. 전환점은 **시카고, 밀워키, 세인트 폴 철도회사(Chicago, Milwaukee and St. Paul Railway Co. v. Minnesota**, 1890) 사건이었다. 미네소타 주는 철도회사가 주 안에서 수송하는 화물에 대해 부과할 수 있는 최고요금을 정할 권한을 가진 '철도와 창고 위원회'를 설치하는 입법을 제정했다. 철도회사는 선택의 여지가 없이 위원회가 정한 요금을 받고 그 요금에 대해서 동의하지 않는다고 하더라도 법원에 문제를 제소할 기회를 갖지 못했다. 이 사건은 근로자와 농부들의 시위가 한창이던 때에 대법원에 도착했는데 보수주의자들은 미네소타 주 입법이 '사회주의'를 육성한다고 주장했다.

대법원은 6대3의 의견으로 이 법을 무효화시켰다. 대법관들의 결정은 한편으로는 전혀 뜻밖의 것이었는데, 이는 이전까지 대법관들이 합리적인 요금을 결정할 행정적인 기구를 설치하는 주의 입법을 지지했기 때문이었다. 그러나 철도회사의 변호인들은 제14차 수정헌법의 적법절차 조항에 근거했을 뿐만 아니라 단지 법원만이 합리성을 결정할 수 있고 새로운 주의 행정적인 기구들이 사법적인 권위를 침해했다는 근거로 대법원에 상고했다. 이러한 주장은 대법관들을 설득하는 데 성공했으며, 이는 대법관들이 그 당시의 사회적 격변기에 비록 철도회사의 재산일지라도 재산을 보호할 특별한 의무를 가진다고 생각했기 때문이었다.

이전에 뉴욕 철도회사의 변호사였던 대법관 새뮤얼 블래치포드(Samuel Blatchford)는 대법원의 입장을 대변했다. "요금의 합리성 문제는 그 결정을 위해 적법한 절차를 필요로 하는 현저히 사법적인 조사의 문제이다. 회사가 그 재산의 사용을 위해 요금을 부과할 권한을 박탈당하고 그러한 박탈이 사법당국의 조사의 부재에서 이루어진다면, 이는 적법한 절차 없이 재산 그 자체의 실체와 내용에 있어서 적법한 이용을 박탈당한 것이 된다."[26] 블래치포드의 판결은 실체적인 적법절차의 확실한 개선이라기보다는 사유재산의 공공수용에 대한 전통적인 절차상의 안전장치에 호소한 것이었다. 그러나 이는 그러한 원칙에 대한 대법원의 후속적인 확증의 근거를 명확히 했다. 블래치포드의 의견은 또한 위헌법률심사 범위의 확장을 가져왔는데 이는 대법원이 법률의 합헌성(헌법조문의 일치여부)뿐만 아니라 법률이 미치는 효과까지 조사해야 한다고 했다. 이 사건에서, 대법원은 재산의 이용자인 철도회사가 합리적인 수입을 올렸는지를 근거로 법률의 가치를 판단했다.

제14차 수정헌법의 적법절차 조항에 대한 대법원의 변화는 **알게이어(Allgeyer v. Louisiana**, 1897) 사건에서 완성되었는데, 이는 대법관들이 주 법을 무효화하기 위해 적법절차에 대해서 전적으로 실체적인 해석에만 의존한 최초의 사건이었다. 이 사건은 루이지애나 주민들에 대해 뉴욕 생명보험회사의 영업활동을 금지시킨 법률과 관련된 것이었다. 루이지애나 주는 주간 영업활동의 거래를 효과적으로 봉쇄했는데 이는 대법원이 남북전쟁 이전부터 일관되게 옹호한 내용이었다. 그러나 대법관들은 루이지애나 주법을 실체적인 적법절차를 근거로 무효화했다. 이 판결의 분배적 효과는 가난한 사람들로부터 부자들을 보호하기 어렵게 만들었는데, 위의 법이 주민들에게 루이지애나 주 보험회사들의 효과적인 경쟁자에게 가입할 기회를 개방했기 때문이었다.

사법부: 신탁회사와 독점기업

19세기 말 주정부는 대중들의 격렬한 폭동의 와중에서 '신탁회사들'을 규제하기 시작했다. 1870대의 농민공제조합법과 1880년대 통과된 좀 더 자세한 입법들은 산업의 합병에 큰 관심을 가지고 여러 분야의 영업에서 독점적인 활동을 규제하고자 주의 규제권능을 원용했다. 1890년에 약 10개 주가 독점금지법을 제정했고 6개 주의 대법원은, 신탁의 설정은 무역을 제한하거나 공공정책에 반하는 독점과 공모로서 불법이라고 판결했다. 이외에도 여러 다른 주에서 주 법무장관들은 독점에 대한 **권한개시영장(quo warranto)** 소를 제기했고(예를 들어, 이들이 특허의 범위 안에서 행동했는지의 문제) 법원은 그 특허의 규정을 충족하기에 일부 상당한 정도로 실패한 것으로 입증되면 그 잘못된 회사를 해산시킬 준비가 되어 있었다.[27] 주의 항소심 법관들은 신탁회사에 대한 입법부의 규제를 인정하고 입법이 부재할 때는 주가 그 규제권능을 근거로 신탁회사를 규제할 수 있도록 허용하고자 했다.

이러한 주법원의 결정은 두 가지 서로 다른 정서를 반영하고 있었다. 한편으로, 법원은 독점권에 대한 역사적인 유감을 확실하게 받아들였고, 다른 한편으로 주간 독점에 대한 이들의 결정은 점차 경쟁적인 시장에서 지역기업을 보호하기 위한 한 방편이 되었다. 재봉틀에 대한 독점적인 특허를 보유하고 있던 싱어 재봉틀회사는 지역 상인들과 판매인들을 무시하고 1870년대 전국적인 유통 판매망을 구축했다. **웰튼(State v. Welton**, 1874) 사건에서 미주리 주대법원은 지역영업에 종사하는 특권에 대한 허가비 지불에 실패한 싱어 사의 대리인인 웰튼의 유죄를 확정했다.

주간독점의 규제와 비거주회사로부터 지역기업들을 보호하려는 노력은 주의회와 사법부의 권한 밖의 일이었다. 예를 들어, 싱어 재봉틀회사는 연방법원에서 헌법적인 근거를 구하기 위해 주법을 의도적으로 위반했다. 주요 신탁회사들은 뉴저지와 델라웨어 주와 같은 좀 더 자유로운 회사법을 가지고 있던 다른 주들과 협력해 주법원의 독점금지 판결결과를 회피하려고 노력했다.

대법원은 주의 경계를 벗어나는 영업에 대해 효율적인 방식을 권장했다. 많은 주는 남북전쟁 전에 주외(州外) 판매인들을 겨냥해 반(反)순회 판매원 입법을 집행하려고 시도하는 지역 생산자들의 요구에 맞서 힘든 싸움을 했다. 예를 들어, 1845년 미주리 주는 비거주회사의 대리인에게 "미주리에서 생산, 재배나 제조하지 않은" 상품을 판매할 권리를 위해 허가비 지급을 요구하는 입법을 제정했다.[28] 남북전쟁 뒤 새로운 개발품을 일반에게 직접 배포하려고 전국적인 판매망을 구축한 싱어 재봉틀회사는 금지입법에 대한 소송에서 성공을 거두었다. **웰튼(Welton v. Missouri**, 1876) 사건에서 대법원은 싱어 재봉틀회사에 대한 미주리 주대법원의 판결을 뒤집고 주간통상을 불법적으로 제약하는 데 이용되었던 주법률을 무효화함으로써 선례를 파기했다. 이 판결은 "개인이나 단체들이 고안할 수 있는 가장 원대한 성장을 위해 충분한" 전국적인 시장을 사법적으로 감독하기 위한 조치였다.[29] 게다가 대법원은 주의 경제규제에 대한 실체적인 적법절차의 적용과 함께 "통상조항으로부터 새롭고 본질적으로 중요한 헌법상 권리, 말하자면 비록 의회의 명시적인 허가는 없지만 지역기업들과 동등하게 주간 거래에 종사하기 위한 비거주회사의 권리를 추론할 기회를 찾고자 많은 노력을 기울였다."[30]

주의회는 주외회사(주외에서 특허받은 회사)의 활동을 규제할 규제권능을 계속 주장했다. 미국은 여전히 연방국가였고 각 주는 스스로를 상대 주의 적대적인 환경 속에서 운영하는 이익 공동체로서 간주했다. 자신들의 선거인의 촉구 아래에서 주와 지역

관리들은 주외기업을 차별하는 법률을 제정했다. 이러한 법률 중에는 영업과 판매방식의 규제, 차별적인 허가비와 조세정책의 부과, 일정한 품목의 진입금지와 주의 안팎으로 선적된 물품 검사기준의 제정을 포함했다.

육가공 산업은 19세기 말 기술발전이 연방제도 안에서 전통적인 관계를 재설정하는 방법을 보여준 대표적인 사례였다. 1870년대 말까지 소는 와이오밍 주의 샤이엔과 네브래스카 주의 오갈랄라와 같은 장소에서 주요 서부 오솔길을 따라 철도선로의 말단으로 내몰렸다. 살아 있는 가축들은 동부로 기차에 선적되었고 현지에서 도축되어 판매되었다. 신선한 고기를 구입한 소비자들은 고기가 가까운 곳에서 도축되었다는 것을 알았다.

객차에 냉장고를 도입함으로써 손질한 고기의 잠재적인 시장이 확대되었고, 팔리지 않는 부분은 선적하기 전에 처리했기 때문에 처리업자는 화물 운송료를 35퍼센트까지 줄일 수 있었다. 대량 처리기술과 냉장고의 결합과 시카고 한가운데 임시 가축 수용장의 전략적 위치에 의해서 "포장업자들은 손질한 고기를 1,000마일까지 선적할 수 있었고 지역 정육업자들에게는 매우 저가로 판매할 수 있었다."[31] 1888년 상원청문회는 고기시장을 통제하려는 소수의 대형 고기 포장업자들의 무법적인 관행이 드러났으나, 이러한 폭로는 전국적인 규제에 필요한 지역 정육업자들의 요구를 이끌어내지 못했다.

대신에 이듬해 정육업자보호협회는 도축 전 24시간 내에 주 공무원들이 검사하지 않았다면 손질한 쇠고기, 양고기나 돼지고기의 판매를 금지하는 입법을 제정하도록 여러 주의회에 성공적으로 로비했다. 많은 주에서 이러한 노력은 실패했는데 이는 대형 포장업자들이 모든 수단을 동원해 제안된 입법을 반대했기 때문이다. 로비가 성공하지 못하자 법을 위반한 회사들은 회사 변호인들에게 연방법원에서 이러한 규제권능 법안들은 주간통상에 대한 위헌적인 제한으로서 이의를 신청하도록 했다. 그리하여 시카고에 있는 초대형 포장업자인 스위프트 사(Swift & Co.)는 1890년에 도축 24시간 안에 주의 공무원들이 검사한 고기만으로 판매를 제한하자(표면적으로는 공중의 보건을 보호하기 위해서) 미네소타 주에서 가동을 중단했다. 스위프트 사는 이러한 조치가 트윈 시티(Twin Cities)의 시장을 폐쇄하려는 의도를 가진 책략이고 자신들의 냉장차는 손질한 고기를 실제로 먼 거리와 오랜 시간이 걸리더라도 완벽하게 보관할 수 있음을 대법원에 확인시켰다. 대법원은 동의했다(**Minnesota v. Barber**, 1890.)

대법원의 경제적 국가주의는 한 가지 중요한 점에서 제약을 받았다. 대법관들은 역사적으로, 시장에서 영업활동보다는 생산(광산과 제조업)에 종사하는 비거주기업의 행동을 규제하기 위한 광범위한 재량권을 주에게 인정했다. 주의 이러한 권한발동은 적었는데 그 이유는 단순한 편의주의 때문이었다. 남북전쟁 뒤 급속하게 성장한 광산업과 제조업은 세금, 고용과 부의 근거가 되었다. 1880년대의 반독점주의가 득세한 와중에도 많은 주들은 비거주기업이 직접적인 주의 감독을 상대적으로 적게 받고 영업할 수 있도록 인정했다. 셔먼독점금지법은 이러한 문제에 대한 애매한 국가적 해결책이었으나 그 보완은 전적으로 연방법원에 달려 있었다.

대법관들은 셔먼법의 합헌성을 인정했으나, 제조업의 독점기업을 규제할 의회의 권한은 제한했다. 대표적인 사건은 **E.C. 나이트**(**United States v. E.C. Knight**, 1895)였다. 미국설탕정제회사는 전국 설탕 정제시설의 90퍼센트를 장악했고 정부는 이러한 독점이 실질적으로 무역을 제약하고 소비자들에게 높은 가격을 부과할 것이라는 혐의를 뒤집어씌웠으나 대법원은 이와 반대로 판결했다. 대법원장 멜빌 풀러(Melville W. Fuller)는 통상과 제조업은 완전히 다른 활동이어서 셔먼법은 전자에만 적용해야 한다고 판결했다. 풀러는 "통상은 제조업의 뒤를 잇는 것이지 그 일부는 아니다"라고 적었다.[32] 제조업의 독점으로 야기된 문제에 대한 구제는 이들이 전통적으로 의존해왔던 주에 속했다. 연방정부가 아닌 주가 회사의 칙령을 발행했고 그리하여 주는 회사가 권한 밖의 행위를 하면 허가를 취소할 권한을 가졌다. 풀러는 미국 연방제도 아래에서 제조업의 독점을 규제할 책임은 주에 속하는 것이 적절하다고 굳게 믿었다. 이 판결은 주간통상위원회 사건에서 전국적인 시장에 대한 행정적인 규제를 제한해왔던 대법관들과 같이 연방의 반독점적 노력을 제한했다.

대법관들이 1894년 연방의회가 제정한 연방소득세법과 같은 명백히 분배적인 입법에 대해서 적대적이라는 것에는 의문의 여지가 없었다. 이듬해 대법원은 **폴록**(**Pollock v. Farmers' Loan and Trust Co.**) 사건에서 소득세법이 위헌이라고 판결했다. 이 판결은 1913년 제16차 수정헌법 채택으로 무효화될 때까지 효력을 가졌다.

경제규제의 문제에서, 주와 연방법관들은 스스로 공공정책의 수립에 개입했다. 이들은 철저한 원칙을 가지고 있었는데 그중에서도 가장 주목할 만한 것은, 입법자들의 선택을 자신들의 정책적인 선택으로 대체하도록 허용한 실체적인 적법절차였다. 위헌법률심사제도의 전통적인 발동은 헌법해석에 대해 법관들이 행사한 독점권 강화에 직접적으로 기여했다고 보고 있다. 그러나 위헌법률심사의 결정은 또한 권리에 대한 관심과 관련되었다. 법원은 많은 규제노력을 축소했던 반면에 주요한 연방입법의 대부분을 도외시하고 다소 실속은 없지만 경제문제를 다룰 권한이 주의회에게 있음을 인정했다.

사법부와 보호입법과 노동입법

계약자유와 입법부의 가부장주의

"이 나라의 불문법은 주로 규제권능의 행사를 반대한다"라고 1900년 크리스토퍼 티드먼은 주장했다.[33] 초창기 역사가들은 티드먼의 주장을 받아들여 자유방임주의의 사회, 경제이론의 영향을 받은 주와 연방법원이 위험한 직종에 종사하는 여성, 어린이와 근로자를 위한 보호입법을 통해 산업화의 비용을 재분배하기 위한 입법자들의 가부장적 노력을 비판적으로 다루었다고 결론지었다.

1870년과 1920년 사이의 공익단체와 법률단체들은 보호입법에 관해 상급법원 법관들이 결정한 1,000여 건의 판결에 큰 관심을 기울였다. 법관들은 새로운 계약자유 원칙을 유행시켰는데 이는 자유방임사상과 그 당시의 재산권에 대한 정서를 반영한 것이었다. 실체적인 적법절차 개념과 밀접하게 연관되어 있는 계약자유는 개인은 사적인 교섭을 통해서 가장 최선의 고용조건을 자유롭게 획득할 수 있다는 것을 의미했다. 예를 들어, 뉴욕 항소법원은 **제이콥스**(**In Re Jacobs**, 1885) 사건에서 주의회가 "노동자의 산업근로 지원과 자기 노동력의 처분, 그리고 자신의 재산과 개인의 자유 일부를 박탈하는 것"을 방해할 수 없다고 설명했다.[34] 사적 계약의 유형에서 발생한 계약자유 원칙은 19세기의 법률들에 큰 영향을 미쳤다. 이 원칙은 절대적인 것이 아니었고 19세기 말 계약자유 원칙이 헌법상 권위를 갖기 시작하던 바로 그 무렵에 사법상의 문제에서 계약자유의 유형이 퇴조하기 시작했는데, 이는 계약자유 원칙이 대규모 경제발전에는 적합하지 않았기 때문이었다.

계약자유 원칙은 모든 보호입법이 넘어야 할 주요한 헌법상의 장애물이었다. 지속적인 사법 연구결과 경제규제 사건에서도 동일한 결과를 가져왔다. **제이콥스** 사건과 같이 몇몇 유명한 사건에서 법관들은 입법을 무효화했으나 대부분의 사건에서 이러한 법안들과 규제권능에 대해서는 관여하지 않았다. 법원은 단지 노동조합과 관련된 문제에 있어서만 일관되게 적대적이었다.

아동 노동자와 법원

19세기 말에 아동근로법은 성인 조합원의 임금보호에 치중한 노동조합이 이 법률을 지지하면서 널리 이용되게 되었다. 상급심 법관들은 이러한 법률에 대해서 두 가지 전통을 가지고 접근했다. 첫째, 영국보통법은 역사적으로 아버지에게 미성년 자녀의 수입에 대한 거의 무제한적인 권리를 인정했고 부모는 또한 자녀의 근로계약에 관한 완전한 권리를 가지고 있었다. 그러나 둘째로 어린이들은 완전한 법적 권리를 가지고 있지 않았기 때문에 또한 **후견인으로서의 국가(parens patriae)**의 권한 아래 놓이게 되었다. 19세기 말경에 법관들은 가족문제에서 자녀에 대한 완전한 통제권을 행사했고 아동노동에 대한 입법상의 규제를 승인하기 위해 이러한 원칙에 의존했다.

마리노(Marino v. Lehmaier, 1903) 사건에서 뉴욕 항소법원조차 이러한 입법을 인정했다. 법원은 일정한 직종에 16세 이하의 아동고용을 금지하는 법을 지지하고 이러한 고용에 동의한 부모에 대해서는 경범죄로 처벌했다. 뉴욕 주의 법원에 제소된 모든 아동노동규제법은 지지를 받았고 다른 모든 주에서도 법관들은 계약자유, 부모의 권리와 계급입법에 근거한 주장을 거절했다.[35] 1906년 오리건 주대법원은 "일정한 직업에 아동고용을 금지하는 것은 그러한 금지가 아동의 최선의 복리를 위한 것이라고 믿었기 때문에 국가가 금지할 수 있다. … 이러한 입법은 자녀에 대한 부모의 권리, 또는 자녀의 노동권리나 자녀의 자유에 대한 불법적인 간섭이 아니다"라고 판결했다.[36]

대법원은 주 입법에 대해서도 마찬가지로 인정했다. 대법원이 심리했던 단지 한 사건인 **스터지즈 앤 번즈 제조회사(Sturges & Burns Manufacturing Co. v. Beauchamp**, 1913)에서 대법관들은 아동노동에 관련된 규제권능을 광범위하게 인정해 원고의 적법절차 주장을 거절했다. 주 입법이 아동보호를 위한 경우 "입법상의 판단이 도를 넘었다."[37]

그러나 대법원은 의회가 통상권에 근거해 개혁가들이 원했던 아동노동에 대한 전국적인 규제를 실시하도록 허용할 준비가 되어 있지 않았는데, 이는 많은 주들이 이러한 규제를 실시하지 않기로 했다고 믿었기 때문이었다. **해머(Hammer v. Dagenhart**, 1918) 사건에서 대법원의 의견을 대변한 대법관 윌리엄 루퍼스 데이(William Rufus Day)는 주간통상에서 아동노동으로 생산된 상품의 이동을 금지한, 제정된 지 2년 된 법령을 무효화했다. 9개월 뒤 연방의회는 아동노동으로 생산된 상품에 세금을 징수하는 새로운 법률을 제정했으나 대법원은 **베일리(Bailey v. Drexel Furniture Company**, 1922) 사건에서 주에게 인정된 권리를 침해했다는 근거로 위 법률을 무효화했다. 헌법상 아동노동에 관련된 수정법안을 제정하려는 후속적인 노력들은 각 주에서 이를 인준하기 위한 투표수의 부족으로 실패했다.

여성 근로자와 법원

법원은 여성을 위한 보호입법을 제정할 규제권능에 대해 상당한 재량권을 주의회에 인정했다. 이러한 입법의 대부분은 근로시간을 다루고 있었고, 이는 여성 고유의 미묘한 신체조건과 다음 세대의 출산자로서 사회에서 이들의 특별한 지위에 대한 가정에서 비롯된 주의 개입을 정당화시켰다.

초창기 사건은 주당 60시간 이상 여성의 근로를 금지했던 매사추세츠 주 법과 관련되었다. **해밀턴 제조회사(Commonwealth v. Hamilton Manufacturing Company**, 1876) 사건에서 주대법원은 "이러한 원칙은 매우 빈번하게 인정되었기 때문에 인용이 필요없을 정도"라고 하면서 이 법률을 지지했다.[38] 다른 몇몇 주의 법원들은 더욱더 적대적이었다. 가장 유명한 사건은 **리치(Ritchie v. People**, 1893)였는데 이는 일리노이 주대법원이 공장과 작업장에서 여성의 근로시간을 1일 8시간과 주 48시간으로 제한하는 1893년 법률의 합헌성을 살펴본 사건이었다. 법원은 이 법안이 계약자유를 위반한 것이라고 판결했다. 19세기 말 계약자유의 열렬한 신봉자였던 법관 벤저민 매그루더(Benjamin Magruder)는 이 법률은 성에 근거해 여성을 차별했기 때문에 실제로 최선의 직업선택을 위한 계약능력에 개입함으로써 여성에게 해를 입혔다고 결론지었다.[39]

리치 판결은 일반의 비난을 불러일으켰다. 2건의 다른 유명한 판결에서도 여성을 위한 근로시간법을 무효화했다. **윌리엄스(People v. Williams**, 1907) 사건에서 뉴욕 항소법원의 법관 존 그레이(John Gray)는 매그루더의 논리를 따라 오후 9시에서 오전 6시까지 공장에서 여성의 근무를 금지하는 법률은 "주민의 권리에 개입할 권한을 행사할 주헌법에서 인정한 한계를 벗어난 것"이라고 결론지었다.[40]

다른 모든 주에서 법원들은 여성의 근로시간법을 규제권능의 적절한 행사로서 지지했다. 1900년 펜실베이니아 주대법원은 "확실히 우리 어머니들이 노역으로 지쳐 자신의 생명과 건강을 해치게 될 상황을 금지하는 법은 이로 인해 이윤을 얻고자 하는 사람들을 제외하고 아무도 비난할 수 없을 것이다"라고 판결했다.[41]

연방대법원은 1908년 여성의 근로시간법을 승인했다. 이 사건은 **뮬러(Muller v. Oregon**) 판결이었다. 포틀랜드 시의 세탁소 주인인 커트 뮬러(Curt Muller)는 공장과 세탁소에서 여성 근로자의 근로시간을 1일 10시간으로 제한하는 법률을 승인한 오리건 주대법원의 결정에 항소했다. 루이스 브랜다이스는 장시간 노동의 결과가 여성에게 미치는 해로움을 통계를 통해 밝힌 '사회학적 사건 적요서'를 준비했다. 대법원은 전원일치로 브랜다이스의 주장을 인정하고 계약자유의 입장에 선 뮬러 변호인의 주장을 거절했으며, 전원 남성으로 구성된 의회가 제정한 여성에 대한 오래된 가부장적 입법을 승인했다. 그 뒤 주법원은 일관되게 이러한 입법을 지지했고 일리노이와 뉴욕 주는 자신들의 종전 입장을 번복했다.[42]

남성과 근로시간

아동과 여성들이 관련되지 않은 곳에서는 법원이 주 입법에 대해서 건강, 안전, 도덕과 공공복지에 대한 규제권능에 대한 한계를 좀 더 철저하게 적용했다. 예를 들어, 주법원은 공공사업에서 최대 작업시간을 설정한 입법에 대해서 처음에는 적대적이었다. 캘리포니아 주대법원은 **큐백(Ex parte Kuback**, 1890) 사건에서 시와 체결한 계약을 이행할 때 1일 작업을 8시간으로 정한 로스앤젤레스 시의 조례를 무효로 했다. 1903년 뉴욕 주의 법관 어빙 밴(Irving G. Vann)은 주의 입법이 시의 공공사업에 대해서는 작업시간을 제한할 수 없는데 이는 "위와 같은 법률은 공공의 건강, 안전이나 도덕에 대한 어떠한 합리적인 관련성을 찾아볼 수 없기" 때문이라고 설명했다.[43] 그러나 같은 해 연방대법원은 대법관 존 마셜 할랜을 통해서 공공 사업장에서 근무시간을 1일 8시간으로 제한한 주법을 승인했던 캔자스 주대법원 결정을 지지했다. 할랜은 "계약자가 주 정부의 요구와 상관없이 스스로 선택한 방식으로 공공 사업장에서 일하도록 허용하는 것을 계약자 자유의 일부로 볼 수 없다"라고 결론지었다.[44] 그 뒤 공공 사업장의 근로시간을 규제하는 주 법들은 거의 모든 주에서 지지를 얻었다.

주와 연방법원들은 위험한 직종에 종사하는 한 사적인 분야에 근무하는 남성 근로자의 최대 근무시간을 규율하는 법률까지도 승인했다. 예를 들어, 1893년 유타 주 헌법은 "공장, 제련소와 광산 고용자들의 건강과 안전을 제공하는 법을 제정"하도록 입법부에 지시하는 조항을 포함하고 있었다.[45] 이러한 헌법조항은 개혁가들이 규제권능의 행사를 위한 헌법상 합법성의 근거를 제공하려는 목적을 가진 것이었다. 의회는 즉각 8시간 근로기준법을 제정했고 1896년 유타 주대법원은 유해가스로 가득 찬 제련소의 작업조건은 건강을 위험하게 하는 것이라 해 이 법을 지지했다. 주대법원은 명시적인 헌법상 규정이 없을 때조차도 이러한 입법은 주의 고유한 규제권능 아래 합헌적임을 의심의 여지가 없다고 해 계약자유의 주장을 받아들이지 않았다.

연방대법원도 유타 주 판결에 대한 심리에서 이러한 입장을 지지했다. **홀든(Holden v. Hardy**, 1898) 사건에서 대법관들은 7대2의 의견으로 "특수하고 위험한 근로조건은 주의 개입을 정당화시킨다는 판결로 보호입법 승인의 전형"을 확립했다.[46] 대법원은 계약상의 권리주장을 받아들이지 않았는데 이는 고용주와 고용인은 평등한 교섭을 행사할 위치에 서 있지 못했다는 이유였다. 주는 현저하게 교섭력이 약한 당사자의 복지를 보호하기 위해 개입할 수 있었다. **홀든** 사건의 의견은 의회에 이와 같은 불균형이 존재하는지를 결정할 포괄적인 권한을 제공했다. 그러나 규제권능이 무제한적이지는 않았기 때문에 비록 대법관들이 이에 대해서는 언급하지 않았어도 일정한 수준의 사법상 조사는 필수적이었다. 이들의 후속적인 조치는 많은 것을 시사하고 있었다.

많은 주법원은 철로 근로자와 광부들과 같은 단체를 규제한 입법들을 지지하기 위해 **홀든** 사건을 인용했다. 그러나 이에 대한 저항도 있었다. 1899년 콜로라도 주대법원은 광부들을 위한 8시간 근로법을 계약자유를 위반한 계급입법이라 해 무효화했다. **홀든** 판결과 달리 법관들은 "규제권능을 행사해야 할 내용인지와 그 행사의 합리성을 결정하는 것"은 사법부에게 맡겨야 한다고 판결했다.[47]

연방대법원도 가장 유명한(혹은 악명 높은) 보호입법 사건인 **로크너(Lochner v. New York**, 1905)에서 마찬가지로 판결했다. 이 사건은 제과점 근로자에 대한 1일 10시간 주 60시간의 근로시간을 정한 법과 관련된 사건이었다. 제과점 근로자들은 지속적으로 밀가루를 들이마심으로써 일종의 진폐증과 장시간 서 있는 탓에 무릎이 안으로 굽는 증상으로 고통을 받았다. 그러나 근로시간 사건이 노조 관련 사건처럼 대법원에 이송되었는데, 이는 무엇보다도 입법의 목적이 비노조 근로자들의 임금을 노조 근로자들과 같은 수준으로 올리기 위한 것이었기 때문이었다. 비록 대법관 루퍼스 페컴(Rufus Peckham)은 법률을 무효화한 5대4의 근소한 표차의 대법원 판결을 작성한 자신의 의견에서 이 문제에 대해서 언급하지는 않았지만, 대법원이 왜 이전의 **홀든** 사건의 판결과 반대되는 것처럼 보이는 방법으로 행동했는지를 설명할 수 있을 것이다.

대법원의 결정은 대법관들이 사후 입법활동의 근거로서 근로조건의 성질을 조사할 만반의 준비를 갖추고 있음을 보여주었다. 뉴욕의 법률은 규제권능의 행사로서 인정할 수 없었는데, 대법관 페컴에 따르면 이는 "고용인들의 건강에 어떠한 실질적이고 구체적이거나 도덕상의 위험이 없는 사적인 영업에서 단순히 주인과 그 고용인들 사이의 근로시간을 규제하기 위한" 시도였기 때문이었다.[48] 페컴은 위헌법률심사에 있어서 전통적인 강조점을 정부의 규제권능의 종류나 단체에 대한 관심에서 규제권능 행사의 결과로 옮겨갔다. 위헌법률심사에 대한 이와 같은 새로운 논리는 개인의 권리, 이 사건에서는 계약자유를 지속시키도록 대법원을 돕기 위한 것이었다. 경제규제 사건에서 실체적인 적법절차가 재산을 소유하고 이용할 권리를 보호하기 위해 사법상 권한의 개선을 허용한 것과 같이 **로크너** 사건에서 계약자유는 국가의 개입으로부터 자유롭게 계약할 개인의 권리를 강조했다.

대법관 존 마셜 할랜은 다른 2명의 동료 대법관과 합세해 **로크너** 사건에서 페컴의 다수의견에 대해서 반향이 있는 반대의견을 작성했다. '사회학적 법학'의 대표적인 예로서 할랜의 의견은 주중에 장시간 일하면서 들이마시는 밀가루 먼지가 제빵사에게 미치는 효과에 관한 유럽과 미국의 자료와 의학논문에서 도출된 사실에 크게 의존했다. 네 번째 반대 의견자인 올리버 웬들 홈즈는 자유방임사상과 사회적 진화론에 의해서 이데올로기적으로 영향을 받은 것으로서, 페컴의 의견에 대해 가혹하지만 간결한 입장을 표시했다. 그는 인간의 본성과 대법원 동료들에 대한 평가에서 매우 냉소적이었다. 홈즈는 세대가 지나면서 인간의 사상과 사회에서 이해관계가 변했고 헌법을 포함해서 모든 법률들은 이에 따라 발전되어왔다고 주장했다. 홈즈의 견해에 따르면 법관은 기계적으로 법을 적용한다는 주장으로 자신의 선호를 감출 수 없을 뿐만 아니라, 단순히 자신들의 사회적인 견해를 헌법에 적용해서도 안 된다고 주장했다. "제14차 수정헌법은 허버트 스펜서(Herbert Spencer)의 사회적 정학을 제정한 것이 아니고, 헌법은 가부장주의와 국가에 대한 시민의 조직적인 관계나 자유방임사상과 같은 특정한 경제이론을 구현하고자 한 것이 아니다"라고 홈즈는 주장했다.[49] (그 당시 대법원에서 홈즈 자신만이 유일한 사회적 진화론자였을 것이다.)[50]

로크너 판결은 많은 점에서 제한된 충격과 함께 궤도를 벗어난 것이었다. 몬태나와 뉴욕과 미시시피 주의 법관들은 다양한 근로시간법을 지지했고 1920년대에는 전국적으로 유해직종에 근무하는 사람뿐만 아니라 제조업에 종사하는 모든 사람들에 대해서 일반적으로 적용되었다. 대법원은 **로크너** 판결을 뒤집기를 거부했지만 그 판결 자체로부터 거리를 두었다. **번팅**(**Bunting v. Oregon**, 1917) 사건에서 대법원은 초과근무수당을 1.5배로 정해 임금을 규제하고 남성과 여성 모두에게 적용되는 10시간 근로시간법을 승인한 오리건 주대법원의 의견을 지지했다.

임금과 법원

근로시간법은, 일부 직종은 매우 위험하고 건강에 해롭기 때문에 근로자가 근로하는 시간을 제한할 필요가 있다는 믿음을 반영한 것이었다. 이러한 법률들은 여성과 아동과 같이 일정한 근로계층은 국가의 보호가 필요하다는 근거를 정당화시켰다. 그러나 최저임금법은 부에 대한 정부의 재분배와 계약자유의 위반에 대한 해묵은 불안을 불러일으켰다. 보수적인 비평가인 크로퍼트(W.A. Croffut)는 "공정하다고 생각하는 임금은 공개시장이 요구하는 것보다는 높다"라고 주장했다.[51]

법원들은 실제로 일정한 정도의 입법상 특권을 인정했으며, 근로시간법과 같이 최저임금법에 대해서도 사법부는 처음에는 공격했으나 나중에 그 대부분을 인정하게 되었다. 예를 들어, 많은 광산과 공장들은 차용증으로 임금을 지급했다. 이는 법정화폐가 아닌 단지 물품가격이 비싼 회사소유의 상점에서 상환할 수 있는 대용지폐에 불과했다. 회사는 차용증서로 임금을 지급해 근로자들이 회사의 상점에서만 물건을 구입하도록 강요해 자신의 근로자들을 속박했다. 노동단체들은 차용증서 지급에 대한 입법상의 폐지를 성공적으로 이루어냈고 더 나아가, 근로자들에게 임금을 지급하는 시기와 장소를 규제하는 법을 제정했다.

가드찰스(Godcharles & Co. v. Wigeman, 1886) 판결은 최초의 중요한 차용증서 사건이었다. 펜실베이니아 주대법원은 차용증서 지급을 불법화한 법률을 무효화하기 위해 계약자유를 원용했다. 법관들은 이 법률은 "인격모독뿐만 아니라 미국인으로서 자신의 권리를 파괴하는 입법상의 후견 아래 근로자를 두려는 모욕적인 시도이며, 근로자는 자신이 적절하다고 생각하면 자신의 노동을 팔 수 있다"라고 설명했다.[52] 1889년 웨스트버지니아 주대법원 판사인 애덤 스나이더(Adam Snyder)는 모든 차용증서 지급금지법은 "미국 근로자의 지성, 미덕과 인격을 저해하고 있고 근로자가 순진하고 모자란다고 간주하는 가장 반대해야 할 성격의 가부장적 정부를 사람들에게 세뇌시키려고" 시도한다고 비난했다.[53]

그러나 20세기에 들어와서 법원들은 스스로 자신들의 입장을 뒤집었고 다른 분야의 보호입법처럼 차용증서 지급금지법은 계약관계 당사자가 평등하지 않다는 것을 이유로 받아들일 수 있다고 인식했다. 인디애나, 테네시, 웨스트버지니아, 로드아일랜드와 매사추세츠 주의 법관들은 다양한 임금지급 규제법안들을 승인했다. 연방대법원은 **하블손(Knoxville Iron Co. v. Harblson,** 1901) 사건에서 근로자의 임금지급과 계산법에 대한 기준을 정한 입법상의 권한을 유효하다고 인정함으로써 이러한 움직임에 활력을 더했다.

주법원은 궁극적으로 제1차대전 동안과 후에 가장 격렬한 법정다툼을 통해서 남성을 제외한 여성의 최저임금법을 지지했다. 뉴욕(1901), 인디애나(1903)와 네브래스카(1914) 주에서 최초의 번복 후에, 다른 방향에서 부침이 있었다. 법관들이 입법부가 명백히 임금에 영향을 미치는 여성의 근로시간을 정할 수 있다는 원칙을 인정함으로써 이들은 점차 여성의 임금도 직접 정할 수 있다고 인식했다. 오리건, 미네소타, 아칸소, 워싱턴과 매사추세츠 주의 법관들은 1914년과 1920년 사이에 여성의 신체조건은 규제권능을 통해 특별한 보호입법이 필요하다는 근거로 여성의 최저임금법을 지지했다. 그러나 이러한 조항은 남성에게는 확대되지 않았다.

연방대법원은 **번팅(Bunting v. Oregon)** 사건에서 주는 초과근무에 대한 특별수당에 벌금을 부과함으로써 간접적으로 임금을 규제하는 것을 암묵적으로 인정했다. 그러나 임금규제 문제가 직접적으로 부과된 경우에는 협력하지 않았다. 대법원의 다수의견은 최저임금 사건에서 계약자유 원칙을 고수했고, **애드킨스(Adkins v. Children's Hospital**, 1923) 사건에서 대법관들은 연방 여성최저임금 조항을 무효화했다. 단지 뉴딜시기의 막바지에 대법원은 이러한 입장을 번복했고 남성과 여성 근로자를 위한 주와 연방 최저임금법은 헌법상 검열을 통과했다. 여전히 "아동근로와 근로시간의 규제와 같이 최저임금 규제에 있어서 주법원은 처음에는 적대적이었지만 나중에 개혁가들의 주장을 수용하기 시작했다."[54]

노동조합과 법원

헌트(Commonwealth v. Hunt, 매사추세츠, 1842) 사건에서 법관 레뮤얼 쇼의 의견은 노동조합은 범죄의 공모가 아니라고 판결했으나 대부분의 법원은 계속해서 노동조합과 이들의 파업, 태업과 피케팅에 대해 심한 편견을 가지고 있었다. 고용주 협회, 그중에서도 가장 주목할 만한 것은 전국제조인협회(National Association of Manufactures)가 반노조 소송에 특화된 변호사 단체인 미국 반(反)보이콧협회(American Anti-Boycott Association)의 도움을 받아 조직된 노동자에 맞서려고 했다는 것이다.[55] 노동조합은 급진주의(심지어 무정부주의)와 연합했고, 법원은 입법부가 적법한 것으로 인정했어도 이들을 공공질서에 대한 위협으로서 취급하는 경향이 있었다.

사법부는 조직화된 노동조합에 대해 두 가지 중요한 법적 장치를 적용했다. 첫째, 법원은 노조를 지지하는 입법을 무효화하기 위해 계약자유의 원칙을 원용했다. 예를 들어, 일리노이 주의 법관 매그루더는 공공사업 계약자에게 노조에 속한 근로자만을 고용하도록 요구하는 법은 위헌이라고 선언했다. 연방대법원도 이를 지지했다. **아다이어(Adair v. United States**, 1908) 사건에서 대법관들은 철도회사의 '황견' 계약을 불법이라고 선언한 에어드먼법(Erdman Act)을 무효로 했다. **코페이지(Coppage v. Kansas**, 1915) 사건에서 대법관들은 비슷한 주법을 무효화했는데 대법관 말론 피트니(Mahlon Pitney)는 다음과 같이 선언했다. "부의 불평등은 지금까지도 그렇고 앞으로도 계속 존재할 것이다. 당연한 결과로서, 이러한 불평등을 적법한 것으로 인정하지 않고서 사유재산권과 계약자유를 인정하는 것은 불가능하다."[56]

금지명령은 노동조합의 권한을 제한하기 위해 법원이 채택한 두 번째 장치였다. 금지명령은 어떤 사람에게 행동을 멈추도록 하기 위한 법원의 명령이다. 금지명령은 사물이 아닌 사람에 대해서만 행사하고 신속하게 발부할 수 있는데, 이는 법적인 구제책이 아닌 형평법상의 조치여서 배심의 심리가 필요없기 때문이었다. 피케팅이나 다른 행동을 정지하도록 한 금지명령을 따르지 않은 노조원들은 법정모욕죄로 금고를 포함한 즉결처분을 받게 된다.

최초의 노조 금지명령은 아마도 1880년 존스톤 하비스트사의 파업에 대해 뉴욕 주법원이 발부한 것이다. 그 뒤 이러한 금지명령은 "눈덩이처럼 불어났다."[57] 가장 유명한 노조 금지명령은 미국철도노조위원장 유진 뎁스(Eugene Debs)와 1894년 풀만 파업 지도자들에 대한 것이었다. 뎁스는 전국 철도망을 마비시키려는 시도를 단념시키기 위해 일리노이 주 연방 심리법원 판사 피터 그로스컵(Peter Grosscup)이 발부한 금지명령을 준수하기를 거절했다. 파업을 둘러싼 유혈폭동은 연방방위군이 시카고의 철도역 안을 접수하고서야 진정되었다. 뎁스는 6개월 동안 교도소에 수감되었고 대법원은 **뎁스(In Re Debs**, 1895) 사건에서 그로스컵 판사의 금지명령 발부를 지지해 뎁스를 연방 사법부에 대한 불복종을 선동한 혐의로 노조를 위한 순교자로 만들었다.

법원과 노조의 대립은 부분적으로 무역 노조원들이 '권리'를 주장함으로써 발생했고 '규율'과 '판결'을 가지고 작업장을 위한 '법'을 집행하려고 시도했다. 일부 법관들은 이러한 관행을 의회와 법원에 의해 선언된 공식적인 법률의 '불법사용'으로서 대법관 브루워(Brewer)가 **뎁스** 사건에서 언급한 것처럼 "정부에게만 속하는 권한"으로 간주했다.[58]

일부 주에서는 그 행사를 금지하는 입법을 제정해 금지명령 권한을 약화시키려고 시도했다. 1915년 매사추세츠법은 미국연방노동조합이 '모범노동조합법'으로 간주하는데, 개인의 노동은 재산권이라기보다는 개인의 권리이기 때문에 노동조합의 문제에서 금지명령은 발부되어서는 안 된다고 규정하고 있었다.[59] 매사추세츠의 대법원은 **본지**(**Bogni v. Perotti**, 1916) 사건에서 노조를 결성할 권리를 계약자유에 따른 것이라고 본 법률을 무효화했다. 근로자에게 "노동으로 돈을 벌기 위해서 계약을 체결할 권리는 사회의 다른 구성원들의 재산권과 같이 적어도 본질적인 권리이다"라고 법관은 선언했다.[60]

연방법관 역시 셔먼법의 외관 아래 금지명령권을 원용해 이 법을 회사와 마찬가지로 노조에도 적용했다. 루이지애나 주의 연방 심리법원 판사 에드워드 빌링스(Edward C. Billings)는 **뉴올리언즈 노동자 연합체**(**United States v. Workingmen's Amalgamated Council of New Orleans**, 1893) 판례에서 셔먼법 아래 노조에 대한 금지명령을 발부한 최초의 법관이었다. 빌링스 판사는 비록 셔먼법이 노조에 대해서는 전혀 언급하고 있지 않지만 이 법의 제정자는 아마도 정확하게 노조를 포함할 의사를 가지고 있었을 것이라고 해석했다. 다른 연방법관들은 빌링스 판사의 접근방식을 확대했고 연방대법원은 **로웨**(**Lowe v. Lawlor**, 1908) 소송에서 간접 불매운동(노조가 비노조원의 상품판매를 방해하는 것)은 불법적인 거래제한이라고 판결했다. 비록 주요한 진보적인 독점규제법이었지만, 클레이튼법(Clayton Act, 1914)이 노조에 대한 금지명령 행사를 특별히 제한하고 그 행사에 있어서 배심의 심리를 거치도록 함으로써, 후속적인 사법상 판결은 금지명령 권한을 약화시켰다.

산업화에 대한 사법적 대응

보통법은 전형적으로 사실에 따라서 작용했다. 이는 새로운 상황과 새로운 제도를 예상하기보다는 반영했다. 소송인들이 사건을 제소하고 이들의 변호인들은 새로운 사회상황에 선례를 어떻게 조화시킬지에 대한 주장을 제공한다. 이러한 의미에서, 산업화는 연방과 주의 항소법원 업무에 엄청난 수요증가를 가져왔다. 법원의 업무는 산업화로 야기된 경제적 · 사회적 변화를 반영했고 항소심 법관들은 성문헌법 아래 개인의 재산을 보호하면서도 계속해서 경제발전의 비용, 위험과 혜택을 할당하는 전통적인 역할을 다해 나갔다. 그러나 이들은 또한 새로운 권한을 획득했는데 법관들은 특히 입법의 실질적인 결과뿐만 아니라 입법부가 특히 규제권능을 통해 산업화의 효과를 조정할 헌법상의 권한을 가지고 있는지의 문제를 고려하는 데에서 개선된 위헌법률심사권을 통해 그 권한을 원용했다.

법원들은 양가감정을 가지고 좀 더 광범위한 권한을 행사했으며 같은 법원의 법관들은 종종 사법부의 적절한 역할개념에 대해서 형식주의자와 도구주의자들이 섞여 있었다. 산업세계는 현실이었고 법관들은 역사가들이 일반적으로 인식하고 있는 것보다 입법부에 훨씬 광범위한 재량권을 인정했다. 중요한 것은 법관들이 초사법적인 자료들도 입법자의 의도를 이해하고 실제에 있어서 법률의 사회적 의의를 파악하는 데 유용하다는 것을 인식하기 시작했다는 것이다. 그러나 사법부는 자신들이 전통적인 경제적 권리를 보호할 책임을 지고 있다는 생각을 고수했고, 변호인들과 쿨리와 티드먼과 같은 법학자들의 도움으로, 이들은 실체적인 적법절차와 계약자유의 원칙을 유행시켰다. 이러한 원칙들은 그 당시에 만연한 자유방임사상의 사법적인 표현이었으나, 남북전쟁과 제1차대전 사이 미국의 사회와 경제사상을 완전하게 지배한 것은 아니었다. 1930년대 대공황 이전의 사법부는 이를 소용돌이치게 한 사회와 경제적 변화를 단지 점진적으로 불완전하게 인식했다. 그러나 법률사상, 사법상의 의견에 대한 권위의 원천, 사법부의 역할의 성질과 이 시기에 진행중이었던 경제조직에 있어서 변화의 물결은, 미국법사에서 또 하나의 전환점이었던 뉴딜과 함께 정점에 이르렀다.

13

문화적 다원주의, 총력전 그리고 현대 법률문화의 형성: 1917~1945

Cultural Pluralism, Total War, and the Formation of Modern Legal Culture: 1917~1945

20세기의 초반부에 미국은 전세계로 도약했다. 제1,2차 세계대전에서 미국 연방정부는 국가의 인적 · 경제적 그리고 애국적인 자원을 총동원해 엄청난 무력충돌에 뛰어들었다. 이러한 대외적 발전은 연방정부가 국내문제에 있어서 점차 상호의존적이고 문화적으로 다양한 사회를 위한 최선의 공공정책을 수립해야 한다는 진보주의자들의 주장을 보완했다. 미국은 세계문제에 더욱 깊이 관여하게 되면서 동시에 문화적으로 다원화되었다. 1870년과 1914년 사이에 미국의 인종과 종교 구성은 점차 풍부해졌다. 남동부 유럽과 러시아에서 온 2,500만 이상의 이민자들이 미 전역에 흩어졌는데 이들 대부분은 미국산업에 고용될 비숙련 근로자들이었다. 이러한 새로운 이민자들의 정치적 · 개인적 · 종교적 관습은 미국에서 태어난 많은 백인들을 당황하게 만들었다. 이들의 불안은 외국에서 태어난 사람들에 대해서 1920년대 부활한 남부비밀결사조직과 같이 기존의 문화적 가치를 고수하려는 원주민 보호주의 운동에 불을 붙였다. 이 비밀결사조직은 유대인, 가톨릭 교인과 외국에서 태어난 사람들을 포함해 공격 대상을 확대했고 '원주민, 백인, 기독교인 우위' 의 구호를 주창했다.[1]

제1차대전 기간과 짧게는 제2차대전까지 문화적 긴장과 국가의 안보가 하나로 집중되었다. 전례 없던 군사적 위협에 직면해 연방과 주의 입법자들은 정치적 토론을 검열하고 반대파와 급진주의자들을 억압했다. 제1차대전 동안 이러한 법안들은 노동조합의 선동과 비미국적인 정치이념들인 사회주의자, 무정부주의자, 공산주의자라고 일반에게 인식된 인종집단에 대해서 특히 가혹했다. 1941년 진주만 공격 후에 연방정부는 일본계 미국인들을 향해서 이러한 권한을 행사했다.

현대적 시민의 자유들은 이 시기에 태어났다. 시민의 자유들은 대부분 제1차 헌법수정 조항 아래 종교, 신념, 언론, 출판과 결사에 대한 정부의 개입으로부터 개인을 보호하기 위한 법적 보장을 말한다.

현대적 시민권은 또한 이 시기의 인종충돌에 그 기원을 두고 있다.[2] 시민권은 개인들이 일반 사인과 정부에 의한 권리침해, 차별과 부인에 대해서 향유할 법적 보호를 말한다. 시민권은 일반적으로 일상생활의 사회적 · 경제적 입장에서 표현된 사상이다.[3]

원주민보호주의와 같이 인종주의는 미국생활의 한 특색을 이룬다. 그러나 양차 세계대전은 인종관계에서 폭넓은 의의를 가진 인구변화를 가져왔다. 북부와 서부에서 인구집약 산업의 성장은 농업중심의 남부로부터 흑인들의 유입을 불러일으켰다. 1915년과 1918년 사이에 약 45만 명의 흑인들이 평화 시에는 좀처럼 접근할 수 없었던 산업에서 일거리를 찾아 북부도시로 이주했다. 흑인들은 또한 군대에 복무했으며, 비록 이들은 분리된 전투부대에 속했지만 특히 이들의 제2차대전 참전은 정치적 · 사회적 평등을 충족시키기 위한 피로 물든 청구서를 흑인들에게 주었다.

원주민보호주의, 인종주의와 국가안보는 법치주의의 의미를 새롭게 하고 법률문화의 가치를 재정립하기 위해 위와 같은 방법으로 수렴되었다. 제2차대전이 끝날 무렵 문화는 현대적인 모습을 갖추었는데 이는 사적인 협회(미국민권운동조합과 유색인종의 권리향상을 위한 전국협회)들이 시민적 자유와 민권을 향상시키려고 노력했고, 전문적인 변호사협회와 형사소송제도, 그리고 연방정부는 시민의 삶에 대해서 이전보다 훨씬 더 많이 관여하기 시작했다.

문화적 충돌과 사회적 통제

이민제한

20세기 초 이민에 대한 연방 제한법의 채택은 과거의 관행으로부터 급격한 변화를 가져왔다. 의회는 남북전쟁 후까지 중요한 이민법을 통과시키지 않았다. 1875년에 의회는 "매춘을 목적으로 한 여성"과 "국외 추방령을 당한 범죄자"의 입국을 금지했다.[4] 7년 후 중국인들은 서부 노조 지도자들의 촉구로 내쫓겼고 1902년 중국 이민자와 시민권자들에 대한 금지가 영구화되었다. 1891년 의회는 모든 이민자에게 정신이상자, 범죄자, 일부다처주의자, 거지와 "치명적이고 위험한 전염병을 앓고 있는 사람들"을 제외하는 추가적인 요구를 부과했다.[5]

1903년 이민정책은 지금까지와는 전혀 다른 정치적인 조치를 취했다. 의회는 외국 태생의 자칭 무정부주의자가 대통령 윌리엄 맥킨리를 암살한 사건을 계기로 이민 지원자의 정치적인 견해에 대한 점검을 요구했다. 이 법은 이민국 직원들에게 "정부요인의 암살과 무력과 폭력을 이용한 미국정부 전복을 지지하거나 믿는 사람이나 무정부주의자들"에 대한 이민배제를 허용했다.[6] 정치적 급진주의에 대한 관심은 원주민들에 대한 인종적 오염의 위협으로 도화선이 되었는데 이는 20세기 초 우생학적 운동으로 날조된 주제였다. 존경받던 진보 노동경제학자인 존 커먼스(John R. Commons) 조차도 엄격한 이민정책이 필요하다고 경고했는데 이는 유럽 이민자들에 대한 전통적인 문호개방은 '인종자살'로 이어져 미국을 위협하기 때문이라고 했다.[7]

원주민 보호주의자들의 정서와 국가안보 불안이 제1차대전 동안에 추가적인 제약을 가져왔다. 1917년에 의회는 모든 이민자에게 읽고 쓰기 능력 시험을 부과했으나, 이러한 요구조건은 특별한 의의가 없는 것으로 드러났는데, 이민하려는 사람들은 시험에 통과하기에 충분한 언어를 자발적으로 배웠기 때문이었다. 제1차대전에 따른 높은 실업률은 더욱더 제한적인 법률의 제정을 촉구했고 이는 20세기의 가장 중요한 이민법안인 1924년 국적법(Natinal Origins Act)의 제정으로 그 결실을 맺었다. 인종주의적인 이 법률은 1890년 인구 통계조사를 반영해 각 국적의 2퍼센트로 이민을 제한했다. 연간 이민자 수가 1921년 회기말 80만 명 이상과 비교해서 1924년에는 16만

4,000명으로 급감했다. 이러한 수치는 1929년과 1931년에 더 낮아졌으며 대공황을 겪으면서 많은 외국인들이 이민을 오기보다는 미국을 떠났다.

1952년 냉전기간에 의회는 초창기 이민법의 공격적인 인종구분 정책을 제거했다. 그러나 1920년대 이민제한 입법에서 매우 뚜렷했던 국적별 할당제를 1965년까지 폐지하지 않았다. 이미 시민권을 획득한 사람들은 가족들을 초청할 수 있었으나 1965년 이민법 조항 역시 특별한 기술과 전문직을 가진 사람에게 우선권을 주었다. 일부는 이러한 조치에 대해서 '인재유출' 입법이라고 언급했는데 이는 인재가 가장 필요한 고국으로부터 매우 재능 있는 사람들을 빼내오기 때문이었다.

과거 50년 이상 이민문제는 정부관리와 미국에서 일자리를 찾아 불법으로 남부국경을 넘어온 멕시코인과 다른 중앙아메리카인의 숫자가 지속적으로 증가함으로써, 정부관리와 일반의 가장 높은 관심을 끌었다. 제2차대전 기간에 미국과 멕시코 정부 사이의 **브라세로(Bracero)** 협약은 약 12만5,000명의 멕시코 노동자들이 농업분야와 철로보수 작업에서 일하도록 한시적으로 허용했다. 이 프로그램의 농업 부분은 브라세로 고용인에 대한 고용주의 학대에 관해서 불평이 고조되자 1964년까지만 계속되었다. 어쨌든 이 프로그램은 적법한 비자를 얻을 수 없는 사람들의 일자리 찾기를 충족시키기에 충분하지 않았다. '불법'으로 국경을 넘는 사람들의 수가 계속 증가했다. 1954년에 아이젠하워 행정부는 불법입국감시국(Operation Wetback)을 설립해 장기적이고 대량으로 이루어지고 있는 이러한 불법입국자들의 유입을 막으려고 노력했다. 약 8만 명의 불법입국자들이 체포되어 추방되었다. 적어도 이들 중 많은 사람들은 자발적으로 출국했다. 그러나 '불법입국자'들의 유입은 계속되었다. 1986년 의회는 '불법입국자'임을 알고서 고용한 사람들에 대해 벌금을 부과하고 동시에 이미 미국에 입국해 있는 300만 명의 불법입국자가 추방당하지 않도록 사면하는 이민법을 개정했다. 이러한 조치가 문제를 일시적으로 동결했으나 해결하지는 못했다. 2006년에 약 1,200만 불법입국자가 미국에 체류하고 있는 것으로 추정되고 있다. 이 책의 개정판 출간 당시에 의회의 유일한 대응은 남부국경에 추가로 700마일의 철책을 건설하는 것을 허가한 것이었다.

급진주의자들에 대한 통제

모든 미국인의 시민적 자유가 미친 광범위한 영향력은 전시의 열렬한 애국주의와 함께 원주민보호주의가 결합해 발생했다. 미국의 제1차대전 참전 19개월 동안 우드로 윌슨 행정부는 정부의 전시정책에 대한 반대파들을 단속했다. 이러한 정책은 동정적인 일반대중의 마음을 사로잡았는데 이는 부분적으로 정치적 급진주의를 외국에서 태어난 사람들과 결부시켰기 때문이었다. 행정부는 이러한 법안들을 정당화시켰는데 그 계승자들처럼 전쟁에서 승리해야 하기 때문에 시민의 자유에 대한 일시적인 제한은 승리를 위해 불가피하다고 주장했다.

행정부는 1917년 간첩활동단속법(Espionage Act)과 1918년 초에 그 개정안인 치안유지법(Sedition Act)에 의존했다. 간첩활동단속법은 두 가지 주요한 검열조항을 가지고 있었다. 첫째, 이 법은 신병징집을 방해하고 이를 방해할 목적으로 병적사항에 거짓진술을 제출하며 무장병력에 반항하려고 시도한 경우 중죄로 처분했다. 둘째로, 이 법은 반국가적이고 치안을 문란하게 만드는 우편물의 배달을 금지하도록 우체국장에게 허용했다.

의회는 평화주의자 단체, 소란스러운 노조 지도자들과 급진주의자, 특히 공산당원들에 대해서 치안유지법을 적용했다. 이 법은 무엇보다도 "징집이나 군복무를 방해하거나 분쇄하고 정부의 형태에 대해 불충하고 모독적이며 상스러운 욕설을 발설, 인쇄, 공포"한 경우는 경범죄로 처분했다.[8] 이 법은 급진주의자들에게 법률적인 족쇄를 채우고 법무장관에게 포괄적인 집행권을 수여했다.

주는 또한 충성서약제도를 실시했고 이는 원주민 보호주의자들의 정서에 의존했다. 제1차대전이 발발했을 때, "국가적인 위기상황에 애국심과 충성심을 공개적으로 확인할 필요성을 인식한" 주의 지도자들은 이 법을 통해서 미국에서 태어난 대다수 사람들이 오랫동안 골칫거리로 여겨온 급진적인 노조와 종교단체를 통제했다. 11개 주가 치안유지법을 통과시켜 다양한 종류의 전쟁반대를 처벌했고 주의 지도자들은 외국어로 출간하는 언론에 대해서 특별히 강력하게 이 법을 적용했다.[9] 전세계산업노동자단체(외국 공산당과 긴밀하게 연계된 급진적 노동단체)가 활동적인 다른 4개 주에서는 노동조합 지상운동을 형사처벌하는 법률을 통과시켰다. 이러한 법률은 산업질서를 해치거나 이를 옹호하는 것을 범죄화했다. 이러한 법률의 집행과 관련된 '안보' 법률들을 통해서 정부는 외국에서 태어난 사람들의 전쟁반대뿐만 아니라 원주민들의 행동에도 간섭했다. 예를 들어, 체신청장 앨버트 벌슨(Albert S. Burleson)은 모든 외국어로 된 신문에 대해서 정부, 교전국의 정책이나 전시행동에 대한 내용을 포함한 모든 기사나 사설을 번역해 체신청의 승인을 받도록 요구하고 있었다. 〈밀워키 리더*Milwaukee Leader*〉의 편집장인 사회주의자 빅터 버거(Victor Berger)가 협력을 거부했을 때, 벌슨은 2종 인쇄물의 특권을 철회하고 연방법원에 고발했다. 독일어 신문의 편집자들은 정부의 전시정책을 지지하는 내용만 출간해야 된다는 사실을 재빨리 알아차렸다.

원주민보호주의가 뚜렷하게 남아 있던 전시불안이 시민의 자유에 대한 초법적인 위반을 촉진했다. 일부는 어처구니 없었으나 일부는 치명적이었다. 오스트리아 태생의 바이올리니스트 프리츠 크라이슬러(Fritz Kreisler)와 보스턴 교향악단의 유명한 스위스 태생 지휘자 카를 뭉크(Karl Munch)는 미국의 음악의 전당에 오르는 것을 거절당했다. 오하이오 주의 콜롬버스에서 학교교사들은 방과 후에 학교 음악책에 나오는 '라인 강의 시계' 와 '로렐라이' 를 흰 종이로 붙이기 위해 만났고, 일리노이 주 콜린스빌의 주민 500명은 주민 로저 프래저(Roger Prager)를 독일 스파이라고 판단해 거리로 끌고나와 성조기로 몸을 감싸고 나서 살해했다.[10]

빨갱이 공포, 사코와 반제티, 그리고 금주법

1919년과 1920년에 외국 급진주의자들에 대한 공포는 이른바 빨갱이 공포로 열광적 상태에 이르렀다. 1919년 소련에서 전세계로 혁명을 수출하고자 설립된 조직인 국제공산당은 미국인들이 도처에서 급진주의자들을 볼 수 있게 만들었다.

윌슨 행정부의 법무장관 미첼 팔머(Mitchell Palmer)는 법무부에 반급진주의부서를 신설해 그 책임자로 젊은 변호사 에드가 후버(J. Edgar Hoover)를 임명했다. 후버가 수집한 정보를 근거로 팔머는 1919년 말과 1920년 초에 대부분 미국시민이 아닌 의심스러운 혁명가들의 본부와 지부들을 급습했다. 이 중 가장 대규모 급습은 1920년 1월 2일에 일어났는데 이는 팔머가 6,000여 명 이상의 급진주의자들에 대해서 영장 없이 가택과 사무실을 수색하고, 특별한 혐의 없이 구금했으며, 변호인에 대한 접근을 거절하고 체포한 사건이었다. 수백 명이 미국시민으로서 보호받지 못하고 국외로 추방당했다.

1920년대의 다른 사건들에는 외국인들의 전복과 급진주의에 대한 공포가 여전히 남아 있었다. 예를 들어, 빨갱이 공포가 정점에 이르렀던 1920년 5월에 제화업자 니콜라 사코(Nicola Sacco)와 생선장수 바톨로메오 반제티(Bartolomeo Vanzetti)가 매사추세츠의 사우스브레인트리의 제화회사 경리부장을 강도 살해한 혐의로 체포되었다. 두 사람 모두 이탈리아 출신이었고 모두 징집을 기피했으며 자칭 무정부주의자들이었다. 사코와 반제티의 유죄가 여전히 뜨거운 논쟁거리였지만 이들의 운명은 그 당시의 문화적 충돌을 상징적으로 보여주고 있다는 데 의심의 여지가 없다. 이들에 대한 심리의 부당성은 그 뒤 7년 동안 죄수에 대한 법률적인 도움을 제공했던 사람들 중 하나인 하버드 법과대학원의 교수 펠릭스 프랭크퍼터(Felix Frankfurter)와 함께 국제적인 논쟁거리가 되었다. 이들의 항소는 기각되었고 두 사람 모두 1927년 8월 23일 전기의자로 처형되었다.

사코와 반제티의 운명과 같이 전국적인 금주법은 그 당시의 문화적 충돌 중에서도 가장 '상징적' 의의를 가진다.[11] 이는 문화적 주도권을 장악하기 위해 이루어진 법적 권위와 통치기구에 대한 과도한 요구였다. 금주법의 이면에는 새로 도착한 이민자들인 노동자 계급과, 가톨릭 교인과 도시빈민들에게 자신들의 문화적 가치를 주입하고자 한 보수적인 시골의 기독교 미국인들이 있었다. 제18차 수정헌법은 1920년 1월 16일에 효력이 발생했는데 이는 사람의 음주를 금지하지는 않았으나 주류의 제조, 운송과 판매를 금지했다. 제1차대전 동안의 강한 반독일인 정서 속에서 많은 양조업자들이 독일식 이름(예를 들어, 파브스트 슐리츠, 밀러와 부슈)을 가지고 있다는 사실이 헌법수정 운동에 기여했다.

수정헌법은 주와 연방헌법 발전의 상호작용에 대한 고전적인 예였다. 1919년 무렵에 전체 주의 2/3가 이미 주류금지법을 제정했으나 궁극적인 성공은 연방정부를 통한 전국적인 통제에 달려 있었다. 금주론자들은 연방정부만이 문화적 다양성을 고려하지 않는 명령을 내릴 수 있다고 믿었다. 역사적으로 규제권능은 주에게 속했으나, 금주법 수정조항은 비록 성공하지는 못했음에도, 비판가들이 제10차 수정헌법을 위반해 위헌임을 선언하도록 연방대법원에 촉구했던 기존방식을 철저하게 차단했다. 진보시기에 의회는 이미 연방 규제권능 개념을 주장했으며 연방대법원은 **팔머**(**Rhode Island v. Palmer**, 1920) 사건에서 수정헌법과 이를 보완한 볼스테드법을 지지함으로써 연방 규제권능이라는 최근에 생겨난 개념을 전적으로 수용했다.

금주법의 '새로운 실험' 은 일단 연방정부 역할의 증대와 한편으로는 전국적인 사회통제 기구로서 그 한계를 보여주고 있다. 48개 주 중에 30개 주의 의회는 1927년의 볼스테드법을 집행할 기금이 없었다. 금주법은 완전히 실패한 것은 아니었다. 이는 밀수입한 맥주(5배 이상)와 화주(4배 이상) 가격의 실질적인 인상으로 이를 구입할 수 없는 사람들의 주류소비를 약 30퍼센트 감소시킨 것으로 추정되었다.[12] 경제가 악화되면서 선술집과 와인가게의 폐쇄에 오랫동안 반대하던 인종적인 유권자들에 의존했던 민주당이 부활하자 금주법 철회를 지지했다. 프랭클린 루스벨트의 선거벽보에는 한쪽에는 그의 얼굴을 다른 한쪽에는 러닝메이트인 존 낸스 가너(John Nance Garner)의 얼굴이 그려진 맥주잔 그림을 집어넣었다. 더구나 연방정부는 이러한 법률을 효과적으로 집행할 수 없었다. 철회 지지자들은 또한 주류의 생산은 새로운 일자리를 마련할 것이라고 주장했고 1933년 12월 5일 제21차 수정헌법은 제18차 수정헌법을 보충하고자 지금까지 일반대표자회의를 통해(농촌지역에 편을 들도록 임명된 주의회를 우회해) 직접 인준한 유일한 수정헌법이었다.

스미스법과 일본계 미국인의 강제 격리수용

문화적 긴장은 다소 완화되었지만 사회적 충돌의 주요한 원인이자 연방정부가 그 권한을 확대하는 근거로 남아 있었다. 이러한 대표적인 발전사례는 스미스법(Smith Act, 1940)과 진주만 공격에 따른 일본계 미국인들의 강제 격리수용이었다.

1937년 연방대법원은 경찰이 지역 공산주의 지도자들의 모임을 해산시켰을 때 급진주의자들을 겨냥한 오리건 주 형법을 위헌으로 판결했다. 같은 기간 대법원은 조지아 주에서 폭동을 선동한 공산주의 노조 결성자의 유죄를 번복했다. 노조 결성자의 행동은 공공질서에 명백하고 현존하는 위험을 제공하지 않았으며 이러한 체포를 승인하는 법률은 "정권교체를 선동하는 사람을 어려움에 빠트릴" 수 있는 '수사망' 을 만드는 것이라고 판결했다. [13] 그때는 1937년이었다. 그러나 1939년 8월 히틀러와 스탈린이 불가침협약을 체결하고, 곧 이어서 폴란드, 발트 해 연안국과 우크라이나와 벨로루시를 재빨리 합병했다. 제2차대전으로 진행중이었다. 유럽에서 전쟁발발과 함께 의회는 1940년 4월에 평화시 위반에 대한 처벌의 강화와 함께 1917년 간첩활동단속법을 다시 제정했다. 그러나 의회는 그 입안자인 버지니아 주의 하원의원인 하워드 스미스의 이름을 따 스미스법이라고 알려진 1940년 6월 외국인등록법(Alien Registration)을 통해서 추가로 강력한 조치를 포함시켰다. 이 법안은 주로 공산주의자들을 겨냥했는데, 이는 방위산업에 대한 공산주의자들의 파괴활동(히틀러가 아직 소련을 침공하지 않았을 때)이 진정한 위협이라고 간주했기 때문이었다. 이 법안은 정부를 전복하려는 공모뿐만 아니라 이를 옹호하거나 옹호하기 위한 공모조차도 불법으로 인정했다. 거의 500만 외국인들이 수개월 안에 등록과 지문채취를 당했으며, 그 와중에 법무장관 로버트 잭슨(Robert H. Jackson)은 "이러한 조치들을 동정적으로 취하고 집행당하는 사람들의 권리와 감정을 염려해서 매우 신중하고 적절하게" 행사하도록 지시했지만[14] 1940년대 말경에도 여전히 스미스법은 공산주의를 뿌리 뽑으려는 연방정부 노력에 있어서 중추가 되었다.

인종주의, 원주민보호주의와 전시안보에 대한 관심이 결합되면서 1942년 일본계 미국인들은 자신들의 집에 강제 격리되었다. 루스벨트 대통령은 독일인, 이탈리아인, 일본인들이 "공공의 평화나 미국의 안전에 위험하다고 간주"해 "약식체포"한다는 성명서를 발표했다.[15] 1942년 2월 중순경 이러한 성명에 따라 외국인 체포가 막바지에 이르렀을 때, 본토와 하와이에서 3,000명 이상의 일본인이 체포되었다(훨씬 많이 동화된 독일인과 이탈리아인들은 무사했다.) 이러한 숫자는 서부연안의 일본인 중 성인남성의 거의 10퍼센트를 포함했다. 정부가 이와 같이 신속하게 행동한 이유 중 하나는 1932년 이래 일본인에 대해서 감시해왔던, 훗날 연방수사국이 된 정부기관(이 기관은 팔머 급습사건도 감독했다)과 군 수사당국이 이들을 '파괴활동분자'로 간주했기 때문이었다.[16]

이 계획은 태평양에서 미국의 지속되는 군사적 후퇴와 캘리포니아의 정치 지도층과 백인 유수 기업가들의 불안이 발생하지 않았다면 멈출 수 있었을 것이다. 남아 있는 일본계 미국인들에 대한 강경책은 전쟁 발발 후 처음 6개월 동안에 점차 반대에 부딪혔다. 예를 들어, 서부연안의 미군 사령관인 존 드 위트(John L. De Witt) 장군은 초기의 검거와 군사지역 주위의 제한구역 설정만으로 충분하다고 생각했다. 법무부는 전면적인 강제격리 조치는 불필요하고 헌법적으로 문제가 있다고 생각했다.

편견은 서부연안에서 생활하고 있는 11만2,000명의 일본인 후손들에 대해서도 존재했다. 이 중 2/3는 미국 시민권자들이었고 "이들은 연방귀화법이 가로막지 않았더라면 더욱더 많은 숫자가 시민권자가 되었음이 틀림없었을 것이다."[17] 캘리포니아의 일본인들은 성공한 숙련 노동자, 시장 판매용 채소 재배업자와 소상인들이었는데, 일반적으로 경제공황에 접어들었을 때 이들의 성공은 백인들의 적개심을 불러일으켰다. 주지사 얼 워렌(Earl Warren, 뒤에 연방대법원장이 됨)을 포함한 캘리포니아 정치 지도자들은 즉각적인 피난을 위한 강력한 운동을 전개하고자 캘리포니아 출신 모임과 같은 백인 친목회에 가담했다. 육군성은 이에 동의했고, 드 위트 장군도 마음을 바꾸었으며 국가안보라는 이름 아래 이들은 루스벨트 대통령에게 대대적인 강제격리 조치 계획의 실시를 성공적으로 촉구했다. 대통령은 각료들과 협의 없이 대통령 고유의 권한에 근거해 1942년 2월 19일 서부연안에서 아칸소 주의 제롬과 와이오밍 주의 하트 마운틴과 같은 장소에 있는 수용소로 모든 일본계 미국인(미국 시민들을 포함해)들을 격리수용토록 하는 행정명령 9066을 발동했다.

일본계 미국인들의 격리수용은 "미국사에서 시민의 권리가 정부에 의해 가장 극적으로 침해된 경우"였다.[18] 이들은 커다란 마음의 상처와 어려움뿐만 아니라 심한 재정적인 손실도 입었다. 이들은 거의 하룻밤 사이에 자신의 땅, 집, 상점과 개인재산을 처분하도록 강요받았다. 이들 중 젊은이들 일부는 군에 지원해 유럽의 전장에 싸우러 갔다.

범죄통제 시기

미국도시들의 인종 · 민족의 다양성과 경제공황으로 촉발된 높은 실업률은 형사재판제도에 새로운 도전을 가져왔다. 제1차대전부터 제2차대전에 걸친 기간은 '범죄통제 시기'를 포함하고 있으며 연방정부는 그 법률상 권한을 확대했다.[19]

인종폭동과 형사재판제도

흑인들의 북부도시 유입은 종종 폭동으로 폭발하는 인종적 긴장감을 발생시켰다. 1919년에 발생했다가 잠잠하던 도시 인종폭동은 1943년 전국으로 확산되었다. 이러한 폭동은 백인과 흑인들 사이에 일자리, 주택과 놀이시설에 대한 경쟁에서 비롯되었다. 백인의 공격은 흑인의 보복으로 이어졌다. 제1차대전 중 가장 심각한 폭동 가운데 하나는 1919년 시카고의 미시간 호수 수영장에서 백인군중들이 비공식적으로 인종을 구분하는 경계를 넘어선 흑인 젊은이를 살해했을 때 발생했다. 4일 이상 대규모 혼전이 계속되었는데 대부분이 아일랜드인들인 백인청년단들은 흑인 거주지역을 쑥대밭으로 만들었다. 총 38명(흑인 23명)이 사망했다. 시카고 폭동과 마찬가지로 거의 동시에 오마하, 이스트세인트루이스(일리노이 주), 녹스빌과 워싱턴 D.C.에서 경찰은 "인종적인 긴장을 폭동으로 유발시키는 데 기여한 차별적인 법집행"을 했다.[20] 경찰의 압도적인 인종주의에 직면해서 제1차대전 동안에 발생한 이러한 폭동의 후유증을 치유하기 위해 경찰과 지역주민들의 관계를 개선하기 위한 아무런 조치도 없었다.

비슷한 폭동이 제2차대전 동안에 북부, 중서부와 서부 도시에서 발생했다. 예를 들어, 로스앤젤레스 시에서는 그 당시 유행한 10대 옷차림을 따라 명명한 이른바 주트복 폭동은 멕시코계 미국인, 백인 근로자와 로스앤젤레스 시 경찰 사이의 세 갈래 충돌과 관련되었다. 그러나 가장 격렬한 폭동은 1940년 이후 백인인구는 44만 명으로 늘고 흑인이 5만 명으로 늘었던 1943년 디트로이트에서 일어났다. 일자리, 주택과 공중교통에 대한 경쟁이 심해 전쟁 중에도 종종 인종 사이에 다툼이 있었다. 디트로이트 폭동은 무더운 여름 오후에 시작되어 이틀 동안 계속되었는데, 거의 도시 전체를 혼란에 빠트리고 34명의 사망자를 남겼으며, 200만 달러 이상의 재산을 파괴했다.

경찰과 지역주민 지도자들은 제2차대전 동안의 폭동의 후유증을 치유하기 위해 인종과 지역주민과 경찰의 관계를 개선하기로 결정했다. 인종주의는 계속되었으나 전시 동안의 사회협력의 필요성, 경찰의 전문화에 대한 요구와 북부도시 흑인 지도자들의 새로운 능력이 이러한 운동에 기여했다. 이러한 계획은 특히 주지사 얼 워렌이 폭동과 인종관계를 개선할 수단에 대한 공식적인 연구를 후원한 캘리포니아 주에서 특히 강력한 후원을 받았다. 워렌의 노력 중 하나는 《경찰용 인종관계 지침서*A Guide to Race Relations for Police Officers*》(1946)였는데, 이는 인종관계, 폭동제압과 빈민가에서 경찰의 역할을 개선하려고 시도하는 다른 주와 도시의 모범이 되었다. 그러나 법치주의가 인종에 관계없이 집행되어야 한다고 약속한 것처럼 보이는 이러한 계도적인 프로그램은 성공적이지 못했다. 관련부서는 흑인 공무원 채용을 꺼렸고 전후 교외화의 진행으로 많은 주요도시들은 흑인에게 넘어갔고 백인이 대부분을 차지하고 있던 경찰은 대부분 범죄 피해를 입었던 사람들로부터 따돌림을 당하게 되었다.

인종, 범죄, 그리고 형사재판제도

미국도시들의 인종구성 또한 형사재판제도에 영향을 미쳤다. 도시범죄와 형사재판제도는 도시의 "인종적 근접성에 뿌리를 두고 있었고, 주변부적인 사회적 · 경제적 지위에 있는 사람들에게 사회적 이동의 수단이었다."[21] 예를 들어, 1930년 시카고에서 인종그룹은 도시의 지하세계를 장악했으며 이들은 또한 형사재판소의 주요한 직책을 차지하고 있었다. 경찰의 76퍼센트는 아일랜드인이었고 거의 모든 소매치기들은 유대인이었다. 자치법원과 형사법원의 법관들은 가톨릭, 유대인과 유럽 이민자 출신이 압도적이었다. 이들은 변호사협회에 가입하기 위해 도시의 야간 법과대학에서 제공한 기회를 잘 이용했으며 정당이 장악한 사법부 선거를 통해서 법관직에 올랐다.

형사재판제도는 청소년 범죄, 부인 구타자와 만취자들과 같은 비조직적 범죄자들에 대해서는 자주 도외시했다. 그러나 인종적 특징을 띤 조직범죄는 일반의 관심을 끌었다.

조직범죄는 노조의 조직적 협박과 공갈, 마약, 도박, 매춘과 같은 불법적인 상품과 서비스의 배포와 판매와 관련되었다. 이는 일종의 사업이었다. 범죄두목들은 상당한 자본의 투자, 정기적인 보수지급과 고객에 대한 충성심을 보였다. 시카고와 같은 부패가 심한 도시에서 불법적인 수입은 시 공무원 선거와 경찰 공무원들의 은행계좌로 쏟아져 들어갔다. 부도덕, 범죄와 정치부패와 경찰의 부패 사이의 이러한 연결이

전혀 새로운 것은 아니었다. 이와 비슷한 관행은 19세기 동안에 미국의 모든 주요도시에서 만연했다. 단지 차이점이라면 지금까지는 소규모였던 것이 20세기 초에 들어서면서 대규모 사업이 되었다는 것이다.

이러한 변화의 열쇠는 제18차 수정헌법이었다. 선의를 가지고 통과되었던 수정조항은 수백만 미국인들이 원했던 것을 불법화했으며 실제로 금지함으로써 주류제조에 더 끌리게 만들었을 것이다. 금주법은 효과를 보았는데, 적어도 1인당 주류 소비량이 크게 줄었다는 점에서는 그렇다. 이러한 성공은 상당한 대가를 치렀다. 금주법은 엄청나게 수지맞는 사업이 되었으며 조직범죄단은 이러한 서비스를 제공하려고 날뛰었다. 1920년대 말 도시 범죄조직단은 한 해 1억 달러 이상의 수입을 올렸다. 수입이 매우 많아지자, 도시 폭력배 우두머리들은 간담을 서늘하게 하는 폭력에 가담했다. 예를 들어, 1923년과 1926년 사이에 "경찰이 160여 명의 폭력배를 살해한 반면에 시카고 범죄자들은 자신의 동료들을 약 215명 살해했다."[22] 1929년 20세기의 가장 유명한 폭력배인 알 카포네(Al Capone)는 발렌타인데이에 잔인한 대대적인 폭력 행사로 인해 도시 범죄조직에 대한 완전한 지배권을 휘하에 흡수했다. 대공황으로 발생한 공포와 함께 카포네와 다른 폭력배들의 착취는 법과 질서가 붕괴했다는 일반대중의 느낌을 뚜렷하게 만들었다. 범죄율은 1920년대에 점차 늘어났고 1930년대에 더욱 가파르게 높아져서 연방정부, 주와 시들이 범죄대책위원회를 설치하도록 촉구했다. 예를 들어, 1921년 클리블랜드 시는 형사재판제도에 대한 광범위한 연구를 돕기 위해 사회학적 법학의 지지자인 로스코 파운드와 펠릭스 프랭크퍼터를 채용했다. 《클리블랜드의 형사재판제도*Criminal Justice in Cleveland*》(1922)는 이 제도가 거의 붕괴했다는 보고서에 사회학적 견해를 반영했다. 이는 대표적인 재량권인 유죄인정합의와 같은 재판절차는 일반의 신뢰를 얻지 못했다고 결론지었다. 미주리 주(1926)와 일리노이 주(1929)의 비슷한 연구는 실망감을 반영했는데, 이는 보석제도와 개별적인 교정사상의 배후에 놓여 있는 기본전제를 비판했다.

대부분의 개혁가들은 범죄가 뿌리내리고 있는 민족과 인종적인 빈민촌이 아닌 외부 출신들이었다. 이들은 점차 이질적인 사회에서 범죄의 역동성만을 단지 어렴풋이 인식했다. 이들의 도덕적 가치들은 "많은 이웃들과 공유되지 않았으며 이들의 법률적 가치들도 정치인들, 공무원들과 공유하지 못했다." [23] 도박, 주류와 매춘까지도 많은 인종과 흑인이웃들은 인정했고, 경찰은 이를 규제하는 법을 매일같이 집행하는 데에 상대적으로 적은 압력을 받았다. 이러한 상황은 상업화된 불법, 술집, 범죄와 공무원의 부패에 대한 관심이 부재했다는 것을 의미하지는 않는다. 이에 대한 관심은 있었으나 지하범죄 세계(주요도시의 사회적인 체계에서 안전한 위치를 차지하고 있음으로 인해)가 이에 대한 변화를 추구하려는 개혁가들(사회체계 외부출신)보다 더 강력하게 형사재판제도를 좌지우지할 수 있었던 것이다.

연방정부와 범죄

범죄문제의 심각성과 이에 대처하는 지방 공무원들의 무능이 결탁함으로써 연방정부의 개입이 확대되었다. 1929년 대통령 허버트 후버는 위커샴 위원회(Wickersham Commission, 위원장인 법무장관 조지 위커샴의 이름을 딴)를 설치했는데, 이는 최초의 "미국 형사재판제도에 대한 전국 단위의 전반적인 실태조사"를 실시하기 위한 것이었다.[24] 로스코 파운드 역시 이 위원회에 속했는데, 그는 다시 범죄문제에 대해 자신의 사회학적 전망을 피력했다. 위원회는 최우선적인 임무로 암흑가의 폭력상태를 살펴보고 금주법의 폐지가 적절한지를 결정해야 했다. 위원회는 금주법 문제를 해결하는 데 실패했으며 14권짜리 보고서는 전국적인 대공황의 영향 때문에 별 관심을 끌지 못했다.

그럼에도 불구하고 위원회의 조사결과는 두 가지 점에 중요했다. 첫째, '고문'을 이용한 피의자 심문방법에 대해 일반과 경찰이 주의를 기울이도록 함으로써 위원회는 연방당국이 좀 더 전문적이고 (적법한) 경찰력의 행사에 대해서만 승인하도록 요청했다. 둘째로, 지역에서 교정 사상에 대한 회의론이 한창이던 때에 위원회는 개별적인 교정의 중요성을 재확인한 범죄행위에 대해 사회학적 견해를 승인했다. 위원회는 기존의 교정제도를 비난하고 범죄문제에 대한 이성적이고 인간적인 유일한 해결책으로서 집행유예와 가석방제도를 촉구했다. 위커샴 위원회의 보고서는 1960년대에 정점에 이른 새로운 교정개혁 운동의 시작을 가져왔다.

형사재판 문제에 대한 연방정부의 개입은 다른 방법으로도 이루어졌다. 예를 들어, 후버 대통령이 1929년 새로운 연방 교정국장에 임명한 샌퍼드 베이츠(Sanford Bates)의 노력을 통해서 연방 교정제도는 이후 50년 이상 각 주의 프로그램이 따랐던 기준을 설정했다.

연방 교도소의 죄수 증가는 연방관할의 확대와 그 집행의 결과였다. 이동성이 강한 사회는 범죄를 지방과 주 정부 자체로는 해결할 수 없는 전국적인 문제로 만들었다. 진보주의자들은 의회가 주간통상에서 복권발행과 훔친 자동차의 운송을 범죄로 규정할 수 있도록 하기 위해 연방정부의 강화된 규제권능 개념에 의존했다. 예를 들어, 1930년대에 유괴를 연방범죄로 만든 '린드버그법'(1932), 소추를 피하고자 주 경계를 벗어나는 것을 연방법상 범죄로 만드는 도망증죄법(1933), 장물의 주간 운송에 대한 연방규제를 강화한 주간절도법(1934)과 마약소지와 판매를 처벌하는 마리화나 세법(1937) 등을 제정했다.

평화와 전시의 연방수사국

이러한 연방 형사관할의 확대는 새롭고 야심찬 법률 집행기구를 발족시켰다. 1908년 시어도어 루스벨트 대통령은 의회에 연방도박법과 매춘법을 집행하기 위해 법무부 안에 연방수사국을 신설하도록 요청했다. 의회는 이를 거절했는데 무엇보다도 의원들이 수사를 통해 위협당하게 될 것을 염려했기 때문이었다. 루스벨트 대통령은 의회가 휴회했을 때 행정명령에 따라 새로운 수사국(1935년 연방수사국이 됨)을 신설했다. 1924년 법무장관 할랜 피스크 스톤(Harlan Fiske Stone)은 잘 알려지지 않은 관료, 에드가 후버를 국장에 임명했고 그의 지도 아래 연방수사국이 왕성하게 활동했다.[25]

후버는 치안문제에서 연방정부의 역할을 신장시킴으로써 수사국을 격상시키는데 천재적인 재능을 발휘했다. 그는 1930년 의회가 연방수사국에 새로운 통일 범죄 보고서 작성 책임을 맡겼을 때 큰 승리를 거두었다. 범죄활동에 대한 이러한 연례 보고서는 최초의 전국 범죄기록 제도였다. 이 보고서는 심각한 결점을 가지고 있었는데 가장 주목할 만한 것은, "경찰에게 신고된 범죄"에 대한 강조와 회계감사 절차가 매우 부실해 "범죄활동에 대한 왜곡된 모습"을 보여준 점이다.[26] 그럼에도 불구하고, 통일 범죄 보고서는 이후 40년 동안 범죄활동에 대한 가장 권위 있는 정보원이 되었고 이를 통해 연방수사국은 지방 경찰관의 행동에 대한 일반과 전문가들의 관심을 불러일으켰다.

연방수사국은 다른 방법으로도 지방경찰 조직운용의 전문화에 기여했다. 이는 가장 현대적인 치안유지 방법을 요원들에게 집중적으로 훈련시킴으로써 요원들의 법 집행에 관한 전국적인 기준을 마련했다. 1935년 수사국이 전국경찰훈련센터를 연 이후 수만여 명의 경찰관들이 지방 경찰서가 제공하던 수준을 훨씬 뛰어넘는 훈련을 받았다. 수사국은 또한 과학적 범죄수사를 크게 강조했고 1932년 문을 연 범죄연구소는 분석에 필요한 혈액표본, 옷과 머리카락을 전국적으로 인수했다. 범죄연구소는 지문으로 범죄인을 식별하는 연구소가 되었다. 이러한 제도는 1904년 미국에 도입되었는데 1930년대 초에 연방수사국은 가능한 한 많은 지문을 수집해 한 곳으로 모으려는 운동을 전개했다. 1930년과 1974년 사이에 수사국은 1억5,800만 개 이상의 지문을 모았다.

연방 수사국은 또한 군대 조직체계에 의존해 지방경찰 조직운용의 기강을 강화했다. 전국의 경찰부서는 수사국에 대해 후버가 행사한 강력한 추진력을 갖춘 지도력을 본받았다. 연방 수사국과 호의적으로 비교되는 것이 지방경찰에 대한 최고의 찬사였다. 군사적인 형식은 무기훈련에 무게를 두었고 "역사상 최초로 미국경찰은 군인정신을 완전하게 채용했으며, 범죄에 대한 '전쟁' 이데올로기와 함께 이를 수행하기 위한 무기를 완성했다."[27]

수사국은 또한 내란문제를 다루는 데 깊이 관여하게 되었다. 1934년 프랭클린 루스벨트 대통령은 연방 수사국에 다양한 독일계 미국인 단체를 수사할 것을 명령했다. 제1차대전 중에 '치안'에 대한 관심이 커지자 인종과 민족적인 연관을 가진 의심스러운 단체를 수사하고 감시하는 것이 당연시되었다. 후버는 대간첩과 첩보전에 있어서 수사국의 역할이 연방 관료제 안에서 그 권한과 명성을 공개적으로 향상시킬 수 있을 것임을 정확하게 인식했다. 1940년 스미스법의 제정은 연방수사국이 공산주의자뿐만 아니라 파시스트들도 목표로 삼도록 허용했다.

연방수사국의 필요성은 논란의 여지가 없었으나, 후버는 그에게 위임된 민감한 권한을 심하게 남용했다. 그는 수사국에 대한 자신의 통제력을 영구화시킬 방법으로 상원의원, 하원의원, 행정각료와 심지어 대통령의 개인적 삶에 대한 광범위한 파일을 작성해 그들을 착취했다. 의회의 의원들이 수사국 설치시 염려했던 것처럼 후버는 정부 안의 정부인 '제도적인 자경단원' 이 되어갔다.[28]

변호사협회와 다원주의 문화

형사재판제도와 함께 변호사협회 또한 국가안보, 원주민보호주의와 인종주의와 관련된 사회적 긴장감에 영향을 받았다. 변호사들은 이전에는 사회와 경제변화와 편협한 직업적인 관심에 몰두한 거대한 세계의 하위문화의 일부였다. 미국변호사협회와 주 변호사단체를 통해 변호사협회의 엘리트들은 개혁을 주창했으나, 이들의 제안은 각자의 민족, 인종과 경제적 입장에 따라 다른 결과를 초래했다. 법치주의의 전문적 직업의 화신으로서 조직된 변호사협회는 또한 시민의 자유와 민권이 공격당할 때 지도력을 발휘할 특별한 책임을 가졌으나 좀처럼 이에 도전하지 않았다. 동시에 강력한 권리의식에 고무된 다른 변호사들은 개인의 자유에 대한 새로운 위협을 처리하려고 시도했으며 노예제를 반대하는 변호사협회의 법적 도구주의로 개척했던 윤리적 · 사회적 변화의 전통을 이어갔다.

전문 직업의식과 그 의의

1920년대의 "팽창하고, 계층화된 법률 전문직"은 구조와 가치에서 다음과 같이 변화했다. 개인주의에서 조직화, 도제식에서 정규훈련, 변호에서 상담과 "19세기 말의 분열적인 유동성에서 20세기의 불확실한 안정"으로 변화했다.[29] 미국변호사협회와 미국법과대학협의회는 실질적인 개혁의 내용에 대해서는 종종 의견을 달리했지만 이러한 발전을 촉구했다. 그러나 법률교육과 변호사 시험기준을 설정하는 가장 중요한 권한은 주의회에 있었다. 유능한 기업 변호사들로 조직된 변호사협회는 개혁을 촉구할 수 있었으나, 주의회들이 일반적으로 공개적이고 다양한 변호사협회를 구성하고자 하는 자신들의 인종적 선거구민들의 요구에 민감했기 때문에, 변호사협회가 변호사 입회를 통제하도록 허용된 적은 지금까지 한번도 없었다.

조직적인 변호사협회는 교육과 선발기준을 엄격하게 강화하려고 노력했는데 여기에는 여러 가지 동기가 섞여 있었다. 이들의 행동은 "제도화와 변호사협회 지도자들이 윤리적이고 훌륭한 교육을 받은 변호사들의 협회를 조직하려는 대대적인 운동"의 일환이었다.[30] 1921년 연례모임에서 미국변호사협회는 최초로 높은 수준의 자격을 지지하는 실질적인 선언을 했다. 그해, 단지 14개 주는 법률교육을 받기 위한 예비 일반 교육을 요구하고 단지 10개 주만 변호사 시험 응시조건으로서 고등학교 졸업에 상당하는 기준을 요구했다. 이러한 기준 개선은 "법과대학협의회의 조치" 이후 매우 빠르게 진행되었다.[31] 1940년 모든 주는 변호사 자격요건을 위한 준비과정으로서 일정한 전문적인 학습을 요구했다. 그해 40개 주는 최소 3년의 전문적인 준비과정을 의무화했고 주에 따라서 일부는 일정한 도제훈련이나 법률 서기직은 이에 상당하는 것으로 간주했다. 1940년 무렵, 모든 주의 2/3는 최소 2년의 대학과정이나 그에 상당하는 것을 변호사 시험 자격요건으로 정했다.

조직화된 변호사협회의 촉구로 주의회 역시 변호사 시험과정을 엄격하게 관리했다. 1940년 무렵 모든 주는 정식 변호사 시험제도를 가지고 있었으며, 1930년 설립된 전국 변호사시험관연합은 전국적인 시험기준을 정하도록 주 시험관들에게 촉구했다. 변호사 시험에서 최초 응시자들 중 상당한 수가 탈락했다. 예를 들어, 1930년대에 최초시험에 실패한 비율이 약 50퍼센트 정도였다. 그러나 모든 주는 재시험을 허용했고, 재시험이 인정되자 합격률이 궁극적으로 약 90퍼센트에 이르렀다.

인종과 민족적인 편견에 근거한 배타적 정서가 이러한 행동의 대부분에 놓여 있었다. 1921년 카네기 재단의 비법률가인 알프레드 리드(Alfred Z. Reed)는 주·야간 법과대학에 대한 광범위한 조사에 기초해 미국 법률교육에 대한 보고서를 발간했다. 리드는 1920년대 미국이 다양한 법률 서비스가 필요한 다원적 사회라는 것을 보고했다. 그는 또한 의료직과 마찬가지로 법률직은 "실무 법률가들이 단순히 사회에 서비스만을 제공하는 것이 아니라 사회도 마찬가지로 서비스를 제공하는 이들에게 관심을 가지고 있는 공적인 직업이며 이들은 국가 통치조직의 일부"라고 고찰했다.[32] 이러한 결론으로부터 리드는 법률교육에서 기존의 다양성은 강력하게 추구되어야 하며, 법률직에 대한 '일반의 신뢰'는 다양한 기술을 가진 법률가들과 사회의 다양한 법률 서비스를 필요로 하는 소비자들에게 봉사할 수 능력과 이러한 자격을 통해서 가장 잘 실현될 수 있다고 주장했다.

미국변호사협회와 미국법과대학협의회의 지도자들은 리드의 보고서를 냉담하게 받아들였고, 이들은 '전문 직업의식'이 변호사의 수준을 향상시키는 것 이상과 관련되었음을 주장했다. 20세기 초반에 법과대학 입시에 대한 할당제와 인종상의 배제는 널리 알려진 비밀이었다. 최근의 이민자 집단(특히 유대인과 이탈리아인)과 흑인은 백인과 기독교인 지원자들이 경험하지 않았던 장애에 부딪혔다. 예를 들어, 1930년대 내내 유대인들은 강력한 대형 월가의 법률회사 취업에서 배제되었다. 1930년대와 1940년대 가장 영향력 있는 변호사이자, 뉴욕의 법률회사 '데이비스, 폴크'의 경영 파트너인 존 데이비스(John W. Davis)는 자신을 "일반적으로 모든 이민과 특히 러시아 유대인 이민자들에 대해서 유감스럽게 생각하는" 사람들 중 한 사람이라고 기술했다.[33] 소수의 유대인, 다른 외국계 미국인과 극소수의 흑인들에게 입학을 인정했던 대부분의 유명 법과대학조차도 계속적인 편견에 시달렸다. 1923년 예일 법과대학의 토머스 스완(Thomas Swan) 학장은 법과대학의 정원제한을 근거로 성적을 이용하는 것을 비판했는데, 이러한 조치는 '옛 미국인'보다 '외국계 미국인' 학생의 입학을 허용하게 되어, 예일 대학이 "인종적으로 사회적으로 열등한 학생들"의 학교가 되기 때문이라고 주장했다.[34]

인종적 기준을 정하려는 시도는 두 가지 방향에서 좌절되었다. 1908년 미국변호사협회는 변호사 직업윤리에 대한 최초의 기준을 채택했다. 이러한 기준은 일정한 실무에 종사하려는 자들에게 공약을 확증하도록 요청함으로써 변호사들의 직업적이고 공적인 신뢰성을 향상하기 위한 시도였다. 이는 각 주 변호사협회가 널리 채택한 기준을 포함하고 있었는데, 안내와 광고에 의한 서비스 권유를 금지했다. 이러한 자율적인 규제안은 일부 무분별한 변호사들로부터 일반을 안전하게 만들었다는 점에서는 의심의 여지가 없으나, 뚜렷한 입지를 마련하지 못한 인종 변호사와 흑인 변호사들에게는 장애가 되었다. 광고금지는 또한 법률실무를 불가사의에 빠지게 했고 법률 서비스의 광범위한 이용을 더디게 했다.

변호사협회의 통합(의무적인 변호사협회 가입)과 사법개혁 또한 직업상의 목표와 사회적 편견이 뒤섞인 것이었다. 특히 허버트 할리(Herbert Harley, 신문 편집자가 된 변호사)와 같은 진보적인 개혁가들은 퇴출을 비롯해 회원들을 훈육할 권한을 가짐으로써 실무에서 남용을 바로잡도록 변호사협회에 요구할 수 있었다. 자율적인 직업의 전문화를 달성하기 위한 유일한 수단은 모든 실무 변호사들에게 주 변호사협회에 가입하도록 요구하고 그렇게 함으로써 이들을 훈육하는 것이다. 게다가 변호사의 통합은 직업상 경쟁을 제한해 비윤리적인 행동을 완화시키고 변호사협회가 사법부와 법원의 개혁을 위한 로비에 강력한 목소리를 제공하도록 약속하는 것이었다. 1913년 할리는 변호사협회의 통합과 사법개혁을 증진하기 위한 두 가지 목표를 달성하고자 미국사법개혁모임을 조직했다.

문화적 충돌은 이러한 개혁을 달성하는 데 장애요인이었다. 예를 들어, 뉴욕 주의회는 1920년대에 변호사협회의 통합을 요구하는 법률제정을 두 차례나 시도했으나 주의 대도시 지역 특히 뉴욕 시 대부분의 엘리트 회사법 관련 변호사들은 이러한 입법을 반대했다. 이러한 반대를 주도한 월가의 힘 있는 변호사 윌리엄 거스리(William D. Guthrie)는 변호사협회의 통합은 단지 주의 "최근 많은 이민자들" 중에서 채용한 "바람직하지 않은 많은 사람들"을 입회시키는 것을 의미한다고 불평하면서 그 결과는 "공공의 재앙"이 될 것이라고 결론지었다.[35]

이러한 상황 아래에서 변호사협회의 통합은 더디게 발전했다. 가장 빨리 개혁한 주—노스다코타(1921), 앨라배마(1923), 아이다호(1923)와 뉴멕시코(1925)—들은 심한 문화적 충돌과 이에 따른 도시-시골의 긴장에 영향을 받지 않은 소규모 동질적인 변호사협회를 가지고 있었던 주들이었다. 비록 1960년경 절반 이상의 주들이 통합된 변호사협회를 채택했으나 변호사 훈육에 대한 역사적 책임은 변호사협회보다는 대부분 대법원이 계속 행사했다.

주법원의 사법개혁은 사법부의 선출에 있어서 정당정치의 역할에 대한 오랜 관심과, 법원의 구성에 부당한 영향력을 행사하는 정당보스의 영향 아래 있는 인종적 투표권자에 대한 지속적인 관심이 서로 얽혀 있었다. 할리와 다른 변호사—가장 눈에 띄는 이로는 유명한 시카고 변호사인 앨버트 칼스(Albert M. Kales)—들은 점차 법원을 정화할 기회로 사법부의 선출과정을 개혁해야 한다고 생각해 이에 대해 주의회의 승인을 얻었다.

1937년, 미국변호사협회는 선출직과 임명직의 특징을 혼합한 '장점' 식 사법 선출안에 대한 미국사법개혁모임의 제안을 마침내 승인했다. 1940년 미주리 주는 이러한 계획을 채택한 최초의 주였다. 사법부의 결원은 주나 카운티 변호사협회의 위원회가 선정한 예비 후보들 중에서 행정부의 임명에 따라 충원했고, 선출직 법관은 임기말이 되면 반대파를 제거하기 위한 것이 아니라 재임중의 기록을 근거로 선거에 입후보했다. 이른바 미주리 주의 안은 단지 점차 전통적인 정파적인 사법부 선출의 길을 열었다. 이러한 안이 채택된 뒤 수십년이 지나 미주리 주 자체에서 실제로 어떻게 운영되었는지를 관찰한 사회과학자들은, 이 안이 미주리 주의 법관 대부분이 소속되어 있는 세인트루이스와 캔자스 시티의 카운티 변호사협회 안에서, 한편으로는 법무법인 소속 변호사와 기업에 속한 변호사('피고의 변호사')들과 다른 한편으로는 단독 변호사와 소규모 합동 변호사('원고의 변호사')들과 선정위원회의 운영을 놓고 각축을 벌였음을 발견했다.[36] 법관의 당파적인 일반선거는 당파적인 변호사협회의 선출로 대체되었고 그러한 방법이 좀 더 유능하고 객관적인 법관을 선출했는지는 명확하지 않다.

조직화된 변호사협회도 나머지 사회에 만연해 있던 인종주의를 경험했다. 1912년 미국변호사협회는 실수로 3명의 흑인을 임명했으며 잘못이 발견되었을 때 임명철회를 시도했다. 미국변호사협회의 전임회장이자 전미흑인지위향상협회의 초대회장이었던 무어필드 스토리(Moorfield Storey)는 흑인 회원들을 축출하려는 시도를 비난했다. 타협안이 도출되었는데 이들 3명의 흑인 변호사들은 협회에 남아있도록 허용했으나 모든 장래 지원자들은 스스로 인종을 기록하도록 요구받았다. 그리하여 협회는 그 뒤 50여 년 동안 순수한 백인회원만을 인정하는 "전문 직업의식 위에 인종주의를 고양"시킬 것을 스스로 약속했다.[37] 게다가 미국변호사협회는 팔머의 급습과 일본계 미국인의 강제격리 조치에도 침묵을 지켰다. 미국변호사협회와 주 변호사협회는 법치주의가 공통의 종교와 윤리질서에 근간을 두고 있다는 커다란 믿음을 가지고 있었다.

조직화된 변호사협회에 대한 도전이 여러 갈래에서 쏟아져 나왔다. 널리 퍼져있는 다양한 미국의 변호사들은 인종주의, 원주민보호주의와 반유대주의 모두에 성장과 변화를 위한 동력이었다. 미국변호사협회는 이 기간에 변호사의 약 1/5을 포함했으며(회원수는 모든 변호사의 1/2을 상회한 적이 없었다), 새로운 이민 변호사뿐만 아니라 미국에서 출생한 많은 기독교인 출신의 변호사들이 법률직은 소수계 사람들과 괴롭힘을 당하는 사람들을 옹호할 책임이 커졌다고 믿었다. 하버드 출신의 독일계 유대인인 펠릭스 프랭크퍼터는 회사 변호사에 대한 전쟁을 선언했다. 팔머의 급습과 사코와 반제티의 사형집행을 허용했던 제1차대전 후의 분위기는 "그에게 고통을 안겨주었다." [38] 프랭크퍼터는 전후의 '무법과 불관용' 속에서 '이성과 온전함' 을 추구하는 데 실패한 미국변호사협회의 회장 존 데이비스를 비난했다. [39]

1936년 변호사협회의 반대자들 중 일부가 전국변호사조합을 형성했는데 이는 직업상의 주도권을 장악하려는 미국변호사협회의 시도에 도전한 최초의 단체였다. 조합원들은 법률조직과 공권력의 긍정적인 이용을 통해 시민의 권리와 자유를 실현할 것을 스스로 다짐했다. 조합은 자신들의 주변인적인 지위와 변호사협회의 편협한 관심을 유감스럽게 생각하던 흑인과 인종적인 변호사들에게 회원가입을 인정한 "30년대의 진정한 유산"이었다. [40] 조합은 공산당과도 밀접한 관련이 있었다. 뒤에 미국변호사협회와 반공산주의자 정치인들은 그 회원들을 심하게 박해했으며 1950년대 중반 무렵에 조합을 보존하려는 노력을 기울였지만 실패했고, 이들의 열정은 사라졌다.

미국민권운동조합, 전미흑인지위향상협회와 국제노동조합후원회

일반적인 정치절차를 통해서 부정되었던 목적을 달성하기 위해 사법절차에 관심을 가진 특수이익 소송단체 창설의 이면에는 민권의식의 각성이 있었다. 미국민권운동조합은 1914년에 조직되었던 미국군비제한협회를 결성했던 제1차대전 반대자들 사이에 그 기원을 두고 있다. 사회운동가이자 조합의 창립자 중 하나인 로저 볼드윈(Roger Baldwin)은 군복무를 거부한 양심적인 반대자들에 대한 법률상의 필요성에 특별한 관심을 두었다. 조합의 보수주의자들은 볼드윈의 활동에 반대했고, 1920년에 여러 차례 재조직 후 볼드윈은 미국민권운동조합을 설립했다.

미국민권운동조합은 개인의 자유를 보호하기 위해 체계를 갖춘 법률상 유능한 인재들로 조직되었다. 1840년대와 1850년대의 노예폐지론자들은 이러한 활동을 벌였으나 미국민권운동조합의 업무와 같은 법률적인 절차에 대한 신중한 관심과 조직력이 부족했다. 미국민권운동조합은 제2차대전 후 공익소송 단체의 원형이 되었다. 중요한 전국적인 사건을 변호하기 위한 조합소속의 변호사를 두었으며 법률조언을 제공하고 언론, 출판, 종교의 자유 위반을 점검하고 이를 고발할 권리를 제공할 지역회원을 모집했다.

전미흑인지위향상협회는 흑인의 민권향상을 위해 비슷한 계획을 실천했다. 협회는 미국민권운동조합이 했던 것처럼 지부를 조직하고 예비변론을 할 수 있는 지역 변호사를 제공하고 조사하도록 했다. 스토리는 헌법상 전략수립 지침을 제공했다. 그는 또한 대법원에 항소할 사건들을 자주 취급했는데 직접 사건을 변론하거나 실제로 변론을 작성하는 다른 변호인을 지원하기 위한 **법정의 친구들(amicus curiae)**의 사건적요서를 작성했다.

전미흑인지위향상협회는 점진주의 전략을 택했는데 이는 제14차 수정헌법(가장 노골적 형태의 차별에 대해서)과 제15차 수정헌법(주의 흑인 공민권박탈법에 대해서)의 평등보호 조항을 점진적으로 확대해 흑인의 권리에 대한 완전한 보호를 이루려는 전략이었다. 법조계에서 반유대주의에 대해 싸웠던 뉴욕 시의 유명한 유대인 변호사 루이스 마셜(Louis Marshall)은 수석 소송 변호인으로서 스토리에게 합류했다.

스토리와 마셜 모두 1929년에 사망했는데 이들의 사망은 미국흑인지위향상협회의 인종주의에 대한 법적인 캠페인 역사에 새로운 장을 열었다. 협회는 좀 더 공격적인 소송전략을 택했는데, 이는 분리되어 있는 공공시설 이용이 진정으로 평등하게 되어야 한다는 원칙에 근거했다. 이러한 확대노력을 지지하기 위해 그 당시의 민권 변호사들과 가장 유명한 백인 민권 변호사들로 구성되었던 법률고문위원회—클래런스 대로우(Clarence Darrow), 아서 가필드 헤이즈(Arther Garfield Hays)와 모리스 언스트(Morris Ernst)—는 로저 볼드윈이 최고 운영자로 있던 '공적 서비스를 위한 미국기금'에 40만 달러 이상을 신청했다. 비록 볼드윈은 이 협회에 동정적이었지만, 그는 또한 협회가 법을 통한 변화를 지나치게 강조해 사회적인 조치를 취하기에 충분하지 않다고 믿었다. 결과적으로 기금은 신청한 금액의 단지 1/4만이 미국흑인지위향상협회에 수여되었다.

이러한 소액의 기부금을 가지고 협회는 법률옹호기금을 창설하고 공공시설 이용의 분리와 공민권 박탈을 체계적으로 공격하기 위해 변호사를 채용했다. 네이선 마골드(Nathan Margold)는 프랭클린 루스벨트 행정부에 참여하기 위해 떠난 1933년까지 법률옹호기금을 감독했다. 그러자 컬럼비아 특구 출신의 유명한 흑인 변호사의 아들이자 하버드 출신인 찰스 휴스턴(Charles Houston)이 책임을 맡았다. 휴스턴은 흑인 법률교육의 질을 향상시켰던 하워드 대학교 법과대학의 학장이었다. 스토리와 달리 하워드는 협회의 사건에 1940년대와 1950년대의 미국 흑인 지위 향상의 수석 소송인이 된 서굿 마셜(Thurgood Marshall)과 같은 유명한 사람을 포함한 좀 더 많은 흑인 변호사들을 끌어들였다. 휴스턴과 마셜은 이러한 흑인 민권 변호사들의 법률실무를 "사회적이고 개인적 의의를 가진 임무"로 만들었다.[41]

볼드윈과 같은 공산당 안의 급진적인 변호사들은 미국흑인지위향상협회의 점진주의적 정책이 부적절하다고 판단했다. 흑인에 대한 공산당의 관심은 실용주의와 감정이 혼합된 것이었다. 채용할 흑인들은 매우 많았으며 이들에 대한 차별은 국가의 부패한 자본주의 경제의 증거였다. 공산당에 따르면 흑인들은 "계급전쟁의 죄수"들이었다.[42] 공산당은 기존의 정치질서에 대한 법적인 조치의 현명함을 제대로 이해하지 못했다. 그러나 미국민권운동조합과 전미흑인지위향상협회와 같이 공산당은 법원과 법률을 통해 그 목적을 실현하는 절차적 가치를 인식했다. 1925년, 공산당은 공산주의자들과 비공산주의자들의 지원을 바탕으로 국제노동조합후원회를 조직했다. 사코와 반제티 사건의 변론에 참여했던 빈민가 출신의 흑인 변호사인 윌리엄 패터슨은 1932년 후원회의 소장이 되었다. 패터슨의 목적은 흑인을 위한 직접적이고 구체적인 결과를 확보하는 것이었으며, 이러한 메시지가 계급혁명 후 인종변화에 대한 다른 좌익단체의 약속과 비교해서 호소력이 있다는 것을 인식했다.

시민의 자유와 민권의 사법적인 보호의 기원

시민의 자유

19세기 말과 20세기 초의 공적 · 사적 지도자의 대다수는 시민의 자유는 "단지 자신들의 태도와 행동에 따라서 적극적이고 건설적으로 이러한 자유를 이용할 준비가 되었음을 증명한 시민만을 보호한다"라고 믿었다.[43] 국가의 안보문제와 관련되었을 때 성장한 문화와 인종적인 다원주의는 이러한 일반적인 합의에 물음을 제기했다. 제1차 대전 동안 애국심을 고취시키기 위한 연방과 주의 노력은 시민의 자유에 수여된 헌법상 보호에 대해서 전례 없는 문제를 야기했다. 전쟁 전 연방 사법부는 단지 소수의 사건만을 심리했고 주의 권리장전에 근거한 주법원에서 판결한 사례가 더 많았을 뿐이었다. 이러한 소수의 사건에서 법원은 소극적인 전통을 유행시켰으나 제1차대전에서 정부가 기울인 노력은 매우 포괄적이어서, 특히 하버드 법과대학 교수이자 많은 논문의 저술가인 제카리아 채피(Zechariah Chafee)와 같은 소수 엘리트의 관심을 끌었다. 채피는 언론자유 분야에 지울 수 없는 족적을 남겼고 그의 주저인 《언론의 자유 *Freedom of Speech*》(1920)는 아마도 20세기에 그 주제에 관해서 출판된 가장 영향력 있는 단행본이었을 것이다. 채피의 저술과 제1차대전 동안의 연방법원의 판결을 통해서 현대적인 시민의 자유에 관한 법들이 제모습을 갖추기 시작했다.

채피와 다른 시민의 자유 옹호자들은 제1차대전에 대한 미국의 참전이 제1차 수정헌법 아래 전쟁의 필요성과 이를 반대하는 시민의 권리 사이에 긴장을 노출시켰다고 인식했다. 미국 보통법은 언론이나 저술에 대해서 사전에는 제약하지 않는 원칙을 고수했다. 그러나 출판 뒤에는 정부나 개인(명예훼손법에 따라)은 손해를 입증하기 위한 소송을 제기할 수 있었다. 피해를 입증하기 위해 말해지고 쓰였던 것과 손해를 입은 것 사이에 '상당성'(예를 들어, 직접적인 관련성)이 있다는 것을 입증하는 것이 필요했다. 그러나 이론상, 법관은 상당인과의 관계에 대해 광범위한 견해를 취했으며 공공복지를 보호하는 데 민감했다. 채피는 이러한 전통에 반대했다. 예를 들어, 올리버 웬들 홈즈 대법관은 **패터슨(Patterson v. Colorado**, 1907) 사건에서 공익에 위험한 말을 내뱉은 사람은 누구나 처벌받을 수 있다고 했다.

제1차대전 동안과 그 뒤에 대법원은 제1차 수정헌법의 의미뿐만 아니라 그 적용범위까지도 고려했다. 19세기 초 이래 대법원은 권리장전은 단지 주가 아닌 연방정부에 대해서만 적용한다고 판결해왔다. 미국민권운동조합과 채피는 제14차 수정헌법의 적법절차 조항과 결합시켜 권리장전의 보호를 확대하고자 했다. 결합은 연방 사법부의 전국적인 권위가 지역의 다수자들에 대항하는 인기 없는 소수자(반대자와 급진주의자들과 같은)들을 지원하기 위해 협력할 수 있다는 것을 의미했다.

연방대법원은 연방정부의 전시 안보법안을 승인했다. 대법관들은 **셴크(Schenck v. United States**, 1919) 사건에서 간첩활동단속법의 군대검열 조항의 합헌성을 인정했다. 미국 사회당 서기인 셴크(Schenck)는 무장군대들에게 징집반대 유인물을 돌렸다. 그는 하급 연방법원에서 자신의 유죄 근거인 간첩활동단속법은 제1차 수정헌법 조항을 위반했다고 항소했다. 대법원은 전원일치로 셴크의 주장을 거절했으며 홈즈 대법관은 언론자유의 권리는 절대적이지 않다는 결론을 내렸다. 홈즈는 "언론의 자유"는 "극장 안에서 거짓으로 총을 발사해 공포감을 조장한 사람은 보호할 수 없을 것이다"라고 법사에서 가장 유명한 문장 가운데 하나로 설명했다.[44] 정부는 전시에는 평화시에 할 수 없는 것을 할 수 있다. 홈즈는 언론자유의 위반을 판단하기 위한 기준(명백하고 현존하는 위험)을 정했다. "각 사건에서 문제는 사용된 단어가 명백하고 현존하는 위험이 있는 경우에 사용되었는지를 그리고 이들이 의회가 금지할 권한을 가진 실체적인 악을 가져올 명백하고 현존하는 위험을 초래할 그러한 성질의 것인지 여부이다. 이는 정도와 상당성의 문제이다"라고 홈즈는 적었다.[45]

홈즈의 명백하고 현존하는 위험 기준은 오래된 악한-성향 기준을 새로운 법률용어로 치장한 것에 불과했다. 대법원은 다른 두 사건인 **프로워크(Frohwerk v. United States**, 1919)와 **뎁스(Debs v. United States**, 1919)에서도 급진주의자들의 유죄를 인정하기 위해서 위와 같은 기준을 적용했다.

대법원은 또한 **에이브람스(Abrams v. United States**, 1919) 사건에서 치안유지법의 합헌성을 인정했으나, 이 사건에서 **셴크** 판결의 의견으로 채피와 다른 시민 자유주의자들로부터 심한 비판을 받았던 홈즈는 반대의견을 밝혔다. 루이스 브랜다이스 대법관과 함께 홈즈는 명백하고 현존하는 위험 기준에 대한 좀 더 관용적인 해석을 촉구했다. 이 사건은 볼셰비키와 싸우는 군대를 돕기 위해 러시아에 원정군을 파병하기로 한 정부의 결정을 공격하는 유인물의 출판과 관련된 사건이었다. 존 클라크(John H. Clarke) 대법관은 유인물의 목적은 "전시라는 극도의 위기상황에서 치안을 문란하게 하고 체제전복을 기도하기 위한 것"이었다고 다수의견을 적었다.[46]

홈즈와 브랜다이스는 이에 반대했다. 그러면서 홈즈는 "익명의 사람이 신빙성 없는 의견을 담은 유인물을 은밀하게 출판한 경우에, 그러한 주장으로 정부가 추구하는 군비확대의 성공이나 그러한 경향을 방해할 어떤 긴급한 위험이 현존한다고 가정할 사람은 아무도 없을 것이다"라고 주장했다.[47] 이 판결로 말미암아 명백하고 현존한 위험의 공식은 시민의 자유를 제약하기보다는 보호하는 장치가 되었다. 악한-성향 기준을 고수하던 대법원의 다수파들에게서 약간의 발전이 있었다.

대법원은 주 사회소란죄와 치안유지법을 심리할 때에 다소 다른 문제점에 부딪히게 되었다. 이러한 주 법안은 단순히 연방 입법처럼 똑같은 강제성을 띠는 국가 안보의 이론적 근거를 가지는 것은 아니었다. 미국민권운동조합은 주법을 공격하는 데 많은 노력을 기울였으며 그 결과 미국민권운동조합과 대법관들은 제14차 수정헌법의 적법절차 조항이 주의 행위를 규정한 제1차 수정헌법의 조항과 협력할 수 있는지와 같은, 가장 본질적이고 매우 논란의 여지가 있는 문제에 부딪혔다. 제1차 수정헌법은 "의회는 언론의 자유나 출판의 자유를 축소하는 법을 제정할 수 없다"라고 규정하고 있다.[48] **허타도(Hurtado v. California**, 1884) 사건에서 대법원은 제14차 수정헌법이 권리장전을 구체화한 것은 아니라고 판결했고 권리장전의 전국화 옹호자들(예를 들어, 이를 주에 적용하는 문제)에게 그 범위에 대해 상당한 장벽을 남겨놓았다.

1920년대에 대법원은 **허타도** 선례를 점차 침식해나갔다. **기트로(Gitlow v. New York**, 1925) 사건에서 대법관들은 공산당 지도자인 벤저민 기트로(Benjamin Gitlow)가 주 정부를 전복시키자고 주장한 '좌파 유인물'을 출판했다는 이유로 처벌했던 형사 무정부법을 심리했다. 미국민권운동조합은 대법원에 **기트로** 사건을 항소했고 그 변호인들은 제14차 수정헌법의 자유개념은 주의 간섭으로부터 언론과 출판의 자유행사를 포함한다고 주장했다. 다수의견은 이에 반대해 기트로의 유죄를 인정했으나 두 수정헌법의 결합 이념에 대해서는 동의했다. 에드워드 샌퍼드(Edward Sanford) 대법관은 대법원의 의견을 다음과 같이 선언했다. "우리는 언론과 출판의 자유—의회의 축소로부터 제1차 수정헌법이 보호하는—는 기본권의 하나이고 '자유'는 제14차 수정헌법의 적법절차 조항에 의해서 보호될 수 있다고 본다."[49] 대법원은 제1차 수정헌법은 뉴욕 주법을 인정하는 데 이용될 수 있음을 보여주기 위해 이를 확증했으나 실제 운용에 있어서 이 판결은 대법원이 또한 이 법을 파기할 수 있음을 의미했다.

미국민권운동조합 변호사들은 이러한 잠재적인 이점을 취했다. 대법원은 **스트롬버그**(**Stromberg v. California**, 1931) 판결까지 제1차와 제14차 수정헌법의 결합이 주법을 파기하는 데 이용될 수 있음을 인정하지 않았다. 캘리포니아 주의회는 정부에 대한 조직된 반대나 무정부주의를 상징하는 적기(赤旗)의 전시를 금지하는 법을 제정했다. 후버 대통령이 1930년에 임명한 샤를 에번스 휴스(Charles Evans Hughes) 대법원장은 "제14차 수정헌법의 적법절차 조항 아래 자유개념은 언론의 자유를 포함"한다고 캘리포니아 주법을 뒤집는 판결을 했다.[50] 같은 해, **니어**(**Near v. Minnesota**) 사건에서 대법원은 주법원은 "불법방해"라고 판단한 출판물을 영구적으로 금지할 수 있다고 사전제한을 인정한 미네소타 주법을 위헌이라고 판결함으로써 출판자유의 보호를 확대했다.[51]

민권

전미흑인지위향상협회와 국제노동조합후원회는 현대민권법을 위한 기초를 닦는 데에서 제한된 소득을 거두었다. 전미흑인지위향상협회가 결성되었을 때, 공공정책에서 시민의 평등성은 다음과 같은 두 가지 원리에 따라 제한되었다: 제14차 수정헌법이 금지하는 위협과 사적인 차별을 면제하는 '주의 행위' 원칙과 제14차 수정헌법이 보장한 법률상 평등보호가 부인되었음을 증명하기 위해 시설의 실질적인 불평등성 입증을 요구하는 '분리하되 평등' 원칙. 무어필드 스토리와 루이스 마셜은 이러한 원칙의 범위 안에서 활동했으나, 이에 반해 제2차대전 후 전미흑인지위향상협회의 변호인들은 이 원칙들을 번복하려고 시도했다. 스토리와 마셜은 **브라운**(**Brown v. Board of Education**, 1954) 사건에서 협회의 교두보 일부를 확보해 '분리하되 평등' 원칙을 파기했다. 그러나 20세기의 최초 30년 동안 전미흑인지위향상협회는 좀처럼 발판을 마련하지 못했다. 스토리와 마셜이 이용할 수 있었던 모든 선례는 기껏해야 배심원이 될 수 있는 흑인의 권리를 인정한 **스트로더**(**Strauder v. West Virginia**, 1880) 사건과 세탁업에서 중국인들을 효과적으로 배척한 세탁소 건물에 관한 법률을 무효화한 **익 호**(**Yick Wo v. Hopkins**, 1886) 사건이었다.[52]

직 · 간접적인 참여를 통해 스토리는 흑인 민권운동 의제를 향상시키려고 노력했다. **귄**(**Guinn v. United States**, 1915) 사건에서 대법관들은 1866년 이전에 투표권을 가졌던 친척이 있는 문맹 백인들에게 문자해독능력시험을 통과하지 않고 투표하도록 인정한 오클라호마 헌법의 '적용배제 조항'은 그 친척이 투표권 없는 노예였던 흑인에 대해서 위헌적으로 차별했다고 판결했다. **닉슨**(**Nixon v. Herndon**, 1927) 사건에서, 대법관들은 흑인의 투표가 금지되었던 백인들만의 정당 예비선거는 제14차 수정헌법의 평등보호 조항을 위반했다고 판결했다. 이후 30여 년 이상 전미흑인지위향상협회는 남부주에서 투표절차를 공개적으로 타파한 일련의 대법원 승리를 이끌어냈다. 마침내, 스토리는 도시의 일정한 구역을 '백인' 지역과 '유색인' 지역으로 분류한 켄터키 주 루이스빌의 조례와 관련된 **뷰캐넌**(**Buchanan v. Warley**, 1917) 사건에서 개인적으로 변론했다. 대법관들은 이 조례를 평등보호를 근거로 파기했다.

1930년대에 창립한 법률옹호기금의 찰스 휴스톤의 공격적인 지도력은 흑인 민권운동을 더욱 적극적으로 전개해나갔다. 그러나 전미흑인지위향상협회는 사건의 통제력을 얻고자 법률옹호기금과 종종 격렬한 충돌을 벌였다. 그 대표적인 사건은 유명한 앨라배마의 스코츠보로의 항소사건에 대한 투쟁이었는데 여기에서 법률옹호기금이 승리했고 대법원은 권리장전의 다른 조항들도 전국적으로 적용할 수 있다는 주장을 받아들였다.

이 사건은 1931년 3월에 백인소녀 2명에 대한 강간죄로 흑인소년 9명을 체포해 부적절하게 기소된 자들을 서둘러 전기의자로 사형시킨 것과 관련된 것이었다. 법률옹호기금은 여러 명의 헌법 전문가들, 그중에서도 주목할 만한 사람으로 월터 폴락(Walter Pollak) 등을 채용했다. 그는 **포웰**(**Powell v. Alabama**, 1932) 판결에서 변호인의 조력을 받을 권리(제6차 수정헌법에서 특정된 권리)는 제14차 수정헌법의 적법절차 조항에 따라 주에 확대해야 한다고 주장했다. 조지 서덜랜드(George Sutherland) 대법관은 특정해 **허타도** 선례를 뒤집지는 않았지만 변호인의 조력을 받을 권리는 사형사건에서 전국적으로 보호되어야 한다는 판결문을 작성했다.

그러나 흑인과 다른 소수인종들을 위한 평등성을 완전히 확보하기에는 중요한 장벽이 남아 있었다. 예를 들어, 대법관들은 연방정부의 전시 일본인들의 강제격리 조치의 합헌성을 결정하도록 압력받았을 때 이들의 다수는 이를 묵묵히 따랐다. **히라바**

야시(**Hirabayasi v. United States**, 1943)와 **코레마츠**(**Korematsu v. United States**, 1944) 사건에서 대법원은 루스벨트 행정부의 조치에 대한 합헌성을 지지했다. 대법원은 전쟁기간에 종종 그러한 조치를 취했지만 정책 결정자의 입장에서 "긴급한 공공의 필요성"을 예측할 입장은 아니었다.[53] 그럼에도 불구하고 대법원의 행동은 헌법상 충돌을 회피하는 방법으로서, 법의 기술적인 이면에 있는 많은 사람들과, 제3세계의 충돌에 있어서 국가가 스스로 개입해야 하는 균형을 위협하는 선례를 만듦으로서, 나치와 같은 행동을 지지하는 많은 사람들에게는 '재앙'과 같은 것이 되었다.[54]

인종, 민족과 권리 의식

1917년과 1945년 사이에 문화적 · 인종적 다양성은 법률문화의 가치와 전제에 도전했다. 외국에서 태어난 엄청난 수의 사람들과 그 자녀들의 출현, 국내에서 흑인의 도시지역으로의 이동으로 야기된 인구통계학적 변화와 양차 세계대전은 백인, 국내 출생자, 기독교 미국인들에게 자신들의 문화적 가치와 사회적 관행을 유지하기 위한 쟁탈을 벌이게 했다. 인종주의, 원주민보호주의와 국가안보 불안은 법치주의를 경시하는 법률문화를 형성했다.

그러나 이러한 기간에 다른 중요한 (그리고 모순적인) 교훈이 남았다. 미국 법률문화는 때때로 불완전하지만 사회변화에 따라 평등과 공정성의 일반원칙들을 응용하는 지속적인 능력을 보이면서 문화일반의 풍부한 다양성을 반영했다. 불완전하게 실현되었을지라도 직업상 윤리와 도덕적 행동의 향상, 개별적인 교정에 근거한 형사재판제도의 관리, 정치적 담론의 공개성 확보와 법 앞의 평등이라는 신념이 지속되었다. 마찬가지로 중요한 것은 사회변화의 크기가 연방 제도 안에서 중앙집중화 경향의 증대를 낳았고, 이로써 연방정부는 개인의 권리와 평등을 향상해야 한다는 믿음과 법과 사회 변화의 사이에 도구적인 관계의 실현을 깨닫기 시작했다. 소외당했던 소수자들도 최초로 연방법원의 전국적인 권한을 통해 지방 다수자들로부터 보호받을 수 있다는 가능성을 깨닫기 시작했다.

14

대공황과 자유주의 법률문화의 출현

The Great Depression and the Emergence of Liberal Legal Culture

대공황

1929년부터 1941년까지 지속된 대공황은 경제적 폐해가 매우 대대적이어서 법과 사회, 정부와 피치자의 적절한 관계에 대한 기대를 변경했다. 백인 중산층은 역사적으로 법률문화에 대한 확고한 지지를 제공했으나, 이들은 아마도 가장 고통스런 변화를 경험했을 것이다. 그러한 경제적 재앙은 가난한 흑인에게도 좋지 않은 일을 가져다주었고, 백인들은 19세기 말과 20세기 초에 관련된 자유방임 개인주의의 관점에서 이를 파악했으나, 유복하고 열심히 일하는 시민들도 실업에 빠져들어 자신들의 무용성을 뼈저리게 인식했다. 대공황은 정부규제보다는 자발적인 것이 최선이고, 경제적 복지는 개인의 미덕으로부터 나오며, 정부는 집합적인 사회복지를 증진하는 데 있어서 제한적인 역할을 해야 한다라는 오랜 전제에 대해서 모진 시험을 했다. 1933년에 프랭클린 루스벨트 대통령이 착수한 뉴딜은 입법자들은 비인격적인 산업질서의 희생자를 보호하는 사회적 · 경제적 안전망을 제공해야 하고 행정 관청은 경제에 대해서 과학적 일관성을 제공해야 한다는 전제 위에 서 있었다. 그러나 오랜 전제들은 단지 마지못해서 길을 내주었다. 법의 실체, 법률기관의 행동과 미국 법률문화의 특징에 커다란 영향을 미치는 정치적이고 사법적인 기관 사이에 투쟁이 연이어 발생했다.

전쟁기간의 법률개혁과 법사상

전쟁기간에 법률개혁과 사상의 새로운 유형이 출현했는데 그중에서도 미국법연구회와 법현실주의자 운동들이 가장 중요했다. 양자 모두 공공문제의 효율적이고 도덕적인 운영이라는 진보적인 유산으로부터 영향받았으며, 법이 이러한 사회적 변화에 어떻게 대응해야 하는지의 문제를 고심했다. 그러나 이들은 이러한 목표에 도달하는 수단에서 달랐고, 또 다시 미국 법률문화에 있어서 지속적인 다양성을 강조했다.

미국법연구회와 법에 있어서 통일성과 확실성의 탐구

20세기 초 신흥 기업경제는 법에 있어서 불확실성의 역사적인 문제점을 증가시켰다. 19세기 중반 법률 개혁가들 특히 뉴욕의 데이비드 더들리 필드(David Dudley Field)가 주장한 다수의 판례법에 질서를 부여하는 수단으로서 법전화는 단지 제한적으로만 받아들여졌을 뿐이었다. 연방제도는 보통법상의 문제에 다양한 주의 접근방식을 인정했으며 경제의 산업화는 많은 재판소에서 흘러나온 판례법의 범위와 복잡성을 증대시켰다. 주 입법자들 또한 법과대학 도서관의 선반에 불룩한 자료를 더 보탰다. 1879년에 시작한 웨스트 출판사는 이러한 법의 홍수 속에서 복잡하다면 복잡한 대략적인 질서를 가져왔다. 비판자들은 지역적인 판례공보 체계를 '총괄적인 제도'로 불렀으나 존 웨스트(John West)는 1889년 '법률 출판사 심포지엄'에서 그러한 비판을 찬사로 간주한다고 연설했다. "보험정책 중에 총괄정책과 같이 만족스러운 것은 없다. 이것은 상급법원의 판결에서 말하고 있는 법의 무지로 인해 자신의 사건을 패소하는 것에 대비하여 보험에 가입하고자 하는 법률가를 위해서 발행하는 정책의 일종이다."[1] 웨스트 판례공보 체계는 변호사들에게 사실심이나 항소심에서 준비하는 사건과 동일한 사실관계를 가진 법률문제와 관련한 판례공보 없이는 이길 수 없다고 주장하면서, 보고된 항소법원(지역적으로 조직된)의 사례에 대한 변호사의 접근을 보장함으로써 경쟁에서 우위를 지켰다. 그러나 웨스트 체계는 보고된 사례의 홍수를 막지 못했다.

1892년에 설립된 전국통일주법위원회는 일부 주들에게 여러 통일법령을 채택하도록 했으나 이러한 조치들은 엄청난 양의 보통법에는 거의 손도 대지 못했다. 1888년 '법의 분류' 제도를 만들기 위해 상임위원회를 신설했던 미국변호사협회가 조금 더 진척시켰을 뿐이었다. 문제가 해결되지 않았고 판례 보고서의 양은 엄청나게 증가했다. 항소심 사건공보의 권수가 1885년 약 3,500권에서 제1차대전이 시작될 무렵에 거의 9,000권으로 증가해 "사례법의 엄청난 양은 거의 압도적인 수준이 되었다."[2]

1923년 워싱턴 D.C.에서 설립된 미국법위원회는 보통법의 복잡성과 불확실성에 대한 현대적 대응이었다. 설립자들은 법률 관련 기관의 엘리트를 포함했다. 〈뉴욕타임즈*New York Times*〉는 이들이 "우리나라 역사상 법조계의 가장 훌륭한 사람들의 모임일 것"이라고 보고했다.[3] 비록 하버드 법과대학이 밀접하게 관련되었기는 하지만 펜실베이니아 대학의 법학교수인 윌리엄 드레이퍼 루이스(William Draper Lewis)와 옛 진보적인 인사와 시어도어 루스벨트의 개인적인 친구들이 미국법위원회를 실질적으로 움직이는 인물들이었다.

미국법위원회 창립동기는 진보적인 운동의 혼합된 정서를 반영했다. 엘리후 루트와 같은 일부 보수적인 회원들은 원주민보호주의와 반급진주의 정서를 가지고 있었고 이들을 위해서 미국법위원회는 전쟁과 러시아에서 일어난 공산주의 혁명으로 동요된 세계에 법과 정치적 안정을 이룩할 것을 약속했다. 정치적 영향력의 다른 측면에서, 로스코 파운드는 새로운 조직은 정의의 운용에 정확성을 담보하기 위해 사회과학적 방법을 도입해야 한다고 믿었다. 그 작업은 방법과 내용에 있어서 본질적으로 형식주의적이었고 크리스토퍼 콜롬버스 랭델과 관계된 법률과학의 전통에서 이루어졌다.

설립자들은 한 가지 중요한 문제, 즉 법에 있어서 확실성의 필요에 동의했다. 창립총회에서 한 보고자는 "불확실성, 혼란은 해가 거듭할수록 심해지고 있다. … 권한을 가진 한 사람은 어떤 주제에 대해 하나의 법률상 의견을 수립할 수 있지만 다른 권한을 가진 사람은 다른 견해를 가질 수 있다. … 법은 이리하여 어림짐작으로 하는 일이 되었다"라고 대부분의 회의 참석자들의 정서를 표현했다.[4]

미국법위원회의 주요작업은 법에 대한 리스테이트먼트를 발간하는 일이었다. 주요한 보통법 분야(예를 들면 불법행위, 계약법, 재산법, 대리제도, 회사법과 저축법)를 재정리 · 재조직하고 평석을 제공하기 위해 저명한 법과대학 교수들을 채용했는데 하버드 법과대학 교수가 많았다. 최초의 리스테이트먼트(계약법)는 랭델의 영향을 받은 하버드 법과대학 교수인 새뮤얼 윌리스턴(Samuel Williston)의 저술로 1932년에 출판되었다. 1945년에 위원회는 8개의 다른 리스테이트먼트를 출간했다.

리스테이트먼트는 랭델 전통의 정점을 보여주는데, 이는 법 원칙들이 과학적 연구를 통해 법률의 고유한 통일성에 대해 법원과 변호사들을 설득할 수 있는 강력한 논리로 축약할 수 있다는 미국법위원회의 믿음을 반영했기 때문이었다. 법률가들은 법률상 권위(지금까지 유례 없었던)로서 리스테이트먼트를 인용하기 시작했고 항소심 법관들은 점차 이를 언급하기 시작했다. 그러나 모든 것을 고려해 본 결과 미국법위원회의 작업은 루이스, 파운드와 다른 사람들이 예상한 것과 같은 영향력을 달성하지는 못했다. 항소심 법관들은 하버드 법과대학 교수들이 재량권을 포기해야 한다고 생각했다고 해서 자신들의 재량권을 쉽게 포기하고자 하지 않았다. 더구나 미국법위원회의 설립자들은 리스테이트먼트가 보통법을 통일시킬 뿐만 아니라 사회변화에 연결시켜야 한다고 기대했던 반면에 미국법위원회는 "위원회의 유일한 객관적인 목적인 법의 확실성은 그 원칙을 특히 굵은 글씨로 인쇄하기로 결정하는 것에 그침으로써" 궁극적으로는 자신들의 시야를 한 단계 낮추게 되었다.[5]

법현실주의

1920년대와 1930년대 법현실주의자들은 법이 지나치게 불확실하다는 미국법위원회의 진단에 견해를 같이했으나 이들의 "대부분은 위원회가 주장한 치유책에는 크게 반대했다."[6] 현실주의자들은 기본적인 원리를 재론해 보통법의 '신학'을 창설하려는 미국법위원회의 노력에 앞서 사실관계, 사회적 분석과 심리학적 통찰을 사법부 운용에 반영할 것을 제안했다. 법현실주의는 랭델이 추구했던 법의 추상적 개념화보다는 법의 기능을 강조했다. 이는 또한 인간의 특이성과 의사가 법률행위를 구성하며, 법은 사회과학적 방법의 도움 없이 이해될 수 없으며, 적절한 사회정책도 수립할 수 없다는 점을 인식했다.

법현실주의의 뿌리는 올리버 웬들 홈즈와 로스코 파운드의 사회과학적 법학으로 거슬러 올라간다. 지적 운동으로서 "법현실주의는 정확히 말해서 독창적인 운동은 아니었다."[7] 현실주의자들은 법의 성질에 대한 홈즈의 회의주의와 사법부의 판결에 있어서 인간 의사의 역할에 대한 홈즈의 비판적인 견해를 채택했다.

1920년대에 있어서 지적 발전의 새로운 경향과 진보주의의 변화된 모습은 법현실주의가 홈즈를 뛰어넘도록 재촉했다. 진보시기 업적의 대부분(예를 들어, 사회복지 입법, 행정규제)은 계속되었고 1920년대는 더 확대되기까지 했다. 동시에 행동과학, 특히 심리학과 인류학은 인간행동의 독특하고 종종 비이성적인 측면을 강조했다. 이러한 통찰력은 전체적인 도덕과 종교적인 신념의 존재를 훼손하는 경향이 있었고, 이러한 발전에 대해서 사회학적 법학 옹호자들은 반대했으나 법현실주의자들은 이를 받아들였다.

벤저민 카도조(Benjamin N. Cardozo)의 경우는 시사하는 바가 있다. 카도조는 1917년부터 허버트 후버 대통령이 대법원에 임명한 1932년까지 뉴욕 항소법원의 법관이었으며 1938년까지 대법관으로 재직했다. 카도조는 20세기의 가장 존경받는 주 항소심 법관이자 사법행동에 대해 전국에서 가장 영향력 있는 주석자였다. 그러나 그는 비록 사회학적 법학의 영향을 받았지만 현실주의자는 아니었으며, 재판은 단순히 기계적으로 법을 적용하는 것이라는 그 당시 유행하던 믿음에 비판적이었다.

1920년 카도조는 예일 법과대학의 스토어스 강좌에서 강연하고, 이를 이듬해 《사법절차의 성격*The Nature of the Judical Process*》으로 출판했는데 이는 20세기에 재판에 대해서 쓴 가장 유명한 책이었다. 카도조는 법관은 단순한 기계 이상이라고 공언했다. 이들은 단순히 법을 선언하기보다는 법을 만든다. 나는 "그 정점에서 사법절차는 발견이 아니라 창조라는 것을 그동안 봐왔다. 그리고 의심과 두려움, 희망과 공포들이 법관의 마음을 괴롭히는 부분이다. … 지금까지 효력을 가져왔던 원칙들은 그들의 시대가 저물고 새로운 원칙이 태어난다."[8] 그러나 카도조는 현실주의자들은 인정하지 않는 대법관들이 선례를 존중해야 한다는 것과 그렇지 않으면 소송인들이 법원에 대한 신뢰를 잃을 것이라는 확신을 가지고 있었다.

법현실주의자들은 법에 대한 행동과학적 접근을 통해서 재판에 대한 카도조의 상식적인 심리학적 이해를 넘어서고자 노력했다. 행동과학의 대중적인 인지도가 1920년대 높아졌고 현실주의자 운동의 온상인 예일과 컬럼비아 법과대학의 교수진들은 형식주의적인 구속과 사회학적 법학의 한계를 벗어나 미국법학을 선도하려는 노력으로 행동과학에 관심을 돌렸다.

칼 르웰린(Karl Llewellyn)과 제롬 프랭크(Jerome Frank)가 가장 대표적인 현실주의자들이었다. 전자는 예일과 컬럼비아의 법학교수로 재직했고 후자는 뉴딜의 행정관과 연방 항소법원의 법관이면서 예일 법과대학의 연구교수였다. 1930년 르웰린은 '현실주의자 법학—그 다음 단계'를 〈컬럼비아 법학지*Columbia Law Review*〉에 발표했고 같은 해 프랭크는 현실주의자의 입장에서 미국법에 대해서 쓴 가장 중요한 책인 《법과 현대정신*Law and the Modern Mind*》을 출판했다. 르웰린과 같이 프랭크는 법의 원칙과 규율의 비영속성, 유연성, 인위성과 불확실성을 강조했다. 프랭크는 한걸음 더 나아갔는데 이는 "법은 어떤 사건이건 심리하는 법관의 개성에 따라 다양해질 수 있다"라는 주장과 함께 사법적인 심리분석을 특히 강조했기 때문이었다.[9] 프랭크와 같은 현실주의자들은 형식주의적이고 연역적인 논리를 거부했으며, 이들은 위와 같은 논리는 단순히 법관의 편견과 편애를 숨긴다고 주장했다. 현실주의자들은 실제로 일반적인 법원칙을 신뢰했으나 이들은, 선례에 대한 전통적인 존중은 단순히 대부분의 법관들이 지닌 고유한 보수적 편견을 숨기는 것이라고 주장했다.

1930년대에 파운드와 현실주의자들은 신랄한 비판을 주고받았다. 가장 심각한 차이는 법에 있어서 도덕적 가치의 위상과 법률상 규율의 가치와 관련되었다. 1931년 파운드와 르웰린은 상대를 비판하는 글을 〈하버드 법학지〉에 실었다. "현실주의자 법학에 대한 요구"에서 파운드는 르웰린과 프랭크가 "가치이론"을 "상대주의자-현실주의자 법학의 프로그램에 도입하는 데" 실패했다고 주장했다.[10] 프랭크의 도움으로 르웰린은 다음과 같이 대응했다: 사회는 항상 유동적이며 법은 항상 이를 따라잡으려 하고 있다. 이러한 상황에서 단일한 도덕적 가치론이 영구적으로 적절할 수 없다.

파운드와 현실주의자들은 자신들의 차이를 결코 극복하지 못했으며, 역사가들은 현실주의의 지속성과 영향에 대해서 의견을 달리하고 있다.[11] 1930년대 중반 연구방법을 개선하려는 노력은 크게 유행하지 못했는데, 이는 부분적으로 대공황으로 인해 경험적인 연구기금이 고갈되었고 뉴딜 행정부가 프랭크와 같은 현실주의자들의 강력한 목소리를 가진 재능 있는 사람들을 흡수했기 때문이었다. 1940년대 르웰린은 미국법위원회의 형식주의자들과 합세해 상사에 관련된 모든 성문법을 종합한 통일상법전의 주요한 지적 기초자가 되었다. 나치 독일의 출현과 제2차대전의 발발은 현실주의자들을 더욱 위축시켰는데, 이들의 도덕과 윤리적 가치에 대한 접근이 일관된 법치주의의 적법성을 부정하는 것처럼 보였기 때문이었다.

전통적인 랭델의 접근방식은 그것이 가장 영향을 미치고 있던 하버드 법과대학 안에서도 변화를 경험했다. 펠리스 프랭크퍼터와 다른 여러 교수들은 프랭크와 르웰린의 주장을 받아들이지 않고 사례연구 방법을 고수하면서 자신들의 수업에 사회학적 법학의 통찰력 일부를 도입했다. 예를 들어, 행정법에 대한 최초의 강좌 중 하나를 강의했던 프랭크퍼터는 현실주의자들과 불편한 관계에 있었다.[12]

현실주의자들은 그들의 단점에도 불구하고 "40여 년 전에 시작되었고 제2차대전 후에 미국법에서 일반적으로 받아들여졌던 법이론과 경험적인 분석" 사이의 결합을 이끌어내는 데 중요한 역할을 했다.[13] 법현실주의는 대공황의 직접적인 결과는 아니었으나 법학사상이 의존하고 있던 주류문화에 대한 무효화를 상징적으로 포착했다. 번영은 일시적이고, 자본주의 제도는 전지전능한 것이 아니며 인간이 경제질서를 관리하는 데 꽤 무능력하다는 것이었다. 현실주의자 운동과 직접적인 연관은 없으나 뉴딜은 그럼에도 불구하고 현실주의자들이 주장했던, 법에 대한 실용주의적이고 도구주의적 접근방식을 보여주었다. 그러나 법률가들, 뉴딜 정치인들, 연방과 주 법관들 사이에 존재하는 거대한 세대차가 존재했고 정치적인 성향과 훈련으로 많은 사람들은 영향력이 줄어든 기존의 가치를 지속시키려고 노력했다.

뉴딜정책

대공황은 경제위기와 마찬가지로 법률상의 위기였다. 이는 신속한 해결책을 마련함에 있어서 두 가지 지속적인 역사적 문제점을 발생시켰다. 첫째는 법과 정치의 적절한 관계였다. 경제부흥과 궁핍의 경감으로 일반의 관심은 개인 재산권의 전통적인 보호보다는 정부의 권력분립이 적절한 균형을 유지하기를 원했다. 둘째는 경제와 사회질서에 대한 정부개입 수준이었다. 1930년대 입법자들이 부딪힌 중요한 문제는 이들이 개입해야 하는지의 문제가 아니라 어떻게 개입해야 하는지의 방법에 관한 문제였다.

1920년대에, 경제에서 연방정부의 직접적인 역할은 감소했다. 그러나 효율적이고 질서 있는 경제에 대한 진보주의적인 이상은 정부후원의 무역협회 운동에서 지속되었던 계획에 근거한 것이었다. 이러한 협회는 정보를 공유하기 위해 참여한 영업 경쟁자들의 자발적인 조직이었다. 처음에는 상무장관이었다가 나중에 1929년부터 1933년까지 대통령이었던 허버트 후버는 무역협회를 후원하기 위해 상무성의 자원을 이용하고 주요산업과 농업단체들을 위한 통계를 출간함으로써 이러한 운동을 강력하게 후원했다. 무역협회는 또한 회사법 변호사들을 위한 중요한 일자리였는데, 동일산업 기업들 사이의 상호협약은 기존의 독점금지법을 위반하지 않도록 세심하게 작성해야 했기 때문이었다. 공화당이 장악한 연방무역위원회와 법무부는 무역협회의 결성을 장려하는 수단으로서 독점금지법의 집행을 완화했다. 1920년대에 대법원은 비록 "합의에 의해서 공정하게 대표되지 않는 개인이나 단체에 대해 법률상 의무를" 부담시키는 협회의 합의를 인정하는 것을 거부했지만 일반적으로 무역협회 결성운동을 지지했다.[14]

뉴딜은 입법에 대한 그 도구적 접근방식에서 독특하지도 않았다. 그러나 뉴딜정책을 옹호하는 자들은 진보주의자들이 했던 것보다 훨씬 더 직접적이고 적극적인 정부의 역할을 예고했다. 루스벨트 행정부는 연방정부가 실제로 모든 중요한 국가 경제분야에 있어서 책임을 진다고 가정했으며, 또한 분배적 정의의 전통적인 개념을 취하고 이를 적극적인 의무로 전환했다. 정부는 모든 시민의 개별 복지를 증진할 책임을 졌다. 뉴딜시기의 긴급조치는 결과적으로 연방정부와 주 그리고 개별적 시민과의 관계에서 영구적인 변화를 가져왔다.

대공황에 대한 주와 연방 입법부의 대응

주는 스스로의 뉴딜계획을 유행시켰다. 입법자들은 가격규제, 사회복지 프로그램, 최저임금법과 저당유질의 유예를 포함한 구제와 규제법안을 제정했다. 연방법원은 계약의 자유와 사유재산권에 대한 주의 개입에 대해서 실체적인 적법절차를 근거로 이러한 법률을 진지하게 검토했다. 공황의 심각성은 상호의존적인 산업경제를 에워싸고 있는 심각한 혼란을 해결하려는 주의 노력을 전적으로 부적절하게 만들었다. 공황의 혼돈을 해결하는 일은 전적으로 연방이 책임져야 할 문제였다. 예를 들어 루스벨트의 취임 직전에 38개 주가 은행을 폐쇄했고, 게다가 나머지 은행들도 제한적인 영업을 실시했다. 그러나 단지 연방정부만이 은행위기에 대한 전국적인 통제를 할 수 있었으며, 취임 이틀 후 루스벨트는 모든 은행의 문을 닫는 은행휴일을 선포했다. 그리고 의회는 루스벨트의 지시에 따라 새로운 은행법을 신속하게 제정했으며, 그 결과 은행제도에 대한 자신감을 회복했다.

은행법은 뉴딜의 최초 100일 동안에 제정된 15개 법안 중 하나였다. 연방정부는 의회의 역사에서 가장 창조적이고 적극적인 시기에 미국인의 삶에 대한 개입을 크게 확대했다. 의회는 주택 담보자들을 재정적으로 돕기 위한 주택소유자대출회사, 은행예금을 2,500달러까지 보호하기 위한 연방예금보험회사, 국토보존과 산림보존 계획에 젊은 실업자들을 투입하기 위한 민간보존단과 남부 농촌지역의 전기화와 지역 개발을 통합하기 위한 테네시 계곡 개발공사를 신설했다. 테네시 계곡 개발공사와 뉴딜은 일반적으로, 전기, 고속도로와 교육상의 도움을 가지고 남부의 역사적인 지역주의와 농업주의를 떨쳐내고, 사회를 통합하고자 장기간 노력해온 연방정부의 역할 확대의 대표적인 예가 되었다. 뉴딜기간에 취한 연방 관개시설과 댐 건설계획은 제2차대전 후 그 지역의 급속한 발전에 기여함으로써 서부에서도 거의 똑같은 상황이 일어났다.

실험은 프랭클린 루스벨트의 뉴딜이 지닌 특징이었다. "내가 방망이를 휘두를 때마다 맞추리라는 기대는 없고 내가 추구하는 것은 가능한 가장 높은 평균 타율이다"라고 대통령은 비판가들을 안심시켰다.[15] 루스벨트 행정부의 실용적이고 유연한 접근방식은 뉴딜 자체의 과정변화를 반영했다. 이른바 최초의 뉴딜은 약 1933년에서 1935년까지 지속되었는데 루스벨트는 그의 법안들이 일반대중을 만족시킬 만큼 충분하지 못했다고 생각했으며 동시에 대법원 대법관들은 대통령이 헌법상 권한을 너무 지나치게 행사했다고 생각했다. 1935년에 시작된 제2차 뉴딜은 노사의 경제관계와 경제를 재정리하기 위해 행정입법의 중요성과 위원회의 규제를 강조했다.

루스벨트는 무역협회와 정부, 노조와 업계의 협력처럼 법률가와 사업가들이 1920년대 실험했던 협력방법을 강구했다. 첫 번째 뉴딜은 업계와 농업의 이익을 회복하고 노조의 교섭력을 강화하고 실업자들에게 도움을 제공하는 데 있어서 업계와 정부의 협력과 관료적인 행정에 의존했다. 이러한 목표들은 주요한 초기 뉴딜입법에서 표현되었다: 농업합리화법(Agricultural Adjustment Act), 전국산업재건법(Industrial Recovery Act, 전국재건단을 설치했던)과 공공근로단.

전국산업재건법

전국산업재건법은 초기 뉴딜의 이면에 있는 법률과, 헌법상 전제에 대한 사례연구를 제공하고 있다. 그 헌법상 권위를 헌법상 통상조항에 근거로 하고 있는 전국산업재건법은 생산초과, 과당 경쟁과 가격 불안정의 문제를 관리하기 위해 산업상 자치적인 제도를 설립했다. 이 법률은 대통령에게 "필요하다고 인정되면 그와 같은 위원회를 설립할 수 있으며" 그가 임명한 관리들에게 "대통령의 기능과 권한을 위임할 수 있다"라고 인정했다.[16] 이 법안은 가격을 내려왔던 관행을 금지할 목적으로 공정경쟁법을 제정할 수 있도록 했으나, 공정경쟁법의 전국적 실시는 이 법안을 기초하고 이행하기 위해서 단지 행정부의 기관과 유사한 무역협회에 의해서 이루어졌다. 주간통상에 종사하는 산업단체의 회원들은 법률적인 효력을 가지는 법률들을 스스로 초안했고 이들의 결정은 기존의 독점금지법 아래에서 좀처럼 심사를 받지 않았다. 법률의 기초자들은 최저임금과 최고 근로시간을 포함한 근로조건에 대한 조항을 제정했다. 아동근로는 불법이고 (이 법 7[a] 아래에서) 근로자들은 "자신들이 선출한 대표를 통해서" 집단적으로 조직하고 교섭할 권리를 인정받았다.[17]

대통령은 300만 이상의 대기업과 소기업을 통제할 책임이 있는 전국재건단을 설립했다. 대통령은 단장으로 휴 존슨(Hugh Johnson)을 임명했고 다시 존슨은 법률 고문직에 1920년대에 유명한 노동 변호사였던 도널드 리치버그(Donald sel. Richberg)를 채용했다. 그리하여 리치버그는 자신의 법률 참모진을 구성했다.

다른 직접적인 결과들 중에, 초기 뉴딜입법은 수많은 법률가들을 새로운 행정부서의 운용에 참가시키고자 국가의 수도로 데려왔다. 이러한 뉴딜 법률가들은 거의 모두 20세기에 태어나서 이들의 절반 이상은 20대 후반이나 30대 초반이었다. 비판가들에 따르면 이들은 워싱턴에 발을 디디자마자 낙담했고 "빛나는 머리카락을 가진 소년들은 공공생활의 모든 분야에 적극적인 정부 관련의 새로운 정신을 가져왔다."[18] 이들은 또한 거의 대부분 유명한 법과대학교에서 채용되었다. 거의 60퍼센트가 하버드, 예일과 컬럼비아 출신이었다. 일부는 현실주의자들로부터 교육을 받았고 대부분은 1920년대와 1930년대에 만연했던 개선된 랭델식 법학교육제도 아래에서 교육받았다. 뉴딜 변호사들의 대부분은 "원칙론적 정설과 비정치적인 전문직업주의에 대한 진보적인 자유주의의 겉모습을 가지고 법학교를 졸업한 사람들이었다."[19] 루스벨트의 측근인 펠릭스 프랭크퍼터는 '유능하고 야심적인' 자신의 학생들을 꾸준히 워싱턴에 보냈고 그곳에서 이들은 뉴딜 행정부서를 채워나갔다. 이러한 젊은 법률가들은 정치적으로 자유주의적이었고, 도시에서 자랐으며, 유대인과 가톨릭이었다. 뉴딜은 인종이나 종교 때문에 이전에는 배척되었던 사람들에게 정치권력의 중심에 문호를 개방해 적절한 정치적 신임을 가진 숙련된 법률가들에 대한 수요를 창출해냈다.

전국산업재건법을 집행하기 위해서 모인 법률가들은 자신들이 배양하려고 추구했던 기업의 자발적이고 협력적인 규제가 업계의 관행과 행동에 종종 어울리지 않는다는 점을 재빨리 파악했다. 전국산업재건법의 성공여부는 효율적인 행정과 적법절차기준의 준수에 달려 있었다. 이러한 조건은 어느 것 하나 실현되지 않았다. 소규모 생산업자나 근로자들은 이러한 법률 아래에서 실질적인 보호를 받지 못했다. 적법절차기준뿐만 아니라 법률과 그 정신에 대한 심각한 무시는 전국재건단과 뉴딜 행정기관 내부의 초창기 규제노력에 실망을 안겼다. 전국재건단 안의 일부 법률가들뿐만 아니라 많은 기업가들은 적법절차에 대한 전통적인 관심은 결정을 지연시키는 법적 수단에 대한 지나친 강조로 이어진다고 간주했다. 기업가들은 보호하려는 산업을 지배하기 위해 자신들의 권한을 사용했고 노조의 조직적인 노력에 개입함으로써 자신들의 권한을 남용했다. 도널드 리치버그는 "사기업은 조직된 근로자와 정부의 개입에 대해서 일반적으로 비관용적이었으나 자신들의 위상을 높이기 위해 공공의 권한을 행사하려고 지속적으로 노력했다"라고 결론지었다.[20]

거의 모든 초기 뉴딜 행정기관과 같이 전국재건단은 두 가지 주요한 결점을 가지고 있었다. 첫째, 1935년 대법원이 파기했던 잘못된 헌법상 근거에 의지하고 있었다. 둘째로, 행정법과 규제의 미래에 중요한 것으로서 전국재건단의 무역협회 모델은 행정기관을 매력적으로 만드는 합리적인 계획과 강력한 집행을 배제했다. 많은 뉴딜 법률가들은 좀 더 강력한 행정감독위원회제도를 요구했다. 정부 행정가들은 이러한 구조 아래에서 위원회의 조사결과에 협력하고, 자발적으로 승인하는 중개자가 아닌 사실에 대한 중립적이고 공정한 조사에 대한 자신의 판단에 근거해 적극적인 참가자가 될 것이라고 주장했다. 이러한 주장의 실현은 제2차대전 초에 승인될 때까지 기다려야 했다.

전국노사관계법

노동자들은 오랫동안 법 앞에서 기업에 비해서 홀대받아왔다. 입법자들이 회사와 기업활동을 합리화하기 위해 많은 조치를 취한 반면에 노동자들은 집단적으로 교섭하고 조직하는 경우에 약간의 보호를 받았을 뿐이었다. 노동운동은 그 자체 엘리트 숙련공과 비숙련 산업 근로자들의 운동으로 나뉘었다. 정부의 개입에 관한 이 두 그룹의 기대는 상당히 달랐다. 숙련공들을 대표하던 미국노동자연합은 지금까지 25년 이상 사적 합의망을 구축했다. 한편, 산업 근로자들은 교섭과 조직화를 위한 자신들의 권리를 기업들이 인정하도록 하기 위해 파업, 태업, 불법적인 폭력에 점차 의지했다.

루스벨트 행정부가 공직에 취임하기 전에 의회는 노동조합에게 특별한 법률상 인격을 수여했다. 예를 들어, 1932년 노리스-라가디아법(Norris-LaGuardia Act)은 개별 노동자들은 일반적인 경제조건 아래에서 고용주와 효과적으로 협상할 수 없기 때문에 스스로를 후원하기 위해 자신들의 집합적인 힘을 행사할 수 있어야 한다는 것을 인정했다. 이 법은 노동조합을 권리와 이익을 가진 실제로서 취급했고 이들에게 경제적 충돌(예를 들어, 파업)에 관여할 법률상 권한을 인정했으며, 고용주가 금지명령을 획득할 수 있는 근거를 축소했다. 그러나 노리스-라가디아법은 노동조합 대표성에 관한 조항을 이행할 수단을 포함하지 않았으며, 과거에 노조를 종종 적대적으로 취급했던 법원에서 구제받도록 노조는 남겨두었다.

대공황은 노조의 호전성을 키워나갔다. 1934년에만 150만 노동자들이 관련된 약 800건의 파업이 발생했다. 이러한 극심한 노동운동은 노조에 대한 전국산업재건법 규정 운용의 약화로 이어졌고 행정부에 대한 압력을 가중시켰다. 루스벨트는 전국재건단이 행정적으로 쓸모없게 된 것이 명백해졌을 때 강력한 입법을 승인하기로 결정했으며, 어떤 경우에든 대법원은 이 법안을 위헌으로 판결할 가능성이 많았다.

마지막 순간에 행정부는 뉴욕 주의 상원의원 로버트 와그너의 이름을 딴 와그너법에 대한 지지를 선언했다. 1935년에 의회에서 통과한 전국노사관계법은 그 권위를 헌법상 통상과 적법절차 조항으로부터 원용했다. 와그너의 헌법상 추론은 상당한 의의를 가지는데 이는 연방노동법의 현대적 권위가 여기에서 비롯되기 때문이다. 그는 법에서 열거한 불공정 노동행위는 이에 대해서 의회에 전적으로 규제권한을 인정한 주간통상에 실제로 부담을 주었으며 그리하여 이러한 행위의 제한은 실체적 적법절차에 반하지 않는다고 주장했다. 노동자의 대변자였던 와그너는, 노동자들의 최선의 이익보다는 산업의 평화가 이 법을 후원한다는 전제를 잘 지켜나갔다.

이 법은 조직화를 위한 투쟁에 있어서 노동자 측에 대한 연방정부의 지지를 이끌어냈다. 노조 활동가들이나 회사 어용노조에 참여하지 않은 노동자들에 대한 블랙리스트 작성과 같은 많은 불공정 관리행위를 불법화해 노조에 가입할 노동자들의 권리를 인정했다. 이 법은 고용주의 강압으로부터 노동자들을 보호하고 노조의 대표선출을 감시하며, 단체협약의 이행을 준수하기 위해 비정파적인 전국노사관계위원회를 설치했다. 전국재건단과 달리 전국노사관계위원회는 자신들이 조사한 바를 이행하기 위한 처벌권한을 인정받았다.

이 법은 미국 노동법사에서 하나의 이정표를 이루었으나 노동자들에게 복합적인 의의를 가지고 있었다. 이 법의 규정은 단체교섭은 산업전반에 걸쳐 인정된다고 했다. 20세기에 들어선 이래 추구해왔던 목표인 미국경제의 정책수립에 직접 참여하도록 노동조합은 처음으로 허용되었다. 와그너법이 제정된 해에 설립된 산업조직협의회는 새로운 법의 직접적인 도움을 얻었다. 산업조직협의회는 종종 전국 비숙련공들의 조직적인 노력이 폭력적인 방법을 동원하긴 했지만 매우 성공적이었다. 이는 전례 없이 많은 수의 흑인과 여성 근로자들을 조직 노동자의 위치로 올라서게 만들었다. 이 점에서 와

그너법의 눈에 보이는 사회적 혜택은 실로 대단한 것이었다.

이 법은 또한 단체교섭권의 행사를 재구성해 "지금까지 사적인 행동이었던 것을 전적으로 행정국가의 규제 범위 안으로 끌어들였다."[21] 연방정부는 고용주와 단체협약을 체결할 수 있도록 노조를 설립하려는 고용인들을 돕는 데 그 권한을 사용했다. 그러나 연방의 개입은 노조에게 전국노사관계위원회가 설정한 지침에 따라 행동할 것을 요구하며 산업의 평화와 조화의 이름으로 행해졌다. 실질적인 근로환경의 변화 속에서 뉴딜입법의 효과는 혁명적이지 않았다. 단체교섭은 중요한 성과를 얻어냈지만 미국 산업에서 권한의 재분배를 가져오지는 못했다. 전국노사관계위원회의 행정규제는 부나 권위의 분배를 근본적으로 변경하지 않으면서 경제에 있어서 노동자의 역할을 합법화했다.

제2차 뉴딜과 입법권 위임의 문제

와그너법은 행정부의 권한확대와 미국인의 일상생활에 영향을 미친 연방법에 관련된 제2차 뉴딜기간에 취한 여러 가지 입법조치 중 하나에 불과했다. 1935년 8월 14일 루스벨트가 서명한 사회안전법(Social Security Act)은 고용주와 고용인들이 납부하고 사회안전공단이 관리하는 연방-주의 연금을 통해 노인들에게 도움을 제공했다. 이 법은 또한 연방-주 실업보상제도를 설립해 협력적인 연방-주의의 중요성이 확대되고 있다는 증거를 제공했다. 공정근로기준법(Fair Labor Standards Act)은 최저임금제를 신설했고 노동부에 그 운용을 감독할 책임을 지웠다. 국내 뉴딜입법의 마지막 주요입법의 하나인 1938년식, 의약품 및 화장품법(Food, Drug, and Cosmetics Act)은 1906년 단순한 식 · 의약품법(Pure Food and Drug Act)을 크게 강화해 식의약청에 새로운 집행과 조사권을 인정했다. 그러나 여전히 다른 법률들이 농무장관에게 주간 그리고 외국과 통상에서 일정한 농산품의 운송조건과 품질에 대한 기준을 설정하도록 했다.

뉴딜기간에 행정과 사회복지국가의 실현은 전통적인 권력분립 구조 안에서 행정기관의 위상이나 행정부 권한의 범위에 대한 문제를 야기했다. 뉴딜법안들이 대중적인 지지를 얻고 있던 반면에 업계에서는 의회가 입법과 사법적인 조치를 취할 수 있도록 기관에게 위임할 수 있는 내용에 대해서 의문을 갖기 시작했다. 의회는 확실히 자신의 권한 안에서 일정한 임무를 수행하도록 행정기관을 감독할 수 있었으나, 뉴딜(과 행정규제)에 대해서 비판적인 사람들은 이러한 기관들은 정책수립에 관여할 수 없으며 위와 같은 권한은 권력분립의 개념 아래에서 의회가 위임할 수 없는데 위임받을 기관이 행정부의 일부이기 때문이라고 주장했다. 뉴딜의 법적인 실험에 대한 정치적인 반대는 일련의 대법원 판결로 전환되었다.

대법원과 뉴딜정책

일반대중은 1930년대 선거민주주의를 통해서 정부의 3부 중에 단지 2부만을 재편성할 기회를 가졌다. 위헌법률심사라고 하는 법관이 만든 무기로 무장하고 선례구속의 원칙을 방패삼아 건전하게 행동하는 동안에 임기가 보장된 연방법관들은 "뉴딜에 대한 가장 강력한 장애"가 되었다.[22] 12년 동안의 공화당 지배 뒤에 연방법원들은 법형식주의로 훈육되었고 보수적인 정치철학을 가진 법관들로 채워졌다. 루스벨트 이전의 3명의 공화당 전임자들이 임명했던 140명의 연방법관들은 루스벨트가 대통령에 취임했을 때 하급법원의 3/4과 항소법원의 2/3를 구성하고 있었다.

1925년 법원조직법은 대법원의 정책결정 역할을 크게 향상시켰다. 20세기에 제정된 법원조직법 중 가장 중요한 이 법안은 대법원에 헌법상 또는 전국적으로 중요한 의의가 있는 문제에 그 정력을 집중하도록 허용하는 1891년 법원조직법에서 시작된 과정을 더욱 발전시켰다. 대법원의 역사에서 다른 어느 대법원장보다 많은 일을 한 당시 대법원장 윌리엄 하워드 태프트(William Howard Taft)가 의회를 통해 조종한 이 법은 그의 행정적인 역할을 열정적으로 수행한 결과물이었다. 이 법안은 "기존의 대법원 업무를 순회항소법원으로 대거 이전"시켰다.[23] 이는 대부분의 하급법원 판결의 항소는 대부분의 경우 그 결정이 최종이 되는 순회항소법원으로 돌리도록 했다. 단지 주목할 만한 예외는 주간통상이나 독점금지법, 주간통상위원회의 명령이나 주법의 집행을 따르도록 하는 청원과 형사사건에서 연방정부의 항소와 같은 전국적인 중요성을 가지는 사건들이었다. 대법원의 심사는 대법원에 그 사건 일람표에 대한 중요한 통제권을 인정한 사건이송 명령서를 통해 압도적인 재량권을 행사했다. 결론적으로, 1925년 법원조직법은 여전히 연방 법제도에 대한 일관성과 통일성을 가져오고자 입법자들이 시도한 또 다른 본보기였다.

대법원은 전체로서 연방 사법부보다 정치적이고 이념적인 구성에서 훨씬 날카롭게 분리되었다. 대법원의 보수파들은 계시록의 고대기수 이름을 딴 이른바 4명의 기수로 구성되었다. 그들은 윌리스 밴 디반터(Willis Van Devanter, 1911~1937), 제임스 맥레이놀즈(James McReynolds, 1914~1941), 조지 서덜랜드(1922 ~1938)와 피어스 버틀러(Pierce Butler, 1922~1939) 대법관이었다. 다른 쪽은 일반적으로 3명의 자유주의적인 대법관들로 벤저민 카도조(1932~1938), 루이스 브랜다이스(1916~1939)와 할랜 피스크 스톤(1925~1941)이었다. 이 두 파 사이에 대법관 찰스 에반스 휴(Charles Evans Hughes, 1930~1941)와 변덕스러운 오웬 로버츠(Owen J. Roberts, 1930~1945)가 있었다.

주 입법

대법관들은 가장 중요한 연방 뉴딜법안이 대법원에 도착하기까지 거의 1년이 소요되었기 때문에 주 입법에 처음 관심을 갖기 시작했다. 초기의 사건들 중 하나는 얼음 제조는 공공재이기 때문에 주의 규제대상이 된다고 선언한 오클라호마 주 법과 관련되었다. 이 법안은 경쟁을 제한해 가격을 올리려는 의도를 가지고 있었고 주는 얼음 제조는 공공의 이익에 영향을 미친다는 견해를 바탕으로 그 규제권능을 행사했다.

대법원은 **리브맨(New State Ice Company v. Liebmann**, 1932) 사건에서 오클라호마 주 법에 이의를 제기했다. 다수의견은 얼음제조는 공공재가 아니고 이러한 입법은 독점을 장려한다고 판결했다. 브랜다이스 대법관은 영업이 공공의 이익에 영향을 미쳤는가를 결정하는 것은 오클라호마 주 입법부가 결정할 일이며 공황상태에서 이러한 문제에 대한 입법을 예단하는 것은 대법원의 권한이 아니다라고 주장하면서 강력하게 반대했다. 경제위기의 심각성으로 인해 브랜다이스는 그의 동료들에게 주의 실험을 권장하도록 사법적으로 절제하는 입장을 취하도록 촉구했다.

2년 뒤 대법원은 다른 방향으로 나아갔다. **블레이스델(Home Building & Loan**

Association v. Blaisdell, 1934) 사건에서 대법관들은 미네소타 저당지불유예법의 합헌성을 판단할 것을 요청받았다. 이 긴급조치법은 저당유질로 재산을 잃을 위험에 처한 농부들의 어려움을 다루고자 했다. 이 법은 농부들이 자신의 채무를 변제할 돈을 모을 추가적인 시간을 가지도록 저당유질을 연기하도록 법원에게 인정했다. 5대4의 다수의견에 따라 대법원은 이 법을 지지했다. 휴 대법관은 긴급상황 아래에서 주는 주민들의 복지를 유지할 권한을 가진다고 주장했다. 이 법안은 단지 저당유질을 금지하기보다는 연기했기 때문에 휴 대법관은 연방헌법의 계약조항에 위반되지 않았다고 주장했다. 보수파들은 그 반대입장을 취했다. 서덜랜드 대법관은, 계약조항은 이러한 긴급상황 아래에서도 대부분 적용할 수 있어서 미네소타법은 당사자가 원래 합의한 기간을 재조정했기 때문에 계약조항을 위반했다고 결론지었다.

네비아(Nebbia v. New York, 1934) 사건에서 대법원은 또 다른 주 긴급조치법을 지지했다. 이 경우에 뉴욕 주는 전체 낙농업을 규제하기 위한 규제위원회를 설립했다. 이 위원회는 최저 도소매 가격을 설정할 권한을 가지고 있었으며 이는 과당경쟁을 줄이려는 목적을 가지고 있었다. 로체스터의 식료상인 레오 네비아(Leo Nebbia)는 법정가격 이하로 우유를 판매한 죄로 유죄판결을 받자, 대법원에서 제14차 수정헌법상 자신의 권리가 위반되었으며 낙농업은 공공의 이익에 영향을 미치지 않았다는 실질적인 적법절차를 주장했다.

대법원은 뉴욕 주 법을 지지하는 5대4의 다수의견으로 다시 한번 심하게 갈리었다. 대법원의 다수의견을 작성한 로버트 대법관은 이 법안은 긴급상황에 대처하려는 주의 합리적인 노력이라고 판결했다. 시장의 동요 속에서 주 입법부는 규제권능 안에서 질서유지를 시도할 수 있다고 주장했고 반대의견으로 맥레이놀즈 대법관은 공공이익은 입법부가 말한 것과 같은 것이 아니라고 주장하면서, 동시에 그는 대법원도 입법부처럼 법을 제정할 수 있다는 개념에 대해서 승인했다. 맥레이놀즈는 대법관은 "입법의 지혜를 고려해야 한다"라고 주장했다.[24] 적극적이고 개입주의적인 사법부의 권한에 대한 최근의 보수적인 비판은 역설적으로 1930년대에 정책뿐만 아니라 헌법상의 근거에 대해서 주의 조치를 번복하려고 한 대법원의 보수파들을 비판하던 논리와 같은 것이다.

1년 뒤 **모어헤드(Morehead v. New York ex rel. Tipaldo)** 사건에서 보수파들이 득세했다. 이 판결에서 대법관들은 법원을 대표한 서덜랜드의 의견을 가지고 1933년 뉴욕 주의 최저임금법을 파기했다. 이 판결에서 대법원은 **애드킨스(Adkins v. Children's Hospital**, 1923)의 초창기 판결에 의존했다. 대법원의 조치는 주의 뉴딜정책 지지자들로부터 심한 비판을 받았고 심지어 1936년 공화당 선거공약은 여성과 아동의 임금과 근로시간에 대한 주의 규제를 내걸었다.

대법원은 주 뉴딜입법에 대해서 혼합된 해석을 했다. 보수파들은 시장의 조건을 규제하거나 계약원리들을 훼손하려는 어떠한 법안에도 반대했으나, 이들은 지속적으로 대법원의 다수파로 행동할 수 없었다. 판결은 로버트와 휴의 유동적인 투표와 함께 보통 근소하게 내려졌다. 이와 똑같은 대법관들의 분리가 연방입법을 심리할 때에도 나타났으나 주 법안들보다 빈번히 연방 법안들을 파기했다. 루스벨트는 점차 대법원에 환멸을 느끼기 시작했고, 그는 20세기에 대법원과 정치조직들 사이의 가장 중요한 대결을 지휘했다.

연방입법

초기 뉴딜입법은 많은 문제점들을 수반했다. 대부분의 입법이 졸속 추진되었다. 예를 들어, 위원회는 전국 산업구조를 조사해야 할 전국산업재건법을 1주일 만에 초안했다. 의회의 의원과 이들을 도왔던 법률가들은 법안이 의존했던 헌법상 권위의 근거에 관한 태도에서 종종 거만했다. 통상조항, 일반 복지조항과 조세권은 황급히 원용되었다. 이 시기에는 국가적인 위기가 발생했고 연방정부는 이에 대해서 신속한 조치를 취해야 했다. 뉴딜정책이 헌법상 권위를 얻기 위해서 만든 많은 법률주장들은 모든 대법관들에게 심각한 문제점들을 야기했는데, 대법관들의 정치적인 성향이 무엇이든지 간에 이들은 애매하고 매우 광범위한 주법에 대해서 상당한 저항감을 표시했기 때문이다. 주법이 관련되었을 때 사법상의 절제를 주장하던 대법원의 자유주의적인 구성원들조차 뉴딜의 중앙집권적인 성향에 대해서는 찬성하지 않았다. 마침내 새로운 행정기관의 뉴딜 법률가들은 종종 서로 의견을 달리했고 연방법원에서 행정부의 법률상 주장은 때로는 뉴딜에 대해서 동정적이지 않았으며, 나쁘게는 뉴딜 프로그램에 익숙

하지도 않았다.[25]

대법원이 뉴딜이 달성하고자 희망했던 것을 파기한 이유는 그 프로그램의 헌법상 통합을 위한 것이었다. 대법원 전체는, 의회는 행정기관에 무차별적으로 입법권을 위임함으로써 권력분립 원칙을 위반했음을 확신했다. 전국산업재건법은 특별 검토의 대상이었다. 전국재건단에서 이를 집행했던 법률가들은 통상조항의 확장적 개념에 근거한 경제적 국가주의는 그와 같은 광범위한 위임을 "헌법상 논쟁의 여지가 없게" 만들었다고 믿었으나, 이들은 "1930년대의 법현실주의자들이 사법부의 정신을 좀 더 통찰력 있게 꿰뚫어 보았음"을 재빨리 알아차렸다.[26]

위임문제는 대법원이 전국산업재건법을 파기한 2개의 사건에서 표면화되었다. 뉴딜은 **라이언**(**Panama Refining Company v. Ryan**, 1935) 사건에서 최초로 대법원에서 심리를 받았다. 대법원은 대통령에게 주가 배당한 몫을 초과해서 생산한 석유의 주간 선적을 금지하도록 인정한 전국산업재건법 9(c)항을 심리했다. 1933년 휘발유 도매가격이 갤런당 2.5센트, 원유가는 배럴당 10센트 하락했다. 전국적인 통제가 바람직한 해결책처럼 보였다. 9명의 대법관 중 8명은 이에 동의하지 않았고, 미국역사상 최초로 대법원은 대통령에게 적절한 지침을 정하지 않고 입법권을 부적절하게 위임한 의회의 조치는 위헌이라고 판결했다. 이 판결은 정유산업을 전국적인 통제에서 벗어나도록 했다.

위임문제는 대법원이 1935년 5월 27일 '재앙의 월요일'에 판결한 **셰크터 기금회사**(**Schechter Poultry Corp. v. United States**) 사건에서 표면화되었다. 그날 대법관들은 **셰크터** 사건에서 전체 전국산업재건법을 파기했을 뿐만 아니라 이들은 또한 적법절차 없이 재산 채권자들의 권리를 박탈했다는 근거로 프레이지어-렘크 저당법(Frazier-Lemke Mortgage Act)을 위헌이라고 판결했다. **셰크터** 사건은 전국에서 가장 큰 뉴욕 시 유대인 가금산업과 관련되었다. 이 9,000만 달러 산업은 500개 이상의 소매점에 약 1,600명을 고용했다. 모든 닭고기의 약 96퍼센트는 다른 주에서 수입했다. 셰크터 형제는 닭고기 도매업자였고 이들은 최저임금, 최고 근로시간, 위생 작업환경과 건강한 닭만을 판매하도록 하는 일정한 영업관행을 준수할 것을 요구하는 전국산업재건법의 생가금류법의 적용을 받았다. 셰크터는 이윤을 극대화하려는 노력의 일환으로 공개적으로 법률을 위반했다. 이들은 병에 걸리고 검사받지 않은 가금류를 저렴한 가격에 판매해 "브루클린을 미국의 모든 병든 닭을 처치하는 장소로 만들었다"는 비난을 야기했다.[27]

셰크터 사건은 대법원에 두 가지 문제점을 제기했다. 첫째, 대통령에 대한 의회의 입법권 위임의 합헌 여부였다. 대법관들은 만장일치로 합헌이 아니라고 대답했다. 의회가 법률운용이나 내용에 대한 지침을 제공하지 않았고 전국산업재건법은 대통령을 산업 카르텔에 대해 정부주도의 처벌제도를 마련할 수 있는 위치에 자리매김했기 때문이었다. 카도조 대법관은 대법원장 휴의 법원 다수의견에 동의하는 의견에서 법률에 있어서 기준의 부재는 "폭동을 유발할 수 있는 위임"이 될 수 있다고 결론지었다.[28]

대법관들 앞에 던져진 두 번째 문제는 통상권이 제조업의 활동을 규제할 권한을 의회에게 수여했는지의 여부였다. 대법원장 휴는 그렇지 않다고 결론지었다. 휴는 통상권은 제조업 활동에는 미치지 않는다고 판결한 **E.C. 나이트**(**E.C. Knight**, 1895) 사건에서 처음 표현되었던 전통적인 구분으로 회귀했다. 셰크터 형제가 종사하는 닭고기 가공산업은 통상권 밖에 있기 때문에 의회는 이를 규제할 수 없다고 판결했다. 통상조항에 대한 이러한 견해는 헌법상 적절한 대안을 마련할 수 없었으며 중앙집권화된 산업규제와 광범위한 전국적인 프로그램을 발전시키려는 뉴딜의 노력을 효과적으로 저지했다.

이 두 사건들은 중요한 뉴딜입법을 파기했을 뿐만 아니라 의회에 입법권을 위임하는 방법에 대해서 주의를 환기시켰다. 이 두 사건 뒤에 제정된 위임권이 좀 더 잘 규정되었음을 전제로 대법원은 의회의 위임권을 무효화하지 않았다. 뉴딜 이후 대법원은 분리된 연방정부제도 아래에서 행정기관의 지위에 대해 의심을 표명하는 것을 멈추었다. **파나마 정유회사**와 **셰크터** 사건의 판결은 또한 의회가 행정기관이 따라야 할 목표, 수단과 절차들을 명확히 지시하도록 의회를 설득했다.

이 사건이 있었던 이듬해에 대법관들은 뉴딜의 또 다른 기둥인 농업합리화법을 파기했다. 버틀러(**United States v. Butler**) 사건에서 대법원은 6대3의 의견으로 농업생산자에게 적용하는 세금은 세수를 올릴 목적이 아니라 생산하지 않은 농부에게 지불하는 프로그램에 순응하도록 하는 것이라고 결론지었다. 다수의견을 집필한 로버트 대법관은 일반복지 조항은 자신들이 원하는 것은 무엇이나 할 수 있는 권한을 의회에 수여한 것은 아니라고 판결했다. 로버트는 이러한 판단을 내리는 데 있어서 개인이나 정책적인 고려를 하지 않았다고 단언했다. "사법부는 단지 하나의 의무를 가지는데 이는 원용된 헌법조항과 문제가 된 법률을 비교하고 후자가 전자와 일치하는지를 결정하는 것이다."[29]

사법절차에 대한 대법원의 의견과 로버트의 형식주의적 견해는 신경을 거슬리게 했다. 법현실주의의 지지자들은 이러한 의견은 판결과정에서 사법적 가치를 무단으로 강요한 확실한 증거라고 비난했고, 행정부는 여전히 남아 있는 대공황에 적절하게 대응하려는 헌법상 권한을 부인한 것으로 보았다. 게다가 스톤 대법관은 브랜다이스와 카도조가 함께한 반대의견에서 조세권에 대한 견해가 편협하다고 로버트를 비난했으며 재판은 단순히 기계적으로 법과 헌법을 일치시키는 문제라는 주장을 공격했다.

1936년 중반에 대법원은 제2차 뉴딜의 초기에 제정된 법률 중에서 가장 중요한 법률의 헌법상 운명을 결정하지 않고 있었다. 여전히 심리를 기다리는 것은 와그너법, 테네시 계곡 개발공사와 사회안전법이었다. 루스벨트는 법원의 결정에 크게 당황했고 그는 이러한 결정을 번복하기 위한 계획을 고려하기 시작했다. 그러나 1936년 대통령 선거유세에서 그는 대법원을 직접적으로 공격하는 것은 피하고 대신에 뉴딜의 성공을 위한 경제개혁의 선거공약을 내걸었다. 일반국민들은 그에게 엄청난 지지를 가져다주었으며, 그는 이러한 요구에 근거해 대법원과 지금까지 확인된 형식주의적 가치에 대한 직접적인 공격을 시작했다.

대법원 증원계획

미국법사 전체를 통틀어서, 대통령은 자신의 정치적인 이미지에 따라 연방법원을 구성하려고 노력했다. 대통령은 정치적인 고려를 전문적인 필요성에 부합시키려 노력했으며, 연방법원은 좋은 자질과 품성으로 훌륭한 업적을 가진 법관들로 채워왔었다. 그러나 때때로 대통령은 연방법원, 특히 대법원에 대해서 실망하게 되었다. 그러나 프랭클린 루스벨트가 하려고 했던 것, 즉 대법관직이 공석이 된 경우 이를 임명하는 규율을 변경해 대법원을 재구성하려고 시도한 대통령은 어느 누구도 없었다. 1937년 초 루스벨트가 대법관을 충원하려고 한 공석은 사망이나 사임으로 발생하지 않았다. 새로운 대법관을 임명할 수 없음에 실망한 대통령은 새로 대법관직을 증원함으로써 연방법원의 정치적인 운명을 변화시키려고 했다. 1936년에 연방대법원 대법관의 수는 약 70년 가까이 9명이었고 그 수는 의회와 일반에 의해서 '관습법' 적인 것이 헌법상 지위를 획득한 것이었다. 바로 이 점이 루스벨트 대통령이 법사위원회에 법안으로서 새로운 대법관 증원을 제안하게 된 이유이다.

대통령은 사법부의 업무과다라는 표면적인 관심으로 자신의 계획을 숨겼다. 루스벨트는 1937년 2월에 그가 제안한 법안의 설명에서 의회에 다음과 같이 설명했다. "단순한 사실은 오늘날 연방 사법부의 구성원들이 자신들 앞의 업무를 감당하기에 불충분하기 때문에 새로운 입법부의 조치의 필요성이 발생했다는 것이다."[30] 그는 대법원이 사건들로 혼잡해졌다고 매우 부정확하게 주장했다. 그가 나중에 공식적으로 인정한 것처럼 그는 대법관들의 나이 탓으로 돌린 대법관들의 의견이 보여주는 수구반동적인 성질에 더욱 관심을 가졌다. "현대적인 복잡성은 법원에 지속적으로 새로운 피의 수혈을 요구한다"라고 그는 주장했다. "낡은 안경에는 흐릿했던 사실이 새로운 세대의 필요에 잘 부합했다. 나이든 사람은 이러한 광경이 과거와 똑같다고 생각해 현재나 미래로의 탐구나 연구를 그만둔다."[31] 그는 대법원을 "사법부로서가 아니라 국민의 의사를 방해하는 정책결정 기구로서 행동하는 나이든 9명으로 구성되었다"라고 대법원을 비난했다.[32] 나이에 대한 이러한 주장은 루스벨트가 그의 이념적인 동기를 위장하기 위해 원용한 흑색선전이었다. 80세의 브랜다이스는 정력적일 뿐만 아니라 펠릭스 프랭크퍼터(루스벨트의 친구)는 뉴딜정책의 진로를 제안하는 정보의 출처였다.

자기 정당 소속원들이 장악한 의회에서 혼합된 지지를 받은 루스벨트의 계획은 사임하지 않고 있는 은퇴연령의 현직법관들이 있는 모든 연방법원에 추가적인 법관의 임명을 요구했다. 대법원에 관해서 루스벨트는 70세에 이른 대법관들에게 은퇴까지 6개월의 기간을 주겠다고 제안했다. 만약 이들이 그렇게 하지 않는다면, 대통령은 새로운 대법관을 추가로 최대 6명까지 임명할 수 있도록 제안했다. 법안이 제안되었을 때 6명의 대법관들이 이러한 조건에 해당되었다: '4명의 기수들' 과 브랜다이스와 휴 대법관. 의회는 1937년 봄에 이 계획에 대한 청문회를 개최했으나, 열렬한 뉴딜주의자들도 사법부의 권위를 정치적인 필요에 맞추려고 하는 대통령의 제안에 반발했다. 그리하여 이 법안은 의회에서 시들어버렸다.

대법원 증원계획은 법현실주의자들이 주장해왔던 것과 홈즈가 **로크너** 사건에서 말했던 것을 생생하게 보여주었다. 법은 이를 판결하는 법관의 정치적인 관심과 뚜렷하게 관련되었다. 이 법안은 법관이 그의 신탁과 같은 판결이 지속적인 진실을 드러내는 단순한 직업인이라는 신화를 깨트렸다. 대법원의 판결을 반대하는 대통령의 지지자들조차도 대법원 증원계획은, 법은 공평하게 운영되는 중립적인 원리로 이루어졌다는 생각에 대한 위험한 공격임을 알아차렸다.

사법상 절제와 행정적이고 사회적인 복지국가의 승인

1937년 4월 대법원은 제2차 뉴딜의 주와 연방 입법과 관련된 여러 중요한 사건에 대한 판결을 내렸다. 대법원의 2명의 유동 투표자(로버트와 휴 대법관)들은 자유주의자들에 합류했고, 이는 계류 중인 대법원 증원법안에 대한 견해에서 이들의 행동이 "제때 전환해 9명의 대법관을 구했다"라는 오늘날의 조소적인 평가의 근거를 제공했다. **패리쉬(West Coast Hotel v. Parrish)** 사건에서 대법원은 5대4의 판결로 이전에 주 규제법안을 파기하기 위해 원용했던 실체적인 적법절차 주장을 포기하고 워싱턴 주의 최저임금법을 지지했다. 그 직후 대법관들은 **존스 앤 래플린 제강회사(National Labor Relations Board v. Jones and Laughlin Steel Corporation)** 사건에서 와그너법을 지지함으로써 노동자들에게 커다란 승리를 안겨주었다. 대법원은 불과 2년 전 **셰크터** 사건에서 의존했던 통상으로서 제조업을 포함시킬 수 없다는 원칙을 폐기했다. 휴 대법관은 또 다른 5대4의 판결을 결정하면서 와그너법에 의해서 불법화된 불공정 노동관행이 주간통상에 유해하다고 했다. "산업이 스스로 전국적인 단위로 조직되었을 때 이들의 활동에서 주요한 요소는 주간통상과 관련성이 있으며 이들의 노사 관계가 산업상 투쟁의 마비상태로부터 주간통상을 보호하기 위해 필요할 때 의회가 간섭할 수 없는 금지된 분야라고 한다면 어떻게 이를 유지할 수 있을 것인가?"라고 휴는 결론지었다."[33]

대법원의 경향변화로 여전히 계류중인 대법원 증원계획에 대한 의회의 일부 지지가 떨어져나갔다. 관대하게 말해서, 루스벨트는 전투에서는 패했으나 전쟁은 승리했다. 대법관들은 제2차 뉴딜의 다른 주요한 부분들에 대해서는 지지했다. 예를 들어, **데이비스**(**Steward Machine Co. v. Davis**, 1937) 사건에서 사회보장법, **다비**(**United States v. Darby**, 1941) 사건에서 공정근로기준법, **위커드**(**Wickard v. Filburn**, 1942) 사건에서 제2차 농업합리화법을 포함했다. 게다가 1941년 루스벨트는 7명의 신임 대법관을 임명함으로써 대법원에 자신이 원하는 무늬를 그려 넣었다. 새로운 대법관들 중에는 루스벨트의 친구이자 조언자인 펠릭스 프랭크퍼터, 앨라배마 주 상원의원 휴고 블랙(Hugo Black)과 뉴딜기간에 증권거래위원장이었던 윌리엄 더글러스가 있었다. 이들은 함께 1960년대에 걸쳐서 미국헌법을 압도했던 루스벨트 대법원의 핵심을 이루었다.

대법원 증원계획과 대법원의 변화된 경향은 대법관들에게 사회복지와 행정국가를 수용하도록 강요하기 위한 법률과 경제적 진보주의자들의 오랜 투쟁을 최고조에 이르게 했다. 1933년과 1940년 사이의 뉴딜은, 경제의 다양한 측면을 단속하기보다는 관리하기 위한 14개의 기관을 신설했다. 1880년대 이래 연방법원이 주재해왔던 국가의 경제규제 업무 대부분의 행사권한이 마침내 의회가 위임한 행정기관의 손에 놓이게 되었다. 게다가 행정규제는 국가 경제행위를 규율하는 가장 중요한 규율로서 사법부가 적용해왔던 보통법상 원칙을 대체했다. 이러한 헌법상 혁명은 복지국가의 마지막 장애물을 철폐했고 "대통령직을 실제로 영속적인 위기정부의 도구로 전환"시켰다.[34]

뉴딜의 헌법상 발전은 대법원에는 다소 모순된 결과를 가져왔다. 경제규제 문제에 대해서 대법관들은 궁극적으로 사법소극주의 입장을 취했다. 이에 관한 가장 대표적인 것은 **이리**(**Erie v. Tompkins**, 1938) 판결이었다. 이 사건은 펜실베이니아 주의 이리 철로를 따라 걷다가 열차에 치인 남자가 입은 상해에 관한 것이었다. 펜실베이니아 주에서 보통법상 규율에 따르면 그는 소의 원인을 가지고 있지 않았는데, 그가 철로를 걷는 과실을 범했기 때문이었다. 대신에 그는 그 자신과 철도회사 사이의 시민권의 다양성을 근거로 연방법원에 소를 제기했다. 그는 3만 달러의 손해배상을 받았으나, 철도회사는 대법원에 항소했다.

19세기 말 이래, 연방사법권에 대한 자유주의적 비평가들은 연방법원의 다양한 관할권이 법관들에게 지나치게 많은 권한을 인정하고 있다고 불평했다. 이들은 대법원의 초창기 판결인 **스위프트(Swift v. Tyson**, 1842) 사건을 특히 비판했는데 이 사건에서 조셉 스토리 대법관은 연방법원이 감독하는 일관성 있고 통일된 상법의 기초를 설립하려고 노력했다. 실제에 있어서, 그 결과는 두 가지 종류의 보통법을 발전시켜왔는데 하나는 주 보통법이고 다른 하나는 연방 보통법이었으며, 연방 하급심의 경향(역설적으로 **이리** 사건에서는 따르지 않았다)은 주간 기업을 선호했다.

브랜다이스 대법관은 **톰킨** 사건을 펜실베이니아 주법에 근거해 심리하도록 연방법원에 되돌려 보낸 대법원의 다수의견을 작성했다. 미국역사상 최초이자 유일하게 대법원은 **이리** 사건에서 자신의 판결 중 하나(**Swift v. Tyson**)가 위헌이라고 선언했다. 브랜다이스는, 헌법은 상업상이건 형사상이건 어떠한 종류의 연방 보통법에 관한 조항도 가지고 있지 않다고 판결했다. 이 결정은 연방제도 안에서 주법원과 주법의 독립성을 명백하게 인정했다.[35]

그러나 그 실제적인 운영에 있어서, 이 결정은 연방 사법권을 축소하지도 않았고 새로운 권한을 주에게 주지도 않았다. 게다가 연방법원은 경제규제 문제에 있어서 중요한 역할을 했는데 이는 행정부에 포괄적인 권한을 위임하고 있는 의회법령의 해석에 따른 책임이 점차 커졌기 때문이다.

대법원은 또한 실질적인 권한을 가졌는데 이는 자신의 의제를 설정하도록 인정한 1925년 법원조직법상 사건이송 명령관할을 확대했기 때문이었다. 법률의 제정 이전에 대법원의 '자유재량' 권한의 행사는 신중했다. 기껏해야 심리해야 할 사건의 5건 중에서 1건을 선택할 수 있었을 뿐이다. 나머지 사건들은 그렇지 않았으면 하찮은 문제가 되었을 사건들이 특별한 결단에 의해서 대법원의 심리를 받게 되었다. 그 법률의 통과 **이후에** 대법원은 심리해야 할 사건 수를 30퍼센트 이하로 축소할 수 있었다.[36]
유동성이 매우 큰 현대 미국사회에서 전미흑인지위향상협회와 미국민권운동조합과 같은 특수 소송단체들은 대법관들에게 헌법의 새로운 길을 열도록 촉구했다. 예를 들어, 뉴딜은 흑인들을 가부장적으로 다루었고 전미흑인지위향상협회는 결과적으로 중요한 민권의 승리가 정치적인 절차를 통해서라기보다는 사법적인 절차에 의해서 주어지게 되었다는 것을 인식했다. 미국민권운동조합은 이미 다양한 정치적이고 종교적인 소수 단체의 민권에 대한 좀 더 충분한 보호를 구했다. 뉴딜은 법과 법률제도들이 긍정적이고 적극적일 수 있음을 증명했다. 경제규제 문제가 대체로 해결되고 루스벨트가 새 법관들을 임명함으로써, 연방법원은 새로운 시민의 자유와 민권문제들에 관심을 갖게 되었다. 의회는 1934년에 연방법원에 새로운 절차규정을 제공하기 위한 위원회를 구성할 수 있도록 함으로써 이들에게 도움을 주었다. 연방 민사소송법(Federal Rules of Civil Procedure, 1938) 입안을 감독했던 예일 법과대학장 찰스 클라크(Charles Clark)는 효율성과 정의를 단순하게 얻을 수 있도록 기술적인 내용을 일소했다. 헌법은 연방법원에 일반법과 형평법에 관한 2개의 독립적인 권한을 수여했다. 연방소송법은 다음과 같은 이점을 위해 이 둘을 통합했다. 이전에 좀 더 조력을 제한하는 보통법에 속했던 문제가 이제 형평법원의 모든 수단—소답(Pleading), 개시(Discovery), 정지명령에 의한 구제(injunctive relief)와 특정이행의 강제(compelling of specific performance)—과 보통법의 낡은 모습을 벗어던지고 수백 년 동안 형평법에 스며든 완고함을 배제한 법원에 의해서 다루어질 수 있었다. 그 결과 연방 사법부는 단체소송에서 원고가 소를 제기하고 적절한 증거를 조사할 수 있으나 사전에 피고의 기록을 이용할 수는 없도록 했다. 이는 또한 연방법관들에게도 주의회를 포함해 주와 연방 관리들에게 강제하고 특정한 조치를 취하거나 일정한 결과(좀 더 자세히는 다음 장에서 설명)를 인용할 수 있도록 하는 권한을 인정했다.

자유주의 법률문화의 출현

뉴딜은 연방정부의 입법권의 중앙집중화와 정책결정의 주체로서 주의 역할이 감소하는 장기적인 경향을 완결시켰다. 경제위기, 진보주의의 유산과 제1차대전 경험은 법에 대한 상대주의와 도구주의적 견해의 발전을 촉진했다. 대공황의 출현은 즉시 미국식 사회복지국가의 주요한 내용이 된 프로그램들을 정당화시켰다. 미국역사상 유례 없이 입법자들은 정부가 기본적인 생활수준을 보장하고 업계의 불안정한 행동을 잘 다스릴 적극적인 책임을 지는 것을 신봉하는 사회공학자로서 등장했다. 19세기로 거슬러 올라가는 분배적 정의 개념은 새로운 의미를 띠게 되었는데, 이는 정부는 경제적인 위험의 감수를 줄이고 개인의 경제적 기회를 고양시켜야 한다는 것이었다. 입법자들은 국민들이 누리는 것을 방해하지 않고 권리와 자유를 제공할 적극적인 의무를 졌다. 법원은 경제규제 법안을 심리할 때에 스스로 삼갔고, 새로운 권리의식이 이들에게 적극적으로 개인의 권리와 자유를 향상시키도록 행동하게 용기를 북돋아주었다. 이러한 새로운 접근은 흑인, 소수민족, 인디언, 여성과 같이 오랫동안 불이익을 받아왔던 단체들에 강력한 기대감을 가지게 만들었으며, 사법제도들은 이들의 편이어서 지금까지 잘못되었던 것들을 법률적으로 바르게 했다.

경제 대공황은 제2차대전 후 미국 법률문화를 지배해온 자유주의적 법률주의의 촉매제였다. 자유주의적 법률주의는 미완성이고 대체로 불명확한 개념이었으나, 그 본질에 있어서, 이는 사회개혁가들에게 진보주의, 법현실주의와 사회학적 법학의 상대주의와 도구주의 그리고 뉴딜과 연계된 주의규제 책임의 충동을 주입시켰다.[37] 미국건국 이후 적극적인 국가개념과의 긴장 속에서 자유방임과 개인주의의 전통적인 자유주의 원칙은 마침내 자유주의적 법률주의의 새로운 정설에 자리를 내주었다. 이러한 자유주의적 법률주의는 사회적 이익의 충돌을 해결할 행정-법률적 절차와 사법권에 의지해 광범위한 사회정의를 약속했다.[38] 그러나 와그너법이 예시한 바와 같이 뉴딜의 자유주의적 법률주의의 기원은 사회적 안전성과 조화를 강조했다. 국가에 의해서 보호된 권리는 공익이 최대한 발현되도록 행사되어야 한다. 사회적 · 경제적 폐해를 치유하기 위한 국가책임에 대한 뉴딜의 노력은 전통적인 자유방임 전제와 최종적으로 결별했으나, 공 · 사법 모두에서 제2차대전 뒤 40년 동안 새로운 자유주의적 법률주의는 이들이 대체한 것과 마찬가지로 불확실한 많은 논쟁거리를 수반했다.

15
냉전 시기의 법과 사회, 1946~1990
Law and Society in the Cold War Years, 1946~1990

합의, 사회변화와 법의 폭발

제2차대전의 대학살에 이어서 세계에서 가장 부유하고 강력한 국가인 미국은 이전의 동맹국인 소련과 이념적으로 다투기 시작했고, 이러한 새로운 충돌은 냉전이라 불렸다. 1950년대 미국인들은 공산주의 위협에 대응하는 데 있어서 정치적 합의를 이끌어 냈다. 이러한 합의는 미국은 자유롭고 도덕적인 사회이며, 개인의 평등과 정치적인 담론을 소중히 여기는 정치적 민주주의 국가라는 생각을 지지했다. 특정한 정책에 대한 차이에도 불구하고 공화당과 민주당원들은 양당 외교정책, 사회복지국가와 뉴딜로 안출된 정부-업계 관계를 지지했다.

존 F. 케네디의 암살로 1963년에 대통령이 된 린든 존슨(Lyndon B. Johnson)은 이러한 합의를 도출하려고 시도했다. 존슨은 뉴딜 민주당원이었고 그의 위대한 사회 계획은 자유주의적 법률주의의 구체적인 결실이었다. 연방정부의 도움으로 인종의 조화를 촉진하고, 경쟁으로 기회의 평등을 촉진시키고자 법률상 권위의 이용을 제안했으며, 가난과의 전쟁은 도시 재개발, 직업훈련, 공공주택, 교육과 빈곤층을 위한 건강과 법률상 서비스와 관련되었다. 1964년 의회는 빈곤층 취학 전 자녀를 위한 우선 출발 프로그램(Head Start program)과 경제재활청을 신설한 경제재활법(Economic Opportunity Act)을 제정했다. 이듬해 이 법은 고령자를 위한 의료보호제도와 빈곤층을 위한 의료지원제도를 신설했다.

이러한 정치적 합의는 베트남 전쟁과 사회적·기술적·과학적 변화 때문에 1960년대 말과 1970년대 초에 무너졌다. 1960년대 흑인 민권운동 지도자인 마틴 루터 킹(Martin Luther King)이 설명한 바와 같이 위대한 사회는 "베트남 전쟁에 대한 논란을 잠재우려는 시도였다."[1] 반전 시위대들은 흑인 민권운동의 비폭력 전술로 시작했으나, 평화적인 저항은 정치적 반동과 마약, 자유연애와 록음악의 반문화로 전환되었다. 마약 중독자들과 반전 시위대들은 전쟁에 진력이 나 있었으나 중노동, 핵가족, 성실한 행동과 애국주의의 전통적인 가치를 고수하는 많은 미국인들의 눈에는 한통속으로 비쳤다.

전후 베이비붐의 산물인 1960년대의 반동들은 대부분 1970년대와 1980년대의 '자기중심' 세대가 되었다. 베이비붐의 정점에서, 평균가족은 3자녀 이상을 두었다. 1980년 무렵, 이러한 수치는 1.6자녀 이하로 떨어졌다. 1960년대와 1970년대의 출산율 감소는 피임약의 이용뿐만 아니라 성별역할과 여성의 새로운 경제적 열망에 대한 태도 변화를 반영했다. 혼인, 자녀양육과 가족에 대한 태도 또한 변했다. 이혼율이 급증해 1960년대에 100퍼센트 상승했으며, 성인남녀의 합의 아래 혼전 성관계와 동성애 관계가 사회적으로 용인되었다.

베이비붐 세대는 또한 새로운 범죄를 급증시켰다. 15세에서 24세까지 가장 범죄를 저지르기 쉬운 연령층이 1960년대에 연간 100만 명 이상으로 뛰어올랐다. 20세기 범죄율이 가장 높은 해였던 1960년대와 1974년 사이에, 폭력범죄가 매우 높게 상승하고 범죄율은 203퍼센트로 급상승했다. 존 F. 케네디(1963), 로버트 케네디(1968), 마틴 루터 킹(1968)의 암살뿐만 아니라 조지 월리스(1972)에 대한 암살시도는 1964년부터 1968년까지 뉴욕, 로스앤젤레스, 클리블랜드와 디트로이트 시에서 발생한 도시 폭동과 같이 무법천지라는 느낌을 갖게 했다.

미국은 "실타래가 풀린 것"처럼 보였다.[2] 사업이나 정치에서 지도자의 지혜는 더 이상 당연한 것으로 여겨지지 않았다. 공화당 대통령 리처드 닉슨(Richard M.

Nixon)이 1968년 성공적으로 호소했던 '침묵하는 다수' 조차 그 신념이 흔들렸다. 법과 질서의 오랜 지지자인 닉슨은 워싱턴 D.C.의 워터게이트 건물에 있는 민주당 전국본부에 자신의 정치적 심복이 침입한 것을 덮으려 시도했던 것이 드러난 뒤 1974년 사임했다.

지도력에 대한 신뢰의 상실은 이전에 무시했던 사회와 환경문제에 관심을 갖는 분위기를 북돋웠다. 페미니스트, 환경주의자와 소비자 권리 보호주의자들은 많은 점에서 달랐지만 전미흑인지위향상협회가 선구적으로 이용했던 법정 기술을 빌려 법률제도에 대한 도구적 견해를 취했다. 1954년 그 변호사들은 공공시설에서 **분리하되 평등** 원칙을 파기한 **브라운(Brown v. Board of Education)** 사건에서 기념비적 승리를 거두었다. 이 판결은 제1차대전에 시작된 권리의식을 키웠으며, 중요한 것은 소송을 통한 사회변화의 가능성을 보여주었다는 점이다. 특수한 목적을 위한 소송은 현대미국의 특징이 되었다.

급속한 기술과 과학발전은 법률제도에 대한 새로운 수요를 창출했다. 컴퓨터, 제트기, 로봇, 인공수정과 복잡한 삶은 미국 역사상 유례가 없을 정도로 "시간, 거리, 운명"에 대한 미국인들이 지금까지는 통제할 수 있을 거라고 꿈도 꾸지 못했던 일들을 가능하게 만든 제도를 지지했다.[3] 이러한 발전은 산업혁명에서 비롯되었던 사회적 상호의존성의 경향을 더욱 향상시켰다. 낯선 사람들은 복잡한 현대사회의 무수한 업무를 수행하기 위해 마찬가지로 낯선 사람들에게 점차 크게 의존했다.

1970년대 말, 미국 법률제도에 대한 관찰자들은 취약한 사회질서와 급속한 기술변화의 결합이 '법의 폭발' 을 가져왔다고 결론지었다. 1978년 대중적인 주간지는 "모든 미국인들은 소송의 산사태에 묻히게 되었다"라고 보고했다.[4] 수량적 증거는 주 사실심 법원에 제소한 민 · 형사상 사건수가 늘었음을 제시했고, 1960년과 1980년 사이에 연방 항소심에 제소된 사건수는 거의 4배로 증가했으며, 같은 기간 대법원에 제소된 건수는 2배 이상 증가했다.[5]

이러한 소송증가의 한 요인은 단체소송이었다. **플래스트(Flast v. Cohen**, 1968) 사건에서 대법원이 인정한 단체소송은 단체의 구성원이 피해를 입은 모든 개인의 입장에서 제소할 수 있도록 했다. 전체 손해배상액을 위한 단지 2, 3명이나 4명의 소송은 공동원고가 한 사람이나 여러 명인 경우조차도 너무 비용이 많이 들어서 감당할 수 없었다. 대법원의 판결을 작성했던 대법관 더글러스는 "강력한 법률 후원자가 없으면 개인의 자유는 위축된다"라고 적었다. 단체소송에서 특화된 법무법인들이 등장해 인종이나 성을 근거로 승진이 좌절된 사람, 항공회사들의 가격담합으로 해외 항공료를 지나치게 높게 지불한 사람, 밀리 바닐리(Milli Vanilli)와 같은 립싱크 그룹의 공연티켓이나 CD를 구입한 사람들의 단체를 대표할 준비를 했다.

법원에 제소 중인 사건수의 증가가 폭발(과거보다 엄청난 비율로 문제를 해결하기 위해 법원에 제소하는 수가 전례 없이 많이 증가)인지 아닌지의 여부는 뜨거운 논쟁거리로 남아 있었다. 그러나 중요한 수량적인 변화가 법률직업, 실체사법, 형사재판제도와 연방 행정부와 규제기구와 관련된 법률문화에서 발생했다는 것은 의심의 여지가 없다(다음 장에서 우리는 이러한 변화가 공법상 나타났던 유형을 점검할 것이다.)

법률직, 교육과 사상

현대적인 변호사협회의 성장과 다양성

1950년 이래 법률가들의 수가 급격하게 증가했는데 이는 인구 성장률을 훨씬 능가했다. 법률직은 점차 금전적으로도 매력적이 되었으며 이에 부응해 그 서비스의 수요도 늘었다. 1960년에 28만6,000명의 변호사가 있었고, 1987년에는 약 69만 명의 남녀 변호사가 실무에 종사했으며, 전국적으로 인구 350명당 1명의 변호사로 그 비율은 전 세계적으로 상대가 없었다. 여성의 법률직 진출은 이러한 성장에 다른 무엇보다도 많은 기여를 했다. 1987년에 여성은 전체 변호사의 약 14퍼센트를 차지했는데 이는 1950년의 2.5퍼센트에서 크게 늘어난 것이었다.[6] 여자 법과대학생 수의 괄목할 만한 신장은 여성의 향상된 직업의식과 변호사에 대한 강력한 직업시장을 반영해 1970년대에 일어났다. 1968년 법과대학생의 1/10이 여학생이었으나 1982년 여성은 모든 법과대학생의 1/2에 가까웠다. 그러나 1987년 여성은 주요 법률회사에서 극적으로 과소대표된 채 남아 있었다.

흑인들은 단지 최소한의 소득만 거두었다. 1969년 이들은 전국 인구의 12퍼센트를 이루고 있었으나 변호사는 단지 1퍼센트에 그쳤으며, 법과대학에서도 크게 과소대표되었다. 1960년대의 민권운동도 이러한 현상에 단지 약간의 변화를 초래했을 뿐이었다. 1984년 단지 변호사의 2.6퍼센트만이 흑인이었다.[7] 더구나 흑인들은 변호사협회 가입이 허용되었으나, 계속해서 차별을 경험했다. 1970년대 초 시카고의 흑인 변호사는 "직업윤리가 모든 사람들을 위한 평등한 정의의 이상을 지지했으나 흑인들은 법률훈련을 얻으려고 하거나 나중에 스스로 대도시 변호사협회에 가입해 개업하려고 시도했을 때 직간접적인 차별을 받았다"라고 결론지었다.[8]

인종과 성별의 구분은 여전히 유효했으나, 종교적 · 인종적 금기는 사라졌다. 유대인과 가톨릭 교인들은 1960년대 말 법실무와 법률교육에 완전히 동화되었다. "1960년대 대형 법률회사에서는 반유태주의가 여전히 남아 있었다. 1970년대에, 이러한 차별은 일반적으로 존재한다고 생각하지 않았다. 게다가 많은 유명대학의 법과대학생의 대다수가 유대인이었다."[9]

가난한 소수인종들에게 법률 서비스를 확대하고자 하는 1960년대 자유주의 행동가들과 경쟁을 통해 법률비용을 줄이고자 하는 소비자 보호운동을 장려하던 공익변호사들과 같은 젊고 덜 보수적인 변호사들이 직업의 문호를 개방할 것을 요구했다. 미국변호사협회와 주 변호사 단체는 "법률 서비스를 이용할 수 없는 소외된 계층"의 존재와 경제적 이기심을 바로잡으려고 시도함으로써 이러한 요구에 부응했다.[10] 1969년 미국변호사협회는 이전 법령의 자유방임주의와 길드조직과 같은 내용을 배제한 새로운 직업윤리법을 채택했다. 새로운 법률은 그럼에도 불구하고 법률 서비스 제공의무는 개별적인 책임문제로 남아 있다고 주장했다. 이는 상담소에서 월급을 받고 일하는 변호사들에 의한 단체들의 실무를 금지시켰고 광고도 엄격하게 제한했다.

대법원은 변호사협회가 거절한 것을 했다. **골드파브(Goldfarb v. Virginia**, 1975) 사건에서 대법관들은 주 변호사협회에서 부과한 최저 수임료는 독점금지법을 위반했다고 판결해, 할인가격제 법률 상담소를 설치할 길을 확실하게 열어주었다.[11] 2년 후 **배이츠(Bates v. States Bar of Arizona)** 사건에서, 대법원은 광고를 금지하는 변호사협회 법령은 '상업상' 언론의 자유에 대한 제1차 수정헌법을 위반했다고 판결했다.[12]

이 판결은 지역 백화점이나 쇼핑상가에까지 수많은 법률 상담소의 설치를 고무시켰다. 이 판결은 또한 미국변호사협회와 지역 변호사 단체에 "경쟁과 전문직업주의"가 양립할 수 있음을 인식하도록 촉구했다.[13]

존슨 행정부는, 전국법률가조합이 오랫동안 옹호해왔으나 미국변호사협회가 지속적으로 반대해왔던 활동인, 법률 서비스의 제공에 있어서 연방정부의 직접적인 관여를 시작했다. 1964년 의회는 빈곤과의 전쟁을 치르기 위해 경제재활청을 신설했고 이에 따라 상가 인근에 법률 사무소를 설치하고자 하는 법률가들에게 자금을 수여하는 소규모 프로그램을 실시했다. 2년 뒤, 의회는 나중에 법률구조회사가 된 법률구조공단을 경제재활청 안에 설치했다.

연방정부가 후원하는 법률구조는 민권, 빈곤, 소비자와 환경문제에 관심을 가지고 있던 법률가들로 구성된 공익 법률운동의 최첨단이 되었다. 공익 법률운동의 목적은 법을 좀 더 대응적으로 만듦으로써 미국을 좀 더 민주적으로 만들고자 한 것이었다. 공익법은 권리를 보호하는 것 이상을 의미했다. 이는 사회변화를 가져오기 위한 직접적인 법률상 조치를 의미했다. 그 활동의 정점에서 경제재활청은 거의 2,500명의 변호사들을 300여 공동체에서 100만 명 이상의 의뢰인들을 대표하기 위해서 분산 배치하고 있었다. 1980년대에 리처드 닉슨과 로널드 레이건의 공화당 행정부들이 지속적으로 공격한 뒤에 연방 법률 서비스는 상당히 위축되었고 위대한 사회의 가장 효과적인(논란의 여지가 많은) 프로그램의 칼날은 무뎌졌다. 이러한 삭감이 국가의 빈곤층에 미친 영향은 상당했다. 2004년에 한 학자는 적어도 10년 동안 빈곤층의 법률상 필요 가운데 단지 약 20퍼센트만이 "적절하게 다루어졌으며" 미국은 빈곤층에 대한 법률 서비스를 위한 1인당 지출과 GNP 비율 모두에서 다른 서구 민주주의 국가보다 2배에서 3배 정도 뒤처졌다고 보고했다.[14] 2005년 미국인의 거의 12퍼센트는 빈곤층으로 전국 변호사의 4퍼센트도 안 되는 변호사들의 법적 도움이나 공익변론의 도움을 받아 살아가고 있다.[15] 공익 변호사들은 "종종 100건이 넘어가는 사건부담을 제대로 처리할 수 없었으며 전문적인 수임료 단위에서 가장 낮은 수임료"를 지급받았다.[16] 〈미국변호사*American Lawyer*〉의 1999년 조사에 따르면 100대 고소득 법무법인의 변호사들은 공익 변호사건에 대략 연간 32시간을 봉사해 미국변호사협회가 권고한 연간 50

시간보다 훨씬 적게 봉사하고 있었다.[17]

전통적인 법률관행도 변화했다. 20세기에 들어서 대형 법률회사는 대부분 10명 남짓의 변호사로 구성되었다. 1983년 100명 이상의 변호사를 거느린 대형 법률회사가 183개에 이르렀다. 단독개업은 여전히 중요한 실무형태로 남아 있었으나, 점차 터를 잃어갔다. 1951년 모든 개업 변호사들의 60퍼센트가 단독개업자였으나 26년 뒤 크게 늘어난 변호사 수의 단지 1/3만이 단독으로 개업하고 있었다. 법률실무의 합병은 법률 서비스에 드는 비용의 대부분을 대형 법률회사들이 차지했다는 것을 의미했다. 100만 달러 이상의 총수입을 가진 대형 법률회사의 시장 점유율이 1967년 14퍼센트에서 1972년 20퍼센트로, 그리고 1985년 38퍼센트로 증가했다.

법률은 한 세기 이전보다 대형화되고, 좀 더 경쟁적이고, 좀 더 사회적으로 대표적인 변호사들이 제공하는 엄청난 산업이 되었다. 1982년 시카고 변호사에 대한 연구서는 "변호사 한 사람은 많은 법률직을, 아마도 10개 이상을 가질 수 있었다."[18] 변호사들은 대형 법률 회사에 소속되었으며, 이들은 소규모 그룹에서 단독으로 활동하거나 입법과 규제기관에서 활동했다.

법률교육

제2차대전 뒤 법과대학은 전후 모든 수준의 교육에서 연방정부의 역할을 확대하기 시작한 연방법인 제대군인원호법에 따라 공부하는 학생들로 넘쳐났다. 이 법은 평화 시 경제로의 전환을 용이하게 할 목적으로 제대 군인에 대한 보상이었다. 학생수가 늘어남으로써 주 입법부는 "에이브러햄 링컨은 법과대학을 다니지 않았다"라는 자신들의 관심을 마침내 포기했다.[19] 전국적으로 법정 의무교육에 대한 거의 통일적인 유형이 등장했는데 이는 대학 졸업장과 3년 동안의 법률교육을 요구했다.

법과대학 입학은 전례 없이 많은 수가 지원함으로써 1960대 말과 1970년대에 경쟁이 심했다. 민권, 소비자, 환경과 반전운동의 와중에 대학을 졸업한 학생들은 직업으로서 법을 선택하는 것이 미국사회의 많은 부조리와 부딪히기 때문에 이를 위해서 자신들을 법률적으로 잘 무장할 수 있기를 기대했다. 캘리포니아 대학의 버클리 법과대학의 경험이 특히 교훈적이다. 1954년 버클리 법과대학은 모든 지원자의 70퍼센트를 받아들였고, 1968년에 합격률은 34퍼센트로 하락했다. 1977년에 12만6,000명의 법과대학생이 재학 중이었는데 이 숫자는 1900년에 모든 개업 변호사 수보다 많은 수였다. 1980년대 초 법과대학생 수가 답보상태를 유지하다가 하락했다. 경제의 하락은 변호사 수가 지나치게 많다는 생각과 결합해 법률교육에 대한 값비싼 투자를 덜 매력적으로 만들었다. 게다가 웨터게이트 사건이 발발할 무렵에, 법률실무와 사회정의의 조화가 상당히 기묘하게 되었다. 그러나 1988년 지원자가 다시 늘어나, 유명한 법과대학은 지원자가 25퍼센트 정도 증가했다.

지금까지 법과대학에서, 학생들은 종종 '지적인 권태'를 경험했다.[20] 비록 많은 법학교수들이 법현실주의에 영향을 받아 사회과학적이고 비사례적인 자료를 이용하긴 했으나 전통적인 사례연구 방법은 확고한 지위를 확보한 채 남아 있었다. 법률윤리 과목은 워터게이트 사건과 나중에 기업 스캔들의 발생으로 많은 관심을 얻게 되었다.

가장 중요한 교과목 발전은 추상적인 사례연구 방법에 대한 보충으로서 실무훈련과 직접경험과 관련된 것이었다. 1928년 존 브래드웨이(John Bradway)는 사우스캘리포니아 대학의 법과대학에서 법률구조 임상소를 선구적으로 실시했고 이 프로그램은 매우 성공적이어서 그는 듀크 법과대학에 비슷한 프로그램을 설립하도록 초청받았다. 급진적이었던 1960년대까지 임상소는 뿌리를 내리지 못했다. 그러나 1980년대에 법률주제에 대한 심도 있는 연구에 관심 있는 '학자'들과 학생들이 기술을 익히도록 하는 데 열성인 '임상 실무가들' 사이의 대격전은 법과대학에서 임상실무 개념의 채택을 더디게 했다.[21]

법률사상과 이론

실무와 이론의 긴장, 또한 연구와 가르침의 적절한 의제에 대한 법학자들 사이의 논쟁이 전후에 만연했다. 비록 일부 학자들이 사회와 법률변화의 관계에 관심을 가지고 있었지만 이 시기의 합의된 이데올로기는 법현실주의를 억눌렀다. 그러나 1950년대와 1960년대에 현실주의를 대체하기 위해 출현한 것은 아무것도 없었다. 대신에 이 기간의 법률사상은 "파생적이고 협력적이었다. 이전의 전제들은 거절되기보다는 수정되었다."[22] 법률사상의 새로운 조류는 원칙으로 돌아가 법률가들의 정책결정 기능을 강조했으며 법은 명령이라기보다는 '이성'에 근거한 것임을 강조했다. 후기 현실주의자들의 시기는 예일 대학 정치학자인 해럴드 래스웰(Harold Laswell)과 재산법 교수인 마이레스 맥두걸(Myres McDougal)의 중요한 논문이 출판된 1943년부터 시작된 것으로 보고 있다. 〈예일 법학지*Yale Law Review*〉에 《법률교육과 공공정책: 공익에 있어서 직업적인 훈련*Legal Education and Public Policy: Professional Training in the Public Interest*》이 발표되었다. 래스웰과 맥두걸은 제1차대전 이후의 법률사상 발전을 '정책과학적' 접근방법으로 통합했다.[23] 이들은 사회과학에 대한 현실주의자들의 헌신을 가지고 있는 반면에 실무와 가르침에서 도덕적 가치의 필요성도 고려했다. 원리에 대한 이들의 강조는 랭델의 방법으로의 귀환이었으나 이들은 또한, 법과대학생들은 언젠가 정책 결정자가 되기 때문에 법률교육자들은 이들에게 사회적 책임감을 불어넣어야 할 의무를 가진다고 주장했다. 래스웰과 맥두걸의 생각은 1960년대 공익법 운동의 단초를 놓았다.

래스웰과 맥두걸은 일반적으로 법률교육과 법률사상을 "재조직하기보다는 영향"을 미쳤을 뿐이었다.[24] 이들의 접근은 지나치게 추상적이고, 학문적이었으며 이를 충족시키기에는 많은 비용이 들었다. 또한 자신들을 실질적인 직업훈련에 종사하는 것으로 보았던 법과대학생과 교수들의 대다수의 성질과 목표에 상충했다.

1960년대 사회변동은 법률사상에서 경향의 충돌을 수반했다. 1960년대 중반 법률직업은 강력하고 기금이 잘 조성된[25] 학파인 '법과 경제학'의 운동에 상당히 영향을 받았다. 아마도 로널드 코스(Ronald Coase)와 귀도 칼라브레시(Guido Calabresi)가 가장 유명한 초창기 지지자였다.[26] 이 학파는 법의 입법, 관습과는 다른 사법적인 규율의 효용성을 연구해 좀 더 경제적으로 효율성 있는 법적 결과를 발생시키기 위해, 정책변화를 권고하고 경제적으로 효율성 있는 규율을 추구했다. 분석의 범위는 재산법, 계약법과 불법행위법상의 문제에 국한되지 않았다. 리처드 포스너(Richard Posner)와 로버트 엘릭슨(Robert Ellickson)은 법과 경제학을 시민의 자유, 민권과 관습적인 분쟁해결 방법과 같이 다른 영역에도 적용했다.[27] 이 학파는 시카고, 예일, 하버드, 스탠퍼드, 미시간과 조지메이슨 대학의 법과대학에서 나타났다. 이러한 새로운 법률사상의 이면에 놓여 있는 고전경제이론은 현실주의자들이 폐기한 확실성과 랭델

이래 주어지지 않았던 목적의 통일성을 가져다주었다. 동시에 1970년대와 1980년대 비판적 법학연구의 운동은 뉴딜 자유주의적 법률주의, 합의를 바탕으로 한 '정책학'적 접근과 포스너의 생각들을 공격했다. 비판적 법학연구의 창립총회가 1977년 개최되었으며, 그 주요인물인 하버드 대학의 로베르토 운거(Roberto Unger)는 전국적으로 상당한 지지를 얻었다. 비판적 법학연구 학자들이 "중립적이고 형식적인 규율"의 이면에는 "계급적 편견"과 "교섭력의 심각한 불일치"가 자리하고 있다고 주장했다.[28] 겉으로는 법현실주의와 연관되었지만 비판적 법학연구 운동은 정치와 법은 불가분의 관계이고 자동적인 법치주의는 존재하지 않는다는 입장을 진지하게 취함으로써(현실주의자들보다 훨씬 더) 크게 달랐다.[29]

제2차대전 이래 실체적인 사법의 발전

실체적인 사법은 변호사들에게 영향을 미친 동일한 사회적 경향에 반응했다. 사실심법원에서 명백한 변화는 민사에서부터 형사문제에까지 발생했고, 민사문제에 있어서 시장거래(예를 들면, 계약, 재산, 채무징수)와 관련된 사건으로부터 가족, 형사와 불법행위 사건으로 변화했다. 비슷한 변화는 주대법원과 연방 항소법원의 항소심 사건에서도 발생했다. 법관들은 보통법을 배타적으로 적용하던 분야를 점차 성문법령과 행정적인 규제를 가지고 해석을 했다. 법령과 규율의 절대적인 증가는 법률폭발의 선언이었다. 19세기에는 단 한 권의 법령집으로 주의 법을 다 포함시킬 수 있었으나 1980년대에는 법령집의 양이 너무 많아서 이를 꽂아 두기 위해서는 종종 책장 전부가 필요했다. 실체적인 적법절차와 계약자유의 절대적인 권위를 약화시킨 1937년 대법원의 헌법상 혁명은 사회에 대한 입법과 행정적인 개입을 늘리고 재산과 계약권의 존엄성을 감소시켰다. 사법을 구분하는 전통적인 경계선은 흐려지고 법관에게 포괄적인 정책결정 권한을 인정한 제조물 책임과 같은 새로운 여러 가지 법을 만들어냈다.

재산권: 권원, 지역개발제한법, 임대차 관계와 신규주택판매

복지국가는 권원이라는 새로운 형태의 재산권을 소개했다. 뉴딜의 시작과 함께 연방 정부(와 이보다는 적지만 주 정부)는 부의 원천이 되었다. 정부가 창조한 권원은 많은 형태가 있었다. 이들은 사회보장제도, 실업연금, 부양자녀 수당, 재향군인원호법과 주의 복지와 지방복지 같은 직접적인 수입과 혜택이었다. 이들은 또한 정부의 일자리와 계약, 영업이나 무역에 종사할 자격증, 일정한 서비스(택시와 같은)를 운영할 특허권, 공공토지와 자원의 이용과 서비스에 대한 접근권(농업, 노동이나 폐기물에 대한 기술적인 정보와 같은)을 포함한다.[30]

1964년 예일 법과대학 교수 찰스 라이히(Charles Reich)는 정부기관이 조금씩 나누어주는 연금은 '신재산권(new property)'을 구성하며 그 규제는 관료보다는 선출된 관리와 법관에게 속한다고 주장했다.[31] 라이히는 자신들의 규율을 준수하는 데 실패한 규제자들과 이들이 규율을 준수했을 때조차도 전통적인 적법절차 보장을 위반했다고 비난했다.

이러한 권원이 재산권의 내용을 구성하는지의 문제를 두고 1960년대와 1970년대 대법원에서 다툼이 있었다. 자유주의적인 공익 변호사들은 대법원은 관료주의의 자의적인 조치로부터 이러한 권원의 수령자들(예를 들어, 빈민, 재향군인, 미혼모, 피부양자녀)에게 헌법상 특별한 보호를 수여하기 위해 이를 인정해야 한다고 주장했다. **샤피로(Shapiro V. Thompson**, 1969) 사건에서 대법원은 거주기간이 1년이 채 안된 거주자들에게 복지혜택의 수여를 제한한 코네티컷 주의 결정은 제14차 연방수정헌법상 평등보호 조항을 위반했다고 판결했고 **골드버그(Goldberg v. Kelly**, 1970) 사건에서 대법원은 뉴욕 주 복지연금 수령자는 그 혜택이 종료되기 전에 적법절차에 따른 심리를 받을 자격이 있다고 판결했으나 대법관들은 이러한 권원은 전통적 재산권과 같은 것으로 인정하지 않았다. 예를 들어, 단순히 가난하다고 해서 헌법상 보호에 대한 어떠한 특별한 주장을 인정하지 않았다. 좀 더 일반적으로 대법원은 정부가 인정한 것은 관료국가가 보상 없이 철회하거나 수정할 수 있다고 판결했다. 대부분의 경우 행정기구는 이러한 권원을 주장하는 판결에 대한 항소사건을 조사, 심리, 방청했다. 법원이 항소를 받아들인 재향군인 연금과 같은 사건에서조차 당사자는 먼저 시간이 많이 걸리는 절차인 모든 행정적인 채널을 통과하느라 지쳐버렸다. 1996년에 의회는 그 당시 여당인 공화당 의회 지도부의 의제와 일치하는 복지혜택 문제를 결정할 더 많은 권한을 주정부에 양도하는 복지수급권 개정법을 제정했다.

지역개발규제법

지역개발규제는 주의 규제권능에서 나오는 조치로서 보통은 지방 자치단체에 위임했다. 19세기 말 산업화와 도시화는 매우 복잡해 전통적인 보통법상의 생활방해로는 이를 해결할 수 없는 문제들을 야기했다.

1916년 뉴욕 시는 최초로 포괄적인 지역개발규제조례를 제정했고 이는 전국적인 모델이 되었다. 조례는 시 전체를 거주 지역, 상업 지역, 아무런 제한 없이 이용할 수 있는 지역으로 구분했다. 이 조례의 제정자들은 새로운 법률이 불필요한 어려움을 발생시킨 사건에서 임명된 관리 위원회에게 구제할 수 있는 권한을 수여함으로써 "법률적으로 치명적인 경직성"으로부터 이러한 규제제도를 구하려고 시도했다.[32]

최초로 시행된 토지이용 계획의 이면에 있는 복잡한 동기들은 이후의 지역개발규제의 역사를 특징지었다. 건축자재와 설계의 발전은 마천루를 현실화시켰고, 이러한 빌딩들은 지금껏 유래를 찾아볼 수 없을 정도의 인구를 도시로 유입시켰으며, 수만 명의 노동자들을 거리로 쏟아져나오게 한 촉매제 역할을 했다. 그러나 인구통제 이상의 것이 여기에 관련되었다. 맨해튼의 5번가 상인들은 이곳의 우아한 거리와 부유한 고객들이 잠식당하는 것을 우려해 패션상가 인근에 외국계 노동자들이 배회하는 것을 금지하기 위한 새로운 조례제정을 원했다. 그리하여 처음부터 지역개발규제법에 있어서, "안정성이라고 하는 개념은 부동산 가치에 대해서 큰 관심을 기울이는 것처럼 도시인의 삶의 질에는 관심이 없었다."[33]

지역개발규제법은 주와 지역의 관심사항으로서 발전해왔다. 대법원은 **유클리드 마을(Village of Euclide v. Ambler Realty Co.**, 1926)의 획기적인 사건에서 지역개발규제는 모든 소유자들에게 자신의 토지에 할 수 있는 것과 없는 것을 미리 경고하는 이점을 가지고 있는 전통적인 공공생활방해법에 대한 합리적인 확대로서 인정했다. 대법관들은 "생활방해법은 돼지를 헛간 대신에 거실에 놓아둔 것처럼 물건을 있어야 될 장소가 아닌 잘못된 곳에 놓아둔 것일 수 있다"라고 판결했다.[34] 1931년 사우스캐롤라이나의 찰스턴(Charleston) 시는 개발업자가 건물을 부수거나 실질적으로 변경하는 것으로부터 보호하기 위해 '역사적 지구'를 명시적으로 지정하는 조례를 제정한 최초의 공동체가 되었다. 많은 다른 공동체들도 이를 따랐다. 1949년 의회는 사적지 보존을 위한 단체(National Trust)를 신설했고(영국법을 모방해) 1966년에 이러한 건축보호에 참여하는 주에 대해서 보조금을 지급하는 입법을 추가했다.

제2차대전 이후 지역개발규제법은 교외개발과 나란히 발맞춰왔다. 자동차로 인해 교외가 개발되었고 싼 가격의 토지에 많은 사람들이 이용할 수 있는 주택이 건설되었으며, 부유한 중산층 백인들은 도심의 흑인들에게서 벗어날 수 있는 여건을 제공받았다. 예를 들어, 1950년과 1960년 사이에 건설업자들은 그 당시 전국의 모든 주거용 건물의 1/4을 건설했으며, 이러한 성장의 거의 대부분은 교외에서 일어났다. 대규모 개발은 유연한 토지이용을 요구했고 지역개발규제의 결정은 "점차 법에 따르기보다는 사람에 따른 규율"이 되었다.[35] 거대한 리빗 타운과 같은 프로젝트에서 뉴욕 시는 지방정부는 공익의 이름으로 특정한 개발업자의 필요성에 부합하는 조례를 제정할 수 있다는 유동-지역개발규제 개념에 의존했다.

일단 건설되면 많은 교외 공동체들은 다른 사람들을 들어오지 못하게 하거나 기존의 환경을 변경하는 것을 금지함으로써 자신들의 토지이용법을 엄격하게 적용했다. 스노브-지역개발규제안은 건물의 면적과 층수를 제한하는 조항을 포함했다. 1952년의 유명한 **웨인(Lionshead Lake, Inc. v. Wayne Tp.)** 판례에서 뉴저지 대법원은 비록 "일정한 재산을 가진 가족들이 자신들이 한 행동이나 자신들이 만든 상황 때문이 아니라 단순히 가족의 소득이 요구된 조건의 주택을 건설하지 못한다는 이유로 이러한 공동체로부터 진입이 금지되었다 하더라도" 위와 같은 요구조건을 지지했다.[36] 1960년대 민권운동 혁명은 인종을 근거로 한 주택의 차별을 금지하는 판례와 성문법들을 만들어냈으나, 지방정부는 자신들의 지역개발규제 권한을 통해 저소득층의 진입을 제한하는 기준을 계속해서 설정해왔다.

일부 주의회는 과거 수십 년 동안 교외 개발업자들로부터 비옥한 농지를 보존하기 위한 조치를 취했다. 이들은 여러 가지 방안을 이용했는데 그중에는 농지를 농사에 계속 이용한 사람들에게 재산세 공제조항과 일부 주에서 일정한 기간(25년 동안) 개발업자에게 농지를 매매하지 않고(제한적 지역권) 비옥하게 관리해온 농부들에게 지급하는 보조금이 포함되었다. 이러한 방안에 대해서 유명한 법학자가 다음과 같이 비판했다. "농지를 무차별적으로 매입하는 개발업자들은 비난받기 쉬우며 농부들은 노먼 록웰(Norman Rockwell)의 그림에 나오는 인물들과 같이 낭만적으로 묘사된다. 결국 도시는 성장하게 해야 한다."[37] 이는 위와 같은 상황을 바라보는 하나의 입장이고 다른 입장은 정확히 왜 도시들이 발전해야 하는가를 묻는 것이다. 사실, 애틀랜타나 피닉스나 찰스턴 시가 그러한 본보기라면 이러한 도시들은 그와 같이 견제 없이 성장하도록 인정되어서는 안 될 것이다. 그 이유는 첫째, 이러한 성장에 따른 고속도로, 정화시설 등과 같은 기간시설의 추가적인 비용 때문이다. 둘째로 더 중요하게는 접근 가능한 '녹색공간'의 상실, '여가시간'의 손실, 교통난과 대기오염과 같이 '삶의 질'을 하락시키기 때문이다. 마지막으로 무엇보다도 소중한 비옥한 농지(대부분의 보호 법률에 의해서만 보호될 수 있는)의 영구적인 손실이다.[38]

20세기 말 무렵에 골프장, 쇼핑몰과 복합주택단지의 개발업자들은 경제적 손실을 주장(명예훼손이나 기업활동에 대한 부당한 간섭)하는 소송이라는 새로운 방법으로 자신들의 개발계획을 반대하는 지방과 환경단체에 대응했다. 이러한 소송들은 개인적으로 대부분이 쉽게 부담할 수 없는 엄청난 법률방어 비용을 마련하도록 해 이러한 반대자들의 목소리를 진정시키려는 것이었다. 그리하여 이러한 방법은 일반의 참여를 억제하는 전략적 소송(Strategic Lawsuits Against Public Participation, SLAPP)으로 알려졌다. 결과적으로 일부 주의회는 이러한 소송의 피고를 보호하기 위한 다양한 방안을 마련했다.

임대인과 임차인

민권운동, 공익변호제도와 대규모 호화 아파트 건설 붐은 1960년대 새로운 임대차법의 제정에 기여했다. 1960년대까지 보통법은 임대인에게 유리하게 남아 있었으며 공공규제는 예외적으로만 이루어졌다. 주 민권법은 인종, 민족이나 종교에 근거한 차별을 금지하는 공정주택법을 포함했고 동일한 원칙은 1968년 민권법 제 VIII장 아래에서 연방기금이 아파트 건설을 지원하는 경우에 적용되었다. 판례법상 임대인들에 대한 전통적인 우대가 무너지기 시작한 것은 "존슨 행정부의 '위대한 사회' 프로그램 아래에서 법률구조가 과거에 해왔던 것보다 가난한 사람들에게 좀 더 접근할 수 있도록 만들었다는 사실에서 적잖이 그 근거를 찾을 수 있을 것이다."[39] 세속적인 임대차 사건은 민권 변호사들이 사회공학에 종사할 수 있는 수단이 되었다. 그러나 빈민가만이 새로운 법률상 수요를 발생시킨 유일한 지역은 아니었다. 대규모 호화 아파트 빌딩의 임차인들도 비인격적인 회사 임대인들에게 약속한 것을 잘 지키도록 하는 자신들의 요구를 관철시키기 위해 변호사들을 고용했다.

보통법상 임대차 관계에 대한 가장 대대적인 사법상의 공격은 컬럼비아 특구에서 발생했다. 많은 주들, 특히 캘리포니아와 뉴욕 주는 임대인들의 전통적인 권리를 제한하는 입법을 제정했고 일부 지역에서는 임대료도 규제했다. 컬럼비아 특구의 의회나 지방정부는 비슷한 조치를 취하지 않았다. 그러나 저소득 흑인인구와 매우 일시적으로 거주하는 백인인구들이 많은 특구는 임대차 문제로 어려움을 겪었다. 더구나 루이지애나 주의 대륙법 제도에서 교육받았던 철학적으로 자유주의적 성향의 스켈리 라이트(J. Skelly Wright) 법관은, 소비자 법개정의 선봉에 서 있던 컬럼비아 특구의 순회 항소법원에 자리하고 있었다. 라이트의 대륙법 배경은 중요했는데 왜냐하면 대륙법 제도는 "리스를 항상 계약법으로 보았고 … 이러한 견해는 재산권으로서 임대차를 보는 보통법상의 견해보다 우월하다는 것을 입증했기 때문이었다."[40]

1960년과 1970년 사이에 컬럼비아 특구의 순회 항소법원은 임차인의 권리장전이라 부를 수 있는 개요를 마련한 3건의 획기적인 사건을 결정했다. **훼첼(Whetzel v. Jess Fisher Management Co.**, 1960) 사건에서 법원은 임대인이 시조례가 정한 기준에 따른 빌딩관리에 실패했기 때문에 입은 상해에 대해서 임차인이 소를 제기하도록 허락했다. **에드워즈(Edwards v. Habib**, 1968) 사건에서 법원은 보복퇴거 조치를 무효화했다. 임차인은 월세로 임차했고 시당국에 건물이 위생 관련 조항을 준수하지 않고 있다고 시청에 고발했을 때 임대인은 임차인의 퇴거를 명령했다. 이 사건에서 법원은 비록 임차인의 리스 기간이 만료했다 하더라도, 임대인이 고발했다는 이유로 임차인을 퇴출하는 것은 허용되지 않는다고 판결했다. 마지막으로 **자빈스(Javins v. First**

National Realty Corp., 1970) 사건에서 법원은 오랫동안 임대인을 도와왔던 여러 가지 보통법상의 규율들을 일거에 제거했다. 법원은, 임대인은 임대차 계약 시에 합의한 전제조건을 이행할 적극적인 의무를 지며, 임차인은 그러한 전제가 임대인이 동의한 조건에 부합하는 경우에만 임대료를 지불할 의무를 지며, 임차인은 전제조건에 근거한 임대료 지급을 거절하기 전에는 퇴거당하지 않는다. 라이트 법관은 임대는 아파트의 거주성 보증을 묵시적으로 인정하고 있다고 판결했다.[41] 이러한 의견은 가난한 사람들에게 가장 큰 효과를 가져다주었으나 개정된 보통법과 성문법상 임대차법 또한 변호사와 건전한 재정적인 자원에 접근할 수 있었던 좀 더 풍요로운 개인들을 보호할 수 있었다.

이러한 거주성의 묵시적 보증기준은 동시에 일찍이 1950년대 말에 주법원이 신규 주택건설에도 적용했다. 개발업자들은 제2차대전 이후 새로운 베이비붐 가족들이 거주하기에 편한 주택을 교외에 건설하고자 열심히 노력했다. 이 시기의 구매자들은 마무리된 지하실과 회반죽을 쓰지 않는 건식벽체로 건설된 주택을 구매함으로써 구매자가 지하실을 정리하고 배선, 배관, 장선과 단열처리를 하거나 마감 공사를 해야 할 곳이 많았던 전쟁 이전의 구매자들보다 건설하자를 발견할 기회가 적었다. 그 당시에는 구매자가 일단 매매계약에 서명하면 "현재 지어진 상태의 주택을 인수"한 것으로 간주되어 장차 건설업자에 대해 소를 제기하는 것이 금지되었다. 이러한 **매주여 주의하라**의 기준은 주택을 대규모로 건축하는 시대에는 적절하지 않았다. 사실 이에 관한 뉴저지 주대법원의 초기 판결인 **쉬퍼(Schipper v. Levitt & Sons**, 1965) 사건은 전후 최초의 교외주택은 온수장치 대규모 건설회사인 레빗 앤 선스(Levitt & Sons) 사가 관련되었다. 이 사건의 쟁점은 설치된 온수장치의 하자로 인한 손실과 상해에 관한 것이었다.

> 매수인이 리빗 사의 광고모델을 보고 아파트를 구입한 경우에 … 그는 개발업자의 기술력과 주택이 합리적인 건설업자의 방법으로 건설되었고 거주성에 적합하다는 것에 명백히 의존했다. 그는 건축가나 다른 전문적인 조언자를 두고 있지 않았다. … 그는 스스로 점검할 능력이 없었으며…, 건축업자인 매도인이 제공한 주택 분양서에 의미 있는 보호조치를

취할 기회가 없었다는 점에 과실이 있다. … 공공의 이익은 이러한 상해가 건설의 하자로 발생했다면 그 비용은 그 위험을 야기하고 개발업자의 기술과 묵시적 표시를 정당하게 믿었던 상해를 입은 사람보다 경제적으로 유리한 입장에 있는 사람에게 손실을 부담케 해 개발업자가 책임을 져야 한다고 지시하고 있다.[42]

1968년과 1987년에 텍사스 주대법원의 두 판결은 주택건설에서 하자에 대한 관심을 제한하면서 쉬퍼 법리를 강화했다. 첫째, **험버(Humber v. Morton)** 사건은 하자 있는 벽난로와 굴뚝으로 발생된 화재가 거실의 일부를 태운 경우에 건축업자가 책임져야 한다는 원칙을 확립했다. 주 대법관 노벨(Norvell)은 "일반적인 매수자는 명백하게 굴뚝이나 난방장치에 하자가 있는지 혹은 콘크리트 바닥에 덮여 있는 배관에 잘못이 있는지를 확인할 수 있는 위치에 있지 않다"라고 판결했다.[43] 둘째, **반스(Melody Home Manufacturing v. Barmes)**[44] 사건은 건축업자가 최초의 하자를 부적절하게 수선한 경우로까지 거주성의 묵시적 담보의 원칙을 확대했다. 실제로 모든 주법원이 이제 신규주택 건설업자에게 이러한 거주성의 담보 책임을 지우고 있다.[45]

'신' 재산권, 지역개발규제와 개정된 임대차법은 전후 미국에 만연한 자유주의적 법률주의의 풍조를 선언했다. 지역개발규제와 임대차법은 공익을 목적으로 재산에 대한 정부규제를 촉진했으나 이러한 행동은 명백히 미국법사의 광범위한 전통 안에서 이루어진 것이며 가진 자와 못 가진 자 사이의 재산 재분배와는 전혀 관계가 없었다.

계약법: 죽었는가 살았는가?

재산법과 같이 19세기에는 주로 사적인 문제였던 계약법에 대해서도 마찬가지로 제2차대전 이후에 점차 일반의 관심이 커지기 시작했다. 사회복지국가는 다른 전통적인 통상활동을 제한한 독점금지법과 함께 자유시장으로부터 계약상 문제점(예를 들어, 보험과 근로계약)들을 제거하기 위한 성문법과 행정규제들을 계속해서 쏟아내었다. 법원은 "사법절차에서 형성된 규율과 기준 아래 사적인 합의"를 이행시키고 점검하기보다는 법령과 규제의 해석을 통해서 공공정책을 고안하는 일이 점차 많아졌다.[46] 19세기 말에 객관성과 형식주의에 대한 신념이 약화되었다. 예를 들어, **매주여 주의하라**

와 약인(약속이나 작위 혹은 부작위를 행한 경우)과 같은 오래 계속된 원칙들은 대량소비 사회에서의 공정성과 효율성에 대한 새로운 관심에 권위를 내주었다.

계약법은 미국 법에 있어 체계적인 개념으로서 그 19세기의 위상을 상실했으나, 그 죽음에 대한 보고서는 크게 과장되었다. 계약원칙(상호합의와 이행을 강제할 수 있는 사적 교섭)은 가장 주목할 만한 신뢰이익과 비양심성 원리와 같은 새로운 원칙의 출현과 함께 중요한 사회적 · 경제적 관계를 계속 유지해 나갔다.

예일 법과대학 교수인 아더 코어빈(Arthur Corbin)은 다른 어느 누구보다도 신뢰이익의 공평한 개념을 발전시켰다. 코어빈은 법관이 역사적으로 일부 계약법 사례를 신뢰이익에 근거해서 결정했다고 성공적으로 주장했다. 이러한 개념은 계약법을 일방이 타방에 대해서 신의 성실의 원칙에 따라 행동했다면 구속력 있는 합의가 형성되었다고 강조하는 식민지시대의 공평원리로 회귀한 것이었다. 제2차 《계약법 리스테이트먼트*Restatement of Contracts*》의 제90조는 신뢰이익 개념을 받아들였고 법원은 지속적으로 이를 원용했다. 예를 들어, 위스콘신 주대법원은 신뢰이익 개념의 발전에 있어서 기념비적인 사건인 **호프먼(Hoffman v. Red Owl Stores**, 1965) 판결에서, 레드 오울 식료품 회사의 대리인이 호프먼에게 프랜차이즈를 제공하겠다고 한 반복적인 약속은 그와 같은 효과를 발생하는 계약이 체결되지 않았다 하더라도 신뢰이익이 발생했다고 판결했다.

현대 법원은 또한 비양심성 원리를 원용했다. 이는 계약 당사자가 계약의 일부로서 합의했다 하더라도 다른 사람에 대한 유리한 지위를 이용한 합의조항은 구속력이 없다는 것을 의미했다. 통일상법전 제3-302는 비양심성 원리를 명문화했다. 법현실주의자 칼 르웰린은 1940년대 말 미국법위원회의 후원 아래 통일상법전의 준비를 감독했다. 계약법의 대부분이 또한 상법이었기 때문에 통일상법전은 계약법의 중요한 정수였다. 르웰린은 1950년경에 그 작업을 마무리했고 주의회들은 점차 통일상법전을 채택했다. 오늘날 49개 주와 더불어 컬럼비아 특구와 버진아일랜드는 통일상법전을 법령화했고, 통일상법전에서 채택한 많은 상 관습을 오래 전에 이미 시행했던 대륙법 체계의 루이지애나 주는 그 일부만을 채택했다.

공익 변호사들은 통일상법전의 비양심성 조항을 특히 가난한 사람들이 관련된 소비자 보호소송을 진행하기 위해서 사용했다. 대표적인 사건은 **윌리엄스(Williams v. Walker-Thomas Furniture Company**, 1965)로 임대차법의 개정에 공헌한 연방법관 스켈리 라이트가 판결했다. 워싱턴 D.C. 가구점은 복지연금 수령자인 월커 여사에게 스테레오를 포함한 상품을 판매했다. 그녀는 신용에 위험이 많은 것으로 간주한 빈민가 상인이 제시한 표준할부 판매계약에 서명을 했다. 이 계약은 '교차담보' 조항을 포함했는데 이는 "모든 품목에 대한 할부금이 지불될 때까지 구입된 모든 품목에 대해서 담보권을 설정하고 모든 할부금이 지급된 경우에 청산하는" 효과를 가졌다.[47] 이 조항은 구입자가 월커-토머스의 계좌에 할부금을 납부하지 못하는 경우 가구점은 구입한 모든 상품을 다시 소유할 수 있다는 것을 의미했다.

라이트 법관의 의견은 합의가 비양심적이었다고 간주했는지에 대해 약간의 의심의 여지를 남겼다. "최우선의 관심은 계약이 체결되었을 당시의 환경을 고려해 계약의 내용을 판단해야 하는 것"이라고 판결했다.[48] 이 사건은 하급심으로 환송되었고 새로운 심리 뒤에 월커 여사는 자신의 계약규정 부담에서 벗어났다. 그 뒤의 소송에서, 모든 주법원의 법관들은 라이트 법관의 다소 애매한 의견을 더욱 정교하게 구성했다. 비양심성을 입증하기 위해서는 권리를 침해당한 당사자는 선택의 자유가 부족했고 비합리적인 규정이 포함되어 있음을 증명해야 했다.

입법부들은 또한 신용규정, 이자율, 잠재적인 안전과 건강위험을 자세히 설명하도록 요구하고 할부금을 지불하지 않은 상품은 판매자가 다시 소유하는 방법을 제한하는 소비자보호법을 제정했다. 재산법과 같이 이러한 법령들은 단지 가난한 사람들뿐만 아니라 중산층 소비자들도 마찬가지로 보호했다.

1980년대 새로운 사회환경에 대한 계약법 적응의 문제가 인간 재생산과 가족 구성에서보다 더 뚜렷하게 나타났던 분야는 없었다. 예를 들어, 대부분의 주는 자녀입양을 위한 금전지급을 금지시켰으나 사회적인 태도는 법을 앞서 나갔다. 7년의 대기기간을 요구하는 입양시장에서 절망한 불임부부들은, 남편의 정자를 인공수정해 자녀를 출산하도록 여성을 고용하는 대리모에게 눈을 돌렸다. 계약조건에 따라 새로 태어난 아이를 양도하기를 거절한 대리모 사건인 1987년 베이비 M 사건은 이러한 관행으로 야기된 복잡한 문제점들을 강조했다. 뉴저지 법관은 계약부부에게 신생아를 돌려주어

계약을 이행할 것을 대리모에게 명령했다. 전통적인 계약규율에 대한 이러한 강조는 심각한 문제를 야기했는데, 이는 부모에 비해서 대리모의 사회경제적 지위와 대리모와 신생아 사이의 깊은 정서적인 유대관계를 낮게 평가했기 때문이었다. 여러 주의 입법자들은 이러한 계약에 적용할 복잡한 규율을 제안하는 데 열심이었다.

인간활동의 가장 세속적인 분야에서조차 법원이 선언한 법은 계약법과 관련된 분쟁에서 가장 눈에 띄었다. 입법자들의 소비자계약법에 대한 개입의 증가는 계약분쟁을 해결할 법원에 대한 업계의 관심이 줄어들고 있다는 사실과 비교되었다. 업계는 상사중재위원회와 공식적인 분쟁해결 절차를 밟아나갔다. 이러한 행동은 법원의 자신감 부족, 높은 소송비용과 절차의 지연을 포함한 소송의 폭발이라고 잘 알려진 결과 탓일 수 있었다. 그러나 마찬가지로 중요한 것은 약속이행을 중시하는 업계의 윤리와 순환거래에 종사하는 업계 사이의 신용을 유지할 필요성 때문이었다.

법리적 확실성과 순수성의 하락에도 불구하고 계약법은 미국인들이 스스로를 체계화하기 위한 계속적인 노력을 통해서 중요한 법률상 범주로 남아 있었다. 계약법의 범위와 보충은 사적 당사자에게 남겨두는 것이 이들의 이익을 극대화할 수 있다는 생각을 엄격하게 고수하기보다는 분쟁의 공평한 해결에 점차 무게를 두는 법률문화의 요구에 부응해 변했다.

불법행위와 제조물책임법

현대 불법행위법과 책임보험은 나란히 발전했다. 보험 가입자가 납입한 보험료를 통해서 보험회사들은 보험료를 빈틈없이 투자해 이윤을 추구하면서 사고비용을 분담시켰다. 이윤은 사고에 대한 책임을 지고 유익한 기술의 개발을 장려하는 사회적으로 유용하나 위험한 업무를 떠안은 것에 대한 보상이었다.

19세기 말 고용주들은 사업장에서 고용인들이 제기한 소송으로부터 자신들을 보호하기 위해 책임보험을 최초로 이용했다. 20세기 초 근로자 보상이 책임보험 시장에서 고갈되었을 때 보험 인수자들은 자동차 운영자들을 포함해 많은 다른 분야에까지 보험담보 범위를 확대했다.

1940년대 책임보험은 불법행위법을 "우리 사회의 다양한 활동으로 야기된 일상

생활의 상해에 대해서 구제해주는 위장된 공법"으로 만들었다.[49]

제2차대전 후 불법행위법은 급격하게 변화했는데 이는 특히 비교과실, 무과실 자동차보험, 엄격책임을 인정하는 제조업과 의료과오에서 그러했다. 이러한 분야에서 불법행위법의 강조점은 19세기의 과실과 비난 가능성으로부터 현대의 상해를 입은 사람의 배상으로 이동했다. 우리가 지금까지 살펴본 바와 같이 도로와 교각붕괴 사건에 대한 주권자 면책규정은 19세기 중반에 주법원이 폐지시켰다. 그러나 다른 공공시설에 대한 소를 보호하는 중요한 방안은 20세기까지 잘 유지되었다. 1946년 연방의회는 공공시설 관리 과실로 발생한 상해와 관련해 연방정부를 상대로 제기한 손해배상소송을 심리하고자 청구재판소(claims court)를 신설했으나 배상액은 1만 달러로 제한했다. 여러 주의회들이 비슷한 법률을 제정했다. 그리하여 주권자 면책규정의 "우리는 허용될 것만 결정할 것"이라는 특징은 여전히 잘 살아남은 것으로 나타났으나 보통법 법원은 이러한 특징에 더 이상 만족할 수 없었다. 1957년 플로리다 주대법원은 지방자치단체를 위한 주권자 면책특권을 폐지했다(**Hargrove v. Cocoa Beach**). 미시간과 일리노이 주 법관들도 이러한 결정을 따랐다. 그리고 1961년에 캘리포니아 주법원은 **머스코프(Muskopf v. Corning Hospital District)** 사건에서 주와 지방정부 모두 면책특권을 폐지했다.[50] 1978년 약 32개 주가 이러한 결정을 따랐다(아칸소 주의 의회는 주대법원이 이 원칙을 폐지한 후에 다시 복구시켰다.)

자선단체 면책특권의 폐지가 그 뒤를 이었다. 대법원은 비록 자선적인 유증자 스스로 손실의 이전으로부터 면책된다 하더라도 많은 대형 자선단체(병원, 대학과 같이)의 일일 수입은 이러한 기관이나 그 대리인의 과실로 인해 발생한 상해의 배상을 위한 적절한 원천이라고 판결했다.

19세기 중반 처음 등장한 비교과실은 20세기 초까지 폭넓은 관심을 끌지 못했으나, 이는 철도사건에서 기여과실의 원칙에 대한 수정으로서 지지를 얻었다. 비교 과실은 사고에 관련된 사람들 사이에 과실비율을 정하고 그 책임의 내용에 근거해 배상했다. 1908년과 1941년 사이에 의회와 9개 주는 일부 비교과실 형태의 법령을 채택했으나 이 법안의 채택운동은 이후로 지지부진했다.

1970년대 동안 이는 책임보험료의 증가를 진정시키는 방법으로 새로 활기를 찾았다. 개인-상해 전문 변호사들은 비교과실의 채택을 지지했는데 이는 소비자 단체의 개정요구가 거세짐에 따라 무과실 보험과 같이 불리한 제도보다는 유리한 과실제도를 유지하는 대안이었다. 2000년까지 모든 주는 입법부나 사법부의 조치를 통해 보험료 인상과 소비자 단체의 점증하는 요구에 부응하기 위해 일정한 형태의 비교과실을 채택했다.

법관들은 다른 불법행위 법리의 일부도 변경했다. 정서적인 고통에 대한 소는 원고가 일부 신체적 상해를 겪을 것을 더 이상 요구하지 않았다.[51] 무단침입 중에 상해를 입은 성인은 어린 사람들과 동일한 소의 적격의 일부를 획득하는 데 거의 100년 가까이 걸렸다(유혹적 위험물의 법리.)[52] 가족 구성원은 일정한 상황에서 개인의 과실로 입은 상해에 대해서 다른 가족 구성원을 제소할 수 있는 권리를 획득했다.[53] (가족의 차로 교통사고를 당한 경우 자동차 보험사가 보험금 지급을 거절) 의사들은 의료시술이 잘못된 경우에 관련된 위험을 환자에게 고지하는 것에 실패했다면 책임을 진다.[54]

무과실 자동차 보험은 불법행위제도에 대한 사회적 관심이 비난 가능성에서 보상으로 전환함으로써 1970년대 폭넓은 지지를 얻었다. 그 순수한 형태에 있어서, 무과실 책임은, 개인상해(와 종종 재산손해)에 대한 청구는 누구의 과실인지에 관계없이 청구자 자신의 보험회사에 청구할 것을 요구했다. 과실의 폐지와 함께, 법정 외 합의나 심리비용과 지연은 제거되었다. 무과실 보험에 대한 논쟁은 20세기 초로 거슬러 올라간다. 그러나 1960년대까지 이는 책임보험료의 상승과 법원의 넘쳐나는 사건 일람표에 대한 해결책으로서 지속적인 관심을 끌지 못했다. 20세기 중반, 고속도로 사고는 주 항소법원에 계류 중인 사건의 40퍼센트를 차지했다. 사고비용을 합리적으로 예상하고자 했던 랄프 네이더(Ralph Nader)와 같은 소비자 운동가와 보험 인수자들은 과실 책임보험을 주장하는 개인-상해 변호사들에 반대해 힘을 모았다.

1970년에 매사추세츠 주는 무과실책임법을 채택한 최초의 주가 되었다. 이 주의 소비자 운동가들은 자동차 보험의 보험료가 전국에서 최고 높다는 사실에 대응해 입법가들에게 성공적으로 로비했으나 개인-상해 변호사 단체도 양보를 얻어냈다. 수정된 무과실책임법은 심각한 상해를 입은 경우와 높은 치료비가 필요한 경우에 희생자는 여전히 상대방과 그의 보험회사 모두에 손해에 대한 소를 제기할 수 있었다. 1987

년 절반 이상의 주들이 일정한 무과실 책임법을 채택했다. 이러한 법률들은 자동차 사고와 관련된 사건의 수를 줄였으나 보험비용에 대한 효과는 뜨거운 논쟁거리였다. 무과실 프로그램은 주로 보험정책과 분쟁해결에서 수많은 대책을 흡수해버렸다.

과실원칙은 또한 제조물 책임분야에서도 약화되었다. 1916년 뉴욕의 항소법원 법관인 벤저민 카도조는 **맥퍼슨(MacPherson v. Buick Motor Co.)** 사건에서 혁신적인 의견으로 이 분야에 최초의 자극을 가져다주었다. 이 사건은 "하자 있는 나무로 만든" 자동차 바퀴가 "부서져서" 맥퍼슨이 심각한 상해를 입은 사건이었다. 기존의 유력한 원칙 아래에서는 맥퍼슨이 자동차 회사에 소를 제기할 근거가 없었는데, 이는 그가 "계약 당사자 관계"가 부족했기 때문이었다. 이 용어는 소를 제기하기 위해서는 제조자와 직접적으로 거래했어야 한다는 것을 의미하는데, 이 경우에 맥퍼슨은 판매자로부터 자동차를 구입했다. 그러나 카도조는 계약 당사자 관계가 위험하게 제조된 품목—그는 자동차를 여기에 포함시켰다—에는 적용되지 않는다고 판결하기 위해 명백하게 위험한 활동(약품조제와 같이)과 관련된 19세기 판례에 의존했다. 카도조에 따르면 제조자들은 제3자 소비자가 자신들의 제품을 이용할 수 있다는 것을 인식해야 하고 그러므로 이들은 제품을 '주의 깊게' 만들어야 할 절대적인 의무를 가진다.[55]

법원은 단지 점차 소비자 거래 사건에서 엄격책임을 채용하기 시작했다. 1955년 말, 20세기의 가장 훌륭한 불법행위법의 저자이자 제조물책임법의 권위자인 윌리엄 프로서(William Prosser)는 "대부분의 법원은 계약 당사자와 관계가 없이 어떠한 엄격책임을 부과하는 것에 여전히 반대하고 있다"라고 결론지었다.[56] 1960년에 뉴저지 대법원은 최초로 중요한 **헤닝슨(Henningsen v. Bloomfield Motors)** 사건을 판결했다. 법관은 핸들 장치에 이상이 있어 충돌한 경우에 소비자가 제소할 수 있는 근거인 보증의 배제를 항변 사유로 인정하지 않았다. 4년 뒤 뉴욕 항소법원은 **골드버그(Goldberg v. Kollsman Instrument Corp.**, 1963) 사건에서 비행기 사고 사망자의 유족들은 사고를 야기한 고도계 제조업자에 대해 소를 제기할 수 있다고 인정했다.

가장 유명한 의견은 아마도 제조물책임법의 발전에서 가장 중요한 법관과 가장 중요한 법원인 캘리포니아 주 대법원장 로저 트레이너(Roger Traynor)의 펜에서 1963년에 나왔다. **그린먼(Greenman v. Yuba Power Products**, 1963) 사건에서 트레이너는 하자 있는 발전장치에 의해서 상해를 입은 사람은 제조자를 엄격책임으로 제소할 수 있다고 판결했다. 그의 의견은 이러한 새로운 불법행위법의 영역을 변화 가능하도록 만든 환경을 요약했다. 소비자 제조물 사건에서 엄격책임의 목적은 "하자 있는 물건으로부터 야기된 상해의 비용은 자신을 보호할 힘이 없는 상해를 입은 사람보다는 이러한 제품을 시장에 내놓은 제조자에게 책임지우기 위한 것"이라고 트레이너는 결론지었다.[57]

제2차 《불법행위법 리스테이트먼트*Restatement of Torts*》의 저자인 프로서는 제402A조에서 이러한 엄격책임 개념을 채용했다. "공공정책에 따르면 하자 있는 제품으로 인한 상해 비용은 이를 시장에 내놓은 사람들에게 책임지워야 한다. 그리고 이러한 상해는 제조비용으로서 적절하게 취급되어야 하며, 이러한 보호를 해야 할 가장 유리한 위치에 있는 사람들에게 위험을 부담하게 해야 한다"라고 이 조항은 선언했다.[58] 1980년대의 모든 법학자들이 이러한 견해에 동의했던 것은 아니다. 예를 들어, 리처드 포스너는 제조물책임법은 경제적으로 비효율적인데, 이는 비용증가에 기여했을 뿐만 아니라 윤리적으로도 받아들일 수 없는데, 이는 비난을 공정하게 고정시킬 중요한 사회적 기준을 마련하는 데 실패했기 때문이라고 불평했다. 그러나 트레이너의 법리는 포스너의 사법적 법리형성의 경제적 효율성/비용–편익 모델에 꽤 충실한 것처럼 보이는데, 손실은 제품의 이용자에게 손해를 회피할 비용이 제조자가 예상했던 손해의 비용보다 낮은 경우에 잠재적으로 위험한 제품의 생산자가 원고에게 지급해야 한다. 이는 본질적으로 트레이너가 선언한 법리였으나 포스너가 이를 알기 쉽게 바꿔 말한 것이다. 제조물책임법의 초창기에 가장 중요한 손실자들 중에는 석면, 탈리도마이드(Thalidomide), 달콘 실드(Dalkon Shield), 담배와 같은 제품과 관련된 '대규모 유해' 불법행위로 알려진 것의 제조자들이었다.

권위 있는 인물에 대한 존경심과 사회적인 상호의존성이 사라진 1970년대와 1980년대에 권리의식이 강한 소비자들은 의사, 간호사, 교사, 변호사들을 자세히 조사하기 시작했다. 19세기와 20세기에 들어와서도 직무상 과실에 관한 사건은 드물었다. 일부 주법원은 그 당시 새로운 방법으로 의사의 책임을 물었으나, 지난 반세기 동안 의료과오 소송증가의 대부분은, 전문 소송기술(의료과오 소송의 전문가들은 자신들의 전문성을 광고하도록 승인받았다)에 대한 법률광고를 인정한 법원의 판결, 병원 자선단체 면책특권에 대한 법령과 사법적인 폐지와 대체로 일반의 '권리의식(right consciousness)' 증가에 기인했다. 최근의 연구는 의료과오로 상해를 입은 사람 8명 중에 단 1명만이 책임 있는 것으로 간주되는 당사자에 대해서 소를 제기했음을 발견했다. 닐 비드마(Neil Vidmar)는 1990년대에 피고 의사와 병원들을 옹호하려는 배심들의 경향이 19세기와 마찬가지로 남아 있음을 발견했다. 원고는 단지 약 30퍼센트의 의료과오 소송에서 승소했다.[59] 그 문제에 대한 랜드 사의 시민정의연구소(Institute for Civil Justice at the Rand Corporation)의 연구는 전체적으로 상해로 불구가 된 사람 100명당 단지 두 사람만이 소를 제기했음을 발견했다.[60] 사실 토머스 버크(Thomas F. Burke)가 기술한 바와 같이 "소송국가라는 것과 달리 미국은 과실을 범한 자를 압박하기보다는 자신들의 불행을 감내하려는 사람들인 '참는 사람(lumpers)' 들로 가득 찬 것처럼 보인다."[61]

1970년대 중반과 다시 1980년대 중반에, 매우 순환적인 보험업계의 수익들이 금융시장의 비우호적인 이자율로 인해 큰 타격을 입었고, 배상 청구액이 보험료를 초과했다. 보험회사들은 보험료를 인상함으로써 공포감을 조성했고 산부인과와 정형외과 수술과 같은 특히 민감한 분야의 일부 의사들에게 검진료를 인상하고 혹은 개업을 철회하기까지 만들었다. 의사들은 법정에서 자신들을 보호하기 위해 정교하고 종종 쓸모없는 실험까지 해보여야 했고, 보험회사들은 환자들이 일정한 수술을 받기 전에 재차 그리고 종종 3차례씩 환자의 의견을 확인하도록 요구함으로써 복수했다. 미국의료협회와 미국변호사협회는 편을 갈라 싸웠고 이러한 다툼은 직업에 대한 일반의 존경심이 추락하는 데 더욱더 기여했다. 입법자들은 변호사들의 성공보수 사례금 부과의 제한, 배상액과 보험금에 일정한 상한을 정하거나 특별한 의료과실 보험연합을 설립하는 등 다양한 법률을 가지고 이에 대응했다. 이러한 법안들은 불법행위제도를 사적인 통제영역에서 더욱 벗어나게 했고, 그 주요한 기능은 비난 가능성을 확립하는 것보다는 적절한 배상을 제공하는 것임을 재강조했다. 그러나 친원고 불법행위 규율에 대한 또 다른 반발은 원전사고, 광부의 진폐증과 어린이 백신 피해자를 다루는 '무과실(no-fault)' 책임법을 의회가 채택한 것을 들 수 있다. 의회는 또한 주와 담배회사 사이에 담배산업이 주에 25년 동안 206억 달러를 지불하기로 한 일괄 타협안(Master Settlement Agrement, 1998)을 마련하도록 도움을 주었다.

지난 150년 동안에 제기된 불법행위 책임에 대한 방어에 영향을 주는 보통법상 규율의 발전은 업계, 의사들의 로비와 '책임위기(liability crisis)'에 대한 보험회사의 불만의 목소리를 크게 만들었다. 그러나 이러한 '위기'는 실제보다 더 과장되었다. 1989년 불법행위 소송의 95퍼센트가 발생한 주의 배심이 수여한 액수의 평균액은, 제조물 책임(21만5,441달러), 의료과오(20만 달러), 자동차 불법행위(1만9,157달러)와 다른 개인상해 소송(4만8,300달러)이었으며, 이는 100년 전에 수여했던 금액보다 중간 가계소득과 관련해서 큰 액수가 아니었다. 게다가 모든 의료과오 소송 평결의 71퍼센트는 피고 의사를 위한 것이었으며 모든 제조물 책임 소송 평결의 54퍼센트는 피고 회사를 위한 것이었다.[62] 법원과 의회가 과실 있는 기업, 정부와 자선단체에 제공할 수 있는 낡은 보호수단의 일부를 폐지한 이래 개시된 1인당 소송건수는 더 많을 수 있다. 그러나 성공보수 사례 변호사와 단체소송 법무법인은 기업을 위해 일하는 자신들의 상대방이 하는 것처럼 승소할 기회가 적은 의뢰인을 대표하는 것은 자신들의 시간과 돈을 낭비하고 있음을 안다.

가족관계: 무책이혼

19세기 말 사적인 가족세계는 점차 공공의 관심을 끌기 시작했다. 이러한 경향은 20세기 전체를 통해서 계속되었다. 예를 들어, 입법자들은 자녀후견, 비적출자의 합법성, 낙태, 피임, 10대 성관계, 인공수정과 대리모, 자녀에 대한 부모와 교육자들의 통제와 같은 문제들에 개입했다. 사회복지 기관은 자신들의 자녀를 키우기 위한 부모의 적합성을 판단하는 데에서 재량권을 행사했다.

그러나 마찬가지로 중요한 발전은 다음 장에서 논의할 가족에 대한 대법원의 관여가 점차 증가했다는 사실이다. 권리의식이 신장된 시대의 사람들은 낙태와 피임 같은 사적인 문제에 관해 국가가 연방법원의 소송을 통해 가족에 행사한 전통적인 헤게모니에 도전했다.

그러나 이혼법은 불법행위법에서와 같이 무과실 기준이 받아들여짐으로써 국가와 특히 법관의 권한이 감소한 분야 중 하나이다. 이혼법에 대한 규제완화는 일반적인 문화와 사회적인 관습의 변화가 법률문화에서 새로운 발전을 가져온 생생한 본보기 중 하나였다. 현대의 온정적인 가족은 많은 전통적인 기능을 버리고 가족을 점차 사랑과 온정의 원천으로 만들었다. 결혼에 대한 기대가 매우 높아서 "완전한 만족을 달성할 수 없는 것이 불가피해짐으로써" 이혼은 평범한 일이 되었다.[63] 더구나 여성이 취업하는 수가 늘어남으로써 불만족스러운 결혼으로부터 벗어날 가능성도 증가했다.

진보시기에 많은 주는 19세기 이혼법이 부과했던 많은 완고한 요구들을 완화했다. 그러나 부도덕 행위와 혼인을 종료하기 위한 비난을 입증할 필요성은 결코 사라지지 않았다. 이혼법이라는 배는 세계에서 가장 높은 이혼율이라는 부담 아래에서 만들어졌다. 이는 법정뿐만 아니라 법률직에 종사하는 사람들을 얕잡아보는 '모조품'이 되었다.[64] 뉴욕 주는 이혼문제가 어떻게 갈피를 잡지 못했는가에 대한 대표적인 사례를 제공하고 있다. 20세기에 이르기까지 뉴욕 주에서 실제로 이혼의 유일한 원인은 간통뿐이었다. 그리하여 이혼을 원하는 사람들은 종종 이를 위조했다. 즉 호텔 방에서 이성과 만나서 실오라기를 걸치거나 전혀 옷을 입지 않고 다정한 모습으로 사진을 찍어 이 증거를 법원에서 법관에게 제출하면 이러한 사실을 잘 알고 있는 법관들은 일반적으로 이 '법적 의제'와 이혼을 인정했다. 최종적으로 1966년 뉴욕 주의회는 이혼원인으로서 유기와 '잔혹하고 비인간적인 처우'를 추가했다.

이혼율의 급격한 증가는 법률제도에 엄청난 압력을 가했고 이혼에 대한 좋지 않은 오명을 씌우던 이전의 관행으로 회귀했다. 무과실 이혼은 1970년 캘리포니아 주에서 나타났다. 전국의 모델이 되었던 캘리포니아 주 이혼법은 혼인 당사자 일방 중 어느 하나가 혼인이 파탄했다고 주장하면 파탄사유에 대한 명시적인 근거(예를 들어, 학대, 화해할 수 없는 차이)를 제공하지 않고 혼인을 해소시켰다. 무과실 이혼은 비용이 적게 들고, 쉽고 신속하게 이혼할 수 있었다. 단지 후견과 자녀양육 문제만 남아 있었으며, 이러한 임무는 이혼과 가정 법원에 주어졌다. 이 제도는 재빠르게 전국으로 퍼져나갔다.

별거와 이혼법의 효율성에 관한 2001년 보건복지부 통계는 후견부모는 자녀 양육비 지불에 88억 달러 이상을 지급할 의무를 지고 있고 법원의 명령에 의한 것이 약

1/3을 차지하고 있음을 가리키고 있다.

법관들이 재고했던 가족법의 또 다른 측면은 '불법행위로서의 간통(criminal conversation)'이라고 부르는 것이었다. 이는 남편이 자기 부인을 유혹한 사람에게 그가 소유한 성적인 '재산권'의 일종인 배우자권의 상실에 대해서 소를 제기할 수 있도록 한 영국 보통법상 불법행위였다. 기혼여성의 재산법 통과와 함께 부인도 자신의 남편을 유혹한 사람을 제소할 권리를 '재산권'과 동일한 것으로서 보장받기 시작했다. 그러나 1980년대 초 배우자가 성적 '재산권'을 소유한다는 개념은 일부 주대법원에서 낡은 것으로서 폐지되기 시작했다.[65]

형사재판, 범죄통제와 교정주의의 이상

법률직업과 실체법상의 발전과 같이 범죄의 금지, 억제와 처벌은 전후 미국문화의 변화에 영향을 받았다. 형사재판의 두 모델은 긴장관계에 있었다. '범죄통제'와 '적법절차' 이 두 모델에 관해서는 그 당시 가장 중요한 형법 저자인 허버트 패커(Herbert Packer)가 1968년 발표한 《형사재판의 두 모델*Two Model of the Criminal Process*》이라는 영향력 있는 논문에서 설명했다.[66] 범죄통제 모델은 신속하고 확실한 형사재판을 통해 범죄에 대한 효율적인 억제를 강조했다. 그러나 적법절차 모델은 형사 재판소 직원들의 재량권에 대한 제한, 개인의 자유보호와 사회적 정의의 안내자로서 절차적인 규칙성을 강조했다. 범죄통제의 이면에 놓여 있는 전제는 범죄자들을 엄격하게 취급할 것을 요구하는 일반인들에 대한 경찰과 교정 공무원들의 대응이었다.

범죄통제 모델, 경찰과 공동체와의 관계

범죄통제와 경찰의 전문화 사이의 관련성은 로스앤젤레스 경찰청이 전형적인 사례이다. 1950년대와 1960년대에 경찰청장 윌리엄 파커(William Parker)의 지휘 아래 로스엔젤레스 경찰은 효율적인 경찰의 대명사가 되었고, 유명한 텔레비전 프로그램인 〈수사망*Dragnet*〉에서 일반인들의 찬사를 받았다. 에드가 후버의 영향을 받은 파커는

1950년대 형사재판에서 가장 존경받는 인물이 되었다. 로스엔젤레스 경찰력은 과학적인 범죄수사와 군대식 경찰조직을 갖추었다. 파커는 혹독한 훈육관이었고 경찰의 부패도 드물었다. 파커에 따르면, 경찰의 목적은 범죄와의 전쟁을 치르는 것이었고, 그는 넓게 퍼져 있는 로스앤젤레스에 전국에서 가장 효과적인 자동차 순찰과 가장 정교한 무선통신 시설을 설치했다.

로스엔젤레스 경찰이 채택한 비인격적이고 군사적인 방식은 민권혁명과 위대한 사회 프로그램에 의해서 기대치가 높았던 와츠 같은 도시 빈민가에서 점차 저항에 부딪혔다. 대도시 경찰은 대부분 백인들이었고 흑인 공동체에서 경찰력 행사가 무자비하고 야만적이라는 비난을 받았다. 도시 폭력문제가 전국을 휩쓸었던 1964년과 1968년 사이에 문제가 심각하게 대두되었다. 빈민가 거주자들의 곤경과 경찰의 역할이 전국적인 관심의 초점이 되었다. 존슨 대통령은 폭동을 조사하기 위해 전국치안자문위원회를 임명했고 위원회는 1968년 마틴 루터 킹 암살 한 달 전에 "우리나라는 두 가지 사회로 분열되었다. 하나는 흑인이고 다른 하나는 백인들로 분리되었으나 불평등하다"라고 보고했다.[67]

새로운 경찰-공동체 관계를 모색하려는 노력은 폭동의 잔재가 남아 있는 와중에 시작되었다. 반전 운동가들은 경찰을 '돼지'라고 공공연히 비난했고 많은 양식 있는 백인 중산층 자유주의자들도 마찬가지로 비난했으며, 경찰들은 폭동을 유발시켰다는 비난을 받았다. 주요도시 경찰서는 흑인 공동체의 지도자들과 유대를 강화했고 경찰행정을 주변으로 분사시켰으며 경찰관들에게 민감한 문제에 대한 정서교육을 제도화함으로써 정책을 변화시켰다. 많은 수의 흑인경찰 채용은 이러한 개혁 중에 가장 오래 지속되는 효과를 가져왔다. 1980년대 흑인들은 디트로이트, 뉴욕과 같은 주요도시의 경찰 지도자의 위치에 올라섰다. 그러나 경력이 오래된 백인남성에 대한 흑인(뒤에 여성) 경찰을 승진시키려는 노력은 종종 자격시험에서 이들에게 높은 점수를 매김으로써 논쟁거리가 되었다.

형사법 절차에 있어서 '재량권'의 역할

경찰, 검사, 법관, 배심과 교도관은 체포, 기소와 체벌에 있어서 항상 다양한 재량권을 행사하지만, 그 과정은 지난 반세기 동안에 했던 것과는 달리 과거에는 체계적으로 연구되지 않았다. 1956년 연방대법원 대법관 로버트 잭슨(Robert Jackson)의 제안으로 미국변호사협회는 형사법 운영에 있어서 '재량권'이 하는 역할의 중요성을 명확하게 확인한 미국의 형사법 운영에 관한 보고서를 출판했다. 그 뒤 수십 년 넘게 일부 범죄학자—케네스 데이비스(Kenneth Davis)와 같은—들은 가족 사이 분쟁, 도박, 매춘과 도망 범죄인 추적에 대한 경찰의 처리과정에 있어서 재량권의 역할, 보석결정에 있어서 그 역할, 유죄답변의 합의와 형량구형에 있어서 검사의 결정과 가석방위원회의 결정에 있어서 재량권에 관한 연구를 수행했다.

이러한 연구의 일부는 입법자들에게 개정의 필요성을 촉구했다. 한 가지 예는 1966년 연방보석개정법(Federal Bail Reform Act)과 유사한 주법(1978년 46개 주)들이었다. 이러한 개정법들은 보석금을 지급할 수 없는 가난한 피고에 대한 적대적 결과를 가져오는 증거에 대응하려고 한 것들이었다. 보석금을 지불할 수 있는 사람들은 자신들의 변호인을 만나서 증거를 수집하고 자신의 방어를 준비할 수 있었다. 교도소에 수감된 가난한 피고인들은 효과적인 방어를 할 수 없었다. 이러한 법률들은 죄상(罪狀) 인부(認否) 공무원들에게 '정식 서약서'에 서약하면 피고를 석방하거나 '가장 최소한의 제약 상태'로 할 것을 요구해 가난한 피고인들을 도왔다. 그러나 자신들의 심리를 기다리는 동안 석방된 기소된 중죄자들의 수가 증가한 것에 대한 일반의 염려는 '예방적 구금' 법의 제정이라는 반대방향으로 나아갔다. 1984년 약 34개 주와 연방정부는 검사가 위험에 처한 개인의 안전을 보장할 수 있는 조치를 취할 수 없을 때 법관이 보석 기각을 허용하도록 법률을 개정했다. 기소된 중죄자의 구금은 결과적으로 20퍼센트 증가했다.[68]

교정주의 이상의 쇠퇴

19세기 초 이래 처벌의 목적(응보, 위하, 교정)은 일련의 부자연스러운 긴장 속에 놓여 있었다. 1960년대에, 개별적인 처벌을 통한 교정을 선호하는 새로운 움직임이 꽃을 피웠다. 캘리포니아 주 교정제도는 연방교정국과 함께 그 길을 열어나갔으나, 1980년대 이러한 시대적 약속과 교정의 이상에 대한 약속이 쇠퇴했다.

캘리포니아 주는 부정기형과 새로운 2개 기구인 소년국(1941)과 성년국(1944)에 근거한 모범교정제도를 발전했다. 원고가 유죄임을 발견한 뒤 법관은 보호관찰이나 위반자를 적절한 기관에 수용할 것을 명령할 수 있었다. 그 기관의 책임자들은 석방일을 결정할 수 있고 범죄자들을 특별한 교정기관에 송치할 수 있었으며, 이들의 등급을 분류할 수 있었다. 가석방을 수여하는 한편, 당국자들은 가석방자들을 감독했다. 교도소에 수용된 인원이 폭발적으로 증가했으며, 그 운용비도 역시 크게 늘었다. 캘리포니아 주에서 1944년에 5,700명이던 죄수가 1986년에는 5만2,000명 이상으로 늘었다. 이러한 죄수들은 새로운 교정과정을 이수해야 했고 이 중 가장 혁신적인 것은 단체 치료 과정이었다.

법률 집행과 함께 교정은 인종적 적대감을 반영했다. 남부에서 교정의 이상은, 주요 스캔들이 정치적인 간수들이 오랫동안 시행해온 제도의 잔학성을 드러냄으로써 새로운 길을 열었다. 그러나 그 밖의 지역에서 개혁의 화려한 수사가 실제 현실과는 잘 부합하지 않았다. 죄수는 늘었을 뿐만 아니라 인종적인 구성도 이동했다. 1950년대 말 죄수의 대부분은 흑인이나 남미계였다. 그러나 교도소 행정관과 간수들은 거의 백인이었다. 게다가 정치적인 민권 운동이 교도소에까지 영향을 미쳐서 죄수들은 일반인들과 동등한 권리를 주장해 어리석은 범죄로 공포에 떨었던 일반인들을 자극했다.

그러나 일부 죄수들의 불평은 이에 동정적인 사법부의 관심을 끌었다. 1968년 제8차 연방 항소순회법원의 법관 해리 블랙멈(Harry Blackmum)은 잭슨[69] 죄수가 제8차 연방수정헌법을 위반한 잔혹하고 이상한 처벌을 받은 것으로 판결(**Jackson v. Bishop**)했다. 2년 뒤 연방 사실심 법관 스미스 헨리(J. Smith Henley)는 **홀트**(**Holt v. Sarver**) 사건에서 아칸소 주 교도소 체계는 가학적인 교도관, 부적절한 의료 치료와 지나치게 많은 죄수를 수용하고 있는 '음침한 악의 세계'라고 판결했다.[70] 그의 판결은 제8차 연방항소순회법원에 의해서 유지되었고, 여러 해 동안 그는 교도소에서 발생하는 남용에 대한 교정을 감독했다. 1978년 미국 연방대법원은 헨리의 판결과 **허토**(**Hutto v. Finney**)의 다른 사실심 법관의 판결을 유지했다.[71] 1980년대와 1990년대 연방법관들은 주와 카운티 정부에 죄수를 석방하거나 대형 교도소를 건설하도록 지시하기 위해 자신들의 형평법상의 권한을 행사했다. 마찬가지로 **와이엇**(**Wyatt v.**

Stickney, 1972) 사건에서 연방 사실심 법관 프랭크 존슨(Frank Johnson)은 주의 정신병원에 수용되어 있는 환자들에게 "치료나 개선될 수 있는 실질적인 기회를 각자에게 제공함으로서 개별적인 치료를 받도록" 할 수 있는 재원을 공급하도록 앨라배마 주의회에게 명령했다.[72] 3년 뒤 미국 연방대법원은 **오커너(O'Connor v. Donaldson)** 사건에서 비슷한 판결을 내렸다.[73]

교도소 폭력이 만연했는데 이는 부분적으로 인종적 갈등, 죄수들의 거친 행동과 교정 예산과 인원 부족 때문이었다. 현대적인 교도소 제도의 모델인 캘리포니아 주에서 다른 죄수의 흉기에 찔린 죄수의 수는 1969년 56건에서 1972년 168건으로 증가했다. 1970년 한 해만, 70여 차례의 교도소 폭동이 있었다. 1년 뒤 뉴욕의 아티카 교도소는 미국역사상 가장 큰 교도소에서 폭동이 발생해 10명의 인질을 포함해 43명이 사망했다. 아티카에서의 폭동으로 인해 교정주의 이상이 쇠퇴하기 시작된 것으로 기록되었다. 감옥제도연구위원회는 전체 형벌제도의 관계 속에서 아티카에서 발생한 사건을 조사하고 〈정의 실천하기*Doing Justice*〉(1976)라는 보고서를 발간했는데, 이 보고서에서 위원회는 죄수들이 "마치 자신들이 처벌받을 짓을 했기 때문에 당연히 처벌을 감수해야 하는 것처럼 다루어져야 한다"라고 결론을 내렸다.[74] 보고서는 죄수들은 이들이 행동하기를 기대했던 것보다 이들이 실제로 저질렀던 행동에 대한 대가를 지불해야 한다는 일반인들의 태도를 반영했다. 정기형은, 가석방으로 교도소의 회전문을 닫을 수 있다고 생각해 죄수를 엄하게 다룰 것을 지지하는 사람들과 부정기형을 교정직원들이 죄수들을 억압하는 수단으로서 간주해 죄수의 권리를 옹호하는 사람들 모두의 찬성을 다시 얻었다. 1987년 의회가 설치한 미국형벌위원회는 의무적인 정기형과 연방죄수의 가석방 종료를 통해 사법부의 재량을 줄여나가도록 승인했다.

범죄에 대한 엄격한 입장은 다른 방향에서도 나타났다. 주 항소법원은 **더램**(Durham) 준칙이라고 알려진 심신상실 시험에 대한 좀 더 자유주의적인 해석의 채택을 거절하고 대신에 계속해서 19세기의 **맥너튼** 기준을 원용했다. 비록 사형제도가 위하 효과를 가지지 않으며 이는 주로 백인을 살해한 흑인에게만 적용되었음을 연구가 보여주지만 응보와 위하에 대한 새로운 강조는 사형제도를 부활시켰다. 사형집행은 1933년 199명으로 최고에 달했다가 1967년 2명으로 줄었다. 미국민권운동조합과 전미흑인지위향상협회는 소송을 통해서 사형제도에 대한 위헌성을 진지하게 거론했고 그 다음 집행은 대법원이 사형제도에 대한 승인을 다시 확증한 **그레그(Gregg v. Georgia**, 1976) 사건의 판결이 있을 때까지 이루어지지 않았다. 이듬해, 개리 길모어(Gary Gilmore)는 유타 주에서 총살형을 당했다. 그 뒤 10년 이상 사형집행의 속도가 빨라졌는데, 이는 1987년 연방대법원이 사형이 흑인에게 불평등하게 적용되었다 하더라도 유죄를 선고받은 사람 자신이 단지 직접적인 인종상의 편견을 입증한 경우에만 사형집행을 면할 수 있다고 판결해 최종적인 장애물을 제거했기 때문이었다. 1987년 연방대법원은 조지아 주에서 백인을 살해한 혐의로 기소된 피고가 흑인을 살해한 혐의로 기소된 사람보다 사형을 언도받을 확률이 4.3배 이상이라는 증거를 심사했다(**McCleskey v. Kemp.**) 대법원은 5대4의 의견으로 이러한 증거는 이러한 특별한 개인의 경우에 있어서 법률의 평등보호 부인을 확립하기에 충분하지 않다고 판결했다. 그러나 **애트킨슨(Atkins v. Georgia**, 2002) 사건에서 대법원은 역시 5대4의 의견으로 살인을 저지른 정신적으로 지능이 뒤진 사람의 사형집행은 제8차 연방수정헌법의 정신을 위반한 것이라고 판결했다. **애트킨슨** 사건에서 1표 차의 다수의견을 내었던 동일한 대법관들은 3년 뒤 **로퍼(Roper v. Simmons)** 사건에서 18세 이하의 사람들에게 사형을 선고하는 것은 국가의 '품위 기준(Standard of decency)'이 변경되었다는 것이라고 판결했다. 반면에 1988년에 사형을 인정하고 있는 37개 주 중에 25개 주는 이러한 사형집행을 인정했고, 2005년에 그 수는 20개 주로 감소했으며, 이러한 주에서도 배심들은 사형을 권고하는 경우가 극히 드물다는 것을 증거는 보여주고 있다. 시몬스(Simmons)가 살인을 저질렀을 때 17세였다.[75]

1977년과 2000년 사이에 거의 모든 사형집행은 남부주에서 이루어졌다(텍사스 주 자체만 1/3이 넘었다.) 그곳에서 살인률이 상당히 높았으나 사형제에 대해서 연구하는 사람들은, 남부주들은 가난한 피고들이 이용할 수 있는 1인당 공익 변호사의 수가 다른 곳보다 적었다는 것을 지적했다.[76] 최근에 사형제 비판가들은 DNA 심사가 출현하자 중요한 사실심 증거를 재심사할 것을 요구했다. 1992년 카도조 법과대학원에 설립된 무죄 프로젝트(Innocence Project)는 2007년 7월까지 204명의 죄수가 누명을 벗도록 도왔으며 그중에는 사형수도 15명이 포함되어 있었다. 무죄를 확립하기에는 능력과 재원이 부족한 죄수들을 돕기 위해 공익 변호사들이 자기 주 안에서 활동하는 비슷한 기관이 현재 여럿 있다.

연방정부와 범죄통제

연방정부는 범죄통제에 있어서 그 역할을 확대했는데, 이는 마치 역사적으로 주와 지방 공무원들의 영역이었던 공적인 생활의 다른 분야에 직접적으로 개입한 것과 같았다. 연방수사국은 지방경찰국의 모델이자 과학적 · 기술적 훈련자원으로서 계속 유지되었다. 위대한 사회는, 사회적 조화와 정의는 범죄를 조장하는 환경이 제거된다면 이룰 수 있다는 신념을 전제했다. 그러나 1965년 존슨 대통령은 범죄통제를 개선하기 위해 훈련, 연구와 전시 프로젝트를 후원할 법집행협력국을 신설하기 위해 의회를 설득했다. 연방정부가 돈을 위해 달려드는 지방 공무원에게 법집행협력국이 직접 범죄단속기금을 제공한 것은 최초여서 획기적이었다. 하버드 대학의 제임스 윌슨과 정치인, 특히 주목할 만한 리처드 닉슨과 조지 월리스와 같은 새로운 세대의 보수적인 형사재판 전문가들에 따르면 도시폭동과 범죄율의 급증은 위대한 사회의 사회복지 프로그램이 범죄자들을 교사했고 대법원의 적법절차 혁명이 엄청난 탈법을 조장했음을 드러냈다고 주장했다. 법과 질서를 소리 높여 외치는 와중에 의회는 법집행협력청을 대체한 새로운 연방 기구를 신설한 1968년 '범죄통제와 거리안전법(Omnibus Crime Control and Safe Streets Act)'을 제정했다. 의회는 주간 협력을 도모하고 기금을 수여할 수 있는 법집행협력청을 신설했다. 연방기금을 수여받기 위해 주는 포괄적인 반범죄 전략을 수립하고 이를 집행할 기구를 신설했다. 각 주의 기관들은 이 기금들을 지원서에 근거해 지방 형사재판 공무원들에게 분배했다. 연방기금이 교정과 법원에 사용되어지길 원했지만 이 돈의 대부분은 1970년대 초에 전국을 휩쓴 '범죄와의 전쟁'으로서 경찰장비를 구입하는 데 유용되었다.

그러나 연방정부는 이러한 '범죄와의 전쟁'의 한 측면을 자극하는 데 있어서 주요한 역할을 했다. 마약판매와 유통의 국제적이고 주마다의 성격 때문에 마약거래가 개인, 가족, 그리고 종종 지역 전체에 미치는 악영향을 인식한 사람들은 필연적으로 조치를 위해서 의회에 눈을 돌렸다. 1956년에 마약규제법(Narcotics Control Act)은 마약판매의 경우에는 가석방 없이 최소한 5년의 징역형을 정했다. 이러한 의무규정은 잘못된 것으로서 1970년에 법률에 의해서 삭제되었고, 2년 뒤 의회는 연구, 교육, 예방과 재활을 담당하는 전국마약남용예방연구소를 설립했다. 그러나 1986년에 이는 의무적 최소 선고기간으로 되돌아갔다. 그 뒤 마약단속청의 예산과 주와 연방이 유죄를 확정한 마약법 위반 사범이 크게 증가했으며, 반면에 마약중독 치료와 재활기금은 그와 비교해서 아주 느리게 증가했다.

행정법과 제2차대전 뒤의 규제국가

법집행협력청은 단지 그 당시의 복잡한 문제점들을 해결하기 위해 연방기구가 전후에 대응한 유일한 본보기였다. 1940년대 말에, 행정기관은 법률제도로 인정된 적법한 기관이 되었다. 많은 뉴딜 변호사들이 규제국가를 지지하는 급진주의자들로 간주되었으나 자신들의 전문성을 가지고 사적인 실무에 종사했다. 다음 40년 이상 '워싱턴 변호사' (규제문제 전문가)는 영향력에 있어서 '월가 변호사' 의 라이벌이 되었다.

처음에는 적대적이었던 미국변호사협회 지도자들은 규제국가와 싸우기보다는 이를 길들이기로 결정했다. 종종 무법적인 행정기관에게 절차적인 질서를 부과하고 규제국가에서 변호사의 확대된 역할을 활성화하기 위한 연방법인 1946년 행정소송법(Administrative Procedures Act, APA)을 후원했다. 모든 연방 기관들에게 적용되는 행정소송법은 행정기구의 역할을 합리화시키고 조화시켰다. 이는 행정절차를 규칙제정과 판결이라는 2개의 광범위한 범주로 나누어, 연방 기관이 소극적으로 행동하기보다는 적극적으로 행동해야 하는 개요를 규정했다. 이 법에 따르면 규칙제정에서 행정기구는 예비적인 고지, 의견을 개진할 기간과 근거와 목적에 대한 진술을 제공하도록 요구했다. 이 법은 규칙에 관한 분쟁을 판결하기 위한 지침을 정했다. 이러한 면에서 이 법은 매우 엄격했다. 이는 기관에게 법원이 개별적인 청구의 장점을 결정하는 방식과 같이 진행하도록 함으로써 증거요구와 청문심사관을 위해 상당히 정교한 체계를 제정했다.

행정소송법은 행정감독의 가치에 대한 합의를 이루도록 20년 동안 촉구했다. 규제 개혁 문제와 공사 영역 사이의 관계를 재정립하기 위한 자극은 일시적으로 미정이었다. 예를 들어, 연방 사법부는 규제기관이 규제하는 분야를 처리하는 데 있어서 전문적인 경륜을 인정해 규제 기관에 광범위한 재량을 인정했다.

비록 공화당이 1950년에 강력한 규제국가에 반대하는 집회를 새로이 개최했지만 실제로 드와이트 아이젠하워(Dwight D. Eisenhower) 행정부는 이를 지지했다. 규제정부는 팽창되었고 기업들이 국가의 규제에 대한 가치를 인정했기 때문에 규제가 줄어들지 않았다. 가장 대표적인 예는 원자력에너지위원회를 설립한 1946년 원자력에너지법(Atomic Energy Act)이었다. 원자력에너지위원회는 핵무기를 기술발전, 운영자에 대한 허가와 설비건설에 대한 감독의 발전을 권장하고 평화적인 목적으로 개선 발전시킴으로써 원자력 발전 산업의 확대에서 중요한 역할을 했다. 의회는 "심각한 재해로 발생한 손해에 관해 제기된 소송으로부터, 원자력 산업의 복잡하고 잠재적으로 매우 위험한 기술개발에 위험을 무릅쓰고 거대한 자금을 투자한 회사의 책임을 면제하기 위해, 1957년 프라이스-앤더슨법(Price-Anderson Act)을 제정해 원자력에너지위원회를 보완했다."[77]

규제의 가치에 대한 대체적인 합의가 기관이 해야 할 일이 무엇인지에 대한 다툼이 종료되었다는 것을 의미하지는 않는다. 제2차대전 뒤 미국의 가장 주목할 만한 모습 중 하나는 이해관계가 상충되는 사회와 경제단체들이 규제기관에 영향력을 행사하기 위해 경쟁하는 방식이었다. 예를 들어, 핵발전소 사건의 경우에 전기세대를 위한 연료 공급에서 자신들의 실질적인 독점을 상실할까 염려한 석탄업자들은 의회에 프라이스-앤더슨법을 반대하도록 로비했고 원자력에너지위원회에 원자력 발전소 안전 프로그램의 부적절성을 증언했다. 다른 분야에서, 노동자와 업계는 전국산업재건단이 행사해야 할 권한이 무엇인지에 대해서 의견을 크게 달리했다. 1947년 업계는 전국산업재건단의 재량권을 제한하고 업계의 이익에 좀 더 민감하도록 만든 태프트-하틀리법(Taft-Hartley Act)을 통과시킴으로써 큰 승리를 거두었다. 예를 들어, 이 법은 폐쇄조합(작업장에 근로하는 모든 사람들은 노조에 속해야 한다)을 금지시키고 노조에게 파업 전에 60일의 냉각기간을 가지도록 요구했다.

같은 해 의회는 이른바 작업장근로시간법을 법률로 통과시킴으로써 **앤더슨**(**Anderson v. Mt. Clemens Pottery**, 1946) 판례에서 노동자 편을 든 연방대법원의 판결을 번복했다. **앤더슨** 판결에서 대법원은, 광부는 작업을 준비하는 시간과 마찬가지로 작업장으로 이동하는 시간에 대해서도 임금을 지불받아야 하는 것으로 공정노동기준법(Fair Labor Standards Act)을 해석했다. 미국노동총연맹의 지도자들은 판결이 미래의 노사협상에서 신중하게 적용되어야 한다고 생각했으나 산별노조회의 지도자들은 조합원들에게 이 사건을 소급, 임금지불을 위한 소송에 이용할 것을 촉구했다. 이러한 조치는 전략적 실수였음이 드러났다. 업계 지도자들은 소급 임금지불 소송에 "거의 히스테리에 가까운" 반응을 보였다. 이들은 작업장으로 이동하고 작업을 준비하는 시간은 공정노동기준법에 따라 인정받지 않으며 주와 연방법원은 즉시 소급 임금지급 청구소송을 작업장근로시간법에 따라 기각하도록 요구하는 입법을 제정하기 위해서 공화당 의원들에게 엄청난 로비를 했다. 대법원의 항소범위를 제한하기 위하여 그 권한을 극단적으로 사용한 것은 "대법원에 대한 가장 혹독한 법률상의 견책 중 하나"가 되었다.[78]

1970년에 노동운동과 의회에서 그 동조자들은 작업장의 기준과 점검 강화에 따라서 작업과 관련한 상해와 질병의 발생률을 줄이고자 직업안전위생법(Occupational Safety and Health Act, OSHA)을 제정했다. 직업안전위생법은 솜방망이 처벌, 부적절한 점검, 고용주의 반대, 다른 '지나친 규제'와 '관료주의'의 반대자들의 공세에 시달렸다. 그럼에도 불구하고 이는 고용주들에게 위험한 화학물질, 먼지와 병원균에 고용인들이 노출되는 허용 가능한 수준을 요구하고 작업장에 배치된 안전 감독관의 수를 증가시키는 규정에 따라서 고용인을 보호하도록 했다는 것은 명백했다.

공익시기: 소비자 권리와 환경보호주의

행정 규제를 둘러싸고 있던 합의는 1960년대 말에 파기되었으며, 10년 뒤 규제철폐 운동이 힘을 얻기 시작했다. 규제국가에 대한 공격은 많은 방향에서 발생했다. 소비자와 환경보호주의자들은 규제를 받고 있던 업계가 규제자들을 매수해 행정기관들을 단순히 규제받는 자들의 도구로 만들었다고 불평했다. 이 시기에 가장 눈에 띄었고, 발언권이 있던 소비자 행동가인 랄프 네이더는 연방무역위원회와 식의약청을 특히 강력하게 공격했다. 업계도 마찬가지로 완강했는데, 이들은 행정기관들이 실현 불가능하고 비용이 많이 드는 규제를 부과함으로써 비용상승을 가져왔다고 주장했다. 연방 사법부는 많은 연방 기관들이 규칙 제정과 판결에서 적법절차 보장이 제공한 내용을 문제삼자 지금껏 행정기관의 결정을 존중해오던 관행을 포기했다.

의회는 소비자와 환경을 보호하는 입법을 쉴새 없이 쏟아내면서 진보시기에 시작되었던 협력적인 연방주의의 계속적인 전통과 중앙정부의 입장을 우선시하는 방향으로 연방 제도를 기울어지게 했다. 연방과 주의 규제 관리들은 겉으로는 계획수립과 기금운용에 대한 책임을 분담했지만 우수한 자원을 가진 연방 관리들이 있었으며 일반적으로 유리한 위치를 차지했다. 1946년 의회는 위원회마다 4명의 전문적인 참모를 두기로 결정했으며 위원회와 개인적인 보좌진의 수를 상당히 늘려나갔다. 그리하여 1947년과 1991년 사이 하원과 상원의원의 개인적인 보좌진 수는 거의 4배로 증가했으며, 동시에 위원회 참모진의 수도 8배 이상 증가했다.[79] 그럼에도 불구하고 일반적으로 그동안 상대적으로 정치적 비중이 가벼운 행정부 관료였던 공중보건국장은 1964년 중독적인 흡연의 치명적인 효과(폐암, 폐기종)에 관한 보고서를 제출해 정치적 소용돌이에 휘말리게 되었다. 리겟 앤 마이어스(Liggett & Myers) 사의 내부 고발자가 담배산업의 치명적 효과에 대해서 알았으며 이러한 정보를 적극적으로 은닉했음을 희생자가 입증하도록 돕기까지 또 다른 한 세대가 걸렸다. 그러나 적어도 전염병학적 사실이 논란의 여지가 없음이 밝혀지자 적절한 연방 관리에 따라 경고깃발이 올려졌다.

공익법 시대의 도래는 전통적으로 주에게 그 권한이 주어졌던 분야인 자동차에 대한 연방 안전기준을 부과한 1966년 자동차안전법(Auto Safety Act)에서 시작되었다. 네이더의 영향을 받은 1967년 정육위생법(Wholesome Meat Act)은 연방기준을 주간 영업에 종사하는 육가공 업소에까지 확대했다. 1972년 '매그너슨-모스 보증과 연방무역위원회 개선법(Magnuson-Moss Warranty and FTC Improvements Act)'은 연방무역위원회의 소비자 문제해결에서 결점을 보완하기 위해 제정되었다. 1년 뒤 소비자제품안전위원회의 설립은 소비자만을 다루는 독립된 기관을 설치했다.

환경보호주의자들도 마찬가지로 중요한 승리를 거두었다. 레이첼 카슨(Rachel

Carson)의 《침묵의 봄*Silent Spring*》에서 DDT에 오염된 식물과 동물에 의해서 독살된 물고기와 조류에 대해 공개함으로써 이러한 흐름의 변화를 도왔다. 1969년 의회는 멸종위기동식물보존법(Endangered Species Conservation Act)을 제정했고, 1972년에 해양포유동물보호법(Marine Mammal Protection Act)과 1973년에 일단 어떤 종이 입법 규정 아래 마련된 목록에 기재되면 이러한 종에 대한 어떠한 "괴롭힘, 해악, … 수집"이나 "살상"을 불법으로 하는 훨씬 더 엄격한 멸종위기동식물법(Endangered Species Act)을 제정했다. 조그만 달팽이 화살물고기가 위협받자 테네시 계곡의 텔리코 댐(Tellico Dam) 건설을 중지시켰으며 연방대법원은 이 법을 지지했고, 의회는 경제개발에 적대적인 영향을 미치는 보호에 대한 특정한 항소를 심사할 장관급 위원회를 신설함으로써 이를 개정했다. 1970년 의회는 전국환경정책법(National Environmental Policy Act)과 대기정화법(Clean Air Amendments)을 제정했다. 전자는 환경오염 추세를 감시하는 환경위원회를 관리감독했다. 어쩌면 전국적인 정책에 대한 포괄적인 개진에 그쳤을 이 법은, 중요한 규제적인 결과를 가지는 하나의 조항을 포함했는데, 이는 환경영향평가서였다. 이는 모든 행정기관에서 개발업자와 규제자들에게 자신들의 조치가 환경에 미치는 영향을 고려하도록 요구했다.

대기정화법은 규제자와 규제받는 자에 대해서 행동을 강제하고 행정적인 재량권을 제한하는 획기적인 법안이었다. 환경보호청(Environmental Protection Agency, EPA)은 대기정화법을 관리했으나 환경보호청은 주가 협력에 실패한 경우에 벌금이나 벌칙을 부과함으로써 그 이행을 주에 의존하고 있었다. 이 법은 일정한 조치가 필요할 때 엄격하게 시간을 특정함으로써 행정부와 주의 행동을 이끌어냈다. 이 법은 환경보호청이 관련 주가 지시사항을 잘 이행하고 있는지를 감시하게 할 뿐만 아니라 매연방출을 획기적으로 줄이도록 자동차 제조자들에게 내린 지침을 감독하게 함으로써 정책을 결정하는 기관으로 만들었다. 의회는 수질정화법(Clean Water Act, 1972), 식수안전법(Safe Drinking Water Act, 1974)과 유해물질규제법(Toxic Substances Control Act, 1976)을 제정해 환경보호청의 권한을 강화시켰다. 21세기 초에 부시 행정부의 환경보호청은 지구 온난화를 줄이기 위한 자동차 이산화탄소 방출 삭감('온실가스')에 관한 대기정화법 규정 적용을 인정받는 데 실패했다. 관심 있는 비정부 조직이 가세한 매사추세츠 주 당국은 신차의 온실가스 방출 삭감을 보장하는 법규조항을 적용하도록 환경보호청에 지시하는 법원의 명령을 얻어냈다.[80]

소비자와 환경그룹은 규제를 없애기를 원하지 않았다. 이들은 단지 연방 기관이 자신들의 요구에 좀 더 잘 반응하게 되길 바랐다. 1960년대 말과 1970년대 초에 이러한 그룹들은 "경제 규제는 우유부단의 바다를 표류하고 있다"라고 자주 불평했다. 이들은 규제 기관이 장기적인 정책을 수립하는 데 실패했으며 장려와 규제적인 목적을 부적절하게 혼합했다고 불평했다.[81]

원자력에너지위원회가 대표적인 예였다. 의회는 미국의 원자력 에너지를 장려하고 규제하기 위해서 이 위원회를 설립했다. 그러나 1974년 원자력 발전소 건설의 복잡성이 드러나고 소규모이지만 적극적인 반핵운동이 원자력 발전소에 대한 철저한 통제를 요구하자, 의회는 원자력에너지위원회를 폐지하고 이를 새로운 2개의 기관, 즉 원자력규제위원회와 에너지연구발전국으로 대체했다. 원자력규제위원회는 나중에 에너지부로 통합되었다.

연방법원은 규제 기관은 지속적으로 자신들의 절차를 준수하고 적법절차를 존중해야 한다는 소비자와 환경주의자들의 요구를 들어주었다. 1960년대 중반 두 사건이 공익의 배타적인 수호자로서 규제 기관의 합리성에 도전했다. 첫째는, 1966년 컬럼비아 특구의 항소순회법원이 결정한 **연합교회사무국(Office of Communication of the United Church of Christ v. FCC)** 판례였다. 이 사건은 미시시피 주의 잭슨 시에 있는 텔레비전 방송사가 민권 운동가들이 일반에게 접근하는 방송을 반복해서 차단한 뒤에 허가 갱신을 신청한 것과 관련된 판결이었다. 예를 들어, 방송사는 전미흑인지위향상협회의 대표자가 발언하려고 하자마자 송출을 중단했다. 연방통신위원회는 갱신에 반대하는 흑인에게 증언할 기회를 주지도 않고 새로운 허가를 발급했다. 연방 순회법원은 이 결정을 번복했는데 이는 연방통신위원회는 일반에게 허가를 발급하는 경우 발언할 기회를 준다는 스스로의 규칙을 준수하는 데 실패했다고 판결했다.

1965년 연방 제2차 순회항소법원이 결정한 **허드슨 풍치보호회의(Scenic Hudson Preservation Conference v. FPC)** 판례는 더 중요한 판결이었는데, 이는 연방법원을 환경보호 운동에 이용하기 시작했기 때문이었다. 이 사건에서 연방전력위원회는 허드슨 강의 풍치지구인 스톰킹 산에 수력 발전소 건설허가를 내주었다. 연방전력위원회는 고기잡이에 발전소가 미치는 영향에 대한 증언청취를 거부했고 기록에 자신들의 증언을 추가하려는 환경 전문가들의 신청도 거절했다. 제2차 순회법원은 연방전력위원회의 조치를 비난하고 위원회와 프로젝트 개발업자들에게 경제적인 고려와 함께 환경에 대한 무형의 관심에 무게를 둔 평가서를 준비하도록 지시했다.

이러한 판결은 행정부와 규제 기관에 대한 사법부의 감독이 증가하는 데 있어서 중요한 선례가 되었다. 뉴딜은, 전문가들은 정치적인 결정이 만든 결과를 번복할 수 있다는 생각에 큰 무게를 두었다. 그러나 1970년대에 이전의 많은 규제 전도사들은, 기술적인 전문가들은 절차를 존중함으로써 균형을 유지해야 한다고 주장했고 연방법원은 행정적인 결정과정에 대해서 위헌법률심사 기준을 엄격하게 적용함으로써 감시자로서 출현했다.

법원과 규제자들은 깨끗한 환경의 필요성과 경제성장의 요구에 대한 종종 처리하기 어려운 논쟁이 발생하는 분야로 휘말리게 되었다. 미학적이고 환경적인 가치를 계량화하는 것은 문제의 소지가 충분했고 이러한 문제는 종종 산업생산에 필수적인 위험물질이 관련되었을 때 더욱 복잡해졌다. 대표적인 사례는 석면과 그 유해성에 대한 논란이었다. 1970년에 절연재 설치기사로서 작업 중에 석면이 포함된 물질을 정기적으로 접촉해 석면증으로 죽게 된 보렐(Borel)은 **맥퍼슨** 사건에서 선언된 '예견 가능성'의 원칙에 근거한 제조물책임 소송에서 그러한 물질 제조자를 성공적으로 기소했다. 궁극적으로 10만 명 이상이 이러한 발암물질로 인해 사망했다. 이들 사망자나 그 상속인들은 사후 손해배상을 받았으나 법률은 좀 더 예방적이고, '예견적'인 조치를 취했다. 미네소타 주의 광산회사는 6년 동안 슈피리어 호에 석면이 포함된 폐석을 폐기했다. 1975년에 환경보호청은 회사에 폐기중지를 명령했고, 회사는 법정에서 환경보호청이 전통적인 입증 책임 아래에서 폐석이 인간의 건강에 유해하다는 것을 확립하는 데 실패했다고 주장했다.[82] 1975년 연방 제8차 순회항소법원은 **리저브 마이닝(Reserve Mining Co. v. EPA)** 사건에서 폐석이 위험하지 않다는 것을 입증해야 할 책임은 피해를 입은 당사자가 아닌 광산회사에 있다고 판결했다. 광산은 폐쇄되었다. 1980년대 중반, 잠복적인 독성에 관한 불법행위법의 문제(그 효과가 당장 나타나지 않다가 1년이나 지난 후에 나타나거나, 일부 사건의 경우는 10년 뒤에 나타나는 경우)들이 급격히 불거져나왔다.

1970년대 말에 규제국가에 대한 공격은 규제 철폐를 주장하는 양당의 합의가 도출됨으로써 새로운 국면을 맞이했다. 인플레이션, 산업 생산성의 하락과 외국 기업에 대해 미국 생산자들이 차지하는 시장점유의 상실은 이러한 재평가를 촉구했다. 소비자 운동가들은 새로운 개혁 노력을 유감스럽게 생각했으나 연방 기관들에 대한 비판 이후 이들의 주장은 공허하게 울렸다. 의회는 가장 오래된 규제산업인 교통을 대상으로 한 법령을 제정함으로써 규제철폐 요구에 부응했다. 1978년 항공사규제철폐법(Airline Deregulation Act)에는 요금결정과 항공 여행업의 진입 제한을 종료시키는 조항이 제정되었다. 1980년의 자동차운송개혁법(Motor Carrier Reform Act)과 같은 해 철도시차법(Staggers Rail Act)은 운수업과 철도교통에 대해서 각각 요금과 진입규제를 완화했다. 1980년 '예금기관 규제철폐와 금융규제법(Depository Institutions Deregulation and Monetary Control Act)'은 후불과 저축에 대한 최고 이자율 규정을 제거했다.

1980년에 대통령에 선출된 공화당 로널드 레이건은, 프랭클린 루스벨트의 개인적인 미덕은 상찬하면서도 대통령의 권한을 규제국가를 후원하기보다는 타파하는 데 이용했다. 레이건은 복지국가를 종료시킴으로써 연방정부를 "사람들에게 트집잡히기"를 멈추도록 하겠다고 서약했다. 그는 자신의 의견에 동정적인 사람들을 행정기관의 수장으로 임명했다. 예를 들어, 1977년 전국고속도로교통안전청은 카터 대통령 행정부 기간에 규제를 명령받았으나 1984년 자동차의 에어백이나 안전벨트의 사용을 소극적으로 제한했다. 레이건은 대통령에 취임하자, 강제적인 제한 요구를 준수하는 비용이 성취하고자 하는 효과를 초과했다고 주장하며 이러한 조치를 철회하기 위한 절차를 밟고자 교통안전청에 새로운 수장을 임명했다. 대법원은 **자동차제조인협회(Motor Vehicle Manufacturers Association v. State Farm Mutual Auto Insurance Co.**, 1983) 사건에서 기관이 주장하는 이유가 부적절하다고 주장하며 기관에게 새로운 규제에 대해서 더 숙고하도록 사건을 되돌려 보냈다.[83] 대통령은 이에 대한 대응에서 그가 임명한 연방법관들 모두에게 규제국가에 대한 자신의 회의적인 태도를 따르도록 지시했다. 레이건의 영향력은, 1981년 전국고속도로교통안전청장으로서 그의 임명자가 파이어스톤(Firestone) 사의 새로운 래디얼 타이어 바닥이 분리되는 문제점으로 발생한 수백 건의 사고에 대한 보고서에 따라 의회가 관심을 기울일 것을 요구하던 전임자의 규제정책을 폐기했을 때, 또한 느끼게 되었다. 20년 이내에 파이어스톤/브리지스톤(Bridgestone) 사의 타이어는 수천 건의 사고와 100명 이상의 사상자를 내어 다시 실패했다. 수백만 개의 타이어가 리콜 되었고 전국고속도로교통안전청은 안전규제를 다시 만들었다.

레이건의 노력은 구체적인 내용을 생산하기보다는 단순한 구호에 그쳤다. 소규모 조직으로 19세기에 조심스럽게 시작된 행정국가는 1980년대에 복잡하고 상호의존적인 사회의 역할에 필수적인 정부의 거대한 독립기관으로 성장했다. 게다가 뉴딜 이후 규제국가는 자유주의적 법률주의 이념에 적합했다. 행정법과 규제기관은 부의 재분배를 강요하지 않았다. 오염자들은 상해를 입은 사람들에게 돈을 지급할 것을 요구받지 않는다. 그러한 목표의 달성은 단지 소송을 통해서만 가능했다. 리처드 포스너가 주장한 바와 같이 규제는 비용이 들었다. 그러나 불법행위법에 있어서와 같이 전반적인 견해에 따르면 업계는 이러한 비용을 내재화해 소비자들에게 비싼 가격형태로 전가한다고 보고 있다.

법의 폭발과 냉전시기 법률문화

1969년 닉슨 대통령이 임명한 워렌 버거(Warren Burger) 대법원장은 1982년 국가의 법률제도가 "우리 세대 동안에 법률이 폭발"함으로써 부담이 커졌다고 불평했다. 버거는 "개인적인 불법행위에 대한 구제는 이전에는 법원이 아닌 다른 기관의 책임으로 간주되었는데 지금은 법률상 '권원'이라고 대담하게 주장한다"라고 말했다. "법원은 교회, 가족과 이웃의 쇠퇴로 만들어진 공백을 메우도록 기대되었다"라고 결론지었다.[84] 버거의 주장은 한 가지 측면에서는 정확했다. 많은 변호사, 많은 소송, 크게 늘어난 규제와 복지국가와 공적인 성격을 띠는 많은 사법유형들이 있었다. 그러나 이러한 사건들이 사회관계를 불안정하게 하고, 기업의 활동비용을 추가시키며 사회적 분쟁을 조장하는 심각한 분열을 가져왔는가? 게다가 법의 폭발이론에 찬성하는 사람들은 일반적으로 일부 부정적인 것으로서 간주하던 경찰과 교정에 있어서 급격한 증가를 포함시키는 데 실패했다. 경찰과 교정에 관심을 갖게 되었을 때, 이들은 형사재판제도는 범죄자들에게 너무 느슨하고 너무 동정적이었다고 변함없이 말했다. 이들은 법률이 충분하지 않다고 불평했다. 어떤 면에서, 법의 폭발은 조용하고 덜 번잡스러운 시대를 소망하던 1960년대 불안정한 세대의 한탄이었다.

역사적인 전망에 있어서, 법률제도의 주요특징은 획기적으로 변한 것 같지 않으며 적어도 진보 시기로 거슬러 올라가도 이러한 경향은 마찬가지였다. 제도는 다른 관할 사이에 실체법의 다양성을 가지고 있었고, 비록 협력적 연방주의가 엄청난 전국적인 통제로 이어졌고 주와 지방 입법자들 그리고 규제자들이 상당한 자치권을 보유하고 있었지만 순수한 연방제로 남아 있었다. 입법과 규제는 보통법의 범위를 축소했으나 이는 지난 수세기 동안 법률제도의 중요한 구성요소를 이루고 있었던 것처럼 건재했다.

제2차대전 후 법률제도를 휩쓸었던 양질의 변화는 이전의 2세기에 걸쳐서 일반문화에서의 중요한 변화와 마찬가지로 법률문화에 경종을 울린 것으로 이해하는 것이 가장 바람직할 것이다. 지배적인 자유주의적 법률문화의 이데올로기의 영향 아래 미국인들은 자신들의 법률제도에 좀 더 많은 것을 기대하고 의존하게 되었다. 로렌스 프리드먼이 주장한 것처럼 1960년대 중반에 일반적인 '정의에 대한 기대감' 이 나타났고 이는 불법행위에 대한 '일반적인 배상의 기대감' 을 수반했다.[85] 미국인들은 많은 법을 만들었는데 이는 이들이 많은 것을 원했기 때문이고, 대법원은 역설적으로 미국은 현재 지나치게 많은 법이 있다고 불평했던 대법원장 버거가 참여했던 공법에서의 혁명을 통해 이러한 권리의식을 고양시켰다.

16

무소불위의 사법부와 현대의 사회적·문화적 변화

The Imperial Judiciary and Contemporary Social and Cultural Change

변화하는 공법상 의제와 무소불위의 사법부

대법원과 그 업무

일반적인 문화의 변화는 사법뿐만 아니라 공법에 대해서도 새로운 수요를 발생시켰다. 대법원은 현대미국에 만연해 있는 권리의식의 고양을 반영하고 기여한 헌법의 최종적인 심판자로서 그 지위를 확립한 지 오래였다. 1937년 헌법상의 혁명을 겪은 뒤 대법관들은 관심을 경제규제의 문제에서 시민의 자유와 권리문제로 전환했다. 시민자유의 이러한 새로운 의제에는 언론, 출판, 종교의 자유와 피의자의 권리가 포함되었다. 시민의 권리는 흑인과 여성의 문제를 다루었다. 이러한 분야에서, 전미흑인지위향상협회, 시에라(sierra) 클럽, 미국민권운동조합과 전국여성단체와 같은 특수이익 단체들은 헌법의 개척자들로 활동한 사회변화의 기수였다.

대법원의 구성은 일반문화에서의 변화가 법률문화에 영향을 미침으로써 급격한 변동이 있었다. 1967년 린든 존슨 대통령은 최초의 흑인 대법관으로 서굿 마셜(1967~1991)을 임명했고, 1981년 로널드 레이건은 최초의 여성 대법관 샌드라 데이 오커너(1981~2006)를 임명했다. 1945년에는 흑인이나 여성의 임명은 생각할 수조차 없는 일이었다.

대법원은 매우 역동적인 기관이었다. 대법관들이 이때보다 더 많은 동의의견과 반대의견을 발표한 시기를 찾아볼 수 없었다. 대법관들의 위상 또한 60년이 넘는 기간에 변화했다. 33명의 대법관들이 대법원에 재직했으며 이 중 5명은 대법원장이었다: 프레드 M. 빈슨(1946~1954), 얼 워렌(1954~1969), 워렌 버거(1969~1987), 윌리엄 H. 렌퀴스트(1987~2005)와 존 로버츠(2005~).

대법원장의 재임기간을 근거로 대법원을 분석하는 것은 오해의 여지가 많다. 제2차대전 뒤 대법원의 역사는 1970년대 초와 1880년대 말에 겹쳐지는 3개의 긴 주기로 볼 때 가장 잘 이해할 수 있다. 1946년부터 1969까지 걸쳐 있는 최초의 주기는 프랭클린 루스벨트의 임명자, 특히 휴고 블랙(1937~1971), 펠릭스 프랭크퍼터(1939~1962)와 윌리엄 더글러스(1939~1975)가 3명의 아이젠하워 임명자인 대법원장 얼 워렌, 존 마셜 할랜(1955 ~1971)과 윌리엄 브레넌(1956~)이 대법원의 이념적인 모습을 형성했다. 워렌과 브레넌의 경력은 대통령이 대법원에 특별한 이념적인 모습을 주입하려고 시도하는 데 따른 어려움을 보여주고 있다. 이들은 자유주의적 법률주의의 가장 강력한 지지자들이었고, 워렌의 경우에 그러한 활동을 왕성하게 함으로써, 보수주의자인 아이젠하워가 워렌을 대법원장에 임명한 것이 "자신이 한 실수 중에서 가장 어리석은 실수였다"라고 말하게 했다.[1] 워렌은 흑인민권, 교회-국가관계, 투표권과 피의자 인권에 대한 광범위한 해석을 관장했다.

두 번째 시기는 대략 리처드 닉슨 대통령이 워렌 버거를 대법원장에 임명한 시기부터 시작되었다. 닉슨은 법과 질서 그리고 헌법의 '엄격한 해석'을 지지할 수 있도록 보수주의자들을 대법원의 다수파로 만들 것을 약속하면서 많은 워렌 법원의 결정을 반대하는 운동을 전개했다. 엄격한 해석에 대해서 대통령은, 대법관은 헌법을 문헌적으로 읽어야 하고 그 의미가 뚜렷하지 않을 때, 입법기관에 그 해석을 양보해야 한다고 언급했다. 그러나 상원의 민주적인 다수파는 이러한 계획에 실망해 닉슨이 지명한 2명, 해럴드 카스웰(G. Harold Carswell)과 클레먼트 헤인즈워스(Clement Haynesworth)에 대한 임명동의를 거부했는데, 이는 전자는 자질부족으로 그리고 두 사람 모두 백인전용 사교클럽 회원이라는 이유였다. 그리하여 닉슨은 보수주의자 윌리엄 렌퀴스트를 제외하고는 정치적으로 중도적이고 능력 있는 변호사와 법관들에게로 눈을 돌렸다.

버거 대법원장 재임 중 대법원은 첫 번째 시기의 업적을 통합했고 여성의 민권과 명예훼손법과 같은 경우에는 이를 확대했다. 피의자의 권리에 있어서 대법원은 경찰 공무원들에게 다소 많은 재량권을 부여했고 사형제도를 지지했다.

1986년에 워렌 버거 대법원장이 퇴임했을 때, 레이건 대통령은 그를 대체하기 위해서 대법관 윌리엄 렌퀴스트를 그리고 법관 안토닌 스칼리아(Antonin Scalia)를 수석 대법관으로서 렌퀴스트를 대체하기 위해서 지명했다. 이듬해 그는 처음 상원 법사위원회의 청문회 통과에 실패한 법관 로버트 보크(Robert Bork)를 대법관에 지명했으며 퇴임하는 루이스 포웰(Lewis Powell)을 대체하기 위해 법관 앤서니 케네디(Anthony Kennedy)를 지명했다. 1990년 윌리엄 브레넌(William Brennan)이 퇴임했을 때 조지 부시(George H. W. Bush) 대통령은 데이비드 수터(David Souter)를 지명했고, 대법관 서굿 마셜이 1991년 퇴임했을 때 부시 대통령은 클래런스 토머스(Clarence Thomas)를 지명했다. 1990년대와 21세기 최초의 5년에 렌퀴스트, 스칼리아, 케네디, 토머스와 대법관 샌드라 데이 오커너는 대법원이 워렌 버거 대법원장 시절에 따랐던 노선의 일부에서 벗어나도록 하기 위해 종종 다수의견을 형성했다. 대법원장 렌퀴스트에게 2005년 불치의 암이 발병하자 대법원장이 존 로버츠(John Roberts)로 대체되었고, 대법관 오커너가 2006년 퇴임하자 새뮤얼 알리토(Samuel Alito)로 대체되었다. 지난 수년 동안 로버츠와 알리토는 스칼리아, 토머스와 일반적으로 케네디의 입장과 일부 워렌 대법원장 시절의 판결을 재고하는 경우에도 마찬가지로 가세했다.

대법원은 두드러진 역할을 했으나 공법이라는 극장에서 유일한 연기자는 아니었다. 대법원에서 소송을 제기했던 동일한 이익단체들 또한 입법과 헌법수정을 위해서 의회로 눈을 돌렸다. 1980년대 이들은 또한 많은 주대법원들에 주헌법상 자유보장의 확대해석을 가지고 연방헌법상 권리를 보충하도록 촉구하는 데 성공했다. 그러나 전후시기를 통해 대법원은 법학자, 정치인과 대법관들조차 현대사회에 있어서 그 역할에 대한 논쟁의 중심에 있었다.

로스코 파운드와 루이스 브랜다이스의 사회학적 법학은 1930년대 칼 르웰린과 제롬 프랭크의 법현실주의에게 길을 내주었다. 1940년대에 법현실주의는, 사법분야는 마이레스 맥두걸과 해럴드 래스웰의 '정책과학'의 접근방법에 의해서 그리고 공법 분야는 과정법학에 의해서 압력을 받았다. 법현실주의에 대한 비판과 함께 시작된 과정법학은 1930년대와 1940년대에 하버드 법과대학의 론 풀러(Lon Fuller)가 만들었고 이는 "법원, 의회와 행정기관의 역할을 신중하게 규정하면서 1950년대 성숙한 정치과학이론"으로 꽃피었다.[2]

'정책과학'과 마찬가지로 과정법학은 냉전시대의 합의를 바탕으로 한 지적인 분위기에서 출현했고, 이는 항소심 법관들이 민주적인 정치에서 운용할 수 있는 지침을 마련하려는 노력이었다. 현실주의자들은 견제받지 않는 사법권과 사법적인 변덕에 본질적으로 숙명론적 접근을 했고 과정법학의 옹호자들은 사법적인 권위를 통제하려는 목적을 가졌다. 과정법학은 사법권에는 한계가 있고 법관은 입법부의 의견을 따라야 한다는 것을 강조했다. 이러한 한계는 법관들이 자신의 의견에 도달하는 방법(예를 들어, 그 과정)과 관련되었다. 이 이론에 따르면, 법관들은 입법 결정과정의 특징인 정치적 타협과 같이 개방적이라기보다는 법률가의 자질에서 비롯된 '추론된 정교함'의 과정을 따라야 한다. 내용은 과정에 종속되어야 하고, 이 과정에서 "법률가처럼 생각하기"보다 더 중요한 것은 없다.[3] 과정법학은 법에 있어서 사법적인 창조성과 실체적인 변화에 적대적이진 않았으며, 오히려 이러한 활동은 "비인격적이고 항구적인 원칙"에 근거해서 사건을 판결했음을 보증함으로써 의미 있는 변화를 가져오려고 시도하는 법관(입법자가 아닌)을 위해서 이러한 시도를 합법적으로 만드는 방법을 취해야 한다고 주장했다.[4]

1960년대와 1970년대 콜럼비아 법대 교수 허버트 웨슐러(Herbert Wechsler)와 예일 법대 교수 알렉산더 비켈(Alexander Bickel)은 공공정책의 수립에서 워렌 대법원의 역할에 대한 반동으로 과정법학사상을 한걸음 더 발전시켰다. 1959년 웨슐러 교수는 위헌법률심사제도는 "순수하게 원칙을 지키면서 이것이 성취하고자 하는 직접적인 결과를 완전히 초월한 분석과 이성"에 근거했을 때 단지 민주주의의 성장에 기여할 수 있음을 강조하는 《헌법의 중립원칙을 향해*Toward Neutral Principles of Constitutional Law*》라는 매우 영향력 있는 논문을 발표했다.[5] 웨슐러에 따르면 가장 주요한 제한은 '전문 직업상의 절제' 인데 이것은 선거를 의식해야 하는 의원들의 판단에 대한 사법부 판단의 대체를 정당화시키는 법률 전문직의 정교한 기술이었다. 비켈 또한 과정법학의 개념 안에서 작업했으나 그는 《동의의 도덕성*The Morality of Consent*》(1975)에서 중립원칙과 정확한 과정조차도 선출되지 않은 대법관의 판결이 합법성을 가지게 된다는 것을 담보할 수 없다고 주장했다. 대법원은 위대한 도덕적인 교사가 될 수 있으나, 이는 정부의 대중적인 입법기관이 하고자 하지 않았던 것을 할 수 있는 것처럼 가장할 수는 없다고 주장했다.

1950년대와 1960년대 학자들의 두 번째 논쟁은 미국 민주주의에 있어서 사법부의 역할에 관한 것이었다. 이러한 논쟁은 자유주의적이었으나 실질적인 결과를 달성하는 데 있어서 대법관들의 중요성을 강조했으며, 따라서 이는 실체적인 자유주의 법학이라고 부를 수 있을 것이다. 1937년 헌법상 혁명에 의해 사법적 심사로부터 규제와 사회복지국가를 획득했다고 사법권에 대해서 비판했던 이전의 자유주의적 비판가들은, 사회변화를 가져올 수 있는 장치로서 위헌법률심사제도의 옹호자들이 되었다. 1953년에 '위헌법률심사권' 에 대해서 예일 법대 유진 로스토우 교수는 "위헌법률심사권은 국가의 민주정치적 삶의 작동원리로서 확립된 이래 오랫동안 살아있는 헌법의 통합적인 특징으로서 자리하고 있다"라고 적었다.[6] 실체적 자유주의의 옹호자들은 위헌법률심사제도는 형식적인 의미에서는 비민주적이지만 이는 미국의 건국 이래 진정한 의미에서 열린사회가 되는 것을 막아왔던 인종분리와 같은 관행을 폐기하도록 대법관들에게 허락했기 때문에 실제로 민주주의에 필수적인 제도라고 주장했다. 실체적 자유주의는 대법관들이 미국인들의 삶의 목적인 공개적인 담론과 사회적 평등주의에 명백히 반하는 관행을 파기할 수 있는 책임을 가진다고 주장했다. 예를 들어, 인종차별을 종식시키기 위해 사용하는 과정은 그것이 종식되었다는 것보다 덜 중요하다. 공법에 있어서 실체적 자유주의는 자유주의적 법률주의를 제대로 표현한 것이다.

과정과 실체에 대한 논쟁은 대법원 안에서도 있었다. 펠릭스 프랭크퍼터와 존 마셜 할랜은 과정법학의 강력한 지지자들이었다. 프랭크퍼터는 자유주의적 사조의 오랜 지지자였다.

대법관으로서 프랭크퍼터는, 자유주의적 사조에 무관심한 것처럼 행동했으며 반복적으로 사법상 절제를 강조했다. 법관의 소망이 아닌 이성과 법률가의 전문적 기술이 사건의 결과를 도출하는 안내자여야 한다고 주장했다. 할랜 대법관은, 대법원은 입법자가 하고자 하지 않는 것을 하려고 시도해서는 안 된다는 프랭크퍼터의 주장에 동의했다. 그가 1949년 의견에서 주장한 바는 다음과 같다.[7]

> 법률이 사회적으로 탐탁지 않다는 것이 납득이 가는 경우조차 법원에 의한 무효화는 대중적인 민주정부를 약화시킨다. 경제적 · 사회적 문제를 다루는 대부분의 법률은 시행착오의 문제이다. … 그러나 법률이 시도를 원하는 경우조차도 법률이 사법적 결단으로 저지되기보다는 그 결점이 드러나서 제거되는 것이 더 좋다. 이러한 사법적인 권한의 단언은 민주사회에 있어서 궁극적으로 의존하는 인민에 대한 책임을 져버리는 것이다.

그러나 얼 워렌은 사법부의 역할에 대해서 실질적으로 다른 개념을 가졌다. 그는 대법원은 사회적 부정의가 명백한 곳에 개입할 적극적인 책임을 가진다고 믿었다. 워렌은 정치 과정이 너무 자주 미국이 지켜야 할 가치에 대해서 민감하지 못했다고 믿어, 정치적인 과정의 효용성에 대해서 프랭크퍼터보다 훨씬 더 회의적이었다. 게다가 워렌은 입법적인 권한에 대한 해석은 의미 있는 변화에 장애가 될 수 있다고 주장했다. 대법원의 자극이 없었다면 왜 전원 백인인 입법부가 인종분리 정책을 없애고자 하는 주장을 채택했을까? 왜 인구밀집의 도시지역보다 시골지역에 관심을 많이 두고 있는 불균형적인 주 입법부가 시골 주도가 의존하고 있는 기존의 제도를 변경하는 데 동의했을까? 자신의 임기 중에 가장 중요한 판결을 꼽으라는 질문에 워렌은 **베이커(Baker v. Carr**, 1962) 사건을 꼽았는데 이는 대법원이 '1인1표' 원칙에 근거해 선거구를 획정하도록 판결한 사건이었다.[8] 많은 주의회는 사람들이 수십 년 동안 살고 있는 장소의 변동에 따라서 자신들의 선거구를 재획정하지 않았다. 이러한 관행이 길어지면 길어질수록 농촌지역의 의원들은 농촌대표를 희생해서 성장하는 도시에 권한을 이전하는 재배정을 지지하려고 하지 않을 것이다. 일부 주의 상원 선거구는 수백만 명이 살고 있는 반면에 일부는 1만5,000명 이하인 곳도 있다. 도시 비판가들은 자신들의 의회가 연방헌법 제4장 제4조가 보장하고 있는 '공화주의 정부형태'를 그들에게 인정하고 있지 않다고 주장하면서 소를 제기했다. **베이커** 사건에서 대법원은 연방사실심에 이러한 주민들의 소의 적격을 인정했으며 이들 법원들이 "헌법상 권리의 침해가 있었다면 구제책을 연구하도록" 권유했다. 일부 주의회는 자발적으로 재배정을 했으나 많은 주의회는 단지 하원의 불균형만을 시정했다. 또 다른 주의회는 법원이 정한 재배정을 따랐다. 1964년에 대법원은 앨라배마 주의 계획을 포함한 가장 중요한 **레이놀즈(Reynolds v. Sims)** 사건에서 6개 주의 재배정 계획과 관련된 항소를 결정했다. 대법원장 워렌은 이러한 계획은 유권자에게 15차 연방수정헌법이 보장하고 있는 '평등보호'를 부인하며 '1인1표'는 주의회에서 하원과 상원 모두에 적용되어야 하는 원칙이라고 판결했다. 그는 "입법자들은 나무나 토지가 아닌 사람을 대표한다. 입법자들은 농부나 도시나 경제적 이익이 아닌 유권자에 의해 선출된다"라고 판결했다. 대법관 프랭크퍼터는 심장발작을 일으켜 퇴임했으나 그의 동료인 대법관 할랜은 반대의견에서 지금은 친숙한 사법적 절제를 위한 청원을 했다.[9]

실체적 자유주의 개념은 대법관들이 헌법 제정자들의 가치에 자신들의 것을 대체했다는 불만의 목소리를 불러일으켰다. 1970년대와 1980년대 위헌법률심사제도와 사법부의 권한에 대한 논쟁은 점차 헌법 제정자의 의도, 즉 헌법 제정자의 의도와 다양한 수정헌법이 사법적인 해석에서 차지하는 역할의 문제로 바뀌었다. 보수주의 법학자, 법관과 정치인들은 대법원이 입법기능을 가진 기관이 되었다고 주장했다. 하버드 법대의 라울 버거(Raoul Berger) 교수는 워렌 대법원의 실체적 자유주의를 비난하면서 대법관들이 제정자들의 것을 자신들의 좋은 사회에 대한 비전으로 대체해 자신들을 "무소불위의 사법부"로 만들었다고 주장했다.[10] 퇴임한 하버드 법대학장이었던 로스코 파운드는 이에 반대했다. 사법부의 판결에 대한 뉴스 기사는 연방과 주대법원을 "마구잡이로 날뛰는 대법원(runaway courts)"이라 이름지었다. 파운드는 네브래스카 주에서 성장했고 "마구잡이로 날뛰는(runaway)"이라는 단어의 사용에 있어서 아이러니를 잘 알고 있었다. 원래의 그 의미는 마구를 채우기 위해 훈련받았으나 이러한 인위적인 제약을 벗어나 자유롭게 달리는 말을 묘사하기 위한 것이라고 파운드는 적었다.[11] "마구잡이로 날뛰는 대법원"이라는 점에 있어서 워렌 대법원장 시절의 대법원은 **베이커** 사건과 **브라운** 사건, **맵**(**Mapp v. Ohio**) 사건에서 관련된 사실에 대한 적절한 사법적인 주의를 기울이고 정의를 제공하기 위한 헌법적 수단을 적용하면서 사회학적 법학을 실천해야 하는 것처럼 행동했다. 어쨌든 강력한 보수적인 반동이 법조계 안에서 진행 중이었다. 그 대표적인 조직이 1980년대 초에 예일, 하버드와 시카고 법과대학원에서 설립되어 보수적인 올린(Olin), 스케이프(Scaife), 쿡(Koch)과 이어하트(Earhart) 재단으로부터 기금을 받아서 재빨리 전국적으로 확산된 연방주의자 단체(Federalist Society)였다. 이는 곧 수천 명의 법과대학원생, 수십 명의 법과대학 교수와 거의 2만 명의 변호사와 법관을 회원으로 하고 있는데 이들 중에는 대법관 안토닌 스칼리아, 클래런스 토머스와 새뮤얼 알리토, 전 미국 법무장관 에드윈 미즈(Edwin Meese), 케네스 스타(Kenneth Starr), 상원의원 오린 해치(Orrin Hatch), 하원의원 댄 렁런(Dan Lungren), 교수로는 리처드 엡스타인(Richard Epstein), 유진 볼로크(Eugene Volokh)와 로버트 보크, 국토안보청장 마이클 체르토프(Michael Chertoff)와 (알려진 바에 따르면) 현재 대법원장 존 로버츠를 회원으로 하고 있다. 이는 연방대법원에 사법상 신중하게 처신할 것을 요구하며 사법부 후보자의 직무적격 평가에 대한 미국변호사협의 반세기 동안의 '독점'을 종료시켰으며, 행정부, 학계, 전문직과 사법부의 직책에 보수적인 후보자를 세움으로써 공화당 행정부와 일부 기업과 조직에 영향력을 행사했다.

로널드 레이건 대통령과 에드윈 미즈 법무장관은 1980년대 이러한 주제를 반복했다. 미즈는 대법원은 "헌법 제정자의 의도"의 법학으로 되돌아가야 하고 대법관들은 주와 입법부에 속하는 문제들을 결정하기 위한 요구를 거절해야 한다고 촉구했다.[12] 로널드 레이건은 1987년 대법원장으로 윌리엄 렌퀴스트(헌법 제정자의 의도에 대한 가장 대표적인 옹호자)와 수석 대법관으로 안토니오 스칼리아(연방 항소법원 법관으로 엄격한 헌법해석에 대한 입장으로 유명)를 임명함으로써 자신의 주장을 실천하고 있음을 강조했다.

시민의 자유

서열이 정해진 자유와 우선적 지위

시민의 자유와 권리에 대한 현대적인 재고는 1930년대 시작되었다. 대법원은 경제권리와 정부규제에 대한 관심을 버리는 동시에 인간 자유의 문제와 관련된 새로운 논점을 거론하고자 하는 의도를 명확하게 선언했다.

대법원은 제14차 수정헌법과 그 선택적인 협력을 통해 권리장전을 '전국화' 하려는 노력을 신중하게 전개했다. **팰코(Palko v. Connecticut**, 1937) 사건에서, 대법관들은 제14차 수정헌법의 적법절차 조항은 이중위험에 대한 제5차 수정헌법상의 보호와 협력해야 한다는 주장에 대해서 심리했다. 벤저민 카도조 대법관은 이 사건에서 그러한 주장을 인용하지는 않았으나, 그는 자유와 권리는 이들이 희생된다면 존재할 수 없는 매우 '기본적' 인 일부 권리가 있다고 인정했다. 카도조는 제1차 수정헌법상 권리는 거의 모든 다른 자유의 '필수불가결한 조건' 이며 지금까지 이 권리들은 매우 협동적이었음을 확실히했다. 그러나 다른 권리들, 특히 배심심리, 정식기소, 강제자백에 대한 면책과 이중위험 금지들은 "제한받을 수 있고 대법관들은 여전히 제한해왔다." 그리하여 권리장전의 서로 다른 부분의 협동은 이들이 "서열이 정해진 자유의 체계"에서 얼마나 기본적인가에 달려 있었다.[13] 선택적 협조는 대법관이 미래에 취사선택할 수 있는 포괄적인 권한을 가질 수 있으나, 주의 형사재판제도에 개입해서는 안 된다는 것을 의미했다. 대법원은 제5차 수정헌법이 관련된 형사재판 사건인 **애덤슨(Adamson v. California**, 1948) 판결에서 5대4의 결정으로 협력과정은 선택적으로 할 수 있다고 인정하는 입장을 다시 확인했다.

대법관들은 또한 **팰코** 사건 1년 뒤에 판결한 **캐롤린 프로덕츠(United States v. Carolene Products Co.**, 1937) 사건에서 의제를 시민의 자유와 권리로 전환하겠다는 자신들의 의사를 표시했다. 할랜 피스크 스톤은 그렇지 않았더라면 눈에 띄지 않았을 사건에 유명한 우선적 지위 원칙을 각주에서 전개해나갔다. 스톤은 앞으로 대법원은 비경제적인 자유에 대해서 특별한 관심을 기울일 것이며 그 심사에 있어서 이중의 기준을 적용할 것이다. 대법원은 주 경제정책의 문제에 대해 입법부에 판단을 맡길 것이

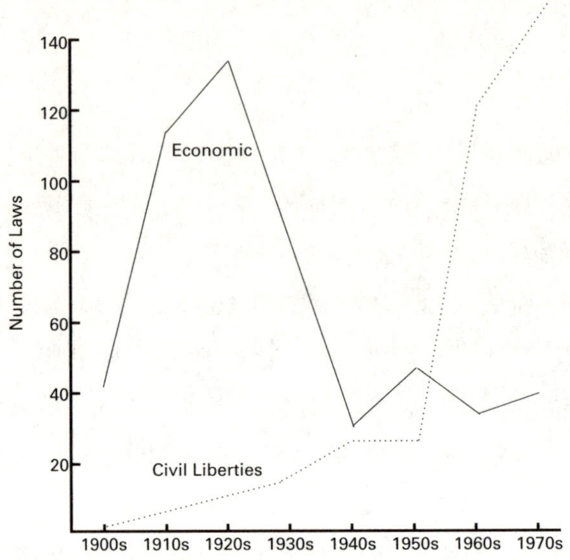

10년 단위로 대법원이 파기한, 경제와 시민의 자유와 관련된 법령건수

시민의 자유 항목에는 시민의 자유를 지지하는 법률은 포함하지 않는다. '1970년대'는 1977년 회기 말에 종료되었다.
출전: Congressional Research Service. the Constitution of the United States; Analysis and Interpretation (Washington D.C. : Government Printing Office, 1973 and 1978).

나 시민의 자유와 권리에 관한 문제에 대해서는 대법관들이 입법부의 조치에 대해서 특별한 심사를 해 자유와 권리에 우선적인 지위를 부여할 것이라고 스톤은 선언했다. 자유와 권리를 억압하기 위한 입법부의 노력은 경제와 관련된 법안보다 좀 더 철저하게 심사될 것이다. 비록 각주에 묻혀 있었어도 우선적 지위 원칙 소송인들에게 시민의 자유와 권리의 문제에 대해서 대법원에 항소하도록 권유했다. 위헌법률심사제도는 "일반적으로 소수자를 보호하기 위해서 의존하는 정치적인 과정의 작용을 심각하게 축소하는 경향과, 소수자를 분열시키고 고립시키는 편견" 때문에 필요하다고 스톤은 결론지었다.[14] 대법원은 스스로를 사회적 소수의 보호자로서 자처했다.

"서열이 정해진 자유," 선택적 협조와 우선적 지위의 개념으로 무장한 전후 대법원은 비록 그 조치가 모순되는 점이 없지 않지만 시민자유의 영역을 확대했다. 일본인격리사건과 같이 국가안보 문제가 관련되었을 때, 대법원은 안보문제가 불거지지 않았을 때보다 훨씬 더 의회의 결정을 존중했다.

냉전과 신공산주의 위협

반공산주의는 20세기 정치생활에서 지속적인 주제였는데 이는 특히 미국이 세계의 패권국가로 옮겨감으로써 더욱더 분명해졌다. 예를 들어, 1944년 공화당 부통령 후보 존 브리커(John Bricker)는 "공산주의자들이 뉴딜을 접수했고 언젠가는 공화국의 존립 자체를 파괴할 것이다"라고 주장했다.[15] 공산주의에 대한 히스테리는 냉전기간에 미국을 사로잡았다. 반미국적 활동에 대한 하원위원회는 공산주의자라고 의심되는 사람까지 조사하기 위해서 스미스법을 원용했다. 1945년 루스벨트의 대통령직을 승계한 해리 트루먼(Harry Truman) 대통령은 3년 뒤 자신이 출마한 선거에서 승리해, 공산주의자들을 축출하기 위한 정부의 정치적 조치에 착수했다. 1946년에 그는 정부관리들에게 정치적 상식을 벗어난 200만 명 이상의 연방 공무원들을 감시하도록 허용하는 연방 공무원 충성 프로그램을 설립하는 행정명령 9835를 공포했다.

1950년대 초 공산주의 위협과 위스콘신 주 상원의원 조셉 매카시(Joseph McCarthy)는 동의어가 되었다. 1950년 매카시는 웨스트버지니아 주 휠링의 한 연설에서 "국무부에서 여전히 활동 중이고 정책수립에 관여하고 있는" 공산주의자 205명의 명단을 가지고 있다고 선언하고 4년 동안의 공산주의자에 대한 테러를 시작했다.[16] 매카시는 자신의 상원 조사위원회 앞에 공산주의자나 공산주의에 동정적인 유명인사와 비유명 인사의 긴 명단을 끌어냈다. 매카시는 북한과 중국 공산당 군대에 맞서 이국만리 전쟁터에서 죽어가는 미국인들을 이용해 마구 설쳐댔다. 그의 운동은 그가 공격했던 파워 엘리트들이 오랫동안 텔레비전으로 방송된 청문회에서 보복했던 1954년에 마침내 막을 내렸다.

공산주의 위협에 대한 히스테리는, 정부 자신을 보호하기 위한 정부의 권한과 개인의 결사와 표현의 자유의 균형에 대한 문제를 제기했다. 1948년, 스미스법의 권한에 따라 트루먼 행정부는 당서기 유진 데니스(Eugene Dennis)를 포함한 미국 공산당 지도자 12명을 기소해 유죄판결을 얻어냈다. 이들 12명 모두에게 무력과 폭력으로 정부의 타도를 옹호하고자 공모했다는 유죄를 끌어낸 길고 지루한 심리가 뉴욕 시에서 열렸다. 피고들은 나중에 **데니스(Dennis v. United States**, 1951) 사건에서, 대법원에 상고했으나 성공하지 못했다. 대법관들은 홈즈의 자유주의적 원칙인 명백하고 현존하는 위험을 변형한 이론에 의거해 이들의 유죄와 스미스법의 합헌성을 인정했다. 6대2의 다수의견을 집필한 대법원장 빈슨은 "정부는 공산주의로부터 스스로를 보호해야 한다"라고 주장하면서 현존하는 위험이론을 명백하고 개연성이 있는 것으로 변경했다.[17] 제1차 수정헌법은 "계획이 수립되고 신호만 기다리는 정부 전복 기도가 실행될 때까지 기다렸다가 정부가 조치를 취해야 한다는 것을 의미하지는 않는다"라고 빈슨은 결론지었다.[18] 블랙과 더글러스 대법관은 이에 반대하면서, 빈슨의 의견은 명백하고 현존하는 위험 기준의 진정한 의미를 무효화했다고 정확하게 지적했지만, 이들은 이 입장을 주 충성 프로그램과 관련된 사건에서 관철시키지 못했다.

의회는 1950년 맥카랜법(McCarran Act)을 제정해 반공주의를 강화했다. 이 법안은 공산주의자에게 정부에 등록하도록 요구했고 공산주의자라고 의심되는 사람들의 여권을 취소시키고 국가 위급상황 시에 위험인물을 강제 수용소에 수용하는 조항을 신설했다. 이 법은 또한 반정부활동통제위원회(Subversive Activities Control Board)를 신설하고 충성 프로그램을 집행할 포괄적인 권한을 수여했다.

연방대법원은 마침내 스미스법에 대한 기존의 입장을 변경했다. **데니스** 사건과 같이 공산당 지도자의 유죄와 관련된 **예이츠(Yates v. U.S.**, 1957)[19] 사건에서 대법관 할랜은 "단순한 추상적인 원칙은 구체적인 행동과 너무 떨어져 있어서" 헌법에 위협을 주지 못한다고 판결했다. **앨버트슨(Albertson v. SACB**, 1965) 사건에서, 위원회는 유죄를 자백했음에도 불구하고 제5차 수정헌법상 권리를 침해하지 않은 경우에는 맥카랜법에 따라 개인에게 등록을 강요할 수 없다고 대법관들은 판결했다. 2년 뒤 대법원은 공산주의 관련 단체의 회원이 "어떤 형태로든 국방시설에서 근무하는 경우"를 범죄로 규정한 또 다른 조항을 파기했다.[20] 대법원은 이 법률이 "인권을 박탈하는 데 있어서 개인의 결사가 정부가 가지고 있는 위협을 부과했다는 어떠한 입증 없이 문자 그대로 결사 그 자체만으로 유죄가 성립된다"라고 규정하고 있음을 발견했다.[21]

대법원은 또한 국가안보 이외의 제1차 수정헌법상 권리의 근거를 확장했다. **데니**

스 판결 이후에, 대법원은 명백하고 현존하는 위험 법리라는 용어의 직접적인 사용을 일관되게 회피했는데, 이는 일부 대법관은 이 법리는 언론의 자유를 지나치게 좁게 보호한다고 생각하고, 다른 대법관들은 지나치게 많이 보호한다고 생각했기 때문이었다. 예를 들어, **브랜든버그(Brandenburg v. Ohio**, 1969) 사건에서, 대법원은 테러리즘을 옹호한 반흑인 백인단체의 지도자를 기소하는 데 이용한 오하이오 주 범죄적 생디칼리슴법의 합헌성에 대해서 심리했다. 대법원은 범죄적 활동에 대한 정의가 지나치게 모호하다는 이유로 오하이오 주법을 파기했다. 이 법률은 단체활동을 지나치게 구속했는데 이는 지지뿐만 아니라 집회의 권리도 제한했다.

시민자유의 확장

과도하게 광범위한 이론(overbreadth doctrine)은 제1차 수정헌법상 자유에 있어서 중요한 발전이었는데 이는 현재의 정치적 현실을 고려했기 때문이었다. 법관들은 미래에 무엇이 발생할 것인가가 아닌 과거 무엇이 발생했는가를 결정하면 되었다. 이 이론은 또한 대법원에 제1차 수정헌법상 다툼을 해결하는 데 상당한 재량권을 부여했고 점차 대법관들도 확장적인 견해를 취했다. 그렇게 함에 있어서 대법관들이 헌법 제정자들이 열거하지 않았던 활동에 대해서 제1차 수정헌법상 보호를 인정하고 있다고 대법원의 비판가들은 주장했다. 명예훼손, 출판, 외설, 피의자 권리와 프라이버시의 문제에서 대법원의 결정은 매우 논쟁의 여지가 있었다.

명예훼손, 상업광고와 출판

제2차대전 뒤 대부분의 미국 주에서 보통법상의 명예훼손법 아래에서는 명예훼손을 당한 사람은 실제로 피해를 입었다는 것을 입증할 필요가 없었다. 진술이 개인에게 나쁜 영향을 미쳤다면, '그 자체 명예훼손'이 되었고 진술이 개인에게 악의적이었는지의 문제는 전적으로 배심이 결정했다. 이는 항소법원이 재심리할 수 있는 것이 아니었다. 보통법의 이면에 놓여 있는 이론은 "무차별적인 정치적 비방이 중요한 공인의 평판을 해치도록 허용되어서는 안 된다"는 것이었다.[22] 실제로 법은 명예훼손으로부터 자신들을 용이하게 방어할 수 없다면 공공생활에서 물러나 있거나 사회의 소중한 자원을 누릴 수 없는 '선량한 사람' 을 보호했다. 대법원은 배타적으로 주의 문제라고 널리 이해되었던 것에 대한 개입을 일관되게 거절했다.

그러나 민권운동에 대한 소란 와중에 대법원은 공인과 출판의 자유와 관련한 중대한 문제에서 방향을 선회했다. **설리번(New York Times v. Sullivan**, 1964) 사건은 위증죄로 기소된 앨라배마의 마틴 루터 킹의 변론기금 모집을 위해 민권 운동가들이 〈뉴욕타임즈〉에 전면광고를 게재한 데서 비롯되었다. 이 광고는 앨라배마의 몽고메리시 공무원들과 경찰들이 비폭력 시위를 벌이고 있는 흑인에 대해서 "유례 없는 폭력"을 행사했다고 주장했다.[23] 시 감독관인 설리번은 일부는 사실이 아닌 이러한 광고내용은 비록 그의 이름이 거명되지 않았다 하더라도 자신의 명예를 훼손했다고 주장했다. 배심은 설리번에 동의했고 50만 달러를 설리번에게 지불하라고 신문사에게 명령했다. 이러한 소송은 남부에서 민권운동에 반대하는 백인들의 공통적인 전술이 되었으며, 1964년 신문사에 대한 명예훼손으로 계류 중인 사건의 청구액이 총 500만 달러에 이르렀다.

대법원은 제기된 명예훼손 사건을 제1차 연방수정헌법의 테두리 안에서 대응했다. 대법원은 공무원은 자신들의 공적인 행동이나 직무 적합성에 대한 명예훼손적인 거짓말에 대해서 피고(이 사건에서 뉴욕타임즈)가 "실제 해의(實際害意, actual malice)"를 가지고 공개했음을 입증하는 경우에만 손해배상을 받을 수 있다고 판결했다.[24] 이 용어는 "그 주장이 거짓임을 알았거나 그 진위여부에 관해 미필적 고의로 무시한 것"으로서 규정했다.[25] 대법원은 〈뉴욕타임즈〉에 대한 판결을 번복했을 뿐만 아니라 차후에 이와 같은 소송을 제기할 수 없다는 사실의 근거를 발견했다. 대법관 브레넌은 어떠한 다른 규정도 "공공논쟁의 다양성을 제한하고 기죽게 해" 언론에게 큰 장애가 될 것이며 공공에게 정보를 제공하는 역할을 하기 위한 언론의 능력에 좋지 않은 영향을 미칠 것이라고 판결했다.

개인들은 여전히 중과실과 자신들의 행위에 손해를 끼치는 잘못된 보도에 대해서 언론사를 고발할 수 있다. 그러나 대법원은 1988년 〈**허슬러*Hustler***〉의 캄파리(Campari) 광고—〈허슬러〉가 "풍자광고-진지하게 받아들이지 말 것(Ad parody-not to be taken seriously)"이라고 이름붙인—에서 팔웰 목사가 자신의 어머니와 옥외 화장실에서

섹스했다는 가상 인터뷰 기사에 대해 '도덕적 다수파(Moral Majority)' 라는 텔레비전 개신교 정통 교회의 설립자인 제리 팔웰(Rev. Jerry Falwell) 목사에게 부여한 손해배상을 번복함으로써 많은 사람들을 놀라게 했다. 대법원의 만장일치 의견으로 대법원장 렌퀴스트는 풍자에 대한 동료 대법관들의 혐오감을 표현했으나, 거의 200년 가까이 대통령 후보자와 공직자를 가장 비하하는 방법으로 묘사하는 미국신문에 등장했던 비슷한 이미지에 대해서는 허용했다. 대법원의 결정은 제1차 연방수정헌법상의 언론보호 조항에 "숨 쉴 틈(breathing space)"을 준 것이라고 옹호했다.[26]

설리번(New York Times v. Sullivan) 사건의 판결은 또 다른 효과를 가져왔다. 이는 상업상 언론의 자유개념을 도입했다. 대법원은 상업광고는 통상문제이지 언론의 자유문제는 아니라는 입장을 오랫동안 취해왔다. 그러나 **설리번** 사건에서 문제가 된 것은 광고였고 대법원은 일찍부터 상업적인 모험인 영화와 책에 대해서는 제1차 수정헌법의 보호 아래로 가져왔었다. **설리번** 사건의 판결이 가리키는 것처럼 대법관들은 자신들이 민권문제에서 추구하는 목적이 제1차 연방수정헌법 보호로부터 상업적인 언론의 자유에 대한 배제를 계속해서 허용함으로써 제약받을 수 있음을 인식하고 있었다. 더구나 버거 대법원장 재임 중 대법관들은 이 이론을 확장했다. **비글로우(Bigelow v. Virginia**, 1974) 사건에서 대법원은 낙태시술 광고를 규제하는 법률을 파기했다. 1976년에 대법원은 허가받은 약사가 처방약의 가격을 광고하는 것을 금지하는 버지니아 주법률은 제1차와 14차 연방수정헌법을 위반한다고 판결했으며,[27] 1977년 애리조나 주 변호사협회는 변호사의 광고에 대한 일반적인 금지도 마찬가지로 수정헌법을 위반한다고 추가했다.[28]

이러한 판결은 '상업상 언론의 자유' 를 보호했다. 2002년에 일반적으로 보수적인 5명의 대법관과 4명의 자유주의적인 대법관으로 나뉜 대법원은, 선출직 사법부의 후보자가 재판 중인 법률문제에 대한 자신의 입장을 표명해서는 안 된다는 미네소타 주 사법부의 행동강령은, 매우 강력한 주의 이익에 봉사하기 위해 매우 주의깊게 제정되었음을 입증해야 하는 '엄격심사' 의 기준을 통과하지 못했다고 판결했다. 대법관 스칼리아는 100년 이상 되는 사법부 선거에서 후보자에게 그러한 제한을 부과한 적이 없음을 지적했다.[29] 20세기 초에 캘리포니아, 텍사스, 오하이오, 미시간과 그 밖의 주에서 정당들은 사법부 선거운동에 수백만 달러를 지출했다.

그러나 문제가 정치자금 모집인 경우에 대법원은 처음부터 훨씬 융통성 있게 다루었다. 1971년 연방선거법은 연방 선출직 입후보자에 대한 개인 기부액을 1,000달러, 위원회는 5,000달러로 제한했으며, 연방관리 후보에 대해 1,000달러 이상 기부하는 사람의 명단을 공개하기 위해 연방선거위원회에 제출할 것을 정당 위원회에 요구했다. 정당들은 이 법이 제1차 연방수정헌법상 언론의 자유에 대한 부당한 개입으로서 위헌임을 주장했다. **버클리(Buckley v. Valeo**, 1976) 사건에서 대법원은 전체 선거비 지출액의 상한선을 정해 개인과 단체의 기부액수를 제한하고, 후보자 개인의 선거비 지출액을 제한하는 조항에 대해서는 부분적으로 동의했다. 대법원은 뒤에 연방선거관리위원회가 대통령선거운동기금법에 따라 단체가 선거비용을 수령하는 대통령 후보자에게 기부할 수 있는 총액을 1,000달러로 제한하는 것은 이러한 언론자유에 개입을 인정할 강력한 주의 이익이 없다고 보아 이를 금지시켰다.[30]

그러나 2000년에 대법원은 개인과 정치단체의 행동위원회가 주의 공직 후보자에게 지불할 수 있은 금액을 제한하는 주의 법률이 제1차 연방수정헌법을 위반하지 않는다는 것을 지적했다.[31] 2001년에 대법원은 상원 후보자에 대한 정당 기부금이 연방선거법 규정의 제한을 받는다고 판결했다.[32] 2003년에는 개정 양당선거법(2002)의 다음 두 가지 주요 규정이 합헌이라고 판결했다. (1) 특정한 후보자에 대한 찬반투표를 특별히 옹호하지 않고 후보자가 지지하는 입장을 공격하는 '쟁점광고(issue ads)'를 만들기 위해서 그렇지 않으면 법령상의 제한을 받거나 대통령선거관리위원회에 보고해야 하는 출처가 불분명한 자금(soft money)의 유입을 정당에 금지하기 위해서 고안된 법률규정과 (2) 연방선거의 결과에 영향을 미치기 위해 기업과 노조가 일반기금을 사용하는 것을 제한하는 규정.[33] 대법관들은 상업상 언론의 자유에 대해서는 절대적인 자유를 인정하지 않았으나 대신 주 정부는 상업상 언론의 자유를 규제할 필요성이 제1차 수정헌법상 언론의 자유보다 더 중요하다는 것을 입증하도록 요구했다. 예를 들어, 대법관은 지역사회는 미관과 교통안전을 이유로 옥외간판을 제한할 수 있다고 한 **메트로미디어(Metromedia Inc. v. San Diego**, 1981) 사건을 지지했다.

대법원은 또한 제1차 수정헌법이 언론사에게 포괄적인 보호를 수여한 것을 재확인했다. 전후시기의 가장 유명한 사건은 일반적으로는 펜타곤 문서사건으로 더 잘 알려진 **뉴욕타임즈(New York Times v. United States**, 1971) 사건이었다. 이 사건은 베트남 전쟁에 관한 펜타곤 극비문서의 불법복사 내용을 〈뉴욕타임즈〉와 〈워싱턴 포스트*Washington Post*〉가 기사화한 것과 관련되었다. 닉슨 대통령은 신문사에 출판을 중지하도록 지시할 수 있는 명령을 연방 하급법원으로부터 받아냈다. 그러나 대법원은 40년 전 **니어(Near v. Minnesota)** 판례에서 이를 인정할 수 없다고 선언했던 판결을 근거로 언론에 대한 사전제한으로서 이 금지명령을 무효화시켰다. 대법원장 버거와 대법관 존 마셜 할랜과 해리 블랙먼은, 정부는 국가에 해로운 자료의 출판을 억제할 적법한 권리를 가지며 행정적인 권한에 이러한 문제를 결정할 재량이 주어져야 한다고 주장하면서 반대의견을 제시했다. 반대자들은 대법원이 출판의 자유에 대해서 반복적으로 언급한 내용을 재확인했다. 제1차 수정헌법은 출판자들에게 그들이 원하는 것을 출판할 절대적인 권리를 인정하지는 않았다. 그러나 특히 그 당시의 과열된 분위기 속에서 이 사건은, 정부가 출판의 자유를 사전에 제한하려고 할 때 매우 무거운 입증책임을 가진다는 것을 재확인했다. 결국 대법원은 자료의 출판이 국가안보에 대한 위험을 가져왔는지를 결정하는 데 있어서 행정기관보다는 대법원이 더 적합하다고 믿었다.

브랜즈버그(Branzburg v. Hayes, 1972) 사건에서 대법원은 법관이 기자에게 대배심 앞에서 마약사범에 대한 정보를 증언하게 하거나 법정모독죄로 구속시킬 수 있다고 판결했다. 리포터가 정보를 탐사하는 데에서 종교적 고해자나 배우자의 특권과 유사한 면책특권이 없음을 확인했다. 1980년 대법원은 일반과 언론에 의한 사실심 접근문제를 다루지 않고 지나쳐버렸다. 버지니아 주 법관은 세 번째로 심리무효를 선언하고 피고의 요청으로 폐정했다. **리치몬드 신문(Richmond Newspapers v. Virginia)** 판례에서 대법원장 버거와 동료 대법관들 6명은 언론과 일반에게 법정의 재개정을 명령하기 위해서 제1차와 제6차 연방수정헌법에 의존했다(대법원은 나중에 이러한 문제에 있어서 일반인들보다 '우선적인' 범주라는 언론의 주장을 받아들이지 않았다.)

1971년 의회는 베트남 전쟁을 수행하는 대통령을 지지하기 위해 상징적으로 수여했던 전쟁수행권을 철회했다(통킹 만 결의안.) 2년 뒤 의회는 닉슨의 거부권에 대해 전쟁수행권 '결의안'을 통과시켰다. 대통령은 군대를 외국에 파견한 48시간 이내나 파견할 계획을 의회에 고지하고 이러한 군사력의 이용에 대해서 설명하고 정당화시켜야 했다. 그리고 의회는 그러한 조치의 적법성에 대해서 60일 이내에 결정해야 했다. 의회가 이러한 조치를 승인하지 않은 경우에 대통령은 30일 이내에 임무를 완수하고 군대를 기지로 철수시켜야 했다. 1975년 1월 북부 베트남 군대가 남부를 공격하자 제럴드 포드(Gerald Ford) 대통령은 의회에 3억 달러를 요청했는데 이는 표면적으로는 파리평화협약의 긴급조항을 위반한 사태가 발생하면 돕기로 한 1972년 11월 남부 베트남 정부에 대한 닉슨 행정부의 약속을 지키기 위한 것이었다. 의회는 이러한 요청을 거절했고 대통령은 남부 베트남군을 돕기 위해 군대를 파견하지 못하도록 명령했다. 이러한 결정은 결과에 별 차이를 가져오지 못했을 것이고 또한 전쟁수행에 관한 법률에 따른 결정도 아니었다. 그 입법은 걸프 전쟁(1991년 1월 통과)과 이라크 전쟁(2002년 10월 통과)에 있어서 의회가 군사력의 사용을 승인하는 법률을 제정할때 언급되었다.

2001년 9월 알카에다가 세계무역센터와 펜타곤을 공격한 직후 부시 대통령은 NATO 동맹의 관심 속에서 알카에다와 아프카니스탄에 있는 탈레반 동맹에 대한 공격을 명령했고, 각료 수준의 국토안보청을 신설했으며, 테러리즘을 차단하고 방어하기 위해 요구되는 적절한 수단을 제공해 미국을 통합하고 강화시키는 법률(Uniting and Strengthening America by Providing Appropriate Tools Required to Intercept and Obstruct Terrorism-USAPATRIOT)이 의회에서 통과된 것을 2001년 10월 26일 서명했다. 그 뒤 군대와 중앙정보국은 혐의가 있는 알카에다 죄수들을 쿠바의 관타나모 만과 사우스캐롤라이나의 찰스턴에 있는 해군 교도소에 억류하고 다른 사람들은 동부유럽과 중동지역의 은닉장소에서 아마도 고문을 위해서 수감시키기 시작했다. 의회는 2005년 부분적으로는 관타나모 억류자의 입장에서 제기된 항소로부터 행정부를 보호할 목적으로 억류자처우법(Detainee Treatment Act)을 제정했다.

억류자가 제소한 두 사건이 연방대법원에 상소되었다. 첫째는 2004년 중반에 **햄디(Hamdi v. Rumsfeld)** 사건이고 둘째는 2006년 **햄던(Hamdan v. Rumsfeld)** 사건이다. **햄디** 사건에서 대법원은 탈레반 조직과 함께 아프카니스탄에서 포로로 잡혀 찰스턴에 있는 해군 교도소에 수감되었던 미국 시민 햄디가 "중립적인 결정권자 앞에서" 그에 대한 죄상을 다루기 위해 적법절차에 의한 심리를 받을 자격이 있다고 판결했다. 대법관 오커너는 "현재 진행 중인 국제적인 충돌 기간에 미국의 국가안보에 실제로 즉각적인 위협이 되는 사람들을 억류하는 데 있어서 정부의 관심이 중요한 만큼 역사와 일반상식이 견제받지 않는 억류제도는 위협을 가하지 않는 다른 사람들에 대한 억압과 남용수단이 될 가능성이 있다는 것을 가르치고 있다"라고 판결했다. **햄던** 사건에서 대법원은 아프카니스탄에서 포로로 잡힌 예멘 국적의 햄댄을 심리하기 위해 행정부가 소집한 군사위원회는 의회의 입법에 따라 승인되지 않았으며 그 증거규정에 관한 구조와 절차, 그리고 재판 중에 인정되는 피의자의 권리가 의회의 통일군사형법전과 1949년 제네바협정 모두를 위반했다고 판결했다.[34] 이러한 판결 이후 여러 명의 억류자가 석방되었고 다른 사람들은 대법원이 정한 기준에 부합하도록 만들어진 군사법정에서 적절한 재판을 받았다. 그동안 이 문제는 논란의 대상이 되었으며 군대의 법무관들은 자신들과 같은 군대의 일반장교와 정부의 일반 공무원들이 했던 것보다 억류자들에 대해 좀 더 세심한 대우를 요구했다는 것을 주목할 가치가 있다.

외설, 교회-국가 관계와 프라이버시

미국은 도덕적인 행동을 입법화하려는 시도에 대해 오랜 역사를 가지고 있었다. 예를 들어, 20세기 중반 주와 지방정부는 그 규제권능 아래 외설적인 책과 영화를 규제하고 어린이들에게 공립학교에서 예배를 요구하거나 성인들의 피임기구 사용을 금지시키고자 했다. 그러나 이러한 문제들은 이러한 법률들을 무효화시키려는 노력과 제1차 수정헌법을 개인의 표현에 대해 최대한 넓게 보장하도록 해석시키려는 미국민권운동조합의 노력과 함께 점차 엄격한 심사를 받게 되었다. 국가의 민족적 인종적 이질성과 성 문제에 대한 개방적 태도는 이러한 이슈들을 중요한 헌법상 논쟁거리로 공론화했다. 그러나 전후 헌법의 다른 분야에서 미국이 찬반양론으로 크게 나뉘자 이러한 문제에 대해서는 첨예하게 대립하지는 않았다. 대법원의 외설, 교회-국가 관계와 프라이버시 결정은 권리의식의 신장과 그 기여의 산물이었다. 이들은 또한 무소불위의 사법부로서 대법원에 대한 공격을 불러왔다.

대법원은 제1차 수정헌법 아래 외설적인 자료를 보호할 것인가의 문제에 대해서 일관성 없이 그리고 궁극적으로는 성공하지 못한 다툼을 벌였다. 1957년 대법원은 **로스**(**Roth v. United**) 사건과 **앨버츠**(**States Alberts v. California**) 사건을 판결했다. 첫 번째 사건은 외설적인 물건의 우송을 금지하는 연방법과 관련되었고, 둘째 사건은 주의 외설법에 관한 것이었다. 이 사건들에서 대법원은 주는 외설적인 물건을 금지할 수 있는 반면에 무엇이 외설인지를 규정하는 데 전적으로 자유롭다고 인정하는 데까지 나아가지는 않았다. 이러한 권한은 입법자들에게 지나치게 많은 재량권을 인정하기 때문이라고 정확하게 인식했다. 그러나 대법원은 외설을 정의하지 않았으며 대신에 보호받는 것이 무엇인지에 대해서 언급하면서 이는 "최소한의 구제가 필요한 사회적 중요성"을 가지는 생각이라고 했다.[35] 호색적인 서점과 영화관 운영자들은 자기들이 취급하는 것은 수준 있는 예술이거나 해부학에 대한 진정한 교훈이라고 주장하면서 자신들이 팔 물건들을 진열했다. **로스** 원칙은 매우 교묘해서 포터 스튜어트(Potter Stewart) 대법관(1959~1981)은 외설을 정의할 수는 없으나 "그것을 보고 있으면 외설인지를 안다"라고 언급했다.[36]

1960년대 빠르게 성장한 포르노 산업은 개방적인 성 풍조에 힘입었다. 주민들의 도덕에 관한 주의 관심은 지역 공무원들이 '저속한 가게'에 불가피하게 수반되는 도시의 어두운 그림자에 대한 관심과 종교단체들이 포르노를 만드는 공장을 억제하기 위한 조례를 마련함으로써 새로운 국면을 맞이했다. **밀러**(**Miller v. California**, 1973) 사건에서 대법원은 지역당국에 다소 강력한 통제권을 줌으로써 이러한 요구에 부응하기 시작했다. 대법관들은 외설물은 헌법상 보호받지 못한다고 확증했으나 **로스** 원칙을 완화했다. 이들은 외설물은 "진지한 문학적 · 예술적 · 정치적 · 사회적 가치가 부족"하다고 정의했다.[37] 그러나 외설의 결정은 "동시대의 공동체 기준을 적용하는 평균인"이, 주 법에서 규정하고 있는 바와 같이 해당 물건이 "외설스러운 관심에만 전적으로 호소하는 것"인지를 결정하는 것은 지역 배심들에게 남겨졌다.[38] 이 사건에서 3명의 대법관들은 반대했으며 이들의 불일치는 미국이 법과 윤리의 관계와 언론의 자유의 의미에 대해서 여전히 나뉘어 있음을 반영했다. **밀러** 사건에 있어서 공동체에 근거한 기준은 상업적인 포르노가 유행하는 것을 막는 데 실패했으며 일부 주법원은 실제로 **로스** 판결을 무시했다. 제임스 피펜버그(James Piepenburg)가 외설영화의 상영을 금지하는 솔트레이크 시의 조례를 위반해 유죄판결을 받자 유타 주대법원에 상고했고, 주 대법원장은 "미국 연방대법원의 어떤 대법관"을 인용(로스 판결로부터)해 자신들의 판결이유에 대해서 다음과 같이 말했다. "이는 단지 타락하고, 정신이 박약하고, 마음이 삐뚤어진 괴짜"에 의해서만 발달한다고 한다면 이들 모두와 이들의 인도를 따랐던 모든 주법원의 대법관들은 사임이나 제명되어야한다고 주장했다.[39] 게다가 1980년대 여성의 권리운동은 "익명의, 가슴 두근거리는 노리개감, 어른용 장난감이자 가지고 놀다가 싫증나면 버리는 비인격적인 대상으로서 여성"을 바라보는 남성들을 단념시키는 새로운 근거를 바탕으로 포르노를 공격했다.[40] 이것도 마찬가지로 포르노가 만연한 풍조를 막지 못했다. 1990년 무렵에 포르노가 잡지와 영화로부터 케이블 TV와 인터넷으로 전파되자 1992년과 1996년에 의회는 각각 입법을 제정했다. 통상조항을 이용해 이 두 매체를 주된 대상으로 1996년에 대법원은 이 중 첫 번째 입법인 케이블 TV 소비자 보호와 경쟁법의 일부 내용을 파기했고 1997년에 통신예절법(Communications Decency Act)에 대한 사실심 법원의 무효화를 지지했다(이 법은 관리와 집행이 불가능하게 될 것이라고 지적하면서.)[41]

도덕과 법의 연결은 교회-국가 관계의 문제에서 특히 공립학교의 예배에 관한 대법원의 판결로 국가전체의 분열을 가져왔다. 가장 중요한 사건은 뉴욕 주의 교육위원회가 만든 예배와 관련한 **엔젤(Engel v. Vitale**, 1962) 사건이었다. 기도문은 평범한 주문으로 교육위원회가 만든 것이었다. "전지전능한 신이시여, 우리는 당신에게 우리가 의존하고 있음을 잘 알고 있으며"로 시작해 다음과 같이 계속되었다. "우리는 당신이 우리와 선생님들과 우리나라를 축복해주시기를 간절히 기원하나이다."[42] 기도자는 주의 학군과 이를 채택하고 있는 학교의 학생들 모두에게 자발적이었다. 더구나 종교는 동전에 "우리가 믿는 신에 있어서"라는 문구가 적혀 있는 것처럼 공공생활에서 일상적인 모습이었다. 관대하지 않은(그리고 그렇게 호의적이지 않은) 교사들은 특히 비기독교도인 어린 학생들에게 미묘한 압력을 행사했다. 대법관 포터 스튜어트의 유일한 반대가 있었으나 대법원은 뉴욕 주의 예배규정을 제1차 수정헌법상의 특정 종교의 국교화 금지 조항을 위반한 것으로 파기했다. 휴고 블랙 대법관은 이 조항이 교회와 국가 사이에 높은 분리장벽을 세웠으며 공립학교 예배규정은 국가가 정한 종교상의 실천이라고 판결했다. 대법원은 이듬해 펜실베이니아 주의 애빙턴 고등학교(Abington Senior High School)에서 매일 성경 읽기에 반대한 엘로리 셈프(Ellory Schempp) 사건의 상소를 대법원에서 다루게 되었을 때 **엔젤** 사건을 뛰어넘어서 판결했다. 이러한 변천과정에 있어서 이 사건에 주목해야 할 또 다른 측면은 애빙턴 교육위원회가 성경 읽기에 반대하는 학생들에게 그러한 활동 중에 잠시 수업에 참석하지 않는 것을 인정했다는 것이다. 연방대법원은 이러한 대안이 성경 읽기에 강제로 참석시키는 것보다 더 받아들일 수 있는 것은 아니라고 판결했다. 대법관 윌리엄 브레넌은 10대 청소년들은 "또래 집단의 규범"에 민감하며 압력을 느낄 것이라고 설명했다. 어쨌든 그는 제1차 연방수정헌법상 종교 규정은 19세기 중반 이래 주대법원이 널리 인정하고 있던 관행인 성경 읽기를 금지하려고 의도하지 않았다는 주장을 받아들이지 않았다. 브레넌은 그러한 주장의 근거로 "건국의 아버지들의 충고를 지나치게 글자 그대로 해석하는 것은 쓸모없고 잘못된 방향"이라고 선언했다.[43]

이 두 판결은 엄청난 논란을 불러일으켰다. 일부 정치인들은 시민의 자유에 대한 판결뿐만 아니라 시민의 권리에 관련된 사건에서와 같이 일반적으로 대법원을 공격할 구실을 잡았다. 그리하여 인종통합 반대자인 앨라배마 주 하원의원 조지 앤드류스(George W. Andrews)는 대법관들은 "학교에 검둥이들을 집어넣더니 이제는 신을 몰아냈다"라고 선언했다.[44] 1970년대 말, 기독교 근본주의가 득세하면서 학교예배를 승인하도록 헌법을 개정하려는 시도는 레이건 대통령이 승인했으나 성공을 거두지 못했다. 게다가 대법원의 판결은 매우 우회적이었다.

엔젤 사건과 **셈프** 사건이 발생했던 대서양 연안의 중부 주에서 교육위원회의 조사에 따르면 성경 읽기가 1965년 62퍼센트에서 단지 5퍼센트로, 아침예배는 87퍼센트에서 단지 7퍼센트로 감소되었으며 반면에 남부의 학군에서는 성경읽기가 80퍼센트에서 57퍼센트로, 아침예배는 87퍼센트에서 64퍼센트로 적당히 감소되었다. 이러한 차이는 '성경지대'인 남부에서 위와 같은 결정에 대해 상당한 불만이 있다며 그 지역의 관련된 법집행 관리(주 법무장관과 주 교육위원회 사무총장)들이 각 학군에 연방대법원의 판결을 따르지 않는 것을 용인하거나 적극적으로 지지한다는 신호를 보낸 것으로 드러났다. 예를 들어, 테네시 주 교육위원회 사무총장은 "**셈프** 판결에도 불구하고 공립학교에서 성경읽기는 허용될 수 있다"라고 말한 것으로 보고되었다. 한 연구자는 테네시 주의 121개 학군 중에서 **셈프** 판결 이후의 관행에 대해서 51개 학군은 자신들의 정책에 약간의 변화를 주었고 단지 1개 학군만이 모든 종교활동을 제거했다고 단언했다.[45]

로드아일랜드와 펜실베이니아 주의회는 교구 부속학교에 다니는 일반학생들을 위한 보조금과 상환을 인정하는 법률을 제정했다. 대법원은 이러한 법률을 무효로 했고 앞으로 제정될 입법을 위한 기준을 마련했다. 이러한 법률은 종교를 돕거나 방해하지 않는 효과인 세속적인 목적을 가져야 하며 "정부와 종교 사이를 지나치게 뒤얽히게 만들어서는" 안 된다.[46] 켄터키 주법률은 공립학교에 십계명을 게시하도록 요구했다. 이를 이행하기 위해 사적 기금이 이용될 수 있음을 명시했으나 1980년에 대법원은 **엔젤** 사건과 **셈프** 사건을 인용해 이 법률이 제1차 연방수정헌법상 국교금지 조항을 위반해 무효라고 선언했다.[47] 마찬가지로 1985년 대법원은 교사에게 지정된 예배시간에 '자발적인 학생'을 인도하도록 지시하고 있는 앨라배마 주법률에 대한 하급심의 무효화를 지지했다.[48] 루이지애나 주는 〈창세기〉의 천지창조 이야기를 받아들인 '창조론'을 진화론과 함께 가르치도록 의무화했다. 1987년 대법원은 이러한 의무규정은 국교금지 원칙을 위반했다고 판결했다.[49] 1993년에 의회는 종교자유회복법(Religious Freedom Restoration Act)을 제정해 이에 반응했으나 1997년 대법원은 이 법률은 무종교에 대한 종교의 우선을 부여함으로써 국교금지 원칙을 위반했다고 판결했다.[50]

대법관들은 또한 피임기구에 대한 주의 규제와 관련한 도덕적인 논란에 휩싸이게 되었다. **그리스올드(Griswold v. Connecticut**, 1965) 사건은 임신을 금지하는 어떠한 약물이나 장치의 사용을 금지하고 피임기구를 제공하거나 충고하는 사람을 처벌하도록 한 1879년 법률과 관련된 사건이었다. 그리스올드는 가족계획협회의 의사였으며 기혼자들에게 피임약을 처방한 협회 소속 의사 중 한 사람이었다.

판결문을 작성한 대법관 더글러스(Douglas)를 비롯해 대법원은 7대2의 의견으로 이 법은 위헌이라고 판결했다. 이 판결은 20세기의 가장 중요한 판결 중 하나였고, 그 주장과 효과에 있어서 대법원이 산아제한 혁명과 여성취업 증가와 임신으로부터 자신들을 보호하려는 새로운 현실에 헌법을 적응시키려고 시도하는 데 있어서 많은 문제점을 드러냈다. 더글러스 대법관은 이 법은 권리장전의 어느 특정한 보장을 위반하지는 않았음을 인정했으나, 그는 빈 공간에 채워야 할 새로운 권리—프라이버시권—를 발견했다. 법학자들과 대법원은 이전에 이러한 권리에 대해서 암시했었다. 루이스 브랜다이스와 새뮤얼 워렌은 1890년에 이러한 주제에 대해서 〈하버드 법학지〉에 선구적인 논문을 발표했었다. 나중에 대법원 재직 중에 브랜다이스는 **올름스테드(Olmstead v. United States**, 1925, 도청과 관련된 사건) 판결에서 헌법 제정자들은 정부에 반해서 남의 간섭을 받지 않고 혼자 있을 권리, 즉 문명인들에게 가장 소중한 권리이자 가장 포괄적인 권리를 수여했다고 판결했다.[51]

더글러스는 권리발생의 연원에 대해서 특정하게 언급되지 않은 문서에서 유래한 헌법의 '우산' 아래에 프라이버시권을 자리매김했다. 다른 대법관들은 위와 같이 진보적이고 논쟁적인 입장을 취하지 않고 더글러스 대법관의 의견에 동의했다. 이들은 헌법에서 특별하게 언급된 것 이외의 권리의 존재를 인정하는 제9차 수정헌법을 적용할 수 있다고 결론지었다. 부부의 프라이버시는 이러한 권리 중 하나이다. 코네티컷 주법은 부부의 침실에 대한 주의 **무단침입**이어서 인용할 수 없는 것이었다. 다른 대법관들은 여전히 이러한 권리는 실체적인 적법절차 개념에 근거한 권리라고 주장했고 이들은 이러한 새로운 시민의 자유를 확증하기 위해 옛 경제적인 규제판결에 의존했다.[52]

이러한 논리는 8년 뒤에 이보다 훨씬 더 논란거리인 **로(Roe v. Wade)** 사건에서 대법원의 판결을 위한 길을 닦았다. 이 사건에서, 대법관들은 적법절차를 부인한 것으로 주 낙태금지법을 파기했고 주의 이익과 여성의 권리는 균형을 맞추어야 한다고 주장했다. 그리하여 다수의견을 발표한 해리 블랙먼 대법관은 주는 태아가 생존할 수 있을 때 임신 최초 6개월 후에만 낙태 제한에 개입할 수 있다고 결론지었다. 낙태는 돈을 지불할 수 있는 여성이라면 언제나 이용할 수 있었으며, 적어도 1950년대까지 주법은 임신을 중절하려고 하는 절망적인 여성들을 종종 무자격 낙태시술자에 의한 위험한 시술로 내몰아서(비록 낙태를 억제하려고 시도했지만) 낙태를 크게 억제하지 못했다. 이러한 상황은 여성권리보호기관과 공중보건 전문가들의 다수가 차별에 대해서 압력을 가하게 했다. 뉴욕 주의회는 1970년에 임신 초 3개월 이내의 낙태를 비범죄화했다. 이듬해 그 주에서 산모의 사망률이 45퍼센트 감소했다.

로 사건의 의견은 학교 예배사건에서 보여준 반발을 넘어서는 강력한 항의를 유발했다. 근본주의자 기독교인과 가톨릭 교회는 이 판결을 반대하는 데 있어서 중요한 역할을 했다. 친생명운동은 태아도 마찬가지의 권리를 가지며, 원치 않는 임신에 대한 더 나은 해결책이 있다고 주장했다. 낙태 시술소를 이용하는 여성을 직접 겨냥한 피켓 시위는 낙태를 불법으로 하기 위해 헌법을 수정하도록 입법자들을 설득하려는 정치적인 노력과 결부되었다. **로** 사건의 친선택 옹호자들은 친생명 입법자들에게 다음과 같은 다소 어려운 문제를 질문했다. (1) 제안된 법률이 태아도 인간이라면 태아가 무죄이고 문제에서 언급된 생명에 대한 권리는 이를 생산한 성행위가 자발적인지 비자발적인지를 문제 삼지 않고 단지 도덕적으로 옹호할 수 있는 강간과 근친상간의 경우에만 낙태를 허용하고 있는가? (2) 여성이 적법한 낙태를 시술받기 위해 주의 경계를 벗어난 경우 이들이 자신의 주에 되돌아왔을 때 살인죄나 유괴와 박탈에 관한 연방 형사범죄로 기소할 수 있을 것인가? 레이건 대통령은 제안된 수정안에 대한 지지를 다시 표명했으나, 학교예배의 경우에서처럼 별 효과를 거두지 못했다. 헌법수정 절차가, 제안에 의회의 2/3와 비준에 주의 3/4의 투표를 요구해, 친생명 그룹의 정치적인 지배력을 벗어났기 때문에 학교예배 문제가 그랬던 것처럼 낙태문제도 국가 전체를 찬반 양측으로 갈라놓았다.

대법원은 빈곤층 여성의 낙태 시술비에 대한 공적인 의료지원 기금의 제공을 부인하는 여러 주와 연방 법률을 인정했다.[53] 비록 일부 주의 법률을 낙태 시술소를 폐업시키는 위헌적인 조치로서 파기했지만[54] 일부 주는 의사에게 낙태로 발생할 수 있는 시술의 복잡성에 대해서 여성에게 고지할 것을 요구하고 미성년의 경우에는 부모에게 고지해 동의를 얻을 것을 요구하거나 낙태 전에 24시간 동안 대기하도록 요구하는 것은 합헌이라고 판단했다.[55] 그러나 **케이시(Planned Parenthood v. Casey,** 1992) 사건에서 이러한 규정을 인정한 반면에 배우자의 동의를 요구하는 조항은 파기했다. 대법관 5명은 **로** 사건에서 '프라이버시'의 하나로서 기술한 낙태에 대한 기본권은 여전히 헌법상 합당하다고 재확인했다. 대법관들은 이러한 권리는 제14차 연방수정헌법 적법절차 조항의 '자유'의 일부에 해당한다고 판결했다.[56] 2000년에 대법원은 부분적출낙태를 금지하는 네브래스카 법률에 대해서 산모의 생명보호를 위한 예외를 제공하는 데 실패했다는 이유로 무효화한 뒤에 그러한 예외를 포함한 부분적출낙태를 금지하는 의회의 법률을 인정했다.[57]

친생명과 친선택 옹호자들이 낙태에 관해서 다투고 있는 반면에 인생의 마지막의 비슷한 권리인 죽을 권리에 대한 논쟁이 발생했다. 1990년에 대법원은 특별한 상황에서 생명유지 장치를 종료시켜 달라는 희망을 특정한 환자의 생전 유언은 납득할 만한 증거로 입증되어야 한다고 판결했다. 이러한 증거가 없을 때에는 생명을 유지하려는 병원정책과 부모의 희망이 우선했다.[58] 1997년에 의사의 도움에 의한 안락사는 제14차 연방수정헌법의 '적법절차'로 보호받는 권리가 아니라고 판결했다.[59]

성적인 혁명의 절박한 상황에 헌법을 잘 적응시키기 위한 대법원의 자발성에는 한계가 있었다. 여전히 논란의 여지가 있는 관행이었지만 동성애에 대한 사회적 낙인의 일부는 없어졌다. 게이는 공개적으로 세상에 나왔고 이들은 정치와 소송을 통해서 자신들의 이익을 증진하고자 힘을 모았다. 예를 들어, 이들은 샌프란시스코의 강력한 동성애 지역 공동체가 마련한 모델을 근거로 여러 도시에서 '게이의 권리장전' 통과에 성공했다. 그 효과는 동성애를 비범죄화했고 이들에게 양육과 공공근로에 관해서 일부 제한적인 권리를 인정했다. 그러나 중대한 장애는 남아 있었다. 대법원은 이전에 흑인들에게 적용했던 것과 똑같은 수준의 조사를 동성애 법률에 적용하는 것을 탐탁지 않게 여겼다. 대법원은 **보워스(Bowers v. Hardwick**, 1986) 사건에서 동성애 성인들의 합의에 바탕을 둔 사적인 관계를 금지하는 주의 반자연성교금지법(sodomy laws)은 전적으로 주의 규제권능 안에 있다고 판결했다. 그러나 2003년에 **로렌스 (Lawrence v. Texas)** 사건에서 **보워스** 사건의 판결이 "잘못된 것으로, 오늘날에도 옳지 않기 때문에 번복한다고 판결했다.[60] 6대3의 다수의견은 텍사스와 반자연성교금지법이 남아 있는 다른 12개 주가 제14차 연방수정헌법상 보장된 자유인 자신의 가정의 프라이버시에서 성인의 행동에 동의하는 것을 부인하는 것이라고 판결했다.

1999년 버몬트 주대법원은 동성애자 파트너에게 "법률이 혼인 배우자에게 법률에 의해서 제공하는 동일한 권리와 의무의 전부나 대부분"을 부여해야 한다고 주헌법을 해석했다. 2003년에 매사추세츠 상급법원은 주의 헌법은 주가 동성애자 파트너에게 혼인허가를 내주도록 요구한다고 해석했다.[61] 그리하여 매사추세츠 의회는 버몬트 주에서와 같이 민사혼을 인정하고 있는 주헌법에 대한 헌법 수정안을 마련하기 위해서 오랫동안 노력했다. 이러한 수정안과 다른 주의 입법제안은 일반투표에 부쳐졌다. 반면에 매사추세츠 치안판사들은 동성혼 의식을 거행하기 시작했으며 로드아일랜드의 의회는 매사추세츠에서 거행되었던 것과 같이 로드아일랜드에서도 그러한 혼인을 인정할 것임을 표시했다. 9개의 다른 주와 컬럼비아 특구에서는 동성혼의 인정에 대해서 혼인부부가 이용할 수 있는 법률상 혜택의 모두가 아닌 일부만을 제공하는 좀 더 제한적인 조치를 취했다. 물론 이러한 조치에 대한 일반의 반응은 꽤 혼합적이었다. 일부는 **로렌스** 판결에 따른 논리적 귀결로서 이를 성원했고 다른 사람들은 어머니들에게 자신들의 새로 태어난 아이들의 양육을 포기하고, 생물학적 부가 없는 가정에서 양육하도록 충동질한 것으로 비난했다. 또 다른 일부는 **로렌스** 사건의 판결을 거부한 것처럼 부도덕한 것으로서 이를 거부했다. 상하양원[62]과 일부 주의회는 다른 주에서 혼인한 동성애자 커플이 자신들의 거주지에서 혼인부부의 혜택을 주장하는 것을 금지하는 혼인보호법(Defense of Marriage Act)을 제정했다. 다른 주에서는 주민투표나 주헌법 수정안을 (대부분이 동성혼 금지 규정) 결정하도록 유권자에게 허용하는 것을 인정했다.

권리장전과 피의자

주와 지방당국은 역사적으로 형사재판제도를 통제해왔고 피의자의 권리를 인정하고 있는 권리장전(예를 들어, 제4, 5와 6차 수정헌법)의 보호는 역사적으로 단지 연방정부에만 적용해왔다. 이러한 수정헌법은 기본적인 형사절차의 윤곽을 마련했다. 제4차 수정헌법은 압수와 수색과 관련되었고, 제5차 수정헌법은 개인에게 자신에게 불리한 증언을 강요받을 수 없다는 것을 제공하고 있었고, 제6차 수정헌법은 형사재판에서 변호인의 도움을 받을 권리를 인정했다. 제2차대전 후 대법원은 제14차 수정헌법의 적법절차 조항 아래 이들을 협력시킴으로서 주의 조치에 반해서 수정헌법상의 보호를 가져다주는 방향으로 수정헌법을 전국화했다. 다른 분야의 협력에서처럼 대법원의 조치는 이러한 결정들이 내려졌던 당시에 범죄활동이 크게 증가함으로써 일반의 격렬한 정치적인 항의를 불러일으켰다.

제4차 수정헌법의 가장 큰 논란거리는 이른바 주의 위법수집 증거배제 원칙의 확장이었다. 이는 법관이 만든 규칙이었는데 부적절한 수색을 통해 불법적으로 수집된 증거는 재판에 증거로 사용할 수 없도록 했다. 대법원은 1912년 **위크스(Weeks v. United States)** 사건에서 이 이론을 구성했었으나 주에 이 원리를 적용하는 것에 대해서는 일관되게 거부했다. **울프(Wolf v. Colorado**, 1949) 사건에서 대법원은 제4차 수정헌법을 주에 적용한다고 판결했으나 대법관들의 의견이 크게 엇갈려 위법수집 증거배제 원칙의 확장은 거절했다. 대법관들은 주에 배제원칙을 적용함으로써 자신들이 사후 약방문격인 지방관리의 입장에 놓이게 되는 것을 걱정했다.

대법원은 20세기에 가장 큰 논란거리이자 중요한 사건 중 하나인 **맵(Mapp v. Ohio**, 1961) 사건에서 위법수집 증거배제 원칙을 마침내 전국화했다. 형사소송 분야에서 대표적이었던 것처럼 많은 분야에서 주가 이미 시행했던 것을 워렌 대법원은 단순히 인준했다. 대법원이 **맵** 판례(오하이오 주 클리블랜드 시의 마약거래 혐의자의 집에 대한 무모한 수색과 관련된 사건)를 결정하던 무렵에 절반 이상의 주에서 배제원칙을 채택했다. 게다가, 대법관의 다수가 제4차 수정헌법의 협력은 만약 주에 대해서 그 조항을 이행할 수단이 없다면 별 의의가 없다는 것을 인식했다. 톰 클라크 대법관은 배제원칙을 통한 이행을 부정하는 것은 "권리를 인정했으나 현실적으로 그 특권과 향유를 보류하고 있는 것"과 마찬가지라고 적었다.[63] 그러나 1984년 대법원은 이러한 위법수집 증거배제 원칙의 강력한 지지에서 부분적으로 후퇴했다. 비용-편익 분석을 이용해 화이트 대법관은 법집행 기관이 저지른 실수가 '선의'의 사소한 것이고 "유죄 피의자의 자백이 가져다 준 혜택"이 형사재판의 "기본개념"을 위해서 지나치게 큰 경우에는 이러한 원칙을 적용하지 않을 수 있다고 판결했다.[64]

대법관들은 제5차 수정헌법상 자백에 대한 규정을 전국화했다. 1950년대 초에 특히 제2차 공산주의 위협과 함께 제5차 수정헌법을 주장하는 것은 일종의 유죄의 증거로 보았다. 그러나 역사적으로 이 수정헌법은 정부가 개인에게 자신이 저지르지 않은 범죄를 자백하도록 강요하는 것을 금지하고자 하는 생각에 뿌리를 두고 있었다. 예를 들어, **브라운(Brown v. Mississippi**, 1936) 사건에서 대법원은 제14차 수정헌법의 적법절차 조항에 근거해 채찍질의 결과로서 얻은 자백을 증거로 인정하지 않았다. 그러나 대법관들이 1964년 **말로이(Malloy v. Hogan)** 사건에서 제14차 수정헌법에 따른 자백에 대해 제5차 수정헌법상의 보호를 인정하고, 3년 뒤에는 **콜트(In Re Gault)** 사건에서 똑같은 보호를 청소년 범죄에 적용할 때까지는 그렇지 않았다. **콜트** 판결은 이리하여 20세기 초 이래 지방 소년법원이 누려왔던 상당한 재량권을 박탈했다. 적어도 형사재판제도의 목적상 청소년들은 처음으로 헌법의 보호 아래 놓이게 되었다.

더욱 논란의 여지가 많은 것은 획기적인 **미란다(Miranda v. Arizona**, 1966) 사건에서 대법원의 판결이었다. 미란다는 여성을 납치해 강간한 조무래기 폭력배였다. 그는 결국 체포되었고, 유치장에 연행되어 서너 시간 정도 심문 뒤에 범죄를 실토했다. 그러나 경찰은 미란다에게 묵비권을 행사할 권리를 고지하지 않았고 유죄판결을 받은 뒤 미란다는 항소했다. 의견이 크게 나뉜 대법원은 미란다의 편을 들어주었고 워렌 대법원장은, 형사가 피의자들에게 묵비권을 행사할 수 있고, 자신들이 진술한 내용이 자신들에게 불리하게 사용될 수 있으며, 만약 돈이 없으면 주가 변호인을 제공할 의무를 가진다는 내용을 고지해야 한다는 것을 명확하게 했다. 이러한 '미란다 고지'는 경찰 실무의 표준이 되었으나 매우 논란의 여지가 많았는데, 이는 대법관들이 범죄인들의 응석을 받아주는 것으로 비쳤기 때문이었다. 그러나 일부 연구에 따르면 **미란다** 사건으로 초래된 변화는 경찰실무를 개선해 유죄율을 크게 높였다. 게다가 미란다 원칙에 대한 많은 항의에도 불구하고, 대법원은 단지 제한된 예외만을 인정했다. **미란다** 사건이 결정된 2년 뒤 의회는 연방 사실심 법관에게 미란다 고지의 원칙 없이 얻은 자백을 인정할 것인지 아닌지를 결정하도록 미국법을 수정했으나 **디커슨(Dickerson v. U. S.**, 2000) 사건에서 7대2의 디수의견에서 대법원장 렌퀴스트는 미란다 고지는 "우리나라 문화의 일부가 되었으며" 의회는 대법원의 결정을 "입법적"으로 "대체"할 자유가 없다고 언급하면서 법률을 파기했다.[65]

변호인의 조력을 받을 권리 또한 전국화되었다. **지드온(Gideon v. Wainwright**, 1963) 사건에서, 대법관들은 플로리다 주 교도소로부터 클레런스 얼 지드온(Clarence

Earl Gideon)이 보내온 자필로 쓴 청원을 심리했다. 지드온은 플로리다의 파나마 시에 있는 수영장에 무단침입한 죄로 유죄를 선고받았던 시시한 절도범이었다. 지드온은 그의 재판에서 스스로를 대표했는데 이는 변호인에게 지불할 돈이 없었기 때문이었다. 절반 이상의 주와 달리 플로리다 주는 가난한 사람들은 중죄재판에서 변호인을 제공받아야 한다는 것을 요구하는 법률을 제정하고 있지 않았었다. 대법원은 제6차 수정헌법을 제14차 수정헌법과 협조하는 문제를 스코츠보로에서 있었던 유명한 강간 사건인 **포웰**(**Powell v. Alabama**, 1932) 사건에서 최초로 다루었다. 그러나 대법원은 일관된 과정을 따르지는 않았고 사건별로 적용하면서 때로는 보호를 적용하고 다른 경우에는 적용하지 않았다. 대법원이 전원일치로 결정한 **지드온** 판결의 중요성은 협조원리를 전적으로 적용했다는 데 있는데, 이는 중죄재판에서 전국적으로 모든 원고는 변호인의 조력을 받을 권리가 있고 만약 개인이 가난하다면 주는 변호인을 제공해야 한다는 것을 의미했다. **지드온**의 판결을 논란거리로 만든 것은 대법관들이 이를 소급적으로 적용했기 때문이고, 주는 이들에게 변호인을 제공하거나 그렇지 않으면 석방하고 발생한 사건에 대해서 적절하게 판결을 다시 해야 한다는 것을 의미했다. 게다가 대법원은 경죄를 범한 사람에게도 변호인의 조력을 받을 권리를 적용하고, 유치장에서 범죄 혐의자에 대한 초동 수사단계에서부터 변호인을 이용할 수 있도록 요구함으로써 그 권리를 확장했다.

대법원은 또 주 선고절차에 관련된 항소사건을 심리했다. 1993년 대법원은 만장일치로 배심이 피고가 그 인종 때문에 희생자로 선택되었음을 발견한 **미첼**(**Wisconsin v. Mitchell**) 사건에서 위스콘신 주 '증오범죄(hate crime)' 법률을 지지했다. 그러나 이후의 판결에서 대법원은 법관이 범죄가 인종적인 동기에 의해서 저질러졌다는 판단에 의해서 배심이 정한 선고형량을 늘리는 것을 허용하는 것에 반대하는 결정을 했다. 이 문제는 배심만이 결정해야 하는 문제라고 대법원은 주장했다.[66] 마찬가지로 **블래클리**(**Blakely v. Washington**, 2004) 사건에서 대법원은 법관이 피고가 고의로 잔혹하게 행동했음을 발견했다고 해서 유죄답변의 합의로 결정된 선고형량을 증가시킬 수 없다고 판결했다. 피고가 많은 것을 인정하지 않은 경우 문제는 배심이 결정하도록 해야 한다.[67]

블래클리 사건에서 유죄답변의 합의는 우리를 유죄답변의 합의 문제로 되돌아가게 한다. 린든 존슨 대통령은 1967년에 유죄답변의 합의가 크게 증가했다는 보고서를 발표한 법집행과 정의실현위원회(Commission on Law Enforcement and Administration of Justice)를 신설했다. 기소된 중죄 혐의자의 거의 90퍼센트가 가벼운 형량을 위해서 검사와 합의해 스스로 자백해 유죄를 인정했다. 문제는 카운티 법관의 부적절한 수와 함께 지역 검사와 공익 변호사를 압도하는 기소해야 할 사건 취급건수였다. 일반은 범죄와의 전쟁을 요구했으나 그 입법자와 카운티 위원회 사무총장은 일반이 이러한 문제에 관심을 가지는 것을 꺼렸다.

1990년대 대법원장 렌퀴스트는 죄수들로부터 체포영장에 대한 의심스러운 청원이 지나치게 많은 것을 주목했다. 그는 유죄가 인정되어 복역 중인 사람들이 대법원에 접근하기 위해서 재량상소영장을 이용하는 것을 제한하도록 의회에 건의했다. 1996년에 의회는 이러한 죄수들이 자신들의 사건이 법원에서 점검되기 이전에 절차를 따를 것을 요구하는 기준을 마련한 반테러리즘과 효율적인 사형법(Antiterrorism and Effective Death Penalty Act)을 제정해 반응했다. 죄수의 접근에 대한 견제는 좋건 나쁘건 대법원의 사건 취급건수를 확실하게 줄였다.

시민의 권리

브라운 판결과 '분리하되 평등' 원칙의 법률상 종언

미국민권운동조합과 더불어, 전미흑인지위향상협회는 정규적인 정치과정을 통해 획득할 수 없는 목적을 달성하기 위한 수단으로서 특수이익 소송을 선구적으로 개척했다. 이러한 전략은 1960년대에 시작된 여성, 환경보호주의자, 소비자와 다른 집단의 모델이 되었다. 연방법원에서 조직적인 소송이 새로운 것은 아니었으나 전미흑인지위향상협회는 가장 유망한 사건을 다투기 위해 법률방어기금의 변호사들을 배치해 이를 수준 높은 예술로 발전시켰다. 이러한 전략의 전체적인 초점은 전미흑인지위향상협회가 **플레시**(**Plessy v. Ferguson**, 1896) 사건에서 선언된 분리하되 평등 원칙의 가장 중요한 부분을 뒤집고 법률상 분리정책에 대한 공격을 확대해 평등원칙을 확보하고자 대법원에 사건을 가져가는 것이었다.

1940년대 동안 전미흑인지위향상협회는 의미 있는 승리를 거두었다. 예를 들어, 투표차별 분야에 있어서 백인들만의 정당 예비선거를 불법으로 규정한 **스미스(Smith v. Allbright**, 1944) 사건에서 대법원으로부터 특히 중요한 판결을 얻어냈다. 남부지역 관리들은 흑인 유권자가 줄어든 것으로 나타난 등록기술을 재빨리 고안했다. 전미흑인지위향상협회 변호사들은 또한 고등교육에 있어서 2개의 가장 중요한 사건인 **스웨트(Sweatt v. Painter**, 1950)와 **맥로린(McLaurin v. Oklahoma State Regents**, 1950)에서 승리함으로써 분리하되 평등 원칙을 분쇄했다. 이러한 사건에서 법률방어기금 변호사들의 전략은 분리하되 평등 원칙의 범위 안에 있으면서 이 원칙이 의미를 갖지 못하도록 원칙을 최대한 확장하는 것이었다. 전미흑인지위향상협회의 변호인들은 분리하되 평등 원칙은 흑인을 가르치는 교사들의 명성, 또래의 동료애, 도서관의 수준과 교실에서 좋은 친구를 사귈 수 있는 학생의 접근성을 고려해야 한다고 주장했다. 대법원은 흑인 학생들에게 구획된 구역에서 식사하게 하고 도서관의 분리된 지역에서 공부하게 하는 것은 분리하되 평등 원칙을 위반했다고 판결했다. 대법원은 **스웨트** 사건에서 흑인들을 위한 부적절한 시설은 승인할 수 없다고 덧붙여 말했다. 이러한 결정들은 분리정책을 그대로 남겨두었으나 분리주의자들의 법률상 입지를 약화시켰다.

전미흑인지위향상협회의 지도력은 1950년대 변화했다. 찰스 휴스톤의 사망 이후 서굿 마셜이 분리정책에 대한 반대운동을 감독하는 임무를 떠맡았다. 마셜은 분리하되 평등 원칙을 직접 공격하는 것을 지지해 이 원칙의 부적절성을 점진적으로 공격해나가는 전략을 포기하는 획기적인 결정을 내렸다. 이러한 전략은 돌이켜보면 매우 명확했으며 특별히 위험하지도 않았던 것처럼 보였다. 그러나 그 당시에는 협회 안에서뿐만 아니라 대법관들 사이에도 대법원이 그렇게 커다란 사회적 중요성을 가지는 선례를 파기할 것인지와 대법원이 그러한 임무를 떠맡을 적절한 기관인지에 대해서 심각한 의견 불일치가 있었다. 냉전은 전미흑인지위향상협회의 전략을 조장했다. 해외로부터 미국의 인종주의적 행동과 흑인차별 조례에 대한 비판은 자유세계의 가치 있는 지도자로서 국가를 묘사했던 트루먼과 아이젠하워 행정의 노력을 당황하게 만들

었다.[68]

전미흑인지위향상협회는 이러한 위험을 떠맡아 승리를 쟁취했다. 마셜은 컬럼비아 특구관할인 **볼링**(**Bolling v. Sharpe**, 1954) 사건과 함께 주의 사건을 합병한 **브라운**(**Brown v. Board of Education of Topeka, Kansas**, 1954) 사건으로 4개 주와 컬럼비아 특구에서 소송을 시작했다. 이 사건들은 원래는 1953년에 다루었으나, 대법관들이 어떻게 소송을 진행해야 할지에 대해서 의견일치를 보지 못했기 때문에 재변론을 위해 연기되었다. 역사적인 운명의 흥미 있는 전환 중 하나로 전미흑인지위향상협회의 전략에 대해서 부정적이었던 대법원장 프레드 빈슨이 사망하고 얼 워렌으로 대체되었다. 신임 대법원장의 지도력은 서굿 마셜의 법률적인 주장과 결합해 확고해졌다.

마셜은 대법원에서 존 데이비스와 격돌했다. 데이비스는 웨스트버지니아 주 출신으로 유명한 회사법 변호사였으며 협회의 인종통합을 강력하게 반대해온 전(前) 미국변호사협회 회장이었다. 마셜은 **브라운** 사건에서 역사와 사회학의 문제로서 대법원은 분리하되 평등 원칙을 폐기하도록 결정해야 한다고 주장하면서 흑인학교에서 조장된 단순한 불평등 이상의 것을 준비서면에서 언급했다. 마셜은 제14차 수정헌법의 제정자들은 인종분리 정책을 허락하려는 의도를 가지고 있지 않았다고 주장하면서 분리된 학교에서 교육받은 흑인학생들이 자부심이 낮다는 것을 보여주는 사회심리학자 케네스와 마미 클라크(Kenneth and Mamie Clark)가 수집한 증거를 제시했다. 데이비스는 제14차 수정헌법의 역사에서 그 제정자들이 인종분리 정책을 지지했으며 마셜의 사회과학적 주장은 대법원은 단지 법률에 따라서만 판단해야 하기 때문에 부적절하다고 주장하면서 맞섰다. 데이비스는 분리하되 평등 원칙을 판단할 적절한 기준은 주가 흑인들을 위해서 기금과 물리적인 시설을 평등하게 제공했는지의 문제라고 주장하면서 자신의 주장(부정확하게)이 옳다고 결론지었다. 변호사들이 만들어낸 주장들은 헌법에 대한 현실주의자와 엄격한 원칙론적인 접근 사이에서 충돌하는 미립자들이었다.

대법원장 얼 워렌은 인종분리 정책을 종식시키기를 원했으나 그는 판결에 대한 일반대중의 전폭적인 지지는 대법관들의 가능한 전폭적인 합의를 이끌어내는 데 달렸다는 것을 알았다. 대법원이 인용할 수 있는 근거를 확장할 수 있다면 일반대중의 승인 가능성도 증가할 것이다. 워렌이 피하고자 한 것은 분리하되 평등 원칙의 지지자들에게 공격의 여지를 줄 수 있는 법률상 변화에 대한 약점이었다.

"공립학교에서 오로지 인종을 근거로 한 학생의 분리정책이 소수그룹의 학생들에게 평등한 교육기회를 박탈하는 것인가?"라고 워렌은 질문했다. 데이비스는 그렇다고 결론지었으나 사회학과 역사 모두에 대한 법률적 권위를 거절했다. 워렌의 실체적인 자유주의가 잘 나타났다. 전원일치 의견은 "분리하되 평등 원칙은 설 자리가 없다. 분리된 교육시설들은 고유하게 불평등하며…. 이러한 판결에 배치되는 **플레시** 판결의 어떤 내용도 거절되었다."[69] 그러나 대법관들은 **플레시** 판결을 번복하지는 않았고, 대신에 이들은 그대로 남겨두어 남부의 정서를 자극하는 것을 피하고자 **플레시** 판결과는 상관없는 판결로 일소했다. 대법관들은 구제책을 제공하지도 않았으며, 이들은 단순히 자신들의 결정을 선언했고 전미흑인지위향상협회에 바람직한 구제방법에 대해서 독립된 준비서면을 대법원에 제출하도록 명령했다.

이듬해 대법관들은 **브라운**(**Brown II**) 사건을 심리했다. 대법원은 **브라운**(**Brown I**) 사건에서 열거한 원칙들은 "가급적 신속하게" 보완되어야 할 것이라고 명령하면서 연방 하급법원으로 사건을 환송시켰다.[70] 이렇게 애매한 표현은 남부에서 너무 급속한 변화가 혼란을 초래해 본래의 **브라운** 판결에 대한 신뢰성을 훼손할 것에 대한 대법원의 우려를 반영했다. 이러한 전략은 연방 하급법원의 법관들에게 최소한의 사회적 소란으로 각 공동체 안에서 인종분리 정책을 종식시킬 수 있는 최선의 방법을 찾도록 재량권을 수여하는 것이었다. 그러나 이 불행한 판결문구는 판결의 반대자들이 그 보완을 방해하기에 너무 쉽게 만들어졌다.

브라운 판결은 미국 인종관계의 법사 대법원의 사법적인 권한행사와 빈틈없는 소송전략을 통해 사회적 변화 가능성에 있어서 획기적인 사건이었다. 이러한 교훈 모두는 권리의식의 증대에 기여함으로써 현대 법률문화의 일부가 되었다. 그러나 실제에 있어서 법과 이론상의 법은 화해하기 어렵다는 것이 입증되었다. 법률상 인종분리를 시행한 남부인들은 대법원이 위헌이라고 선언했던 사상과 관습을 변경하지 않았다. 게다가 드와이트 아이젠하워 대통령은 국가 지도력 부재로 인종관계가 좀 더 많은 어려움이 놓여있는 새로운 시대로 전환을 가져왔다.

반발과 재반발: 흑인민권을 위한 브라운 판결 이후의 움직임

남부백인 정치 지도자들은 어떻게 반응할 것인지에 대해서 일부 양면성을 보여주었다. 앨라바마 주지사인 빅 짐 폴섬(Big Jim Folsom)은 "대법원이 분리하되 평등 원칙은 위헌이라고 판결했을 때"[71] 많은 백인 정치인들은 이러한 결정을 비난했고 뻔뻔스러운 인종주의를 가지고 전통적인 주의 권리를 주장하는 '엄청난 저항' 운동을 시작했다고 말했다. 남부인들은 개입이론을 언급했는데 이는 주의 행동을 통해서 연방헌법의 집행을 봉쇄하자는 것이었다.

백인들의 반대는 아칸소 주, 리틀 록의 센트럴 고등학교를 통합하려고 노력하던 1957년 9월에 최고조에 이르렀다. 선거가 접전이었던 주지사 오벌 포부스(Orval Faubus)는 리틀 록 학교의 통합을 정치적인 미식축구 경기로 만들어 그의 말대로 자신의 선거 상대방에 대해 '밀어붙이기' 전략을 채택했다. 포부스는 학교는 통합될 수 없는데 이는 학생들에게 위험하기 때문이라고 주장했다. 상당한 지체 후 아이젠하워 대통령은 포부스의 약속파기에 당황해 아칸소 주 방위군을 연방소속으로 바꿔 주지사의 통제에서 벗어나게 하고서, 질서를 회복하기 위해 정규군을 파견했다. 흑인학생들을 조롱하는 백인모습이 텔레비전에 방영되면서 북부인들은 남부에서 인종 문제의 심각성을 처음으로 보게 되었다. 8명의 흑인학생들이 정규 과정에 등록했다.

그러나 포부스 주지사는 1958년 초 이듬해 학기 동안 학교 문을 닫도록 명령했고, 주의회와 협력해 아칸소 주는 **브라운** 판결을 따르지 않을 것이라고 선언했다. 포부스는 **브라운** 판결은 대법원의 위헌적인 권한남용이라고 주장했다. **쿠퍼(Cooper v. Aaron**, 1958) 사건에서 대법관들은 좀 더 적극적인 통합 프로그램을 보완할 것을 명령했을 뿐만 아니라 9명의 대법관 전원이 서명한 의견에서, 이들은 여전히 **브라운** 판결을 적극 지지하며 자기들만이 헌법을 최종적으로 해석할 수 있다고 주장했다.

같은 해 의회의 보수주의자들은 대법원에 적대적인 법안을 여러 차례 상정했다. 대법원에 대해서 비판적인 사람들의 대부분은 상원의원인 윌리엄 제너(Wiliam Jenner, 인디애나 주 출신의 공화당원)가 제안한 법안에 가세했다. 이 법안은 의회의 위원회의 결정—**와트킨스(Watkins v. U.S.**, 1957)[72] 사건에서 대법원장 워렌이 HUAC를 비판한 것을 염두에 두고—과 관련해 항소한 어떠한 사건에 대한 대법원의 심리를 금지하기 위한 것이었다. 이 법안은 또한 주의 파괴활동금지법, 교육위원회규제(남부의 전미흑인지위향상협회를 목표로), 안전을 위협한다는 이유로 연방 고용인의 해고와 파괴활동에 관한 주의 금지에 관련된 결정에 대한 항소를 심리하는 것을 금지하기 위한 것이었다. 자유주의자들은 49대41의 투표로 상원에서 마지막을 제외한 모든 것을 부결시켰다.[73]

백인 비타협주의자들은 흑인들이 자신들의 권리를 완전히 충족시킬 수 있는 법안을 요구하는 것에 대해서 새로운 조치를 취하려고 노력했다. 1955년 시작된, 앨라배마 주 몽고메리의 버스 승차거부는 1960년대 중반까지 계속되었고, 흑인 민권 지도자들은 좀 더 공격적인 전략을 채택했다. 몽고메리 보이콧은 1년 이상 지속되었고, 흑인의 90퍼센트 이상이 자신들이 공공시설에 통합될 때까지 시 소유의 버스를 승차하는 것을 거부했다. 몽고메리에서 발생한 사건들은 마틴 루터 킹을 전국적인 민권 지도자로 만들었고 그의 지도 아래 흑인들은 점차 비폭력 시민 불복종의 호전적인 전략을 채택했다. 1960년, 노스캐롤라이나의 그린스보로에서 연좌농성이 시작되었고 이는 재빨리 남부 전체로 퍼져나갔다. 남부 백인들은 이러한 시위자를 형사사건으로 취급했는데 이는 민권 지도자들이 바라던 일이었다. 백인경찰이 흑인에게 경찰견과 물대포 세례를 퍼붓는 장면이 석간신문과 텔레비전에 보도되었다.

연방 입법부의 대응

남부에서 인종적인 불평등과 법과 질서 위기의 심화에 대한 연방의 대응은 1960년대에 점차 등장했고 이는 세 갈래로 발전해왔다. 그것은 경찰, 입법과 사법적인 대응이었다. 첫 번째는 연방군과 법 집행 공무원을 이용한 것이었다. 존 F. 케네디 행정부는 민권운동에 대한 지지를 약속한 반면에 연방의 권한행사에 미온적이었는데 이는 민주당으로부터 남부백인들을 소외시키는 정치적인 결과를 우려했기 때문이었다. 사건들이 행정부를 압도했고 1962년 미시시피 주 로스 바넷(Ross Barnett)과 1963년 앨라배마 주의 조지 월리스(George C. Wallace) 주지사가 이들 주의 주요 대학에 흑인학생의 입학을 물리적으로 봉쇄하려고 시도했을 때 케네디는 연방군대를 파견했다.

연방의 대응에서 두 번째 단계는 입법적인 대응이었다. 1963년 말, 케네디의 암살로 인해 대통령직에 오른 텍사스 출신의 린든 존슨은 민권문제에 대해서 좀 더 강력한 입장을 취했다. 4년 동안 의회는 남북전쟁 뒤 최초의 주요법안인 민권법뿐만 아니라 1965년 투표권법을 제정했다. 여러 법안들이 함께 협조해 인종 차별에 대한 현대적인 입법 프로그램을 마련했다.

1964년 민권법(Civil Rights Act)은 미국역사에 있어서 가장 포괄적인 민권법안이었다. 이는 독립된 11개의 장에, 투표권(제1장과 8장), 분리된 공공시설에 대해서 이의를 신청할 수 있는 법원의 조치(제3장과 4장), 민권분쟁에 개입할 법무장관의 권한(제9장), 차별분쟁을 해결하는 데 있어서 공동체를 돕기 위한 공동체 분쟁해결촉진부의 설치(제10장)와 1주일 만에 급하게 제정한 1957년 민권법에 의해서 설립된 민권위원회를 다시 부활시키는 것(제5장) 등 다양한 민권문제들을 다루고 있었다.

이 법안의 가장 중요한 조항은 제2장, 6장과 7장이었다. 제2장은 어떠한 차별이 "통상에 영향을 미치거나 그 차별이 주의 조치로 지지되었다면" 어떠한 경우에 있어서나 "인종, 피부색, 종교나 민족의 기원"을 근거로 한 공공편의시설에서 차별을 금지했다.[74] 제6장은 연방이 후원한 프로그램에 있어서 차별을 금지했고 제7장은 고용차별을 금지했다. 이 법은 연방의 집행을 통해 남부 공동체의 공적인 삶에 있어서, 그리고 좀 더 일반적으로는 미국의 작업장에서 강력한 변화의 바람을 몰고왔다.

이듬해 투표권법(Voting Rights Act)도 마찬가지로 중요했다. 1964년의 민권법을 포함해 이전 법안들은 투표권을 효과적으로 보장하는 문제를 다루는 일부 조항을 가지고 있었다. 예를 들어 1964년, 단지 투표권이 있는 흑인의 6.4퍼센트만이 유권자 등록을 마쳤다. 흑인 등록비율이 31.8퍼센트인 루이지애나 주에서조차 백인 유권자 등록은 80퍼센트 이상이었다. 1965년 투표권법과 1970년, 1975년과 1982년의 그 수정안은 남부와 비영어권 이민자수가 상당한 대도시에서 정치적인 힘에 근본적인 변화를 가져왔다. 이 법의 가장 중요한 규정은 유권자 등록이나 투표율이 낮은 주와 정치적인 단위에 적용되는 유권자 배제장치 제거에 대한 요구였다. 이러한 관할에서, 투표권법은 흑인 유권자들을 배제하기 위한 역사적으로 주요한 장치였던 유권자 자격시험인 문자 해독력, 교육과 성격 시험을 금지시켰다.

그 결과 백인과 흑인 유권자 등록수의 차이는 상당히 좁혀졌다. 1970년과 1986

년 사이에 선출된 흑인 공직자수는 3배나 증가했고, 조지 월리스와 같은 백인 정치인들은 서남부 주의 많은 흑인 유권자들에게 호소하기 위해서 분리주의적인 주장을 철회했다.

1968년 민권법은 입법 프로그램의 마지막 요소였다. 이의 가장 중요한 요소는 전국 최초의 포괄적인 주거개방법을 제8장에 포함한 것이었다. 이는 주택의 매매, 임대, 대출과 광고 그리고 부동산중개인조합의 회원가입에 대한 차별을 금지했다. 이 법안은 또한 원주민 인디언들의 권리에 관한 규정도 포함했다. 그러나 1968년 법안은 시대의 산물이었는데, 이는 반전과 민권운동의 결과로서 반폭동 규정을 포함하고 있었다. 더욱 논란거리는 위원회를 통과한 법안들이었는데 이는 남부출신의 의원들이 마틴 루터 킹이 암살된 뒤까지 법안의 심리를 지연시켰기 때문이었다. 그리고 심사되었다 하더라도 하원을 통과한 법안은 드물었다.

1960년대 연방 민권입법에 추가된 하나의 중요한 입법은 1990년 미국장애인법(1992년 7월에 효력발생)이었다. 이 입법은 고용, 공공 서비스와 공공시설의 이용에 있어서 차별을 금지했다. 사적인 클럽과 종교단체는 제외되었으며 렌퀴스트 대법원은 2001년에 5대4의 의견으로 제11차 연방수정헌법은 주는 고용조항에 따라 제소될 수 없다고 판결했다.[75] 그러나 보수적인 오커너 대법관은 **브라운** 사건 이후 50년만에 판결의 중요성이 강조되는 사건에서 주에게 주법에 대한 평등접근권을 제공하도록 요구하는 2004년 판결(**Tennessee v. Lane**)[76]에서 입장을 달리하던 일반적으로 자유주의적 성향의 대법관 4명의 의견에 가세해 입장을 바꾸었다.

연방 사법부의 대응

법원들은 연방 대응의 세 번째 요소를 만들었으나, 그 구성원들이 선거에 의해서 선출되지 않았기 때문에, 연방 사법부는 **브라운** 판결의 함축적인 내용을 달성하려는 시도에 대해서 점차 비판을 받게 되었다. 사실상 대법관들과 연방 하급법원은 **브라운** 판결의 내용을 달성할 책임이 주어졌을 때 '가급적 신속하게'가 실제로 무한정 지연되었음을 인식하게 되었다. 대법원은 사례별로 남부주에게 조치를 취하도록 자극하기 위해 점차 많은 수의 인종분리 사건을 심리함으로써 이러한 문제를 시정하려고 노력했다. 예를 들어 **그린**(**Green v. County School Board**, 1968) 사건에서 대법관들은 자신들은 더 이상 지방자치단체가 판결의 내용을 잘 따르고 있는지를 결정할 합리적인 신의 성실의 기준을 이용할 수 없으나, 대신에 통합된 학교에 등록된 학생수를 기준으로 효과적인 변화가 있었는지를 결정할 것이라고 선언했다. 학생들이 자기가 원하는 곳은 어디나 갈 수 있도록 내버려두는 이른바 선택의 자유계획은 차별적이고 수용할 수 없다고 선언했다.

브라운 판결의 보완에 있어서 대법원의 역할에 대한 가장 단순한 사실은 대법원이 보완과정의 통제권을 상실했다는 것이었다. 연방 하급심 법관들은 그러한 임무를 강제로 떠맡았고 이들 중 많은 법관들은 실질적으로 자신의 위험을 무릅쓰고 용기 있게 행동했다. 가장 논란이 있는 구제수단은 통합을 이루기 위해 서로 다른 학교의 학생들을 같은 버스에 태우는 것이었다. 스쿨버스는 학교의 교실 한 칸을 옮겨다 놓은 것과 같고 일부는 학생들에게 도보보다 안전한 등하교를 위해서 공립학교 학생들의 통학수단으로 오랫동안 이용해온 것이었다. 1970년 말에 모든 학생의 약 40퍼센트가 버스로 통학했다. 더구나 주변학교를 통합하는 문제의 중심에는 흑인은 어느 한 학교에 백인은 다른 학교에 보내는 학군정책과 결부되어 사실상 거주분리 정책이 관련되었다. 스쿨버스는 그러한 문제를 극복하는 하나의 수단을 제공했고, 노스캐롤라이나주 샤롯데의 연방 하급심 법관이 이를 명령했을 때 마음속에 가지고 있던 목적이었다. 대법원은 **스완**(**Swann v. Charlotte-Mecklenburg Board of Education**, 1971) 사건에서 이 법안을 지지했고 1973년과 1979년 후속적인 두 사건에서 서부와 북부의 지역사회에까지 그 확대를 인정했다. 그러나 대법원은 대도시와 교외의 학군을 통합한 광역학군으로 버스를 운행하는 것은 아주 예외적인 상황을 제외하고는 인정되지 않을 것임을 시사했다. 그리하여 **밀리켄**(**Miliken v. Bradley**, 1974) 사건에서 대법원은 주의 인종차별에 대한 증거가 부족하기 때문에 대부분의 거주자가 백인인 교외 웨인 카운티 학군은 대부분이 흑인인 디트로이트 학군과 통합할 필요가 없다고 한 판결에서 5대4로 의견이 갈리었다. 백인들은 디트로이트를 빠져나갔고 흑인들이 이주해왔는데 이는 사적인 결정에 의한 것이지 주와 주의 관련입법이 차별적이어서 그런 것은 아니라고 대법관 스튜어트는 주장했다.[77]

그러나 대법원은 사립학교와 대학에 관한 결정에서 민권을 가장 밑바닥에 자리매김했던 **베레아 컬리지**(**Berea College v. Kentucky**, 1908) 사건의 결정을 번복했다. 켄터키 주의 인종분리입법은 그 경계 안에서 공립학교뿐만 아니라 사립학교도 마찬가지로 인종분리를 주장했다. 노예 폐지론자들이 설립했던 켄터키 동부의 베레아 대학은 인종 통합적이었다. 대학은 인종분리입법에 이의를 제기했다. 그러나 대법원은, 이 사건을 연방 검사가 피고를 민권법 위반으로 기소한 사건으로 본 1866년 민권법을 제정한 의회의 위원회에서 봉사했던 켄터키 주 하원의원 출신의 대법관 할랜을 제외하고, 그러한 법률에 대해서 아무런 문제를 발견하지 못했다. 그는 이 법률은 사립기관의 제14차 연방수정헌법상의 권리를 위반한 것이라고 주장하면서 반대했다. 1970년대 초 버지니아 주에서 사립학교 입학이 거부되었던 흑인학생 부모가 1866년 민권법 아래에서 서비스에 계약할 권리와 제1차 연방수정헌법상의 결사의 자유가 침해되었다고 주장했다. **러니언**(**Runyon v. McCray**, 1976) 사건에서 대법원은 그러한 주장에 동의했다.[78] 7년 뒤 대법원은 흑인 지원자를 차별한 밥 존슨 대학에 대해서 연방 민권법에 근거해 세금면제 지위에 대한 국세청의 부인을 지지했다. 밥 존슨 대학의 제1차 연방수정헌법상 종교의 자유는 인종차별을 종식시키려는 연방정부의 매우 강한 공익에 의해서 제한 되었다.[79]

학군 안에서 인종의 균형을 달성하기 위해 어린이들을 통학버스에 태우기로 한 계획에 대한 일반의 항의가 재빨리 터져 나왔다. 디트로이트와 보스턴에서는 폭력이 발생했다. 그러나 21세기 초 이러한 학군들은 법원의 명령을 따랐다. 그리하여 2006년 시애틀과 루이스빌의 백인 학부모들이 이러한 관행에 대해서 항의하고 2007년 6월 대법원은 사건을 결정했을 때 실망의 목소리가 흘러나왔다. 5대4의 의견으로 로버츠 대법원은 학교에 학생을 할당하는 주요기준으로서 인종의 사용은 교육위원회가 그러한 할당이 매우 강한 정부의 이익을 실현하기 위해 어쩔 수 없는 조치임을 보여주는데 실패했기 때문에—**존슨**(**Johnson v. California**, 2005) 사건에서 확립된 '엄격심사' 기준—제14차 연방수정헌법상 평등보호 조항을 위반한 것이라고 판결했다.[80] 대법관 케네디의 동조의견은 그가 할당의 기준 중 하나로서 인종의 이용이 합헌이라는 근거를 찾기 위해서 계속 노력했다는 점에서 다수의견과 달랐으나[81] 대법원의 판결은 공립학교의 인종분리 반대정책은 흑인학생들에게 법률상 평등보호를 제공하는 데 필수적이라는 **브라운(Brown v. Board)** 판결의 본질을 강조하면서도 법원의 명령에 의한 인종분리 반대정책의 미래에 대해서 의구심을 갖게 했다.

대법관들은 다른 분야의 공공활동에도 **브라운** 판결의 논리를 확장했으며, 또한 민권과 투표권 입법에 대해 강력하게 보장했다. 통상권은 1964년 민권법을 위한 권한의 대부분을 제공했고, 역사적으로 의회에 그러한 권한의 행사 범위를 폭넓게 인정해왔던 대법관들은 이 민권법은 호텔과 레스토랑 같은 '공공' 편의시설에 확대할 수 있다고 판결했다. 그러나 대법관들은 이러한 논리를 동창회와 같은 소규모 친목단체에까지 확장하는 것은 거절했다.

대법원은 **고밀리온(Gomillion v. Lightfoot**, 1960)과 **로저스(Rogers v. Lodge**, 1982) 사건에서 주의회의 선거구를 인종을 의식해 구획하는 것은 제15차 연방수정헌법을 위반한 것이라고 판결했다. 그러나 1996년 렌퀴스트 대법원은 백인원고들의 단체항의에 대응해 불규칙적인 "부정 선거구 획정으로(gerrymandered)" 획정된 한 지역구를 포함한 노스캐롤라이나 주의회의 선거구 재획정 계획은 제14차 연방수정헌법의 "평등보호" 조항을 위반했다고 판결했다.[82] 대법관 케네디는 이듬해 **에이브람스(Abrams v. Johnson**, 1997) 사건에서 이러한 선거구 획정에서 인종이 "유력한 요소가 되어서는 안 된다"라고 반복했다.[83]

1879년 대법원은 제14차 연방수정헌법의 평등보호와 적법절차 조항이 흑인의 형사재판에서 버지니아 주법원관리에 의한 전원 백인 배심 선정을 금지하지 않는 것으로 해석했다. 대법관 스트롱(Strong)은 대법원의 입장을 대표해 다음과 같이 판결했다.[84]

> 이 사건에서와 같이 배심을 선정하는 임무를 가진 하위직 관리가 법률의 진정한 정신에 입각한 그러한 임무수행에 실패하고, 그가 모든 유색인종들을 유색인이라는 이유로 배제하거나 보안관이 배심원단의 명부에 기재되어 있는 배심원을 유색인이라는 이유만으로 소환을 게을리 하거나 배심원 선정명부에서 12명의 이름을 선택할 임무가 있는 법원서기가 동일한 이유로 유색인 모두를 거절했다면, 피고의 권리가 주에 의해서 부인되었으며 사법부

에서 집행될 수 없다고 말하는 것은 적절하지 않을 수 있다.

1세기가 지나서 **배슨(Batson v. Kentucky**, 1986) 사건에서 대법원은 흑인피고는 기소가 배심원으로부터 배심예비명단에서 모두 4명의 흑인을 제외하기 위해서 이유가 필요 없는 기피(peremptory challenges)를 이용했다면 평등보호가 부정된 것이라고 판결했다.[85] 이러한 두 결과 사이의 대비는 대법원과 국가가 인종차별에 관해서 1세기 이상 걸어온 거리를 보여주고 있다.

흑인의 권리와 관련된 근본적인 법률혁명은 제2차대전 뒤 40년 만에 발생했다. 이러한 노력이 성공하게 된 주된 요인은 제도 안에서 활동하고, 적절하다고 생각했을 때는 이러한 법률에 대한 공중의 비웃음을 사도록 해 법률체계를 효과적으로 이용했던 흑인 민권운동 조직가들과 변호사들의 용기와 기술에서 비롯되었다. 2007년 오늘날의 헌법은 인종관계의 문제에 대해서 1945년 헌법과는 실질적으로 다르며 1896년 당시의 헌법과는 크게 달랐다. 법률상 분리정책은 끝난 것으로 보여진다. 학교와 작업장에서 차별을 끝내기 위한 사법부와 입법부의 노력은 흑인들에게 실질적인 도움을 가져다주었다는 상당한 증거가 있다.[86] 그러나 이 글을 쓰고 있는 동안 최근의 **시애틀 학군(Parents v. Seattle School District)** 사건의 결정은 마치 지난 60년 이상 쌓아왔던 것을 흔들려고 하는 것처럼 보인다. 시간이 증명할 것이다.

연방 행정부의 대응

닉슨, 레이건과 특히 조지 부시 대통령은 대통령 특권을 행사해 의무적인 민권의 축소, 사회보장 지급의 감축과 일정한 규제정책의 폐지를 추구했다. 예를 들어, 닉슨은 연방기금을 받는 프로그램에서 차별을 금지하고 있는 1964년 민권법 제6장의 집행을 중지할 것이라고 선언했다. 그러나 **애덤스(Adams v. Richardson**, 1973)[87] 사건에서 컬럼비아 특구의 연방 항소순회법원은 인종분리 반대정책을 따르지 않는 학군에 대한 법원의 명령을 준수할 의무를 행정부의 보건, 교육과 복지 공무원들에게 지시했다. 닉슨 행정부는 또한 깨끗한 대기와 수질의 제공, 조류를 위한 습지대 제공, 재난극복 대부금 지급과 모범도시 프로그램과 경제활동지원청 보조기금을 삭감했다.

행정부의 이러한 조치들은 의회가 제정한 법률을 선택적으로 집행했던 17세기 스튜어트 왕조에 의해 주장되고 행사되었던 '법률적용면제권한(dispensing power)'을 회상케 하는 것이었다. 명예혁명과 함께 의회는 이러한 왕실특권을 종료시켰다. 이것이 1970년대에 미국 워싱턴에서 다시 등장했으며, 이는 조지 부시 대통령의 '서명담화(signing statement)'와 함께 21세기 초반 10년 동안에 다시 등장했다(그 가운데서 그는 자기가 서명한 법률의 일정한 부분을 준수할 계획이 없음을 시사했다.) 닉슨 행정부의 '법률적용면제권한' 관행은 시험대에 올랐고 1972년에 수질오염을 다루는 환경청장에 대한 의회의 할당기금을 행정부가 대폭 삭감한 것에 관한 **트레인(Train v. City of New York**, 1975)[88] 사건에서 대법원에 의해 거절되었다.

반면에 의회는 의회가 반대하거나 이러한 기금을 몰수나 종료시키지 않기로 상하양원이 합동조치를 취하지 않았다면 기금의 지출을 연기하도록 하는 예산지출법(1974)을 제정했다. 이 입법(의회예산처도 함께 신설)은 자신들의 보호 아래 내려진 행정부의 결정에 대한 '의회의 거부권'을 포함하는 의회 법령 중 하나였다. 의회는 1932년 법령에서 이러한 용어를 이용하기 시작했으나 그 뒤 40년 동안 의회는 이러한 거부권을 1년에 단지 한두 차례 이용했을 뿐이다. 그러나 1970년대 대통령의 기금 몰수에 대한 의회의 고민이 커지자 '의회의 거부권'이라는 용어를 대략 1년에 8차례 정도 삽입했다. 이러한 법안을 승인한 대통령은 1명도 없었고, 이러한 용어를 포함한 법안에 대해서 거부권을 행사했다. 대법원은 1976년에 행정부의 조치에 대한 의회의 거부권을 포함한 조항의 입법은 합헌적인 조치라고 판결했으나 **차다(INS v. Chadha**, 1983) 사건에서 이러한 모든 입법은 무효라고 판결했다.[89]

대법원은 균형예산을 달성하기 위해 의회가 입법에서 요구한 연간 예산의 적자를 축소하지 못한 경우 연방 지출을 삭감할 포괄적인 권한을 회계검사실장(의회가 해고할 수 있는)에게 수여한 1985년 그램-러드맨 법(Gramm-Rudman Act)을 무효화했다. 대법원은 의회는 권력분립의 원칙을 위반했다고 판결했다.[90] 10년 후 의회는 오랫동안 염원했던 대통령의 선택적 거부권을 승인했으나 클린턴 대통령이 이를 사용했을 때 대법원은 6대3의 의견으로 이는 헌법상 인정되지 않은 것이라고 판결했다. 대법관 브레이어(Breyer)는 오늘날의 복잡하고 엄청난 의회입법은 예전에는 불가능했던 특정한 선거구와 의원만을 이롭게 하는 내용을 마구잡이로 끼워넣고 있다고 지적했다.[91] 2006년 말 의회는 대통령의 선택적 '거부권'을 단지 상하양원의 다수의 승인에 의해서만 인정함으로써 대법원의 반대에 부합하는 대안을 고려했다.

제2차대전 후의 여성과 법

성차별 문제의 배경

전략, 메시지, 윤리적인 논조를 통해 민권운동은 여성을 위한 변동의 모델을 제공했다. 예를 들어, 베티 프리던(Betty Fridan)은 1963년 여성운동의 초기 복음서인《여성의 신비한 분위기*The Feminine Mystique*》를 출판했고, 같은 해 워싱턴 D.C.에서 대대적인 민권행진을 하면서, 비록 이들은 보통 정책결정의 주요단체 밖의 종속적인 지위에 있기는 했지만, 젊은 여성들 역시 학생비폭력협력위원회, 인종평등의회와 민주사회를 위한 학생회를 포함한 많은 민권과 반전단체에서 적극적인 활동을 펼쳤다. 한 관찰자가 1965년 민주사회를 위한 학생회의 회의에 대해서 다소 과장되게 언급한 것처럼, "여성은 땅콩버터를 만들고, 밥상에서 기다리다, 상을 치우고 잠자리에 든다. 이것이 그들의 역할이었다."[92] 여성들은 흑인이 겪은 인종에 근거한 차별이 자신들의 성에 근거해 사회적 지위가 종속되는 것과 비슷하다는 것을 알아차렸다.

헌법 제정자들은 사람, 국민과 유권자들과 같은 용어에 의존하고 성에 근거한 명시적인 차별을 피함으로써 성-중립 문서를 만들었다. 남북전쟁으로 인한 수정헌법을 제정할 때까지, 주는 기혼여성의 재산법을 통해 성의 문제를 배타적으로 다루었다. 여성은 투표권이나 공직취임권과 같은 공식적인 정치적 권리를 가지고 있지 않았다.

이러한 연방 태만의 시기는 1870년대 초에 막을 내렸다. 많은 여성들이 제14차 수정헌법의 적법절차와 평등보호 조항을 여성들의 성에 관련된 문제에 적용함으로써 그 의미가 무엇인지를 시험했다. 대법관들이 흑인에 대해서 부여했던 보호조차 여성에게 확대하는 것을 거절함으로써 그 반응은 압도적으로 부정적이었다. **브래드웰(Bradwell v. Illinois**, 1873) 사건에서, 대법원은 변호사 개업권은 수정헌법상의 특권과 면책조항에 의해서 보호되는 시민권에 기인하는 것이라고 하는 시카고 여성의 주장을 거절했다. 2년 뒤 **마이너(Minor v. Happersett)** 사건에서 대법관들은 주는 제14차 수정헌법이 여성에게 투표권을 수여하지 않았기 때문에 남성에 대해서도 참정권을 제한할 수 있음을 인정했다. 1894년 대법원은 **록우드(In Re Lockwood)** 사건에서 주는 제14차 수정헌법상의 'person' 이라는 단어는 단지 남성에게만 한정된다고 판결했다. 대법관들은 여성 근로자들을 보호하기 위해 만들어진 주입법의 편에서 판결(예를 들면, **Muller v. Oregon**, 1908)했지만, 대법관들은 전원 남성인 입법자들이 오랫동안 지속해왔던 여성에 대한 가부장적인 태도를 승인했다. 여성을 위한 공평한 처우는 법 앞의 평등을 의미하지 않았다.

20세기 초 여성운동은 참정권 보호와 헌법상의 평등을 확보하려고 노력했다. 전자는 획득했으나 후자는 그렇지 못했다. 1920년에 주는 미국인구의 절반에게 투표권을 부여한 제19차 수정헌법을 비준했다. 전국 여성당 당수인 앨리스 파울(Alice Paul)은 1920년대에 성에 근거한 차별을 금지하려는 또 다른 헌법수정안을 통과시키려고 노력했다. 그러나 평등권 수정조항은 비준을 위해 각 주에 이를 송부하기 위한 충분한 투표를 의회에서 확보하지 못했다. 게다가 대법원은 헌법상 여성을 보호하기 위한 법률상 근거를 확장하려는 모든 노력을 거절했다. 예를 들어 **페이(Fay v. New York**, 1947) 사건에서 대법관들은 제19차 수정헌법은 여성에게 투표권 이상을 수여하지 않았고 이는 여성에게 배심원이 될 권리를 확대하지 않았다고 판결했다. 1961년 대법원은 인종에 근거한 차별을 해체하려고 분주했던 반면에 **호이트(Hoyt v. Florida)** 사건에서, 주는 여성을 이들이 "가정과 가족의 삶의 중심"에 자리하고 있기 때문에 배심 의무로부터 제외되어야 하는 필요성을 합리적으로 결정했다.[93]

그러나 1960년대, 여성의 역할이 획기적으로 변했다. 중산층 백인 기혼여성의 고용은 예외가 아니라 일반적인 규범이 되었다. 출산율이 급감했고 그리하여 가족의 규모도 줄어들었다. 소비문화는 맞벌이 소득을 필수로 만들었고, 1970년에 1만 달러 이상의 소득을 가진 모든 가족의 60퍼센트가 일하는 부인을 두고 있었다. 1987년에는 거의 80퍼센트에 가까웠다. 그러나 1960년대와 1970년대 대부분을 거치면서, 전체적인 문화일반은 일하는 여성들을 작업장의 숙련공보다는 미숙한 일꾼으로서, 여성들은 남성들이 좀 더 실체적인 일에 종사하는 반면에 가족의 수입을 '돕기 위한' 것으로 간주했다. 1966년에 설립된 전국여성조합(National Organization for Women)은 여성의 권리를 위한 입법적인 토대를 구축하기 위한 것이 그 주요 목적 중 하나로서 연방법원에서 사법적 심문의 주제로서 인종차별 문제에서 했던 것처럼 성에 근거한 차별소송 전략을 취했다.

1960년대에 실제로 변화가 시작되었으나, 이는 사법적이기보다는 입법적이었다. 1963년 의회는 성에 관계없이 평등한 일에 대해 평등한 보수를 요구하기 위해 공정근로기준법을 수정했다. 1964년 민권법은 작업장에서 성에 근거한 차별을 금지한 제7장을 포함했다. 남부인들은 원래는 이 수정안을 발의했는데 이는 전체법안의 통과를 저지하기 위한 것이었다. 그러나 미시간 하원의원인 마사 그리핀(Martha Griffin)은 비록 연방정부가 이 법의 집행에 미온적이었으나 그 통과를 성공시켰다. 이 법률은 고용평등위원회(Equal Employment Opportunity Commission)에게 고충을 청문하고 명령을 준수하도록 할 권한을 인정했다. 고용평등위원회는 흑인, 히스패닉과 여성으로부터 매년 수천 건의 직장차별에 대한 고충을 청문했으며 소수자들의 '권리의식'이 발전함으로써 그 수는 매년 증가했다.[94] 그 과정에서 위원회는 논란의 여지가 있는 기준인 적극적 차별해소 조치를 마련했는데, 이는 고용주들에게 단지 미래의 비차별적인 고용, 승진과 해고조치를 넘어서 정당하게 설명할 수 없는 이유로 눈에 띄게 낮은 소수자들의 비율을 높이기 위한 적극적인 조치를 취할 것을 요구했다.

1970년대와 1980년대의 여성과 대법원

1969년 초에 대법원에 임명된 공화당원들은 사법상의 절제와 엄격한 해석에 헌신하도록 선택된 것으로 여겼다. 그러나 여성의 권리 분야에 있어서, 이들은 제2차대전 이전의 대법원이 흑인을 위해 했던 것과 같이 새로운 길을 열었다. **리드(Reed v. Reed**,1971) 사건에서, 대법원은 신임 대법원장 버거가 전원일치 의견을 대표해서 유산의 관리인으로서 비슷한 처지에 있는 여성보다 남성에게 우선권을 인정한 아이다호 주 유산법을 무효로 했다. 대법원은 이러한 입법은 법의 평등보호를 여성에게 효과적으로 부인했다고 결정했다. **필립스(Phillips v. Martin Marietta Corporation**, 1971) 사건에서, 대법관들은 미취학 자녀를 가진 여성의 고용에 대한 회사의 거절은 1964년 민권법을 위반했는데 이는 회사정책을 남성과 평등하게 적용하지 않았기 때문이었다. 1977년 대법관들은 또한 교도소 간수를 채용하는 데 여성을 배제하기 위해 몸무게와 신장요건을 둔 앨라배마 주법을 번복하기 위해 민권법에 의존했다.

대법관들은 이들이 인종차별에 대해서 했던 것처럼 성차별에 대해 똑같은 수준의 조사를 아직 확대하지 않았다. 간단히 말해서, 이들은 성을 인종에 관한 사건에서와 같이 위헌의 의심이 강한 분류로서 다루기를 거절했다. 이러한 지위는 의회의 조치가 성을 근거로 한 경우에는 어느 경우에나 자동적으로 위헌을 의심받게 되고 대법원의 강력한 위헌법률심사의 대상이 된다는 것을 의미했다. 그러나 대법원은 법의 평등보호 개념을 엄격하게 적용했다. 예를 들어 **프런티에로**(**Frontiero v. Richardson**, 1973) 사건에서 대법관들은 군(軍)이 남성에게 자동적으로 수여하는 동일한 건강과 주택 혜택을 여성에 대해서 수여하는 것을 면제해주는 공정근로기준법과 1964년 민권법 조항을 무효로 했다. 대법관들은 성은 위헌의 의심이 강한 분류로서 다뤄져야 한다고 선언한 이 사건에서 1표차로 의견이 갈리었다.

대법원은 주와 연방정부는 성을 원용해야 할 합리적인 근거를 가질 수 있다는 입장을 취했다. 대법원은 **칸**(**Kahn v. Shevin**, 1974) 사건에서 미망인에게 특별재산세를 면제하는 주법과 **슐레진저**(**Schlesinger v. Ballard**, 1975) 사건에서 승진기간이 남성보다 여성이 길게 주어진 경우도 인정했다. 마지막으로 **로스커**(**Rostker v. Goldberg**, 1981) 사건에서 대법원은 6대3의 투표로 의회는 여성에게 군징집을 배제할 수 있다고 판결했다. 그러나 진자(振子)는 **뮬러**(**Muller v. Oregon**, 1908) 사건이 결정되었을 때로부터 멀리 나아갔다. 1969년 고용평등위원회는 원래 여성을 보호하기 위한 목적으로 공포되었던 '금지입법'(**뮬러** 사건에서 보호된 최대근로시간규제법, 야간노동 금지, 들어올리는 무게제한과 직업상 배제와 같은)이 "더 이상 적절하지 않고 보호보다는 차별하는 경향이 있다"라고 선언했다. 주의회들은 이에 동의한 것처럼 보인다. 1974년 네바다를 제외한 모든 주는 여성 근로자를 위한 최대근로시간규제법을 무효화했다.[95] 대법원은 부인과 사별한 남자에게 그 부인에 의해 발생한 혜택을 부정하면서 남편에 의해서 발생하는 혜택을 과부에게만 수여하는 것은 위헌이라고 판단했을 때 사회보장법의

성에 따른 특정한 조건에 대해서도 유사한 입장을 취했다.[96]

여성과 관련된 대법원의 판결은 다른 측면에서도 중요했다. 대법원은 평등법 수정안을 통과시키기 위한 노력을 동시에 기울였으며 그 실패에 어느 정도는 기여했다. 1972년 의회는 7년 내에 비준을 위해 주에 제안된 수정안을 송부했다. 한 달 이내에 인준에 필요한 절반 이상의 주가 동의했으나, 수정안의 경우에 대부분이 그러한 것처럼 관심이 사라졌다. 평등법 수정안의 지지자들은 1982년 6월까지 비준 마감시간의 확장을 얻어냈으나 단지 35개 주만 비준함으로써 정족수에 3개 주가 부족해 수정안의 통과가 실패했다. 평등법 수정안이 통과되었더라면 연방법원이 위헌의 의심이 강한 분류로서 성을 취급할 것은 의심의 여지가 없었다.

평등법 수정안의 반대자들은 평등을 추구하는 여성의 입장에 대한 실질적인 불일치를 반영했다. 수정안에 반대하는 캠페인의 가장 효과적인 지지자는 필리스 샤플리(Phylis Shafly)였는데, 그녀는 기존의 여성지위를 유지하고자 하는 보수적인 그룹의 연합인 평등법 수정안반대모임을 조직한 자기주장이 강한 전통적인 여성이었다. 이러한 여성들은 로(**Roe v. Wade**) 사건에 대한 그들의 반대 목소리를 높였으며, 이들은 레이건 행정부가 반낙태 수정안을 통과시키도록 도와주기를 희망했다.

평등권 수정 조항의 실패가 연방정부 안에서 좀 더 성중립적인 작업장을 도입하려는 자유주의자들의 노력에 장막을 드리운 것은 아니었다. 1978년 의회가 제정하고 카터 대통령이 서명한 임신차별금지법(Pregnancy Piscrimination Act)은 15인 이상이 근무하는 작업장의 고용주가 임신을 최소한 일시적인 비직업적인 노동불능으로 다루도록 요구했다. 1993년 클린턴 대통령은 고용인(양성의)이 유아, 아픈 자녀나 나이든 부모를 돌보기 위해 4개월까지 휴가를 낼 수 있도록 하는 좀 더 강력한 가족휴가신청법(Family Leave Act)에 서명했다.

적극적 우선처우 조치

가장 논란이 많은 현대 민권법은 인종과 성에 근거한 과거의 차별을 극복하기 위한 적극적 우선처우 프로그램이었다. 존 마셜 할랜 대법관은 "우리 헌법은 색맹이다. 그리고 시민들 간의 계급이 있음을 알지도 못할 뿐만 아니라 이를 인정하지도 않을 것이다"라고 **플레시(Plessy v. Ferguson**, 1896) 사건에서 적었다.[97] 1960년대에 이러한 경종을 울리는 말은 법률상 부여된 인종차별이 번복되면서 새로운 의미를 가지게 되었다. 그러나 과거의 차별은 존슨 대통령이 주장한 것처럼 미국인들에게 상처를 입혔다. 어떤 의미에서 제2차대전 뒤 세대는 이전 세대의 차별의 희생자였으며, 존슨에 따르면 새로운 세대는 이들의 부모가 겪은 상처에 대한 보상을 요구할 근거를 가지고 있었다. 단지 기회의 평등만을 의미하는 적극적인 처우개선은 더 이상 충분하지 않았다. 즉, 이전의 인종적 장벽을 제거하는 것만으로 충분하지 않다는 것이었다. 적극적 우선처우조치 프로그램의 목적은 중립성을 깨트리는 것이 아니라 고용기회, 승진과 인종상의 소수와 여성들이 대학입학의 증가를 확보하기 위한 근거로서 인종과 성적인 분류를 사용하는 것이었다.

적극적 우선처우 정책은 두 가지 형태로 1970년대에 시작되었다. 첫째는 적극적인 모집과 구제적인 훈련을 촉진시키려는 노력이었다. 이러한 프로그램 뒤에 숨어있는 사상은 사람들이 어떤 직책을 위해 공평하게 경쟁할 수 있는 위치에 놓이도록 하는 것이었다. 이러한 프로그램은 약간의 저항에 부딪혔을 뿐이고 비소수자들의 권리를 방해하지 않고 과거에 저지른 잘못을 보상하는 수단으로서 전적으로 정당한 것으로 간주되었다.

그러나 더욱더 논란거리는 일정한 인종그룹과 여성들에게 수여하는 일정한 혜택을 정한 비율과 관련된 적극적 우선 처우개선 프로그램이었다. 이러한 프로그램은 논란거리가 되었는데 이는 어떤 한 그룹의 기회를 빼앗아 다른 그룹에게 수여했고 이들은 인종과 성을 근거로 그렇게 했다는 것이다. 제14차 수정헌법의 평등보호 조항은 모든 사람들은 법 앞에서 평등하게 처우받도록 규정했으나, '역차별'이라고 조롱거리로 말해지는 적극적 처우개선은 인종과 성을 고려했다. 한 사람의 적극적 처우개선은 다른 사람에 대한 역차별이었다. 이 문제는 민권혁명을 시도했던 대법원을 특히 난처하게 만들었는데, 이는 사회적 평등을 촉진할 수 있는 구제수단을 적용하기 위해 하급심 법관, 입법자와 사적인 고용자들에게 판결을 이행하도록 촉구했기 때문이었다. 더구나 적극적 처우개선과 관련된 사건을 결정하는 데 있어서, 대법원은 백인남성이 인종이나 성차별을 받았다고 제기한 소송에서 1964년 민권법을 반어적으로 해석하는 위치에 놓였다. 이 시대의 권리의식은 여러 갈래에서 줄어들었다.

대법원은 적극적 처우개선을 지지했으나 그렇게 하는 데 있어서 많은 어려움을 겪었다. 대법관들은 **백키**(**Regents of the University of California v. Bakke**, 1978) 사건에서 적극적 처우개선 프로그램의 장점을 최초로 결정했다. 캘리포니아 대학의 데이비스 의과대학은 매년 100명의 신입생 정원 중 16명을 소수계 학생들에게 배정했는데, 이들은 백인 지원자들보다 학부성적과 시험성적이 낮더라도 입학할 수 있었다. 백인남성 앨란 백키(Allan Bakke)는 백인 지원자들에게 요구되는 성적보다는 낮고 여러 명의 소수계 합격생들의 성적보다는 높았다. 만약 그가 흑인이었다면, 합격했을 것이었다. 백키는 할당제도로 인해서 법 앞의 평등보호를 받지 못했다고 주장하면서 소송을 제기했다.

대법원은 백키의 주장을 받아들였다. 비록 크게 갈리었어도 대법관들은 인종에 근거한 엄격한 할당제도의 사용은 제14차 수정헌법과 1964년 민권법을 위반했다고 판결했다. 그러나 대법관들은 또한 인종은 입학사정에서 고려하는 많은 요소들 중 하나로 사용될 수 있다(대법원은 이를 '부가'적 요소라고 불렀다)고 판결했다. 예를 들어 대학은 그 목표의 하나로서 다양한 학생들을 합리적으로 원할 수 있으며 그러한 목표는 할당제도를 설정하지 않는 한 자유롭게 추구할 수 있었다.

그리하여 이후로 대법원은 다소 왜곡된 방향으로 나아갔다. **웨버**(**United Steelworkers v. Weber**, 1979) 사건에서 사적인 적극적 우선처우 프로그램이 1964년 민권법을 위반한 것으로 나타났어도 이를 승인했다. 대법관들은 또한 공공 프로젝트를 지원하는 연방기금의 최소한 10퍼센트는 소수계 영업인들로부터 재화나 용역을 공급받도록 요구하는 1977년 공공고용법에서 만들어진 프로그램을 무시하기 위한 요청을 승인했다. **풀리러브**(**Fullilove v. Klutznick**, 1980) 사건에서 대법원은 6대3의 의견으로 1977년 공공고용법을 지지했다.

적극적 처우개선은 국가의 법이 되었다. 가장 최근에, 대법관들은 흑인과 여성을 위한 적극적 처우 개선 프로그램을 지지했다. 이들은 **파라다이스**(**United States v.**

Paradise, 1987) 사건에서 앨라바마 고속도로 안전국에서 모든 백인이 승진하면 1명의 흑인을 승진시키는 프로그램이 1964년 민권법과 제14차 수정헌법을 위반하지 않았다고 주장했다. 대법관들은 또한 **존슨**(**Johnson v. Santa Clara County**, 1987) 사건에서 여성이 역사적으로 승진이 늦거나 그 대표성이 적었던 직종에서 공공 고용주는 좀 더 자격을 갖춘 남성보다 여성을 우선시할 수 있는 프로그램을 인정했다.

이러한 판결은 과거의 피해, 권리의식, 실체적인 자유주의와 사법권을 위한 보상이 미국문화를 재정립하기 위해 어우러졌음을 재차 보여주고 있다.

렌퀴스트 대법원장 재임시기

1986년 대법원장으로서 워렌 버거를 계승하기 위한 대법관 윌리엄 렌퀴스트의 임명과 함께 대법원은 다수의 이전 판결에 대한 반동의 시기로 확고부동하게 나아갔다. 우리는 이미 여성의 낙태할 권리에 대한 여러 주의 제약뿐만 아니라 주의회의 인종을 의식한 선거구 재획정의 저항에 대한 렌퀴스트 대법원의 지지를 보아왔다.[98] 이러한 결정은 렌퀴스트 대법원의 다수의견이 그동안 특별한 관심을 기울였던 연방과 주 정부 사이의 권력균형 문제와 일치했다. 렌퀴스트 대법원은 특히 헌법의 두 부분을 재점검하고 수정했는데 이는 다음과 같다: 개인과 단체의 주에 대한 제소를 금지하고 있는 제11차 연방수정헌법의 예외와 우회방법에 대한 대법원의 사전신설과 전국적인 중요성을 가진 문제에 대한 입법에 대해서 의회의 주간통상 조항의 광범위한 이용에 대한 사전허용. 전자인 제11차 연방수정헌법에 관해서 렌퀴스트 대법원은 1996년과 2000년 사이에[99] 주의 허가 없이도 그렇게 할 수 있다고 인정한 연방법에 의존했을 때조차도 연방과 주법원에서 주를 제소할 개인과 단체의 권리를 부인했고 그 과정에서 2건의 이전 판결을 번복하면서 5번이나 5대4 의견으로 판결했다.[100] 더 중요한 것은 렌퀴스트 대법원이 다음과 같은 법률을 무효화한 일련의 판결에서 의회의 주간통상 조항의 이용에 제동을 걸었다. 그 법률은 1985년 저준위방사능폐기물법(Low-level Radioactive Waste Policy Act), 1990년 학교총기소지금지법(Gun-Free School Zones

Act), 1993년 휴대용총기폭력예방법(Brady Handgun Violence Prevention Act)의 일부와 1994년 여성폭력예방법(Violence Against Women Act)이었다.[101] 렌퀴스트 주의도 다수의견은 주간통상 조항에 대한 이러한 이용은 진정한 상업적 측면이 부족하다고 판결했다. 대표적인 **로페즈(United States v. Lopez**, 1995) 사건에서 대법관 케네디의 판결에 따르면 "상업활동의 규제와 전연 관계가 없는 분야인 전통적으로 주가 관심을 가지고 있는 모든 분야의 규제를 인수하려는 연방정부는 연방과 주정부의 영역 사이의 경계를 흐리게 했다."[102] 따라서 대법원은 주법률이 상업적인 교통에 관련된 문제를 해결하기 위해 조항에 적용된 연방법에 의해서 적용이 배제되었다는 판결에서 의회의 통상권 이용을 지지했다.[103]

렌퀴스트 대법원은 적극적 우선처우 조치에 대해서는 일반의 다수와 함께 입장을 같이 하지 않았으며 전임자들보다 이 원칙에 관심이 덜한 것으로 드러났다.[104] 그러나 렌퀴스트 대법원은 **백키** 판결의 경향을 따라서 비록 인종적 할당은 위헌이더라도 인종을 입학과 고용 결정에서 기준의 하나로 취급하는 일종의 적극적 우선처우조치는 전적으로 적법하다는 판결을 유지했다.[105]

주대법원의 연방대법원의 판결로부터 일탈

워렌 대법원장 재임시기 이후 미국 연방대법원은 다음과 같은 사건의 판결에 있어서 주대법원이 주도한 일부정책을 제한하거나 축소했다. 즉 **해리스(Harris v. New York**, 1971), **로드리게즈(San Antonio Independent School District v. Rodriguez**, 1973), **레온(U.S. v. Leon**, 1984)와 **맥로린(City of Riverside v. McLaughlin**, 1991) 사건. 이러한 사건의 판결은 연방헌법의 규정에 대한 대법관들의 해석에 근거한 것이었다. 주대법원은 자신들의 주헌법 규정을 독자적으로 해석했고 많은 주법원들은 **해리스, 레온, 맥로린, 로드리게즈** 판결과 충돌하는 결론을 내리는 방법으로 자신들의 헌법을 해석했다.

해리스 사건에서 대법원은 **미란다(Miranda v. Arizona)** 사건에서 정한 절차적 기준에 부합하지 않은 자백은 재판에서 피고 증언의 신빙성에 이의를 제기할 수 있다고 판결했다. **레온** 사건은 **맵** 사건과 같이 원인이 법원서기의 실수에 있었고 경찰의 잘못이라는 증거가 없는 그 유사 사건에서 위법증거 수집배제 원칙에 해당할 수 있는 증거를 허용했다. 그러나 일부 주대법원은 이러한 결정을 따르지 않기로 선택해 대법관 윌리엄 브레넌의 말대로 자신들의 주헌법에 의해서 자신들의 주민에게 보장된 권리의 방어에서 "연방대법원의 결정으로부터 일탈"했다.[106] 예를 들어 플로리다 주대법원은 **레온** 판결을 거부했고, 뉴욕 주대법원은 **해리스** 판결을 거부했다. 미시간과 매사추세츠 주대법원은 경찰에게 영장 없이 구금 후 심리 전 48시간 동안 개인을 구금할 수 있도록 허용함으로써 **맥로린** 사건의 연방 규정을 거부했다.[107]

연방대법원은 **로드리게즈** 사건에서 공립학교제도의 기금에서 실질적인 재정상의 불균형은 평등보호 조항의 부인에 해당하지 않으며 교육은 헌법에 의해서 보장된 기본권이 아니라고 판결했다.[108] 그러나 여러 주대법원은 이 판결과 다른 미국 연방대법원의 판결에 있어서 판결 이유의 적용을 명시적으로 거부했다. **로드리게즈** 판결 2주 후에 뉴저지 주대법원은 **로빈슨**(**Robinson v. Cahill**, 1973) 사건에서 주헌법의 교육조항은 의회에게 "평등교육기회"를 제공하기 위한 "철저하고 효율적인" 교육을 제공할 것을 요구하고 있다고 판결했다.[109] 텍사스와 오하이오 주대법원은 마찬가지로 지원이 부족한 공립학교에 투자를 증가시킬 것을 자신들의 주의회에게 요구했다. 이러한 대법원들은 의원들과 일반으로부터 강한 저항에 직면했다.[110] 그러나 켄터키 주대법원은 그 의무규정의 명료함과 효율성에 있어서 뉴저지 주대법원이 했던 것보다 더 성공적이었다(**Rose v. Council for Better Education**, 1989.)[111] 대법관 브레넌은 기뻐했을 것임이 틀림없다.

무소불위 사법부와 사회 변화

무소불위 사법부라는 생각은 법의 폭발이라는 주제에 대한 다른 표현이었다. 미국인의 삶에서 법의 위대한 역할에 대한 증거는 역사적으로 주 입법부와 연방의회의 유일한 영역이었던 분야에 대한 대법관들의 개입이었다. 게다가 대법관들은 적법 절차와 법 앞의 평등 보호에 있어서 혁명의 개략적인 윤곽을 그림으로써 소송의 증가에 직접적으로 기여했다. 대법원의 권한은 획기적으로 확대되었고 미국법 체계에 있어서 그 역할은 2세기 전보다 훨씬 더 결정적이라는 것은 이론의 여지가 없다. 대법관들의 행동이 1787년 나라가 건국되었을 때의 이상을 향해 나아가야 하는지 오늘날 그 시민들이 원하는 방향으로 나아가야 하는지의 문제는 불명확하고 지속적인 재평가가 필요한 문제이다. 이러한 질문에 대한 답변은 아마도 불가능할 것이지만, 미국인들은 이러한 질문을 계속하는 것 자체가 사회와 법률상 변화 사이에 계속적인 연계와 헌법상 질서의 건강한 신호 그 자체라고 생각했다.

연방대법원의 일부 임명자들은 자신들을 지명했던 대통령이나 인준했던 상원의 단순한 꼭두각시가 아니었음을 보여주었다. 즉 이들은 자신들의 과거기록과 견해는 자신들이 미래의 사법상 의견의 불완전한 예언자였음을 보여주었다. 이러한 대표적인 사례는 제퍼슨의 임명자인 윌리엄 존슨, 잭슨의 존 맥레안, 링컨의 샐몬 체이스(Salmon P. Chase), 프랭클린 루스벨트의 휴고 블랙과 윌리엄 더글러스 그리고 아이젠하워의 얼 워렌이었다. 그러나 많은, 아마도 대부분은 자신들이 지명되었을 때 가지고 있다고 믿었던 문제에 대한 전망과 일치하게 사건을 결정했다. 그리하여 대법관 임명은 정치적으로 매우 중요하며, 이는 헌법의 중립적이고 객관적인 해석보다는 대법관의 정치적 · 문화적 입장으로 흐른 **부시(Bush v. Gore**, 2000), **곤잘레스(Gonzales v. Carhart**, 2007), **시애틀 학군(Parents v. Seattle School District**, 2007) 같은 판결의 관찰자에게는 익숙해진 것처럼 보인다. 미래의 대법관 임명은 대법원이 계속해서 워렌 시기의 판결들에 대해서 의심하고 번복할지를 결정할 것이다.[112] 이미 그렇게 해왔던 점에 있어서 우리는 미래의 지명인들은 상원 법사위원회 임명 청문회에서 이들 역시 선례구속의 원칙을 따를 것인지를 확신할 수 있을지는 의심스럽다.

후기 : 바위보다는 흐르는 강물처럼

범위와 복잡성에 있어서, 법체계는 미국인의 일상적인 삶으로 정부가 침투한 것과 같이 엄청나게 성장했다. 입법자들이 경제비용, 혜택과 보상의 분배에 있어서 항상 일정한 역할을 해왔던 반면에, 그러한 역할을 지원하는 사법적 · 행정적인 규제 장치가 최초의 백인들이 나라를 건설했을 때 생각했던 것보다 훨씬 더 대단했다. 법체계의 내용과 구조는 지난 세대의 가치와 전제를 반영하며 변해왔다. 법률문화는 역사적으로 일반문화에 있어서 변화의 산물이었고, 공법과 사법에서 법의 적응은 법체계의 합법성의 본질적인 것이 되었다.

우리는 미국법사에 대해 생각할 때 세심한 주의를 기울여야 한다. 우리나라의 법체계는 백인 정착자들이 자신들이 가져온 법률전통을 새로운 환경에 적응시켰던 식민지 경험의 애매함 속에 그 기원을 두고 있다. 나라를 건설한 뒤에도, 미국인들은 국가의 법을 만든 것이 아니었다. 오히려 연방정부에 중요한 권한을 주면서도 각 주에게 규제권능을 넘겨줌으로써 연방의 통일을 꾀할 수 있었으며, 이리하여 주의 정치적 · 사회적 그리고 경제적인 문제들에 대해서 상당한 자율성을 보장해주는 헌법제도를 가지고 있었다. 각 주, 지역과 주와 연방정부 사이의 법체계의 다양성은 미국 법사의 주요한 특징 중 하나였다. 연방 제도는 중앙과 주변부나, 지방과 전국적인 수준에서 법을 중요하게 만들었다. 오늘날, 의회와 대법원이 전례 없는 권한을 행사할 때에도 주의 입법자, 주헌법, 주법관과 주보통법은 법체계에 있어서 중추적이며, 본질적인 요소이다. 이는 나라를 세우던 2세기 전부터, 그리하여 오늘날에도 많은 보통법 제도를 가지고 있었다(그리고 루이지애나 주는 강력한 대륙법 제도를 가지고 있었다.)

주와 의회입법은 특히 19세기 말 이래로 엄청나게 성장했으며, 그리하여 성문법의 시대에 보통법은 가라앉은 것처럼 보였다. 이러한 의미에서, 법의 폭발은 그 도래에 많은 시간이 걸렸다. 그러나 성문법전이 양적으로는 폭발했어도 역사적으로 그래왔던 것처럼 보통법은 계속해서 법률제도가 사회변화에 적응하는 중요한 수단이 되어왔다.

적응과정은 실체적인 공사법 규칙의 변화하는 성질과 형사재판제도의 목표에서 나타났다. 예를 들어, 19세기 초에 사법화되었던 계약, 재산과 불법행위법들은 오늘날 점차 공법화되었다. 19세기 말 정부의 개입으로부터 일정한 경제적 권리를 보장했던 법률의 실체적인 적법절차 개념은 1937년 이래 낙태와 피임기구를 이용할 수 있는 비경제적인 권리를 지지하기 위해 대법원에 의해서 변형되었다. 공사법의 구분이 점차 모호해지게 된 이면에는 뉴딜 이래 시민의 자유과 권리에 대한 대법원의 포괄적인 재개념화에 의해서 인정된 권리의식이 있었다. 공정성, 적정보상과 법 앞의 평등은 현대 법률문화에서 영속적인 주제로서 등장했다. 비록 그 대중통제의 전통이 교정, 위하와 응보의 목표들 사이에 긴장을 초래했지만 이러한 주제들은 또한 형사재판제도에 있어서도 그 표현을 발견할 수 있었다.

미국 법률문화의 이념적 기초는 또한 변화 속에 일관성을 나타내 보였다. 물론 20세기 초와 뉴딜에 있어서 미국법은 공익을 강조하는 18, 19세기 공화국 기원으로부터 이익단체 지향과 개인의 권리를 강조하는 자유주의적 법률주의로 이동했다. 입법자들은, 비록 광범위하게 부를 재분배하기 위해 그렇게 한 적은 없지만, 역사적으로 사적인 권리에 합법적으로 개입하기 위해 공공의 권리개념을 원용했다. 미국 법사상에서 자유 방임주의와 개인주의의 끊임없는 수사(修辭)는 건국 초기부터 법이 혼합경제를 부양해왔다는 단순한 사실을 훼손시켜서는 안 된다. 입법자들의 대체적인 경향은 사적인 경제결정의 문제에서 이러한 결정을 전적으로 사적인 관심사에만 의존해 결정하도록 내버려두는 것이 아니라 이들 스스로 관여해왔다. 사실, 국가의 정치적인 역사의 대부분은 공공의 권한을 보장하기 위한 서로 다른 경제적 이익들 사이의 지속적인 노력과 그리하여 자신들의 목적을 달성하기 위한 입법상의 권한과 관련되었다.

미국 법체계는 비록 모든 권리들이 항상 동등하게 보호된 것은 아니지만 사적인 권리를 진지하게 다루어왔다. 20세기 초까지, 공사법은 경제적인 권리와 재산권에 대해서 보호막을 쳐왔었다. 그러한 보호가 결코 완전한 적이 없었으나, 어느 경우에서나, 재산권의 변화하는 성질은 이를 보호하기 위한 법이론의 재구성을 불가피하게 했다. 법형식주의, 실체적인 적법절차와 계약자유는 중요했지만 경제에 있어서 정부개입을 막아주는 확실한 장벽이 되지는 못했다. 이것들은 법의 지배 아래 권리에 대한 민감성의 척도였다. 1937년 헌법상의 혁명 이래, 연방법원은 경제규제의 문제에 대해서 입법부의 조치를 존중했으나 시민의 자유와 권리를 크게 참작하기 위해 사법상 감시의 눈금을 재조정했다.

법체계는 변화했으나 동시에 존속해왔다. 오늘날 행정부와 규제기관은 정부의 제4부를 이루고 있으나 입법상의 규제는 식민지 시기로 거슬러 올라가고 있다. 분리구조의 등장(독립적인 규제기관)은 법과 정치는 도덕적인 권위와 효율성의 이익에서 분리되어야 한다는 공화국의 역사 초기에 만들어진 원리와 전적으로 일치했다. 항소법원의 권한은 놀라울 정도로 확대되었고 18세기에 어렴풋하게 이해되었으며, 거의 이용되지 않았던 권한인 위헌법률심사권은 법체계의 본질적인 요소로 자리했다. 이를 통해서 연방대법원은 헌법해석의 실질적인 독점권을 확립했다. 사법부 역할의 성질은 법관들이 선례를 기계적으로 적용하는 것을 멈춤으로써 마찬가지로 변해왔으며, 대신에 보통법의 적용, 경쟁적인 헌법상 주장의 균형과 법률해석에 있어서 법원뿐만 아니라 법률 이외의 것에서 인용하기도 했다. 그러나 법원은 무소불위의 사법부라는 주장이 제시하는 것보다 훨씬 더 반동적(reactive)인 기관으로 남아 있다. 옛날과 마찬가지로 오늘날 법원은 조치를 취하기 전에 사건과 논쟁을 기다려야 하고 이들은 법률의 규정에서 자신들이 해야 할 것의 설명의 필요성에 구속된 채 남아 있다.

그럼에도 불구하고 법률이 우리들에게 영향을 미치는 방법에 있어서 변혁이 있었다. 사실 함무라비 법전, 로마 12동판법과 8세기의 웨스트 색슨의 왕 인(Ine)의 법전과 같이 거슬러 올라간 과거의 법률은 본질적으로 반동적이었다. 이는 일반적으로 금전적인 지불이나 신체적인 처벌 이상이 아닌 사후 분쟁해결 방식을 제공했다. 어떤 사람이 규율을 위반하고 그가 고발되었고 그리고 대가를 치렀다.

이는 영국 보통법이 제공했던 사후 분쟁해결 방식이었다. 의회는 웨스트민스터 법률(Statute of Westminster, 1285)을 제정해 부적절한 기존의 영장제도를 정지시켰다. 이윽고 국왕은 개시, 금지명령과 특정이행의 권한을 가지고 문제에 대한 좀 더 유연하고 효율적인 해결을 제공하는 재판형식인 형평법원을 위해 대륙에 관심을 돌렸다. 미국에서 주와 연방법원이 이러한 형평법원을 도입하고 그 이용이 증가하자 사법부는 사후 부당이득 반환이나 처벌 이상의 무엇인가를 제공하기 시작했다. 법원은 타인을 위한 해결책을 지시해서 일정한 불법행위를 중지시키고 강제하기 시작했다. 1977년 연방법관 프랭크 존슨이 지적한 바와 같이 "법관으로서 우리가 **브라운(Brown v. Board)** 사건과 그 결과로부터 어떤 것을 배웠다면 이는 시민의 기본적이고 근본적인 권리에 대한 허울뿐인 보호인 단지 금지적 구제만을 제공했다."

주간 상업과 통상의 성장과 함께 의회는 식품오염, 유해약품, 대기, 수질오염과 야생동물, 위험한 자동차와 타이어, 중죄인에게 총기 판매 등과 같은 것을 미리 예방하기 위해서 새로운 사업에 자본을 투자할 계획을 가지고 조언을 구하는 회사에 확인판결을 제공할 수 있는 능력을 가진 행정법원으로 무장한 전국적인 규제위원회와 기관을 신설했다. 이것이 왜 미국 철강회사 사장인 엘브리지 개리(Elbridge Gary)가 1912년 상원 청문회 증언에서 연방통신위원회를 신설한 법안에 대해서 다음과 같이 말했는지의 이유다. "특히 회사가 법을 위반하고 있는지를 알지 못하는 경우에 소송으로 규제받는 것보다는 모든 사실을 알고 있고 회사에 조언을 할 수 있는 부서에 의해 규제받는 것이 훨씬 더 좋은 거래이다."

주의회는 작업 관련 사고와 교통사고와 파탄한 혼인에 대한 비싼 소송에 대해서 무과실 해결책을 마련했다. 의회는 실업자, 장애인, 빈곤층과 노인들에게 '안전망'을 제공했다. 연방주와 지방 경찰력은 수사기관, 순찰차, 전자통신제도, '불심검문' 지침과 최근에는 사적인 통신과 거래에 대한 정교한 감시를 할 수 있는 권한을 추가했다.

이러한 혁신을 요약하면 사후 법률형식에서 성질상 사전에 예방적인 법률형식으로의 전환을 가져왔다고 생각될 수 있다. 많은 점에서 이러한 변혁은 필요하고 훌륭한 것이다. 그러나 그 일부 내용은 비효율적이거나 생산적이지 못하며 다른 내용들은 민권을 침해하고 위협하는 것으로 입증되었다. 이러한 변혁이 미래에 나아갈 방향(왜냐하면 이러한 변혁은 확실히 지속될 것이기 때문에)은 우리 모두가 관심을 기울여야만 할 것이다.

법률문화는 비록 그 평등이 특별하고 일부가 생각하기에는 제한된 종류이었지만 평등성의 사상에 대한 일반문화의 실천을 반영했다. 미국인들은 법의 지배는 모든 관련자들에게 비슷하게 부여된 것이 아니라 단지 관련 분야의 활동수준을 동등하게 하는 것이라는 생각을 고수했다. 지위의 평등성(모든 사람은 법의 결과로써 비슷하게 처우받아야 한다는 생각)은 대다수 미국인들과 법률문화와도 동떨어진 사상이었다. 미국문화, 심지어 자유주의적 법률주의의 시대에조차 정부는 공동의 선이라는 이름으로 부와 사회적 권력을 재분배해야 한다는 생각을 거절했다. 동시에, 이는 또한 19세기에서조차 급진적 개인주의, 엄격한 자유방임 정책과 야경국가적인 입장을 반대하기 위해 저항해왔다.

우리의 법사는 이념적인 순수성과 일관성의 추구보다는 실용적인 결정을 해왔던 세대를 반영했다. 개인과 단체의 이익이 항상 법발전 과정을 결정해왔으며 도구주의는 법이 걸어온 길이었다.

누가 승자였고 패자였는가? 그 대답은 명확하게 내릴 수 없다. 미국법사에서 법의 지배는 경제와 정치적인 권한을 널리 보급시킬 수 있었으며 장기적인 경향은 흑인과 여성의 진보된 법사가 제시하는 바와 같이 이 양자를 널리 전파시키는 방향으로 발전해왔다. 법률문화는 뜻있는 중산층의 형성을 지지했고, 공공의 봉사에 있어서 새로운 기술발전을 향상시켰으며, 개인의 야망실현을 위해 충분한 사회통제를 유지해왔다.

그러나 우리의 과거 법사는 부정의가 산재해 있었다. 부, 정치권력, 사회적 신분이나 시민의 자유와 권리들이 지금까지 공평하게 분배된 것이 없었다. 우리의 법체계는 종종 인종와 성차별, 부의 잘못된 배분과 정치적 무능력자에 대한 착취를 부추겼다. 민주적인 정의의 전통을 통해, 미국인들은 형사재판 절차를 집행하기 위해 법에 의한 지배를 종종 그리고 야만스럽게 벗어난 적도 있었다. 경제성장 만능주의는 상당한 폐해를 가져왔다. 그 비용으로 환경오염과 그의 노동으로 성장을 한 개인의 상해(혹은 사망)와 같은 대가를 치렀다. 입법자들은 종종 노예문제와 같이 부정의를 제거하기보다는 허용하는 데 법의 가면을 써왔었다. 우리의 과거 법사는 지속적으로 어두운 그림자를 가져왔다. 미국법사는 부단한 인류발전의 역사는 아니었다.

그 역사는 법과 사회가 서로 반응하고 보완해온 체계적인 변화의 역사였다. 우리가 법에 대한 이야기를 안다면, 우리는 사회의 역사를 좀 더 잘 이해할 수 있을 것이다. 관습과 문화는 법체계를 안정적이고, 일정하며, 질서정연하고 공정한 것으로서 생각하게 하는 경향이 있다. 그러나 우리의 법사는 움직이지 않고 서 있는 바위라기보다는 항상 흐르고 있는 강물이었으며, 사회발전의 틀을 짜기보다는 사회변화의 산물임을 제시하고 있다. 거의 한 세기 전 올리버 웬들 홈즈가 말한 것처럼, 우리의 법사를 통해서 현재의 우리는 지금까지 우리가 걸어온 발자취임을 알 수 있다.

후주

서론

1 | Oliver Wendell Holmes, Jr., *The Speeches of Oliver Wendell Holmes*(1891), p. 17.

2 | *The American Heritage Dictionary of the English Language*(1976), p. 741.

3 | Donald Black, *The Behavior of Law*(1976), p. 1.

4 | Lawrence M. Friedman, *American Law*(1984), pp. 138~153.

5 | 이에 대한 증거는 다음에서 발견할 수 있다. Stewart Macaulay, "Non-contractual Relations in Business," *American Sociological Review* 28(1963), p. 55.

6 | Robert Ellickson, *Order without Law: How Neighbors Settle Disputes*(1991) 참조.

7 | Robert Paul Wolf, ed., *The Rule of Law*(1971), pp. 243~252. 또한 Howard Zinn, "The Conspiracy of Law" 참조.

8 | John Henry Schlegel, "Notes toward an Intimate, Opinionated, and Affectionate History of the Conference on Critical Legal Studies," *Stanford Law Review* 36(January 1984), p. 411.

9 | James Willard Hurst, *Law and the Conditions of Freedom in the Nineteenth-Century United States*(1956).

10 | Harry N. Scheiber, "American Constitutional History and the New Legal History:

Complementary Themes in Two Modes," *Journal of American History* 68(September 1981), p. 337~350.

제1장

1 | C.H. Lincoln, *Revolutionary Movement in Pennsylvania*(1901), pp. 17~18에서 인용.

2 | Richard Hofstadter, *America at 1750: A Social Portrait*(1973), p. 5에서 인용.

3 | Richard B. Morris, *Studies in the History of American Law, with Special Reference to the Seventeenth and Eighteenth Centuries*(1930), p. 25에서 인용.

4 | Stephen Botein, *Early American Law and Society*(1983), p. 33에서 인용.

5 | 위의 책, P. 26.

6 | Samuel Walker, *Popular Justice: A History of American Criminal Justice*(1980), p. 26에서 인용.

7 | Bradley Chapin, *Criminal Justice in Colonial America, 1606~1660*(1983), p. 36.

8 | Botein, *Early American Law*, p. 18.

9 | L. Alston, *Introduction to Thomas Smith, De Republica Anglorum*(reprinted 1970), p. xxxiv.

10 | Julius Goebel, Jr., "King's Law and Local Custom in Seventeenth-Century New England," *Columbia Law Review* 31(1931), p. 416.

11 | Julius Goebel, Jr., and T. Raymond Naughton, *Law Enforcement in Colonial New York: A Study in Criminal Procedure*, 1664~1776(1970), pp. 497~507.

12 | David T. King, *Law and Socieity in Puritan Massachusetts, Essex County, 1629~1692*(1979), pp. 89~116. 또한 Bruce H. Mann, *Neighbors & Strangers: Law and Community in Early Connecticut*(1987), pp. 162~170 참조.

13 | D. Hening, *Statutes of Virginia*, vol. 1, p. 486.

14 | Robert Summers, "Law in Colonial New York: The Legal System of 1691," *Harvard Law Review* 80(1967), p. 1762.

15 | Mary S. Bilder, *The Transatlantic Constitution: Colonial Legal Culture and the Empire*(2004), pp. 4~5, 74, 125, 184~185; Daniel Hulsebosch, *Constituting*

Empire: New York and the Transformation of Constitutionalism in the Atlantic World, 1664~1830(2005), p. 137.

16 | Stephen S. Webb, *The Governors-General: The English Army and the Definition of Empire, 1569~1681*(1979), p. 266.

17 | Stanley N. Katz, "The Politics of Law in Colonial America: Controversies over Chancery Courts and Equity Law in the Eighteenth Century," Donald Fleming & Bernard Bailyn, eds., *Law in America History*(1971), p. 283.

18 | Daniel J. Boorstin, *The Americans: The Colonial Experience*(1958), p. 197.

19 | Anton-Herman Chroust, *The Rise of the Legal Professional in America*(1965), vol. 1, p. 297에서 인용.

20 | Botein, *Early American Law*, p. 35에서 인용.

21 | 위의 책.

22 | 위의 책, p. 56.

23 | 위의 책.

24 | Peter Hoffer & N.E.H. Hull, *Impeachment in America, 1635~1805*(1984), p. 42.

25 | Hulsebosch, *Constituting Empire*, pp. 40, 53, 54, 56.

26 | Christin Desan, "Remaking Constitutional Tradition at the Margin of Empire: The Creation of Legislative Adjudication in the Colony of New York," *Law & History Review* 16(1998), p. 257.

27 | Clarence Ver Steeg, *The Formative Years 1607~1763*(1964), p. 253.

28 | 위의 책.

29 | David Grayson Allen, *In English Ways: The Movement of Societies and the Transferral of English Local Law and Custom to Massachusetts Bay in the Seventeenth Century*(1981), p. 39에서 인용.

30 | Jon C. Teaford, *The Municipal Revolution: Origins of Modern Urban Government 1650~1825*(1975), p. 16.

31 | Allen, *In English Ways*, p. 57.

32 | Mann, *Neighbors & Strangers*, p. 168.

제2장

1 | M. Eugene Sirmans, *Cultural South Carolina*(1966), p. 228.

2 | Jackson Turner Main, *The Social Structure of Revolutionary America*(1965), p. 227에서 인용.

3 | Douglas L. Jones, "The Strolling Poor: Transiency in Eighteenth Century Massachusetts," *Journal of Social History* 9(1975), p. 45.

4 | Lois Carr, "The Development of Maryland's Orphans' Court, 1654~1715," Audrey land & Lois Carr, eds., Law, *Society and Politics in Early Maryland* (1977).

5 | Pennsylvania, Guardians of the Poor, *A Compilation of the Poor Laws of the State of Pennsylvania from the Year 1700 to 1788, Inclusive*(reprinted 1971), pp. 12~13.

6 | David T. Konig, *Law and Society in Puritan Massachusetts, Essex County, 1629~1692*(1979), p. 174.

7 | Douglas Greenberg, *Crime and Law Enforcement in the Colony of New York 1691~1776*(1976), p. 27.

8 | Stephen Botein, *Early American Law and Society*(1983), p. 26에서 인용.

9 | Lawrence M. Friedman, *A History of American Law*(2nd ed., 1985), p. 72.

10 | Bradley Chapin, *Criminal Justice in Colonial America, 1606~1660*(1983), p. 128에서 인용.

11 | Peter Hoffer and N.E.H. Hull, *Murdering Mothers: Infanticide in England and New England, 1558~1803*(1981); Donna J. Spindel and Stuart Thomas, Jr., "Crime and Society in North Carolina, 1663~1740," *Journal of Southern History* 49(1983), p. 241.

12 | *Colonial Records of Rhode Island*(reprinted 1971), p. 113.

13 | 위의 책.

14 | Cornelia Hughes Dayton, *Women before the Bar: Gender, Law, and Society in Connecticut, 1639~1789*(1995), ch. 4 & 5.

15 | David Konig, *Law and Society in Puritan Massachusetts: Essex County, 1629~1692*(1979), p. 47.

16 | 위의 책, 그리고 Paul Boyer and Steven Nissenbaum, *Salem Possessed*(1972)과 Mary Matossian, *Poisons of the Past*(1989), chapter on Salem Village을 볼 것.

17 | Carol Karlsen, *The Devil in the Shape of a Woman*(1987) 참조.

18 | Richard B. Morris, *Studies in the History of American Law, with Special Reference to the Seventeenth and Eighteenth Centuries*(1930), p. 16.

19 | Linda Grant De Pauw, "Women and the Law: The Colonial Period," *Human Rights* 6(1977), p. 112에서 인용.

20 | 위의 책.

21 | Mary Ryan, *Womanhood in America: From Colonial Times to the Present*(1975), p. 22.

22 | Botein, *Early American Law and Society*, p. 12에서 인용.

23 | Milton Heath, *Constructive Liberalism: The Role of the State in Economic Development in Georgia to 1860*(1954).

24 | William W. Hening, ed., *The Statutes at Large: Being a Collection of All the Lawes of Virginia etc.*(1819~1823), vol. 2, p. 43.

25 | William W. Wiecek, "the Statutory Law of Slavery and Race in the Thirteen Mainland Colonies of British America," *William and Mary Quarterly* 34(1977), p. 276.

26 | 위의 책.

27 | Friedman, *History of American Law*, p. 79.

28 | Hening, ed., *Statutes*, vol. 2, p. 268.

29 | 위의 책, p. 394.

30 | Paton Yoder, "Tavern Regulation in Virginia: Rationale and Reality," *The Virginia Magazine* 87(1979), p. 262에서 인용.

31 | Carl Bridenbaugh, *Cities in Revolt*(1952), p. 148.

32 | Grund, The Americans, in their Moral, Socail, and Political Relations(1837, rept. N.Y. 1968), 180, Tony Freyer, *Producers versus Capitalists Constitutional Conflict in Antellum America*(1994), 143에서 참고.

33 | John C. Weaver, *The Great Land Rush and the Making of the Modern World, 1650~1990*(2001), pp. 132~138.

34 | Karen Kupperman, *Setting with the Indians: The Meeting of English and Indian Cultures in America, 1580~1640*(1980), p. 55에서 인용. Peter Charles Hoffer, *Law and People in Early America*(2nd ed., 1999), p. 64 참고.

35 | Virginia D. Anderson, "King Philip's Herds: Indians, Colonists and the Problem of Livestock in Early New England," *William & Mary Quarterly* 51(1994), pp. 601~624; and Peter Karsten, "Cows in the Corn, Pigs in the Graden and 'the Problem of Social Costs': 'High' and 'Low' Legal Cultures of the British Diaspora Lands in the 17th, 18th and 19th Centuries," *Law & Society Review* 32(1998), pp. 66~68, 80~83.

36 | David Mandell, *Behind the Frontier: Indians in 18th Century Eastern Massachusetts*(1996), p. 41.

37 | James Merrell, *The Indians' New World: Catawbas and Their Neighbors from European Contract to the Era of Removal*(1989), p. 185.

38 | Daniel Hulsebosch, "Imperia in Imperio…" *Law & History Review* 16(1998), p. 357.

39 | Michael McConnell, *A Country Between: The Upper Ohio Valley and Its Peoples*(1992), pp. 115, 119.

40 | Alan Taylor, "The Seed Plot of Sedition: The Struggle for the Waldo Patent Backlands 1800~1801," in Geoff Ely and William Hunt, eds., *Reviving the English Revolution*(1988), p. 262.

41 | Brendan McConville, *"Those Daring Disturbers of the Peace": The Struggle for Property and Power in Early New Jersey*(1999).

42 | John R. Aiken, *Utopianism and the Emergence of the Colonial Legal Profession, New York, 1664~1710: A Test Case*(1989), p. 129.

43 | John T. Farrell, ed., *The Superior Court Diary of William Samuel Johnson, 1772~1773*(1942), p. xxxv.

44 | Kenneth Lockridge's Story of Dedham, *A New England Town: The First Hundred Years, Dedham, 1636~1736*(1970), pp. 157~159, 정착 초창기 농장의 평균크기에 분할상속 규정이 미친 영향에 대한 증거를 제공하고 있다. Phillip Greven's study of Andover, *Four Generations: Population, Land and Family in Colonial*

Andover(1970), pp. 37, 83, 이 당시 아버지의 유언에 따른 분할상속 규정이 가져다주는 결과를 회피하기 위해 어떻게 노력했는가를 보여주고 있다.

45 | C. Ray Keim, "Primogeniture and Entail in Colonial Virginia," *William and Mary Quarterly* 25(October 1968), p. 549.

46 | Paul L. Ford, ed., *Autobiography of Thomas Jefferson, 1743~1790*(1914), pp. 77~78.

제3장

1 | Grodon Wood, *The Creation of American Republic, 1776~1787*(1969), p. 259.

2 | William E. Nelson, *The Americanization of the Common Law: The Impact of Legal Change on Massachusetts Society, 1760~1830*(1975), p. 67.

3 | Bernard Bailyn, *The Ideological Origins of the American Revolution*(1967), p. 200.

4 | John Shy, *Toward Lexington: The Role of the British Army in the Coming of the American Revolution*(1965).

5 | Bailyn, *The Ideological Origins*, p. 200.

6 | Wood, *Creation of the American Republic*, p. 17에서 인용.

7 | Hulsebosch, *Constituting Empire*, pp. 137~138에서 인용.

8 | Wood, *Creation of the American Republic*, p. 264.

9 | Charles Adams, ed., *The Works of John Adams, Second President of the United States*(1850), vol. 10, p. 248에서 인용.

10 | M.H. Smith, *The Writs of Assistance Case*(1978), p. 101.

11 | Bernard Bailyn, *The Ordeal of Thomas Hutchinson*(1974), p. 24.

12 | Smith, *Writs of Assistance*, p. 101.

13 | Peter Oliver, *Peter Oliver's Origin and Progress of the American Revolution*, edited by Douglas Adair and J. Schutz(1961), p. 35.

14 | Stephen B. Presser and Jamil S. Zainaldin, eds., *Law and American History*(1980), p. 73.

15 | Bernard Bailyn, ed., *Pamphlets of the American Revolution*(1965), p. 413.

16 | Wood, *Creation of the American Republic*, pp. 292~293.

17 | John P. Reid, *In Defiance of the Law: The Standing Army Controversy, the Two Constitutions, and the Coming of the American Revolution*(1981), p. 5에서 인용.

18 | 위의 책, p. 215.

19 | Richard Maxwell Brown, *Strain of Violence: Historical Studies of American Violence and Vigilantism*(1975), p. 45.

20 | 위의 책, pp. 95~133.

21 | Pauline Maier, "Popular Uprisings and Civil Authority in Eighteenth Century America," Roger Lane and John J. Turner, Jr., eds., *Riot, Rout, and Tumult: Readings in American Social and Political Violence*(1978), p. 43.

22 | 위의 책.

23 | Brown, *Strain of Violence*, pp. 41~66.

24 | Maier, "Popular Uprisings," p. 45.

25 | Hiller B. Zobel, *The Boston Massacre*(1970), p. 182.

26 | Wood, *Creation of the American Republic*, p. 265.

27 | 위의 책, p. 264.

28 | Willi Paul Adams, *The First American Constitutions: Republican Ideology and the Making of the State Constitutions in the Revolutionary Era*(1980), p. 104.

29 | 형평법 상의 소장 구조에 대해서는 Peter Hoffer, *The Law's Conscience: Equitable Constitutionalism in the America*(1990), pp. 72~76.

30 | W.P. Adams, *First American Constitutions*, p. 63.

31 | Peter S. Onuf, *The Origins of the Federal Republic: Jurisdictional Controversies in the United States, 1775~1787*(1983).

32 | W.P. Adams, *First American Constitutions*, p. 64.

33 | 위의 책.

34 | Thomas Jefferson, *Notes on the State of Virginia, edited by William Peden*(1955), p. 121.

35 | Onuf, "New Constitutional Order," p. 18에서 인용.

36 | R.R. Palmer, *The Age of Democratic Revolutions*(1959), vol. 1, p. 214.

37 | Onuf, "New Constitutional Order," p. 21에서 인용.

38 | Wood, *Creation of the American Republic*, p. 383.

39 | 위의 책, p. 388.

40 | **Bayard v. Singleton**, 1 Martin 42(N.C. 1787), p. 90.

41 | George Washington to Henry Knox, December [4], 1786, George Washington Papers, Library of Congress.

42 | Jack N. Rakove, *The Beginnings of National Politics: An Interpretive History of the Continental Congress*(1979), pp. 371~375.

제4장

1 | Jamil S. Zainaldin, *Law in Antebellum Society: Legal Change and Economic Expansion*(1983), p. 13에서 인용.

2 | Richard E. Ellis, *The Jeffersonian Crisis: Courts and Politics in the Young Republic*(1971), p. 268에서 인용.

3 | Forrest McDonald, *Novus Ordo Seclorum: The Intellectual Origins of the Constitution*(1985), p. 287.

4 | 위의 책, p. 202에서 인용.

5 | Cecilia M. Kenyon, "Men of Little Faith: The Anti-Federalists on the Nature of Representative Government," *William and Mary Quarterly* 15(1955), pp. 3~43.

6 | Gordon Wood, *The Creation of the American Republic, 1776~1787*(1969). p. 527에서 인용.

7 | 위의 책, p. 532.

8 | 위의 책.

9 | *The Federalist Papers*(1961), p. 83. 이 책에서는 '연방주의자Federalist'로 언급.

10 | McDonald, *Novus Ordo Seclorum*, p. 277에서 인용.

11 | Harry N. Scheiber, "Federalism and the Constitution: The Original Understanding," in Lawrence M. Friedman and Harry N. Scheiber, eds., *American Law and the Constitutional Order: Historical Perspectives*(1978), p. 88.

12 | U.S., *Constitution*, Art. I, sec. 18.

13 | McDonald, *Novus Ordo Seclorum*, p. 270.

14 | 위의 책, p. 269.

15 | *Federalist Papers*, p. 469.

16 | 위의 책.

17 | U.S., *Constitution*, Art. III, sec. 1.

18 | Max Farrand, ed., *The Records of the Federal Constitutional Convention*(1966), vol. 2, p. 76.

19 | 위의 책, p. 299.

20 | Herbert A. Johnson, ed., *The Paper of John Marshall*(1974), I, pp. 276~277.

21 | Edward S. Corwin, "The Constitution as Instrument and Symbol," *American Political Science Review* 30(1936), pp. 1071, 1078.

22 | 예를 들어, Joyce Malcolm, *To Keep and Bear Arms: The Origins of an Anglo American Right*(1994); and Robert H. Churchill, "Gun Regulation, the Police Power, and the Right to Keep Arms in Early America: The Legal Context of the Second Amendment," *Law and History Review* 25(Spring 2007), pp. 139~176.

23 | 예를 들어, Saul Cornell, *A Well-Regulated Militia: The Founding Fathers and the Origins of Gun Contral in America*(2006); and David Konig, "The Second Amendment: A Missing Trans-Atlantic Context of the Right of the People to Keep and Bear Arms," *Law and History Review* 23(Spring 2004). 이러한 주제에 대한 견해와 증거에 대한 훌륭한 교환은 다음에서 발견될 수 있다. "Forum, p. Rethinking the Second Amendment." in *Law and History Review* 25(Spring 2007), pp. 139~214. 또한 Stuart Banner, "The Second Amendment, So Far," *Harvard Law Review* 117(2004), p. 898.

24 | Mississippi Session Laws, 1865. 흑인의 대량살상과 다른 사람의 총기를 탈취한 것에 대해서는 단지 주법원에서만 기소할 수 있다는 대법원의 판결에 대해서는 **U. S. v. Cruikshank**, 92 US 542(1876) 참조.

25 | 116 U.S. 252.

26 | **U.S. v. Miller**(1939). 대법원이 유죄가 인정된 중죄인에 총기소지를 금하는 의회입법은 헌법상 기준에 부합된다고 판결한 **Lewis v. U.S.**, 445 U.S. 95(1980) 참조.

27 | **Printz v. U.S.**, 521 U.S. 898(1997).

28 | Wendy Cukier and Victor Sidel, *The Global Gun Epidemic: From Saturday Night Specials to AK-47s*(2006).

29 | James Sterling Young, *The Washington Community 1800~1828*(1966), p. 13.

30 | "Jefferson's First Inaugural Address," Henry Steele Commager, ed., *Documents of American History*(7th ed., 1963), p. 187.

31 | Julius Goebel, Jr., *Antecedents and Beginnings to 1801*(1971), p. 458.

32 | 위의 책, p. 553.

33 | Roberty G. McCloskey, *The American Supreme Court*(1960), p. 31.

34 | Mary K. B. Tachau, *Federal Courts in the Early Republic: Kentucky, 1789~1816*(1978).

35 | McCloskey, *The American Supreme Court*, p. 35에서 인용.

36 | **United States v. Mitchell**, 26 Federal Cases 1277(C.C.D. Penn., 1795).

37 | Stephen B. Presser, "A Tale of Two Judges: Richard Peters, Samuel Chase, and the Broken Promise of Federalist Jurisprudence," *Northwestern University Law Review* 73(1978), p. 92.

38 | 위의 책, p. 93에서 인용.

39 | 위의 책, p. 92.

40 | 위의 책, p. 97.

41 | Ellis, *Jeffersonian Crisis*, p. 15.

42 | 위의 책, p. 20.

43 | Zainaldin, *Law in Antebellum Society*, p. 10.

44 | Ellis, *Jeffersonian Crisis*, p. 113에서 인용.

45 | 위의 책, p.113.

46 | 예를 들어, Donald Melhorn, *"Lest we be Marshall'd": Judicial Powers in Ohio, 1806~1812*(2003); John Philip Reid, *Controlling the Law: Legal Politics in Early National New Hampshire*(2004) 참조.

47 | Ellis, p. 51.

48 | 위의 책, p. 52.

49 | U.S., *Constitution*, Art. II, sec. 4.

50 | Peter C. Hoffer & N.E H. Hull, *Impeachment in America, 1635~1805*(1984), p. 209.

51 | Ellis, *Jeffersonian Crisis*, p. 80.

52 | Charles Warren, *The Supreme Court in United States History*(1947), vol. 1, p. 70.

53 | G. Edward White, *The American Judicial Tradition: Profiles of Leading American Judges*(1976), p. 11.

54 | "Judiciary Act of 1789," Commager, ed., *Documents*, p. 154.

55 | Dwight F. Henderson, Congress, *Courts and Criminals: The Development of Federal Criminal Law, 1801~1829*(1985), p. 28.

56 | **United States v. Hudson and Goodwin**, 11 Cranch 32(1812).

57 | Albert J. Beveridge, *The Life of John Marshall(1916~1919)*, vol. 3, p.144.

58 | **Marbury v. Madison**, 1 Cranch 177~178(1803).

59 | 펜실베이니아 주대법원은 몽테스키외와 제퍼슨이 주장했던 정부의 평등권/권력분립 모델을 한동안 선호했다. '사법적 소극주의'에 대한 법원의 대표적인 지지자는 오랫동안 대법원장으로 재임했던 존 배니스터 깁슨으로서 그는 주와 연방대법원은 의회가 순전히 사법적인 방법으로 행동하지 않았다면(검인법원의 결정을 번복했을 때와 같이) 의회의 입법에 대한 합헌성을 결정할 자격이 없다고 일관되게 주장했다. 이에 대해서는 Stanley Kutler, "John Bannister Gibson: Judicial Restraint and the Positive State," *Journal of Public Law* 14(1965), p. 181 참조. 1806년 오하이오 주대법원이 오하이오 주법이 주의 헌법을 위반했다고 판결했을 때, 주 상원은 대법관들을 질책했고 상원의 65퍼센트는 대법관들이 부정행위의 '유죄'가 있음을 발견했으나 이들을 유죄로 판결하기 위해 요구되는 정족수의 1표가 부족했다. 위헌법률심사의 문제는 여러 해 동안 오하이오 주에서 뜨겁게 다투었던 정치적인 문제였다. Donald Melhorn, *"Lest we be Marshall'd": Judicial Powers and Politics in Ohio, 1806~1812*(2005).

60 | Tony Freyer, *Producers versus Capitalist: Constitutional Conflict in Antebellum America*(1994), p. 54.

61 | F. Thornton Miller, *Juries and Judges Versus the Law: Virginia's Provincial Legal Perspective, 1783~1828*(1994).

62 | Freyer, *Producers versus Capitalist*, p. 53.

63 | Alexis de Tocqueville, *Democracy in America*, vol. 1, Phillips Bradley, ed.(1945 Ed.), p. 290.

제5장

1 | Alexis de Tocqueville, *Democracy in America*, vol. 2, Phillips Bradley, ed.(1945 Ed.), pp. 247~248.

2 | Thomas Jefferson, "Inaugural Address," *Journal of the Executive Proceedings of the U.S. Senate* 1(1828), p. 393.

3 | James Willard Hurst, *Law and Markets in United States History: Different Modes of Bargaining among Interests*(1982), p. 22.

4 | James Willard Hurst, *The Growth of American Law: The Law Makers*(1951), p. 82.

5 | Harry N. Scheiber, "Property Rights and Public Purpose in American Law," *Proceedings of the International Economic History Association, 7th Congress* 1(1978), p. 234.

6 | Alfred Kelley, Wilfred Harbison, and Herman Belz, *The American Constitution*(2 vols, 1991), I, p. 205. 잭슨과 의회의 인디언 이주 결정에 있어서 인종주의의 역할에 대해서는 Thomas Ingersoll, *To Intermix with Our White Brothers*(2005), ch. 6 참조.

7 | Stuart Bruchey, *The Roots of American Economic Growth 1607~1861*(1968), p. 125.

8 | Jamil S. Zainaldin, *Law in Antebellum Society: Legal Change and Economic Expansion*(1983), p. 20.

9 | David Burner et al., *An American Portrait: A History of the United States*(2nd ed., 2 vols., 1985), vol. 2., p. 214에서 인용.

10 | 위의 책, p. 245.

11 | U.S., *Constitution*, Art. I, sec. 8.

12 | **Earle v. Sawyer**, 8 Fed. Cas. 254(C.C.D. Mass. 1825).

13 | 5 Statutes at Large 117, 119, 120(Act of July 4, 1836).

14 | Lawrence M. Friedman, *A History of American Law*(2nd ed., 1985), p. 256.

15 | William E. Nelson, *The Roots of American Bureaucracy 1830~1900*(1982), p. 11.

16 | George Rogers Taylor, *The Transportation Revolution, 1815~1860*(1951).

17 | John G. Burke, "Bursting Boilers and Federal Power," *Technology and Culture*

71(1966), p. 21.

18 | 위의 책, p. 21.

19 | 27 U.S. Stats. 531(Act of Mar. 2, 1893).

20 | Freyer, *Producers versus Capitalist*, p. 107. 또한 Jonathan Prude, *The Coming of Industrial Order: Town and Factory in Rural Massachusetts, 1810~1860*(1983), pp. 249~250.

21 | James Willard Hurst, *Law and Social Order in the United States*(1977), p. 70.

22 | Harry N. Scheiber, "Federalism and Legal Process: Historical and Contemporary Analysis of the American System," *Law and Society Review* 14(1980), p. 705.

23 | Ronald E. Seavoy, *The Origins of the American Business Corporation, 1784~1855*(1985), p. 6.

24 | Hurst, *Law and Markets*, p. 48.

25 | James L. Sturm, *Investing in the United States, 1798~1893: Upper Wealth-Holders in a Market Economy*(1977), pp. 50~51; Stuart Banner, *Anglo-American Securities Regulation: Cultural & Political Roots, 1690~1860*(1998), pp. 190~191, 193.

26 | Harold M. Hyman and William M. Wiecek, *Equal Justice under Law: Constitutional Development 1835~1875*(1982), p. 29에서 인용.

27 | Seavoy, *The Origins of the American Business Corporation*, p. 6.

28 | **Dykers v. Allen**, 7 Hill 497 at 500(1844)는 Banner, *Securities Regulation*, pp. 174~175에서 참조.

29 | Banner, *Securities Regulation*, p. 271.

30 | Jonathan Lurie, *The Chicago Board of Trade, 1859~1905: The Dynamics of Self-Regulation*(1979), pp. 17, 27.

31 | *Register of Debates*, 19th Congress, 1st Sess., May 1, 1826, p. 647.

32 | Peter J. Coleman, *Debtors and Creditors in America: Insolvency, Imprisonment for Debt, and Bankruptcy, 1607~1900*(1974), p. 16.

33 | 위의 책, p. 5.

34 | Charles Warren, *Bankruptcy in United States History*(1935), p. 21.

35 | Bruce Mann, *Republic of Debtors: Bankruptcy in United States History*(1935), p. 21.

36 | Harry N. Scheiber, *Ohio Canal Era*(1968), p. 297.

37 | David M. Gold, "Public Aid to Private Enterprise under the Ohio Constitution: Sections 4, 6, and 13 of Article VIII in Historical Perspective," *University of Toledo Law Review* 16(1985), p. 410.

38 | Morton Keller, "The Politics of State Constitutional Revision, 1820~1930," in Kermit L. Hall, Harold M. Hyman, and Leon V. Sigal, eds., *The Constitutional Convention as an Amending Device*(1981), pp. 70~71.

39 | *Report of the Debates and Proceedings of the Convention for the Revision of the Constitution of the State of Ohio, 1850~1851,* vol. 1(1851), p. 523.

40 | 위의 책, p. 632.

41 | Kermit L. Hall, "The Judiciary on Trial: State Constitutional Reform and the Rise of an Elected Judiciary, 1846~1860," *The Historian* 44(1983), pp. 350~351.

제6장

1 | Alexis de Tocqueville, *Democracy in America,* vol. 2, Phillips Bradley ed.(1945 Ed.), pp. 102.

2 | Kent, *Commentaries on American Law*(4 vols., 1826~1830), I, p. 473.

3 | Morton J. Horwitz, *The Transformation of American Law, 1780~1860*(1977). P. 28.

4 | Lawrence M. Friedman, *A History of American Law*(2nd ed., 1985), p. 155.

5 | State of New Jersey, *Constitution*(1844), Art. I, sec. 5.

6 | Julius Goebel, Jr., ed., *The Law Practice of Alexander Hamilton,* vol. 2(1969), p. 20.

7 | *American Jurist* 5(1831), p. 29.

8 | Francis Hilliard, *The Elements of Law*(1835), p. vi; William Duane, *The Law of Nations Investigated in a Popular Manner*(1809), p. 3.

9 | Tocqueville, *Democracy in America,* p. 100.

10 | R. Kent Newmyer, *Supreme Court Justice Joseph Story: Statesman of the Old Republic*(1985), p. 138.

11 | 14 Virginia 315(1809).

12 | "Corporations," in American Jurist, reprinted in Charles Haar, ed., *The Golden Age of American Law*(1965), p. 336.

13 | **O. Cr. & A. RR v. Pa. Transp. Co.**, 83 Pa. St. 160 at 166(1876). Cf. **Bissel v. Mich. S. & N. RR Cos.**, 22 N.Y. 259(1860); **Wright v. Hughes**, 119 Ind. 324, 21 NE 907 at 909(1889); **Seymour v. Chic. Guar. Fund Life Co.**, 54 Minn. 147, 55NW907 (1893); Karsten, "Supervising 'the Spoiled Children of Legislation': Judicial Judgments Involving Quasi-Public Corporations in the 19th Century," *American Journal of Legal History* 41(1997), pp. 354~357.

14 | **Spear v. Grant**, 16 Mass, 14(1819).

15 | 예를 들어, **Came v. Bingham**, 39 Me. 35(1854); **Lovegrove v. Hunt**, 58 Me. 9(1870); and David Gold, "John Appelton of Maine and Commercial Law: Freedom, Responsibility and Law in the Nineteenth Century Marketplace," *Law & History Review* 4(1986), pp. 67~69.

16 | **Dartmouth College v. Woodward**, 4 Wheaton 518(1819).

17 | 위와 동일.

18 | **University v. Foy**, 1 Murphey 88~89(N.C., 1805).

19 | Newmyer, *Supreme Court Justice Joseph Story*, p. 133.

20 | **Wood v. Drummer**, 3 Mason Circuit Ct. Rpts. 308, Federal Cases #17,944(1824).

21 | P. Karsten, "Supervising the Spoiled Children of Legislation" pp. 358~364.

22 | **Commercial Bank of Buffalo v. Kortright**, 22 Wendell 348, at 362~363(1839); **Broadway Bank v. McElrath**, 13 N.J. Eq. 24, at 28(1860), 두 사건 모두 Banner, *Securities Regulation*, 234~235에서 인용.

23 | Friedman, *History of American Law*, p. 236.

24 | **McFarland v. Newman**, 9 Watts 55(Pa., 1839).

25 | Kim L. Scheppele, *Legal Secrets: Equality and Efficiency in the Common Law* (1988), ch. 14, pp. 269~298.

26 | Friedman, *History of American Law*, p.541.

27 | **Bayard v. McLane**, 3 Harr. R.(Del.) 139 at 219(1840).

28 | Karsten, *Heart versus Head*, pp. 195, 198~199; John Leubsdorf, "Towards a

History of the American Rule of Attorney Fee Recovery," *Law & Contemporary Problems* 47(1984), p. 9.

29 | William P. LaPiana, "Swift v. Tyson and the 'Brooding Omnipresence in the Sky' …" *Suffolk University Law Review* 20(1986), p. 771.

30 | Tony A. Freyer, "Negotiable Instruments and the Federal Courts in Antebellum American Business," *Business History Review* 50(1976), p. 436.

31 | Act of September 24, 1789, ch. 20, sec. 34, 1 Stat. 73.

32 | **Swift v. Tyson**, 16 Peters 18~19(1842).

33 | **Merchants' Natl. Bank of Boston v. State Natl. Bank of Boston**, 77 U.S. 604 at 648(1871).

34 | Frederick Beutel, "The Development of State Statutes on Negotiable Paper Prior to the Negotiable Instruments Law," *Columbia Law Review* 40(1940), p. 851.

35 | **Cox v. Skeen**, 24 N.C. 220(1842).

36 | **Badgley v. Heald**, 9 Ill.64 at 66(1847).

37 | **Harris v. Ligget**, 1 W. & S.(Pa.) 301 at 305(1841).

38 | **McClay v. Hedge**, 18 Iowa 66 at 68(1864).

39 | Susan Salinger, "The Transformation of Labor in Late 18th Century Philadelphia," *William & Mary Quarterly*, 2nd Ser., 40(Jan. 1983), pp. 62~84; and Robert Steinfeld, *The Invention of Free Labor: The Employment Relation in English and American Law and Culture, 1350~1870*(1991).

40 | George Dargo, *Law in the New Republic: Private Law and the Public Estate* (1983), p. 101에서 인용.

41 | Harold M. Hyman and William M. Wiecek, *Equal Justice under Law: Constitutional Development 1835~1875*(1982), p. 48에서 인용.

42 | Leonard W. Levy, *Chief Justice Shaw and the Law of the Commonwealth*(1957), p. 184에서 인용.

43 | 위의 책, p. 187.

44 | 위의 책.

45 | Harry N Scheiber, "The Road to MUNN: Eminent Domain and the Concept pf Public Purpose in the State Courts," in Donald Fleming and Bernard Bailyn,

eds., *Law in American History*(1971), p. 332.

46 | **Bronson in Parker v. Foote**, 19 Wend.(N.Y.) 309 at 318(1838); **Pierpont in Hubbard v. Town**, 33 Vt. 283 at 302(1860). 그러나 19세기 말에 영국의 '채광권' 원리는 철로 근처 거주자에게 '깜박거리는 성질'의 불빛을 방출시켜 불편을 초래했다고 해 손해배상을 인정한 뉴욕 주 항소법원에 의해서 재발견되었다. **Story v. N.Y. Elev. RR**, 90 N.Y. 122 at 146(1882).

47 | 2 Watts(Pa.) 327 at 331(1834).

48 | **Spencer in Holmes v. Tremper**, 20 Johns.(N.Y.) 29 at 30(1822); **Story in Van Ness v. Packard**, 2 Pet.(U.S.) 137 at 145(1829). 스토리가 실수했다. 영국법원은, 18세기 말에 스토리와 같은 법률가들이 19세기 초 미국에서 채택했던 임차인 농지개선에 대해서 본질적으로 동일한 입장을 취했다.

49 | **Harvard College v. Amory**, 9 Pick.(26 Mass.)446(1830).

50 | **Nyce's Estate**, 5 W. & S.(Pa.) 254 at 257(1843), Karsten, *Heart versus Head*, pp. 131~132에서 참고.

51 | **Parker v. Nightingale**, 6 Allen(Mass.) 341(1863), **Following Tulk v. Moxhay**, 2 Phil. 774, 41 English Rpts. 1143(Ch. 1848).

52 | 334 U.S. 1(1947).

53 | **Irwin v. Phillips**, 5 Cal. 146(1855).

54 | Charles Shinn, *Land Laws of Mining Districts*(1884), pp. 12~13.

55 | Gordon M. Bakken, *The Development of Law on the Rocky Mountain Frontier, Civil Law and Society, 1850~1912*(1983), p. 71.

56 | Scheiber, "Road to MUNN," p. 365.

57 | **Isom v. Miss. Central RR**, 36 Miss. 300 at 311(1858). Cf. P. Karsten, "Supervising the 'Spoiled Children of Legislation,'" p. 342.

58 | **Bowen v. Atl. & F.B.RR**, 17 S.C.574 at 575(1882).

59 | Tony Freyer, "Reassessing the Impact of Eminent Domain in Early American Economic Development," 1981 *Wisconsin Law Review*, pp. 1271~1273; Theodore Steinberg, *Nature Incorporated: Industrialization and the Waters of New England*(1991), p. 247(산업용 댐의 관리회사는 댐의 범람으로 인한 손해를 배상해야 했던 '모든 카운티'에서 배심들의 배상액 산정에 관한 동일한 현상을 위해서); Karsten,

"Supervising the 'Spoiled Children of Legislation,'" pp. 343~344.

60 | 11 Peters 544~553.

61 | 위의 책. 찰스 강 다리는 공공수용 문제와 관련되어 있지 않다.

62 | Karsten, "Supervising the 'Spoiled Children of Legislation,'" pp. 345~353 참조.

63 | Elizabeth Monroe, *The Wheeling Bridge Case: Its Significance in American Law and Technology*(1992).

64 | Michael McBride, "Critical Legal History and Private Actions against Public Nuisance, 1800~1865," *Columbia Journal of Law and Social Problems* 22(1989), p. 307.

65 | **Ross v. Butler**, 19 N.J. Eq. 294 at 306(1868).

66 | Karsten, *Heart versus Head*, pp. 138~139; and William J. Novak, *The People's Welfare: Law and Regulation in Nineteenth Century America*(1996), pp. 217~227.

67 | **Dana v. Valentine**, 46 Mass. 8(1842).

68 | Christine Rosen, "Differing Perceptions of the Value of Pollution Abatement across Time and Place: Balancing Doctrine in Pollution Nuisance Law, 1840~1906," *Law & History Review* 303(1993).

69 | 31 Michigan Ch. 290(1875).

70 | Kenneth DeVille, *Medical Malpractice in Nineteenth Century America*(1990), pp. 32, 57, 67.

71 | 22 Pa. St. 261 at 264, 269(1853).

72 | DeVille, *Medical Malpractice*, pp. 51, 203; Karsten, *Heart versus Head*, pp. 266, 449.

73 | Karsten, *Heart versus Head*, pp. 273~282.

74 | 6 Nev. 224 at 239~240(1870).

75 | **Shaw in McElroy & Wife v. Nashua & Lowell RR**, 58 Mass. 400 at 402(1847); Gibson, **New Jersey RR v. Kinnard**, 9 Harris(Pa.) 204(1853)에서 인용.

76 | Karsten, *Heart versus Head*, pp. 94~95.

77 | **Johnson v. Hudson Ry.**, 20 N.Y.65 at 74(1859): **Byrne v. Boadle**, 2 H. & C. 722, 159 ER 299(Ex. 1863).

78 | **Russel v. Men of Devon**, 2 Term R. 667, 100 ER 359 at 362(K.B. 1788).

79 | Karsten, *Heart versus Head*, pp. 267~269. 한편, 미국법관들은 자선유산으로 설립된 병원에 대한 불법행위 소송으로부터 면책을 인정한 1846년 영국판결을 모범이 되는 법으로 채택했다.

80 | **O'Flaherty v. Union Ry.**, 45 Mo. 70(1869); Karsten, *Heart versus Head*, pp. 246~247, 433.

81 | **Lannen v. Albany Gas Light Co.**, 46 Barb.(N.Y.S.C.) 264 at 270(1865), affirmed in 44 N.Y. 459(1870). Cf. **Whirley v. Whitman**, 1 Head(38 Tenn.)610 at 620, 622(1858).

82 | **B. & I. RR v. Snyder**, 18 Ohio St. 399 at 409, 415(1868); **Govt. Str. Ry. v. Hanlon, pro ami**, 53 Ala. 70 at 82(1875); **RR v. Mahoney**, 57 Pa. St. 187(1868).

83 | **Keffe v. Milwaukee & St. Paul RR**, 21 Minn. 207 at 210~213(1875).

84 | 4 Metcalf 49(Mass., 1842).

85 | **Farwell v. Boston & Worcester RR**, 21 Minn. 207 at 210~213(1842).

86 | 84 Va. 167, 4 SE 211 at 214.

87 | Karsten, *Heart versus Head*, pp. 114~126.

88 | **Thomas v. Winchester**, 6 N.Y.399(1852).

89 | Robert Rantoul, Jr., *Memoirs, Speeches and Writings*, edited by Luther Hamilton(1854), p. 279.

90 | Charles M. Cook, *The American Codification Movement: A Study of Antebellum Legal Reform*(1981), p. 201.

91 | **Steele v. Curle**, 34 Ky. 390(1836).

92 | John Phillip Reid, *Law for the Elephant: Property and social Behavior on the Overland Trail*(1980), p. 364.

93 | 19세기 미국에서 영국 보통법의 선례와 원리들에 대한 사법적인 숭배를 기술하기 위해서 로스코 파운드가 이용한 표현. Roscoe Pound, *The Formation Era of American Law*(1938), p. 92.

제7장

1 | Thomas Jefferson, *Notes on the State of Virginia*, William Peden, ed.(1955), p. 138.

2 | John T. Noonan, Jr., *Persons and Masks of the Law*(1976), p. 60. 노예제와 헌법에 대해서는 Paul Finkelman, "Slavery and the Constitutional Convention: Making a Covenant with Death," in Richard Beeman, Stephen Botein, and Edward C. Carter, II, eds., *Beyond Confederation: Origins of Constitution and American National Identity*(1987), pp. 188~225.

3 | **Somerset v. Stewart**, Lofft 1, 98 Eng. Rep. 499(K.B. 1772).

4 | Jefferson, *Notes on the State of Virginia*, p. 143.

5 | Kenneth M. Stampp, *The Peculiar Institution: Slavery in the Ante-bellum South*(1956), p. 207에서 인용.

6 | **State v. Mann**, 13 N.C. 263(1829).

7 | 위와 동일.

8 | **State v. Hoover**, 20 N.C. 500(1839).

9 | **Fields v. State**, 1 Yerg. 160(Tenn. 1829); **Chandler v. State**, 2 Tex. 309(1847); 두 사건 모두 Thomas Morris, *Southern Slavery and the Law, 1619~1860*(1996), pp. 175~176에서 인용.

10 | Stampp, *The Peculiar Institution*, p. 211.

11 | 위의 책.

12 | Stanley Elkins, *Slavery: A Problem in American Institutional and Intellectual Life*(1976), p. 56에서 인용.

13 | *Duties of Masters to Servants*, Three essays by Sturgis and two others(1851). 이러한 관습적인 권리 중에서는 일요일에 자신의 소유주가 아닌 다른 고용주에게 임금을 받고 일할 노예의 권리를 포함하고 있다. 이에 대해서는 **Vernon V. Palmer**, "The Customs of Slavery," *American Journal of Legal History* 48(2006), pp. 177~218.

14 | Daniel Boorstin, "The Perils of Indwelling Law," in Robert P. Wolff, ed., *The Rule of Law*(1971), p. 85.

15 | **State v. McKee**, 1 Bailey's Law 651(1830); Kenneth M. Stampp, *The Peculiar Institution*(1956), p. 223.

16 | Philip J. Schwarz, "Forging the Shackles: The Development of Virginia's Criminal Code for Slaves," in David J. Bodenhamer and James W. Ely, Jr., eds., *Ambivalent Legacy: A Legal History of the South*(1984), p. 128.

17 | **Souther v. Commonwealth**, 7 Grattan 673(Va., 1851).

18 | Thomas R.R. Cobb, *An Inquiry into the Law of Slavery in the Unites States of America*(1858), p. 98.

19 | Daniel J. Flannigan, "Criminal Procedure in Slave Trial in the Antebellum South," *Journal of Southern History* 40(November 1974), p. 538.

20 | **Cato v. State**, 9 Fla. 173~174(1860).

21 | **Stephen v. State**, 11 Ga. 230(1852).

22 | **Lunsford & Davie v. Baynham**, 10 Humphreys 268(Tenn. 1849), Thomas Morris, *Southern Slavery and the Law*, 1619~1860(1996), p. 145에서 인용.

23 | **Ford v. Ford**, 7 Humphreys 95~96(Tenn., 1846).

24 | **Ross v. Vertner**, 5 How. 323, 335, 357(Miss. 1840); Morris, *Southern Slavery and the Law*, pp. 376, 395~399.

25 | **State v. Nathan**, Slave of Gabriel South, 5 Richardson 219(S.C. 1851).

26 | Stampp, *The Peculiar Institution*, p. 446.

27 | Thomas D. Morris, "'As If the Injury was Effected by the Natural Elements of Air, or Fire,' Slave Wrongs and the Liability of Masters," *Law and Society Review* 16(1981~1982), p. 578.

28 | **Gallarder v. Demaries**, 18 La. 491(1841).

29 | **Wright v. Weatherly**, 7 Yeager 367(Tenn., 1835).

30 | Morris, "Slave Wrong," p. 588에서 인용. 일반적으로 노예거래법에 대해서는 폴 핀클먼(Paul Finkelman), 주디스 샤퍼(Judith Schaffer), 앤드류 피드(Andrew Fede)에 의한 심포지엄 논문을 참조, *The American Journal of Legal History* 31(1987), pp. 269~358.

31 | Tony Freyer, "Law and the Antebellum Economy: An Interpretation," in Bodenhamer and Ely, eds., *Ambivalent Legacy*, p. 62.

32 | Virginia Statute of 1727, Morris, *Southern Slavery and the Law*, p. 67에서 인용.

33 | **Hull v. Hull**, 3 Rich. Eq. 65 at 92(S.C. 1850).

34 | Thomas Russell, "Articles Sell Best Singly: The Disruption of Slave Families at

Court Sales," *Utah Law Review* 1161(1996).

35 | Morris, *Southern Slavery and the Law*, p. 438.

36 | Freyer, "Law and the Antebellum Economy."

37 | Richard H. Sewell, *Ballots for Freedom: Antislavery Politics in the Unites States, 1836~1860*(1976), pp. 172~173에서 인용.

38 | William E. Nelson, *The Roots of American Bureaucracy 1830~1900*(1982), p. 58.

39 | William M. Wiecek, *The Sources of Antislavery Constitutionalism in America, 1760~1848*(1977).

40 | Russel B. Nye, *William Lloyd Garrison and the Humanitarian Reformers*(1955), p. 143.

41 | Don E. Fehrenbacher, *The Dred Scott Case in American Law and Politics*(1978), p. 56.

42 | **In re Booth**, 3 Wis. 1(1854), and **Abelman v. Booth**, 21 How.(U.S.) 506(1859).

43 | Paul Finkelman, *An Imperfect Union: Slavery, Federalism, and Comity*(1981).

44 | **Neal v. Farmer**, 9 Ga. 555 at 573(1851).

45 | Finkelman, *An Imperfect Union*, p. 113.

46 | Harold M. Hyman and William M. Wiecek, *Equal Justice under Law: Constitutional Development 1835~1875*(1982), p. 154.

47 | **Thomas v. Generis**, 16 La. 483(1840), 다음에서 기술됨, Judith Schafer, *Slavery, The Civil Law and the Supreme Court of Louisiana*(1994), pp. 274~275.

48 | Hyman and Wiecek, *Equal Justice under Law*(1982), p. 155.

49 | 위의 책.

50 | **Jones v. Van Zandt**, 13 Fed. Cas. 1048(C.C.D. Ohio, 1843).

51 | William E. Barker, ed., *The Works of William H. Seward*, vol. 1(1884), p. 74.

52 | **Scott v. Emerson**, 15 Mo 576(1854).

53 | 10 Howard 82(1850).

54 | Kelly, Harbison, and Belz, *The American Constitution*(2 vols., 1991), I, pp. 268~270.

55 | **Dred Scott v. Sanford**, 19 Howard 407(1857).

56 | Senate, 36 Cong., 1 Sess., *Journal*, 112(Febrary 2, 1860).

57 | Fehrenbacher, *Dred Scott Case*, p. 439.

58 | Hyman and Wiecek, *Equal Justice under Law*, p. 96.

59 | Hans Trefousse, *The Radical Republicans: Lincoln's Vanguard for Racial Justice*(1975), pp. 216~222.

60 | Hyman and Wiecek, *Equal Justice under Law*, p. 315.

61 | Donald G. Nieman, *To Set the Law in Motion: The Freedmen's Bureau and the Legal Rights of Blacks, 1865~1868*(1976).

62 | Hyman and Wiecek, *Equal Justice under Law*, p. 234.

63 | U.S., *Constitution*, Art. XIII.

64 | U.S., *Constitution*, Art. XV.

65 | Harold U. Faulkner, *Politics, Reform and Expansion, 1890~1900*(1959), p. 7.

66 | Jonathan Lurie, *Law and the New Nation, 1865~1912*(1983), p. 16.

67 | **The Civil Right Cases**, 109 U.S. 3(1883).

68 | William Cohen, "Negro Involuntary Servitude in the South, 1865~1940: A Preliminary Analysis," *The Journal of Southern History* 42(February 1976), p. 32.

69 | Harold Woodman, *New South, New Law: The Legal Foundations of Credit and Labor Relations in the Postbellum, Agrarian South*(1995).

70 | Howard Rabinowitz, *Race Relations in the Urban South, 1865~1890*(1978), pp. 196~197.

71 | **Plessy v. Ferguson**, 163 U.S. 537(1896).

72 | M. Klarman, *From Jim Crow to Civil Rights: The Supreme Court and the Struggle for Racial Equality*(2004), p. 22.

73 | Colin Calloway, *The American Revolution in Indian Country*(1995), p. 196.

74 | Francis Prucha, *American Indian Policy: The Formative Years*(1962), p. 181.

75 | **Cherokee Nation v. Georgia**, 5 Peters 1(1831).

76 | Morton Keller, *Affairs of State: Public Life in Late Nineteenth Century America* (1977), p. 459.

77 | Sidney Harring, *Crow Dog's Case: American Indian Sovereignty, Tribal Law and U.S. Law in the 19th Century*(1994); **Lone Wolf v. Hitchcock**, 187 U.S. 553 (1903).

78 | James B. Thayer, "A People without a Law," *Atlantic Monthly* 68(1891), pp. 540~551, 676~687.

79 | Stephan Feldman, "Felix Cohen and Jurisprudence: Reflections an Federal Indian Law," *Buffalo Law Review* 35(1986), p. 35.

80 | **Yik Wo v. Hopkins**, 118 U.S. 356(1886).

81 | Keller, *Affairs of State*, pp. 443~444.

82 | **Chae Chan Ping v. U.S.**(Chinese Exclusion Case), 130 U.S. 594(1889).

83 | John Wunder, "The Chinese and the Courts in the Pacific Northwest: Justice Denied," *Pacific Historical Review* 52(May 1983), p. 208.

84 | Sir Henry Maine, *Ancient Law*(1861, reprinted 1917), p. 100.

제8장

1 | John Demos, *A Little Commonwealth: Family Life in Plymouth Colony*(1970), p. x.

2 | Michael Grossberg, *Governing the Hearth: Law and the Family In Nineteenth-Century America*(1985), p. 7.

3 | Robert L. Griswold, *Family and Divorce in California, 1850~1890: Victorian Illusions and Everyday Realities*(1982), p. 13.

4 | Joel P. Bishop, *First Book of Law*(1868), p. 216.

5 | **Wightman v. Coates**, 15 Mass. 4(1818).

6 | **Weaver v. Bachert**, 2 Pa. 81~82(1843).

7 | **McPherson v. Ryan**, 59 Mich. 39(1886).

8 | Grossberg, *Governing the Hearth*, p. 65.

9 | James Kent, *Commentaries on American Law*(1826~1830), vol. 2, p. 75.

10 | **Rodenbaugh v. Sanks**, 2 Watts 9~10(Pa., 1833).

11 | Grossberg, *Governing the Hearth*, p. 78.

12 | Grossberg, *Governing the Hearth*, p. 98에서 인용.

13 | **Devanbaugh v. Devanbaugh**, 5 Paige 557(N.Y., 1836).

14 | **True v. Raney**, 21 N.H. 54~55(1850).

15 | Sarah B. Gordon, *The Mormon Question: Polygamy and Constitutional Crisis in Nineteenth Century America*(2002), pp. 74, 81, 152~159, 164, 204, 220; **Reynolds v. U.S.**, 98 U.S. 162, 167(1878).

16 | **State v. Hairston and Williams**, 63 N.C. 452, 453(1877).

17 | **Frasher v. State**, 3 Tex. Ct. of App., 276(1877).

18 | Grossberg, *Governing the Hearth*, p. 139에서 인용.

19 | **Buck v. Bell**, 274 U.S. 200(1927).

20 | Suzanne Lebsock, *The Free Women of Petersburg: Status and Culture in a Southern Town, 1784~1860*(1984), p. 61.

21 | Norma Basch, "Equity vs. Equality: Emerging Concepts of Women's Political Status in the Age of Jackson," *Journal of the Early Republic* 3(1983), p. 318.

22 | Act of Apr. 7, 1848, ch. 200, 1848 N.Y. Laws 307.

23 | Amy Dru Stanley, *From Bondage to Contract: Wage Labor, Marriage and the Market in the Age of Slave Emancipation*(1998), pp. 213~215.

24 | Grossberg, *Governing the Hearth*, p. 176.

25 | Dio Lewis, *Chastity, or Our Secret Sins*(1874), p. 183.

26 | **Queen v. Hicklin**, 3 Q.B. 371(1868).

27 | **Ex Parte Jackson**, 96 U.S. 736(1877).

28 | Grossberg, *Governing the Hearth*, p. 190.

29 | **People v. Sanger**, 22 N.Y. 192(1918).

30 | Grossberg, *Governing the Hearth*, p. 162.

31 | James Mohr, *Abortion in America. The Origins and Evolution of National Policy*(1978), p. 187.

32 | Leslie J. Reagan, *When Abortion Was a Crime: Women, Medicine and Law in the United States, 1867~1973*(1997), p. 11.

33 | Viviana A. Zelizer, *Pricing the Priceless Child: the Changing Social Value of Children*(1985), p. 5.

34 | Griswold, *Family and Divorce in California*, p. 20.

35 | Lawrence M. Friedman, "Rights of Passage: Divorce Law in Historical Perspective," *Oregon Law Review* 63(1984), p. 862.

36 | Anonymous, 55 Ala. 433(1876).

37 | Joel P. Bishop, *Commentaries on the Law of Married Women*, vol. 2(1871), p. 74.

38 | Grossberg, *Governing the Hearth*, pp. xi~xii.

제9장

1 | Charles Loring Brace, *The Dangerous Classes of New York, and Twenty Years' Work among Them*(1872), pp. 28~29.

2 | David J. Rothman, *The discovery of the Asylum: Social Order and Disorder in the New Republic*(1971), p. 15.

3 | William E. Nelson, "Emerging Notions of Modern Criminal Law in the Revolutionary Era: an Historical Perspective," in Lawrence M. Friedman and Harry N. Scheiber, eds., *American Law and the Constitutional Order: Historical Perspectives*(1978), pp. 167~168.

4 | Lawrence M. Friedman, *A History of American Law*(2nd ed., 1985), p. 294.

5 | Samuel Walker, *Popular Justice: A History of American Criminal Justice*(1980), p. 37.

6 | 위의 책, p. 38.

7 | Adam Hirsh, "From Pillory to Penitentiary: the Rise of Criminal Incarceration in Early Massachusetts," *Michigan Law Review* 80(1982), p. 1235.

8 | Kathryn Preyer, "Crime, the Criminal Law, and Reform in Post-Revolutionary Virginia," *Law and History Review* 1(1985), pp. 53~85.

9 | Walker, *Popular Justice*, p. 47에서 인용.

10 | Act of Pennsylvania, April 22, 1784, 3 Sm. L. 186.

11 | Benjamin Rush, *Considerations on the Injustice and Impolicy of Punishing Murder by Death*(1792), p. 18.

12 | George Keith Taylor, *Substance of a Speech Delivered in the House of Delegates in Virginia, on the Bill to Amend the Penal Laws of this Commonwealth*(1796), p. 31.

13 | Tunis Wortman, *An Oration on the Influence of Social Institutions upon Human Morals and Happiness*(1796), pp. 4~5.

14 | Walker, *Popular Justice*, p. 49.

15 | William V. Wells, *The Life and Public Services of Samuel Adams*, vol. 3(1866), p. 246.

16 | *Memoirs of Stephen Burroughs*(1798), p. 126.

17 | David J. Bodenhamer, *The Pursuit of Justice: Crime and Law in Antebellum Indiana*(1986), p. 73.

18 | 위의 책, p. 56.

19 | Walker, ***Popular Justice***, p. 111.

20 | "Diary Notes on the Rights of Juries," in Kinvin Wroth and Hiller Zobel, eds., *The Adams Papers: Legal Papers of John Adams*, vol. 1(1968), p. 230.

21 | 린 매서(Lynn Mather)가 이에 대해서 잘 지적하고 있다. "Courts in American Popular Culture," in Hall & McGuire, eds., *The Judicial Branch*(2005), p. 254.

22 | Bodenhamer, *Pursuit of Justice*, p. 84.

23 | Rothman, *Discovery of the Asylum*, p. 62.

24 | Beaumont & Tocqueville, *On the Penitentiary System in the United States and its Application to France*(1833), p. 90. 비슷한 견해에 대해서는 Francis Gray, *Prison Discipline in America*(1847), pp. 70~72를 참조.

25 | Rothman, *Discovery of the Asylum*, p. 88.

26 | Walker, *Popular Justice*, p. 79.

27 | Eric H. Monkkonen, *Police in Urban America, 1860~1920*(1981), p. 31.

28 | 위의 책, p. 41.

29 | 위의 책, p. 35.

30 | Harold M. Hyman and William M. Wiecek, *Equal Justice under Law: Constitutional Development 1835~1875*(1982), p. 509.

31 | Lawrence M. Friedman and Robert V. Percival, *The Roots of Justice: Crime and Punishment in Alameda County, California, 1870~1910*(1981), p. 32. 이 문제와 마찬가지로 어떻게 범죄활동을 해석할 것인지에 대한 의견이 상당히 엇갈리고 있다. Eugene Watts, "Police Response to Crime and Disorder in Twentieth-Century St. Louis," *Journal of American History* 70(1983), pp. 340~358. Roger Lane, *Policing the City: Boston, 1822~1885*(1967); and Sam Bass Warner, Sr., *The Wickersham*

Commission: Vol. III: Report on Criminal Statistics(1931).

32 | Walker, *Popular Justice*, p. 84에서 인용.

33 | 위의 책, p. 91.

34 | Anthony Platt, *The Child Savers: the Invention of Delinquency*(1969).

35 | Wilbur R. Miller, *Cops and Bobbies: Police Authority in New York and London, 1830~1870*(1977), p. 80.

36 | Edward L. Ayers, *Vengeance and Justice: Crime and Punishment in the Nineteenth-Century American South*(1984), p. 176.

37 | 이 주제에 대해서는 Richard Maxwell Brown, *No Duty to Retreat: Violence and Values in American History and Society*(1991), and Steven Lubet, *Murder in Tombstone: The Forgotten Trial of Wyatt Earp*(2006).

38 | 8 Eng. Rep. 718(1843).

39 | John S. Hughes, *In the Law's Darkness: Isaac Ray and the Medical Jurisprudence of Insanity in Nineteenth-Century America*(1986), p. 60.

40 | David A. Jones, *History of Criminology: A Philosophical Perspective*(1986), p. 142.

41 | Isaac Ray, *A Treatise on the Medical Jurisprudence of Insanity*(3rd ed., 1855), p. 263.

42 | Walker, *Popular Justice*, p. 123.

43 | Kernan, "The Jurisprudence of Lawlessness," *Reports of the American Bar Association* 29(1906), p. 450.

제10장

1 | Richard L. McCormick, "The Party Period and Public Policy: An Exploratory Hypothesis," *Journal of American History* 66(September 1979), pp. 279~298.

2 | David Burner et al., *An American Portrait: A History of the United States*(2nd ed., 2 vols., 1985), Vol. 2, p. 425.

3 | James A. Henretta et al., *America's History*(1987), p. 623.

4 | 위의 책.

5 | Lawrence M. Friedman, *A History of American Law*(2nd ed., 1985), p. 166.

6 | Morton Keller, *Affairs of State: Public Life in Late Nineteenth Century America* (1977), p. 165.

7 | Harry N. Scheiber, "Property Law, Expropriation, and Resource Allocation by Government, 1789~1910," in Lawrence M. Friedman and Harry N. Scheiber, eds., *American Law and the Constitutional Order: Historical Perspectives*(1978), p. 139.

8 | Gordon M. Bakken, *Rocky Mountain Constitution Making, 1850~1912*(1987), pp. 29~34.

9 | Scheiber, "Property Law, Expropriation, and Resource Allocation," p. 139.

10 | Gordon M. Bakken, *The Development of Law on the Rocky Mountain Frontier, 1850~1912*(1983), ch. 4.

11 | 471 Mich. 445.

12 | 546 U.S. 807.

13 | Keller, *Affairs of State*, p. 431.

14 | 위의 책.

15 | Werner Troesken, *Water, Race and Disease*(2004). 선 페스트(Bubonic plague)와 공중보건과 법의 역할에 대해서 Nayan Shah, *Contagious Divides: Epidemics and Race in San Francisco's Chinatown*(2001).

16 | James Willard Hurst, *Law and the Conditions of Freedom in the Nineteenth-Century United States*(1956), P. 73.

17 | Friedman, *History of American Law*, p. 446에서 인용.

18 | Werner Troesken, *Why Regulate Utilities? The New Institutional Economics and The Chicago Gas Industry, 1849~1924*(1996).

19 | William R. Childs, *The Texas Railroad Commission: Understanding Regulation in America to the Mid-Twentieth Century*(2005).

20 | John Fabian Witt, *The Accidental Republic: Crippled Workingmen, Destitute Widows, and the Remaking of American Law*(2004), p. 115.

21 | Lawrence M. Friedman, "Freedom of Contract and Occupational Licensing 1890~1910: A Legal and Social Study," *California Law Review* 53(May 1965), pp. 487~534.

22 | Keller, *Affairs of State*, p. 404.

23 | Viviana A. Zelizer, *Pricing the Priceless Child: the Changing Social Value of Children*(1985), p. 5.

24 | Friedman, *History of American Law*, p. 562.

25 | State of Utah, *Constitution*(1895), Art. XVI, sec. 6.

26 | Lawrence A. Friedman and Jack Ladinsky, "Social Change and the Law of Industrial Accidents," in Friedman and Scheiber, eds., *American Law and the Constitutional Order*, p. 257.

27 | Stephen Skowronek, *Building a New American State: The Expansion of National Administrative Capacities, 1877~1920*(1982), p. 139.

28 | William E. Nelson, *The Roots of American Bureaucracy 1830~1900*(1982), p. 81.

29 | 위의 책, p. 82.

30 | Skowronek, *Building a New American State*, p. 123.

31 | Henry Steele Commager, ed., *Documents of American History*(5th ed., 1949), p. 129.

32 | Jonathan Lurie, *Law and the Nation 1865~1912*(1983), p. 35.

33 | Commager, ed., *Documents of American History*, p. 280.

34 | Lurie, *Law and the Nation*, p. 36.

35 | **U.S. v. Trans-Missouri Freight Association**, 166 U.S. 290 at 324(1897).

36 | **Standard Oil v. U.S.**, 221 U.S. 1 at 76(1911) and **U.S. v. US Steel Corp.**, 251 U.S. 416(1920).

37 | Commager, ed., *Documents of American History*, p. 280.

38 | Friedman, *History of American Law*, p. 480.

39 | 위의 책, 551에서 인용.

40 | 위의 책.

제11장

1 | Burton J. Bledstein, *The Culture of Professionalism: The Middle Class and the Development of Higher Education in America*(1976), pp. 86~87.

2 | *American Lawyer* 1(1893), p. 5.

3 | Wayne K. Hobson, "Symbol of the New Profession: Emergence of the Large Law Firm," in Gerard W. Gawalt, ed., *The New High Priests: Lawyers in Post-Civil War America*(1984), p. 6.

4 | 위의 책, p. 20.

5 | Jerold S. Auerbach, *Unequal Justice: Lawyers and Social Change in Modern America*(1976), p. 25.

6 | Gawalt, ed., *New High Priests,* p. xii.

7 | 위의 책, p. xiii. 그러나 '신 남부(New South)'의 경제 발전에 있어서 변호사의 중요한 역할에 대해서는 Gail Williams O'Brien, *The Legal Fraternity and the Making of a New South Community*(1986)을 참조할 것.

8 | Lawrence M. Friedman, *A History of American Law*(2nd ed., 1985), p. 166.

9 | Morton Keller, *Affairs of State: Public Life in Late Nineteenth Century America* (1977), p. 351.

10 | 위의 책, p. 352.

11 | 위와 동일.

12 | Michael de L. Landon, "Another False Start: Mississippi's Second State Bar Association, 1886~1892," Gawalt, ed., *New High Priests,* p. 198.

13 | Friedman, *History of American Law,* p. 651.

14 | Gawalt, ed., *New High Priests,* p. x.

15 | Friedman, *History of American Law,* p. 639.

16 | W. Hamilton Bryson and E. Lee Shepard, "The Virginia Bar, 1870~1900," in Gawalt, ed., *New High Priests,* p. 174.

17 | Friedman, *History of American Law,* p. 639.

18 | Maxwell Bloomfield, "From Deference to Confrontation: The Early Black Lawyers of Galveston, Texas, 1895~1920," in Gawalt, ed., *New High Priests,* p. 152.

19 | Van Santvoord, *A Treatise on the Principles of Pleading in Civil Actions under the New York Code of Procedure,* William P. LaPiana, *Logic and Experience: The Origins of Modern Legal Education*(1994), p. 72에서 인용.

20 | The Diary of Geo. T. Strong, ed., *Allen Nevins and M. Thomas*(4 vols., 1952), II,

p. 478, LaPiana, ***Logic and Experience***, p. 81에서 인용.

21 | Maxwell Bloomfield, *American Lawyers in a Changing Society, 1776~1876* (1976), pp. 338~339.

22 | Robert Stevens, *Law School: Legal Education in America from the 1850s to the 1980s*(1983), p. 98.

23 | William Hammond, "Legal Education in the Northwest," *Journal of Social Science* 8(1876), pp. 75~76, LaPiana, *Logic and Experience*, p. 107에서 인용.

24 | LaPiana, *Logic and Experience*, p. 31.

25 | 위의 책, p. 104.

26 | Friedman, *History of American Law*, p. 616.

27 | John W. Johnson, "Retreat from the Common Law? The Grudging Reception of Legislative History by American Appellate Courts in the Early Twentieth Centurt," *Detroit College of Law Review*(1978), p. 416.

28 | Christopher G. Tiedman, *A Treatise on the Limitations of Police Power in the United States*(1886), p. 150.

29 | **Budd v. New York**, 143 U.S. 517(1892).

30 | **State v. Walpello County**, 13 Iowa 388(1862) and **Hanson v. Vernon**, 27 Iowa 28, at 33, 34, 59(1868).

31 | 예를 들어, David Thelan, *Paths of Resistance: Tradition and Diginity in Industrializing Missouri*(1986)를 참조.

32 | 역설적으로 크리스토퍼 티드먼은 독일 사회학적 법학의 대표적인 지지자인 루돌프 폰 예링(Rudolph von Jhering) 밑에서 1년 동안 공부했다. 그는 사회학적 법학 주장의 일부를 받아들였지만 전적으로 신봉하지 않은 것은 확실하다. 이에 대해서는 David N. Mayer, "The Jurisprudence of C.G. Tiedeman: A Study in the Failure of Laissez-Faire Constitutionalism," *Missouri Law Review* 55(1990), p. 93을 참조.

33 | William E. Nelson, *The Roots of American Bureaucracy 1830~1900*(1982), p. 147.

34 | Keller, *Affairs of State*, p. 346에서 인용.

35 | 258 U.S. 268.(반면에 홈즈는 매사추세츠 대법원에 재임중 유사한 사건에서 영국 '무단침입자'의 규율을 인용했다).

36 | Thomas K. McGraw, *Prophets of Regulation: Charles Francis Adams, Louis D.*

Brandeis, James M. Landis, and Alfred E. Kahn(1984).

37 | John W. Johnson, *American Legal Culture, 1908~1940*(1981), p. 30.

제12장

1 | Michael Les Benedict, "Laissez-Faire and Liberty: A Re-Evaluation of the Meaning and Origins of Laissez-Faire Constitutionalism," *Law and History Review* 3(Fall 1985), p. 311.

2 | Melvin Urofsky, "State Courts and Protective Legislation during the Progressive Era: A Reevaluation," *The Journal of American History* 72(June 1985), p. 64.

3 | John W. Johnson, "Retreat from the Common Law? The Grudging Reception of Legislative History by American Appellate Courts in the Early Twentieth Century," *Detroit College of Law Review*(1978), pp. 413~414.

4 | Robert Silverman, *Law and Urban Growth: Civil Litigation in the Boston Trial Courts, 1880~1900*(1981).

5 | Robert A. Kagan et al., "The Business of State Supreme Courts, 1870~1970," *Stanford Law Review* 30(November 1977), p. 133.

6 | 위의 책, pp. 133~135.

7 | Richard A. Posner, *The Federal Courts: Crisis and Reform*(1985), p. 59.

8 | Tony A. Freyer, *Forums of Order: The Federal Courts and Business in American History*(1979).

9 | 통계에 대해서는 American Law Institute, *A Study of the Business of the Federal Courts*(2 vols., 1934), vol. 1, p. 107; vol. 2, p. 111 ; and Gerhard Casper and Richard A. Posner, *The Workload of the Supreme Court*(1976), p. 12.

10 | James Wiiard Hurst, *The Growth of American Law: The Law Makers*(1950), p. 119.

11 | William M. Wiecek, "The Reconstruction of Federal Judicial Power, 1863~1876," *American Journal of Legal History* 13(1969), pp. 333~359.

12 | Freyer, *Forums of Order*, p. 130.

13 | Margaret V. Nelson, *A Study of Judicial Review in Virginia, 1789~1928*(1947), p. 54.

14 | Morton Keller, *Affairs of State: Public Life in Late Nineteenth Century America* (1977), p. 362.

15 | Kermit L. Hall, *The Supreme Court and Judicial Review in American History* (1985), p. 27.

16 | Keller, *Affairs of State*, p. 366.

17 | William E. Nelson, *The Roots of American Bureaucracy 1830~1900*(1982), p. 27.

18 | **Wynehamer v. People**, 13 N. Y. 378(1856).

19 | **People v. Gillson**, 109 N. Y. 390(1888).

20 | **State v. Santee**, 111 Iowa 1, 4~7(1900).

21 | Lawrence A. Friedman, "Freedom of Contract and Occupational Licensing 1890~1910: A Legal and Social Study," *California Law Review* 53(May 1965), p. 513에서 인용.

22 | **Slaughterhouse Cases**, 16 Wallace 36(1873).

23 | Keller, *Affairs of State*, p. 176.

24 | **Munn v. Illinois**, 94 U.S. 113, 126, 130(1877).

25 | **ICC v. Alabama Midland Railway Co.**, 168 U.S. 144(1897).

26 | **Chicago, Milwaukee and St. Paul Railway Co. v. Minnesota**, 134 U.S. 458(1890).

27 | P. Kasten, "Supervising the 'Spoiled Children of Legislation'…," *American Journal of Legal History* 41(1997), pp. 357~366.

28 | Charles W. McCurdy, "The Knight Sugar Decision of 1895 and the Modernization of American Corporation Law, 1869~1903," *Business History Review* 53(Autumn 1979), pp. 304~342.

29 | James Willard Hurst, *Law and the Conditions of Freedom in the Nineteenth-Century United States*(1956), p. 44.

30 | Charles W. McCurdy, "The Knight Sugar Decision of 1895 and the Modernization of American Corporation Law, 1869~1903," *Business History Review* 53(Autumn 1979), p. 314.

31 | Charles W. McCurdy, "American Law and the Marketing Structure of the Large Corporation Law," *The Journal of Economic History* 38(September 1978), p. 643.

32 | **U.S. v. E.C. Knight**, 156 U.S.12(1895).

33 | Christopher G. Tiedeman, *A Treatise on State and Federal Control of Persons and Property of the United States, Considered from Both a Civil and Criminal Standpoint*(2 vols., 1900), vol. 1, p. 13.

34 | **In Re Jacobs**, 98 N.Y. 98(1885), Urofsky, "State Courts and Protective Legislation," p. 68에서 인용.

35 | Urofsky, "State Courts and Protective Legislation," pp. 70~71.

36 | **State v. Shorey**, 48 Or. 398(1906).

37 | Urofsky, "State Courts and Protective Legislation," p. 71.

38 | Urofsky, "State Courts and Protective Legislation," p. 71에서 인용.

39 | **Ritchie v. People**, 155 Ill, 111(1893).

40 | **People v. Williams**, 189 N.Y. 134(1907).

41 | **Commonwealth v. Beatty**, 15 Pa. 8(1900).

42 | Urofsky, "State Courts and Protective Legislation," p. 78.

43 | **People v. Orange County Road Construction Co.**, 175 N.Y. 84(1903).

44 | **Atkins v. Kansas**, 191 U.S. 222~223(1903).

45 | State of Utah, *Constitution, as amended, originals, and amendments, comp. Utah State Archives*(1959), p. 106.

46 | Urofsky, "State Courts and Protective Legislation," p. 78.

47 | 위의 책, p. 79.

48 | **Lochner v. New York**. 198 U.S. 56(1905).

49 | 위의 책, p. 75.

50 | 허버트 호번캠프(Herbert Hovencamp)는 대법원의 다른 대법관들의 견해에서 사회적 진화론의 증거를 발견하지 못했다. 이에 대해서는 "The Political Economy of Substantive Due Process," *Stanford Law Review* 40(1988), p. 379. 그러나 우리가 홈즈의 서신과 연설 등을 분석한 바에 따르면 홈즈가 허버트 스펜서의 견해에 대해서 잘 알고 있었으며 이에 대해서 상당히 공감하고 있었음을 알 수 있었다.

51 | Urofsky, "State Courts and Protective Legislation," p. 80에서 인용.

52 | **Godcharles & Co. v. Wigeman**, 113 Pa. 437(1886).

53 | **State v. Fire Creek Coal & Coke Co.**, 33 W. V. 189(1889).

54 | Urofsky, "State Courts and Protective Legislation," p. 83.

55 | William Forbath, *Law and the Shaping of the American Labor Movement*(1991), Daniel Earnst, "The Lawyers and the Labor Trust: A History of the American Anti-Boycott Association, 1902~1919," Ph.D dissertation, Princeton(1989)에서 인용.

56 | **Coppage v. Kansas**, 236 U.S. 15(1915).

57 | Felix Frankfurther and Nathan Green, *The Labor Injunction*(1930), p. 21.

58 | 158 U.S. 564(1895). Forbath, *Law and the Shaping of the American Labor Movement*, pp. 64~66.

59 | Urofsky, "State Courts and Protective Legislation," p. 90에서 인용.

60 | **Bogni v. Perotti**, 224 Mass. 156(1916).

제13장

1 | James A. Henretta et al., *America's history*(1987), p. 730에서 인용.

2 | 그러나 일찍부터 혼란을 조장했던 급진주의자들의 연설에 관해서 "명백하고 현존하는 위험"의 법리에 대한 초점은 제1차대전 이후에 마찬가지로 비정치적인 연설에 대해서도 광범위하게 적용되었음을 설명하고 있다. 이에 대해서 David Rabban, *Free Speech in its Forgotten Years*(1997) 참조.

3 | Alfred H. Kelly, Winfred A. Harbison, and Herman J. Belz, *The American Constitution: Its Origins and Development*(6th ed., 1983), p. 523 n.

4 | 13 Stat. 370.

5 | 22 Stat. 58.

6 | 32 Stat. 1213.

7 | David Burner et al., *An American Portrait: A History of the United States*(2nd ed., 2 vols, 1985), vol. 2, p. 534.

8 | Kelly et al., *American Constitution*, p. 528.

9 | Carol S. Gruber, *Mars and Minerva: World War I and the Uses of Higher Learning*(1975), pp. 157~158.

10 | Paul Murphy, *World War I and the Origin of Civil Liberties in the United States*(1979), pp. 102, 132.

11 | Joseph Gusfield, *Symbolic Crusade: Status Politics and the American Temperance Movement*(1963).

12 | Lynn Dumenil, *The Modern Temper: American Culture and Society in the 1920s*(1995), pp. 232~233.

13 | **DeJong v. Oregon**, 299 U.S. 353; **Herndon v. Lowry**, 301 U.S. 242.

14 | Paul Murphy, *The Constitution in Crisis Times 1918~1969*(1972), p. 217.

15 | Peter Irons, *Justice at War: The Story of the Japanese American Internment Cases* (1983), p. 19.

16 | 위의 책.

17 | Murphy, *The Constitution in Crisis Times*, p. 233.

18 | Edward S. Corwin, *Total War and the Constitution*(1947), p. 91.

19 | Samuel Walker, *Popular Justice: A History of American Criminal Justice*(1980), pp. 161~183.

20 | 위의 책, p. 165.

21 | Mark H. Haller, "Urban Crime and Criminal Justice: the Chicago Case," in Lawrence M. Friedman and Harry N. Scheiber, eds., *American Law and the Constitutional Order: Historical Perspectives*(1978), p. 305.

22 | Walker, *Popular Justice*, p. 181.

23 | Haller, "Urban Crime and Criminal Justice," p. 313.

24 | Walker, *Popular Justice*, p. 173.

25 | Sanford Unger, *FBI*(1971), ch.16.

26 | Walker, *Popular Justice*, p. 186.

27 | 위의 책, p. 188.

28 | 위의 책, p. 193.

29 | Jerold S. Auerbach, "Book Review," *Harvard Law Review* 87(1974), p. 1100.

30 | Robert Stevens, *Law School: Legal Education in America from the 1850s to the 1980s*(1983), p. 280.

31 | James Willard Hurst, *The Growth of American Law: The Law Makers*(1951), p. 280.

32 | Stevens, *Law School*, p. 101.

33 | William H. Harbaugh, *Lawyer's Lawyer: The Life of John W. Davis*(1973), p. 118.

34 | Stevens, *Law School*, p. 101.

35 | Jerold S. Auerbach, *Unequal Justice: Lawyers and Social Change in Modern America*(1976), p. 139.

36 | Richard Watson et al., "Bar Politics, Judicial Selection and the Representation of Social Interests," *American Political Science Review* 61(1967), p. 54.

37 | Auerbach, *Unequal Justice*, p. 66.

38 | 위의 책, p. 139.

39 | 위의 책, p. 140.

40 | 위의 책, p. 198.

41 | 위의 책, p. 215.

42 | Charles H. Martin, *The Angelo Herndon Case and Southern Justice*(1976), p. 12.

43 | Paul Murphy, *World War I and the Origin of Civil Liberties in the United States*(1979), p. 40.

44 | **Schenck v. United States**, 249 U.S. 47(1919).

45 | 위의 책, p. 52.

46 | **Abrams v. United States**, 250 U.S. 616(1919).

47 | 위의 책.

48 | U.S., *Constitution*, First Amendment.

49 | **Gitlow v. New York**, 268 U.S. 562(1925).

50 | **Stromberg v. California**, 283 U.S. 359(1931).

51 | Norman L. Rosenberg, *Protecting the Best Men: An Interpretive History of the Law of Libel*(1986), p. 216.

52 | William B. Hixson, Jr., "Moorfield Storey and the Struggle for Equality," in Friedman and Scheiber, eds., *American Law and the Constitutional Order*, p. 337.

53 | Irons, *Justice at War*, p. 366.

54 | 위의 책.

제14장

1 | *American Law Review* 23(1889), pp. 400~407, 다음에서 인용 William P. LaPiana, *Logic and Experience: The Origins of Modern American Legal Education*(1994), pp. 106~107.

2 | John W. Johnson, *American Legal Culture, 1908~1940*(1981), p. 59.

3 | N.E.H. Hull, "The New Jurisconsults: The Intellectual and Social Origins of the American Law Institute," 미국 법사학회 연례회의에서 발표한 미출간 원고(1985), p. 3.

4 | *Proceedings of the American Law Institute*, I(1923), pp. 49~50.

5 | Laura Kalman, *Legal Realism at Yale 1927~1960*(1986), p. 14.

6 | Wilfred E. Rumble, Jr., *American Legal Realism: Skepticism, Reform, and the Judicial Process*(1968), p. 156.

7 | Kalman, *Legal Realism at Yale*, p. 17.

8 | Grant Gilmore, *The Ages of American Law*(1977), p. 77.

9 | White, *Patterns of American Legal Thought*, p. 123.

10 | 위의 책, p. 128.

11 | N.E.H. Hull, *Roscoe Pound and Karl Llewellyn: Searching for an American Jurisprudence*(1997); Kalman, *Legal Realism at Yale.*

12 | Kalman, *Legal Realism at Yale*, p. 56.

13 | Edward A. Purcell, Jr., "American Jurisprudence between the Wars: Legal Realism and the Crisis of Democratic Theory," in Lawrence M. Friedman and Harry N. Scheiber, eds., *American Law and the Constitutional Order: Historical Perspectives*(1978), p. 374.

14 | Gerald L. Fetner, *Ordered Liberty: Legal Reform in the Twentieth Century*(1983), p. 40.

15 | James A. Henretta et al., *America's History*(1987), p. 746.

16 | 48 Stat. 195(1933).

17 | 위의 책, p. 198.

18 | Peter H. Irons, *The New Deal Lawyers*(1982), p. 10.

19 | 위의 책.

20 | Donald Richberg, *The Rainbow*(1936), p. 177.

21 | Christopher Tomlins, *The State and the Unions: Labor Relations, Law, and the Organized Labor Movement, 1880~1960*(1985), p. 147.

22 | Irons, *The New Deal Lawyers*, p. 3.

23 | Felix Frankfurter and James M. Landes, *The Business of the Supreme Court*(1927), p. 283.

24 | **Nebbia v. New York**, 291 U.S. 556(1934).

25 | Irons, *The New Deal Lawyers*, pp. 55~56.

26 | 위의 책, p. 56.

27 | 위의 책, p. 87.

28 | 295 U.S. 553(1935).

29 | 297 U.S. 68(1936).

30 | Irons, *The New Deal Lawyers*, p. 275.

31 | *Congressional Record*, vol. 81, pt. 1(75th Cong., 1st Sess.), pp. 877~878.

32 | Alpheus T. Mason, *Harland Fiske Stone: Pillar of the Law*(1956), p. 444.

33 | 301 U.S. 41~42(1937).

34 | Alfred H. Kelly, Winfred A. Harbison, and Herman J. Belz, *The American Constitution: Its Origins and Development*(6th ed., 1983), p. 519.

35 | 이 문제에 대한 훌륭한 분석은 Edward Purcell, *Brandeis and the Progressive Constitution: Erie, the Judicial Power, and the Politics of the Federal Courts in Twentieth Century America*(2002)를 참조.

36 | Lawrence M. Friedman, *An American Law in the Twentieth Century*(2002), p. 42.

37 | Irons, *The New Deal Lawyers*, p. 295.

38 | 위의 책.

제15장

1 | James A. Henretta et al., *America's history*(1987), p. 84.

2 | Allen J. Matusow, *The Unraveling of America: A History of Liberalism in the*

1960s(1984).

3 | Lawrence M. Friedman, *Total Justice*(1985), p. 42.

4 | *U.S. News & World Report*(December 4, 1978), p. 50.

5 | Marc Galanter, "Reading the Landscape of Disputes: What We Know and Don't Know(and Think We Know) about Our Allegedly Contentious and Litigious Society," *UCLA Law Review* 31(1983), p. 38.

6 | 변호사란 법률실무에 종사할 수 있도록 허가를 받은 사람을 말한다. Barbara A. Curran, *The Lawyer Statistical Report: A Statistical Profile of the U.S. Legal Profession in the 1980s*(1985), p. 9.

7 | *Statistical Abstract of the United States*(10th ed., 1986), p. 402. 인구조사에서, 스스로 변호사라고 말하는 사람은 실무에 종사하도록 허가받지 않았더라도 변호사로 분류했다.

8 | Marion S. Goldman, *A Portrait of the Black Attorney in Chicago*(1972), p. 49.

9 | Robert Stevens, *Law School: Legal Education in America from the 1850s to the 1980s*(1983), p. 246.

10 | 421 U.S. 773(1975).

11 | Jerold S. Auerbach, *Unequal Justice: Lawyers and Social Change in Modern America*(1976).

12 | 433 U.S. 350(1977).

13 | Gerald L. Fetner, *Ordered Liberty: Legal Reform in the Twentieth Century*(1983), p. 95.

14 | Robert Kershaw, "Access to Justice in Maryland-A Visionary's Model," *Maryland Bar Journal*(May-June 2004), pp. 50~53.

15 | Gerald Rosenberg, "The Impact of Courts on American Life," in Kermit Hall and Kevin T. McBride, eds., *The Judicial Branch*(2005), p. 290; Christopher E. Smith, *Courts and the Poor*(1991), p. 137.

16 | Note, "Gideon's Promise Unfulfilled: The Need for Litigated Reform of Indigent Defense," *Harvard Law Review* 113(2000), p. 2062.

17 | Rosenberg, "The Impact of Courts on American Life," p. 290.

18 | John P. Heinz and Edward O. Laumann, *Chicago Lawyers: The Professions of the Bar*(1982), p. 111.

19 | Stevens, *Law School*, p. 207.

20 | 위의 책, p. 210.

21 | 위의 책, p. 277.

22 | G. Edward White, *Tort Law in America*(1980), p. 140.

23 | Laura Kalman, *Legal Realism at Yale 1927~1960*(1986), p. 179.

24 | Stevens, *Law School*, p 207.

25 | 법과대학원에서 법과 경제학 연구와 교수의 실습을 위한 센터는 존 올린(John M. Olin)과 리처드 스케이프(Richard M. Scaife) 재단으로부터 기금을 출연받았다.

26 | 예를 들어, Ronald Coase, "The Problem of Social Costs," *Journal of Law & Economics* 3(1961), p. 1; Guido Calabresi, *The Costs of Accidents*(1970).

27 | Posner, *Economic Analysis of Law*(5th ed., 1998); Ellickson, *Order without Law: How Neighbors Settle Disputes*(1991). 18세기와 19세기 보통법 영역의 관습, 입법과 법관이 만든 규율에 있어서 그 출현의 내용에 대한 평가에 대해서는 Peter Karsten, "A Recognizable Law & Economics Jurisprudence? How Much 'Wealth'-and 'Wealth'-Maximizing Took Place in the Courts, Legislatures and Customs of 18th & 19th Century Common-Law Domains?" *Australian Journal of Legal History* 8(2004), pp. 21~60.

28 | Stevens, *Law School*, p 275.

29 | G. Edward White, "From Realism to Critical Legal Studies: A Truncated Intellectual History," *Southwestern Law Journal* 40(June 1986), p. 843.

30 | Charles A. Reich, "The New Property," *Yale Law Journal* 73(1964), pp. 733~787.

31 | 위의 책, p. 186.

32 | Seymour I. Toll, *Zoned America*(1969), p. 184.

33 | 위의 책, p. 186.

34 | 272 U.S. 388(1926).

35 | Richard F. Babcock, *The Zoning Game: Municipal Practices and Policies*(1966), p. 8.

36 | 10 N.J. 182(1952).

37 | Lawrence M. Friedman, *American Law in the Twentieth Century*(2002), p. 426.

38 | Thomas Daniel Deborah Bowers, *Holding Our Ground: Protecting America's*

Farms and Farmland(1997).

39 | Mary Ann Glendon, "The Transformation of American Landlord-Tenant Law," *Boston College Law Review* 23(May 1982), p. 521.

40 | **Javins v. First National Realty Corp.**, 428 F. 2d 1075 n. 13. 그러나 법관 라이트와 법원은 리스가 모든 목적을 위해서 계약으로 간주된다고 결론을 내리지는 않았다.

41 | 138 U.S. App. DC 369, 428 F. 2nd 1071 at 1077(1970).

42 | 44 N.J 70 at 82, 207 A. 2nd 314.

43 | 11 Tex. Sup. J 320, 426 SW 2nd 554 at 561.

44 | 31 Tex. Sup. J 47, 741 SW 2nd 349.

45 | 이 법관이 만든 규율에 대한 비판에 대해서는 W. David Slawson, *Binding Promises: The Late 20th Century Reformation of Contract Law*(1996), pp. 82~85.

46 | Edward J. Murphy and Richard E. Speidel, eds., *Studies in Contract Law*(3rd ed., 1984), p. 12.

47 | 350 F. 2d 445,(D.C. Cir. 1965).

48 | 위의 책.

49 | White, *Tort Law in America*, p. 150.

50 | 44 Cal. 2nd 211.

51 | **Dillon v. Legg**, 68 Cal. 2nd 728(1968).

52 | **Rowland v. Christian**, 69 Cal. 2nd 108(1968); **Taylor v. N.J. Highway Authority**, 22 N.J. 454(1956).

53 | **Waite v. Waite**, 618 So. 2nd 1360(Fla. 1993).

54 | **Korman v. Mallin**, 858 P. 2nd 1145(Alaska, 1993).

55 | **Macpherson v. Buick Motor Co.**, 217 N.Y. 382 at 385, 390, 394(1916).

56 | White, *Tort Law in America*, p. 168.

57 | 위의 책, p. 202.

58 | **Restatement(Second) of Torts**, sec. 402A(c)(1965).

59 | William Haltom and Michael McCann, *Distorting the Law: Politics, Media and the Litigation Crisis*(2004), p. 83; Neil Vidmar, *Medical Malpractice and the American Jury: Confronting the Myths about Jury Incompetence, Deep Pockets and Outrageous Damage Awards*(1995), pp. 38~39.

60 | William Haltom and Michael McCann, *Distorting the Law*, p. 86.

61 | Thomas F. Burke, *Lawyers, Lawsuits and Legal Rights: The Battle over Litigation in American Society*(2002), p. 3, Gerald Rosenberg, "The Impact of Courts on American Life," in Kermit Hall and Kevin T. McBride, eds., *The Judicial Branch*(2005), p. 294에서 참조.

62 | Peter Kasten, *Heart versus Head: Judge-Made Law in Nineteenth Century America*(1997), ch. 6, 7, and 8; "What are Tort Award Like? The Untold Story from the State Courts," *Law and Policy* 14(Fall 1990).

63 | Carl N. Degler, *At Odds: Women and the Family in America from the Revolution to the Present*(1980), p. 454.

64 | Lawrence M. Friedman, "Rights of Passage: Divorce Law in Historical Perspective," *Oregon Law Review* 63(1984), p. 666.

65 | Laura Korobkin, *Criminal Conversation: Sentimentality and 19th Century Legal Stories of Adultery*(1998).

66 | Samuel Walker, *Popular Justice: A History of American Criminal Justice*(1980), p. 128.

67 | 위의 책, p. 224.

68 | Kenneth C. Davis, *Police Discretion*(1975); Samuel Walker, *Taming the System: The Control of Discretion in Criminal Justice, 1950~1990*(1993).

69 | 404 F. 2nd 571.

70 | 309 F.Supp. 362(A가. 1970); aff'd 442 F. 2nd 304(8th Cir. 1971).

71 | 437 U.S. 678.

72 | 344 Fed. Supp. 373.

73 | 422 U.S. 563(1975). **Estelle v. Gamble**, 429 U.S. 97(1976)(진료거부는 제8차 연방수정헌법을 위반).

74 | Walker, *Popular Justice*, p. 248.

75 | **Atkins v. Georgia**, 536 U.S. 304; **Roper v. Simmons**, 543 U.S. 551.

76 | Stuart Banner, *The Death Penalty: An American History*(2002).

77 | John W. Johnson, *Insuring against Disaster: The Nuclear Industry on Trial*(1986), p. viii.

78 | Richard Morgan, "The Portal-to-Portal Pay Case," in C.H. Pritchett and Alan Westin, eds., *The Third Branch of Government*(1963), p. 68.

79 | William Keefe and Morris Ogul, *The American Legislative Process*(9th ed., 1997), pp. 203~204.

80 | **Massacusetts, et alia v. EPA**, 127 S. Ct. 1438(April 2, 2007).

81 | Robert L. Rabin, "Federal Regulation in Historical Perspective," *Stanford Law Review* 38(May 1986), p. 1286.

82 | Rabin, "Federal Regulation in Historical Perspective," p. 1305.

83 | 463 U.S. 29(1983).

84 | Warren Burger, "Isn't There a Better Way," *American Bar Association Journal* 68(1982), p. 275.

85 | Friedman, *Total Justice*, p. 43.

제16장

1 | Paul Murphy, *The Constitution in Crisis Times 1918~1969*(1972), p. 476 n에서 인용.

2 | G. Edward White, "From Realism to Critical Legal Studies : A Truncated Intellectual History," *Southwestern Law Journal* 40(June 1986), p. 827.

3 | Laura Kalman, *Legal Realism at Yale 1927~1960*(1986), p. 222.

4 | 위의 책, p. 223.

5 | Herbert Wechsler, "Toward Neutral Principles of Constitutional Law," *Harvard Law Review* 73(1959), p. 12.

6 | Eugene V. Rostow, "The Democratic Character of Judicial Review," *Harvard Law Review* 66(1952), p. 193.

7 | **A.F. of L. v. American Sash & Door**, 335 U.S. 538 at 553.

8 | 369 U.S. 186.

9 | **Reynolds v. Sims**, 377 U.S. 533 at 564.

10 | Raoul Berger, "Paul Brest's Brief for an Imperial Judiciary," *Maryland Law Review* 40(1981), p. 38.

11 | Roscoe Pound, "Runaway Courts in a Runaway World," *UCLA Law Review* 10(1963), p. 729.

12 | "Speech of Attorney General Edwin Meese, III," (July 9, 1985), Washington D.C.

13 | **Palko v. Connecticut**, 302 U.S. 325(1937).

14 | **United States v. Carolene Products Co.**, 304 U.S. 153 n. 4(1938).

15 | William Chafee, *The Unfinished Journey: America since World War II*(1987), p. 97.

16 | 위의 책, p. 105.

17 | Michal Belknap, *Cold War Political Justice: The Smith Act, the Communist Party, and American Civil Liberties*(1977), p. 137.

18 | **Dennis v. United States**, 339 U.S. 509(1950).

19 | 354 U.S. 298.

20 | Murphy, *The Constitution in Crisis Times*, p. 448.

21 | **United States v. Robel**, 389 U.S. 258(1967).

22 | Norman L. Rosenberg, *Protecting the Best Men: An Interpretive History of the Law of Libel*(1986), p. 11.

23 | **New York Times v. Sullivan**, 376 U.S. 256(1964).

24 | 위의 책.

25 | 위의 책.

26 | **Huster Magazine v. Falwell**, 485 U.S. 46(1988).

27 | **Virginia State Board of Pharmacy v. Virginia Citizens Consumers Council**, 425 U.S. 748(1976).

28 | **Bates v. State Bar of Arizona**, 433 U.S. 46(1988).

29 | **Republican Party of Minnesota v. White**, 536 U.S. 765(2002).

30 | **FEC v. National Conservative Political Action Committee**, 470 U.S. 480(1985).

31 | **Nixon v. Shrink Missouri Government PAC**, 528 U.S. 377(2000).

32 | **FEC v. Colorado Republican Federal Campaign Committee**, 533 U.S. 431(2001).

33 | **McConnell v. FEC**, 540 U.S. 93(2003).

34 | **Hamdi v. Rumsfeld**, 542 U.S. 507 at 530, 533(2004); **Hamdan v. Rumsfeld**, 126 S. Ct. 2749)(2006).

35 | **Roth v. United States**, 354 U.S. 476(1957).

36 | Murphy, *The Constitution in Crisis Times*, p. 396.

37 | **Miller v. California**, 413 U.S. 24(1973).

38 | 위와 동일.

39 | **Salt Lake City v. Piepenburg**, 71 Pac 2nd 1299(Utah, 1977). 좀 더 일반적으로 J.K. Beatty," State Court Evasion of U.S. Supreme Court Mandates in the Last Decade of the Warren Court," *Valpariso Univ. Law Review* 6(1972), p. 260; and D. Manwaring, "The Impact of Mapp v. Ohio," in David Everson, ed., *The Supreme Court as Policymaker*(1975), pp. 1~43.

40 | Shiffrin, "Obscenity," in Leonard W. Levy and Kenneth L. Karst, eds., *Encyclopedia of the American Constitution*(1987), p. 1336.

41 | **Denver Area Educational Telecommunications Consortium v. FCC**, 518 U.S. 727; **Reno v. ACLU**, 521 U.S. 844.

42 | **Engle v. Vitale**, 370 U.S. 421(1962).

43 | **Abington School District v. Schempp**, 374 U.S. 203 at 237(1963).

44 | Murphy, *The Constitution in Crisis Times*, p. 392.

45 | H. Frank Way, *Liberty in the Balance*(3rd ed., 1971); R. Birkby, "The Supreme Court and the Bible Belt: Tennessee Reaction to the Schempp Decision," *Midwest Journal of Political Science* 10(1966), p. 307; R. Johnson, "Compliance [with the School-Prayer Decisions] and Supreme-Court Decision-Making," 1967 *Wisconsin Law Review*, pp. 170~185; and Stephen Wasby, *The Impact of the United States Supreme Court*(1970), p. 134.

46 | **Lemon v. Kurtzman and Early v. DiCenso**, 403 U.S. 602 at 614(1971). 1982년 대법원은 납세자들에게 교구 부속학교를 포함한 모든 학교에 수업료, 학습 기자재와 통학수단을 제공하는 데 드는 비용을 공제해주도록 허용하는 미네소타 주법을 지지했다. 2000년에 교구 부속학교에 컴퓨터를 제공한 연방 프로그램을 승인했다. 2002년에 5대4의 의견으로 연방법원의 명령을 준수하는 주 통제 아래의 학군에서 자녀들을 교구 부속학교에 보내기로 선택한 부모에게 수업료 지원을 포함한 오하이오 주 장학금 프로그램을 인정했다. **Mueller v. Allen**, 463 U.S. 388(1982); **Mitchell v. Helms**, 530 U.S. 793(2000); **Zelman v. Simmons-Harris**, 536 U.S. 639(2002).

47 | **Stone v. Graham**, 449 U.S. 39.

48 | **Wallace v. Jaffree**, 472 U.S. 38.

49 | **Edwards v. Aguilard**, 482 U.S. 578.

50 | **City of Boerne v. Flores**, 521 U.S. 507.

51 | **Olmstead v. United States**, 279 U.S. 849(1925).

52 | **Griswold v. Connecticut**, 381 U.S. 479 91965). 또한 **Adamson v. California**, 322 U.S. 46(1948).

53 | **Maher v. Roe**, 450 U.S. 398(1977); **Harris v. McRac**, 448 U.S. 297(1977); and **Rust v. Sullivan**, 500 U.S. 173(1991). 마지막 사건은 낙태를 고려하는 여성에게 상담을 제공하기 위한 가족계획 기금을 금지시킨 보건과 복지 서비스를 합헌으로 판결했다. 클린턴은 1993년 이러한 규제를 철회하는 행정명령을 공포했다.

54 | **City of Akron v. Akron Center for Reproductive Health**, 462 U.S. 416(1983); **Planned Parenthood Association of Kansas v. Ashcroft**, 462 U.S. 476(1983).

55 | **H.L. v. Matheson**, 450 U.S. 398(1981); **Planned Parenthood of Southeastern Pa. v. Casey**, 505 U.S. 833(1992).

56 | 505 U.S. 833 at 846.

57 | **Sterberg v. Carhart**, 530 U.S. 914; **Gonzales v. Carhart**, 127 S. Ct. 167(2007).

58 | **Cruzan v. Director of Missouri Department of Health**, 497 U.S. 261.

59 | **Washington v. Glucksberg**, 521 U.S. 702; **Vacco v. Quill**, 521 U.S. 793.

60 | 539 U.S. 558.

61 | **Baker v. Vermont**, 170 Vt. 194(1999); **Goodridge v. Dept. of Public Health**, 798 NE 2nd 941(2003).

62 | 연방혼인보호법(Defense of Marriage Act, DOMA), Public Law 104~199, 1996은 주가 다른 지역에서 거행한 동성혼의 효력을 인정하지 않도록 허용했다.

63 | **Mapp v. Ohio**, 367 U.S. 643(1961).

64 | **U.S. v. Leon**, 468 U.S. 897 at 908(1984).

65 | 530 U.S. 428 at 442 and 443.

66 | **Apprendi v. New Jersey**, 530 U.S. 466(2000).

67 | 542 U.S. 296.

68 | Mary L. Dudziak, *Cold War Civil Rights: Race and the Image of American*

Democracy(2002).

69 | **Brown v. Board of Education**, 347 U.S. 493, 495(1954).

70 | **Brown v. Board of Education**, 349 U.S. 301(1955).

71 | Chafee, *Unfinished Journey*, p. 153.

72 | Watkin(354 U.S. 178) 사건에서 대법원장은 의회가 하원비미국적활동조사위원회에 광범위한 조사권을 수여한 것은 더 좋은 입법을 만든 것이 아니라 증인에게 주제 넘은 문제에 대답하도록 강요하거나 의회 모독죄로 구금시켰기 때문이라고 질책했다.

73 | Edward A. Purcell, *Brandies and the Progressive Constitution: The Judicial Power and the Politics of the Federal Courts in the Twentieth Century*(2000), pp. 261~264.

74 | Civil Rights Act of 1964, Title II.

75 | **Board of Trustees of the University of Alabama v. Garrett**, 531 U.S. 356.

76 | 541 U.S. 509.

77 | 418 U.S. 717 at 756. 4명의 소수 의견자들은 미시간 주 공립학교제도는 주가 운영했기 때문에 '단일의' 체계이며 Brown and Swann(at 762~775) 사건에서 인종분리 반대기준에 부합되어야 한다고 주장했다.

78 | 427 U.S. 160.

79 | **Bob Jones University v. U.S.**, 461 U.S. 574(1983).

80 | **Parents v. Seattle School District No. 1**, 551 U.S._(2007); and **Meredith v. Jefferson Country Board of Education**, 551 U.S._(2007).

81 | **Johnson v. California**, 543 U.S. 499 at 505.

82 | **Shaw v. Hunt**, 517 U.S. 899(1996). 또한 **Bush v. Vera**, 517 U.S. 952(1996) 참조..

83 | 521 U.S. 74.

84 | **Virginia v. Rives**, 100 U.S. 313 at 322.

85 | 476 U.S. 79.

86 | John Donahue and James Heckman, "Continuous versus Episodic Change: The Impact of Civil Rights Policy on the Economic Statutes of Blacks," *Journal of Economic Literature* 29(1991), pp. 1603~1643.

87 | 156 U.S. App. DC 267. 국왕의 "법률적용면제권한(dispensing power)"에 대한 의회의 종료 권한에 대해서는 Corinne C. Weston and Janlle R. Greenberg, *Subjects and*

Sovereigns: The Grand Controversy over Legal Sovereignty in Stuart England (1981).

88 | 420 U.S. 35.

89 | 462 U.S. 919. 이 주제에 대한 간략하지만 훌륭한 정리는 다음에서 발견된다. Melvin Urofsky and Paul Finkelman, *A March of Liberty: A Constitutional History of the United States*, Vol. 2(2nd ed., 2002), pp. 1003~1007.

90 | **Bowsher v. Synar**, 478 U.S. 714(1986).

91 | **Clinton v. New York**, 524 U.S. 417(1998).

92 | Chafee, *Unfinished Journey*, p. 334.

93 | **Hoyt v. Florida**, 368 U.S. 559(1896).

94 | Lawrence M. Friedman, *American Law in the Twentieth Century*(2002), p. 299; Hendrik Hartog, "The Constitution of Aspiration and the Rights That Belong to Us All," *Journal of American History* 74(1987), p. 1013.

95 | Nancy Wolch, *Muller versus Oregon*(1996), pp. 68~69.

96 | **Weinberger v. Wiesenfeld**, 420 U.S. 636(1975); **Califano v. Goldfarb**, 430 U.S. 199(1977).

97 | **Plessy v. Ferguson**, 163 U.S. 559(1896).

98 | 본문 p. 535, p. 551를 볼 것.

99 | **Seminole Tribe of Florida v. Florida**, 517 U.S. 44(1996); **Idaho v. Coeur d'Alene Tribe of Idaho**, 521 U.S. 261(1997); **Alden v. Maine**, 527 U.S. 706(1999); **College Savings Bank v. Florida Prepaid Postsecondary Education Expense Board**, 527 U.S. 666(1999); **Kinel v. Florida Board of Regents**, 528 U.S. 62(2000).

100 | **Ex Parte Young**, 209 U.S. 123(1908) 사건은 대법원이 주 관리들에 대한 철도회사 관리와 주주들의 입장을 옹호한 연방 사실심 법원의 판결을 지지했다(Coeur d'Alene Tribe of Idaho 사건에서 번복되었다.) 그리고 **Pennsylvania v. Union Gas Co.**, 491 U.S. 1(1989) 사건은 주의 주권면책을 이용할 수 있도록 의회의 통상조항 이용을 인정한 사건이다(이 사건은 Seminole Tribe of Florida 사건에서 번복되었다.) 그러나 2006년에 로버츠 대법원은 **Central Virginia Community College v. Katz**, 546 U.S. 356 사건에서 5대 4의 의견으로 파산 관리인이 주 기관에 대해서 소를 제기할 수 있도록 한 연방 파산입법을 지지했다. 대법관 오커너는 다른 결과를 낳은 새로운 다수 의견자들과 의견을 같이했다.

101 | **New York v. United States**, 505 U.S. 144(1992), **United States v. Lopez**, 514 U.S. 549(1995), **Printz v. United States**, 521 U.S. 898(1997), and **United States v. Morrison**, 529 U.S. 598(2000).

102 | 514 U.S. 549 at 57.

103 | **Crosby v. National Foreign Trade Council**, 530 U.S. 363(2000), **United States v. Locke**, 529 U.S. 89(2000) 이와 같은 또 다른 판결은 주간통상에서 의회가 금지한 물질인 마리화나의 의학적 이용에 대한 캘리포니아 주의 승인과 관련된 **Gonzales v. Raith**, 545 U.S. 1(2005) 사건이다. 이 사건에서 대법원은 캘리포니아 주 안에서 개인적 소비를 목적으로 이를 재배하는 것은 그 불법판매에 영향을 주며 **Wickard v. Filburn** 판결의 입장을 따라서 이 통상조항의 규제를 받는다고 판결했다. 그러나 여기에 반대의견을 낸 대법관 렌퀴스트, 토머스와 오커너에게는 통상조항이 미치는 범위가 지나치게 광범위했다.

104 | **Adarand Constructors, Inc. v. Pena**, 5145 U.S. 200(1995).

105 | **Grutter v. Bollinger**, 539 U.S. 306(1996).

106 | William Brennan, "The Bill of Rights and the States: The Revival of State Constitutions as Guardians of Individual Rights," *New York University Law Review* 61(1986), p. 335. 브레넌은 미국 연방대법원에 임명되기 전 1970년대 뉴저지 주 대법원에 재임하고 있는 동안에 이러한 법학에 관여하고 있었다.

107 | **Florida v. White**, 660 So 2nd 321(1995); **Sitz v. Michgan Dept. of Police**, 443 Mich. 744(1993). 마찬가지로 일부 주법원은 성차별과 지역규제(zoning)에 관한 연방법원의 판결을 따르기를 거절했다.

108 | 411 U.S. 1 at 12~13.

109 | 62 N.J. 473; **Robinson v. Cahill**, 67 N.J. 333, 1975 사건에서 정교하게 다듬어짐. 이에 대해서는 Douglas S. Reed, "Public Education, Democratic Life, and the American Courts," in Hall & McGuire, eds, *The Judicial Branch*, pp. 474~479 참조.

110 | **Edgewood Independent School District v. Kirby**, 33 Texas Sup. J. 12(1989); **DeRolph v. Ohio**, 93 Ohio St. 3rd 309(2001).

111 | 790 SW 2nd 186, Reed, p. 479에서 참조.

112 | 이 주제에 대해서는 Martin Garbus, *The Next Twenty-Five Years: How the Supreme Court Will Make You Forget the Meaning of Words like Privacy, Equality and Freedom*(2007)를 참조할 것.

용어풀이

법률은 기술적인 분야여서 고유한 전문용어를 가지고 있다. 이 책에서는 법률용어와 법률어구의 사용을 최소화하려고 노력했으며, 이를 사용할 때는 간략하게 그 의미를 설명했다. 이 용어풀이는 본문에서 쉽게 이해할 수 없는 일부 정의를 제공하는 것에 그치기 때문에 포괄적인 것이 아니다. 법률에 관한 기술적인 용어, 개념과 어구의 자세한 설명은 헨리 캠벨 블랙(Henry Campbell Black)의 《블랙의 법률용어 사전*Black's Law Dictionary*》(8th ed., 2004)을 참조할 것.

계약유인Consideration 계약을 체결하기 위해 제공된 유인이나 일정한 영향력.

고의과실Mens Rea, Latin, "guilty mind" 자신의 행위가 잘못되었다는 것을 앎. 고의과실은 주관적 요건으로서 특정한 범죄의 성립을 위해 요구된다. 형사상 책임을 인정하기 위해 필요한 요건의 하나(다른 하나는 객관적 범죄행위, **actus reus**.)

공동고용의 준칙 Fellow servant rule 고용인은 다른 동료 고용인의 과실로 입은 손해에 대해서 사용자에게 손해배상을 청구할 수 없다는 보통법 원칙. 이 원칙은 주의 입법과 연방 사용자책임법에 따라 폐지되었다.

과부산Dower 과부에게 남편의 토지로부터 부양받을 수 있도록 법률에서 인정한 권리. 남편이 유언 없이 사망한 경우 과부는 남편 부동산의 1/3에 대한 권리를 주장할 수 있다. 과부산권은 대부분의 주에서 폐지되었고 그렇지 않은 주의 대부분도 이를 크게 개정했다.

국교금지 조항 Establishment clause 제1차 미국 연방수정헌법 조항. 의회는 국교의 설립이나 자유로운 종교활동을 금지하는 법률을 제정할 수 없다고 규정하고 있다. 이 조항 때문에 연방정부는 국교를 정하거나 종교적인 믿음을 강제하는 법률을 제정할 수 없게 되었다.

금지명령Injunction 일부 조치를 이행하는 개인을 금지하는 법원의 명령으로서 보통법보다는 형평법에서 기원했다. 금지명령은 물(物)이 아닌 인(人)에 대한 것이고 보통법상 적절한 구제수단이 없는 경우에 일반적으로 이용된다.

기득권Vested rights 다른 사람의 조치로 파기될 수 없으며 정부에도 이를 보호할 의무가 주어진 것으로서 개인에게 전적으로 확정된 권리다.

기여과실Contributory negligence 사고에 대해서 피고의 행위와 함께 원고가 기여한 행위. 많은 주에서 기여과실의 항변은 비교과실로 대체되었다.

권한 외; 권한유월, 권한일탈 Ultra vires, Latin, "beyond the power [of]" 법원이 회사의 일부 행위가 그 정관에 정한 범위를 벗어난 것이라고 결정하는 회사법 원칙. 20세기보다 19세기에 더 중요했다.

대권재판소Prerogative courts 국왕대권을 위한 기구로 만들어진 황실재판소와 같이 비보통법상의 영국법원. 국왕에 반대한 휘그들은 이를 자유에 대한 위협으로 간주했다.

대배심Grand Jury 기소가 잘못되었거나 기각될 가능성이 있는 경우에 이를 심사할 배심.

더램 준칙 Durham Rule **더램(Durham v. United States**, 1954) 사건에서 법관 데이비드 바젤론(David J. Bazelon)이 채용한 준칙으로서 전통적인 정신장애로 인한 형사책임 무능력의 항변, 이른바 정사(right-wrong) 혹은 맥노튼 준칙(McNaghten Rule)을 폐지한 것으로서, 형사책임의 거부불능 충동(irresistible impulse) 테스트라고도 알려져 있다. 범죄행위 시점에 피고인이 정신질환을 앓고 있었다는 증거가 있으면 책임을 지지 않는다는 준칙으로 많은 주에서 이를 널리 채택하지는 않았다.

면제지대Quit rent 자유토지 보유지의 보유자가 지불하는 지대로서 다른 모든 지대가 면제된다.

명백하고 현존하는 위험 Clear and present danger test 언론과 출판의 자유에 대한 정부의 제한은 국가에 중대하고 긴급한 위험을 예방하기에 필요하다면 인정된다고 한 원칙으로서 **셴크(Schenck v. U.S.**, 1919) 사건에서 처음 확립되었다.

문서선동죄Seditious libel 법적인 수단이 아닌 다른 수단으로 정부를 타도하고자 사람들을 선동할 의도로 작성된 문서.

범죄행위Actus reus, Latin, "wrongful deed" 범죄의 객관적 측면인 위법행위를 말하며 고의과실(mens rea)과 함께 범죄 성립요건을 구성한다.

법정의 친구들 Amicus curiae, Latin, "friend of the court" 법원은 소송에 직접적으로 관련되지 않았으나 그 소송으로 영향을 받는 당사자들이 변론에 참여하는 것을 종종 허용한다. 전형적으로 이러한 당사자들은 법정에 도움이 될 수 있는 일부 전문가들이다.

보복적 퇴거 Retaliatory eviction 임차에 불만을 표시하거나 임차인 조합이나 임대인이 승인하지 않는 일부 유사한 행위에 참여한 임차인을 퇴거시키기 위해 임대인이 취한 조치.

보통법Common law 법관이 발전시킨 선례에 근거한 법체계. 이론상으로 보통법은 관행과 관습으로부터 나왔다. 이는 로마법에서 유래되었고 법전에 근거한 유럽과 라틴아메리카의 대륙법 체계와 대비된다. 영국과 같이 미국은 보통법 국가이다. 보통법은 또 의회에서 제정한 성문법(혹은 실정법)과도 대비된다.

부동산 (점유) 회복소송 Ejectment 토지의 점유를 회복하고 타인의 불법점유로 인한 손해에 대해서 배상을 청구하고자 이용되었던 보통법상의 소송 명칭.

부동산 양도증서 Deed 일방으로부터 타방으로 부동산을 양도하기 위해서 이용되는 문서.

부인의 지위 Coverture 여성이 혼인으로 가지게 되는 지위나 상태. 이러한 부인의 지위로 부인과 남편은 하나로 결합되나 남편이 지배적인 법적 존재이다.

부인의 특유재산 Separate equitable estate 남편의 재산과 구분되어 보유하고 있는 부인의 개별적인 재산. 이 원칙은 그렇지 않으면 부인의 지위(coverture)를 통해서 자신의 남편의 통제 아래에 놓이게 될 재산에 대해서 부인의 통제를 제공하는 수단으로 발전했다.

비교과실Comparative negligence 이 원칙에 따르면 과실은 배심이 사고에 관련된 사람들 사이의 비율을 할당하고 이에 따라서 산정된 손해도 축소된다. 이 원칙은 많은 주에서 기여과실로 대체되었다.

상업증권Commercial paper 약속어음, 수표나 은행예금과 기타 유통수단과 같이 사적 당사자들 사이에 법적으로 이행할 수 있는 다양한 형태의 명령.

소배심Petit jury 민사나 형사소송의 일반적인 사실심 배심. 이는 대배심(Grand jury)과 구분하기 위해 명칭을 달리했다.

신용대출Loan of credit 19세기 주의회가 자신들의 신용을 카운티, 시와 타운에 대출하던 관행. 대주와 차주가 관여된 직접대출과 달리 신용대출은 실제로 금액을 지급하는 인수자도 관여한다. 신용대출의 목적은 기업이 유권자나 지방의회가 요구하는 사업을 위해 자본을 모집하는 것을 돕기 위한 것이다.

실체적 적법절차 Substantive due process 기득권 사상과 밀접하게 연관된 개념으로서 남북전쟁 뒤 미국헌법에서 의의가 커졌다. 적법절차는 생명, 자유나 재산이 정부에 의해 규제될 때 절차적 공정성을 요구할 뿐만 아니라 정부가 규제할 수 없는 생명, 자유와 재산의 일정한 내용이 있다는 것을 의미했다. 그리하여 정부권한의 합법적인 범위를 벗어난 일정한 실체적 권리(특히 '자유'와 '재산'이라는 용어에 포함된)가 존재한다는 것이다.

약식기소Information 약식기소가 정식기소의 효과를 가지지만 정식기소 없이 일부 형사범죄를 지은 사람에 대한 검찰의 기소. 정식기소는 대배심에 의해서 이루어진다. 정식기소와 약식기소는 형사기소 절차로서 보통법에서 시작되었다.

연방문제Federal question 헌법, 법률이나 조약의 해석에 근거한 연방법원의 관할 아래에 놓인 사건.

연방법원의 재판권 Diversity jurisdiction 헌법 제3장 제2조에 따라 연방법원에 인정된 관할권. 이는 그 법률이 다른 두 주의 주민들 사이 소송을 다룬다.

연안권Riparian rights 강과 수로의 연안에 인접한 토지 소유자의 권리로서 물과 그 이용, 연안토지의 이용 등에 관한 권리. 이 원칙은 미국의 동부와 서부에서 그 발전이 확실하게 보여주는 바와 같이 건조하고 습한 기후에 따라 달리 적용되었다.

위헌심사Judicial review 법률이나 행정부의 조치가 헌법을 위반했다고 판결할 수 있는 법원의 권한으로서 그 집행을 거절할 수 있다. 주와 연방법관들은 위헌심사를 할 수 있으나 주의 법관들은 연방법이 위헌이라고 선언할 수 없다(일부 시도가 있었지만.)

위험의 인수 Assumption of risk 원고가 자발적으로 위험에 노출되어 입은 손해에 대해서는 배상받을 수 없다는 원칙.

유통성Negotiability 수표나 은행권과 같은 증권의 법적 성격으로서 일방에서 타방으로 이전할 수 있고, 그리하여 원보유자가 가지고 있던 모든 혹은 대부분의 권리를 제2차나 후속 당사자들에게 제공하기 위한 것.

인신보호영장Habeas corpus, Latin, "you have the body" 구속의 적법성을 심사할 목적으로 법관 앞에 출석을 명령하는 영장.

일방적; 일방 당사자 Ex parte, Latin, "on the side of" 상대방이 부재하거나 부존재한 경우에 일방 당사자의 입장에서 취한 사법상의 절차나 명령. 이러한 조치에 있어서 상대방은 심리의 통지나 기회가 주어진다.

장자상속제Primogeniture 아버지가 유언에 달리 정한 바가 없는 경우에 아버지의 부동산을 상속할 장자의 권리. 이러한 권리는 다른 어린 아들을 배제하고 집안의 가장 연장자인 남자에게 우선권을 인정한다.

재량상소Certiorari, Latin, "to be made more certain" 대법원이 하급심의 정식 재판기록을 심사할 수 있도록 명령을 선택할 수 있는 재량적인 영장. 1925년 재판소법의 제정으로 연방대법원이 그 심리사건을 제한할 수 있는 주요한 수단이 되었다.

절대책임Absolute liability 과실에 관계없이 책임을 인정하는 불법행위법상의 개념. 제조물 책임사건에서는 엄격책임(strict liability)으로 알려져 있다.

직무집행영장Mandamus, Latin, "we command" 법률이 요구한 일부 조치를 수행하기 위해 정부관리에게 발부된 영장. 보통법 아래에서 이는 특별영장(extraordinary writ)이라고 불렀다.

채무강제 예속노동 Peonage 채무를 지불하기 위해 노무를 제공하도록 강제할 수 있는 노역상태. 이는 제13차 연방수정헌법으로 금지했으나 남북전쟁 뒤 남부와 남서부에 남아 있었다.

파산Bankruptcy 어떤 사람이 만기가 된 자신의 채무를 변제할 수 없게 된 상황.

한정부동산권Entail 유언에 따라 일정한 상속자에게 부동산 상속을 제한하는 수단.

해사법Admiralty 역사적으로 민사사건(예를 들어, 해상보험, 해난구조, 해상 불법행위)과 군사사건(포획물과 포획선)을 다룬다. 배심은 해사법원에서 이용되지 않는다.

형평법Equity 보통법과 나란히 발전했던 영미법의 일부로서 그 영향력은 광범위했으며 절차는 단순했다. 이는 역사적으로 보통법 원칙의 적용에서 재량을 인정하는 수단으로서 발전했다. 영국에서는 대법관이 별도의 법원에서 형평법을 집행했으나 미국에서는 '대법관(Chancellor)' 이라는 명칭을 사용했고, 19세기 이래 대부분의 형평법 관할은 보통법 법원에 통합되었으며, 이는 형평법을 집행하던 같은 법관이 보통법을 집행했다는 것을 말한다.

환어음Bill of exchange 18~19세기에 상인들이 널리 이용했던 상업증권의 한 형식. A는 B에게 확정된 미래의 시기에 C에게 일정한 금액을 지불할 것을 명령한다. 이 어음은 일종의 지폐로서 유통되었다.

관련도서

다음의 참고문헌 소개는 저자가 크게 참고했던 역사, 법, 정치학과 형사재판 연구에 관한 학자들의 것이다. 그러나 이 소개 글은 이 책에서 인용한 문헌 모두나 특별한 주제를 다루고 있는 문헌 모두를 다루고 있지 않아서 포괄적이지 않다. 포괄적인 서지학을 원하는 독자들은 여러 안내서를 참조할 수 있을 것이다. 가장 포괄적인 것은 Kermit L. Hall, Compiler, 《*A Comprehensive Bibliography of American Constitutional and Legal History*》(5 volumes, 1984). 또한 유용한 것은 공법과 사법에 있어서 주요한 역사서의 서지학들이다. 전자는 Alfred H. Kelly, Winfred A. Harbison, and Herman J. Belz, 《*The American Constitution: Its Origins and Development*》(7th ed., 1991)과 Melvin I. Urofsky, 《*A March of Liberty: A Constitutional History of the United States*》(2nd Ed., 2002). 후자는 Lawrence M. Friedman, 《*History of American Law*》(3rd 3d., 2005)의 주제이다.

지난 30년 동안, 미국 법률문화사를 연구해온 학자들은 두 분야를 통합하려고 노력해왔다. 이러한 발전의 배경은 복잡하나, 간단하게 말하자면 이들은 모든 미국사의 저작에 대한 사회사의 엄청난 충격을 반영했다. 이러한 발전의 주요 흐름에 대해서는 Kermit L. Hall, "The Magic Mirror: American Constitutional and Legal

History," 〈*International Journal of Social Education* 1〉(1987)에서 언급되어 있다. 헌법과 법사의 상호성과 강화의 성질에 대한 가장 유력한 주장은 Harry N. Scheiber, "American Constitutional History and the New Legal History: Complementary Themes in Two Modes," 〈*The Journal of American History* 68〉(1981)에서 찾아볼 수 있다. 헌법과 사회사의 지속적인 결합에 대해서는 James G. Randall, "The Interrelation of Social and Constitutional History," 〈*The American Historical Review* 35〉(1929)를 참조. 헌법발전의 외재적인 역사를 가진 전통적인 판례법 접근방식의 균형에 대한 비슷한 요구는 Paul L. Murphy, "Time to Reclaim: The Current Challenge of American Constitutional History," 〈*The American Historical Review* 69〉(1963). 미국 법문화사의 거의 모든 분야를 거론하고 있는 좀 더 포괄적인 총서는 Kermit L. Hall, ed., 《*United States Constitutional and Legal History: Major Historical Essays*》(20 volumes, 1987). 제1권, 《*Main Themes in United States Constitutional and Legal History*》는 미국 법률기구와 관행에 대한 비판법학연구 운동의 급진적인 공격을 포함해 미국법 문화사에 대한 주요한 역사편찬과 해석적인 견해 모두를 다루고 있다. Wythe Holt, ed., 《*Essays in Nineteenth-Century American Legal History*》(1976)은 Lawrence M. Friedman and Harry N. Scheiber, eds., 《*American Law and the Constitutional Order: Historical Perspectives*》(1978)와 같이 유용하다.

연방헌법 제정 200주년 동안에 여러 저널은 헌법의 역사를 다루는 특별호를 발간했다. 예를 들어, "The Constitution in American Life: A Special Issue," 〈*Journal of American History* 74〉(1987)와 "The Constitution of the United States," 〈*The William And Mary Quarterly* 44〉(1987). 위에 열거한 특집을 포함해 대부분의 200주년 기념호는 주헌법들, 헌법제정 과정과 헌법주의에 대해서 소홀히 했다. 주의 발전에 대한 가장 훌륭한 소개는 "States Constitutional Design in the Federal System," 〈*Publius: the Journal of Federalism* 12〉(1982). 영국 형평원리가 미국 헌법해석과 정의에서 한 역할에 대한 훌륭한 분석은 Peter Hoffer, 《*The*

Law's Conscience: Equitable Constitutionalism in America》(1990).

학술적인 문헌들이 늘어나는 것과 마찬가지로 강의자료로 이용할 수 있는 것도 많아졌다. 벨즈(Belz)와 프리드먼(Friedman)의 교재는 미국법의 유산에 대해 현대 미국인들을 교육시켜왔다. 이 두 책은 미국법 발전에 대해 기술적이기보다는 외재적인 견해를 취하고 있다(벨즈보다 프리드먼이 더욱 그렇다.) 프리드먼은 《*American Law*》(1984)와 《*Total Justice*》(1985)에서 다루고 있는 주제인 법률문화의 개념을 선구적으로 도입했고 저자들은 이에 큰 도움을 받았다. 피터 호퍼(Peter Hoffer)는 캔자스 주립대학의 "Landmark Law Cases & American Society"라는 유용한 시리즈를 편집했다.

G. Edward White, 《*The American Judicial Tradition: Profiles of Leading American Judges*》(1976)는 경제, 사회, 정치와 특히 지적인 경향이 어떻게 위대한 사법적 결정을 가능하게 했는가를 보여주고, 사법적인 권한의 막강한 보호막은 정치적인 사람들이 사법적인 정치인으로 그리고 중도적인 정치인들을 이념적인 편향을 가진 사람들로 종종 변화되는 모습을 보여주기 위해 유명한 법관들의 개인적인 업적을 연구 조사했다. 미국 헌법사의 특정한 분야에 대한 여러 유용한 논문들을 포함하고 있는 2개의 시리즈는 1990년대 말 카슨(Carson) 출판사의 커미트 홀이 편집한 "Equal Justice under law"와 21세기 초에 커미트 홀이 편집한 테일러 프랜시스갈런드 출판사(Taylor & Francis and Garland Press)의 "The Supreme Court in America Society"이다. 또한 David Bodenhamer, 《*Fair Trial: Rights of the Accused in American History*》(1992); James Ely, 《*The Guardian of Every Other Right: A Constitutional History of Property Rights*》(1992); Sandra F. VanBurkleo, Kermit Hall, and Robert Kaczorowski, eds., 《*Constitutionalism and American Culture: Writing the New Constitutional History*》(2002)이 있다. 대표적인 논문집의 하나는 커미트 홀이 케빈 맥과이어(Kevin T. McGuire)와 공동편집한 《*The Judicial Branch*》(2005)로서 19개의 논문 중 절반 이상이 정치학자들의 논문이다.

법사 분야에서 제임스 윌러드 허스트보다 더 큰 영향을 미친 사람은 없다. 그의

《*The Growth of American Law: The Law Makers*》(1950)는 오늘날 법사에 대한 저술이 쇄도하게 되는 출발점이 되었다. 이 책은 허스트의 저술 중에 가장 접근이 용이할 뿐만 아니라, 공사법 주제가 통합될 수 있음을 보여주고 있다. 허스트는 또한 법사는 그가 '법률기관'—제헌회의, 입법부, 행정기구와 변호사협회—이라고 부른 것을 아울러야 한다고 주장했다. 허스트는 법관과 법원의 작업을 진지하게 다루었으나, 그를 숭배하는 학자들이 종종 간과하는 기본적인 사항을 지적했는데, 이는 입법기관의 다양성이 미국법사에 있어서 주요한 특징이었음을 간과하지 않고 그의 저술들을 읽어야 한다고 주장했다. 그의 다른 저술들은 법과 경제발전의 상호작용을 강조했다. 《*Law and the Conditions of Freedom in the Nineteenth-Century United States*》(1956), 《*Law and Economic Growth: The Legal History of the Lumber Industry in Wisconsin, 1836~1915*》(1964), 《*Law and Markets in United States History: Different Modes of Bargaining among Interests*》(1982)와 같은 저술에서, 허스트는 경제발전의 과실을 널리 배분하는 법률을 가지고 법과 경제발전의 관계에 대해 본질적으로 다원주의적 합의의 입장을 취했다. 허스트는 또 다른 중요한 책, 《*Law and Social Order in the United States*》(1977)에서 이러한 합의이론을 계속 주장했다.

허스트의 결론은 과거의 법사를 돌이켜 보면 법이 부의 불공정한 분배를 촉진해 부자는 더 부자가 되게 했다고 믿는 학자들로부터 점차 거센 공격을 받았다. 여러 비판법 연구학파의 법사학자들은 허스트의 주장을 직접 겨냥했다. 예를 들어, 모튼 호어위츠, 마크 투시넷, 로버트 고든(Morton J. Horwitz, Mark V. Tushnet, Robert Gordon)은 허스트의 발견(그러나 그의 학문적 연구에 대한 것이 아닌)에 대한 중요한 비판을 저술했다. 미국법의 분배적 결과에 대한 허스트의 평가에 대한 이들의 공격은 Kermit L. Hall, "The Magic Mirror: American Constitutional and Legal History," 〈*International Journal of Social Education* 1〉(1987)에서 요약, 분석되었다. 저술과 법사에 있어 허스트의 기여에 대한 유력한 비판은 Harry N. Scheiber, "At the Borderland of Law and Economic History: The Contributions of James Willard Hurst," 〈*The American Historical Review* 75〉(1970), Peter Karsten,

"Supervising 'the Spoiled Children of Legislation': Judicial Judgements Involving Quasi-Public Corporations in the Nineteenth Century U.S.," 〈*American Journal of Legal History* 41〉(1997)에 나와 있다.

허스트는 또한 미국 법문화에 있어서 분파적이고 지역적인 차이를 강조했고 법사가들은 최근에 뉴잉글랜드와 중부 대서양 연안주의 한정된 지역을 벗어나 연구 대상 지역을 넓혀나갔다. 법사가들은 다양성의 정도가 주와 지역의 법 발전을 특징짓는 것을 받아들이는 반면에 이들은 이러한 다양성의 정도에 대해서 서로 의견을 달리하고 있다. 예를 들어, 법률문화에 있어서 교차적인 다양성의 문제에 대한 논의는 David J. Bodenhamer and James W. Ely, Jr., eds., 《*Ambivalent Legacy: A Legal History of the South*》(1984); Kermit L. Hall and James W. Ely, Jr., 《*An Uncertain Tradition: Constitutionalism and History of the South*》(1988)와 Kermit L. Hall, "The 'Magic Mirror' and The Promise of Western Legal History," 〈*The Western Historical Quarterly* 18〉(1987); Timothy Huebner, 《*The Southern Judicial Tradition: State Judges and Sectional Distinctiveness, 1790~1890*》(1999); Gordon Bakken, ed., 《*Law in the Western United States*》(2000)를 참조. 실정법이건 보통법이건 많은 미국법 이면의 지속적인 지역주의에 대해서는 Harry N. Scheiber, "Xenophobia and Parochialism in the Early History of American Legal Process: From the Jacksonian Revolution to the Sagebrush Rebellion," 〈*William & Mary Law Review* 23〉(1982)를 볼 것. 루이지애나 주의 대륙법체계에 대한 훌륭한 논문집은 Edward F. Haas, ed., 《*Louisiana's Legal Heritage*》(1983)이다.

식민지시대

식민지 미국의 역사는 풍부한 역사편찬의 전통에 의존하고 있으나, 미국 법문화의 역사가들은 이를 종종 단순히 미국법사의 서막으로서 다루어왔다. Stanley N. Katz,

"The Problem of Colonial Legal History," in 《*Colonial British America: Essays in the New History of the Early Modern Era*》, edited by Jack P. Greene and J. R. Pole, (1984)는 이러한 관행에 대해서 강력하게 도전하면서 법사가들에게 식민지시대를 진지하게 다루도록 촉구했다. 그에 따른 훌륭한 성과는 David T. Konig, 《*Law and Society in Puritan Massachusetts, Essex County, 1629~1692*》(1979); William Offutt, Jr., 《*Of "Good Laws" and "Good Men": Law and Society in the Delaware Valley, 1680~1710*》(1995) 참조. 비록 식민지 법사에 대한 무관심이 캐츠(Katz)가 주장한 바와 같이 철저한 것은 아니었지만 단지 최근에서야 학문적인 관심을 받기 시작했다. 조지 해스킨스와 줄리어스 고블(George L. Haskins and Julius Goebel, Jr.)은 이 분야의 선구자들이었다. 《*Haskin's Law and Authority in Early Massachusetts: A Study in Tradition and Design*》(1960)은 사회, 정치와 법률적인 발전을 연결시켰고, 그리하여 법의 내적인 발전에 대한 외재적인 전망을 추구하는 '신' 법사라 부르는 것의 모델을 제공했다. 고블도 "King's Law and Local Custom in Seventeenth-Century New England," 〈*Columbia Law Review* 31〉(1931)에서 비슷한 입장을 취했다. 고블은 레이먼드 너튼(T. Raymond Naughton)과 함께 식민지 형사재판제도 연구의 길을 열었고, 특히 《*Law Enforcement in Colonial New York: A Study in Criminal Procedure, 1664~1776*》(1970)가 영향력이 있었다. 식민지 미국의 법과 사회에 대한 가장 일반적인 연구는 Peter Hoffer, 《*Law and People in Colonial America*》(1998)이다. 프랑스 식민지인 미시시피 계곡에 대한 법과 사회는 Stuart Banner, "Written Law and Unwritten Norms in Colonial St. Louis," 〈*Law and History Review* 14〉(1996)를 보면 알 수 있다. 《*The Many Legalities of Early America*》, edited by Chris Tomlins and Bruce Mann(2001)은 다양한 주제에 대한 식민지 법사학자들의 논문 16편을 포함하고 있다.

보통법의 계수와 같은 기본적인 주제에 대한 이해를 새롭게 한 새로운 저술방법의 한 예는 David Grayson Allen, 《*In English Ways: The Movement of Societies and the Transferral of English Local Law and Custom to Massachusetts Bay in the Seventeenth Century*》(1981)이다. 많은 식민지 법제도의 중추적인 역할을 했던 카운티 법원의 실제활동에 대해서는 Hendrick Hartog, "The Public Law of a County Court: Judicial Government in Eighteenth-Century Massachusetts," 〈*The American Journal of Legal History* 20〉(1976). 비록 식민지 여성의 법적 지위에 대한 그의 판단이 강한 공격을 받고 있지만 Richard B. Morris, 《*Studies in the History of American Law, with Special Reference to the Seventeenth and Eighteenth Centuries*》(2nd ed., 1959)는 여전히 소중한 업적으로 남아 있다. 사실, 식민지시대 여성의 법사에 대한 저술은 상당한 관심을 끌었는데, 이는 특히 재산권과 상속에 관련된 내용 때문이었다. 예를 들어, 이 문제에 대해서는 Marylynn Salmon, 《*Women and the Law of Property in Early America*》(1986)와 Linda Grant De Pauw, "Women and the Law: The Colonial Period," 〈*Human Rights* 6〉(1977)를 볼 것. 상속(남자와 여자 모두)의 법적인 발전에 대해서는 Carole Shammas, Marylynn Salmon, and Michel Dahlin, 《*Inheritance in America from Colonial Times to the Present*》(1987)를 참조. 식민지시대에 있어서 여성과 법률에 대한 가장 중요한 연구는 Cornelia Dayton, 《*Women before the Bar: Gender, Law and Society in Connecticut, 1639~1789*》(1995)이다.

식민지시대의 법과 사회의 다른 면들도 또한 관심을 받았다. 노예법에 대한 저술은 매우 방대하나, William W. Wiecek, "The statutory Law of Slavery and Race in the Thirteen Mainland Colonies of British America," 〈*The William and Mary Quarterly* 34〉(1977)가 특히 중요하다. 백인 정착민들과 인디언들 사이의 충돌에 대해서는 Yasuhide Kawashima, 《*Puritan Justice and the Indian: White Man's Law in Massachusetts, 1630~1763*》(1986)에서 잘 분석되었다. 국왕으로부터 특허를 수여받은 자들과 인디언 부족으로부터 직접 구매해 권원을 가지고 있다고 주장하는 사람들이나 로크의 노동이론을 주장하는 사람들 사이의 긴장은 Brendan McConville, 《*"Those Daring Disturbers of the Peace": Property and Power in Early New Jersey*》(1999)을 보면 알 수 있다. 새로 이주해온 정착민들에 의한 인디언 토지의 구입이나 몰수에 대한 것은 Peter Karsten, 《*Between Law and Custom*》

(2002); John Weaver, 《*The Great Land Rush and the Making of the Modern World*》(2003); and Stuart Banner, 《*How the Indians Lost Their Land*》(2005) 참조.

식민지시대의 범죄자, 범죄의 사회적 배경과 일반적인 분쟁해결은 주목을 받았으나 대부분의 저술은 남부 식민지에 관한 것이었다. 이 중 특히 중요한 것은, Bradley Chapin, 《*Criminal Justice in Colonial America, 1606~1660*》(1983); Douglas Greenberg, 《*Crime and Law Enforcement in the Colony of New York 1691~1776*》(1976); Jack D. Marrietta and G. S. Rowe, 《*Troubled Experiment: Crime and Justice in Pennsylvania*》(2006); Joshep H. Smith, ed., 《*Colonial Justice in Western Massachusetts*(1639~1702), *The Pynchon Court Record, an Original judges' Diary of the Administration of Justice in the Springfield Court of Massachusetts Bay Colony*》(1961)는 많은 정보를 포함하고 있다. 민사에 관한 내용도 이용할 수 있는데 William E. Nelson, 《*Dispute and Conflict Resolution in Plymouth County, Massachusetts, 1725~1825*》(1981)가 있다. 넬슨의 《*The Americanization of the Common Law: The Impact of Legal Change on Massachusetts Society, 1760~1830*》(1975)는 미국독립전쟁과 건국초기를 다루고 있지만 그럼에도 불구하고 후기 식민지시대의 법과 사회에 대한 소중한 통찰력을 제공한다. Bruce Mann, 《*Neighbors and Strangers: Law and Community in Early Connecticut*》(1987)은 미국독립전쟁 당시 과거의 이웃사촌식 분쟁해결 방식에서 이웃과 낯선 사람들을 똑같이 취급하는 법제도로 변하게 된 과정을 잘 보여주고 있다.

식민지시대의 실체적인 사법과 법률직업의 발전에 대해서는 역사가들이 관심을 기울인 것보다 훨씬 많은 관심이 요구된다. Paton Yoder, "Tavern Regulation in Virgina: Rationale and Reality," 〈*The Virginia Magazine* 87〉(1979)은 경제발전과 경제규제와의 관계를 설명하고 있다. John M. Murrin, "The Legal Transformation: The Bench and Bar of Eighteenth-Century Massachusetts," in 《*Colonial America: Essays in Politics and Social Development*》, edited by

Stanley N. Katz and John Murrin, (1983)은 식민지시대의 법률기구와 법률가들의 발전에 대해 중요한 통찰력을 제공하고 있다. 야심찬 자료집은 모리스 코언(Morris L. Cohen)의 6권짜리 《*Bibliography of Early American Law*》(1998)와 CD-ROM을 일부 부유한 도서관에서 이용 가능하다.

독립전쟁, 헌법과 건국초기의 법

미국독립전쟁과 헌법에 대한 문헌은 매우 방대하나 독립전쟁이 미국 법률문화를 변경했던 과정에 대한 평가는 상대적으로 적은 편이다. Hendirick Hartog, ed., 《*Law in the American Revolution and the Revolution in the Law*》(1981)은 좋은 입문서이다. 독립전쟁의 법적인 배경에 대해서 많은 저술을 했고 이러한 관심을 초기 미국헌법 발전의 일반역사로 통합했던 존 필립 리드(John Phillip Reid)의 저술도 역시 훌륭하다. 예를 들어, 《*In Defiance of the Law: The Standing Army Controversy, the Two Constitutions, and the Coming of the American Revolution*》(1981), 《*Constitutional History of the American Revolution: The Authority of Rights*》(1986) 참조. 원조영장은, 법적인 분쟁이 기본권에 대한 헌법상의 충돌로 발전하게 된 과정을 보여주는 예이다. M.H. Smith, 《*The Writs of Assistance Case*》(1978)는 권위 있는 연구서이다. 마찬가지로 중요한 것은 Hiller B. Zobel, 《*The Boston Massacre*》(1970). 헌법제정 이전의 헌법적 가치의 출현에 대해서는 Daniel Hulsebosch, 《*Constituting: New York and the Transformation of Constitutionalism in the Atlantic World, 1664~1830*》(2005); Mary S. Bilder, 《*The Transatlantic Constitution: Colonial Legal Culture and the Empire*》(2004); George Dargo, 《*Roots of the Republic: A New Perspective on Early American Constitutionalism*》(1974) 참조.

독립전쟁의 불길, 공화주의 헌법이론의 출현과 법의 지배에 대한 양자의 관계는 여러 주요저술에서 점검되었다. Gordon Wood, 《*The Creation of the American*

Republic, 1776~1787》(1969)가 대표적이나 이는 위에서 언급한 리드의 저술들과 포레스트 맥도널드(Forrest McDonald)의 훌륭한 저서 《*Novus Ordo Seclorum: The Intellectual Origins of the Constitution*》(1985)와 함께 읽어야 한다. 그리고 David N. Mayer, 《*The Constitutional Thought of Thomas Jefferson*》(1994)과 Hans Eicholz, 《*Harmonizing Sentiments: The Declaration of Independence and the Jeffersonian Idea of Self-Government*》(2001) 참조. 헌법규범의 발전에 있어서 주의 역할과 헌법제정에 있어서 실험실로서 주의 중요성은 Willi Paul Adams, 《*The First American Constitutions: Republican Ideology and the Making of the States Constitutions in the Revolutionary Era*》(1980)에서 연구되었다. 새로운 연방제도에 있어서 주의 지위의 문제점에 대해서는 Peter S. Onuf, 《*The Origins of the Federal Republic: Jurisdictional controversies in the United States 1775~1787*》(1983), 이 책은 제목에서 말하는 것보다 훨씬 많은 것을 다루고 있다. 국가의 법률문화사에 있어서 가장 눈에 띄는 개념인 미국 연방주의의 기원에 대한 가장 중요한 논문은 아마도 Harry N. Scheiber, "Federalism and the Constitution: The Original Understanding," in 《*American Law and the Constitutional order: Historical Perspectives*》, edited by Friedman and Scheiber, (1978)이다. 건국자들의 '원래의 의도(original intent)'의 문제에 대한 연구는 Leonard Levy, 《*Original Intent and the Framer's Constitution*》(1988)과 Jack Rakove, 《*Original Meanings: Politics and Ideas in the Making of the Constitution*》(1996) 참조. 또한 Jonathan O'Neill, 《*Originalism in American Law and Politics: A Constitutional History*》(2005)도 참조할 것. 노예제가 헌법제정 과정에 결정적으로 중요했다는 주장은 Paul Finkelman, 《*Slavery and the founders: Race and Liberty in the Age of Jefferson*》(2nd ed., 2001)에 담겨 있다. 독립전쟁 시 미국 시민권의 출현과 그에 대한 남북전쟁으로 인한 헌법 수정안에 대한 영향에 대해서는 James H. Kettner, 《*The Development of American Citizenship, 1608~1870*》(1978)를 참조. 일부는 연방 제헌회의보다 날짜가 앞선 제헌의회에서 자신들 스스로의 주헌법을 만들었다. 그 뒤 많은 주들은 원래의 헌법을 수

정하기 위한 추가적인 제헌의회를 개최했다. 1775년과 2005년 사이에 모두 233번의 주 제헌의회가 개최되었다. 이러한 과정은 John Dinan, 《*The American State Constitutional Tradition*》(2006)에서 탐구되었다.

건국 뒤 독자적인 법률문화의 출현은 여러 저술에서 다루었다. 《*Controlling the Law: Legal Politics in Early National New Hampshire*》(2004)에서 존 필립 리드는 뉴햄프셔 주에서 주법원 제도에 비법률가를 채용하고 사실과 법률 모두에서 대부분의 문제를 배심에게 넘겨주는 18세기의 관행으로부터, 법률가들이 배심들로부터 절차와 법률문제의 통제를 놓고 싸워 법원의 통제를 획득했던 19세기 초에로의 변동에 대해서 탐구했다. 위헌법률심사제도의 관행에 대해서는 Kermit L. Hall, 《*Judicial Review in American History*》(1985), 그리고 초창기 주와 국가의 정치에 있어서 그 정치적 의의에 대해서는 Richard E. Ellis, 《*The Jeffersonian Crisis: Courts and Politics in the Young Republic*》(1971)과 Donald Melborn, 《*Lest We Be Marshall'd: Judicial Power and Politics in Ohio, 1806~1812*》(2005) 참조. 연방 사법제도의 기원에 대해서는 Julius Goebel, Jr., 《*Antecedents and Beginnings to 1801 in the Oliver Wendell Holmes Devise History of the Supreme Court*, vol. 1》(1971)를 참조. 연방 하급법원에 대해서는 Mary K. B. Tachau, 《*Federal Courts in the Early Republic: Kentucky, 1789~1816*》(1978)를 참조. 건국 초 많은 사람들이 관심을 가졌던 정치로부터 법을 분리하는 수단으로서 탄핵의 사용에 대해서는 Peter C. Hoffer and N. E. H. Hull, 《*Impeachment in America, 1635~1805*》(1984)를 참조.

연방정부의 법적 권한의 폭에 대한 초창기 논의의 대부분은 범죄에 대한 연방 보통법이 있었느냐의 문제에 집중되었다. Dwight F. Henderson, 《*Congress, Courts, and Criminals: The Development of Federal Criminal Law, 1801~1829*》(1985)는 이 문제를 다루었을 뿐만 아니라 마찬가지로 초창기 연방 법집행의 제한된 지역에 대해서도 보여주고 있다. Stephen B. Presser, "A Tale of Two Judges: Richard Peters, Samuel Chase, and the Broken Promise of Federalist Jurisprudence," 〈*Northwestern University Law Review* 73〉(1978)도 있다. 또한

이러한 문제에 대한 훌륭한 연구성과인 George Dargo, 《*Law in the New Republic: Private Law and the Public Estate*》(1983)도 마찬가지다. 존 마셜이 대법원을 이끌던 마지막 20년 동안에 대한 흥미로운 해석은 G. Edward White & Gerald Gunther, 《*The Marshall Court and Cultural Change, 1815~1835*》(1988)에 나와 있다.

건국 초 법률가들의 문화와 변호사협회의 발전에 대해서는 여러 연구성과가 있지만 이 중에서도 특히 훌륭한 것은 Maxwell Bloomfield, 《*American Lawyers in a Changing Society, 1776~1876*》(1976). 마찬가지로 유용한 것은 대니얼 웹스터, 알렉산더 해밀턴, 앤드류 잭슨과 존 마셜과 같이 유명한 사람들의 법률 관련 저술들을 편집한 책들이다. 예를 들어, 《*The Law Practice of Alexander Hamilton: Documents and Commentary*》, (5 volumes, 1964~1980)와 R. Kent Newmyer, 《*Supreme Court Justice Joseph Story: Statesman of the Old Republic*》(1985)은 법사를 위해 전기가 얼마만한 가치를 가지고 있는가를 잘 보여주고 있다.

19세기

미국 법문화사에 있어서 법, 정치, 경제와 사회적인 변화의 상호작용을 강조하는 19세기를 다루고 있는 저술이 단연 가장 풍부하다. 역사가들은 남북전쟁을 주요한 전환점으로 보는 경향이 있고, 이러한 접근은 남북전쟁이 공법에 미친 의의에 대해서 어느 정도 타당성을 갖게 한다. 그러나 남북전쟁 전후의 시기에 주제와 해석적인 통일성이 상당히 관찰된다. Harold M. Hyman and William M. Wiecek, 《*Equal Justice under Law: Constitutional Development 1835~1875*》(1982)는 그 부제에도 불구하고 19세기 동안의 공사법 발전에 대해 가장 훌륭히 소개하고 있다.

법과 경제

미국법의 경제에 대한 분배적 결과에 상당한 관심을 기울여왔던 역사가들은 법적 변화로부터 영향을 받았다. 허스트는 입법자들뿐만 아니라 법관들도 시장관계의 건설과 희소자원의 할당에서 결정적인 역할을 했다는 중요한 점을 지적하고 있다. 그러나 모든 학자들이 입법의 분배적 결과에 대한 허스트의 주장을 지지하는 것은 아니다. 예를 들어, 《*The Transformation of American Law, 1780~1860*》(1977)에서 호위츠는 법관들이 노동자와 농부들을 희생하는 대신에 상대적으로 소수의 부유한 기업가들에게 유리한 보통법을 만들어왔다는 주장을 펼치고 있다. 호위츠의 책은 논란을 불러일으켜왔다. 그의 주장에 대해서, 사법부가 자본가를 유리하게 취급했다는 증거도 없을 뿐만 아니라 19세기 전체에 걸쳐서 형식주의의 정도에 있어서 어떠한 차이도 없었음을 발견한 피터 카스텐이 이의를 제기했다. 《*Heart versus Head: Judge-Made Law in Nineteenth Century America*》(1997)에서 카스텐은 실제로 호위츠가 주장한 것과 반대되는 "지성의 법학(Jurisprudence of the Head)"(영국 보통법의 규율과 선례에 대한 형식주의적 사법부의 존경)과 "감성의 법학(Jurisprudence of the Heart)"(기업가적이고 산업상의 힘에 의해서 상처를 입은 사람들을 돕기 위한 보통법의 혁신) 사이의 긴장관계를 실증했다. 호위츠에 대한 비판을 확대한 계약법에 대한 카스텐의 견해는 A. W. Brian Simpson, "The Horwitz Thesis and the History of Contract," 〈*The University of Chicago Law Review* 48〉(1979); Robert Steinfeld, 《*The Invention of Free Labor: The Employment Relation in English and American Law and Culture*》(1991)를 참조. 호위츠에 대한 비판을 불법행위법에 확대한 것은 Gary T. Schwartz, "Tort Law and the Economy in Nineteenth-Century America: A Reinterpretation," 〈*The Yale Law Journal* 90〉(1981) 그리고 Robert Kaczorowski, "Common Law Background of 19th Century Tort Law," 〈*Ohio State Law Journal* 51〉(1990)를 참조할 것. 사고의 희생자들이 스스로 자신들의 운명소관이라고 여기는 경향의 감소에 대해서는 Randolph Bergstrom, 《*Courting Danger: Injury and Law in New York City, 1870~1910*》(1992) 참조. 또한 Kenneth DeVille, 《*Medical Malpractice in Nineteenth Century America*》(1990)과 Tony Freyer, 《*Producers versus Capitalists: Constitutional Conflict in Antebellum America*》(1994)를 참조할 것.

호위츠의 논제에 대한 가장 근본적인 도전은 미국 서부의 법문화사에 대한 전문가로서 경제관계에 있어서 19세기 미국인들의 지침이 된 법 행태주의에 대한 언급을 강조했던 존 필립 리드로부터 나왔다(《*Law for the Elephant: Property and Social Behavior on the Overland Trail*》(1980)에서 잘 논의되었다.) 서부의 법사에 대한 다른 연구서들도 뉴잉글랜드와 대서양 중부주들에서 대부분의 예를 끌어온 호위츠의 논제에 대해 많은 문제점들을 불러일으키고 있다. 예를 들어, 고든 백켄(Gordon Bakken)은 허스트 논제의 많은 부분을 지지하는 경향이 있는 로키 산 서부의 공사법 발전의 복잡한 모습을 잘 그리고 있다. 예를 들어, 《*The Development of Law on the Rocky Mountain Frontier: Civil Law and Society, 1850~1912*》(1983)와 Bakken, 《*Rocky Mountain Constitution Making, 1850~1912*》(1987) 참조. 호위츠의 주장과 상충하는 서부의 수로법 발전에 대해서는 Donald J. Pisani, 《*Water, Land Law in the West: The Limits of Policy, 1850~1920*》(1996)와 Kathleen Brosnan, 《*Unifying Mountain and Plain: Cities, Law and Environmental Change along the Front Range*》(2002) 참조. 물론, 서부 법사의 문제점은 경제적 · 생태학적 그리고 법률적인 변화의 관계를 적절하게 평가하는 것이다. 이러한 문제를 적절하게 다루고 있는 것은 Arthur F. McEvoy, 《*The Fisherman's Problem: Ecology and Law in the California Fisheries 1850~1980*》(1986)와 Pisani, 《*Water, Land and Law in the West*》이다.

호위츠의 논제는 다른 분야에서 어려움을 겪는다. 호위츠는 공법의 발전을 진지하게 검토하지 않았으며 제정법의 발전에 대해서도 매우 소홀하게 취급했다. 켄트 뉴마이어(Kent Newmyer)는 조셉 스토리의 훌륭한 전기, 《*Supreme Court Justice Joseph Story: Statesman of the Old Republic*》(1985)에서 스토리와 같이 중요한 19세기 법률가에 있어서 공사법의 주제는 어떤 다른 물질주의보다 독립전쟁의 공화주의 가치에 부응했다는 것을 잘 보여주고 있다. 게다가 해리 샤이버(Harry N. Scheiber)는 사법적인 정책결정은 법관들이 법을 통해 지지해야 할 일정한 권한을 가지고 있다는 일반인들의 생각과 양립할 수 있다고 주장한다. 이른바 공익이나 공공목적 원리의 영향은 다음에서 잘 다뤄지고 있다. Scheiber, "The Road to MUNN:

Eminent Domain and the Concept of Public Purpose in the State Courts," in 〈*Law in American History*〉, edited by Donald Fleming and Bernard Bailyn(1971). 샤이버는 "Property Rights and Public Purpose in American Law," 〈*Proceedings of the International Economic History Association, 7th Congress 1*〉(1978)을 포함해 여러 논문에서 이와 같은 중요한 주장을 전개했다. 토니 프레이어(Tony A. Freyer)도 같은 주제에 대해서 많은 연구를 해왔으며 그의 "Negotiable Instruments and the Federal Courts in Antebellum American Business," 〈*Business History Review* 50〉(1976)은 호위츠의 논제에 도전한다. 게다가 프레이어는 전체로서 19세기 남부에 대해 호위츠의 논제 적용 가능성에 대해서 심각한 의문을 제기했다. "Law and the Antebellum Southern Economy: *An Interpretation,"* in 〈*Ambivalent Legacy*〉, edited by Bodenhamer and Ely(1984) 참조.

미국 경제성장의 중요한 면은 법원의 직접적인 영역을 넘어서 발생했다. 예를 들어, 입법자들은 자신들에 대한 다양한 정치적 압력에 대응하면서 다양한 경제발전의 골격을 세우는 데 종사해왔다. 이 기간에 정부와 경제의 상호작용에 대한 훌륭한 연구는 Harry N. Scheiber, 《*Ohio Canal Era: A Case Study of Government and the Economy, 1820~1861*》(1969)인데, 이것은 입법활동이 분배적 경제정의 개념에 잘 조화를 이룬다고 주장했다. 내부의 개선을 지지하기 위한 주의 개입에 관한 문제는 종종 주에서 격렬한 헌법상 논쟁을 불러일으켰다. 이러한 발전에 대한 전반적인 윤곽은 Morton Keller, "The Politics of State Constitutional Revision, 1820~1930," in 〈*The Constitutional Convention as an Amending Device*〉, edited by Kermit L. Hall, Harold M. Hyman, and Leon V. Sigal, (1981) 참조. 《*The People's Welfare: Law and Regulation in Nineteenth Century America*》(1996)에서 윌리엄 노백(William Novak)은 시장, 도로, '선술집', '유해물질의 교역'과 '공익을 위한' 보건을 규제하는 보통법상의 전통이 19세기 전체에 걸쳐서 미국의 마을과 도시에서 계속되었음을 명확히 했다.

입법상의 권한은 다른 경제활동 분야에도 영향을 미쳤다. 회사법에 대해서는

Ronald E. Seavoy, 《*The Origins of the American Business Corporation, 1784~1855*》(1985) 참조. 채권-채무자 관계는 Peter J. Coleman, 《*Debtors and Creditors in America: Insolvency, Imprisonment for Debt, and Bankruptcy, 1607~1900*》(1974), 파산에 대해서는 Edward Balleisen, 《*Navigating Failure: Bankruptcy and Commercial Society in Antebellum America*》(2001)와 David Skeel, 《*Debt's Dominion: A History of Bankruptcy in America*》(2001) 참조.

기술, 경제와 법률변화의 관계에 대해서는 단지 약간의 관심을 받았지만 앞으로 더 많은 관심을 기울여야 할 분야이다. 대표적인 것으로는 Stanley I. Kutler, 《*Privilege and Creative Destruction: The Charles River Bridge Case*》(1971); John G. Burke, "Bursting Boilers and Federal Power," 〈*Technology and Culture* 71〉(1966); Elizabeth B. Monroe, 《*The Wheeling Bridge Case*》(1992); James W. Ely, 《*Railroads and American Law*》(2001); John Fabian Witt, 《*The Accidental Republic: Crippled Workingmen, Destitute Widows, and the Remaking of American Law*》(2004); Mark Aldrich, 《*Death Rode the Rails: American Railroad Accidents and Safety, 1828~1965*》(2006).

주의 이러한 강력한 관여(19세기 말에 법관을 통해서건 입법자들을 통해서건 규제자들을 통해서건) 모두는 전통적인 자유방임의 주장에 의문을 제기했다. 유권자들의 경제적 관심에 대한 입법자들의 반응, 산업현장에서 여성과 아동을 위한 보호입법의 등장과 공익이라는 이름으로 행해지는 경제규제의 출현은 William E. Nelson, 《*The Roots of American Bureaucracy 1830~1900*》(1982)에서 잘 분석되었다. 넬슨의 책은 남북전쟁 전후의 법률, 지적이고 사회적인 발전의 주제들 간의 연관성에 대한 훌륭한 연구서이다. 넬슨은 사회과학 혁명, 법률과학의 탐구와 개혁의 윤리적 에너지가 산업혁명 동안에 전통적인 분배정치를 제한하는 규제계획을 산출하기 위해 결합했던 방식을 강조했다.

19세기 말 회사의 이익과 사법부의 관계에 대한 비슷한 재평가 역시 진행 중이다. Michael Les Benedict, "Laissez-Faire and Liberty: A Re-Evaluation of the Meaning and Origins of Laissez-Faire Constitutionalism," 〈*Law and History*

Review 3〉(1985)에서 이 시기의 보수적인 법학자들과 법관들은 보호입법을 비난했는데 이는 부분적으로 보호입법이 그들의 사회적이고 정치적인 감성을 자극했기 때문이라고 강조했으나, 베네딕트 역시 이들은 헌법상 권리의 문제로서 자유에 대한 진지한 관심을 가지고 있었음을 보여주었다. 멜빈 우로프스키(Melvin Urofsky), "State Courts and Protective Legislation during the Progressive Era: A Reevaluation," 〈*The Journal of American History* 72〉(1985)는 주와 연방 상급법원 법관들이 종종 보호 입법의 승인을 지체했으나 궁극적으로 이러한 물줄기를 막을 수 없었다고 주장했다.

산업화의 법률변화(자본, 노동과 법률직업)의 관계는 미국법사에서 중요하나 아직 해결되지 않은 문제이다. Morton Keller, 《*Affairs of State: Public Life in Late Nineteenth Century America*》(1977)는 헌법, 법률과 정치적 변화의 관련에 있어서 특히 훌륭한 연구이다. 켈러는 이 기간에 경제발전을 촉진시키려는 주와 연방의 입법자들의 역할에 대해서 중요한 사례를 다루고 있으며 특히 그는 조세정책에 깊은 관심을 기울이고 있다. 켈러는 규제국가가 산업화로 인해 야기된 복잡한 문제들을 다루기 위해 출현하는 과정을 보여주고 있다. Harry N. Scheiber, in "Property Law, Expropriation, and Resource Allocation by Government, 1789~1910," in 〈*American law and Constitutional Order*〉, edited by Friedman and Scheiber(1978) 역시 정부의 개입적이고 발전적인 역할을 강조한다. 그러나 다른 학자들은 규제를 통해 산업화의 결과를 통제하려는 노력은 일시적이고 효과적이지 못했다고 주장한다. Stephen Skowronek, 《*Building A New American State: The Expansion of National Administrative Capacities, 1877~1920*》(1982)는 전통적인 보호정치와 경제상품의 분배가 국가의 규제적인 조치를 심하게 제한했다고 주장하면서 연방 행정부의 중요성을 폄하했다. 켈러와 달리 스코로넥은 규제가 가장 중요한 발전을 가져온 주의 발전에 충분한 관심을 기울이는 데 실패했다. 켈러와 스코로넥의 저술은 Thomas K. McGraw, 《*Prophets of Regulation: Charles Francis Adams, Louis D. Brandeis, James M. Landies, and Alfred E. Kahn*》(1984); Werner Troesken, 《*Why Regulate Utilities? The New Institutional Economics and the Chicago Gas Industry, 1849~1924*》(1996); Susan M. Sterett, 《*Public Pensions: Gender and Civic Service in the States, 1850~1937*》(2003)을 읽으면 보완할 수 있다.

기업활동의 다른 측면들은 진지한 관심을 받았다. Charles W. McCurdy, "The Knight Sugar Decision of 1895 and the Modernization of American Corporation Law, 1869~1903," 〈*Business History Review* 53〉(1979)은 회사법은 연방법관들이 지역기업들을 특별히 보호하려는 주의 계속적인 노력에 저항함으로써 점차 그 범위가 전국적으로 확대되었다고 주장했다. 맥커디는 또한 "American Law and the Marketing Structure of the Large Corporation," 〈*The Journal of Economic History* 38〉(September 1978)에서 19세기 말과 20세기 초의 기술발전이 어떻게 전통적인 기업관계와 회사구조를 재구성했는가를 보여준다. 뉴욕 동부의 임대인과 임차인 사이의 빈번한 폭력과 이 문제를 해결하기 위한 입법자들의 노력에 대해서는 McCurdy, 《*The Anti-rent Era in New York Law and Politics, 1839~1865*》(1999) 참조. 지역주의와 전국주의의 긴장은 Tony A. Freyer, 《*Forums of Order: The Federal Courts and Business in American History*》(1979)에서 잘 다루고 있다.

인종과 개인의 신분법

19세기 법률문화사에 있어서 가장 훌륭한 저술의 일부는 인종관계와 관련되었다. 《*Thomas Jefferson's Notes on the State of Virginia*》, edited by William Peden(1955)는 소중한 자료이다. John T. Noonan, Jr., 《*Persons and Masks of the Law*》(1976)은 인종적인 배경을 가진 노예제에서 법에 의한 지배를 실행함으로써 발생한 윤리적 충돌을 다루고 있다. 비슷한 작업은 Robert M. Cover, 《*Justice Accused: Antislavery and the Judicial Process*》(1975)가 있다. 커버는 노예제는 19세기 법관들이 이는 윤리적인 악이라는 것을 받아들이기를 거절했기 때문에 계속 허용되었다고 주장하고 있다. 노예제의 '법률적' 특징에 밀접한 관심을 가진 노예제에 관한 일반적인 연구서는 Kenneth M. Stampp, 《*The Peculiar Institution:*

Slavery in the Antebellum South》(1956). 이는 Mark V. Tushnet, 《*The American Law of Slavery*》(1981)로 보충하면 매우 유익할 것이다. 노예제의 법적인 골격에 대한 투시넷의 맑스주의적인 해석은 흥미롭지만 또한 역사가들의 가장 중요한 관심인 시간에 대한 변화에 민감하지 못하다. 노예법에 대한 가장 훌륭한 연구는 Thomas Morris, 《*Southern Slavery and the Law, 1619~1860*》(1996). 또한 Dylan Pemingroth, 《*The Claims of Kinfolk: African American Property and Community in the 19th Century South*》(2002) 참조.

미국 노예법에 대한 연구에서 노예제와 도망자들의 처우에 관한 연구가 크게 늘었다. 폴 핀켈먼(Paul Finkelman), 주디스 샤퍼(Judith Schaffer)와 앤드류 피드(Andrew Fede) 역시 노예 관련법이 남부 법률문화의 특징이 된 과정을 자세하게 다루고 있다. 이들의 노력은 〈*The American Journal of Legal History* 31〉(1987) 특별호에 실려 있다. 또한 Jenny B. Wahl, 《*The Bondsman's Burden: An Economic Analysis of the Common Law of Slavery*》(1998), and Ariela J. Gross, 《*Double Character: Slavery and Mastery in the Antebellum Southern Courtroom*》(2006). 도망노예 또한 많은 관심을 끌었다. 그리하여 역사가 존 리드는 우리가 포괄적으로 이해해야 할 미국법사의 분야 중 하나는 도망노예법에 관한 것이라고 결론지었다. 특히 그의 논문 "The Lessons of Lumpkin," 〈*The William & Mary Law Review* 23〉(1982) 참조. 폴 핀켈먼은 이러한 중요한 새로운 연구분야에 많은 기여를 했다. 비록 그의 반사실적인 주장은 여전히 논란거리이지만 《*An Imperfect Union: Slavery, Federalism, and Comity*》(1981)가 특히 훌륭하다. 도망노예법과 남과 북을 갈라놓은 정치적으로 파괴적인 긴장과 관련한 훌륭한 업적은 Don E. Fehernbacher, 《*The Dred Scott Case in American Law and Politics*》(1978). 이 책은 대법원의 사적 정치적 역동성에 대해 상당히 민감하게 다루면서도 공사법의 주제를 잘 혼합했다.

노예제 반대자와 찬성자들의 입장은 노예제의 법률상 정의에서 드러나지만 노예의 신분에 대해서는 철저한 조사가 필요한 주제였다. 노예 폐지론자들의 노력 아래에 놓여 있는 다양한 헌법상 가정과 정치적 목적은 William M. Wiecek, 《*The Sources of Antislavery Constitutionalism in America, 1760~1848*》(1977)에서 자세히 분석했다. 위섹은 미국 노예법과 노예폐지론에 대한 법률상 논쟁은 영국과 다르다는 것을 보여주고 있다. Wiecek, "Slavery and Abolition before the United States Supreme Court, 1820~1860," 〈*The Journal of American History* 65〉(1978) 참조. 노예제의 법률적 특징에 대한 전체적인 논쟁은 A.E. Keir Nash, "Reason of Slavery: Understanding the Judicial Role in the Peculiar Institution," 〈*Vanderbilt Law Review* 32〉(1979). 법과 노예제 폐지론자들의 반응에 대한 중요한 사례연구서는 Howard Jones, 《*Mutiny on the Amistad: The Sage of a Slave Revolt and Its Impact on American Abolition, Law, and Diplomacy*》(1987).

자유인이 된 흑인과 다른 인종적인 소수인들, 특히 인디언들과 중국인들의 법적 지위에 대한 연구는 적었다. 인디언에 대해서는 Jill Norgren, 《*The Cherokee Cases: The Confrontation of Law and Politics*》(1996); Clark Blue, 《*Lone Wolf v. Hitchcock: Treaty rights and Indian Law at the End of the Nineteenth Century*》(1994); Sidney Harring, 《*Crow Dog's Case: American Indian Sovereignty, Tribal Law, and U.S. Law in the Nineteenth Century*》(1994). Leon Litwack, 《*North of Slavery: the Negro in the Free States, 1790~1860*》(1961)은 법사가들에게 중요한 자료로 남아 있다. Stephen Middleton, 《*The Black Laws: Race and the Legal Process in Early Ohio*》(2005). Hyman and Wiecek, 《*Equal Justice under Law*》는 인디언, 자유흑인과 중국인들의 지위에 대한 유용한 토론을 포함하고 있으며, 특히 제14차 수정헌법이 가져온 변화가 이 세 그룹 모두에 미친 영향력(그 대부분이 20세기까지 실현되지 않은 것)에 대해서 훌륭한 토론을 제공하고 있다. Donald G. Nieman, 《*To Set the Law in Motion: The Freedmen's Bureau and the Legal Rights of Blacks, 1865~1868*》(1976)은 남부에서 새로 자유민이 된 흑인에 대한 처우를 다루고 있다. Robert J. Kaczorowski, 《*The Politics of Judicial Interpretation: The Federal Courts, Department of Justice and Civil Rights 1866~1876*》(1985)은 남북전쟁 뒤 남부에서 흑인권리의 붕괴에 대한 연방법원과 법무부의 중요한 역할을 설명하고 있다. 밴 우드워드(C. Van Woodward)

의 고전, 《*The Strange Career of Jim Crow*》(2nd Rev. Ed., 1966)는 남부의 법률상 분리정책의 기원에 대한 분석으로 유용하나 반드시 Morgan Kousser, 《*The Shaping of Southern Politics: Suffrage Restriction and the Establishment of the One Party South*》(1974)로 보충해야 한다. 철도와 전차여행에서의 인종분리에 대한 가장 훌륭한 분석은 Barbara Welke, 《*Recasting American Liberty: Gender, Race, Law and the Railway Revolution, 1865~1920*》(2001)으로서 이 책은 또한 철도사고에 있어서 성의 중요한 역할과 관련해 훌륭한 분석을 제공한다. 사례연구서로 중요한 것은 Charles Lofgren, 《*The Plessy Case: A Legal-Historical Interpretation*》(1987)이다. William Cohen, "Negro Involuntary Servitude in the South, 1865~1940; A Preliminary Analysis," 〈*The Journal of Southern History* 42〉(1976)는 대부분의 남부 자유민들을 준노예의 신분으로 묶어두었던 법률에 대해서 훌륭한 연구를 제공한다. Harold Woodman, 《*New South, New Law: The Legal Foundations of Credit and Labor Relations in the Postbellum South*》(1995)는 남부 배심, 지주와 입법자들이 대부분의 토지를 가지고 있지 않은 흑인들을 점차 덜 특권적인 소작농의 지위에 내몰리게 하는 반면에 임차인의 지위에 있는 토지 없는 백인들에게 유리하게 하는 방법을 실증하고 있다.

미국에서 중국인들의 법사에 대해서는 단지 시작 단계이지만 존 원더(John Wunder)는 중요한 출발점을 만들었다. 예를 들어, "The Chinese and the Courts in the Pacific Northwest: Justice Denied," 〈*Pacific Historical Review* 52〉(1983); "Chinese in Trouble: Criminal Law and Race on the Trans-Mississippi West Frontier," 〈*The Western Historical Quarterly* 17〉(1986). 또한 Lucy Salyer, 《*Laws Harsh as Tigers: Chinese Immigrants and the Shaping of Modern Immigration Law*》(1995) 참조.

가족관계: 가족, 자녀와 여성

미국 법과 사회사에 있어서 가장 빠르게 성장하는 저술분야의 하나는 성과 가족문제와 관련되었다. 미국 사회사의 빠트릴 수 없는 요소로서 가족의 발견은 1960년대와

1970년대 여러 도시와 지역사회의 연구에서 비롯되었다. 예를 들어, John Demos, 《*A Little Commonwealth: Family Life in Plymouth Colony*》(1970) 참조, 그 이후 가족의 연구는 법률적인 연구로 눈에 띄게 전환되었다. 특히 중요한 것으로 Michael Grossberg, 《*Governing the Hearth: Law and the Family in Nineteenth-Century America*》(1985)는 가족 안에서 부모와 자녀의 법적 지위의 발전을 더듬었으며, 나는 이 책에 특히 많은 신세를 졌다. 그로스버그에 따르면, 1900년경 자녀들은 학대, 유기나 착취를 당하지 않을 권리를 누릴 수 있는 새로운 법적 지위를 확보했다. 그로스버그는 또한 가족에 대한 가부장적 지배가 쇠퇴했고 가사문제에 대한 사법적인 개입이 커졌다고 주장했다. 또한 Holly Brewer, 《*By Birth or Consent: Children, Law and the Anglo-American Revolution in Authority*》(2005)와 Peter Bardaglio, 《*Reconstructing the Household: Families, Sex and the Law in the Nineteenth Century South*》(1995) 참조. Viviana A. Zeliter, 《*Pricing the Priceless Child: The Changing Social Value of Children*》(1985)은 산업혁명의 결과 중 하나로 19세기 전체에 걸친 출생률의 하락이 자녀의 경제적 가치를 감소시키는 동시에 가족에 대한 자녀의 정서적인 가치를 증가시켰으며, 궁극적으로 재난재해 사건에서 배심과 법관이 이를 인정했다고 주장했다.

여성의 법적 지위의 발전 또한 많은 관심을 받기 시작했다. Robert L. Griswold, 《*Family and Divorce in California, 1850~1890: Victorian Illusions and Everyday Realities*》(1982)는 여성의 법적지위의 발전이 법률발전에 대해서만 좋은 것이 아니라, 이는 또한 혼인이 왜 이혼으로 끝났는지에 대한 전통적인 가정의 많은 부분을 수정하고 있다. Nelson M. Blake, 《*The Road to Reno: A history of Divorce in the United States*》(1962)는 이혼의 관행에 대한 법률상 발전에 대해서 여전히 소중하다. 폴라 페트릭은 서부의 개척자적인 환경은 왜 여성이 그곳에서 참정권을 최초로 획득할 수 있었는지를 설명하는 데 도움이 된다고 확신하고 있었다. Petrik, 《*No Step Backward: Woman and the Family on the Rocky Mountain Mining Frontier, Helena, Montana, 1865~1900*》(1988) 참조.

비록 여성의 법적 지위에 대한 학문적 관심이 높게 일고 있지만, 연구되어야 할

부분이 많이 남아 있다. 여성사에 있어서 현재의 연구상태를 잘 보여주는 것으로는 D. Kelly Weisberg, ed., 《*Women and the Law: The Social Historical Perspective*》(2 volumes, 1982). 또한 Sandra VanBurkleo, 《*"Belonging to the World": Women's Rights and American Constitutional Culture*》(2001) 참조. 여성에게 형평성이나 평등을 인정하는 데 있어서 고유한 긴장은 Norma Basch, "Equity v, Equality: Emerging Concepts of Women's Political Status in the Age of Jackson," 〈*Journal of the Early Republic* 3〉(1983). 또한 Basch, 《*In the Eyes of the Law: Women, Marriage, and Property in Nineteenth-Century New York*》(1982)은 기혼여성의 재산법에 관한 논문집에 중요한 기여를 했다. 여성에 대한 재산법의 의의에 관한 훌륭한 연구서는 Suzanne Lebsock, 《*The Free Women of Petersburg: Status and Culture in a Southern Town, 1784~ 1860*》(1984). 현대 여성운동의 주요한 관심사 중 하나인 낙태는 계속적으로 역사적인 관심을 끌었다. James Mohr, 《*Abortion in America. The Origins and Evolution of National Policy*》(1978)는 '낙태와 관련된 법; 계급과 경제적 문제의 복잡성' 에 대한 소중한 입문서이다. Leslie Reagan, 《*When Abortion Was a Crime: Women, Medicine and Law in the United States, 1867~1973*》(1997)은 초창기 낙태를 범죄화하려는 노력과, 이러한 노력에 대한 저항과 **로(Roe v. Wade,** 1973) 사건이 대법원의 최종적인 판결을 받기까지의 과정에 대한 연구이다. **로** 사건에서 인용된 대표적인 사건에 관한 재검토는 존 존슨(John W. Johnson), 《*Griswold v. Connecticut: Birth Control and the Constitutional Right of Privacy*》(2005). **로** 사건의 배경에 대해서는 데이비드 가로우(David Garrow), 《*Liberty and Sexuality: The Right of Privacy and the Making of Roe v. Wade*》(1994)를 참조.

19세기 형사재판제도

사회와 법률 역사가들은 일탈과 종속상태에 대한 서로의 관심을 자극해왔다. 그러나 이러한 연구의 대부분은 실체적인 형사법의 발전을 점검하기보다는 범죄의 외재적이고 사회적인 의의를 강조해왔다. 현대 미국인 삶의 아이러니 중 하나는 국가 전체가 범죄에 대한 공포를 가지고 있으며, 그 역사가들은 실체적인 형사법의 발전에 대해서 거의 아무것도 모르고 있다는 사실이다. 많은 노력들은 범죄와 범죄율의 사회적 결정 요소에 관한 것들이었다. 산업화와 도시화가 좀 더 많은 범죄를 발생시킨 것은 아니라는 데 합의가 이루어지고 있으나, 학자들은 19세기 거의 대부분과 20세기를 통해서 1인당 범죄율이 하락한 이유를 잘 설명하지 못하고 있다. 이러한 발전에 대해서는 Eric H. Monkkonen, "A Disorderly People? Urban Order in the Nineteenth and Twentieth Centuries," 〈*The Journal of American History* 68〉(1981) 참조. 먼코넌의 입장은 뜨거운 논쟁이 되어왔다. 범죄율에 대한 논쟁의 대부분은 범죄가 무엇인지의 문제로 전환했다. 증거는 도덕적인 범죄에 대한 관심이 전체적으로 18세기 말에 개인과 재산에 대한 범죄에 대해 새로운 자각을 가져다주었음을 제시하고 있다. 이러한 변화의 지적인 배경은 William E. Nelson, "Emerging Notions of Modern Criminal Law In the Revolutionary Era: An Historical Perspective," 〈*New York University Law Review* 42〉(1967) 참조. Samuel Walker, 《*Popular Justice*》(1980)와 Herbert A. Johnson, 《*History of Criminal Justice*》(1988)는 법률보다는 형사재판제도에 대해서 많은 시간을 할애했다. David J. Bodenhamer, 《*The Pursuit of Justice: Crime and Law in Antebellum Indiana*》(1986)는 지금까지 거의 무시되어왔던 대배심과 소배심에 대한 소중한 연구결과를 제공하고 있다. Allen Steinberg, 《*Transformation of Criminal Justice, Philadelphia, 1800~1860*》(1989)는 도시에서 사적인 기소제도에서 경찰이 모든 기소를 하는 것으로 바뀐 원인과 결과에 대해서 살펴보았다. 사적인 기소를 허용하는 제도는 치안판사가 각자의 범죄를 기소하는 것에서 이웃을 삼가도록 노력하지 않았는데 이는 사적인 기소과정에서 이들의 수입이 파생되었기 때문이었다. 사회변화와 행형학의 연계는 프랜시스 앨런(Francis A. Allen), 《*The Decline of the Rehabilitative Ideal: Penal Policy and Social Purpose*》(1981)에서 훌륭하게 연구되었다.

형사재판제도의 다른 분야도 관심을 모았다. Eric H. Monkkonen, 《*Police in Urban America, 1860~1920*》(1981)은 미국이 도시화되면서 변화한 경찰의 역할에 대해서 다루고 있다. Wilbur R. Miller, 《*Cops and Bobbies: Police Authority in New York and London, 1830~1870*》(1977)은 경찰권의 행사에 있어서 문화적 차이의 중요성을 보여주고 있다. 경찰에 대한 또 다른 연구는 교도소와 유치장에 대한 연구로 보완해야 할 것이다. David J. Rothman, 《*The Discovery of the Asylum: Social Order and Disorder in the New Republic*》(1971)은 북부 이외의 발전에 대해서는 거의 언급하고 있지 않지만 저자가 관찰한 지역의 사회변화와 수용소의 역할을 훌륭하게 연관시켰다. Edward L. Ayers, 《*Vengeance & Justice: Crime and Punishment in the Nineteenth-Century American South*》(1984)는 남부인들은 교도소에 믿음을 가지고 있었으나, 지역의 특수한 인종관계는 형사재판제도의 특수한 문제점을 발생시켰음을 제시하고 있다. 비슷한 주제에 대해서는 Michael Hindus, 《*Prison and Plantation: Crime, Justice, and Authority in Massachusetts and South Carolina, 1767~1878*》(1980). 이 책의 초판 이후에 나온 사형에 대한 3개의 훌륭한 연구서는 George Wright, 《*Racial Violence in Kentucky, 1865~1940*》(1990); Christopher Waldrep, 《*Roots of Disorder: Race and Criminal Justice in the American South, 1817~1880*》(1998); Michael Pfeifer, 《*Rough Justice: Lynching and American Society, 1874~1947*》(2004)이다. 청소년 범죄에 대해서는 Anthony Platt, 《*The Child Savers: The Invention of Delinquency*》(1969)가 있다. Michael Willrich, 《*City of Courts: Socializing Justice in Progressive-Era Chicago*》(2003)는 지방자치와 소년법원의 점진적인 현대화 과정에 대한 훌륭한 분석을 제공한다. George Fisher, 《*Plea Bargaining's Triumph: A History of Plea Bargaining in America*》(2003)는 형사재판제도에서 유죄답변의 합의현상 등장을 설명하고 있다. 로렌스 프리드먼 외(Lawrence M. Friedman and Robert V. Percival), 《*The Roots of Justice: Crime and Punishment in Alameda County, California 1870~1910*》(1981)은 한 장소에서 장기간에 걸친 전체적인 형사재판제도의 운용에 대한 훌륭한 연구서이다. 프리드먼과 퍼시벌은 형사재판에 대한 최근의 다른 연구와 같이 도시화와 산업화는 범죄율을 높이기보다는 낮추는 사회적 훈육과 리듬을 양성했음을 강조하고 있다.

범죄성, 심신상실과 우생학 사이의 관련도 관심을 모았다. David A. Jones,

《*History of Criminology: A Philosophical Perspective*》(1986)는 이러한 문제에 대한 훌륭한 일반적 입문서이다. 또 Ysabel Rennie, 《*The Search for Criminal Man*》(1978). John S. Hughes, 《*In the Law's Darkness: Isaac Ray and the Medical Jurisprudence of Insanity in Nineteenth-Century America*》(1986)는 의료법학에 대한 전국에서 가장 훌륭한 교수 가운데 한 사람을 다루고 있다.

법원과 변호사의 전문화

법원과 변호사의 전문화는 19세기 사회경제적 변화와 동반되었다. 법과 다른 직업의 전문화는 Burton J. Bledstein, 《*The Culture of Professionalization: The Middle Class and the Development of Higher Education in America*》(1976)를 참조할 것. 하버드 법대 학장 랭델은 사례연구 교수법을 도입했으며 그 뒤 50년 만에 전국의 다른 법과대학이 이를 채택했다. William P. LaPiana, 《*Logic and Experience: The Origin of Modern American Legal Education*》(1994)은 랭델의 사상과 다른 사람들의 노력과 사례연구 교수법이 미친 영향에 대해서 설명하고 있다. 항상 긴장관계에 있는 전문화와 정치적 압력이 전제적으로 해결되지 않았다는 주제에 대해서는 Maxwell Bloomfield, 《*American Lawyers in a Changing Society, 1776~1876*》(1976)을 보라. 블룸필드는 정치에 대한 법의 다양한 주제에 대해서 언급했을 뿐만 아니라 남북전쟁 뒤 소규모 흑인 법률가의 등장에 대해서 다루고 있다. 산업화가 직업에 미친 일련의 영향에 대해서는 Gerard W. Gawalt, ed., 《*The New High Priests: Lawyers in Post-Civil War America*》(1984) 참조. 이러한 논문들은 미국변호사협회의 등장, 대규모 법률회사의 발전과 변호사들과 법관들의 사회적 배경과 훈련 등을 다루고 있다. 남부의 지역사회에서 경제발전과 인종관계의 형성에 있어서 변호사들의 역할에 대해서는 Gail Williams O'Brien, 《*The Legal Fraternity and the Making of a New South Community, 1848~1882*》(1986)를 보면 된다. Gordon Bakken, 《*Practicing Law in Frontier California*》(1991)는 서부에서 법률 전문직의 등장에 대한 훌륭한 연구를 제공하고 있다. 남부에서 영업 중인 철도회사의 변호사 등록과 고용에 대해서는 William G. Thomas, 《*Lawyering for the

Railroad: Business, Law, and Power in the New South》(1999) 참조. 이 기간의 법률교육 발전에 대해서는 Robert Stevens, 《*Law School: Legal Education in America from the 1850s to the 1980s*》(1983)를, 법전화 운동에 대해서는 Charles M. Cook, 《*The American Codification Movement: A Study of Antebellum Legal Reform*》(1981)을 볼 것.

법원과 사법적 행동의 발전은 G. Edward White, 《*The American Judicial Tradition: Profiles of Leading American Judges*》(1976)의 주제로서 이 책에서 19세기와 20세기의 재판유형을 구분하는 데 상당한 관심을 기울였다. 비록 전문직업의 목적과 정치적 석명성(釋明性)이 그동안 가정해왔던 것보다 훨씬 더 양립할 수 있어도, 법과 정치가 만나는 분야의 하나는 주 상급법원 법관을 선출하는 과정을 통해서이다. 이에 대해서는 Kermit L. Hall, "The Judicial on Trial: State Constitutional Reform and the Rise of an Elected Judiciary, 1846~1860," 〈*The Historian* 44〉(1983) 참조. 19세기 연방법관들의 중산층 배경에 대해서는 Kermit L. Hall, "'the Children of the Cabins': The Lower Federal Judiciary, Modernization, and the Political Culture, 1789~1899," 〈*Northwestern University Law Review* 32〉(1980)를, 남북전쟁 이후 서부의 지역적인 사법부에 대해서는 John D. W. Guice, 《*The Rocky Mountain Bench*》(1972)를 참조.

국가의 경제적인 팽창은 보통법상 소송형태와 법령과 행정처분에 대한 심사의 필요성으로 인해 법원과 법관들에게 많은 업무를 발생시켰다. 주의 상급법원에서 경제변화와 사법부의 행동 사이의 연결에 대해서는 Robert A. Kagan et al., "The Business of State Supreme Courts, 1870~1970," 〈*Stanford Law Review* 30〉(1977)를, 비슷한 발전패턴에 대해서는 Richard A. Posner, 《*The Federal Courts: Crisis and Reform*》(1985)를 참조. 연방법원의 관할은 역동적인 국가경제에 대응해 확장되었으며 윌리엄 위섹이 "The Reconstruction of Federal Judicial Power, 1863~1876," 〈*The American Journal of Legal History* 13〉(1969)에서 설명한 바와 같이 기업의 이익에 봉사했던 연방 사법권의 성장은 남북전쟁 뒤 재건기에는 흑인 민권의 확립을 돕게 되었다. 또 Edward Purcell, 《*Litigation and Inequality:*

Federal Diversity Jurisdiction in Industrial America, 1870~1958》(1992) 참조할 것. 주 입법부와 연방의회의 입법활동은 보통법의 해석을 담당했던 상급법관들이 점차 주요법률의 입법사를 고려하기 시작했다는 것을 의미한다. John W. Johnson, "Retreat from the common Law? The Grudging Reception of Legislative History by American Appellate Courts in the Early Twentieth Century," 〈*Detroit College of Law Review*〉(1978)는 이러한 발전은 법관들(그리고 이들 앞에서 논쟁하는 변호사들)에게 통계자료와 같은 새로운 종류의 자료를 조사해 법정에 가져오게 했다. 그러나 무역의 '비합리적인(unreasonable)' 제약에 대한 셔먼독점금지법 이전의 보통법상 의미가 그러한 독점금지법의 범위에 대한 대법원의 해석에서 한 역할의 증거에 대해서는 Martin Sklar, 《*The Corporate Reconstruction of American Capitalism, 1890~1916: The Market, the Law and Politics*》(1988) 참조.

이러한 모든 종류의 일반화와 함께 다음과 같은 예외가 있다. 일부 주와 연방 규제 입법은 규제 대상이 되는 경제단체들이 동의한 규범을 위반한 행동을 제재할 권한을 가진 개별적인 행정기관을 신설했다. 이러한 기관들은 보통법 법원에서 이용 가능한 모든 적법절차 권리를 위반자들에게 제공할 것을 요구하지 않았다. Jonathan Lurie, 《*The Chicago Board of Trade, 1859~1905: The Dynamics of Self-Regulation*》(1979)에서 일리노이 주가 주요한 시장을 스스로 단속할 권한을 가지게 되었을 때 이러한 것이 어떠한 역할을 했는지에 대해서 보여주고 있다.

법률직업은 사회와 경제변화에 통일적으로 반응했는가? 물론 그렇지는 않았다. 그러나 신흥 회사자본주의와 밀접한 유대를 가지고 있는 변호사의 가장 눈에 띄고 전문적인 일부는 최소한 Jerold S. Auerbach, 《*Unequal Justice: Lawyers and Social Change in Modern America*》(1976)에 따르면 공익보다는 자신들의 이익을 보호했다. 아워바흐는 인종적이고 민족적인 성에 대한 편견이 소수그룹의 법률직업에 대한 접근을 차단했고 그들의 필요성에 따라 사회에 대한 법률봉사를 방해했음을 보여주고 있다. 윌리엄 위섹은 《*The Lost World of Classical Legal Thought: Law and Ideology in America, 1886~1937*》(1998)에서 엘리트 법률가들이 노동조합과 분배적 법률을 억제하기 위해서 '정통법학(legal orthodoxy)'을 이용했다고 주장하고 있으며, Kaern Orren, 《*Belated Feudalism: Labor, the Law and Liberal Development in the United States*》(1991)는 노동계약에 관한 보통법과 그 규율에 대한 '정통법학의' 헌신으로부터 도출된 노동계약의 법령상 변경뿐만 아니라 본인이 선택한 계약을 체결할 자유가 개인적 자유의 중심이라는 의미에 대한 사법부의 적대감을 발견했다.

20세기

20세기 미국 법문화사에 대한 저술은 단지 시작 단계이다. 로렌스 프리드먼의 《*History of American Law*》(1985)의 제2판조차 단지 이 시기를 일별하고 있을 뿐이다. 프리드먼은 제3판에서 20세기에 대한 관심으로 약 79쪽을 추가(여전히 우리가 다루는 것보다는 덜 실질적이지만 어떤 저자가 그보다 더 유능할 것인가)했을 뿐만 아니라 《*American Law in the Twentieth Century*》(2002)에서 생생하고 실질적인 설명과 함께 이를 개정했다. 《*The Magic Mirror: Law in American History*》는 한 가지 특히 중요한 점에서 프리드먼의 미국법사와 다르다. 저자들은 "법은 사회적 힘에 의한 결과물"이라는 점에 동의하지만 그가 "나는 법이 자율적이라는 어떤 주장도 반대한다"라고 했을 때 우리는 의견을 달리했다. 확실히 제헌의회와 의회에서 발생하는 입법에 대해서 자율적인 것은 전혀 없다. 대법원에 재임 중인 대법관들 역시 그들이 속해 있는 사회와 시대의 산물이며 이들도 종종 우리가 이 책에서 지적한 바와 같이 보통법이나 형평법의 오래된 규율을 변경하기 위해서 자신들의 사회적 의식에 고무되기도 한다. 그러나 일반적으로 이들은 자신들이 사건에 적용하려는 선례와 규율들이 시대에 맞지 않고 잘못되었다고 생각할 때조차도 선례와 선례구속의 원칙을 존중하기 위해서 자신들 직업의 전문적인 기준과 관습에 따르도록 만들었다. 이러한 의미에서 우리는 법관이 만든 법이 소용돌이에 휩싸인 사회적 힘으로부터 자율성의 중요한 측면을 가지고 있다고 생각한다. 해럴드 버먼(Harold Berman)은, 자율적인 법개념에 대한 비판가이자 대표적인 '법현실주의자'인 서먼드 아널드(Thurmond Arnold)가 예일 대학에서 학생들로부터 제2차대전 동안에 컬럼비아 특구의 연방 항소순회법원 재임시 절에 대해서 질문을 받고 다음과 같이 대답한 것을 보고했다.

> 아널드는 대답하기 전에 잠시 멈추었다. 사람들은 법관의 길을 가는 대신에 교수가 된 것에 대해서 하이드에서 지킬 박사로 자신을 변형시키고 있다는 인상을 받았을 것이다. 그는 다음과 같이 대답했다. "우리는 여기 교실에 앉아서 법관의 행동을 분석하고 비판할 수 있으나 여러분이 법관의 자리에 앉아 있을 때는, 자기 자신이 '존경받는 법관'으로서 행동해야 하고 스스로 객관적인 기준에 따라서 행동하고 있다고 믿어야 한다."

비록 미국공법 연구자들이 대법원과 이를 둘러싼 발전에 대해서 많은 관심을 기울였지만 20세기의 법사를 다루고 있는 연구서는 아직 나오지 않고 있다. Paul L. Murphy, 《*The Constitution in Crisis Times 1918~1969*》(1972)는 이 시기의 사회적 · 문화적 배경에 대한 머피의 이해를 토대로 한 헌법의 기본적인 발전에 대한 훌륭한 입문서이다. Murphy, 《*World War I and the Origin of Civil Liberties in the United States*》(1979)는 전쟁의 경험을 민권보호의 관심에 대한 발전에 연관시키는 점에 있어서 특히 훌륭하다. 다소 비슷한 연구는 Norman Rosenberg, 《*Protecting the Best Men: An Interpretive History of the Law of Libel*》(1986)은 제1차 수정헌법의 또 다른 중요한 시기에 있어서 20세기의 발전에 대한 것이다. 윌리엄 넬슨은 그중 일부는 뉴딜기간에 연방의회가 다룬 법안의 선구적인 뉴욕 주의회와 그 항소법원이 다룬 법안에 대한 훌륭한 설명을 《*The Legalist Reformation: Law, Politics, and Ideology in New York, 1920~ 1980*》(2001)에서 제공하고 있다.

학자들은 현대 형사재판제도의 역사에 대한 연구를 막 시작했으나, Mark H. Haller, "Urban Crime and Criminal Justice: The Chicago Case," 〈*Journal of American History* 57〉(1960)은 도시의 형사재판제도에 있어서 전문적인 단속, 범죄통제와 사회적 소요에 대한 훌륭한 예를 제공하고 있다. 연방 범죄단속기관의 성장에 대해서는 Richard G. Powers, 《*Secrecy and Power: The Life of J. Edgar Hoover*》(1987)와 Kenneth O'Reilly, 《*Hoover and the Un-Americans: The FBI,*

HUAC, and the Red Menace》(1983) 참조.

민권은 이 시기에 중요한 주제가 되었으며, 1940년대 초 대법원이 이에 대해서 많은 관심을 기울이기 시작하고 전미흑인지위향상협회가 일관된 소송전략을 발전시킨 뒤에 크게 성장했다. 변호사협회와 이러한 발전의 관계에 대한 연구서로는 Jerold S. Auerbach, 《*Unequal Justice: Lawyer and Social Change in Modern America*》(1976)가 있다. 전미흑인지위향상협회의 소송전략의 초창기 발전에 대해서는 William B. Hixson, Jr., "Moorfield Storey and the Struggle for Equality," 〈*Journal of American History* 60〉(1968)를, 흑인 변호사협회와 공산당의 역할에 대해서는 Charles H. Martin, 《*The Angelo Herndon Case and Southern Justice*》(1976)를 볼 것. 이러한 문제에 대한 또 다른 연구서 William H. Harbaugh, 《*Lawyer's Lawyer: The Life of John W. Davis*》(1973)는, **브라운** 사건(1954)에서 분리주의자들의 입장을 대변했던 변호사 데이비스에 대한 훌륭한 전기이다. Michael Klarman, 《*From Jim Crow to Civil Rights: The Supreme Court and the Struggle for Racial Equality*》(2004)는 민권사례에서 대법관의 역할과 이들의 의회와 행정부의 공유된 견해의 역할에 대한 훌륭한 분석을 제공하고 있다. 이에 대해서는 또한 Charles L. Zelden, 《*The Battle for the Black Ballot: Smith v. Allwright and the Defeat of the Texas All-White Primacy*》(2004) 참조. 전미흑인지위향상협회의 법률방어기금 변호사들에 대한 가장 권위 있고 비판적인 연구서는 Mark V. Tushnet, 《*The NAACP's Legal Strategy against Segregated Education, 1925~1950*》(1987)이다. **브라운** 판결의 이행 어려움에 대해서는 Tony A. Freyer, 《*The Little Rock Crisis: A Constitutional Interpretation*》(1984) 참조. 판결에 대한 렌퀴스트 대법원의 재해석은 1965년 선거법의 약화와 선거에 있어서 소수자의 목소리를 증가시키기 위한 입법상의 재할당으로 이어졌다. 이에 대해서는 J. Morgal Kousser, 《*Colorblind Justice: Minorities, Voting Rights and the Undoing of the Second Reconstruction*》(1990) 참조. 인종간 혼인법에 대해서는 Peggy Pascoe, "Miscegenation Law, Court Cases, and Ideologies of 'Race' in Twentieth Century America," 〈*Journal of American History* 83〉(1996) 참조.

20세기 법률사상은 법현실주의 운동의 등장으로 특별한 관심을 받았다. 그러나 그에 대한 해석은 매우 다양하다. Wilfred E. Rumble, Jr., 《*American Legal Realism: Skepticism, Reform, and the Judicial Process*》(1968)는 법과대학의 운동을 철학적 발전과 연계시킨 점이 돋보인다. G. Edward White, 《*Patterns of American Legal Thought*》(1978), John W. Johnson, 《*American Legal Culture, 1908~1940*》(1981)과 Laura Kalman, 《*Legal Realism at Yale 1927~1960*》(1986) 역시 좋은 책이다. Edward A. Purcell, Jr., "American Jurisprudence Between the Wars: Legal Realism and the Crisis of Democratic Theory," 〈*The American Historical Review* 75〉(1969)는 법현실주의가 어떻게 나치주의와 가톨릭 자연법 신학의 도전 앞에 무너졌는가를 보여주는 좋은 연구서이다. 법현실주의와 비판법 연구(정책과학과 법경제적 접근에 일부 관심을 가지고)의 연관성에 대해서는 G. Edward White, "From Realism to Critical Legal Studies: A Truncated Intellectual History," 〈*Southwestern Law Journal* 40〉(1986) 참조.

법현실주의가 뉴딜로 스며들었다는 내용은 여전히 논쟁거리로 남아 있다. 그러나 대법관 브랜다이스의 개혁적 색채 기원은, **이리(Erie RR v. Tompkins)** 판결에서 설명한 것처럼 의회와 대법원을 좀 더 보수적이라고 간주하고 주권(州權)의 우선적 지위를 주장한 것에서 잘 드러났다. 이에 대해서는 Edward Purcell, 《*Brandeis and the Progressive Constitution: Erie, the Judicial Power, and the Politics of the Federal Courts in Twentieth Century America*》(2000) 참조. Christopher Tomlins, 《*The State and the Unions: Labor Relations, Law, and the Organized Labor Movement, 1880~1960*》(1985)은 뉴딜에 의해서 만들어진 근로개혁법이 노동자들에게 현실적으로 별 영향을 미치지 않았던 반면에 회사 관리자들에게 큰 영향을 주었다고 주장했다. Peter H. Irons, 《*The New Deal Lawyers*》(1982)는 뉴딜에 있어서 소송가와 행정가로서 변호사들에 대한 통찰력 있는 연구이다. 아이런스는 현대의 법률 자유주의의 시작이 이러한 변호사 그룹에서 비롯되었다고 주장했다. 이러한 뉴딜 법률가들 중 한 사람은 인디언 문제 담당국의 펠릭스 코언이었다. 1930년대에 담당국을 위해 준비했던 인디언법 총람은 인디언 소송인들의 입장을 대변하기 위해 준비하는 법률가들을 위한 식량이었다. Stephen Feldman, "Felix Cohen and His Jurisprudence: Reflections on Federal Indian Law," 〈*Buffalo Law Review* 35〉(1986); Dalia Tusk Mitchell, 《*Architect of Justice: Felix S. Cohen and the Founding of American Legal Pluralism*》(2007) 참조.

제2차대전 뒤 법률문화가 이전 세대의 것과 다르다는 주장은 상당한 논란거리였다. '법의 폭발(law explosion)'은 Marc Galanter, "Reading the Landscape of Disputes: What We Know and Don't Know(and Think We Know) about Our Allegedly Contentious and Litigious Society," 〈*UCLA Law Review* 31〉(1983)에 잘 설명되어 있다. 실체적인 법률발전에 대해서는 일부 관심을 끌었으나 앞으로 많은 연구가 필요한 분야이다. '신재산권'(예를 들어, 권원) 개념은 Charles A. Reich, "The New Property," 〈*Yale Law Journal* 73〉(1964)를 볼 것. 임대인-임차인 관계의 발전에 대해서는 Mary Ann Glendon, "The Transformation of American Landlord-Tenant Law," 〈*Boston College Law Review* 23〉(1982)를, 지역개발규제법의 중요성에 대해서는 Seymour I. Toll, 《*Zoned America*》(1969)를 볼 것. 캘리포니아 주에서 20세기에 출현한 강력한 농업협동조합에 대해서는 Victoria S. Woeste, 《*The Farmer's Benevolent Trust: Law and Agricultural Cooperation in Industrial America, 1865~1945*》(1998) 참조. 계약법은 진지한 관심을 불러일으켰는데 특히 불법행위법과 불법행위와 유사한 개념의 전파와 비교했을 때 그렇다. 킴 셰펠레(Kim Scheppele)가 19세기 뉴욕 주의 상급법원 판결에서 발견한 것(Legal Secrets)과 유사한, 계약체결 시 정보가 부족한 당사자에게 특권을 인정하는 비교적 최근의 법관이 만든 규율에 대한 훌륭한 설명은 W. David Slawson, 《*Binding Promises: The Late 20th Century Reformation of Contract Law*》(2001) 참조. G. Edward White, 《*Tort Law in America*》(1980)는 그 지적인 배경에서 논쟁을 바라보고 19세기에 계약법이 한 것처럼 왜 불법행위법이 20세기에 법적 상상력을 획득했는지를 보여주고 있다. 또한 Edward Purcell, 《*Litigation and Inequality: Federal Diversity Jurisdiction in Industrial America, 1870~1958*》(1992)를 참조할 것.

이러한 분야뿐만 아니라 다른 분야도 좀 더 학문적인 관심을 필요로 한다. 역사가들은 20세기에 특히 제2차대전 뒤에 규제국가의 운용에 대해서보다 그 기원에 대해서 더 많이 알고 있다. 가장 훌륭한(그리고 유일한) 일반적인 연구는 Robert L. Rabin, "Federal Regulation in Historical Perspective," 〈*Stanford Law Review* 38〉(1986)이다. 원자력 에너지와 관련된 규제장치에 대해서는 비록 존슨이 관심을 둔 대부분은 일상적인 규제보다는 프라이스-앤더슨 법(Price-Anderson Act)을 둘러싼 소송에 집중되어 있지만 John W. Johnson, 《*Insuring against Disaster: The Nuclear Industry on Trial*》(1986)를 참조할 것. 원시성을 보존하고 깨끗한 대기와 수질을 보호하고자 하는 환경보호주의자들과 이러한 조치로 자신들의 이익을 잘 보호할 수 없게 된 사람들 사이의 싸움에 대해서는 Samuel P. Hays, 《*Beauty, Health, and Permanence: Environmental Politics in the United States, 1955~1985*》(1989)를 참조할 것.

모든 학파의 학자들과 수많은 학문적인 연구들이 대법원과 현대 헌법발전에 대한 관심을 기울이고 있다. 학자들이 대법관들이 앞으로 해야 한다고 믿는 것은 종종 대법관들이 과거의 행동을 분석한 것에 기초하고 있다. 일부 보수주의자들은 일반적으로 연방법원과 특별하게는 대법원은 대중적으로 선출된 기관들의 바람을 저버리는 '무소불위'의 권력을 가지고 있다고 주장해왔다. 그러나 대법원은 모든 소수자들의 권익을 보호하는 데 있어서 상당한 거리감을 가지고 있었다. 이에 대해서는 Michal Belknap, 《*Cold War Political Justice: The Smith Act, the Communist Party, and American Civil Liberties*》(1977)를 볼 것. 반대자와 소수자들에 대해 좀 더 엄한 처벌을 하는 연방 법률제도의 경향에 대해서는 Stanley I. Kutler, 《*The American Inquisition: Justice and Injustice in the Cold War*》(1982)에서 논의되었다. 20세기 연방법원에 대한 3권의 유용한 연구서로 빈슨(Vinson) 대법원에 대해서는 William M. Wiecek, 《*The Birth of Modern Constitutionalism: The U.S. Supreme Court, 1941~1953*》(2006)를 볼 것. 남부 법사의 연구에서 연방법관 프랭크 존슨의 어록과 견해에 대해서 토니 프레이어가 서론과 결론을 쓰고 편집한 《*Defending Constitutional Rights*》(2001)는 이 전설적인 앨라배마 주 연방 하급심 법관이 헌법상 도전에 직면했던 당시의 상황을 직접 설명하고 있다. 그리고 크레이그 브래들리(Craig Bradley)가 편집한 《*The Rehnquist Legacy*》(2006)는 대법원장 렌퀴스트의 철학, 역할과 의견에 대한 논문 18편을 수록한 학문적 논문집이다.

찾아보기

ㄱ

ㄴ

ㄷ

ㄹ

ㅁ

ㅂ

ㅅ

ㅇ

ㅈ

ㅊ

ㅋ

ㅌ

ㅍ

ㅎ

미국법의 역사와 문화
The Magic Mirror: Law in American History

초판 1쇄 2009년 3월 15일

지은이 | 커미트 L. 홀 · 피터 카스텐
옮긴이 | 손세정

펴낸곳 | 라티오 출판사
출판등록 | 제300-2007-151호(2007.10.24)
주소 | 서울시 종로구 계동 140-50, 4층
전화 | 070)7018-0059
팩스 | 070)7016-0959
웹사이트 | ratiopress.com

ISBN 978-89-960561-4-0 93360